디트리히 본회퍼의 신학사상 연구

디트리히 본회퍼 연구 총서 ❶

디트리히 본회퍼의 신학사상 연구

2017년 12월 10일 인쇄
2017년 12월 17일 발행

엮은이 | 한국본회퍼학회
지은이 | 강성영 고범서 고재길 김성호 김재진 박봉랑 박재순 손규태
         안병무 오재식 유석성 이장식 정지련 허 혁 현요한 외
펴낸이 | 김영호
펴낸곳 | 도서출판 동연
등   록 | 제1-1383호(1992년 6월 12일)
주   소 | 서울시 마포구 월드컵로 163-3
전   화 | (02) 335-2630
팩   스 | (02) 335-2640
이메일 | yh4321@gmail.com

ISBN 978-89-6447-384-9 93200

디트리히 본회퍼 연구 총서 제1집

디트리히 본회퍼의
신학사상 연구

한국본회퍼학회 엮음
강성영 고범서 고재길 김성호 김재진 박봉랑 박재순 손규태
안병무 오재식 유석성 이장식 정지련 허 혁 현요한 외
다수의 일본 연구자들 함께 씀

동연

디트리히 본회퍼(Dietrich Bonhoeffer, 1906-1945)

디트리히 본회퍼(Dietrich Bonhoeffer, 1906-1945) 연보

1906년 2월 4일, 브레슬라우에서 태어남(아버지 카를 본회퍼와 어머니 파울라 하제)

1923~1927년, 튀빙겐대학교와 베를린대학교에서 신학을 공부함

1927년 12월, 라인홀트 제베르크 지도하에 "성도의 교제: 교회 사회학의 교의적 탐구"로 박사 학위 취득

1928년 2월, 바르셀로나에서 수련목회자 사역 시작

1930년 7월, "행위와 존재"(Akt und Sein)로 대학교수 자격 취득. 9월부터 1931년 6월까지 미국 유니온신학교에서 연구

1931년, 샤를로텐부르크 기술학교에서 교목직 맡음. 9월, '교회간 우애 증진을 위한 세계 연맹'의 보좌관으로 임명됨. 11월, 베를린의 성마태오교회 목사 임명

1932년 7-8월, 베스터부르크, 체르노호르스케 쿠펠레, 제네바, 글랑에서 열린 에큐메니칼 회의에 참석하다.

1933년, 히틀러 집권. 9월, 니뮐러와 함께 목사긴급동맹 초안을 작성, 성명서 「전국총회에 고함」 발표. 10월, 런던의 한 교구에서 목사직을 맡음

1935~1937년, 칭스트와 핑켄발데, 포메라니아에서 고백교회가 설립한 교구 신학교들 가운데 하나 인솔

1936년, 대학 강단에 설 자격을 박탈당함

1937년, 저서 『은총의 대가』 출. 10월, 게슈타포가 교구 신학교들을 폐쇄, 신학생들 체포. 11월, 『나를 따르라』 (*Nachfolge*) 출간

1938년 1월, 히틀러정권에 대한 쿠데타 계획을 처음 알게 됨

1939년 7월, 미국에서 귀국을 결심, 베를린으로 되돌아옴. 핑켄발데 신학교에서의 경험을 토대로 쓴 『성도의 공동생활』 (*Gemeinsames Leben*) 출판

1940년, 대작 『윤리학』 (*Ethik*)을 저술(이 저서는 그가 죽은 뒤 친구인 에버하르트 베트게에 의해 출판된다). 정치적 저항운동에 적극적으로 참여

1942년 11월, 마리아 폰 베데마이어와 약혼

1943년 4월, 누이 크리스티네, 매형 한스 폰 도나니와 함께 게슈타포에 체포되어 테겔 군 감옥에 수감.

1944년 7월, 폰 슈타우펜베르크의 히틀러 암살 기도가 실패로 돌아간 뒤 게슈타포는 이 음모에 그가 연루되어 있음을 증명하는 서류를 발견, 체포됨

1945년 2월, 부헨발트 강제수용소로 옮겨짐. 뒤이어 레겐스부르크와 플로센부르크 강제수용소로 이송

1945년 4월 9일 새벽, 플로센뷔르크 강제수용소에서 빌헬름 카나리스, 한스 오스터, 칼 자크, 테오도르 슈트륑크, 루트비히 게레 등과 함께 39세의 나이로 교수형을 당함

발 간 사

디트리히 본회퍼(Dietrich Bonhoeffer 1906. 2. 4-1945. 4. 9)는 행동하는 신앙인으로 교회와 신학계에 큰 영향을 끼쳤습니다. 본회퍼는 2차 대전 이후 20세기 후반부터 새로운 신학 형성과 교회의 사회적 책임을 일깨우는데 큰 역할을 하였습니다.

그리스도 중심적 신학 , 타자를 위한 교회 , 제자직의 고귀함, 정의와 평화를 위한 책임, 순종하는 신앙 같은 주제는 신앙인들의 가슴을 뜨겁게 하고 새로운 신학을 형성하였습니다.

한국에서도 1970년대 독재정권 하에서 행동하는 지성인과 민주화 운동하는 학생들에게 본회퍼 책은 필독서였습니다.

히틀러 나치정권에 항거한 본회퍼는 독재 정권에 맞서 저항하는 곳에 정신적 지주가 되었습니다. 본회퍼는 민주화와 정의와 자유와 평화를 위해 투쟁하는 곳에 항거의 모범이 되었습니다. 한국의 민주화운동뿐 아니라, 아시아, 남아프리카, 남미 등 민중이 억압받는 고난의 현장에서 본회퍼는 저항하는 사람들에게 용기를 주었습니다.

한국에 본회퍼가 집중적으로 소개되고 그의 책들이 번역된 것은 1960년대부터입니다. 본회퍼의 저서 『신도의 공동생활』(1964년, 문익환 옮김), 『나를 따르라』(1965, 허혁 옮김), 『옥중서간』(1967, 고범서 옮김), 『기독교윤리』(1974, 손규태 옮김), 『창조·타락·유혹』(1976, 문희석 옮김), 『그리스도론』(이종성 옮김)이 번역, 소개되었습니다.

그리고 독일에서 새로 편집되어 출판된 디트리히 본회퍼 전집(Dietrich Bonhoeffer Werke, DBW) 중에서 주요 저서 8권이 한국본회퍼학회 주도로 2011년 기독교서회에서 『디트리히 본회퍼 선집』으로 출판되었습니다.

한편 한국에서 최초의 본격적인 본회퍼 연구서는 박봉랑의 『기독교의 비종교화』(1975)가 출판되었습니다.

본회퍼 연구로 박사학위자들이 나오게 되었습니다. 정지련(스위스 바젤대), 유석성(독일 튀빙겐대), 현요한(미국 프린스턴신학대), 박재순(한국 한신대), 강성영(독일 하이델베르크대), 고재길(독일 베를린 훔볼트대), 강안일(독일 보쿰대), 김성호(독일 오스나브뤼크대), 김정환(독일 하이델베르크대), 김현수(미국 프린스턴신학대), 홍성국(한국 실천신학대학원대) 등입니다.

한국본회퍼학회는 1989년에 창립되어 활동하고 있고, 외국의 본회퍼학회와 학술 교류도 하고 있습니다.

이번에 본회퍼에 관하여 쓴 논문들을 묶어 출판하기로 하였습니다. 1960년대 1970년대에 쓴 논문들과 2000년대 쓴 논문들이 망라되어 있습니다. 또한 일본과의 국제 교류 발표문들도 묶었습니다.

이 논문들을 모아 컴퓨터로 옮기고 편집을 한 초대회장 손규태 박사님께 감사드립니다. 이 책이 한국의 신학 발전과 행동하는 신앙인이 되는 일에 크게 기여하기를 바랍니다. 본회퍼학회에서는 앞으로 계속하여 본회퍼 연구한 논문들을 묶어 출판할 것입니다.

플로센뷔르크 수용소가 있었던 마을의 루터교회당 내부 벽에 이렇게 새겨져 있습니다.

"형제들 가운데 예수 그리스도 증인 디트리히 본회퍼 1906년 2월 4일 브레슬라우에서 태어나 1945년 4월 9일 플로센뷔르크에서 생을 마감

하다"(DIETRICH BONHOEFFER EIN ZEUGE JESU CHRISTI
UNTER BRUEDERN GEB 4 FEBR 1906 IN BRESLAU + 9 APRIL
1945 IN FLOSSENBUERG).

본회퍼는 그렇게 죽었기 때문에 오늘도 이렇게 살아있습니다.
이 책의 출판을 맡아준 도서출판 동연 김영호 사장님께 감사드립
니다.

2017. 9
유석성
(한국본회퍼학회 회장, 안양대학교 총장)

편 집 자 서 문

한국에서 군사독재 시절 민주화투쟁을 하면서 그리스도인들은 히틀러 치하에서 삶을 건 투쟁을 전개했던 디트리히 본회퍼의 삶과 신학에서 많은 영감과 지침을 얻었었다. 그 군부독재자 박정희가 사망하고 1980년대 중반 이후에 한국의 민주화가 시작될 때까지도 본회퍼의 책들은 계속 많은 독자층을 확보하고 있었고 그에 대한 연구도 꾸준히 계속되었다. 1980년대 말부터 한국의 민주화 과정이 본격적으로 시작되면서 과거와 같은 투쟁의 열정이 점차 수그러들면서 본회퍼 읽기와 연구도 점차 차분하게 진행되면서 그의 삶과 사상을 보다 심도 있고 체계적으로 연구하고 소개하는 것이 필요한 처지에 있었다.

이러한 상황에서 독일에서 돌아온 필자는 몇몇 신학적 동지들과 함께 본회퍼학회를 설립하기로 결심했다. 필자에게 이러한 자극을 준 것은 무엇보다도 독일의 본회퍼학회와의 인연에서 비롯된다. 독일에 유학차 1975년 11월에 Heidelberg대학에 도착한 필자는 지도교수인 Hans Eduard Tödt교수와 함께 그 다음해 1월 제네바에서 처음으로 개최한바 있는 국제 본회퍼학회(Internationales Bonhoeffer Kongress)에 참석했다. 당시 이 대회에서는 독일의 저명한 핵물리학자이며 철학자인 Carl Friedrich von Weiszäcker가 주제 강연을 했고 남미의 해방신학자 Gutierrez, 프랑스의 Dumas, 미국의 Godsey, Green 등 전 세계의 저명한 본회퍼 연구자들이 연구논문들을 발표했다. 거기에서 필자도 전체 모임에서 30여 분 동안 한국에서의 본회퍼 소개와 연구에 관해서 간단한 보고를 했다. 이 일이 있은 후 지도교수인

Tödt는 한국의 본회퍼 소개와 연구를 박사학위 논문 주제로 정할 것을 권유하기도 했다.

당시 일본 목사 스즈끼 쇼조(鈴木正三)는 필자보다 1년 정도 일찍 독일에 와서 Tödt교수 밑에서 일본의 본회퍼 연구를 주제로 논문을 쓰고 있었다. 지도교수인 Tödt는 아시아 특히 일본과 한국에서 본회퍼 신학의 연구에 깊은 관심을 가지고 있었다. 필자는 이러한 인연으로 그 후에도 계속해서 본회퍼학회에 참석하게 되었고, 본회퍼 연구가들의 업적들과 접하게 되었다.

이러한 국제 본회퍼학회와의 인연과 함께 일본의 스즈끼 쇼조 박사로부터 일본에서는 이미 몇 년 전부터 "일본 본회퍼 연구회"가 창립되어 활발히 활동하고 있으며 독일과의 교류뿐만 아니라 국제학회에서도 크게 기여하고 있음을 알게 되었다. 동시에 1989년 일본에서는 "본회퍼와 日本"이라는 그 동안의 연구 성과를 출판하여 그 해 8월에 일본 YMCA에서 연찬회를 갖는다는 소식과 함께 초청장을 보내왔고 한국의 본회퍼 연구자들과의 교류도 바라고 있다고 전해왔다. 이러한 상황에서 필자는 한국에서 본회퍼 연구를 하는 학자들과 함께 그의 사상을 좀 더 체계적으로 공부하고 나아가서 그의 사상을 한국 교회에 확산시킬 것을 결심하고 몇몇 동지들과 함께 본회퍼학회 창립을 결심하게 되었다.

1989년 한국 본회퍼학회가 창립된 이후 그에 대한 연구 활동들, 즉 세미나, 공개강연, 연구발표회 등 많은 일을 해 왔다. 특히 그중에서도 한국본회퍼 연구가들에 의해서 독일의 새로운 전집에서 직접 번역하여 오랫동안 준비해왔던 8권으로 된 본회퍼 선집의 출간은 한국 신학역사에서 매우 중요한 의미를 갖는다고 할 것이다. 전집은 많은 독자들의 호응을 받아 판을 거듭하고 있다.

이러한 국내에서의 활동들과 함께 일본의 본회퍼 연구회, 독일의 본회퍼학회 그리고 독일에 본부를 둔 본회퍼 국제 본회퍼학회 등과 연구 및 교류활동을 꾸준히 해 왔다. 그동안 한국에서 본회퍼학회 창립 이전의 몇몇 학자들의 연구와 학회 창립 이후 학회회원들의 연구논문들 그리고 일본과의 연구 및 교류과정에서 제출된 결과물들을 출판하려고 준비해 오던 중 이번에 『디트리히 본회퍼의 신학사상 연구』라는 제목으로 내어놓게 되었다. 그동안 이 작업에 참여해 주신 본회퍼학회 회원들에게 경의와 함께 감사를 표한다.

이 책은 크게 3부로 구성되어 있다.

제1부에서는 본회퍼의 삶과 신학에 대해서 1950-60년대 한국의 제1세대 신학자들이 쓴 글들을 모았다. 이 글들은 한국본회퍼학회가 출발하기 이전 선배 신학자들이 당시의 시대적 요청에 따라 여러 잡지들에 기고한 글들로서 본회퍼의 삶과 신학에 대한 단편적이고 서론적인 글들이다. 특히 당시 박정희 권위주의적 정권이라는 우리의 어두운 역사적 상황에서 기독교인의 사회적 정치적 책임성을 본회퍼의 삶에 비추어 조명한 것들이다.

제2부에 실린 글들은 본회퍼학회가 출발하고 나서 연구모임, 공개강연 등에서 발표했던 글들을 모은 것들이다. 10여 년 동안 본 학회는 거의 매년 1회씩 본회퍼의 처형일인 4월 9일을 전후하여 공개학술강연회를 개최하였다. 이 글들은 선배학자들의 글과는 달리 본회퍼를 전공한 학자들의 글들이므로 보다 심도 있게 본회퍼의 신학적 주제들을 다루고 있다.

제3부에 실린 글들은 한국본회퍼학회 회원들의 활동과 일본학회와의 교류과정에서 발표된 글들을 모았다. 이때 발표된 글들과 함께

한일본회퍼학회 교류에서 발표된 한국 측 논문들과 일본 측 발표자들의 글들을 모아서 여기에 실었다. 논문들 마지막에 발표일시와 장소들을 적어두었다.

마지막으로 1989년 3월 본회퍼학회가 창립된 이후 지금까지의 간단한 역사를 일지 형식으로 뒤에 부록으로 첨가하였다.

손규태
(한국본회퍼학회 초대회장, 성공회대학교 명예교수)

차 례

제1부

초기 한국 신학계에 소개된 본회퍼

Dietrich Bonhoeffer

'복음화'냐 '세속화'냐?
: 본회퍼의 새로운 기독교

허 혁

(전 이화여자대학교 교수)

I. 머리말

본회퍼는 서한에서 "… 무종교화한 세상에서 교회와 교회적 생활 공동체, 설교, 예배의식, 기독교적 생활은 무엇인가? 가설로서의 종교… 없이 하나님을 말할 수 있는 방법은 무엇인가? 어떻게 하나님을 비종교적(weltlich)으로 말할 것인가? 우리 크리스천이 '무교회적'이며 비종교적이라면 크리스천으로서의 독특성은 어떠한가? 우리가 종교인으로서의 독특성이 없고 조금도 다름없는 세상 사람이라면, 불러 냄을 받은 교회(ἐκ-κλησιά)로서의 우리는 어떤 것인가? 이러한 물음이 모두 해결될 때 비로소 그리스도는 종교의 대상임을 면하고 그것과는 전혀 달리 세상의 실제적 주인이 될 것이다"라고 하여 신학의 새로운 과제를 제시하는 반면, "무종교적 세상에서 예배(Kultus)와 기도는 무엇을 뜻하는가? 여기서 비의계율(秘義戒律, Arkanumdisziplin) 즉 마지막 전 것과 마지막 것을 구별하는 일이 새로운 무게를 가져야 할 것이다." "그리스도 신앙의 비의를 세속화(Profanierung)에서 막기 위하여 비의계율을 다시 세워야 할 때가 왔다"[1]하여 그 처리 방안을 세웠다. 이 인용구를 요약하면 대략 교회(ἐκ-κλησία)와 세상(die Welt)을 명백히 구별 규정하고 이 양자의 관계를 '비의계율'로 처리해야 한다는 것이라 볼 수 있다.

여기의 '비의계율'은 이미 4세기에 기독교회가 사용한 개념으로, 콘스탄티누스 대제에 의하여 교회의 좁고 건전한 문이 개방되자, 휩쓸어 들어오는 이교 사상을 막아 교회의 비의를 보호하려고 세례 받은 자, 성만찬에 참여하는 자 등과 그렇지 못한 자를 교회 예배의식에서 구별, 차별하여 세례와 성만찬 그리고 그에 따르는 신앙고백과 주기도문의 비의를 후자에게 '비밀에 붙인다'는 뜻으로 사용하였다. 그러나 그 후 5세기 중엽에 이르러 대체로 이교도가 없어지자 교회에서 사라진 개념이다(이교도를 주위에 많이 가진 우리 교회의 입교인, 세례교인, 학습교인, 원입인 등의 구별과 예배의식 참여의 차별을 생각하면 이 개념의 본뜻을 쉽게 이해할 수 있다). 본회퍼는 이 개념을 다시 받아 그의 신학적 문제 해결에 사용한 것이다.

그의 신학적 관심은 어떻게 하면 기독교 신앙의 비의를 세속화에서 막으므로 그리스도가 이 세상에서 살아 활동하는 그리스도일 수 있을까, 즉 '그리스도'와 '그리스도의 가시성' 그리고 '이 세상에서의 그의 주권'이었다. 그러므로 그가 사용한 이 개념이 그리스도를 '비밀에 붙여' 혹은 숨겨 어떤 특수 계급에만 보이자는 것이 아님은 의심할 여지가 없다. 오히려 이 계율로 세상을 위하고, 섬기고, 봉사하는 그리스

---

1 비교: 고범서, "獨裁者에 피로 抗拒한 神學者", 「思想界」 1964. 10; 徐南同, 福音傳達과 그 世俗的 解釋, 「基督教思想」 1965. 2; 柳東植, 韓國教會가 지닌 非宗教化의 課題, 「基督教思想」 1965. 2; 姜汝奎, 世俗主義와 世俗化, 「基督教思想」 1965. 2; 徐南同, 그리스도論的 無神論, 「基督教思想」, 1965. 11.

도를 돕자는 데 있다는 것을 여기에 미리 확언해도 무방할 것이다.

이러한 포괄적 전제하에 교회와 세상의 자주성을 각기 검토하면서 옥중서신에 제시된 '비의계율'을 밝힘으로 기독교를 '비종교적'으로 본 본회퍼 이해의 일면을 엿보고자 한다.

II. 과제

"비종교화 한다", "세속화 한다" 혹은 "종교 없는 기독교로 돌아가야 한다"라고 하였을 때 그것이 곧 그리스도교를 '세속'이나 '세상'과 구별 없이 만들라거나 말하라는 것은 결코 아닐 것이다. "종교 없는 하나님" 혹은 "비종교적으로 하나님을 말한다"라고 하였을 때도 '하나님'[2]을 말하라는 것이지 '세상'이나 '세속' 혹은 세상 법칙이나 원리를 말하라는 것은 아닐 것이다. 역시 '세상' 혹은 '세속'과 '하나님' 혹은 '기독교'는 엄연히 구별되어 있는 서로 딴 것임이 분명하다. 적어도 기독교 신앙과 신학은 그렇게 생각해 왔고, 지금도 그렇고, 앞으로도 그럴 것이다. 그렇지 않으면 세상에 의한 기독교의 해체를 뜻할 것이기 때문이다. 그래서 교회는 세상을 도울 수도 있었으며, 그렇게 해야 지금도 앞으로도 세상의 냉대를 참을 수도, 세상을 사랑할 수도 있을 것이다. 이러한 관계는 서로 분명할 때, 그 자주성이 분명할 때에 가능하다. 본회퍼의 소위 "성서 개념의 비종교적 해석"도 기독교의 '세속화' 혹은 '세상화' 작업이 아님을 이런 의미에서 두 말할 여지도 없다.

교회는 교회로서, 세상은 세상으로서 서로 구김이 없이 있어야 한

---

2 '그리스도論的 無神論'(徐南同)이라 해도 결국은 하나님을 힘 있게 말하자는 것이리라. 이것은 다른 문제이지만 '무신론'이란 역시 '유신론'의 상대어로 같은 말 같다.

다. 교회가 세상을 간섭하거나 소위 기독교화 혹은 '복음화'하여 세상을 강점하고 그 참 모습을 숨기고 꾸며 자기의 것을 만들어도 안 되고, 세상이 교회를 이겨 교회를 세상화—이것은 결국 같은 말이지만—해도 안 된다.

이것은 모두 자기 상실을 뜻할 뿐이다. 하나님이 하나님이심을 그만두고, 세상은 세상대로 그 성격을 상실하고, 공허하게 되면 허세와 허수아비 그리고 우상만이 판을 치게 된다. 본회퍼의 표현을 빌면 세상의 기독교화는 세상이 기독교화한 것이 아니라 기독교가 세상화하여 해소된 것이다. 세상도 기독교화해서는 안 되고 기독교도 세상화해서는 안 된다.

'화'(化)는 '변한다'는 말이다. 그럴 수는 결코 없다. 있을 수도 없거니와 그렇게 하려는 노력도 이미 잘못된 것이다. 그렇기 때문에 '화'는 곧 혼돈이요 허위이다. 혼돈하기 때문에 세상도 교회도 결국은 모르게 되고 만다. 허위이기 때문에 세상이 기독교화한 것같이 보이지만 사실은 반대로 기독교가 세상화하여 소멸되고 만다. 세상을 기독교가 독차지한 것같이 보이나 그것은 거짓이요, 실상은 세상의 연장이요, 가설인 세상의 원리와 이념, 세상의 윤리와 권력 종교에 의하여 교회가 역습을 받고 질식된 것이다. 본회퍼는 자기가 태어난 독일을 위시하여 온 세상이 통틀어 기독교화하였음을 보고 경탄했다. 그러나 그는 기독교화한 세계의 시민 생활에서, 동역자들과의 대화에서, 특히 목사후보생 훈련생들 그리고 2년간의 형무소 간수, 재소자들과의 공동생활에서 기독교가 세상에 의하여 완전히 패하고 있는 사실을 똑똑히 보고 체험하고 울었다.[3] 세상의 기독교화는 기독교가 세상을 점령

---

3 세상의 기독교화가 결국 기독교의 세상화라는 사실을 통찰한 소위 기독교화했다는 서양 신학자 본회퍼가 세상에서 어떻게 하면 교회의 비의를 구출해 낼까 하는 물음을 제기하고 있는데 아직 기독교화하지 못한 한국 교회로 같은 사람의 이름으로 '기독교

한 것이 아니라 그 반대였다.

우리 신학의 새로운 과제는 세상의 기독교화가 아니라—기독교의 '세속화'는 더욱 아니다— 세상에서 그리스도교의 비의를 되찾는 일이 첫째요, 그것을 '세속화에서 보호'하는 일이 둘째요, 셋째는 세상을 '동반자'로 살리고 돕고 '사랑'하는 것이니, 이 셋은 동시적으로 일어나야 할 것이다.

본회퍼는 "나를 따르라"(Nachfolge)에서 기독교 신앙의 비의를 되찾기에 힘썼고 미처 이루지 못하고 말았지만 "윤리학" 특히 옥중 서한에서는 세상을 되찾으려고 하였다.

"나를 따르라"에서 예수의 제자들은 예수의 부름을 받고 세상에서 나온 사람들이다. 그물도, 배도, 아버지도, 일군도, 세관도 버리고 나온 자들이다. 그들은 이제 세상의 법과 윤리와 권력 하에 살지 않고 예수와 같이 살고 그의 명령 하에 행동한다. 그들은 세상에 자리를 가지고 있으나 세상의 세력이 침범하지 못하는 자주적 공동체를 이루어 세상에 맞서고 있다. 그들의 행동은 다르다. 옛것이 아니라, 옛것은 버리고 새것을 가졌다. 그들의 행동은 비범하다. 그들은 산 위에서 세운 성같이 세상에서 뛰어나 숨을 수 없는 존재이다. 이것이 지상에 있으면서 세상의 지배를 받지 않고 그리스도와 사는, 세상의 눈에 보이는 그리스도의 제자들의 교회인 것이다. 이러한 관찰 각도를 세상에 돌려 세상을 기독교회에서 뽑아 보려고 한 것이 "윤리학"에서 '마지막 전(前) 것'의 강조로 나타났고, "옥중서한"에서는 '무종교적', '비종교적', '자주적', '자율적', '무신적' 세계 즉 기독교 내지 하나님 없이도 충분히 살 수 있는 세계로 표현된 것이다. 세상은 세상으로, 교회는 교회로

의 세속화'를 서둘게 하는 것은 역사의 장난이라 할까 풍자라 할까 달게만 받을 수 없을 것 같다. (비교: 위의 세 논문과 '전국 복음화 운동').

있어야 한다. 이러한 생각이 세상을 버리고 교회를 만든다하여 바르트는 캘빈의 전통을 이어 일원론적 해석을 하고 있으나 본회퍼는 오히려 세상과 교회의 구별이 확실치 않고 이 구별이 유지 안 될 때 세상은 절대화하여 버림을 받는다는 것이다. 이 사정은 앞으로 검토되는 '비의계율'에서 뚜렷해지겠으나 이 구분이 건전하게—원리적이 아님—이해된 루터의 두 왕국이론(Zweireichlehre)에까지 미치고 있는 것을 보면 본회퍼는 루터의 전통을 이어 받은 학자인 것을 알 수 있다. 에벨링(G. Ebeling)이 본회퍼 신학 배후에는 '율법과 복음'—'복음과 율법'이 아님—의 루터적 이해가 깊이 숨어 있다고 지적한 것은 정확한 관찰일 것이다.

여하간 교회를 세상에서, 세상을 교회에서 구별해 낸다는 것은 교회와 세상이 서로 변하여 혼돈되고 알맹이를 상실한 이 시대에서 본 본회퍼의 가장 긴급한 신학적 과제였고 이에 따르는 양자의 새로운 대등한 관계 즉, 서로 침범하지 않으면서 없을 수 없는, 교회가 사랑할 수밖에 없는, 교회의 사랑을 받을 수밖에 없는 동반자의 관계를 수립하려고 내세운 것이 '비의계율'이다.

III. '비의계율'(秘義戒律, Arkanumdisziplin)

그러면 교회와 세상은 어떻게 접촉하며 어떤 관계를 가지는가? 이 관계와 접촉이 어떠할 때에만 교회와 세상은 자신을 절실히 유지하고 서로의 침범을 막을 수 있을까? 이 물음은 흔히 알려진 바르트의 부정적 계기나 브루너의 '접촉점' 알트하우스의 '원 계시' 혹은 불트만의 '전 이해'가 찾는 대답과는 그 각도를 전혀 달리하고 있다. 본회퍼 자신이 지적하고 있는 바와 같이 후자들은 대개 하나님의 '말씀'이라 하든지, '이해'라 하든지, 계시와의 접점 즉 인식론적이며 지적 접점을 무엇으로 혹은 어떻게 계시를 알 수 있는가를 구하고 있으나 본회퍼는 교회로서 살아 있는(existierend) 그리스도의 비의를 세상에서 어떻게 보호하면 그리스도가 세상의 산 주인이 됨으로 교회가 세상을 도울 수 있을까에 있었다. 이것을 교회와 세상 두 항목으로 나누어 그의 몇 저서를 통하여 살펴보자.

1. 교회와 '비의계율'

예수는 부활하였다. 본회퍼는 부활하신 예수의 말씀을 구체적으로 듣고 싶었을 뿐 아니라 그리스도를 보고 싶었다. 보이도록 그리스도의 구체적 모습을 가지고 싶었다. 그리스도는 몸을 가진 분으로 보았기 때문이다. 이 구체적 그리스도를 본회퍼는 교회에서 보았다. 교회는 그리스도의 거처일 뿐 아니라, 그리스도의 몸이요 현존이며, 교회는 그리스도였다. 그의 제자들이 그의 몸을 보고, 육성을 듣고 그를 순종했듯이 교회에서 설교와 성만찬을 통하여 그의 몸을 보고 육성을 듣고 그에게 순종하여 그와 더불어 살고자 했다. 이것이 본회퍼가 말하고 살았던 그리스도를 중심한 신도의 공동생활이다. 그러므로 부활하신 예수는 하늘에, 생각에, 관념에 들어 있지 않고, 지상에 계실 때와 같이 구체적으로, 지금 교회인 우리 중에 말씀으로, 성만찬으로 계시며, 우리에게 구체적 명령을 내리시며, 구체적 순종을 요구하고 같이 생활하시는 분이다. 여기에 예수가 부활했느니 안했느니 하는 인식론적 앎의 문제나 해석학적 문제가 개입될 수 없었다. 예수와 더불어 생활하는 문제가 있을 따름이었다. 알면 생활이 따른다고 본 것이 아니라 오히려 생활에서 안다고 보았다.

이렇게 생동하며 생활하는 교회에 시들지 않고 죽지 않고 생생하여 생활하게 하는 비의가 있다. 이 비의는 무엇이며 어떻게 세속화에서 보호될 것인가? 여기에 '비의계율'이 새로운 무게를 차지하게 된다.

그의 학위 논문 "성도의 교제"(Sanctorum Cmmunio)에서 이미 '비의계율'에 대한 생각이 움트고 있는 것을 볼 수 있는데, 유아세례와 성만찬을 베풀 수 있는 교회와 없는 교회를 나누어 생각한 것을 들 수 있다. 세례와 성만찬은 교회의 비의이다. 함부로 베풀어져서는 안 된다. 이것은 신앙만을 근거하여 구체적으로 보고 만질 수 있는 예수의 몸이요 죽음과 부활이며 자신의 죽음도 부활도 되는 때문이다. 싸게 누구에게나 던져 세속화해서는 안 된다. 신앙을 모르는 유아에게 세례와 성만찬을 베풀 수 있는 교회는 유아의 어머니처럼 유아를 돌보고 키울 수 있는 교회뿐이라 했다. 이것은 본회퍼가 '비의계율'을 교회의 책임성에서 본 것을 분명히 말해 준다. "교회의 문은 누구에게나 열려 있다. 그러나 교회는 동시에 책임을 져야 한다. 교회가 어떤 사람에게 교회의 문을 닫는다면 그것은 그가 지고 있는 책임 때문에만 가능하다." 본회퍼의 '비의계율'은 이런 의미에서 자기들만이 완전하다든가 거룩하다고 격려하여 모이는 완전주의자나 경건주자들의 모임이 아님은 분명하다.

『나를 따르라』(Nachfolge)에서 '비의계율'은 '귀한 은혜'와 '값싼 은혜'의 구별로 나타났다. 세상과 세속화에서 보호를 받아야 할 교회의 비의(Arkanum)는 '귀한 은혜', '결과로서의 은혜' 달리 말해서 은혜를 생활의 전체나 원리로 보지 않고 생의 마지막에 오는 결과로 보아야 할 은혜였다. 그러므로 은혜는 내가 생활에서 범하는 죄의 의인(義認)이나 용서가 아니라 죄인의 의인이요 용서인 것이다. 교회의 비의는 죄를 의롭다 하고 용서하는 것이 아니라, 죄인을 용서하는 하나님의 말씀이다. 이것이 복음이다. 이 복음을 죄를 용서하는 즉 신자의 생활 원리로 전락하여 싼 값으로 세속화한 은혜에서 구출 보호되어야 한다. 그러나 이 구출 보호 작업은 한갓 현대적 해석이나 이해로 되는 것이 아니다. 이것은 '계율'(Disziplin)에 의하여서만 가능하다. 계율은 곧 성화(Heiligung)요 '그를 따르는 일'(Nachfolge)과 해석이나 이해 없이 '단순히 순종'하는 일이요, '거룩한 것'(das Heiligtum: 세례 성만찬 은혜의 말씀 등)을 개나 돼지에게 값싸게 던지지 않는 일이다(마 7:6).

진주를 돼지에게 던져서는 안 된다. 여기에 교회의 비의를 맡은 설교자의 한계가 있다. 아무 곳에서나 어느 때나 가림 없이 함부로 마음대로 말하거나 전할 수 없는 제한이 있다. 말할 수 있는 때와 장소가 있는 것이다. 세상의 원리는 강하여 언제나 어디서나 통하지만 하나님의 말씀은 우리와 함께 약함 때문에 때와 장소와 사람을 가린다. 하나님이 자신을 낮추셨기 때문이다. 말씀이 능력으로 나타날 때는 마지막 심판 날이다.

그를 따르는 일도 위와 꼭 같이 기독론적 근거를 가지고 있다. 그리스도는 교회에서 말씀과 성만찬으로 우리를 불러 따라 나설 것을 요구한다. 그가 요구하는 따름은 '보이는'(sichtbar) 순종의 행동이다. 즉 보이지 않는 교회의 지체가 되어 듣기만 하는 것이 아니라 세상이 보는 교회에서 보이는 행동으로 따르기를 요구한다. 그 이유는 그리스도가 사람이 되어 우리와 더불어 육체적 공동생활을 영위한 때문이다. 이렇게 본회퍼는 따름의 장소를 오직 보이는 교회로 확인하여 교회와 따름의 행동은 서로 뗄 수 없는 관계에 놓이므로 종교적 개인주의와 유심론을 철저히 거부하였다. 따름은 오직 교회와 연결되었으니 말씀을 듣고 성만찬에 참여할 때에만 가능하기 때문이다. 따름의 힘도 따름 자체에 있는 것이 아니라 단번에, 그리스도의 죽음에서 이루신, 누구도 반복할 수 없는 하나님의 은혜의 행위(세례)에 있다. 성화에서 신자의 옛 사람이 날마다 죽어 가는 것도 단번에 죽은 세례의 열매요 인간 자신의 일일 수는 없다. 복음을 날마다 회상하고 이 회상에서 실제로 힘을 얻어 보이게 그를 따르는 것이 복음을 세상과 세속화에서 막는 교회의 '비의계율'이다. 그의 윤리와 옥중 서한에서는 '비의계율'이 교회의 '자기목적성'(Selbstzwecklichkeit)을 되찾는 노력과 '하나님의 때'를 기다리는 태세로 나타난다. 교회는 세상에 있다. 그리스도의 말씀으로 자유하게 되어 교회에 모인 신자도 세상에서 일하고 결혼하고 관헌에 복종하고 교회의 지체가 된다. 이것이 교회와 신자가 세상처럼 산다는 것을 뜻하는 것은 아니다. 일하고 결혼하고 관헌에 복종하며 교회의 일원이 되는 것은 이것을 통하여 예수 그리스도의 실재를 설교와 교회의 질서와 신자의 생활에서 증거하라는 하나님의 위임사상(Mandat)인 것이다. 여기에 세상과 같이 살면서도 세상 질서에 속하지 않는 교회자체의 질서가 있다. 이 교회는 두 성격을 띠우게 된다. 이 위임 사항을 실현하는 수단과 도구로서의 성격이 하나요. 다른 하나는 목적적 성격이다. 이 교회는 온 세상에 그리스도를 전하는 태세로서는 수단이요, 세상에 대한 하나님의 모든 행위의 중심점이라는 뜻에서는 세상에 매이지 않는 자주성을 가지고 있다. 이 둘은 분리될 수 없는 것으로 세상을 향한 교회의 태세(수단)는 곧 예수 그리스도가 지금 있는 자리로서의 장소(목적)이라는 것이다.

본회퍼는 교회의 자주성을 되찾는 일을 '비의계율'로 호소하고 있다. 수단으로서의 교회의 성격 즉 교회의 권위와 예배형식, 교회의 질서 등의 빈곤에 대하여서는 쉽게 탄식하지만, 교회 자체를 위한 교회 생활의 참된 훈련과 도야 즉 절제, 금욕, 명상, 정관 등 정신적 훈련에는 거의 관심이 없다. 교직자의 위치와 사명에 대한 자각도 없다. 본회퍼는 이러한 자주성의 결핍에서 복음의 풍성함이 고난을 당한다고 본 것이다. 이러한 결핍에서 교회의 비의는 값싸고 쉽게 세속화된다고 보았다.

윤리와 서한에 나타난 '비의계율'의 다른 일면은 '선한 행동과 기도로' 하나님의 말씀을 전할 수 있는 하나님의 때를 묵묵히 기다리라는 것이다. 그 까닭은 교회는 지금 세상에 복음의 말씀을 바로 전할 수 없이 무능하게 되었다는 것이다. 말로 무엇이나 처리할 수 있는 때는 적어도 지금은 아니다. 지금은 하나님의 이름을 함부로 부를 수도 없는 때다. 이것은 물론 세상이 두려워서 그런 것은 아니다. 오히려 귀한 은혜를 휘둘러 값싼 은혜로 만드는지를 염려한 것이요 만물이 모두 자기 때를 가진 때문이다. 말이라고 어느 입에나 담을 수 있는 것은 아니다. 귀마다 들을 수 있는 것도 아니다. 예수도 침묵을 명하였고 경우에 따라서는 제자들 중에서도 셋만을 택하여 보여 주고 들려주지 않았는가. 그러므로 '윤리'에서 비의는 단순한 최후의 것이 아니라 최후 전 것에서 최후의 것 즉 때를 기다리는 일이요, 계율은 최후의 것을 위한 최후 전 것의 삶이니 최후의 것에서 능력을 얻어 오시는 그리스도의 길을 예비하는 일이다.

이상에서 '비의계율'이 뜻하는 바는 교회의 설교와 목회 행위의 신실과 능력이었다. 그의 서한에 나타난 이러한 관심은 또 다르다. 위에 인용한 구절을 여기에 다시 옮겨보면 "… 무종교화한 세상에서 교회와 교회적 생활공동체, 설교, 예배의식, 기독교적 생활은 무엇인가? 가설로서의 종교… 없이 말할 수 있는 방법은 무엇인가? 우리 크리스천이 무종교적이며 비종교적이라면 크리스천으로서의 독특성은 어떠한가?"였는데, 문맥으로 보아 설교와 교회 치리의 원리적 문제뿐 아니라 '만일 하나님이 주시지 않더라도', 무종교적으로라도 살아야 하는 사람들의 일정한 세계에서의 설교와 교회 처리가 문제된 것이니 역시 '비의계율'은 교회 치리자를 특수한 사람으로 보지 않고 세상 사람과 같이 본 것이다. '비의계율'은 그러므로 배태성에 관계된 오는 힘을 힘입어 무종교화한 세상에서는 무종교적으로만 살 수 있다는 것이다.

그러나 여기에 주의할 것은 본회퍼의 '비의계율'이 결코 그리스도를 교회에 저장해 두고 복음을 일부 생략하여 전하자는 교황청의 민중 교육학과 같은 것이 아니라는 것이다. 교회 당국자의 마음대로 대중에 주고 싶은 것만을 골라 그리스도를 분산시켜 주는 것일 수는 없다. 아무리 좋은 의미의 교육학적 노력일지라도 '비의계율'이 말하는 것은 아니다. 교육학은 방법이요 방법은 최후의 전 것에서 출발하여 최후의 것에 이르는 일이지만, 길을 예비하는 일 즉 '비의계율'은 최후의 것에서 최후 전 것에 이르는 길이다. 자의로 자력으로 오시는 그리스도만이 우리로 하여금 그의 길을 예비하는 자가 되게 한다. 그리스도를 나누어 적게 주고 많이 주는 교육학적 방법은 불신앙이라 해도 좋다. 본회퍼가 말한 인식과 의미 파악의 계단설도 교육적 방법으로 이해해서는 안 된다. 오히려 '비의계율'은 어린 자에게 젖을 먹이고 밥을 먹이지 않는 바울의 태도에(고전 3:2) 근거를 두고 있는 것이다. 성격을 교육학적으로 풀이하자는 것이 아니라 하나님의 말씀과 교회의 비의를 세속화와 유치한 세상의 몰이해에서 보호하자는 것이다. 여기에 다시 한번 종합하면 '비의계율'은 무종교화한 세상에서 하나님의 말씀을 신중히 다루는 데 온갖 노력을 다하지만 종당에는 모든 것을 그리스도에게 내맡기는 자의 긴장된 생활이라고 할 것이다. 그러므로 여기에 비의는 복음의 전체성이요 계율은 이 복음을 방관적인 주지주의자들에게 줄 것이 아니라 전 인격으로 하나님의 말씀에 귀를 기울이는 자에게만 주도록 주의하라는 것이다.

지금까지 보아온 것에 의하면 본회퍼가 바랐던 소위 '성서 개념의 비종교적 해석'도 어떻게 하면 교회의 설교와 치리가 싱싱하고 강력하며 진실된 것일 수 있겠는가라는 물음의 해답인 '비의계율'의 결과로 볼 것이다. 즉 그가 이미 자기 식으로 산상수훈을 해석한 "나를 따르라"와 그의 삶이 담긴 저서『신도의 공동생활』즉 '회개'와 '그리스도를 중심한 공동생활', 또 세상에 대한 교회의 자세에 관한 결정체인 '윤리'와 서한의 설교 그리고 말할 수 있는 하나님의 날을 기다리는 일, 의인의 기도, 모범적 행동, 최후의 것과 최후 전 것의 구별 등. 이러한 것들의 연관성을 무시하고 무작정 비종교적 해석에만 눈이 어두운 자는 무책임하게 어린아이에게 밥을 먹이려는 망동에 빠지거나, 내용 없는 형식만의 하나님 말씀을 전하는 어리석음에 떨어질 것이다.

2. 세상과 '비의계율'

우리는 이미 위에서 세상이 참 세상이려면 기독교화에서 가려내야 한다고 했다. 기독교화한 세상은 세상도, 기독교의 교회도 아니다. 세상화한 기독교도 교회와 세상을 모두 상실한 허수아비다. 본회퍼의 신학적 문제는 기독교를 세상에 따라 세속화함으로 세상을 기독교화하자는 데 있지 않고 기독교를 기독교로 성실히 지켜 세상을 세상답게 보호하고 사랑하자는 데 있었다.

이것을 위하여 본회퍼가 극력 주장한 것을 우선 여기서 구체적으로 들어보면 하나님의 나라와 세상의 나라를 엄밀히 구별한 것이 하나요, 다음은 교회와 세상 사이의 선을 선명하게 한 것이며 최후 전 것 즉 먹고 마시는 등 세상 영역에서의 삶과 이 가련한 세상이 감정적이기는 하나 우리의 고향이라는 사실을 잊어서는 안 된다는 것이었다.

하나님 나라와 세상의 나라를 구별하지 않고 이 세상에 하나님 나라를 세우려는 노력은 건전한 기독교적 세속주의일 수는 있으나 세상을 희생시킨 기독교화이므로 비기독교적인 것이다. 여기에는 세상에서의 도피와 세속주의가 숨어 있어서 하나님 나라에 대한 신앙은 물론이 세상에서 그리스도인에 숨은 하나님 나라도, 이 세상에 계속 오고 있는 하나님 나라도 있을 수 없게 된다(이것은 영미적인 'social gospel' 그리고 루터교회적 대륙 신학의 세계 도피성과의 연결이었다).

교회와 세상의 분별이 무시되는 것은 은혜로 인한 만사OK론에서 야기되는데, 이 은혜론 덕택에 만사는 옛것에 머물고 따라서 신자도 무엇에 구애받을 필요 없이 세상과 꼭 같이 살아서 좋고 살아야 한다는 것이다. 이때 은혜 아래서 산다는 말은 죄 아래서 산다는 말과 같은 말이 된다. "세상은 은혜로 인하여 의롭다 함을 받았다. 의인화(義認化)한 것이다. 그러므로 신자여, 걱정 말고 세상과 같이 살라!" 이렇게 잘못된 의인(義認) 이해는 결국 교회와 세상 사이의 선을 없애고 말았다. 이 은혜로 세상이 통틀어 기독교화한 것 같으나 기독교는 결국 자신을 잃고 세상화해 버리고 말았다. 이렇게 기독교도 세상도 상대를 잃고 사랑할 수도, 대속할 수도, 핍박할 수도 냉대할 수도 없게 된 것이다.

우리의 사는 곳이 세상이요 이 가련한 세상이 또한 당장 우리의 고향이다. 이것을 잊을 때 이 세상을 세상으로 해석하지 않고 변명하거나 혹은 강제로 하나님의 자리를 세상에 요구하는 노력이 나온다. 그것들이 기독교의 변증학이요 종교적 a priori며, 하나님을 '복덩방망이'로 모셔 들이려는 일이다. 그리고 기독교를 종교화(세상화: 종교는 세상의 단면)하여 극락세계에 들어가는 수단으로 만들고, 이 세상을 비관함으로 세상의 중심을 피하여 한 구석에 발을 붙이거나 절제와 훈련의 도장인 세상을 바꾸어 교화 혹은 권익, 인일, 호색을 일삼는 유치하고 범속한 세상을 만들어 버린다.

교회는 교회로, 세상은 세상으로 유지 보호되어야 한다. 그러나 이것은 그리스도를 나누어 둘로 만든다거나 하나님을 두 영역에 갈라 섬기자는 것은 아니다. 교회와 세상의 원리적 구분은 있을 수 없다. 이 과오는 이미 재래의 루터교회가 범한 것을 본회퍼는 잘 알고 있었다. 이러한 원리적 구분은 거룩한 영역과 세속적 영역을 낳게 된다(19세기 프로테스탄트 신학의 과오). 세상과 그리스도교, 세속과 신성이라는 쌍 개념은 결코 정적인 대립 개념일 수는 없다. 이 대립 개념을 공간적으로 생각하면 하나님이 그리스도 안에서 세상과 화해하였다는 사실을 부인하고 기독교적인 것의 강압적 요구에 세상이 굴복하거나 그렇지 않으면 자율 속에 버림받는 자가 되어 버린다. 그러나 이 모순을 극복하는데 있어 극한적 방법도, 타협적 방법도 부당하다. 극한적일 때는 최후 전에 있어서의 인간의 모든 행동은 죄를 극복 못할 것이고 결국 세상에 대한 책임도 없어진다. 타협적일 때는 최후 전 것도 최후의 것도 절대화된다. 전자는 이 세상에서 후자는 저 세상에서 전혀 관계없는 독립된 영역을 형성할 것이다.

극한과 타협은 그리스도의 화해 행위에 의하여 성취된 하나님과 인간, 두 현실의 극복을 완전히 파괴하고 만다.

우리는 이제 결정점에 도달했다. 본회퍼는 교회와 세상의 건전한 관계를 속죄(Erlösung)에서 보지 않고 화해(Versöhnung)에서 본 것이다. 하나님은 그리스도 안에서 세상과 화해한 것이지 세상을 정복하거나 기독교화하려는 것이 아니다. 세상과 인간을 사랑하였다. 고통과 행복을 겸하여 가진 죄된 그대로의 세상과 인간을 사랑하신다.

이것이 하나님의 원수 사랑인 것이다. 그리스도 안에서 그의 탄생에서 그의 생애에서 그의 죽음에서 그의 부활에서 세상과 화해하셨다. 이 화해의 관계는 끊을 자가 없는 것이다. 이것이 또한 하나님과 인간 혹은 세상의 통일적 유일한 현실(Wirklichkeit)이기도 하다.

그러므로 참되고 전체적인 세계성은 세상을 신화하는 것도 신을 세상화하는 것도 아니다. 세상을 현실 그대로 즉 무신성에서 하나님과 화해한 세상으로 하나님 앞에 서게 하는 것이다.

이러한 화해에 의한 하나님과 세상의 통일적 현실 하에서 본회퍼는 세상에 대한 교회의 적극성을 다음과 같이 지적하고 있다.

1) 교회는 지금까지 집거해온 동굴을 벗어나와 다각적 세상과 자유로운 정신적 대결(인식론적 정복이 아님)을 할 것이다. 이 대결의 방법은 기독교인의 일상생활과 기도가 밑받침한 설교요, 그 목표는 하나님이 그리스도 안에서 인간의 전 본질을 육체적으로 받아들임으로 인간이 하나님 앞에서 인간 그대로 살 수 있도록 자유하게 하였다는 것을 세상에 증거하는 것이다.

2) 교회는 다른 사람을 위하여 있을 때에만 교회일 수 있다. 교회는 하나님의 위임사항(일, 결혼, 국가, 교회)을 수행하는 데 양면의 성격을 가지고 있다고 하였다. 방법과 수단으로서의 성격과 자기 목적적 성격이었다. 이 두 성격의 연관성은 본회퍼가 Sanctorum Communio에서 자주 사용한 '대리'(Stellvertretung)라는 개념이 가장 잘 표현해 준다. 교회는 무신적 세상에 서야 할 자리에서 서서 세상을 대신하고 세상에 봉사하면서 세상을 위하여 있으므로 세상이 교회의 처소에서 세상일 수 있게 한다.

3) 교회는 세상에 구체적 계명을 제시한다. 기독교의 윤리는 이상

이나 이념 혹은 원리가 아니다. 철두철미 구체적이다. 인간을 혹은 세상을 대할 때 기독교는 부분적으로 나누어 상대하지 않고 전적(ganz)으로 대하고 상대하는 때문이다. 인간은 나눌 수 있는 존재가 아니다. 윤리와 이상은 인간을 억압하고 정죄하고 강제하니 기독교가 세상에 지시하는 계명은 인간을 이해하고 돕고 사랑하고 대신한다. 어디서나 구체적인 것만을 안다.

IV. 맺는 말

우리는 지금까지 교회와 세상을 검토하면서 교회와 세상의 명백한 구별과 그에 따르는 관계의 거점을 보아 왔으나 본회퍼의 모든 노력과 생활 저쪽에서 일관하게 깊이 흐르고 있는 것은 분명히 어떻게 하면 예수 그리스도의 귀중한 말씀을 귀중하게 보호하고 받아들일 수 있는 가 하는 과제였음을 알았다. 세상의 '복음화'도 기독교의 '세속화'도 아니었다.

이것을 '비의계율'에서 나누어 보면, 그리스도에 머물러 있으면서 그의 교회를 수호할 것이니 용서와 의인(義認), 세례와 성만찬의 은혜를 성화(聖化)와 따름, 교회생활의 훈련과 회개, 성도의 공동생활과 하나님의 말씀을 조심스럽게 다루는 설교, 때와 장소와 사람을 가려 말씀을 전하고 개에게 보물을 던지지 않는 일, 그러나 이 모든 노력은 공적이나 방법으로서가 아니라 오직 그리스도 자신이 가져야 할 길을 준비하는 조심성으로 귀중하게 보호해야 한다는 것이었다.

이것을 다시 세상을 향한 교회의 자세에서 보면 교회와 신자의 세상에 대한 적극적 태도였다. 그리스도의 대속적이며 화해의 고난의 힘을 힘입어 성속의 공간적 두 세계의 거리를 극복하고 하나님을 있는 그대로의 지상의 주인으로 섬길 것이며, 세상과 원수 중에서 살되 세상을 잃지 않을 뿐 아니라 훈련도장으로 알아 활발히 살고 하나님의 고난에 참여함으로 불신자들을 대신하고 비종교적 설교와 교회 치리, 현실에 맞는 구체적 윤리로 신이 없다 하는 자들과 대결할 것이며, 세상의 고난과 기쁨을 그리스도 안에서 구별 없이 세상과 동참하고 예수의 고난에 참여함으로 타자를 위한 존재가 되어 종교적 인간이 아니라 단순한 한 인간이 된다는 것이다.

끝으로 본회퍼를 이해하는 데 주의해야 할 것은 교회와 세상이 모두 그리스도의 죽음과 부활에 의하여서만 그 자체의 고유한 성격을 되찾고 보호할 수 있다는 것인데, 특히 세계성의 근거를 그리스도의 부활에 둔 것은 주목을 끈다. 그러므로 우리는 본회퍼의 이름으로 세상을 세상답게 정화하고 세상에 신선한 공기를 불어 넣어 줄 수 있는 원동력은 역시 그리스도의 부활에서 얻을 수 있다는 것을 확언할 수 있다.

본회퍼의 현대적 의미

오재식
(전 세계교회협의회WCC 개발국장)

I. 마지막입니다. 그러나 새로운 시작입니다

1945년 4월 8일 아침에 본회퍼는 2년간의 옥중생활 끝에 두 사람의 나치 비밀경찰에게서 호출을 받았다. 그는 그것이 그의 마지막인 것을 알았다. 감방 문을 나서기 전에 그는 동료 한 사람에게 아주 침착한 어조로 말했다. "이것이 마지막입니다. 그러나 나에게는 삶의 시작입니다."

이튿날 그는 바바리아의 숲속 작은 마을에 설치된 교수대에서 39년간의 생애를 끝맺었다. 그로부터 25년 가까이나 지난 오늘, 본회퍼를 처형한 무시무시한 나치 조직은 간데없고, 하찮게 죽어버린 그는 살아서 크리스천의 삶의 귀감이 되고 있다.

그는 구태여 죽음을 자초할 필요가 없었다. 나치의 악랄한 세력을 신(神)의 진노에 맡기고 분노에 찬 신도들의 심령을 위호해 주는 것으로 그쳤다면 오히려 나치의 보호를 받을 수도 있었다. 많은 사람이 나치의 경제적 성취를 찬양하고, 게르만 제국의 영원한 번영을 꿈꿀 때

유별나게 침을 뱉고 나설 필요는 없었다. 오히려 목회자답게 위선과 기만으로 가득 찬 무리들을 측은히 여기고 하나님의 자비를 구했어야 할 일이다. 시민이 정당한 이유 없이 구속되고, 협박을 받고 인치와 고문과 사형이 자행될 때 그들의 옆에 서서 죽음 뒤의 위안을 일러 주고, 눈을 감기고 또 주검을 거두어 주는 것이 목회자의 할 일이 아니었던가? 무식한 군인들이 총칼의 힘이 곧 정치적 힘인 줄 착각하고, 윤리나 도덕이나 시민의 공감 따위를 제복 안에 파묻고 오만 불손한 사육제를 두려움 없이 집행할 때 그는 왜 정교분리의 대원칙을 찾아내는 지혜가 없었던가? 창문의 셔터를 내리고 골방에 박혀서 울분을 달랬어야 했을 것이다.

그는 혈기에 차고 분별없는 청년이었다. 악랄한 정권 아래서 목숨을 부지하는 슬기가 없었다. 그는 많은 교회 지도자들이 자중하기를 권고하고, 정권을 지지하는 것이 교회 유지에 불가피하다는 것을 설득했는데도 막무가내였다. 그의 행동이 생명까지도 위협하리라는 친구들의 만류를 아랑곳하지 않았다. 그는 마침내 친구를 버리고 교회를 등지고 말았다. 당시 국가 원수인 히틀러는 내란과 외침의 위협에서 독일을 구하러 일어선 청년 장교, 능률과 업적을 모토로 한 실천궁행의 사나이로서, 침체했던 독일 사회에 생기를 불어 넣고, 독일 경제는 하루가 다르게 성장해 가는 듯했다. 대중은 그를 개국 이래의 위대한 영도자로 추앙하고 교회는 그의 머리에 축복의 손을 얹었으며, 대학의 지혜는 그 무릎 아래서 머리를 조아렸다. 그뿐이랴, 언론은 새로운 형용사를 찾기에 혈안이 되고, 예술은 군화의 리듬의 영감 아래 압도되어 있었다. 이렇듯 찬란했던 민족중흥의 감격 속에서 현기증을 느낀 본회퍼, 그 위대한 지도자 히틀러를 제거하려던 그가 어리석었던 것은 두말할 나위도 없지 않은가? 그는 일개 졸병의 손에서 포승을 받고, 감방 간수의 눈초리 밑에서 2년을 지내다가, 집행리(執刑吏)의 기계적인 동작 아래서 아직도 젊은 일생을 거두었으니 많은 죄수들의 반열에 끼어 그의 생애는 막을 내렸다.

그러나 본회퍼는 이렇듯 분명한 종말에 반기를 들었다. 그는 그의 종말을 인정하지 않았다. 자기의 마지막을 통한 새로운 시작을 보았다. 자기의 끝을 잇는 그리스도의 시작을 믿었던 것이다. 그는 이 믿음을 떠벌이지 않았다. 다만 확고부동한 자세로 앞을 향해서 나아갔을 뿐이다. 죽음이 다가오고 있는 것을 알았다. 그러나 극히 담담한 어조로 동료들을 위로하고, 용기를 갖게 했다. 그의 마지막 날을 그린 사람은 없으나 상상컨대 아주 조용하게 그러나 분명하게 마지막 걸음을 걸었을 것이다. 나치의 모략이나 협박 따위는 그의 평범한 자세 앞에서 빛을 잃었다. 한 사람을 우상화하고 그와 그 집단의 영달을 위해서 시민을 우롱하고 기만하는 일이 극에 달해 감히 휴머니즘의 근본에까지 도전하던 나치, 그 제복과 총검과 명령 체계의 광란으로도 개미 같던 일개 시민의 일상적인 발걸음을 어찌하지 못했다.

본회퍼는 나치의 광기(狂氣)를 잠시 피할 수 있었다. 그는 나치가 전쟁을 도발할 때 미국에 가 있었다. 그 전에 영국에서 2년 이나마 시무했었다. 그는 1939년 미국에서 조국으로 들어갈 때 "크리스천이 현재의 조국의 고난에 참여하지 않으면 전후에 발언권을 얻지 못하리라"고 했다. 그러니까 그는 이미 나치의 카니발 뒤에 오는 세계를 보고 있었다. 현재 조국이 당하는 시련은 극히 일시적인 소나기요, 저 먹구름 너머로 비치는 맑은 햇살을 그는 보고 있었다. 그 비전이 그로 하여금 그의 일상적인 발걸음을 유지하게 하였던 것이다. 그가 조국으로 돌아가기를 결심했을 때 그는 이미 새로운 삶을 시작하고 있었다. 그의 죽음이 이것을 단절시킨 것이 아니다. 더욱 강렬한 불기둥으로 타

게 했다. 마지막은 총칼로 매겨지는 것이 아니다. 그것들은 오히려 나
치의 종말을 재촉했을 뿐이었다. 이것을 알았던 사람이 어찌 본회퍼
뿐이었으랴. 혹은 감옥에서, 혹은 전장에서, 혹은 가스실에서, 수용소
에서 유명 무명으로 꺾인 발걸음이 다시 시작한 것은 역사가 증언하는
바요, 다시는 나치의 광란(狂亂)이 반복되지 않기를 바랐던 숱한 심령
들의 합창이 아직도 우리 가슴에 메아리쳐 오고 있지 않은가?

II. 미친 사람에게서 핸들을 뺏어야 합니다.

본회퍼가 교회의 목사로서 국가 원수를 제거하려는 음모에 가담한
것이 옳으냐, 그르냐 하는 논쟁을 벌일 수 있다. 그러나 그런 따위의
논쟁은 한가한 사람들의 말거리요, 행동을 해야 하는 사람들의 관심
거리는 아니다. 본회퍼는 이 문제에 대해서 이렇게 말하고 있다. "만일
미친 사람이 행길로 자동차를 몰고 간다면 나는 목사이기 때문에 그
차에 희생된 사람들의 장례식이나 치러 주고 그 가족들을 위로나 하는
것으로 만족하겠는가? 만일 내가 그 자리에 있었더라면 그 달려가는
자동차에 뛰어 올라 그 미친 사람으로부터 차의 핸들을 빼앗아 버려야
하지 않겠는가?" 이 일을 할 사람은 구태여 목사가 아니라도 되지 않
겠는가? 현대 사회는 각각의 기능별로 분업적인 일을 하면 되게 되어
있기 때문에 학생은 교실에서 공부해야 한다는 논리와 마찬가지로 목
사는 교회당 안에서의 자유를 즐기면 될 일이 아니겠는가?

사회생활을 이렇게 분업적인 기능위주로 나누어 놓고 보면 "미친
사람에게서 핸들을 뺏는다"라는 일은 아주 복잡한 미궁에 빠지기 쉽
다. 우선 시민이 그것을 고발해야 하고, 언론이 그 상태와 영향을 정확

하게 보도해야 하고, 대학이 증상을 분석, 진단하여 결의 기관에서 대책을 의결해야 한다. 이러는 동안의 시간적 요소도 중요하거니와 또 사회 각 기관 사이의 호흡이랄까 또는 상식적인 양식(良識) 수준의 공유 따위도 중요한 문제다. 이런 결함에도 불구하고, 사회가 기초적인 상식 수준이라도 유지해 가려는 노력이 있는 한, 이런 사회제도의 결함을 보완하는 건전한 것으로 운영될 수 있다. 그러나 나치 일당은 근대사회의 이런 성격을 교묘하게 역이용하여 드디어는 사회 전체의 파국을 자초했던 것이다. 대중은 이미 게르만 민족의 중흥이란 가치를 치켜든 국가사회주의 자들의 전시 효과에 현혹되어 문턱에 다가서는 것 같은 민족번영의 꿈에 사로잡혀 있었다. 본회퍼가 본 '미친 사람'들을 대중은 메시아로 영접하고, 그들의 박수 소리에 심어진 앞날의 신음 소리를 미처 못 들었던 것이다. 나치는 또 언론을 교묘하게 제압했었다. 언론기관들이 근대적인 경영방식을 채택하고, 사회 다른 기관들과의 복잡한 기업관계로 전환해 가는 과정에서 나치는 언론에로 통하는 여러 통로에 차단기를 설치함으로써 그것들을 손아귀에 넣을 수 있었다.

나폴레옹의 말발굽 밑에서 조국 독일의 재건이라는 뼈저린 각오로 성장해 온 독일 대학은 발전 과정에서 초기의 이상주의는 쇠퇴하고 국가 목적과 너무 밀접하게 결탁하여 세계적인 사명을 소홀히 했었다. 뿐만 아니라 학문의 중립적인 탐구에 몰두하여 인간에 대한 열정을 결여하기 시작했었다. 따라서 나치는 국가의 이익과 학문의 중립성을 강조하는 것만으로써 대학을 지배하는 데 족했던 것이다. 한편으로, 나치가 의회를 지배하는 데 구사한 기발한 착상들은 이루 다 열거할 수조차 없다. 요컨대 교회나 또는 일반 사회는 아직도 도덕률이나 윤리체계 따위의 형이상학적 명제들에 도취되어 있는 동안에 나치는 극히 무윤리적(無倫理的)인 정치 메커니즘으로 석권하기 시작했고, 교회나 사회는 이와 같은 비상식적인 도전을 적기(適期)에 수용할 능력이 없었다. 나치는 결코 기습이 아니었다. 다만 사회가 기습당한 것으로 생각했을 뿐이다. 이는 사회의 전초적인 역할을 해야 할 언론이나 대학이 사회의 미래상에 대한 종합적인 비전이 없었다는 이야기고 나아가서는 인간에 대한 관심과 인간을 보호하려는 열정이 결여되어 왔다는 말이다. 이른바 집권자가 인텔리겐치아를 대중에게서 분리시키기 위한 조작을 할 수 있다. 그러나 이런 조작을 극복해야 할 것은 기본적으로 인텔리겐치아의 책임이다. 본회퍼는 권력에 대한 교회의 아부는 두말할 것도 없고 이른바 지식인들의 중립적인 몸사림을 똑같이 증오했었다. 언론이나 대학은 상황이 다르다 뿐이지 전신의 병사와 마찬가지로 근대 사회를 지키는 교두보인 것이다.

이 여러 가지 사회의 분업적인 기능들이 나치당에 의해서 마비되어 갈 때 가장 기초적인 사회의 통념이 통용되지 않는 것을 본회퍼는 보았다. 미친 사람은 차를 모는 사람이 아니라 본회퍼 자신으로 되어가는 현기증을 느꼈던 것이다. 그는 "셰익스피어의 주인공들이 우리와 어깨를 나란히 하고 다닌다"라고 했다. 이런 상황에서 그는 사회의 한 기능을 수행하는 기계로 전락하는 것을 거부했다. 나치가 부과하는 기능을 따른다면 그는 장의사의 전속 고해사가 되었을 것이다. 그러나 그는 장의사로서 구석에 앉아서 기다리는 것보다는 죽는 것 자체를 막아야 한다고 생각했던 것이다. 독일이 당면한 문제는 여러 가지 사회적 기능으로 갈라지기 이전의, 아니 전체 사회 구조를 다 커버하는 그런 것이었다. 정당이나 종교나 종족이나 지방을 초월해서 인간이면 누구나 알 수 있고 또 대답이 분명한 그런 문제였다. 이런 자명한 사실을 은폐하는 사람을 제거하는 일은 인간을 보호하려는 그의 열정에서 정당화되었던 것이다.

본회퍼는 기독자의 삶을 이웃과의 관계에서 찾았다. 이런 관계가 단절된 삶이란 생각할 수가 없는 문제였다. 그러므로 현실 문제에 개입되지 않는 기독자의 삶이란 의미 없는 일이다. 그것은 이웃에 대한 관계란 구체적으로 또 현실적으로 일어나기 때문이다. 이 관계에서 얼마나 정직하게 하나님의 부르심에 응답할 수 있느냐가 크리스천 삶의 기준이 될 수 있을 것이다. 그는 윤리적 기준이나 보편적 원칙을 믿지 않았다. 추상적인 차원에서의 윤리 기준이란 것은 다 비겁한 자들의 책임 회피를 위한 구실에 지나지 않는 것이라고 생각했다. 본회퍼에게 있어서 예수는 철학자도 도덕적 교사도 아니었다. 예수는 언제나 사람들과의 관계에서 살았고, 그 관계와 상황에서 회피하지 않았었다. 본회퍼는 목사이기 전에 인간이었고, 시민사회의 일원이었다. 나아가 그리스도의 제자로서 시민사회로 부르심을 받은 것이다. 히틀러와 그 일당의 전제적 지배에 단연 '노'(No)할 수 있었던 것은 이런 자세에서였을 것이다. 그 '노'는 그의 고백이었다. 그것은 성명서거나 메시지거나 선언문 따위의 것이 아니었다. 오히려 삶의 자세였다. 자기의 생명까지를 불사르는 자세였다. 그것은 부르심에의 복종이었던 것이다.

III. 크리스천은 종교를 버려야 합니다

본회퍼는 옥중생활이 일 년여나 지날 무렵, 오늘날에 있어서 그리스도의 의미가 무엇인지 심각하게 질문하기 시작했다. 교회의 의미는 도대체 무엇이며, 설교며, 기도며, 찬송이 다 기독자의 삶에 얼마나 큰 영향을 주는 것일까? 기독교란 것이 얼마나 인간의 종교적인 기대의 유형에서 분리될 수 있을까? 히틀러 정권 밑에서 아부한 교계 지도자들의 군상을 목격한 본회퍼에게 있어서 이런 질문은 당연한 일이었을지 모른다.

히틀러는 자기가 집권하던 해인 1933년 3월 23일, 의회에 나가서 "기독교는 우리 민족성의 유지를 위하여 가장 중요한 것이다. 정부는 교인과 다른 사람들 사이에 맺어진 계약을 존중하여 교회의 권리를 침해하지 않는다"라고 했다. 이 연설을 독일 교회 지도자들은 쌍수를 들어 환영했다. 최고 지도자는 지지 성명을 발표하고, 목사들은 그의 연설을 즐겨 인용했다 한다. 그 연설이 있은 지 2주일 뒤에는 백립에서 '독일기독자 제국대회'라는 것이 열렸는데 그 대회의 표어가 "히틀러의 국가가 교회를 부른다. 교회는 이 부름에 응답하자"였다고 전한다. 히틀러의 이 연설이 계획된 올가미였던 것은 그 후의 그의 교회 정책이 이를 입증하고도 남는다. 그럼에도 불구하고 당시의 교회 지도자들은 그들이 벌여 논 쇼를 거두려 하지 않고, 도리어 그것을 은폐하기 위해서 더욱 더 허세를 부렸던 것이다. 그들은 전 독일의 교회를 통합하여 하나의 제국교회로서 히틀러 제단에 바치면서까지 충성을 다했으면서도, 겉으로는 신앙의 자유를 내걸어서 교회가 정치에 관여해서는 안 된다고, 중립노선을 취하는 양했다. 그들은 신학교에서 유대인들이 쫓겨날 때 기도를 빙자해서 눈을 감아버렸던 무리들이요, 무고한 시민들의 포로 행렬이 행길을 지날 때 창문의 커튼을 내리고 소파에다 몸을 묻었던 자들이다. 본회퍼에게 있어서 그들은 예수를 재판하고 손을 씻은 빌라도의 후예요, 강도를 만난 이웃을 보고도 지나쳐버리는 제사장의 무리와 진배없었다. 교회는 인간의 기대와 욕구를 충족시키는 마술적 기관이요, 하나님은 게슈타포의 자동차가 교묘하게도 자기네 집들은 지나치게 하는 마술사와도 같은 존재로 타락한다. 사람들이 불안해지면 위로를 구하고 안전을 추구한다. 이것은 인간의 가장 원초적인 욕구에서 그런 것들이 점차 종교의 형태로 승화되어 온 것이다. 만약 기독교가 이런 따위의 종교적 갈등에서 탈피하지 못한다면 교회는 비겁한 패잔병들의 수용소밖에 안 되는 것이 아닌가? 인간의 욕구를 제도화된 종교로 은폐하여 그것이 하나님의 뜻인 양 위장하는 교회, 그것은 마침내 하나님과 히틀러를 구별하지 못했다. 교회는 하나님을 예배하던 손으로 히틀러의 머리 위에 축복을 했다. 그는 메시아가 되었고 교회는 그 권위에 위압되고 있었다. 견제력이 없는 권력의 오만불손한 횡포, 교회는 마치 매춘부처럼, 온갖 모욕을 겪으면서도 다만 미소를 지었을 모습이 어린다.

본회퍼는 그의 옥중서신에서 이렇게 쓰고 있다. "크리스천이 된다는 것은 유별나게 종교적으로 된다거나 경건주의의 특정한 자세(죄인으로서나, 참회자로서 또는 성인으로서)를 기르는 것이 아니라 인간이 되는 것입니다. 크리스천을 크리스천 되게 하는 것은 어떤 종교적 행위가 아니라 이 세상 안에서 하나님의 고난에 참여하는 것입니다." 그는 인간이 당하는 고난을 곧 하나님 자신의 고난으로 간주했다. 이렇게 생각할 때, 도저히 그 고난을 기피할 수는 없었던 것이다. 이런 참여 없는 크리스천의 삶이란 제2차적인 종교의식 뒤에다 자신을 숨기는 것에 지나지 않는다. 그러므로 종교는 때때로 패잔병들의 이상이기 일쑤다. 그런 경우, 종교성의 고조는 목숨에 대한 집착과 비례한다. 자신의 비굴과 무능을 신의 권능으로 은폐하려는 생각은 필요 이상으로 종교성을 강조하기 마련이다. 일견 경건하고 융성하는 것 같이 보이는 종교집단이 쉽사리 권력 앞에서 아부하는 것은 이런 경로를 밟는 때문이다. 교회의 목사가 몸을 사릴 수 있다. 기관의 장이나 집행부가 현실 뒤에 오는 햇살을 보지 못할 수 있다. 노회나 총회가, 교단이나 연합체가 다 차례로 굴복할 수 있다. 그들이 다 실존적인 고백을 기피하고, 자기 직책의 사회적 기능을 축소 해석하여 도피구를 찾는 것을 목도하는 시기가 우리에게도 올 것이다. 기독자도 사회적 활동을 능률적으로 하기 위하여 기관을 만들고 그 기관의 안정된 운영에 관심하는 것은 당연한 일이다. 그러나 기관의 유지와 기독자의 본래적인 사명이 전도 되어서는 안 될 일이다. 하나님의 부르심 앞에서 기관의 유지를 빙자하여 크리스천의 복종을 외면해서는 안 될 것이다. 본회퍼는 자기가 속해 있던 종교집단을 탈출하면서도 미련이 없었다. 크리스천이 하나님의 고난에 동참하는 각오가 서 있을 때 교회는 언제든지 새롭게 형성될 수 있는 일이다. 그는 단연 기성교회를 포기하고, 새로운 고백교회를 형성하는 데 적극적으로 가담했었다. 크리스천의 생명은 실로 종교를 탈피하고 하나님과의 관계를 언제나 새롭게 하는 데 있는 것이다.

IV. 복종하는 것이 희생의 전략입니다

그러면 무엇을 어떻게 할 것이냐? 특별히 비상시국을 위해서 마련된 행동강령이란 것은 있을 수 없다. 크리스천의 삶에 어떤 윤리적 기준이 있을 수 있다면, 그것은 다만 상황과의 함수관계에서만 가능하다. 그러나 다양한 조건 상황을 꿰뚫고 고수되어야할 것은 그의 하나님과의 관계. 만약 크리스천이 명백한 불의 앞에서 인간으로서의 가장 기초적인 반응이나 시민으로서의 분노를, 자기도 모르는 교리를 빌어 승화시키려 한다면 그것은 분명한 책임 회피가 될 것이다. 이런 점에서 본회퍼는 기독자가 종교인이 되기 전에 먼저 인간이 되어 주기를 바랐던 것이다. 그는 사람들이 아무런 고통 없이 쉽게 기독교인이 되는 것을 타기했었다. "값싼 은혜는 우리 교회의 치명적인 적입니다. 우리는 값비싼 은혜를 되찾기 위해서 싸우고 있습니다"라고 그는 말한 적이 있다. 기독교가 보편화되어 감에 따라서 그 공동체의 상징적 용어들은 아무런 긴장 없이 인용되고, 도용된다. 권세 있는 자가 교회 문턱에만 들어서도 교회는 온갖 말로 그를 칭송하고, 죄의 뉘우침이나 기독자로서의 훈련이 없이도 그 귀중한 은혜를 거침없이 나누어 준다.

예수가 진 십자가는 철저한 복종이요, 끝없는 희생이요, 고난과 그리고 죽음이었는데 요즘에는 권력과 금력을 독점하고서도 십자가를 지고 간다고 하고 또 그 앞에 할렐루야를 외우는 종교가 있다. 크리스천은 문화적 타성에 휘말려드는 신앙의 의미를 그 본래적인대로 회복시키기 위해서 필사의 노력을 기울여야 할 때다.

오늘날 크리스천의 삶의 반드시 본회퍼적이어야만 할 필요는 없을 것이다. 그러나 하나님의 부르심에 복종하는 제자로서의 자세는 우리의 귀감이 될 것이다. 우리는 여러 가지 형태의 행동 강령을 세울 수 있다. 어느 상황에서든지 자기의 능력과 한계상황의 여건을 참작하여 가능한 행동을 취할 것이다. 그러나 이 모든 전략들 전에 있어야 할 것은 본회퍼의 복종하는 자세다. 어떤 행동이든지 죽음을 설정할 필요는 없다. 그러나 죽음을 각오하지 않는 행동을 믿고 전략을 세울 수는 없을 것이다. 생명을 도박하려고 애쓸 필요는 없다. 그것은 오히려 값싼 영웅심에서 나오는 순교자의 의식일 수도 있다. 그러나 그렇게 철저한 복종이 없이는 십자가를 지고 간 예수의 제자직을 유지하기가 힘들 것이다. 이미 2천 년 전에 죽어 버린 예수의 망령이 다시 나타내서 우리의 삶을 살아 주는 것이 아니다. 우리는 팔짱을 끼고 앉아서 그 예수의 초혼제를 드리면 되는 것이 아니다. 그 죽어버린 예수를 우리가 다시 사는 것이다. 예수는 우리를 통해서만 부활할 수 있다. 교회의 역사는 실로 이 진리를 몸으로 입증한 무릇 본회퍼들의 결정인 것이다. 예수는 우리를 통해서만 다시 육신을 입을 수 있다. 우리는 이웃과의 관계를 떠나서 살 수 없는 것이다. 오늘 우리 사회의 시련은 곧 그리스도의 고난이다. 그러나 이 고난은 다만 새로운 역사의 전조(前兆)일 뿐, 이미 고난을 이기신 그리스도를 우리는 가슴 저 깊이서 알기 때문에 다만 새로운 역사의 창조를 위해서 나아갈 뿐이다.

본회퍼는 옥중에서 자유를 향해 떠나는 항로를 묘사한 적이 있다. 훈련과 행동과 고난을 통해서 죽음에 이르는 도정(途程)이었다. 죽음에서 그는 종말이 아니라 새로운 시대의 시작을 보았던 것이다. 이제 그 시(時)의 전반부를 인용하고 그치려 한다.

훈련(訓練)

그대가 자유를 찾아서 떠나려고 하거든,
욕망과 그대의 지체가 그대를 이리 저리 끌고 다니지 않도록,
먼저 그대의 감각과
영혼을 훈련하는 것을 배우라.
정신과 육체를 정결케 하고,
그대에게 정해진 목표를 찾아
거기에 복종하고 또 순종하라.
자유의 비결을 맛본 자는 없다.
그것은 다만 훈련에 의할 뿐이다.

(「기독교사상」 1969년 10월호)

자유를 추구한 교회
: 나치의 독재와 바르멘 신학선언

안병무

(전 한신대학교 교수)

I. 역사적 상황

테러와 협박, 선동 등으로 나치는 마침내 1933년 1월에 독일을 완전히 그 손아귀에 넣었다. 그러나 히틀러가 가장 무서워한 것은 그리스도교회였다. 그는 그것을 그 손아귀에 넣기 위해서 최대한의 교활성을 구사했다. 그는 이미 '나의 투쟁'에서 교회의 비중을 크게 취급하고 신교와 구교는 서로 연결함으로 큰 힘이 될 것을 주장했는데 1933년 3월에 다시 그리스도교회는 독일 민족 형성에 가장 중요한 힘이며, 새 독일 민족 형성에 가장 중요한 힘이며, 새 독일 민족 형성을 위해서 절대적인 역할을 기대한다고 하면서, 무엇보다 윤리의 확립과 유물주의에 대한 투쟁에 기대한다고 하였다. 이러한 나치의 가장(假裝) 전술에 많은 독일 그리스도인들은 현혹되었다. 따라서 그들의 나치스에 대한 판단은 혼선을 이루었다. 일부 사람들은 나치스 운동은 '적극적인 기독교' 제창이라고 했고, "교회가 어디로 갈지 방향을 잃었을 때 히틀러가 그 길을 제시했다"라는 찬가가 머리를 들게 되었다. 이런 무리들은 마침내 히틀러에게 호응해서 독일 민족성을 바탕으로 하는 '독일적 그리스도교'(Deutsche Christen)를 형성하고 히틀러의 주장을 호응하는 어용 신학을 모색하기에까지 이르렀다. 그들의 주장은 『신앙의 역사 — 독일적 그리스도교』(1933)라는 책으로 구체화되었다. 그러나 그의 주장의 이면을 꿰뚫어 본 현명한 눈들이 있었다. 저들은 히틀러의 세계관적 배후를 알고 있었다. 니체, 로젠베르크 등이 그들이다. 로젠베르크는 『20세기의 신화』(Der Mythus des 20. Jahrhunderts, 1934)에서 이미 "나는 오늘의 그리스도 교회의 야훼는 이미 죽었다고 확신하고, 그리스도교 교리도 죽었음을 선언하였다"(133-135면). 그 대신 새로운 신앙의 내용을 제시하여 "오늘에 한 새로운 신앙이 눈을 떴다"라고 전제하고 그것은 민족의 '피의 신비' 그리고 '인간 안의 신성(神性)'에 대한 믿음이라고 하였으며 그것이 교회의 성례전(사크라멘트)을 대신할 것이라고 하였다(114면). 가톨릭은 1934년에 이 책을 읽지 말라는 명령을 내렸다. 신교에서는 1932년 이미 23명의 공동 집필로 된 비판서가 나왔다. 『교회와 제3제국, 독일 신학자의 질문과 요구』가 그것이다. 뒤이어 그해 7월에 함부르크 알토나(Altona) 고백이 21명의 목사들의 글로 나왔다. 그중에 "교회를 정치적 권력 아래 두고자 하는 자는 그것으로 정치적 힘을 그리스도교와 상반된 종교로 만들려는 것이다." "우리는 어떤 형태의 국가 신격화(神格化)를 타기한다. 국가 권력을 양심의 주인으로 삼으려고 할 때는 그것은 반드시 적그리스도가 되리라"는 강력한 저항의 소리기 있었으며 나치스가 '정치적 고백' 즉 하나의 종교화가 되고 있음을 간파했다. 마침내 33년 3월에 독일 개신교회협의회는 교회는 정치에 독립됨을 선언했으며 뒤이어

주교 Otto. 디벨리우스는 "복음은 강력한 인간이 아니라 의롭다 인정받는 죄인만을 안다. 또 증오가 아니라 사랑을 설교하며 민족이 아니라 하나님의 나라가 그 설교의 내용이다"라고 선언함으로써 당시 문화상(文化相)의 분노를 샀다. 이러한 연쇄적인 저항은 나치스로 하여금 그 가면을 벗고 그 정체를 들어내게 했다. 마침내 나치스는 '독일그리스도연맹'을 그 앞잡이로 삼아 권력으로 전 독일 교회를 점령하기로 결정하기에 이르렀다. 그들은 우선 무명의 군목인 뮐러(Müller)를 독일 전체 교회의 감독으로 밀기로 하고, 강제로 전체 교회 대회를 강요하였다. 그러나 교회 대표들은 보델슈빙(Bodelschwvingh)을 내세워 91대 8로 뮐러를 보기 좋게 물리쳤다. 권유나 위협으로 안 될 것을 본 나치스는 마침내 새 교회법을 선포하고 다시 독일 전체의 감독을 선거할 것을 강요했다. 그것에 대한 관심이 얼마나 컸나 하는 것은 대회 전날 히틀러가 뮐러를 추대하는 강연을 라디오로 내보낸 것으로 알 수 있다. 저들은 대회장에서 비밀경찰들을 동원하는 등의 수법으로 6,771대 3,500이라는 날조된 투표수로 뮐러를 독일 교회의 총감독으로 내세웠다. 이로써 독일 교회는 조직적인 힘을 뺏겨야만 하였다.

그로부터 뮐러의 어용 그리스도교는 극단의 추태를 드러냈다. 저들의 주장은 나치즘 그대로다. ① 히틀러의 신격화로써 소위 영도자에 대한 신학적 근거 수립 ② 게르만주의에 의한 유대인 배척과 동시에 성서의 비유대화의 프로그램으로 구약 배격, 예수를 아리안인이라 주장 ③ 교회는 국가를 위해 존재한다는 주장 ④ 계시의 개념을 역사과정 특히 1933년 이후의 독일 정치사와 직결시키는 등이 그 횡포의 한 편모다. 그들은 독일 민족 전체를 교만과 증오의 화신으로 만들어 세계를 피의 바다로 만들려고 하였다. 그런데 대학은 이미 무력화했고 교회마저도 침묵을 지켰다.

II. 바르멘 신학선언

독일 북부지방 하노버의 감독 마라렌스(Marahrens)는 단독으로 신학교를 세우고 조용히 저항의 엘리트를 양성하였다. 그의 노력은 마침내 1934년 3월 베스트힐에서 그리스도의 신앙을 다짐하는 조용한 모임을 가능하게 하였다. 그것은 두 달 후인 그해 5월의 유명한 바르멘 총대회를 개최하게 한 도화선이 되었다. 바르멘 총대회는 개혁파, 루터파, 연합 126명의 대표가 18개 지방교회(Landeskirche)에서 모였다. 이 모임은 계시록 마지막의 말씀에 의해서 참 그 나라의 완성에 대비할 것을 촉구하는 설교로 그 막을 열었고, 마태 11:29를 중심하여서 그리스도의 멍에를 멜 새로운 각오를 강조하는 설교가 그 뒤를 이었다. 그 분위기는 모든 신학적 견해의 차를 완전히 넘어선 장엄한 순간이었다. 이 대회는 세 가지 문제를 토의했는데 첫째 그 모임의 법적 근거를 다룸으로써 뮐러가 이끄는 집단의 불법성과 이단성을 규탄하고, 둘째 이 모임의 실제적 활동 방향을 토의하고, 셋째 우리가 주목하려는 신학적 선언서를 작성, 발표하였다.

이 선언서는 여섯 항목으로 구성되었는데 그 마디마디가 당면한 현실 앞에 죽음을 각오한 신앙고백이면서 동시에 저항이었다. 그 내용을 추려 보면 다음과 같다.

① 요한 14:6과 10:1, 9를 풀이하고 난 다음에 "교회가 그 설교의 원천으로 이 하나님 말씀밖에 또는 그것과 평행해서 다른 사건이나 세력들이나 인물들이나 또는 진리를 하나님의 계시처럼 인정하는 것은 거짓된 주장"이라 한다. 이것은 1933년 즉 나치스의 정권 장악의 해를 '계시의 해'라고 떠들며 히틀러의 천년왕국 건

설의 주장을 성서의 하늘나라에 대치하려는 나치스의 데마고그에
대한 도전을 나타낸다.

② "우리의 삶에 예수 그리스도가 아닌 다른 주인이 있을 수 있다거
나 그(예수)를 통한 의인과 성화의 필요가 없는 영역이 있다고 하
는 주장은 거짓이다." 이것은 히틀러가 '민족의 규범'을 만들어 완
전한 이상적 인간의 형을 규제할 뿐 아니라 그것을 교회의 인간
지도의 규범으로 강요한 데 대한 저항이다.

③ "교회가 그 메시지나 질서의 양상을 지금 지배하는 세계관적, 정
치적 신념의 가변적 의지에 내맡겨야 한다는 주장은 거짓이다."
이것은 교회에 나치스의 깃발과 또 그것이 강요하는 국민의례를
정면으로 거부하는 선언이다.

④ "교회가 그 자체의 봉사 밖에 특별히 主權을 이양 받은 영도자를
용인해야 한다는 주장은 거짓이다." 이것은 히틀러의 권위를 정
면으로 부정한 것이다.

⑤ "교회가 그의 특수한 과업을 넘어서 국가적인 방법, 국가적인 과
업 그리고 국가적인 영예를 받아들임으로써 그 자체가 국가의 한
지체가 되어야 한다는 그릇된 주장을 폐기한다." 이것으로 전체
국가주의적인 강압에 저항하고 있다.

⑥ "교회가 주의 말씀과 역사를 인간적인 자존(自尊) 안에서 제 멋
대로 선정한 어떤 요구, 목적 또는 계획에 봉사할 수 있다는 주장
은 거짓이다." 이것은 교회가 '지도자'의 뜻과 계획에 자기를 바쳐
야 한다는 주장을 반박한 것이다.

이상은 각 항의 결론들이다. 모든 항목은 성서의 구절을 풀이하는
것으로 시작했다. 그것은 저들이 성서를 그 전 자리로 선언한 것이기

도 하다. 따라서 저들은 "성서에서 우리가 확신하는 예수 그리스도가 유일한 하나님의 말씀이다. 우리는 그것만 들으며 사나 죽으나 그만 의지하며 복종한다"라고 결론적인 선언을 한다.

III. 나치스의 반응

이 성명서는 칼 바르트에게 위촉한 초안을 토대로 니묄러(Niemöller) 목사 등이 포함한 위원들의 수정을 거쳐서 공포된 것이다. 바르트는 저들의 내적 요구에 신학적 근거를 제공한 것이다. 바르트는 이미 그의 로마서 강해에서도 밝힌 입장을 위기 신학의 동지들이 발간하던 잡지 「중간시대」(Zwischen den Zeiten)에서 '그리고'(und)나 '또한'(auch)을 위한 자리는 없다고 한 주장이 여기에 반영되어 있다. 따라서 이 고백적 신학선언에 대해서 후에 신학적 비판의 소리가 없는 것도 아니다. 그러나 이 선언의 자리에서는 신학적인 시비를 할 때가 아니었다. 위기 앞에 엄숙히 선 그들에게는 신학적인 사변을 할 겨를이 없었다. 저들—특히 루터파들까지 포함해서—이 아무런 이견 없이 이러한 선언을 천하에 공포한 것은 순교의 각오가 있었음으로 가능했던 것이다. 이 바르멘에서 든 봉화는 2차(베를린) 3차(아우크스부르크)의 대회를 열게 하였으며, 그 여파는 나치스의 철통 밑에서도 전 독일의 그리스도인들에게 메아리 쳐 퍼졌다. 나치스는 그 후에 무수한 목사들의 체포, 함구령, 교회법 개정, 예배 방해, 집회 금지, 교회 폐쇄 등으로 발악했으며 또한 그 횡포에 많은 그리스도인들이 굴복해야만 하였다. 그러나 1935년 500명의 목사, 39년에는 7,000명의 목사들이 저들에게 끌려가서 수난을 당하면서도 저들의 신념을 죽음으로 지켰다. 그들은 전부 이 고백에 참여한 이들이었다. 아마 이러한 죽음을 당한 수

난자들의 항거가 없었던들 전후의 독일 교회의 눈부신 재건은 상상할
수 없을 것이다.

본회퍼와 주기철(朱基徹)

이장식

(전 한신대학교 교수, 혜암신학연구소 소장)

제2차 세계대전 기간에 한국에서 일본 신도(神道)의 신사참배를 반대하다가 죽은 사람들이 많으나 그중에서 주기철 목사를 대표적인 사람으로 한국 교계가 인정하고 있다. 물론 주로 장로교회 안에서 그의 이름이 더 잘 알려져 있다. 그의 순교사화와 설교를 엮은 간단한 책들이 서너 권 나와 있다. 30년 전의 그의 순교에 대한 이야기가 그동안 공적으로 논제가 된 일이 없었다고 생각된다. 반면에 같은 시기에 독일에서 히틀러의 폭정과 그의 국가사회주의 정책에 저항하면서 히틀러 살해음모를 추진하다가 처형된 신학자 본회퍼 목사의 죽음과 그의 신학사상은 오늘까지 계속 각국에서 연구되고 있다. 그 까닭은 그의 저서와 서신들에서 나타나는 신학사상과 그의 수난의 기록이 전후의 세계 기독교계를 풍미한 급진적인 신학사상의 대두를 자극하였기 때문이다. 그의 신학사상에는 참신(과격?)하면서도 이해하기 어려운 점들이 있는데, 그가 가담한 음모 사건의 이해 문제가 그의 신학사상의 난해 문제와 밀접한 관계를 가지고 있다는 것이다. 주기철 목사의 경우는 단순한 혹은 순수한 종교적 순교라고 한국 교인들이 믿고 있으나 본회퍼 목사의 죽음의 성질은 아직도 독일의 크리스천들에게는 매우 석연치 않는 모양이다. 즉 그의 죽음이 종교적 순교냐 아니면 정치적 제물이냐 하는 문제이다. 아무튼 이 두 목사의 죽음의 성질을 비교하며 또 각자의 특성을 여기서 생각해 보려는 것이다.

이 두 목사가 처했던 정치적 및 종교적 극한상황은 정소는 달랐지만 매우 유사하였다. 그리고 그 상황에 처한 두 사람의 방법은 달랐지만 둘 다 죽음을 각오하고 저항을 일삼았다. 6년 동안 고향에서 가까운 마산 문창교회에서 큰 환영을 받으면서 목회하던 주 목사를 멀리 평양의 산정재교회에서 모시기 위하여 오산중학교의 그의 은사 조만식 장로가 멀리 마산에 왔던 때는 한국교회의 수난이 일기 시작한 때, 1936년이었다. 주 목사는 문창교회의 만류를 뿌리치고 그해 여름에 평양에 왔다. 그를 평양으로 모신 의도는 일본 관리들의 신사참배 강요에 대항할 한국교회의 한 명장으로 그를 세우려는 것이었다. 그는 부산 초량교회에서 시무하던 때 경남노회에 신사참배 거절 안을 제출하여 일본인 당국자들을 놀라게 하였고 그 후로 그들에게서 미움을 받아 감시 아래 있게 되었다. 그 당시 조선의 예루살렘이라고 부르던 평양을 먼저 함락시키기 위하여 1935년부터 그곳의 기독교 학교들과 교회에 신사참배를 강요하던 일본 관리들의 계략은 드디어 성공하게 되었다. 1938년 9월에 모인 평북노회가 신사참배를 가결하였고 그리고 그해 평양신학교를 위시한 기독교학교들이 폐교되었고, 그해 9월에는 장로교 총회가 신사참배를 불법적으로 가결하였다. 일본경찰은 신사참배 반대의 용장인 주 목사와 김화식, 이기선 목사들과 그밖에 신자들을 예비 검거하여 총회에 나오지 못하게 하였다. 그 후 평북노회는 주 목사를 파면하고 그의 가족을 산정재교회 목사관에서 추방할 것을 결의하였다.

주 목사는 모든 신자들이 지고 있는 종교적 책임에 동참한다기보다는 오히려 교회를 대표하여 자기 혼자만이라도 책임을 진다는 각오를 가지고 있었다. 이러한 생각은 그분 자신의 생각이기도 하겠지만 주위의 사람들이 그가 그렇게 생각하게 작용하였다고도 말할 수 있다. 산정재교회의 주기철 목사 환영예배 때 이성휘 박사가 환영사를 하면서 "우리는 산정재교회의 주기철 목사를 환영하는 것이 아니고 조선의 주인 주기철 목사를 환영하는 것입니다"라고 말하였다.[1] 이 말은 주 목사가 조선교회를 우상숭배와 압박으로부터 건져줄 사람이라는 뜻일 것이고, 그에게 대한 교계의 기대가 얼마나 큰지를 말해주는 것이다. 그때 평양에는 친일파 목사와 교인들의 조직체인 소위 '평양기독교 친목회'가 반역 행위를 일삼고 있었고 주 목사의 설교 내용을 평양경찰서에 부지런히 일러바치던 김 모 목사도 있었다.

한편 서울에서는 소위 '혁신교단'이 생겨서 조선총독부의 정책에 순응하고 있었다. 이러한 상황에서 주 목사는 바로 목숨을 걸고 저항할 각오를 가지고 일찍부터 순교를 각오하였다. "나는 감옥에서 죽겠다"라고 그의 친구들에게 늘 말하였다. 1938년 평북노회가 신사참배를 결의한 후 평양신학교의 한 학생의 반발 행위의 연대 책임자로서 주 목사를 일본경찰이 검거하였는데 그것은 그 신학교에서 주 목사가 그때 설교했기 때문이라는 것이었다. 그의 설교는 '일사각오'(一死覺悟)란 제목 아래서 예수를 따라서 일사각오, 남을 위하여 일사각오 및 부활 진리를 위하여 일사각오를 외쳤다.[2] 주 목사는 장로교총회 금강

---

1 대한기독교순교자기념사업협회 편, 『주기철 목사편』, 19.
2 김인서 편저 『주기철 목사의 순교사와 설교집』, 46.

산수양회 때 설교하면서 일사각오를 부르짖다가 경찰관의 제지를 받고 설교를 중단하게 되었었다. 그것은 그가 아래와 같은 말을 하였을 때였다. "생살여탈의 대권을 잡은 임금 앞에서 그 죄를 책망하는 세례 요한도 일사각오였고, 나단이나 녹스도… 일사각오한 연후에 예언하는 것이요, 일사각오 연후에 예언자의 권위가 서는 것이다. 여러분도 몰라서 말 못하는가? 오늘 우리도 일사각오 연후에 할 말을 하고 목사의 권위, 예언자의 권위가 서는 것이다. 그런데 일개 경찰관 앞에서 쩔쩔 매고서야…"3

본회퍼가 속했던 고백교회가 히틀러 정권에 저항하기 시작한 것은 1939년부터였고 그것은 그 교회 자체의 보존을 위함이 아니고 오직 유대인 박해 정책을 반대하기 위함이었다. 그의 가족도 생명을 걸고 싸우다가 그중의 남자 넷이 이미 투옥되었다. 독일교회는 1938년에 더욱 비참하게 되어갔다. 히틀러의 군대가 독일 안의 유대인의 회당을 파괴해 버렸고 히틀러의 손아귀에 들어가 있던 국가교회를 반대하던 교역자들의 저항력도 이때쯤 해서는 점점 약화하여 갔다. 고백교회의 목사 대부분과 그 밖의 중립적인 목사들이 히틀러에게 있을 수 없는 무조건적 충성을 서약할 수밖에 없었다. 본회퍼가 속했던 고백교회 자체도 이제는 침묵 상태에 들어갔다. 그도 군대에 소집될 형편이었고 히틀러의 망국적인 전쟁 준비에 반대하여 충돌할 것을 그의 교회도 원하지 않았다. 그는 얼마동안 모든 착잡한 문제를 뒤에 두고 독일을 떠날 수밖에 없어서, 미국으로 건너와서 뉴욕의 유니언신학교 객실에서 머물렀다. 미국의 신학자들과 에큐메니컬 운동 지도자들은 그의 체미(滯美)를 환영하고, 그의 활동에 필요한 많은 돈을 모금하였다. 그러나 히틀러가 체코슬로바키아를 침략했을 때 그는 견딜 수 없

---

3 김인서, 상게서, 178.

어서 친구들의 만류를 뿌리치고 독일로 돌아갔다. 그것은 1939년 7월이었다.

본회퍼는 독일에 와서 그가 오랫동안 히틀러와 싸우던 투쟁으로 되돌아갔다. 그는 양심적 집총 거절을 고집한 소수의 독일인 중의 한 사람으로서 자기의 선배들의 뒤를 이어 그 일 때문에 체형을 받을 것을 이미 각오하였다. 1932년 그가 베를린에서 설교하는 가운데 말하기를 순교자들의 피가 또 다시 요구될지 모른다. 그러나 "우리가 만일 피를 흘릴 용기와 충성을 참으로 가진다면 이 피는 신앙 때문에 순교한 최초의 증거자들의 피처럼 빛나며 죄 없는 순전한 피일 수는 없을 것이다. 우리의 피에는 무거운 죄책이 있을 것인데, 그것은 바깥 어두운 곳에 버림받는 무익한 종이 지닐 죄책인 것이다."[4] 이렇게 본회퍼도 벌써 일사각오(一死覺悟)한 터이지만 자기의 순교는 초대교회 사도들의 순수한 종교적 순교와는 성질이 좀 다른 것을 솔직하게 말하고 있다. 즉 자기의 순교는 정치적, 즉 세속적 목적의 달성과 관련된 것이라는 뜻이다. 그러나 그의 순교가 그렇게만 단순한 것이 아닌 이유는 그가 히틀러의 종교 정책에도 저항했으며, 또 한편으로 독재자의 폭군을 배격하는 방법에는 선택이 있어야 하지만 저항의 교리가 기독교의 교회에 들어 있기 때문이다.

아무튼 본회퍼 자신도 자기가 관여해 온 히틀러 암살계획이 자기가 속한 교회의 전통적 윤리 표준을 위협하는 것이 되리라고 생각하고 수용소에서 몰래 바깥으로 보내온 그의 편지에서 자기의 계획이 후일의 자기의 교역생활을 위태롭게 할지 모른다고 썼던 것이다. 그러나 그는 자기의 계획이 교회 권위자들로부터 인정으로 받을 수 있으리라

---

4 *Gesammelte Schriften*, Vol. IV. S.71: "Turning Points in Bonhoeffer's Life and Thought" by Eberhard Bethge, *Union Seminary Quarterly Review*, Vol. XXIII, No., 1, 1967, 12.

고 생각지 않았다. "여러 가지 문제를 가지고 있는 이 한계 상황에서 나에게(그 계획 수행의) 의무가 부가된 것이 확실하다. 나는 이 일의 수행에 만족한다. 그리고 나는 조금도 변심하지 않는다"라고 그는 말하였다. "1940년 이후로 지금까지 나는 내가 하고 있는 일을 잘 알며 나는 뚜렷한 양심을 가지고 그 일을 하였다…"고 그는 말하였다.5 1944년 9월 20일의 히틀러 암살 거사가 실패했고, 그는 1945년 처형되었다.

주기철 목사의 순교를 위한 일사각오는 신사참배를 종교적 행사가 아니고 정치적 의례(儀禮)라고 아무리 교묘하게 설득하였어도 주 목사는 그것이 우상숭배라는 낙인을 분명히 찍고 있었기 때문이다. 일본에 대한 정치적 저항행위의 하나로서 그가 신사참배를 결사반대한다는 말을 한 적이 없는 것 같다. 오히려 그는 정치적 항일투쟁 혹은 조선의 독립을 위한 민족운동이 교회 안에 들어오는 것을 경계한 셈이다. 물론 그의 신사참배 반대가 신사참배를 지지한 친일파 목사와 교인들이 '내선일체'라는 정치운동을 교회 안으로 끌어 들어오려는 일을 막는 일이었다고 말할 수 있을 것이다. 즉, 이러한 의미에서 그의 신사참배 반대가 정치적 의미를 가진 것이 된다. 그러나 주 목사는 신사참배 운동을 순전히 종교적인 시험으로 보고 그것을 반대하는 종교적 순교를 결심한 것이었다. 조선 민족운동이 교회 안에서 자리 잡는 것을 왜 그다지도 싫어했는지 잘 알 수 없다. 혹시 교회 안의 그 민족운동이 교회의 수난을 초래할 것을 그가 우려했을지도 모른다. 아니면 그는 민족운동이라는 정치운동, 즉 세속적인 운동에 취미가 없었을지도 모른다. 또는 그 운동에 민족적 희망을 걸 수 없다고 생각했을지도 모른

---

5 Ibid., 6.

다. 그렇다고 그가 일본의 조선식민지 정치를 환영했을 리가 만무하다.

만일 주 목사가 정치적 관심을 가지고 있었다면 본회퍼 이상으로 일정에 대항했어야 마땅했을 것이니 그 까닭은 히틀러의 침략 전쟁을 막으려는 본회퍼의 저항운동보다 동족을 외국의 압박으로부터 해방시키려는 조선의 민족운동은 더 절실한 문제였기 때문이다. 아무튼 조만식 장로를 위시하여 민족운동지도자들이 많이 있었다는 산정재 교회에 부임한 직후에 주 목사는 그들 민족운동자들을 면박하는 설교를 하였다. 그는 외치기를 "민족운동, 정치운동을 하기 위하여 교회에 들어와서 예수를 믿는 사람과 인격을 높이며 도덕생활을 하기 위하여 예수를 믿는 사람이 있을 것인데 이런 사람은 그리스도와 아무 상관이 없으니 이제라도 이 자리를 나가시오" 하고 말하였다.6 이러한 말은 크리스천의 민족애를 부르짖은 사도 바울의 입장으로부터 너무 떨어졌고 또 독일 국내에서와 국제 사회에서 저지르는 불의를 제거하기 위하여 자신이 죄인의 누명을 쓰면서 히틀러 살해를 계획한 본회퍼의 입장과는 너무도 대조적이다. 주 목사는 예수를 따라서, 남을 위하여, 또 부활의 진리를 위한 일사각오를 부르짖으면서 희생과 유혈을 권하였으나 민족을 위한 일사각오는 말하지 않고 다만 선교와 이웃 사랑을 말하였는데 그것은 다만 크리스천의 경건의 실천과 개인의 완전을 목표로 하는 것이다. 따라서 그가 생각하고 말한 순교도 그와 같은 것을 이룩하는 최상의 길이며, 이것은 초대교회에 있어서 순교가 크리스천의 최고의 미덕으로 이해된 것과 다름이 없고, 또는 중세 교회가 가르친 대로 그것은 구원의 가장 확실한 보장이라는 관념이다.

주 목사의 '유언의 설교'로 알려진 『5종(五種)의 신도(新禱)』에서 "의에 살고 의에 죽게 하여 주시옵소서"라고 말하면서 그는 신민(臣

---

6 대한기독교 순교자 기념사업회편, 전게서, 19-20.

民)의 충절의 의가 있고 크리스천의 의가 있음을 말하고 정몽주의 충절을 칭찬하였으나 크리스천의 의는 그리스도를 향한 일편단심이어야 한다고 말했을 뿐 크리스천의 애국에 대해서는 언급이 없다. 주 목사의 옥중 순교의 배후에는 그의 부인 오 여사의 신앙의 힘이 크다고 말하고 있는데 오 여사는 일편단심 주 목사가 초지를 굽히지 않고 옥사하도록 기도하고 그리고 어쩌다가 출옥될 기회가 엿보이면 다시 들어가도록 강권한 것도 다 같은 순교의 관념의 작용이었다고 말할 수 있다.

이렇게 본회퍼와 주 목사의 순교 행위의 동기와 성질이 다르다. 본회퍼의 죽음은 정치적 목적을 가졌고 주 목사의 죽음은 종교적 목적을 가졌었다. 그런데 양자 사이에는 한 가지 일치점이 있다. 그것은 양자가 다 예수 그리스도의 제자가 되는 도리를 자기들의 생애에서 실천하려고 노력한 점이다. 주 목사가 '일사각오'를 설교할 때 예수를 따라서 남을 위하여, 또 진리를 위하여 살 것을 말하면서 "우리도 또한 거기서 죽자"라고 말한 예수의 제자들의 말을 인용하였다. 예수와 같이 죽는 것이 주 목사의 그리스도의 제자 정신의 실천이었다. 본회퍼는 그의 저서 *The Cost of Discipleship*의 마지막 장과 그의 옥중서신에서 그리스도를 모방할 것을 강조하였다. 이 세상에서 우리가 그리스도의 고난에 동참할 것을 호소하였다. 그러나 그는 이 일을 결코 피동적인 양보 행위가 아니고 참된 생의 근원으로의 적극적 접근의 시도여야 한다고 말한다.

그런데 본회퍼의 순교는 독일교회에서 정치적 순교를 인정하여 순수한 종교적 순교자들과 조심스럽게 구별하려고 한다. 이미 언급한 대로 본회퍼 자신도 그 구별을 의식한 것이었다. 1944년 히틀러 암살 계획이 실패한 1년 후의 기념식에서 발표된 순교자 명단에서는 본회퍼의 이름이 제외되어 있었다. 반면에 히틀러의 경찰관에 불복하다가 맞아죽은 한 목사의 이름은 순수한 순교자로서 그 명단에 들어 있었다. 1948년 Bielefeld의 목사단이 순교자의 명단을 만들면서 본회퍼의 부친에게 편지를 쓰기를, 본회퍼의 이름을 명단에 넣는 데 대하여 자기들은 큰 회의를 가지고 있는데, 그 까닭은 신앙을 위하여 희생이 된 사람들의 이름이 정치적 순교자들의 이름과 나란히 기록되는 것을 원치 않기 때문이라는 것이었다. 또 1967년에는 어떤 새 교회당을 본회퍼 기념교회당으로 명명(命名)하려 했을 때 교회 권위자들이 그것을 금지하였다.

그것은 그렇다고 하고, 죄책감까지 가지면서 결단한 본회퍼의 정치적 음모 사건을 우리가 그의 신학적 입장에서 이해하여 볼만한 일이다. 그는 히틀러의 독재 아래서 수많은 억울한 생명이 무참히 죽어간 데 대하여 침묵을 지켰던 독일교회는 마땅히 죄책감을 가져야 한다고 말하였다. 그는 이러한 판국에서 교회 단체의 서클에 그 이상 더 머물러 있을 수 없었음을 깨달았다. 자기의 친 형제와 자매들과 또 매부들이 목숨을 걸고 히틀러 암살의 정치적 거사를 추진하고 있는데 자기만이 교회의 안일한 사무실을 지키고 있을 수 없었다. 그는 이제 전에 주장하였던 기독교의 평화주의라는 윤리를 버리게 되었고 또 집총 거절이라는 행위도 이기적 신앙행위거나 사적인 행위에 불과하다고 생각했다. 즉 그는 이제 순교가 크리스천의 최고의 미덕과 경건의 형식이라는 전통적 관념에서 벗어나서 자기의 히틀러 살해계획의 정치적 거사는 성숙한 세계(the world come of age), 곧 성년시대에 접어든 오늘의 세계에서 성숙한 인간(man come of age)이 경건이라고 일컫는 후방지대(後方地帶)로 후퇴하지 않고 자기의 무거운 책임을 감수하는 자율적 행위에 속하는 것이라고 생각하였다. 물론 성숙한 세계와 성숙한 인간이란 말은 보다 나은 세계와 인간이라는 말이 아니고 다만 자발적으로 책임을 지는 성인을 말한다.

이 성인의 한 특색은 자기 동일성, 즉 신분(identity)을 지니고 있으면서도 자기를 타자와 동일시(identification)하는 것이다. 본회퍼와 그 밖의 현대의 기독교 사회운동가들은 크리스천의 새로운 신분을 찾는 동시에 버림받고, 간악하고, 무거운 죄책감을 가지고 살면서 또한 희망을 품고 있는 현대인과 자기들을 아주 동일시했던 것이다. 이러한 인물들을 통하여 한 새로운 형태의 순교자가 이 시대에 나타난 것이다. 즉 그 순교자는 죄책감이 없는 아주 성스러운 무흠한 순교자가 아니고 오직 인간적이며 죄책감에 싸인 순교자이다. 이러한 순교자는 자기를 악한 세상과 구별하여 자기의 모범적인 결백과 신앙을 과시하려고 하지 않고 오히려 불가피한 현실에서 책임을 지고 허덕이는 사람들과 긴밀한 유대를 가진다. 이러한 사람은 어떤 기득한 특권에 만족하여 행복한 소수파로 여겨지기를 원치 않는 사람이다. 이러한 크리스천의 자기 신분과 새 순교자의 윤리를 상황윤리라고 말한다면 본회퍼는 이 상황윤리의 선구자였다고 말할 수 있다. 그는 전통적인 교회 윤리의 수준을 넘어갔다. 그런데 그것도 그의 새 크리스천상(像)의 파악과 관련되어 있다. 즉 크리스천은 종교적인 사람이 아니고 예수처럼 단순한 한 사람이라는 말이다. 그렇다고 천박하거나 진부하거나 분주하고 안일하고 방탕한 사람을 말함이 아니고 오직 죽음과 부활을 부단히 인식하며 철저하게 훈련되 사람, 진짜 세상적인 사람을 말한다.7

주기철 목사의 경우에는 크리스천의 자기동일성 즉 신분은, 우상

---

7 *Letters and Papers from Prison*, 3rd. ed. 1967, 201. *The Seminary Quarterly Review*, op. cit., 21.

타파의 신앙과 청교도적인 도덕률의 개인적 결백 및 세상과의 구별의식에서 찾는다. 주 목사는 크리스천의 사회적 윤리 행위의 결단보다는 신앙과 경건에 더 큰 관심을 가진다. 그가 끝까지 신사참배를 거부했지만 그것이 그 당시의 조선교회의 신사참배 결의와 실천을 막으려는 것이거나 또는 막을 수 있는 것이 못되었고 또 일본 관리들의 세력을 꺾으려는 의도의 행위도 아니었다. 즉 그가 어떤 불가피한 책임적인 거사를 꾀하거나 그런 일에 가담한 것이 아니며 또 자기 개인의 순교로 조선교회가 신사참배를 하지 않고도 견딜 수 있는 일도 아니었다.

자기의 신앙과 생활이 우상숭배를 멀리 할 수 있어서 그것으로 다른 신자나 목사와 구별되기를 열망하였다면 그가 다른 사람들과 자기를 동일시하는 일은 자기의 타락으로 생각했을 것이다. 그는 민족운동하는 크리스천들과도 자기를 동일시하려 하지 않았다. 그는 신앙의 영역과 세상의 생활 영역 사이에 있는 변증법적 긴장관계를 별로 느껴보지 못했을 것이다. 그는 교회와 세상, 성(聖)과 속(俗)의 엄격한 구별을 원했을 것이다. 그는 본회퍼처럼 그 두 세계 사이의 긴장관계를 변증법적으로 통일해 보려 고민해보지 못했을 것이다. 그는 신앙의 현실적 초월을 희구했을 것이다. 폴 레만(Paul Lehmann)이 말한 대로 본회퍼의 히틀러 살해음모의 신학적 이해는 본회퍼가 생각한 크리스천의 자기 동일성과 정치적 투쟁을 하던 자기 형제들과의 자기 동일시 사이의 변증법적 관계에서 얻을 수 있을 것이다. 즉 오늘날 크리스천으로 살아가면서 어느 정도로 자기를 세상과 또는 이웃과 동일시 할 것인가 하는 나의 문제가 그의 문제였다. 자기는 크리스천이라고 해서 그의 동족과 친 형제들이 하고 있는 운동을 모른 채 할 수 있을까? 또는 그 일을 정죄만 할 수 있을까? 즉 오늘 이 시점에서 크리스천이 된다는 것은 어떻게 처신하는 것을 말함일까? 오늘의 크리스천의 신분은 지난 세기의 그것과는 다르니 그 까닭은 오늘은 어제와 다른 세상이기 때문이다. 오늘날에는 하나님이 모든 문제를 다 해결하여 주실 것으로만 믿고 있을 세대가 아니라고 본회퍼는 생각한 것이다. 성숙한 사람은 신앙과 세상성(世上性), 또는 교회와 사회를 분리된 두 현실로 가를 수 없고 그 둘을 하나의 현실로 인정하는 것이다.[8] 그런데 본회퍼는 성숙한 인간을 말하면서도 신앙의 훈련을 강조한다. 크리스천이 이 세상과 자기를 동일시하면서도 또한 자기 신분을 지니기 위한 훈련이 필요하다. 그렇지 못하면 거기에는 위험이 있기 때문이다. 크리스천이 자기 동일성을 완전히 희생시키거나 상실하고 세상과의 자기 동일시를 일삼지 않도록 하는데 신앙의 바른 훈련이 필요하다. 동시에 그 훈련은 크리스천의 자기신분을 잘 가꾸고 닦아서 세상과의 자기 동일시 행위가 우상숭배나 관념주의에 빠지지 않도록 하는 데 필요한 것이다.

본회퍼와 주기철 두 목사의 순교는 위에서 살핀 대로 동일한 시대에 유사한 상황 아래서 된 것이지만 양자의 신앙 형태와 순교 이해에는 너무나 큰 차이가 있다. 주 목사의 경우는 한국의 기독교회가 아직도 2천 년 전의 초대교회의 자리에 머물러 있음을 우리에게 시사한다. 여기에는 단점도 있고 장점도 있다.

순교를 찬양하던 초대교회 시대가 좋기는 했으나 그러나 그 다음에는 무서운 교회 분열과 파쟁의 시대가 왔듯이, 주 목사 시대의 한국의 초대교회 시대 다음에 온 것은 한국교회의 비참한 분열과 파장의 시대였다. 주 목사가 순교를 각오하면서 장차 올 교회의 시험을 몹시

---

8 Lehmann, "Faith and Worldliness in Bonhoeffer's Thought", *Union Senminary Quarterly Review*, op. cit., 36f.

걱정했는데 그는 무슨 시험을 걱정했는지 알바 없으나, 만일 그가 옥사하지 않고 살아서 출옥성도가 되었더라면 해방직후에 일어난 교회의 혼란과 분열(신사참배 문제가 주요 원인이 된 것)의 와중에서 과연 어떻게 처신했을까? 출옥 성도들의 신앙적 자부심에 동참했든지 아니면 옥 밖에 있던 죄책감을 가진 신자들과 자기를 동일시했든지 양자택일을 할 수 밖에 없었을 터인데 과연 어느 편을 택했을까? 아무튼 그의 깨끗한 순교는 그에게는 무한한 축복이었다고 말할 수 있다. 반면에 성도의 순교자의 반열에 자기의 이름이 누락되어 있으나 음모의 책임을 지고 사형장에 나아가면서 이제부터 참으로 살기 시작하는 것이라고 믿고 말한 본회퍼는 자기대로 또한 행복하였다고 말할 수 있다.

하나님이 모든 것을 아신다.

(「기독교사상」 1973년 4월호)

본회퍼 이론의 상황주의적 요소

고범서

(전 숭실대학교 교수)

I. 상황이론(狀況理論)의 기본 개념

전통적인 논리적 사고에 있어서는 행동의 선악이 문제될 때 규범(norm) 즉 논리적 법칙(rule)과 원리(principle)가 중요시 되었다. 논리학의 학문적 연구에 있어서는 선과 악에 대한 해명이라든가 덕론, 양심론 혹은 가치론 같은 문제들이 다루어지지만 이것은 논리학자나 논리학도에게 있어서나 그런 것이고, 일반인의 일상적 논리생활에 있어서는 규범에 대한 복종과 일치 여부가 관심의 초점이 되었다.

이것은 기독교 논리의 경우에 있어서도 마찬가지이다. 신자의 논리적 생활에 있어서 중요한 문제가 되는 것은 기독교적 행동규범 즉 율법계명에 대한 복종이었다.

이렇게 해서 도덕적 행동을 결단함에 있어서의 중요한 관심사는 어느 도덕적 법칙이나 원리에 따라서 행동할 것인가 하는 것이었다. 이러한 입장은 도덕적 법칙과 원리가 시간과 장소의 변화 곧 "상황" (situation)과는 관계없이 보편적 타당성을 가진다는 생각을 전제로 하는 것이었다.

그런데 근자에 와서 논리적 규범의 보편적 타당성에 대해서 회의가 발생하게 되었다. 여기에 따라서 논리적 규범이 행동에 대해서 가지는 규제력과 권위에 대해서 상대적 승인만을 하려는 경향이 대두하게 되었다. 이러한 사태가 발생하게 된 데는 다음 몇 가지 중요한 원인들이 있다.

첫째는 권위의 몰락이다. 최근의 논리적 상황에 있어서 가장 두드러지게 나타난 현상은 권위의 동요요 상실이다. 정부건 사회건 전통이건 기존의 관습과 제도의 가치에 대해서 반기를 들고 반항하는 반체제의 풍조가 생겼다. 그 주된 원인은 근자에 와서 사회가 급속하게 변화하고 거기에 따라서 기존의 관습과 제도와 가치가 새로운 사회적 상황 속에서 타당성을 상실하게 된 데 있다.

둘째는 도덕적 상대성과 애매성이다. 사회학과 인류학의 발달은 영원하고 자명한 타당성과 진리성을 가지고 있다고 생각되었던 많은 가치와 제도와 윤리적 규범이 사회적 산물(social product)에 지나지 않으며, 지역과 문화에 따라서 다른 문화적 특징(idiosyncracy)에 지나지 않는다는 것을 드러냈다. 그리고 또 현대의 산업 사회에 있어서의 인간생활의 유기적 관련성의 증대와 복잡화와 역동화, 거기에 따르는 이해관계의 대립과 경쟁의 치열화는 사람들로 하여금 도덕적 애매성에 대해 눈뜨게 했다. 현대 사회에 있어서의 도덕적 애매성을 예리하게 파헤친 것은 미국의 신학자 라인홀드 니버(Reinhold Niebuhr)이다. 우리는 그의 저서를 읽을 때 죄의 복잡한 관계, 이해관계의 대립과 경쟁, 도덕적인 것 속에 숨어 있는 기만과 위선을 생생하게 피부에 느끼게 된다.

셋째는 한계상황의 속출이다. 2차 세계대전과 오늘의 산업사회의 사회정치적 상황은 사람들로 하여금 빈번히 한계적 상황에 직면하게 했다. 사람들은 이러한 한계상황에 부딪치게 될 때 기존의 도덕적 법칙이나 종교적 율법과 계명이 그대로 적용될 수 없고, 당면한 상황의 긴급한 요청에 책임성 있는 대답을 하기 위해서는 번번이 그러한 도덕법칙을 어기는 것이 불가피하고 또 강요된다는 것을 체험했다.

이러한 사태들은 민감하고 예리한 통찰력을 가진 창의적 윤리 사상가로 하여금 윤리적 결단과 행동이 일어나는 현실적 상황이 가지는 윤리적 의의에 대해서 심각한 관심을 가지게 했다. 과거에 있어서는 윤리적 행동을 결단함에 있어서 어떤 행동이 특정한 윤리적 규범에 일치하는가 혹은 그것을 위반하는가를 주로 문제 삼았다. 이와는 대조적으로 예리한 창의적 윤리학자들은 규범에 대한 기계적이고 맹목적인 무비판적 복종보다는 상황이 가지는 윤리적 의의에 대해서 보다 깊은 관심을 가지게 되었다. 그들은 한계상황 속에서는 당장의 현실적 상황의 요구에 대한 책임성 있는 대답과 반응이 기존의 윤리적 규범의 침해 곧 범법을 강요하는 수가 많다는 사실을 심각하게 생각하게 되었다. 이렇게 상황의 윤리적 의의를 심각하게 취하는 윤리학자들(그들의 대부분은 신학적 윤리학자들이지만)은 자연히 규범의 타당성을 상대화하는 경향에 흐르게 되었다.

상황주의의 입장을 취하는 윤리학자들이 이렇게 상황의 윤리적 의의를 역설하고 규범의 상대적 타당성과 상황에 따라서는 범법이 정당화될 수 있음을 주장하자 여기에 반대해서 규범의 기능과 중요성의 무시나 등한시는 윤리적 혼란과 위기를 초래할 위험성이 있다고 비판적입장을 취하는 윤리학자들도 나타나게 되었다. 전자는 상황-윤리(situation-ethics)라고 불리고 후자는 규범-윤리(norm-ethics)라고 불리게 되었다.

이상의 고찰에서 본바와 같이 상황윤리는 규범의 규제력만을 일방적으로 강조하는 규범-윤리를 극복하고 상황의 윤리적 의의를 심각하게 고려하여 상황과 규범 사이의 관계를 행동의 결단에 있어서 중요하게 다루는 윤리적 입장이라고 할 수 있다. 이러한 입장이 상황을 중요시하기 때문에 규범에 대해서 상대적 타당성만을 부여하는 것이 사실이지만 그렇다고 보편적 타당성을 가지는 도덕적 원리가 전혀 존재하지 않는다고 부정해 버리는 것은 아니다. 상황윤리를 제창하는 신학적 윤리학자들 역시 아가페의 사랑의 원리라든가 혹은 그와 비슷한 원리를 보편타당한 원리로 인정한다.

II. 본회퍼 윤리의 상황주의적 요소의 분석

그러면 지금까지 고찰한 상황윤리의 기본적 개념에 입각해서 본회퍼 윤리의 상황주의적 요소에 대해서 분석해 보기로 하자. 그의 윤리 사상속에는 상황주의적 색채가 짙다. 뿐만 아니라 상황윤리를 제창한 신학적 윤리학자들은 그들의 윤리적 입장을 정당화하기 위해서 자주 '본회퍼'를 인용했다.

1. 형성으로서의 윤리에 나타난 현실적 상황의 윤리적 의의의 중요성에 대한 역설

본회퍼는 윤리적 행위와 생활을 형성적 원리나 특정된 법칙에 의해서 이해하고 규제하려고 한다기보다는 인간의 생이 현실의 한 가운데서 사는 것임을 거듭해서 강조하고 또 역설한다. 이것을 그는 윤리의 "구체적 장소"(der konkrete Ort)라는 말로 표현한다. 그는 우리가 추상적 윤리학을 떠나서 구체적 윤리학을 취하여야 한다고 다음과 같이 말한다: "우리가 이제 그리스도의 모습에 의해서 형성되는 것에 대해서 말하려고 할 때에 우리는 어떠한 시간과 장소를 생각하고 있는가 하는 물음에 대해서 대답하지 않으면 안 된다. 이 경우에 있어서 아주 일반적으로 말해서 우리와 관계를 가지고 있으며, 우리가 경험하고 있으며, 우리에게 있어서 현실인 시간과 장소가 문제이다. 우리에게 구체적인 물음을 제기하고 과제를 제시하고, 책임을 과하는 시간과 장소가 문제이다. 그러니까 '우리들 사이에서', '오늘', '여기서' 우리들의 결단과 만남이 이루어지는 영역이 문제이다"(Dietrich Bonhoeffer, *Ethik* [München; Chr. Kaiser Verlag, 1961], 28-29).

본회퍼는 이렇게 윤리의 구체적 장소로서 현실의 구체적 상황의 중요성을 강조한다. 그러나 그가 현실의 상황을 강조한다고 해서 그것이 곧 궁극적 진리와 아무런 관계가 없이 현실에 동화되고 흡수당해 버리고 마는 것을 의미하는 것은 아니다. 상황윤리를 주장하는 신학적 윤리학자들이 규범의 상대성을 주장하면서도 사랑의 원리나 혹은 그와 비슷한 보편적 타당성을 가진 원리를 인정하는 것처럼 본회퍼 역시 "그리스도의 현실"이라는 불변의 궁극적 진리를 인정한다. 그의 윤리의 중핵은 역사적 현실의 한 가운데 오셔서 그 속에서 '참된 人間'(wirklicher Mensch), 다시 말해서 '하나의 인간'(ein Mensch)이 아니라 '인간 그 자체'(der Mensch)로 되신 그리스도에 의해서 우리 인간이 형성된다는 사실이다. 그것을 그는 다음과 같이 말한다: "오늘 여기에서 우리들 사이에서 그리스도가 어떠한 모습을 취하는가" 하는 것이 문제이다(Ibid., 28).

본회퍼는 그리스도가 이렇게 역사적 현실의 한 가운데서 참된 인간으로 존재한 것처럼 인간이 자기도 그리스도의 존재를 본받고 그대로 존재하는 윤리를 "형성으로서의 윤리"(Ethik der Gestaltung)라고 불렀다. 형성으로서의 윤리를 그는 다음과 같이 말한다: "따라서 형성으로서의 윤리학은 추상적도 아니고 결정론적도 아니고, 또 프로그램으로서도 아니고 순수하게 사변적도 아니고 구체적으로 그리스도의 모습이 이 세계 속에서 모습을 취하는 것에 대해서 말하려고 하는 모험이다… 형성으로서의 윤리는 그리스도가 현재 그의 교회에 있어서 모습을 취한다는 것에 근거해서만 가능하다. 교회는 예수 그리스도의 모습이 거기에 있어서 모습을 취한다는 것이 선포되고 그리고 또 그것이 실제로 일어나는 장소이다. 기독교윤리는 이 선교와 사건에 봉사하는 일에 있어서 존재한다"(Ibid., 30).

2. 궁극적인 것과 궁극 이전의 것의 관계에 대한 논의에 있어서 나타난 상황의 윤리적 의의의 중요성에 대한 역설

본회퍼가 특정한 구체적 상황이 가지는 윤리적 의의를 중요시한다는 사실에 대해서는 이미 위에서 고찰했다. 같은 생각을 궁극적인 것과 궁극 이전의 것의 관계를 다루는 그의 논의에 있어서도 찾아 볼 수 있다. 우리는 그리스도의 현실이 본회퍼의 윤리의 중핵이라는 것을 형성의 윤리를 고찰함에 있어서 보았다. 이것을 좀 더 구체적으로 말하면 본회퍼의 윤리의 핵심은 인간이 되어서 십자가에 못 박히고 부활한 그리스도의 유일의 모습과 같은 모습을 인간이 취하여 존재하는 것이다. 본회퍼의 이러한 사상은 죄인이 은총에 의해서만 의롭다 함의 인정을 받는 종교개혁의 가르침에 근거를 두고 있다. 본회퍼는 이 가르침을 "궁극적인 것"(die letzten Dinge)이라고 부른다.

여기서 궁극적인 것과 궁극 이전의 것의 관계가 문제된다. 본회퍼에 의하면 양자의 관계를 다루는 데 두 가지 잘못된 입장이 있다. 그 하나는 '급진주의'(Radikalismus)이다. 급진주의는 궁극적인 것에만 관심을 가지고 궁극 이전의 것은 무시하거나 부정해 버리고 만다. 다시 말해서 궁극적인 것이나 진리에만 관심하고 역사적이고 구체적인 현실은 무시하거나 배척해 버리고 만다. 이렇게 되면 궁극적인 것과 궁극 이전의 것이 배타적 대립의 관계를 가지게 된다. 그 결과 그리스도는 모든 궁극 이전의 것의 파괴자와 그 적이 되고 궁극 이전의 것은 그리스도에게 적대하게 된다.

　다른 하나는 '타협'(妥協, Kompromiß)이다. 타협은 궁극적인 것을 거부하고 궁극 이전의 것만을 택하는 해결 방안이다. 이렇게 되면 궁극적인 것은 궁극 이전의 것에서부터 분리되고, 궁극 이전의 것은 스스로 독립하여 자기 자신 속에 존재의 권리를 가지게 된다.

　본회퍼는 이 두 가지가 다 잘못된 것이라고 하면서 예수 그리스도에 있어서 궁극적인 것과 궁극 이전의 것이 하나로 통일된다고 주장한다. 그리스도가 인간이 되어서 십자가에 못 박히고 부활한 사실에 대하여 본회퍼는 '십자가에 있어서 피조세계의 현실은 궁극 이전의 것에 대한 심판인 동시에 궁극적인 것의 심판 앞에 복종하는 궁극 이전의 것에 대한 은총이 된다'고 말한다. 이렇게 해서 그리스도의 '참된 인간'에 있어서 궁극적인 것과 궁극 이전의 것이 만나게 된다.

　본회퍼의 이러한 사상은 신앙은 그리스도 없는 세계도 아니고, 세계의 한가운데서 그리스도 앞에서 사는 것이라고 그가 주장할 때도 찾아 볼 수 있다. 그의 이러한 입장은 한편으로는 신앙이 현실을 향배(向背)하고 영원한 초월적 세계로 도피하는 것이 되어버리는 것을 막을 수 있고, 다른 한편에 있어서는 신앙이 세상과 야합해 버리고 마는 세속주의에 떨어지는 것을 막음으로써 세계의 한가운데서 신 앞에서 사는 참된 신앙의 길을 열어 준다.

3. 세계의 현실의 승인과 그 중요성의 강조

궁극적인 것과 궁극 이전의 것의 관계에 대한 논의에 있어서 우리는 이미 그가 세계의 현실(die Wirklichkeit der Welt)이 가지는 신앙적 의의를 매우 중요하게 생각하고 있다는 것을 보았다. 그에게 있어서는 신앙은 초월에의 도피도 아니고 현실 속에의 매몰도 아니라 현실에 대한 책임적 관계에 있어서 그리스도의 존재를 본받는 생활이다. 그의 이러한 현실 세계의 승인과 그것에 대한 책임성의 강조는 그로 하여금 성속을 분리하는 두 개의 영역의 사상을 극복하게 한다. 이러한 그의 사상은 다음과 같은 구절들 속에 잘 표현되어 있다. 즉 "두개의 현실이 있는 것이 아니라 단 하나의 현실이 있을 뿐이다. 그리고 그것은 그리스도에게 있어서 이 세계의 현실 속에서 분명하게 드러난 하나님의 현실이다" (Ibid., 62). "이 세계는 그리스도와 악마로 분할되어 있는 것이 아니라 이 세계가 그것을 인정하건 하지 않건 이 세계가 전체로서 그대로 그리스도의 세계이다"(Ibid., 67). "교회의 영역은 이 세계와 그 영토를 다투기 위해서 존재하는 것이 아니라, 바로 이 세계가 세계인 것 다시 말해서 신에 의해서 사랑되고 화해를 받는 세계라는 것을 이 세계에 대해서 증언하기 위해서 존재한다"(Ibid., 66). "교회는 자기 자신을 위해서가 아니라, 세계의 구원을 위해서 싸움으로써만 자기 자신의 영역을 확보할 수 있다. 그렇지 않으면 교회는 자기 자신의 이익을 위해서 있는 '종교적 이익단체'(Religions-gesellschaft)가 되고 하나님과 세계의 교회임을 그만 둔다"(Ibid., 66).

본회퍼의 이러한 신앙적 입장은 그로 하여금 교회의 사회에 대한 책임을 다음과 같이 역설하게 한다: "교회는 고백한다 ― 교회는 예수 그리스도의 이름을 세상 사람들 앞에서 부끄럽게 하고, 그 이름이 악한 목적을 위해서 잘못 사용되는 데 대해서 힘을 다해서 저항하지 않음으로 해서 그의 이름을 오용하는 죄를 범했다. 다시 말해서 교회는 그리스도의 이름의 가면 아래서 폭력적 행위와 부정이 행해지는 것을 방관시했다"(Ibid., 49-50). "교회는 고백한다 ― 교회는 야수적 폭력의 멋대로의 행사, 무수한 죄 없는 자들의 육체적 정신적인 고통과 억압, 증오, 살인을 보면서도 그들을 위해서 외치지 않았고 급히 달려가서 그들을 구출할 길을 발견하려고 하지 않았다. 교회는 가장 약한 의지할 데 없는 예수 그리스도의 형제들의 생명이 상실된 데 대해서 책임이 있다"(Ibid., 50). "교회는 고백한다 ― 교회는 가난한 자들이 수탈당하고 착취되고 강한 자가 부해지고 부패하는 데 대해서 침묵을 지켰고 방관시했다"(Ibid., 50).

우리는 지금까지의 고찰로 본회퍼가 구체적 상황이 가지는 신앙적 의의와 중요성에 대해서 얼마나 심각하게 생각하고 있는지를 보았다. 그의 이러한 신학적 입장을 한편으로는 궁극적인 종교적 진리와 역사적 현실 교회와 사회를 연결시킴으로써 기독교 사회윤리학의 기반을 마련했고 다른 한편에 있어서는 상황주의 윤리학에의 길을 열었다.

III. 본회퍼 윤리에 있어서의 상황과 규범의 관계

상황의 윤리적 의의와 중요성을 심각하게 하는 본회퍼는 상황주의 윤리학과 마찬가지로 윤리적 규범이나 종교적 법률과 계명에 대해서 상대적 타당성만을 부여하고 한계상황이나 혹은 기존의 윤리적 규범의 수준을 초월해서 보다 높은 차원의 도덕을 성취하여야 할 상황에 있어서는 기존의 규범이나 법률의 위반이 인정될 수밖에 없거나 나아가서는 위반하는 것이 요청된다는 것을 인정한다.

먼저 본회퍼가 보다 높은 도덕적 성취를 위해서 법률이나 계명에 위반하는 것을 인정하는 경우를 생각해 보기로 하자. 본회퍼의 이러한 사상은 예수가 안식일을 범한 것을 해석하는 그의 글 속에 잘 나타나 있다. 그는 다음과 같이 말한다: "예수는 윤리적인 양자택일의 법칙에 의해서 구속되지 않는 완전한 자유를 가지고 말한다. 예수가 모든 율법을 자유롭게 처리한 이러한 자유는 바리새인들에게는 필연적으로 모든 질서, 경건, 신앙의 파괴로 생각되었음에 틀림없다. 바리새인이 그것을 지키기 위해서 양심을 다했던 모든 구별이 예수에 의해서 폐기된다. 그리고 또 예수는 그렇게 하지 않아도 굶어 죽지는 않았을 텐데 안식일에 그의 제자들에게 밀 이삭을 따서 먹는 것을 허락했고, 이미 12년이란 긴 세월 동안 병상에 누워 있었던 병든 여인을 하루 더 기다릴 수 없는 것은 아니었는데도 불구하고 안식일에 고쳤다"(Ibid., 39).

'예외'(exception)의 개념을 빌어서 본회퍼의 이러한 사상을 말한다면 이러한 경우는 윤리의 새로운 경지를 개척하기 위한 '창조적 예외'(creative exception)이라고 할 수 있을 것이다. 다시 말하면 이러한 경우에 있어서의 율법과 계명을 부정하는 것은 아니지만 그것들의 근거인 사랑의 법을 보다 높게 성취하기 위해서 범법을 감행하는 것이다.

여기에 대해서 다음과 같은 경우에 있어서는 분명히 율법과 계명에 대한 위반이 한계상황에 의해서 강요된 것이다. 본회퍼는 다음과 같이 말한다. "책임 있는 행동은 예수 그리스도를 우리가 책임지는 궁극적 현실로 하고, 바로 그리스도에서부터 율법으로부터의 자유가 주어져서 책임 있는 행위를 할 수 있게 되는 것을 경험하게 될 것이다. 하나님을 위해서 이웃을 위해서 다시 말해서 그리스도를 위해서 안식일을 거룩히 하는 것에서부터의 자유, 부모를 공경하는 것에서부터의 자유, 하나님의 전 율법에서부터의 자유, 즉 율법을 폐기하는 동시에 율법을 새롭게 함으로 효력 있게 하기 위한 자유가 존재한다. 율법의 효력정지는 다만 참된 성취를 위해서 할 수 있을 뿐이다. 예컨대 전쟁의 경우에 있어서는 살인과 파괴와 약탈이 단지 생명과 진리와 재산의 가치를 다시 회복하기 위해서만 존재할 수 있다"(Ibid., 203).

여기에 있어서 한 가지 깊이 주의할 것은 본회퍼가 한계상황에 있어서 율법에 대한 위반을 인정하기는 하지만, 그것이 다만 율법이 정당하게 기능을 발휘할 수 있게 하기 위한 목적을 위해서만 용납될 수 있다고 못을 박고 있다는 사실이다. 다시 말해서 본회퍼가 강조해서 말하려고 하는 것은 율법을 배격하거나 무시하려고 하는 것이 아니라 율법의 정당한 기능을 회복하기 위해서는 거기에 대한 위반도 있을 수 있다는 것이다. 그렇기 때문에 그는 위에서 인용한 말에 곧 이어서 범법이 도덕적 냉소주의(Zynismus)에서부터가 아니라 도덕적 책임(Verantwortung)에서부터 오는 것이라고 말한다. 상황주의를 제창하는 신학적 윤리학자들은 본회퍼 윤리의 상황주의적 요소에 대해서 많이 언급하지만 이 점에 대해서는 충분한 관심을 가지지 못했다.

본회퍼는 그의 "윤리"의 말미에 있는 "진실을 말한다는 것은 무엇을 의미하는가?"(Was heibt Die Wahrheit Sagen?) 하는 글 속에서 상황과 규범의 관계에 대해서 또 하나의 매우 주목할 발언을 한다. 여기서 그는 다음과 같이 말한다: "진실을 말한다는 것은 사람이 처해 있는 장소에 따라서 다르다는 어떤 것을 의미한다. 그때그때의 관계가 고려되지 않으면 안 된다. … 하나님은 보편적 원리가 아니라 나를 살아 있는 생 속에 두고 그 속에서 그에게 봉사하기를 요구하는 살아 있는 하나님이다. … 그렇기 때문에 우리의 말은 원리적으로가 아니라 구체적으로 진실하지 않으면 안 되는 것이다. 구체적이 아닌 진실은 결코 하나님 앞에서의 진실일 수가 없다. 그렇기 때문에 진실을 말한다는 것은 심정의 문제일 뿐만 아니라 그것은 동시에 현실적인 관계에 대한 바른 인식과 진지한 숙려(熟慮)와 관계되는 문제이기도 하다"(Ibid., 283-284).

여기에 나타난 윤리적 규범의 타당성에 대한 본회퍼의 이해는 신학자 플레처(Joseph Fletcher)와 로빈슨(John A. T. Robinson)의 그것과 일치한다. 다시 말하면 본회퍼는 여기서 진실을 말하는 것이 어떤 형식적 원리에 대한 기계적이고 맹목적 복종이 아니라 상황에 따라서 창조적으로 수행되어야 하는 살아 생동하는 그때그때의 결단임을 역설하고 있다. 바꾸어 말하면 본회퍼는 특정한 구체적 상황에 대한 책임 있는 대답의 중요성을 강조하여 규범의 타당성을 주장하고 있는 것이다.

IV. 결론

끝으로 본회퍼의 윤리가 남긴 과제를 두 가지만 지적하기로 한다.

첫째는 그의 사상에서 찾아 볼 수 있는 신앙의 사회적 차원에 대한 문제이다. 궁극적인 것과 궁극 이전의 것의 관계, 두 개의 영역의 극복, 교회와 세계의 관계에 대한 그의 논의는 신앙의 사회적 차원의 신학적 기반을 마련해 주었다고 볼 수 있다. 이 점에서 볼 때 본회퍼의 신학은 신앙을 현실의 세계와 사회와 연결시키는 일에 있어서 매우 중요한 공헌을 했다.

그러나 기독교의 궁극적 진리와 역사적 현실을 관계시키고, 교회와 사회를 관계시키는 기독교 사회윤리학을 전개하려고 할 때는 본회퍼의 윤리학은 단지 출발점을 마련한 데 지나지 않는다. 이것은 본회퍼를 니버(Reinhold Niebuhr)의 기독교 사회윤리학과 비교해서 보면 쉽게 알 수 있다. 니버는 궁극적인 것과 궁극 이전의 것의 관계와 아가페의 사랑의 원리와 역사적 현실 사이의 역동적 관계를 "근사적 접근(approximation)의 개념을 사용하여 다룬다. 이러한 접근에 있어서 니버는 힘의 역학관계와 사회정치적인 개념적 도구를 사용한다. 본회퍼의 윤리사상을 사회윤리로 본격적으로 발전시키기 위해서는 사회학과 정치학 및 경제학의 개념을 도구로 활용하지 않으면 안 될 것이다.

둘째는 상황과 규범의 관계에 대한 문제이다. 이 문제에 있어서도 천재적인 통찰력을 가진 본회퍼는 창조성을 발휘하여 윤리의 상황적 측면에 착안했다. 이 점에 있어서는 오늘의 상황주의 윤리의 선구자 역할을 했다고 말할 수 있다.

그러나 상황과 규범의 관계는 수없이 많은 어렵고 복잡한 문제를 내포하고 있다. 흔히 간단하게 '상황'이라고 하지만 우리는 상황을 분석하지 않으면 안 된다. 극히 거칠게 분석해 본다면 먼저 정상적 상황과 한계상황을 구별하여야 하며, 한계상황을 또다시 개별적 한계상황과 사회적 한계상황으로 구분해야 할 것이다. 윤리적 규범도 보편적 타당성을 가지는 궁극적 원리와 그것을 실현하기 위한 수단으로 사용되는 상대적 타당성을 가지는 법칙으로 구분하여야 할 것이다. 윤리적 규범의 이러한 구분을 보편적 원리와 상대적 법칙 사이의 관계의 분석을 요청하게 된다. 그뿐만 아니라 윤리적 규범의 '예외'도 본격적으로 분석되어야 한다. 상황과 규범의 관계의 충실한 취급은 이러한 문제들을 포함시켜 다루지 않으면 안 되는 것이다. 이렇게 볼 때 본회퍼가 제기한 상황과 규범의 관계는 문제의 본격적 분석과 발전의 출발점에 지나지 않는다고 할 수 있다.

(「신학사상」 1998년 가을 호)

본회퍼의 기독교의 비종교화

박봉랑

(전 한신대학교 교수)

I. 비종교화란

1960년대 이후의 기독교의 사상적 기후는 다음 몇 가지에서 종합될 수 있다고 보겠다.

첫째, '이 세상성'에 대한 관심이다. 신학의 관심을 하늘로부터 땅으로, 저 세상으로부터 이 세상으로, 초월로부터 내재로, 관념으로부터 현실로 옮긴 것이다. 하나님은 초월적 존재로서가 아니고 이 세상에 있는 초월로서 이해되기를 원하고, 신앙은 저 세상에서가 아니고 이 세상, 현실 속에서 발견되기를 원한다.

둘째, 신앙의 바른 진술에 관한 것보다는 행동의 성격과 방향에 관심을 기울인다. 기독교의 본질적인 생명을 단순히 설교와 말에서 보려고 하는 것이 아니고 그리스도인들의 날마다의 삶에서 그 실증을 보려고 한다.

셋째, 신학적 사고의 경향은 실존적이 아니고 역사적이며, 수직적이 아니고 수평적이고, 현재적이 아니고 미래적이다. 역사와 질서의 이해가 아니고, 변혁이 문제가 된다.

넷째, 개인주의적 경건, '나'의 구조로부터 책임적인 '나'의 구조로, '타자들을 위한 삶', '참여', '연대 책임'에로 주의를 돌린 것이다.

다섯째, 그리스도의 선교는 단순히 말씀의 전파(복음화)만이 아니고 인간의 인간화, 인간의 사회화, 사회의 인간화, 인간의 해방을 위한 인간의 내면성의 변혁과 아울러 환경과 조건의 변혁을 포함하려고 한다. 죄와 악은 개인의 생각과 행동에서만이 아니고 '구조'에서 취급된다. 경제적 불평등, 정치적 억압, 기술화에 따르는 생태학적 환경의 위기, 인간의 인종적 문화적 소외, 심리적 억압, 이 모든 영역은 '악'의 현실적 지배의 장소들로서 인간의 해방의 영역이며 기독교 선교는 이 모든 영역을 포함하려고 한다.

1960년대 이후의 신학의 과정은 이러한 공통성들을 떠나서는 이해할 수 없을 것이다. 1945년 제 2차 세계대전 이후 급격하게 발전된 과학과 기술의 성취, 유토피아적 사회주의의 도전, 가진 자와 못가진 자의 차이, 소위 제 3국들의 항거, 과학적 무기의 위협, 정치적 억압들, 사회적 부조리, 인권의 침해, 미래에 대한 관심, 모든 정치적, 문화적 기후는 20세기 후반에 와서 영국의 성공회의 감독 로빈슨 목사가 "하나님 앞에 솔직히"에서 고백한 바와 같이 "내키지 않는 신학의 혁명"을 가져오게 했고 기독교를 계몽의 과정으로 몰아넣었다. 그것은 세속화 신학, 신의 죽음 신학, 희망의 신학, 정치신학, 해방의 신학, 혁명의 신학 등에서 표현되었다.

이와 같이 20세기 후반의 신학의 변화에 대해서 결정적인 쐐기의 역할을 한 사람으로서 우리는 20세기의 기독교 세계에 수수께끼와 같이 된 본회퍼의 존재를 손꼽지 않을 수 없다.

그가 현대 기독교에 가지는 의미는 당연히 학문적 천재 본회퍼와 행동적인 그리스도인 '순교자' 본회퍼를 생각하게 된다. 물론 그렇다. 그러나 현대 기독교의 신앙과 삶에 대해서, 특히 현대 신학의 형성에 있어서 그가 한 역할은 그것보다는 더 깊은 곳에 있다고 본다. 그것은 본회퍼의 해석들을 종합해 보면, 그가 쓴 글들, 그의 삶, 그의 고민, 그의 결단, 그의 수난, 이 모든 것이 방향을 주고 동기를 준 사상의 '누룩'이다. 그것은 그가 '옥중서신'에서 돌발적인 사건과 같이 출발해서 미완성으로 남겨준 '기독교의 비종교적 해석'이란 용어 아래 요구한 기독교의 새로운 방향의 지시에 있다.

우리는 그의 단편적인 삶을 해석해 주는 열쇠가 되고 그의 글들 밑에 깔려 있는 '주선율'(cantus firmus)을 듣는다. 그것은 한 구체적인 인격, '창조 하시고' 인간 예수 안에서 인간을 위해서 사시고 대속적인 죽음을 죽으시고 다시 사심으로써 승리하시고 땅의 보이는 교회로서 성령을 통하여 말씀의 선교에서, 성례전에서 그리고 그의 제자들의 날마다의 삶에서 현재하시는 하나님 자신, 낮아지신 '예수 그리스도'의 존재이다. 그의 전(全) 관심은 처음부터 끝까지 "그리스도는 오늘 우리에게 어떠한 의미가 있는가?"[1]에 있다. 이질문은 그가 처음부터 마지막 풀뢰센부르크에서 그의 사형집행자가 왔을 때까지 그의 전(全) 경험을 통해서 관심을 집중시켰던 문제이다. "항상 나를 움직이게 한 그리스도교는 무엇인가? 또 오늘 우리에게 그리스도는 무엇인가? 하는 질문이다."[2] 그는 '옥중서신'에서 다시 쓴다. "그리스도는 어떻게 비그리스도인 세계에서도 주가 되겠는가! 당신은 누구입니까?"[3] 이 질문이 본회퍼의 대화를 지배한다.

---

1 Bonhoeffer, *Prisoner for God*, 122(이하 *PfG*으로 표시)

2 *PfG*., 122

3 *PfG*., 121

그의 박사학위 논문, "성도의 교제"는 보이는 공동체로서 존재하는 그리스도요, 그의 교수자격 논문, "행동과 존재"는 예수 그리스도(계시)의 인식 문제요, "나를 따르라"는 예수 그리스도를 따르는 제자의 길이요, 그의 1933년의 베를린 대학의 강의 "그리스도론"은 예수 그리스도의 구조적 해명이요, 그의 미완성 작품인 "윤리학"은 예수 그리스도의 형상에 따라서 사는 그리스도인의 책임적인 삶의 구조이다.

그의 저서와 그의 생애를 일관해서 끌고 온 이 멜로디, '예수 그리스도'의 존재는 그의 생의 최후를 운명 짓는 감옥에서의 그의 현실, 히틀러의 공화국의 멸망과 앞으로 올 역사의 변화 그리고 현대가 맞이하게 될 새로운 시대의 환상 속에서 본회퍼로 하여금 이 새로운 시대를 진단해 보고 이 시대 속에서 '그리스도는 우리에게 어떤 의미를 가질 것인가?'를 새롭게 묻고 이 시대를 위해서 존재해야 할 기독교의 형태를 걱정했다. 그는 이것을 '성서적 개념의 비종교적 해석'이라고 불렀다. 우리는 이것을 '기독교의 비종교화' 또는 단순히 '비종교적 해석'이라고 부르기도 한다.

물론 그가 옥중에서 물은 예수 그리스도의 질문과 그가 형태를 주려고 했던 기독교의 형태는 새롭고 혁명적인 것이라고 할지라도 본회퍼의 저서 전체와 그의 생애의 변화를 고려할 때에 '비종교적 해석'은 그의 생애와 그의 신학을 이끌어 온 '예수 그리스도의 존재'에 대한 관심의 새로운 집중이요, 창조적인 종합으로 보는 것이 옳다고 본다. 때문에 '기독교의 비종교화'는 본회퍼의 신학의 주제라고 말할 수 있을 것이다.

II. '비종교적 해석'의 동기

'기독교의 비종교화', 분명히 말해서 '성서적 개념의 비종교적 해석'이란 제목은 1944년 4월 30일자의 편지에서 처음으로 사용한 뒤, 두 번(1944년 7월 8일과 동년 7월 16일에) '성서적' 용어의 '비종교적 해석'이란 말을 사용했고, 또 한 번은 '신학적 개념의 비종교적 해석'(1944년 6월 8일자 편지)이란 말도 사용했다. 본회퍼 자신의 엇갈린 표현을 보아서 성서적 개념과 신학적 개념은 거의 같은 내용을 암시하는 것 같다. 또한 '비종교의 해석'은 간단히 '비종교적 기독교' 또는 '종교 없는 기독교'로 불리기도 한다.

본회퍼가 여기 대해서 실질적으로 쓴 기간은 4개월에 지나지 않는다. 처음 석 달은 편지 속에서 논리를 진행했고 한 달은 개요에 관한 작업과 실제로 원고를 썼다. 실제로 쓴 원고도 상당한 진전을 가졌을 것으로 보이나 그것은 한 장도 남아있는 것이 없다.

우리는 '비종교적 해석'의 미완성과 단편성을 인정하지 않을 수 없다. 그러나 미완성적이라는 것은 여기에 대한 재료가 없다는 것은 아니다. 무엇보다도 '옥중서신'의 후반부는 '비종교적 해석'의 해명이며 그 텍스트라고 할 수 있다. 다음으로 그가 옥중에서 '비종교적 해석'의 적극적 내용에 대해서 100면 이상을 다룬 책의 개요가 있다. 이것은 미완성의 개요이기는 하나 귀중한 재료가 된다. 그리고 그가 이전에 쓴 책들, 특히 그의 『윤리학』은 '비종교적 해석'의 내용과 해명과도 같고 그의 삶, 만남, 그의 실존은 다 그 재료들이 된다. 그 밖에 여기에 대해서 연구한 많은 책들과 논설들은 다 좋은 재료이다(필자의 저서 『기독교의 비종교화』, 특히 제2부와 제4부 참조).

물론 이 모든 재료들을 다 인정한다고 하더라도 그가 요구한 '기독교의 비종교화'는 그가 조직적으로 해명한 것이 없기 때문에 여러 가지 형태를 가지고 해석되고 발전될 수 있는 과제로 남아 있다는 점을 인정하지 않을 수 없다.

필자는 이상과 같은 조건들을 다 인정하면서 필자의 저서『기독교의 비종교화』의 제4부에서 전개한 '성서적 개념의 비종교적 해석'을 따라서 그것의 신학적 의미를 찾아보려고 한다.

본회퍼는 왜 '기독교의 비종교화'를 부르짖게 되었던가? 그것은 그를 둘러싸고 있던 자신의 감옥의 현실과 세계 역사의 상황 그리고 기독교의 자기비판에서 온 놀라움의 발견이라고 하겠다.

첫째는 〈성인이 된 세계〉, 새로운 현대인, '세속화된 인간'의 발견이다. 이 현대인은 인간사의 모든 일을 처리하는 데 있어서 인간 밖으로부터의 어떤 초월적인 힘을 빌리려고 하지 않고 모든 일을 자신의 책임 아래서 처리해 나갈 수 있다고 생각하는 사람이다. '종교가 만일 인간이 약할 때에 도움을 구하고 필요할 때에 찾는 어떤 초월적 능력에 관한 것'이라고 하면 현대인은 종교의 필요가 없는 사람들이다. 그들은 무엇 또는 누구에게 의존해서 사는 것이 아니고 자족하고 자율 위에, 자신의 책임 아래서 산다. 그들에게는 이런 의미에서는 '하나님'의 필요가 없고, 하나님 없이 살 수 있고 또 살아가는 사람이다. 하나님이 존재하지 않는다고 해도 관계가 없는 사람들이다. 그러나 본회퍼가 본 이 '성인이 된 자율적인 인간'은 본질적으로 모든 문제가 다 해결된 축복받은 존재로 보는 것은 아니다. 현대인은 물론 정신적인 힘에 의존하지 않고 기술적인 조직에 의해서 자연의 도전이 극복된다. 현대 성인의 세계의 직접적 주변은 자연이 아니고 조직이다. 인간의 이러한 자율적 시도는 새로운 위협을 가져온다. 그것은 조직자체다. 인간은 조직으로 떨어진다. 인간성의 성숙은 모든 정신적인 힘, 종교

와 하나님의 도움을 배척하고 자신의 결단과 자신의 처리 위에 서지만
은 인간의 본질 자체의 위기가 온다. 그것은 '설 땅이 없는 인간', 허무
위에 있게 되는 인간이다. 이것이 '성인의 세계'에 대한 대답이고 이것
이 본회퍼가 발견한 '성인의 세계'이다.

　본회퍼가 '옥중서신'에서 무신(無神)의 세계와 성인이 된 현대인,
소위 '세속화 된 인간'을 주어진 사실로 받아드리고 기독교 복음의 전
달의 대상자로 긍정하는 것은 현대 세속 인간의 찬양이나 낙관주의적
긍정이 아니다. 본회퍼는 서양의 세속화의 과정을 그의 '윤리학'에서
자세하게 분석했고 '옥중서신'에서 또 다시 취급했다. 이 두 곳을 자세
히 읽어 보면 '세속 인간' 또는 '세속화'에 대한 그의 긍정은 무조건적
긍정으로 이해될 수가 없다.

　'윤리학'에서 그는 '상속과 부패'라는 긴 한 장을 써서 서양 세속화
의 과정을 분석했다. 예수 그리스도의 통일 속에 지배되었던 서양문
화는 인간의 자율화가 성장 발전하여 현대는 허무와 공허 앞에 서 있
다. 그러기 때문에 세속화의 과정은 부패의 과정이다. 그리고 이 부패
의 과정이 절정에 이르는 곳, 즉 인간의 성숙이 절정에 도달되는 곳에
는 인간의 설 땅이 없게 된다. 그래서 그는 '옥중서신' 처음에 '설 땅이
없다'라고 외치고 있다.

　'옥중서신'에서는 이 인간의 현실은 더욱 분명한 의식을 가지고 드
러난 것이다. 그것은 그를 둘러싸고 있던 삶의 현실이었다. 죄수들, 간
수들, 히틀러와 그의 무리들, 게슈타포(Gestapo), 공산주의자들, 정
치적 저항자들 — 이런 현실에서 그는 이 시대를 '무종교의 시대'가 왔
다고 했다. 이 본회퍼의 주변은 기독교가 만일 역사에서 사명이 있다
면 이 무종교적인 현대인에게서 머리를 돌릴 수 있을까? 이들을 떠나
서 또 사명이 있을까? 이 무종교의 성숙한 인간 앞에서 기독교는 어떤

모습이 되어야겠는가? "예수 그리스도는 이들에게도 주(主)가 된다." 본회퍼는 여기서 이 세속적 인간의 긍정을 내리게 된 것이다.

둘째는 기독교의 자아빈곤의 발견이다.

기독교는 이 요구에 대해서 준비된 것이 있을까? 줄만한 것이 있는가? 본회퍼는 눈을 기독교 자체에게로 돌려서 재고품들을 조사해 본다. 성인이 된 세계, 종교의 하나님이 세계의 모퉁이로 밀려나는 과정에서 교회는 무엇을 하고 있는가? 교회의 말은 이 세계에 대해서 타당성을 잃었다. 본회퍼는 이렇게 판단했다. 그것은 침체 속에 있는 교회, 복음적 기독교를 '종교'로서 유지하려는 경건주의, 교회를 구원의 제도로서 구해보려고 하는 루터교 정통주의, 고백교회까지 교회적 관심은 옹호하지만 예수 그리스도에 대한 인격적 신앙은 약해지고 '수비'에만 급급하고 인간성의 요구와 봉사에 모험을 하지 않으려는 교회, 이러한 것이 성인이 된 세계 앞에 선 교회의 모습이다.

그것은 종교로 탈선한 '종교적 기독교'이다. 본회퍼는 '종교적 기독교'에서 성인의 세계 앞에서 속수무책인 기독교의 운명을 본다. 종교의 하나님은 데우스 엑스 마키나(Deus ex machina), 즉 인간의 한계상황에서 요청된 신이다. 인간의 인식이 다하고 인간의 자본이 다하게 될 때에, 인간이 난관에 부딪칠 때에 한계에 왔을 때에 임기응변적으로, 미봉책으로서 생각하거나, 우리의 문제를 해결할 수 있는 가설자로 생각하는 그런 하나님은 성인이 된 자율적인 인간에게는 무용한 것이 된다는 것이다. 따라서 본회퍼는 '종교'에 호소하여 하나님을 위해서 자리를 만들려고 하는 이러한 기독교의 선교(케리그마)의 방법 그리고 이와 같은 신학적 시도는 아 푸리오리 종교의 전체가 깨진 무신의 세계, 무종교의 시대에는 부적당하다고 보았다. 왜냐하면 종교적으로 말하는 것은 인간의 한계상황에 호소하는 것인데 성인이 된 세계에 대해서 '한계상황'이란 무엇인가? 오늘날 죽음까지도 사람들은 두려워하지 않고 죄는 거의 이해하지 못하는 이 시대에 있어서 참된 '한계상황'이 어디 있는가?(1944년 4월 30일 편지). 그는 '옥중서신'에서 이렇게 묻는다.

이러한 판단에서 본회퍼는 폴 틸리히의 종교적 신학과 목회상담학적 선교방법을 포함한 모든 종교적 변증의 시도를 신랄하게 비판한다. 이와 같은 기독교 변증학은 성인이 된 세계에 대해서 사람은 신의 보호 없이는 살 수 없다는 것을 증명하려고 한다. 그것은 사람들이 처리할 수 없는 문제들(죽음, 죄와 같은)이다. 이 문제들에 대한 대답은 하나님만이 줄 수 가 있다는 것이다. 본회퍼는 이와 같은 기독교 변증학이 성인의 세계에 대해서 가하는 공격은, 첫째로 무의미하고, 둘째로 무시할 수 있고, 셋째로 기독교답지 않다. 무의미하다. 왜냐하면 그것은 성장한 사람을 다시 미성년으로, 다시 말하면 그로 하여금 그가 사실에 있어서 의존하지 않은 사물들에 의존하게 하고, 사실 그에게 있어서 전연 문제도 아닌 문제들 가운데로 '뒤로 돌아가게'하려는 것과 같이 보이기 때문이다. 무시할 수 있다. 왜냐하면 이것은 그에게 생소한 목적을 위해서 인간의 약함을 찾으려고 하는 시도와 같기 때문이다. 기독교답지 않다. 왜냐하면 그리스도 자신 대신에 인간의 종교성이 대신 있기 때문이다(1944년 6월 8일 편지). 그것은 사람들의 약점과 아픈 곳을 찾아서 냄새를 맡고 돌아가는 목회상담적 방식은 점잖지 못한 야비한 방식이며 기독교적이 아니라고 보았다. 이러한 변증적 종교적 기독교가 성인의 세계에서 맞지 않는 우스꽝스러운 모습이라는 것에 대해서 우리는 그의 '윤리학' 속에서 그가 그린 '오늘에 나타난 돈키호테'의 모습을 예기할 수 있다.

그는 현대 신학을 뒤져 본다. 자유주의 신학은 기독교의 본질을 잃었고, 불트만의 '비신화화론'도 기독교의 본질을 깎는 작업을 면하지 못했다고 그는 판단했다. 바르트의『로마서의 강해』에서 그는 놀랄만한 발견을 한다. '비종교적 기독교'의 사고와 방향이다. 그러나 그는 바르트의 초기 초월적이며 수직선적인 계시의 행동의 강종에서 '계시 실증주의' 같은 것을 본다고 생각했다.[4] 바르트의 비종교적 기독교에서 출발 하면서 계시 실증주의를 극복하여 기독교의 새로운 형태를 주어 보려고 하는 데서 그의 과제를 발견한다.

III. '비종교적 해석'이란 무엇인가?

1. '비종교적 해석'은 그리스도론적 해석이다.

성인이 된 세계에서 하나님은 어떤 분이어야 하는가? 무신의 세계에서 우리는 어떻게 신에 대해서 말할 수 있겠는가? 그것은 전능에 대한 추상적인 신앙이 아니다. 이것은 신의 참된 경험이 아니고 세계의 부분적 연장에 지나지 않고, 포이어바허가 공격한 대로 '인간의 상상의 산물', '종교'이다. 이와 같은 종교의 신은 불필요한 신이고 니체가 요구한 것과 같이 이런 신은 죽어도 좋다. 아니 죽어야 한다고 그는 보았다. 하나님은 가장 구체적으로, 현실적으로 말해야 한다. 하나님의 전능과 초월은 예수 그리스도의 타자를 위한 삶(죽기까지 복종한)이다. 신앙은 이 예수의 존재(성육신, 십자가, 부활)에의 참여이다. 초월은 우리의 영역과 능력을 넘어가는 과제들에 있는 것이 아니고 가장

---

4 본회퍼의 '바르트의 계시실증주의 비판'에 대해서 필자의 저서 '기독교의 비종교화' 제4부 454-490을 참고. 필자는 푸렌터(Prenter)의 해석을 비판하고 이 비판은 바르트의 후기의 신학에는 적용되기 어려움을 밝혔다.

가까운 곳에, 인간의 삶, 현실 속에 있다. 하나님의 초월은, 절대자, 형이상학적 존재, 무한자로서가 아니고 인간의 형태 속에 있는 하나님이고, 타자를 위해 존재하는 인간, 십자가에 죽으신 예수 그리스도이다. 하나님의 전능은 이 낮아지시고 '고난'을 받고 죽으신 예수 그리스도의 사건에서 나타난다. 그러기 때문에 우리와 하나님과의 관계(종교)는 최고의 존재, 절대자에 대한 종교적 관계가 아니고 예수 그리스도를 통한 타자를 위한 새로운 삶이다. '성서적 개념의 비종교적 해석'은 우리가 이 '비종교적 해석'은 우리가 이 '비종교적 십자가'(예수 그리스도)와의 관계 속에서 모든 것을 생각하고 말하고 행동하는 것이다. 그것은 '그리스도론적 해석'을 의미한다.

2. '비종교적 해석'은 '세상적 해석'이다.

세상적 해석이란 이 세상의 중요성을 강조하고 이 세상을 긍정하는 신앙, 세상 속에 사는 신앙이다. 그것은 구약의 의미를 강조하는 해석을 의미한다. 기독교는 종교와 다르다. 종교적인 사람은 필요와 두려움으로부터, 죄와 죽음으로부터 무덤을 넘어서 더 좋은 세계로의 영혼의 구원에 대한 개인주의적인 관심을 가지고 있다. 여기서 강조는 죽음의 한계 저쪽 위에 있다. 그러나 구약은 의와 땅 위의 하나님의 나라에 집중한다. 우리가 관심하고 있는 것은 다음 세상이 아니라 창조되고 보전되고 속량되고 새롭게 된 이 세계이다.[5] 구약의 신앙은 이 세상적이라는 것이다.

신약성서도 이 세상으로부터의 도피를 가르치지 않는다. 그리스도의 부활의 희망은 구약에서 보다 더 예리하게 전적으로 새로운 방식으

---

5 *PfG.*, 126

로 땅 위의 역사 안에서의 하나님의 나라에 참여하는 삶으로 돌아가게 한다. 그리스도인들은 그리스도 자신과 같이 이 땅 위의 잔들을 남김 없이 마셔야 한다. 그리스도인들은 땅 위의 할 일들과 고난들로부터 영원으로 도피할 수가 없다. 이것이 그리스도론적 근거 위에서 하지 않을 수 없는 말이다.

3. '비종교적 해석'은 고난에 참여하는 삶이다.

'비종교적 해석'은 그리스도인을 세상 속으로 들어가게 하는 것이다. 그리스도인은 세상의 무신성을 종교의 비닐로 장식하려고 하지 않고 세계의 삶 속으로 들어가서 세상적인 삶을 살지 아니하면 아니 된다. 그리고 여기서 이런 방식으로 하나님의 고난에 참여하지 아니 하면 아니 된다. 그리스도인이 되는 것은 특수한 방식으로 종교적이 되거나, 성자가 되려는 것이 아니고, 의무와 문제, 성공과 실패, 기쁨과 슬픔을 그 속에 가진 삶 그대로를 사는 하나의 인간, 순수한 인간이 되는 것을 의미한다. 그리스도인을 그리스도인으로 만드는 것은 어떤 종교적인 행동이 아니고 세상의 삶에서 하나님의 고난에 참여하는 것이다. 이것은 회개(matanoia)의 삶을 의미한다. 그러나 참회는 무엇보다도 자기 자신의 필요, 문제, 죄, 두려움에 대해서 고민하는 것이 아니고 그리스도의 길로 붙잡혀 들어가는 삶, 이와 같이 해서 이사야 53장을 성취하는 삶이다.

4. '비종교적 해석'은 교회의 참된 사명의 수행이다.

그것은 단순히 신앙 고백을 수정하고 목회 훈련을 개혁하는 것만이 아니고 예수 그리스도의 삶을 따라서 타자를 위한 존재, 가난한 자를 도와주고 섬기는 교회이며 사람들이 어떠한 직업에 종사하고 살든지 그리스도 안에서 사는 것이 어떤 것인가를 삶으로 말하지 아니하면 아니 되고, 단순히 추상적으로가 아니고, 구체적 모범으로서 이것을 하는 것이다.

IV. 따르는 문제들

위에서 언급한대로 '비종교적 해석'은 본회퍼 자신이 완성하지 못한 과제였기 때문에 따르는 문제들, 토의될 문제들도 적지 않다. 가장 일반적으로 야기될 수 있는 문제 가운데 적어도 다음 두 가지 문제는 좀 더 해명을 가할 필요가 있다.

1) 첫째는 '비종교적'이라는 말 자체의 애매성이다. 본회퍼는 '종교'를 부정하는가 하는 일반적인 의문이다.

만일 '종교'가 하나님과 인간의 관계이고, 하나님이 인간의 궁극적 관심의 대상이라고 하면 인간은 종교 없이 그리고 '하나님'의 지울 수 없는 낙인이 찍혀 있다고 하겠다. 이와 같이 츠빙글리는 '참된 종교와 거짓 종교'에 대해서 말했고, 캘빈의 저명한 조직신학은 '기독교 종교의 강요'이고, 파스칼은 기독교를 '참된 종교'라고 했다. 본회퍼가 종교적 기독교를 공격했을 때 종교의 보편적 사실을 부정하려고 한 것이 아니었을 것이라는 것은 상식의 문제이다. 하인리히 오트가 말했듯이 본회퍼가 '종교'에 대해서 말할 때 그는 종교의 모든 현상을 염두에 둔 것이 아니고 기독교의 영역 안에 있는 일정한 현상, 그가 '형이상학적'

개념과 '개인주의적' 개념으로 표현한 것들에 관한다.[6]

　　그러기 때문에 종교가 한때는 인간에게 유익한 것이었던가? 지금 종교는 어떤 역할을 하는가? 그리고 옛 것과 새것은 어떤 공통 범주아래 있는가 하는 물음을 본회퍼에게 묻는다면 이것은 정당한 물음이 아닐 것이다. 본회퍼는 종교 일반에 대해서 관심이 있었던 것이 아니라 기독교적인 것의 형태 변화에 관심이 있었다.[7] 본회퍼의 사고에 따라서 그에게 물을 수 있는 질문은 '종교성'이 협의의 의미에서 한때에 기독교적인 것의 타당한 표현 형식이었던가 하는 것이다. 본회퍼는 개인의 영혼의 구원에 대한 개인주의적인 물음은 근본에 있어서 성서적이 아닌 것으로 이해한다.[8] 한 번 더 반복하면, 그가 '종교'에 대해서 말할 때엔 보편적인 종교 개념에 관심이 있었던 것이 아니라 배타적으로 기독교적인 것의 형태 변화에 관심이 있었다는 것이다.

　　그러기 때문에 종교의 시대가 지나갔다는 것은 예수 그리스도(타자를 위한 존재)에 대한 시대가 지나갔다든가, 기독교의 시대가 지나갔다는 것이 아니고, '기독교의 종교적 해석'의 시대가 지나갔다는 것이다. 이런 의미에서 그는 무종교의 시대의 하나님은 종교의 하나님이 아니고 '그 약함에 의해서 세상에서 권세와 자리를 점령하는 하나님'이어야함을 말하려는 것이다. '하나님은 세상에서 약하고, 무력하다… 그것이 그가 우리와 같이 있을 수 있고, 우리를 도와줄 수 있는 유일한 길이다'[9]는 것, 다시 말해서 '예수 그리스도의 하나님'을 증언하려는 것이다.

---

6 Heirich Ott, *Wirklichkeit und Glaube*, 136

7 *Ibid.*, 137

8 *Ibid.*, 126

9 *PfG.*, 164

2) 둘째는 '비종교적 해석'이 기독교의 세상적 해석 또는 후에 발전된 대로 기독교의 세속화론이라고 할 적에 '세상화'라는 표현의 애매성이다.

1960년대 이후에 WCC 운동을 통해서 서서히 발전되었고, 특히 하비콕스에게서 구체화된 기독교의 세속화를 이 본회퍼의 '비종교적 해석'에서 나왔다는 것은 논의할 필요도 없다. 그런 의미에서는 '기독교의 비종교화'는 기독교 세속화론의 이름이라고도 할 수 있다. 기독교의 세속화, 세상적 기독교는 어떤 의미에서 세상긍정을 의미하는가? 물론 이때 '세상'은 성숙한 인간, 현대인, 무신의 세계를 의미한 것은 말할 것도 없다. 본회퍼가 이 무신의 세계를 찬양하고 그것을 그대로 긍정하여 세상적인 기독교를 말하려고 하지 않았음은 이미 위에서 말한 바 있다.

우리가 중요한 오류를 범하지 않기 위해서 '세속화'란 표현에서 두 가지 접근을 구별짓는 것을 아는 것이 필요하다. 하나는 문화사적인 면에서 보는 세속화요, 또 하나는 신학적인 면에서 보는 때이다.

문화사적인 면에서 본회퍼는 그의 '윤리학'에서 세속화를 기독교 문화의 부패의 과정으로 보고 세속화의 절정인 성숙한 현대를 '설 땅이 없는 인간'으로 해명하고 비판하고 부정했다. 기독교의 세속화론은 이 문화사적 의미가 될 수 없다.

그러나 그럼에도 불구하고 본회퍼는 이 '세계'를 긍정했다. 그것은 이 무신의 인간을 찬양하려고 한 것이 아니고 예수 그리스도의 '현실'의 근거 위에서, '성인의 세계'가 심판되고 긍정되고 그리스도가 이들의 주가 되어야 하고, 이런 세계가 곧 그리스도가 있는 곳이요, 또한 신학적인 면에서 기독교의 세속화는 이 '현실' 속에 있는 그리스도와 그의 제자들, 이 현실 속에 있는 신앙과 그리스도교의 강조이다.

V. '비종교적 해석'에 대한 비판의 소리와 그 평가

1) 가장 일반적인 비판의 소리는 본회퍼의 비종교적 기독교에는 희망의 요소, 종말론의 요소가 약하다는 것이다.

본회퍼의 사상 전부는 한 마디로 철저한 '십자가의 신학'이며, 전투의 신학, 희생의 신학, 아니 죽음을 요구하는 신학이다. 본회퍼가 요구한 것은 예수 그리스도의 제자는 그의 스승과 같이 살고 죽는 것이다. 그리고 자신이 그것을 실천했다. 이보다 더 철저한 고난의 신학, 그리스도의 모방의 신학은 초대 교회 이후 보기 어려웠다. 그것이 고난 일변도이고 희생 일변도인 것은 부인할 수 없다. 그에게 있어서는 그리스도의 부활에서 오는 희망 그리고 성령의 내재를 통해서 우리에게 주어지는 확신과 기쁨이 많이 강조되지 못했다는 것도 부인하기는 어렵다. 사실 고난 속에서 가지는 기쁨, 죽음에서 보는 희망, 십자가의 길에서 부르는 찬송, 이 승리, 이 기쁨, 이 감사, 이 희망, 이 영광의 약속이 십자가 속에서 너무 가려졌다는 아쉬움이 있다. 우리에겐 십자가를 지는 '고난'만이 아니고 십자가를 지고 타자의 짐을 질 수 있게 하는 '힘', '능력' 그리고 타자의 짐을 지는 것 자체에서 오는 '기쁨'이 요구된다.

어떻게 한 사람이 모든 요구를 다 채워줄 수 있겠는가? 본회퍼가 '십자가의 신학'에서 멎었기 때문에 1970년대에 희망의 신학이 이 일을 해주었다. 하나님의 섭리는 헤아릴 수 없이 크다. 앞으로 우리는 성령의 신학이 '기쁨'과 '힘'을 줄 것을 기대한다.

2) 둘째 비판은 본회퍼는 내면성, 타계적인 종교로부터 너무 지나치게 180도로 이 '세상성'으로 돌았기 때문에 신앙의 요소들이 세속화되지 않았는가 하는 비판이 있을 수 있다. 다시 말해서 본회퍼의 세속

화론에서 신앙은 어떤 자리에 있는가 하는 것이다.

이 점에 대해서 우리는 본회퍼가 '비종교적 해석'을 요구했을 때에 '이 세상'의 긍정과 꼭 같이 '신앙의 비밀 훈련'(Arkandisziplin)을 강조했다는 점을 지나가서는 안 될 것이다. 그의 '비종교적 기독교'는 두 개의 기둥 위에 있다. 하나는 강력한 이 세상의 긍정이요, 또 하나는 '신앙의 비밀 훈련'이다. '신앙의 비밀 훈련'의 요구는 '이 세상성'의 긍정과 같이 본회퍼의 신학에 있어서 중요한 자리를 가지고 있다. 그의 "나를 따르라"는 신앙 훈련의 신학이고, "신도의 공동생활"은 신앙의 구체적인 훈련의 프로그램이다. 이 글들을 읽는 사람은 본회퍼가 신앙의 요소를 무시 또는 약화시키고 이 세상적 기독교를 일방적으로 강조했다고 말하기 어려울 것이다.

3) 셋째 비판은 본회퍼가 '비종교적' 기독교와 이 세상성을 강조하고 성인의 세계에서 '신앙의 비밀 훈련'의 필요와 고난에 참여하는 삶을 요구했을 때 그것은 공상적인 교회의 불필요성을 주장하고, 세상적, 윤리적, 삶 속에 숨어있는 '익명의 기독교', '숨은 교회'를 의미하려고 했을까 하는 것이다.

그는 독일 국가 교회에 실망하여 미래의 교회로서 교구도, 제도도, 교리도 없는 '무형의 교회'를 주장하려고 했는가? '옥중서신'의 교회는 단순히 디아스포라의 교회, 흩어진 교회를 주장했을까? 그것은 '교회로부터 세상으로'의 탈출인가? 그는 디아스포라의 그리스도들의 삶 속에 형태를 취하고 있는 보이지 않는 흩어진 교회, 예배하는 공동체로 모이는 것이 불필요하게 되는 그러한 기독교를 생각했을까?

그의 저서들을 통해서 그의 신학의 성격을 이해하는 바에 따르면 본회퍼는 칼 바르트의 그것 못지않게 그리스도 중심적이고, 불트만

못지않게 전달의 문제를 예리하게 파헤쳤고, 라인홀드 니버 못지않게 우리의 실용적, 기술적 세계의 문제를 진지하게 취급했다. 그러나 본회퍼는 이 모든 사람들보다 '구체적인 전망'에서 생각한 신학자이다.[10] 그는 교회로부터 생각하고, 교회로서 끝마친다. 교회는 그에게 있어서는 사람이 때때로 사회와 현실을 떠나서 퇴수하는 장소가 아니고 세상이 그리스도 안에서 성취되는 장소, 세상이 그리스도 안에서 형성된 '장소', 그리스도가 세상에서 형태를 가지는 '장소'이다.[11] 그의 첫 번째 저서는 교회론이었다. 그리고 그것의 제목은 '교회로서 존재하는 그리스도'였다. 전기의 저서들에서 그가 주장해 온 '구체적 계시'로서의 교회에 대해서 그는 세상에서 이 교회가 가져야 할 위치의 문제를 옥중에서 다시 명상하게 된 것이다.

'비종교적 해석'은 교회 혁신의 소리이다. 그는 벌써 1936년 스웨덴과 덴마크(그의 신학생들과 같이) 방문에서 행한 그의 강연, "신학성서에 있어서 보이는 교회"[12]에서 오늘의 상황에서 신학과 교회의 문제는 "하나님의 말씀의 교회가 세상에서 설 자리를 가지고 있는가? 있다면 그 자리의 본질은 무엇인가?" 묻는다. 그는 예배, 모임, 성서 읽기 공동의 생활, 기도, 찬미, 명상 등 보이는 형제들 사이에서 행해지는 교회의 신앙의 형태를 말한다. 그러기에 무신의 세계 안에서도 이 교회는 어떻게든 고수 되어야 한다. 교회는 '현재하는 그리스도'이기 때문이다. 『신도의 공동생활』에서 "형제들이 서로 만나는 것이 얼마나 큰 축복인가"라고 말한 본회퍼는 무신의 세계에서 보이는 공동체의 생활의 축복을 강조한 것이다. 그의 감옥은 처음부터 교회요, 무신의 세계

---

10 J. Godsey, *Theology of D. Bonhoeffer*, 117

11 *Ibid.,* p94.

12 *The Way to Freedom*, 42

에서 그리스도가 주(主)가 되는 문제였다. 그는 목회자였다. 마지막 처형 직전까지 설교와 예배를 주관한 본회퍼가 보이는 모임의 교회를 생각하지 않았다는 것을 상상하는 것은 지나친 억지다.

'비종교적 기독교'에서 그는 교회가 어떠한 형태를 취해야 한다고 생각했을까? 그는 '옥중서신'에서 "네가 성인이 될 때에는 교회의 형태는 알아보기 어려울 정도로 변했을 것이다"[13]라고 했다. 본회퍼 자신이 이 미래의 교회의 형태에 대해서 써놓은 것이 없기 때문에 그것이 어떤 형태일 것인가는 확실히 알 수는 없으나 우리가 그의 '옥중서신'에서 볼 수 있는 이 미래의 가능한 형태는 적어도 다음과 같은 윤곽을 가질 수 있을 것 같다.

첫째, 그것은 예수 그리스도가 지배하는 교회일 것이다.

둘째, 그것은 성숙한 세계, 무신의 세계를 전제로 하고 그것을 긍정할 것이다.

셋째, 성서적 개념들의 세상적 해석을 시도할 것이다. 다시 말해서 설교와 신학이 비종교적, 비추상적이고 구체적인 그리스도의 설교와 해석이 되려고 할 것이다.

넷째, '신앙의 비밀훈련'이 강조되고 공동의 삶, 예배. 기도, 성서의 명상이 보존되기 위해서 모든 것을 다 할 것이다.

다섯째, 그리스도의 고난에 참여할 것이다. 이것은 세상의 삶에 있어서 책임적인 삶, 다시 말해서 그리스도의 대리자로서의 소명에서 비롯되는 것이다.

한 가지 분명한 것은 그 새로운 형태는 교회가 인간을 위해서 가장 유효하게 존재할 그런 방식으로 구조된 것이라는 것이다. 교회적 권위의 교만이나, 교회의 자기 관심을 강조하는 조건들이 제거될 것이

---

13 *PfG*., 140

고, 세상의 사회적, 정치적 삶에 참여하는 교회,[14] 복음을 설교하는 것
만이 아니고 복음을 실제로 살아가는 교회일 것이다.

4) 기독교의 비종교화는 기독교의 새로운 형태의 요구이다.

마지막으로 본회퍼의 신학의 적극적 평가로서 빼놓을 수 없는 것
은 '기독교의 비종교화'는 본회퍼 자신의 삶에서 실증으로 요구했다는
사실이다. 그것은 교회는 '값싼 은혜'의 기초 위에서는 생존할 수가 없
고, '나를 위한'(Pro me) 그리스도, 자신의 삶을 하나님께 버림받은 상
태로 내맡기는 결단, '십자가'에서만 존재할 수 있다는 것을 가르쳐 준
다. 그는 이것을 '기독교의 비종교화'라는 개념 속에서 말하였다.

영지주의적 종교와 신비종교에서 사용되었던 '종교'로서의 하나님
을 초대 기독교가 예수 그리스도의 십자가의 하나님으로 극복하지 아
니하면 아니 되었던 그 역할을 본회퍼는 20세기에서 세속화가 절정에
이르렀을 때 21세기를 향한 기독교의 새로운 형태를 위해서 한 것이
라고 볼 수 있다. 그는 기독교를 재해석하려고 했다. 추상적 구원의
'종교'가 아니고 여기서, 지금 삶에 대한 책임성을 지는 기독교이다.
그래서 그는 예수 그리스도를 '구주'(Saviour)라고 하는 대신에 '책임
적 인간', '타자를 위한 존재', '위임', '대리적 삶', '삶의 중심성' 등의 비
종교적 언어를 사용했다.

'기독교의 비종교화'는 오늘의 시대에 대한 기독교의 고도의 변증
적인 시도이며, 생존방식의 발견이기도 하다. 이것은 이 시대에 대한
본회퍼의 예언자적인 통찰과 성서의 진리에 대한 확고한 신앙 그리고
진리를 어떻게 말할 것인가에 대한 그의 총명과 지혜로 말미암은 것이
다. 그것은 기독교의 여러 도그마나 전통적 기독교의 예배 의식을 부

---

14 *PfG.*, 180

정하고 예배 행위, 기도, 신앙의 훈련의 불필요성을 주장하는 어떤 새로운 기독교를 가져오려고 한 신학의 시도도 아니다.

이 새로운 형태의 기독교는 분명히 '현실'의 기독교의 강조이다. 항상 기독교를 위협하는 기독교의 이원론적인 사고, 거룩함과 세속, 영과 육, 이 세상과 저 세상의 이원론적 구분의 사상을 철저하게 배려한 것이다. 예수 그리스도가 곧 하나님의 현실이요, 또 이 세상의 현실이기 때문이다. 현실과 유리된 신앙이 아니고 현실 속의 신앙이다. 본회퍼가 강조한 기독교는 어떠한 추상성도 용납할 수 없는 그리스도의 구체적 현실의 기독교이다.

본회퍼가 강조한 기독교는 분명히 기독교의 사회적 역할의 강조이다. 17세기 종교개혁 이후 부당하게 뒤로 물러갔던 교회의 사회적 역할의 부활이고, 신앙의 뒤로 물러갔던 전통적으로 '성화'라고 하는 그리스도인의 '복종'의 강조이다. 그것은 '고귀한 은혜'의 재발견이다.

한 마디로 본회퍼가 요구한 기독교는 '제자직(Nachholge)의 교회'란 말에서 종합될 수가 있다. 케리그마, 코이노니아 교회 위에 '디아코니아'(봉사)를 현대에서 강조한 것이다. 본회퍼가 앞으로 요구될 기독교에 필요한 요소로서 보았던 것 그리고 '기독교의 비종교화'란 표현에서 말하려고 했던 것은 이 '제자직'의 교회였다.

VI. 적극적 결론

본회퍼가 1960년대 이후의 현대신학의 발전의 '누룩'이 됐다고 한것은 이 '십자가의 신학', 비종교적 기독교, 신앙과 종교의 대립, 즉 '제사직의 기독교'이다.

1) 본회퍼의 삶과 '비종교적 기독교'는 1960년대 이후 WCC를 통해 교회의 혁신운동과 기독학생 운동을 통한 혁명운동에 '누룩'이 되었다.

2) 하나님의 세상적 이해의 방식은 미국과 구라파를 통해서 신의 죽음 신학 논쟁을 불러 일으켰고, 그리스도론의 새로운 모색을 하게 한 '누룩'이 되었다.

3) 케리그마와 신앙의 '비종교적' 이해는 개인주의적, 경건주의적, 실존주의적 신학으로부터 정치신학의 풍토를 만드는 '누룩'이 되었다. 신학과 성서의 해석은 단순히 '나'의 새로운 이해의 과정에서 그칠 수가 없고 정치적, 사회적 구체적인 '삶'의 영역에서 성서의 말씀이 적용되고 그리스도가 지배될 수 있는 그런 방식으로 성서가 해석되고 이해되기를 바라는 복음의 정치적 해석이 일어났다. 심리적, 정치적 영역 안에서 신앙과 신학이 해야 할 역할이 무엇인가 하는 세속화 신학의 관심은 해방의 신학(심리적 영역과 정치적 영역에서)을 불러 일으켰다.

4) 신앙과 종교의 대립, 비종교적 십자가의 주장은 오늘날 무신론적 휴머니즘과 마르크스주의의 '종교 공격'에 대해서 대답할 수 있는 신학적 무장을 제공해 주었다.

오늘의 교회의 사마리아 사람의 역할은 단순히 영적, 정신적 자비에서만이 아니라 책임성, 연대성(Solidarität)에서 이해하여 기독교가 오늘의 프롤레타리아의 인간 소외와 고난이 있는 그곳에 동참함으로써 사랑은 구체적인 행동과 책임성에서 대립될 수 있게 되었다. 본회퍼의 '윤리학'의 '이 사람을 보라'(Ecce homo)는 이 대답의 종합이다.

현실과 접촉을 잃은 기독교, 신앙, 신학이 있는 곳, 현실을 떠난 신앙, 복종 없는 싸구려 은혜가 지배하는 곳에 본회퍼의 '비종교적 기독교'는 혁신의 '누룩'이 되지 않을 수 없을 것이다.

(「기독교사상」 1971년 3월호)

제2부

한국 신학자들과
본회퍼 신학의 대화

디트리히 본회퍼의 삶과 신학

손규태

(성공회대학교 명예교수)

I. 본회퍼의 삶

행동(본회퍼의 시)

순간의 쾌락에 동요되지 말고, 정의를 단호히 행하고,
가능성에서 흔들리지 말고, 현실적인 것을 담대히 붙잡으라.
사고의 세계로 도피하는 것이 아니라,
오직 행위에만 자유가 존재한다.
두려워 주저하지 말고 인생의 폭풍우 속으로 나아가라.
하나님의 계명과 너의 신앙이 너를 따르리니,
자유는 그대의 혼을 환호하며 맞아 주리라.
_"자유의 途上에 있는 정거장" 가운데서

이 시는 1945년 4월 9일 히틀러의 나치정권에 저항하다가 독일
바이에른 주에 있는 한 작은 마을 플뢰센베르크(Flössenbürg)에 있는

나치의 집단 수용소에서 수많은 나치정권의 반대자들과 여러 나라의 포로들과 함께 처형된 디트리히 본회퍼 목사의 시이다. 그는 39세의 젊은 나이로 나치의 종말을 꼭 한 달 앞둔 시점에 형장의 이슬로 사라졌다. 만일 나치가 한 달만 일찍 몰락했거나 수용소에 갇혀 있던 사람들의 처형이 한 달만 연기되었어도 그는 살아남아서 명석한 신학자로서 그리고 용기 있는 목사로서 우리 시대에 교회와 사회를 위해서 크게 공헌하였을 것이다. 이 시에서 우리는 그가 얼마나 신실한 그리스도인이었고 행동적 지식인이었으며 현실적인 것을 단호히 붙잡은 정의와 용기의 투사라는 것을 발견한다. 성직자로서 독재자 히틀러 암살에 가담한 것이나 부르주아적 유복한 가정의 출신으로서 수난당하고 있는 유대인들과 민중의 편에 선 이 보기 드문 위대한 인물로 우리가 존경하고 따르고자 하는 그는 과연 누구인가? 독일의 저명한 정치철학자 이링 페쳐(Iring Fetscher)가 신학자 골비처를 위한 책에 기고한 글에서 언급했듯이 역사상 성 프랜시스로부터 시작해서 수많은 성인들을 거쳐 체 게바라에 이르기까지 부유한 부르주아적 가정 출신들이 진정한 의미에서 고난당하는 자들과 가난한 자들과 연대할 수 있다고 한 것은 본회퍼에게도 해당된다.[1] 또 본회퍼는 오늘날 양심적이고 희생적인 삶을 사는 그리스도인들에게 모범이 될 뿐만 아니라 칼 바르트 이후에 현대의 신학적 사조를 새롭게 바꾸어 놓은 사람이었다.

1. 본회퍼의 어린 시절

디트리히 본회퍼는 1906년 2월 4일 독일 브레스라우(Breslau)에

---

1 Iring Fetscher, Probleme des Terroismus, *Richte unsere Füße auf den Weg des Friedens-Für Helmut Gollwitzer*, Chr. Kaiser, 1979. S.193-199

서 7남매 중 여섯 번째로 태어났다. 아버지 칼 본회퍼는 네덜란드에서 이주해온 가문 출신으로서 1912년부터 베를린 대학의 저명한 정신과 의사요 교수로 활동했었다. 그의 아버지는 당시 부르주아적 가문들의 가풍을 따라서 말수가 적은 매우 위엄 있는 인물로서 시간을 매우 엄수하였고 따라서 자식들의 교육에 있어서도 대단히 엄격한 편이었다.

본회퍼의 어머니 파울라 폰 하세(Paula von Hase)는 남부 독일의 귀족 가문의 딸로서 그녀의 부친은 황제 빌헬름 II세의 궁정 설교자였다. 그의 할아버지는 예나(Jena)대학의 저명한 교회사 교수이기도 했다. 이러한 귀족적이며 동시에 종교적인 가정 분위기에서 자란 어머니 파울라는 성격이 낙관적이었고 다른 사람들과의 접촉을 좋아했으며 활동적이고 모든 일에 열성적이었다.

이런 부모 밑에서 그리고 여러 남매들과 함께 성장한 디트리히 본회퍼는 어머니를 닮아서 성격이 매우 낙천적이었고 모든 일에 대단히 열성적이었다. 동시에 그는 아버지를 닮아서 책임감이 강하며 자기가 맡은 일이나 직무에 대해서 엄격하고 책임적인 자세를 취하곤 했었다.

1916년 본회퍼의 가족은 그 당시 저명한 대학교수들이 많이 살고 있던 지역인 베를린의 그뤼네발트라는 곳으로 이주하였다. 여기에는 당시 명성을 날리던 물리학자 막스 플랑크(Max Planck), 신학자 아돌프 폰 하르낙(Adolf von Harnack), 의학자 히스와 헤르트빅, 역사가 한스 델부뤼케(Hans Delbrücke) 등이 살고 있었다. 이러한 가정적 형편과 주변의 분위기가 본회퍼로 하여금 청년시절부터 학문적 관심을 불러일으킨 것 같다. 즉 그는 학자가 될 결심을 한 것이다. 그러나 그의 삶의 방향을 결정적으로 규정했던 것은 1917년에 발발한 제1차 세계대전이었다. 형 발터(Walter)가 전쟁에 나가서 죽고, 그것으로 인해서 끔찍하게 상심하던 어머니의 모습이 열두 살짜리 디트리히 본회퍼에게 커다란 상처와 인상을 남겨주었다. 이러한 아픈 경험이 그로 하여금 후에 목사와 신학자가 될 결심을 하게 한 것으로 보인다.

2. 본회퍼의 청년시절

그는 1923년 가을 그의 나이 열여섯에 튀빙겐(Tübingen)대학에 입학해서 신학공부를 시작했다. 그는 거기서 당시 저명한 성서주의자로 알려진 신약학자 아돌프 슐라트(Adolf Schlatter)와 빌헬름 하이트뮐러(Wilhelm Heitmüller)의 강의를 듣고 또 당시 위대한 철학자 칼 하임(Karl Heim)의 강의를 듣는다. 1년 후 그는 다시 베를린 대학으로 가서 거기에 등록하고 주로 교리사와 조직신학을 공부하는데 그 가운데는 저명한 교회사 교수인 아돌프 폰 하르낙(Adolf von Harnack)에게서 공부한다. 그리고 신약학자 한스 리츠만(Hans Litzmann) 및 아돌프 다이스만(Adolf Deissmann)과 구약학자 에른스트 셀린(Ernst Sellin) 등의 강의에 참석한다. 그러나 이 젊은 신학자 본회퍼의 관심은 오히려 조직신학에 있었다. 당시 루터 르네상스의 주도자였던 칼 홀(Karl Holl), 라인홀드 세베르크(Reinhod Seeberg) 등에게서 깊은 영향을 받은 그는 학창시절 이미 다수의 루터 연구와 함께 "이성과 계시", "교회와 종말론" 등 다양한 조직신학적 주제로 논문들을 발표했다.

그는 1927년 21세의 약관의 나이로 "성도의 교제 — 교회의 사회학의 교의학적 연구"(Sanctorum Communio)라는 제목으로 박사학위 논문을 쓴다. 이 논문은 당시 조직신학의 거장이며 대선배인 칼 바르트에 의해서 "신학적 기적"이라는 찬사를 받았었다. 그는 여기서 신학적으로 논거 지을 수 없는 교회의 사회학적 개념은 존재하지 않는다는 전제하에서 교회이론을 새롭게 정리하는데 그에 의하면 교회란

"공동체로서 존재하는 그리스도"며 따라서 그것은 집합적 인격으로서 이해되어야 한다는 것이다. 교회는 사회학적 구조에 따르면 그 안에 모든 가능한 형태의 사회적 연계들을 내포하고 있으며 "성령의 친교"를 통해서 그것들을 대체하고 있다. 그것이 곧 대리(Stellvertretung) 개념의 사회학적 법칙이라는 것이다.

　여기서 우리가 주목해야 할 것은 우선 과거의 전통적 교의학에서 성도의 교제를 '그리스도의 몸'으로 보던 형이상학적 이해를 버리고 그는 그것을 철저하게 사회학적 관점에서 봄으로서 '대리'라고 하는 개념으로 대치하고 있다. 즉 '대리'란 개념은 …을 위한 '존재' 혹은 '행동'으로서 이 개념을 통해서 본회퍼 특유의 신학적 개념들에 대한 새로운 이해가 도출된다. 즉 그리스도의 대리성(代理性)을 "타자를 위한 존재"(Being for others), 교회의 대리성을 "타자를 위한 교회"(Church for others) 그리고 그리스도인의 대리성을 "타자를 위한 인간"(Men for others) 등으로 규정되는 것이다. 이러한 '대리' 사상은 그 후 그의 삶 전체를 지배했을 뿐만 아니라 그가 고난 받는 유대인들과 약자들을 '위해서' 자신을 헌신하게 되는 신학적 그리스도교적 기초를 형성했다고 볼 수 있다. 이러한 "타자를 위한 대리개념"은 1960년대 이후 세계교회협의회의 사회 윤리적 지평을 형성하기도 했다. 이러한 행동주의적이고 연대적인 대리개념이 후에 유럽의 정치신학과 혁명신학, 남미의 해방신학 그리고 여성신학 등에 깊은 자극과 영향력을 행사했고 또한 제3세계에서 상황신학으로 등장한 한국의 민중신학에도 같은 영향을 주었다고 할 수 있다.

3. 목사와 신학자로서 본회퍼

그는 1927년부터 1928년까지 약 1년 동안 스페인의 바르셀로나에 있는 독일인 교회에서 1년 동안의 목사수련기간을 갖는다. 그는 거기에서 일상적 목회자의 삶을 살면서도 여러 분야에 관심을 가졌었다. 그가 바르셀로나에 도착했을 때 그를 맞이한 것은 적은 집단의 독일인들로 구성된 교회였는데 그 구성원들은 대체로 상업에 종사하는 소시민적 사고를 가진 사람들이었다. 따라서 부르주아적이고 높은 학문적 분위기에서 지내던 본회퍼에게와 그들 사이에는 대화다운 대화를 나눌 수 없었다. 그래서 그는 주로 스페인 사람들의 삶에 더 많은 관심을 갖게 되었다. 그는 스페인의 작가 세르반테스가 쓴 돈키호테를 스페인어로 읽기도 했다. 가끔 투우도 몇 차례 관람했으나 크게 흥미를 가질만한 오락은 되지 못했다. 그러나 후에 그가 "윤리학"을 저술할 때 "형성으로서 윤리학"에서 부분에서 제반 이론적 윤리학자들의 실패를 논하면서 그중에서도 윤리적 열광주의자들을 비판하는 글에서 투우의 경험을 통해서 그들의 어리석음을 이렇게 묘사하고 있다.

이보다 더 충격적인 것은 모든 윤리적 열광주의(Fanatismus)다. 열광주의자는 자신의 의지와 원리의 순수성을 가지고 악의 세력과 대결할 수 있다고 믿는다. 하지만 열광주의자는 악의 전체를 볼 수 없고 마치 투우처럼 투우사 대신 붉은 천을 향하여 돌진하는 것이 열광주의의 본질이기 때문에 결국은 지쳐서 쓰러지고 만다. 열광주의자는 그 목표를 놓치고 있다. 비록 열광주의가 진리와 정의의 높은 가치들에 봉사한다 해도 그것은 조만간 비본질적인 것, 사소한 것에 사로잡혀 보다 영리한 적의 그물에 빠지게 된다.2

또 본회퍼는 세르반테스의 돈키호테를 읽은 경험을 다음과 같이 묘사하기도 한다.

여기에 "비극의 용사", 철모 대신 이발소 세면대야를 뒤집어쓰고, 군마 대신 불쌍한 늙은 말에 걸터앉아 실재하지도 않는 자기가 선택한 마음속의 여주인공을 위해 언제 끝날지 모르는 싸움에로 내닫는 돈키호테의 영원히 변치 않는 모습이 있다. 낡은 세계가 새로운 세계에 대하여 취하는 모험적 시도, 과거의 현실이 오늘날의 현실에 대하여 그리고 인습적인 것의 압도적 힘에 대한 고귀한 환상들의 공격이 그렇게 보인다. 위대한 이야기의 두 부분들 사이에 있는 깊은 틈새도 특징적인 것은 저자가 첫 부분 이후 여러 해가 지나서 쓴 두 번째 부분에서 그의 영웅에 반대하고 웃음거리가 되고 저속한 세계의 편에 서고 있다는 것이다. 우리의 조상들로부터 물려받은 무기들을 경멸하는 것은 너무나 당연하다. 왜냐하면 그것들은 오늘날의 투쟁에서는 더 이상 필요 없게 되었기 때문이다. 천박한 인간만이 돈키호테의 운명을 관심과 감동 없이도 읽을 수 있다.[3]

그는 스페인에서 준목생활을 하면서 학문적 활동도 계속했다. 그는 세 개의 중요한 논문들을 써서 발표했는데 하나는 구약성서의 문제 그 다음으로는 신약성서의 주제 그리고 마지막에는 윤리학의 문제를 다룬다. 이들 논문들에서 그가 관심했던 것은 오늘날의 정신운동들에서 문제점 즉 이제까지 우리가 서 있던 기반들의 상실과 관련된 것 즉 그가 반복해서 말하는 "우리가 서 있는 삶의 기초가 상실된 것"(Boden

---

2 본회퍼선집 7. 윤리학(손규태 옮김) 대한기독교서회, 78면.
3 위의 책 80면.

unter den Füßen weg gezogen)이다. 격변하는 세계 속에서 당시 서구인들이 서 있던 부르주아적 사회기반이 상실되었다는 것이다. 이러한 현실에서 각자는 자기 자신이 서 있는 기초들을 심각하게 재검토해봐야 한다는 것이다. 따라서 부르주아적 사회에 기반을 두었던 자유주의신학의 재검토와 더불어 칼 바르트에게서 시작된 변증법적 신학, 불트만 등에게서 시작되었던 실존론적 신학 등의 한계를 지적하고 그는 새롭게 등장하는 민중의 시대, 즉 사회에서 축출 당하고 억압받는 "제4의 신분"(vierte Stand)의 도전에 신학과 교회가 어떻게 응답할 것인가 하는 것을 탐구하려고 했었다. 이것은 그가 옥중서신에서 제시했던 그리스도인들의 자세 즉 "밑으로부터의 시각"과 상통하는 것이라고 할 수 있다.

본회퍼는 스페인에서 준목 훈련기간을 마친 다음 귀국하여 1928년부터 다시 베를린 대학에서 조교로서 연구 활동을 계속하는데 그는 대학교수 자격 논문을 쓴다. 그 제목은 "행위와 존재 — 조직신학에서 초월철학과 존재론"(Akt und Sein: Transzendentalphilosophie und Ontologie in der systematischen Theologie)이었다. 그의 첫 번째 박사학위논문 "성도의 교제"가 교회 안에서의 공동체 형태에서 계시의 구체성을 다룬 것이라면 그의 교수자격 논문 "행위와 존재"는 신학적 인식론적 문제, 근본에 있어서는 동일한 구체성을 다루고 있다고 볼 수 있다. 그는 논문에서 이렇게 쓰고 있다.

계시에서 차안에 계신 하나님의 자유가 중요하지 않고, 말하자면 하나님이 영원히 홀로 존재하심과 멀리 계심이 중요하지 않고 오히려 계시에서 자기를 나타내심, 역사적 인간들에게 스스로를 속박시키고자 하는 그의 자유가 중요하다. 하나님은 인간으로부터 자유하지 않고 인간을 위해서 자유하다. 그리스도는 하나님의 자유의 말씀이다. 하나님은 영우언한 비대상성 안에 존재하지 않고 교회에서 말씀 안에서 소유할 수 있고 파악할 수 있다(행위와 존재, 67면).

이 대학교수 자격 논문이 통과됨으로써 본회퍼는 대학에서 사강사로서 가르칠 수 있는 사강사(Privatdozent) 자격을 획득한다. 그는 1930년 7월 31일 "현대 철학과 신학에서 인간의 문제"라는 제목으로 대학 강사 취임 강연을 하고 강의를 시작한다.

4. 본회퍼의 미국 체류

그는 곧이어 더 연구하고 부족한 영어실력도 쌓아서 앞으로 국제무대에서 활동하기 위해서 미국 유학의 길을 선택한다. 당시 약 100년의 역사를 갖고 있고 학문적 명성도 높은 장로교 계통의 신학대학인 유니언에서 본회퍼는 연구하기로 결심한다. 당시 유니언에는 존 베일리(John Bailie), 반 두센(Van Dusen), 존 베넽(John Benett), 포스딕(Fosdick) 등 저명한 신학자들이 가르치고 있었다. 여기서 본회퍼는 다양한 분야에 관심을 가지고 연구를 진행하는데 주로 세미나 발표를 통해서 자기의 관심사들을 서술했었다. 예를 들면 "현대문학에서 윤리적 관점들"이란 세미나에서는 전쟁문헌, 흑인문학, 입센, 버나드 쇼 등의 글에 나타난 윤리적 관점들에 대해서 세미나 페이퍼를 발표했다. 또 "현대적 사건들에 대한 윤리적 해석"이란 세미나에서는 금주법, 은행의 상황과 법정의 타락 등에 대해서 연구 페이퍼들을 발표한다. 그 밖에도 윌리엄 제임스의 종교의 다양성에 대한 논문 등 다수의 글들을 발표하면서 유익한 시간을 보낸다.

한편 이 곳에 머물면서 그는 많은 사람들과 사귀고 우정을 나누었는데 그중에도 프랑스에서 그곳으로 유학을 왔던 라살레(J. Lassarres)와의 특별한 만남을 가졌었다. 그는 자신을 절대평화주의자로 자칭하는 사람이었는데 미국의 절대평화주의자들과 함께 활동하면서 본회퍼와 같이 그리스도교와 평화문제에 대해서 연구하고 있었다. 본회퍼는 그와의 긴 대화를 통해서 간디의 비폭력 평화운동에 관심을 갖게 되었고 장차 언젠가는 인도로 가서 간디를 방문할 계획도 세웠었다. 그리고 이 후 그의 신학에서 그리스도교 사상에 나타난 전쟁과 평화의 문제에 대해서 깊은 관심을 갖게 된다.

그 다음으로 그와 깊은 인간관계를 맺었던 사람은 저명한 신학자 라인홀드 니버(Reinhold Niebuhr)였다. 본회퍼가 약 1년여 간의 미국 체류를 마치고 독일로 돌아가려고 할 때 독일의 정치적 상황은 급변하고 있었다. 라인홀드 니버를 비롯해서 뉴욕의 친구들은 제반 위기와 전쟁으로 내닫고 있는 독일로 돌아가지 말고 미국에 자리 잡고 안정된 상황에서 학문의 길을 갈 것을 본회퍼에게 권했었다. 그러나 본회퍼는 위기에 처한 조국과 교회의 현실을 외면한 채 일신상의 안일을 구할 수 없다는 생각에서 고국으로 돌아가기로 결심하고 독일로 돌아온다.

5. 전쟁 직전의 독일의 상황과 본회퍼

1931년 본회퍼는 다시 독일로 돌아오면서 이제까지의 공부와 방랑이랄까 하는 삶은 종지부를 찍게 된다. 그는 약 2년 동안은 베를린 대학의 강사생활을 겸하며 교회에서는 준목사로서 목회활동을 하면서 지냈다.

이 기간 동안에 일어났던 일 중 특기할만한 것은 본회퍼가 본 (Bonn)대학에서 강의하던 당시의 대학자인 칼 바르트를 예방하고 그와 깊은 신학적 대화를 나눈 일이다. 본회퍼는 루터교회의 전통에서 신학을 했지만 개혁교회 전통에 서서 신학을 가르치던 칼 바르트와 신학적 대화에서 여러 면에서 의견의 일치를 본 것이라고 할 수 있다. 그런 점에서 당시 루터파 신학자들 특히 독일적 기독교의 입장을 옹호하고 히틀러를 독일의 메시아로 칭송하던 임마누엘 히르쉬나 알트하우스와는 신학적 거리를 두었다고 할 수 있다.

본회퍼는 1931년 11월 15일 포스타머 플라즈 근처에 있는 마태교회에서 총리사(Generalsuperindendent) 비스(Vies)에게서 안수를 받음으로서 정식으로 목사가 되었다. 이렇게 해서 그는 하나님의 말씀을 선포하고 성만찬을 집행할 수 있는 특권을 갖게 되었다.

1931년 본회퍼가 독일로 돌아왔을 때 고국은 이미 강력한 세력으로 등장한 히틀러의 나치당에 의해서 혁명적 분위기에 휩싸여 있었다. 제1차 세계대전의 패배와 베르사이유 조약에 의한 연합국들의 경제적 압박이 독일국민들의 감정을 들끓게 했고 또 그들에 의한 경제적 제재는 더욱더 민족주의적 분노를 폭발시켰다. 이러한 상황에서 히틀러의 『나의 투쟁』이란 책과 알프레드 로젠베르크(Alfred Rosenberg)의 "20세기의 신화"는 빈곤, 실업, 사회적 불안에 시달리는 순박한 독일 국민들에게 히틀러와 같은 강력한 독재체제 출현을 위한 좋은 토양을 만들어 주었다. 이런 혁명적 분위기 속에서도 본회퍼는 대학에서 주로 조직신학에 관한 강의를 하면서도 당시 새롭게 등장하기 시작한 유럽에서의 에큐메니칼 운동에도 참여했다. 그는 1932년 8월 스위스에서 열린 한 에큐메니칼 대회에서 "교회는 죽었다"라는 제목으로 강연을 하면서 그의 행동주의적 면모를 본격적으로 드러내기 시작했다. 당시 독일과 유럽의 교회들은 시시각각으로 다가오고 있는 전쟁의 위협에 대해서 민감하지 못했을 뿐만 아니라, 어떠한 대책도 내놓거나 행동을 취하지 못하고 있던 것을 그는 강력하게 비판한 것이다.

이러한 와중에서 드디어 1933년 1월 30일 히틀러가 독일제국의 수상에 취임한다. 본회퍼는 이것을 계기로 해서 베를린의 라디오 방송을 통해서 "젊은 세대에 있어서 지도자 개념의 변화들"이란 제목으로 연설을 하는데 거기서 그는 '직무'와 무관하게 '인격'과 연관된 새로운 지도자 개념의 위험을 지적한다. 왜냐하면 그것은 다만 우상숭배를 낳을 수 있기 때문이었다. 본회퍼의 연설 도중 라디오 방송은 히틀러의 관리들에 의해서 중단 당했고 그는 이때부터 히틀러의 적대자로 낙인찍힌다. 히틀러 정권에 대한 이러한 본회퍼의 행동과 그 결과는 그의 장래의 삶의 어두운 그림자로 남게 된다.

같은 해 전체 독일의 28개로 구성된 지방교회들(Landeskirchen)은 나치에 의해서 조직적으로 만들어진 각본에 따라서 제국교회(Reich-kirche)로 강제로 통합되고 히틀러의 최대의 협력자였던 군목이었던 루트비히 뮐러(Ludwig Müller)가 제국 주교로 선택됨으로써 완전히 히틀러에게 장악되고 만다. 따라서 독일 교회는 이른바 히틀러의 추종자들에 의해서 히틀러와 그 정권에 충성하는 '독일적 기독교'로 변신하게 된다. 이러한 사태 발전에 반대해서 루터파의 아스무센(Asmussen)과 개혁파의 마르틴 니묄러(Niemöller) 목사 등이 중심이 되어 목사긴급동맹이 결성되고 이어서 히틀러에 충성하는 독일적 기독교에 반대하는 이른바 '고백교회'(Die bekennde Kirche)를 조직하게 된다. 이들은 히틀러를 고백하고 충성하는 독일적 그리스도인들에 대항하여 오직 예수 그리스도만을 주님으로 고백하고 충성하려고 하는 그리스도인들의 동맹체였다. 이것이 독일의 '교회투쟁'의 시작이었다. 본회퍼는 이 운동의 중심에서 활동한다.

본회퍼는 1933년 여름학기에 대학교에서 "기독론"(Christologie)을 강의하는데 여기서 그는 앞서 말한 그리스도의 '대리적 행위'(Stellvertretung)의 개념을 중심으로 한 '타자를 위한 존재'의 개념을 더욱 발전시킨다. 전통적 그리스도론에서는 그리스도의 신성과 인성의 관계 등 그리스적 형이상학적 개념을 통해서 그리스도론을 다루었으나 본회퍼는 그리스도는 타자를 위한 존재로 규정함으로서 어떤 관념론적 형이상학적 개념으로 정의할 수 없다는 것을 천명한 것이다. 이 개념은 이미 그가 쓴 박사 논문 "성도의 교제"에도 잘 나타나 있다. 말하자면 니케아신조에 나타난 신이시고 동시에 인간이신 그리스도 이해라고 하는 그리스 형이상학에 기초를 둔 매우 추상적인 그리스도 이해가 아니라 오늘날의 그리스도 이해 즉 그분은 타자를 위해 살고 죽은 분이라고 하는 매우 현실적 그리스도 이해를 그는 제시하고 있다.

동시에 그는 그동안 독일적 그리스도인들과의 단절과 투쟁과 함께 세계 기독교인들과의 연대 활동을 강화하면서 독일 교회가 진정한 그리스도의 교회가 되는 일에 몰두한다. 이때 그의 사고의 중심은 교의학적인 것으로부터 성서적 주제로 옮아간다. 특히 산상 설교에 나타난 말씀, 즉 그리스도인들의 제자 됨이 그의 사고의 중심문제가 된다. 즉 어떻게 그리스도에게 철저하게 복종하는가 하는 것이다. 이러한 사고는 1934년 덴마크에서 열렸던 에큐메니칼 소모임에서 그가 한 강연 "교회와 세계의 민족들"에서 더욱 발전된다. 여기서 그는 "평화를 향한 그리스도의 철저한 부름"이라고 하는 주제에 도달하게 된다. 그리스도의 소명 즉 그의 제자가 됨은 곧 타자를 위한 존재가 되는 것이고, 타자를 위한 존재는 곧 이 세상에서 평화를 위해서 살고 활동하는 것이라는 말이다.

6. 고백교회 목사 수련소 시절

독일 여러 국립대학들에 존재하던 신학부들은 히틀러의 추종세력인 독일적 그리스도인들의 수중에 장악되어 있었으므로 여기에 반대하는 '고백교회'의 목사 훈련을 위해서 새로운 대안을 모색하지 않을 수 없게 되었다. 그래서 1936년에 고백교회 대표자들은 자기들의 목사훈련을 위해서 핑겐발데(Finkenwalde)라고 하는 소도시에 적은 신학교를 운영하게 된다. 그리고 고백교회는 디트리히 본회퍼를 그곳의 책임자로 임명했다.[4] 이곳에서 그는 독일의 히틀러 치하에 굴복당하지 않은 고백교회를 위해서 일하고자 하는 신학생들을 모아 같이 생활하면서 훈련시켰다. 이곳에서 공부하려고 몰려든 적은 숫자의 신학생들은 모두 히틀러에게 무릎을 꿇지 않은 사람들이었다. 그들은 "바알에게 무릎을 꿇지도 아니하고, 입을 맞추지도 아니한 사람이었다"(왕상 19:18).

이런 특수한 환경과 과정에서 그는 학생들과 같이 생활하고 그들을 가르치면서 얻은 학문적 열매들인 『성서의 기도』, 『나를 따르라』, 『신도의 공동생활』 등을 저술한다. 그는 이 저서들을 통해서 참된 그리스도인들의 기도하는 자세, 그리스도에 대한 철저한 복종의 삶 그리고 그리스도인들의 공동체적 삶을 매우 인상적인 필치로 그려나가고 있다. 그는 옥중에 갇혀 있을 때 명상을 통해서 그리스도인의 삶을 "기도하며 정의를 실천하는 것"이라고 통합적으로 피력한 바 있다. 그는 당시 독일의 제도화되고 형식화된 교회와 신자들을 새롭게 일깨워서 진정한 의미에서 그리스도에게 봉사하게 하는 일을 가르치려 한 것이다. 또 히틀러에 굴복 당한 독일 교회를 새롭게 일깨워서 산상 설교

---

4 D. Bonhoeffer, Widerstand und Ergebung, S, 599.

에 나타난 철저한 복종과 자기헌신의 교회와 그리스도인으로 개혁해 나가고자 한 것이다.

그러나 고백교회의 신학교가 1937년 나치정권에 의해서 강제로 폐쇄 당하자 그는 1938년부터 1940년까지는 주로 다음과 같은 몇 가지 일에 집중을 하면서 시간을 보냈다.

1938년은 본회퍼에게는 교회적으로나 정치적으로나 그리고 가족적으로나 매우 어려운 해였다. 그러나 그는 과거처럼 삶의 리듬을 놓치지 않고 어려운 시기를 지냈었다. 우선 그는 힌터폼메른(Hinterpommern) 주에서 신학교가 문 닫은 후에 남은 신학생들을 모아서 그들에게 목사 훈련을 시키는 프로그램을 만들어 진행했다. 그 프로그램들은 주로 목사로서 알아야 할 실무적인 것들을 가르치는데 집중했었다.

특히 고백교회는 이때부터 더욱 심한 감시와 박해를 당했고 국내나 외국과의 연락수단들이 거의 불통 상태에 들어갔다. 거기에 더해서 본회퍼에게는 당시의 수도인 베를린에 체류금지 명령이 내려졌으므로 그곳으로의 여행은 불가능하게 되었다. 그리고 튀링겐 주로부터 시작된 히틀러와 제국에 대한 목사들의 충성서약에 동참할 것이 강요되었다. 이러한 충성서약은 공무원들이나 군인들은 물론 목사들에게까지 강요되었다. 그러나 고백교회와 목사들은 이러한 요구를 받아들일 수 없었다.

7. 에큐메니칼 운동

본회퍼는 1939에 영국과 미국의 친구들의 도움을 받아서 영국과 미국을 여행하면서 자신의 신학적 실존을 계속해 나갔다. 왜냐하면 그는 이미 나이로 봐서 군대에 징집되어 히틀러 군대에서 복무해야 할 시기에 있었기 때문이다. 그는 이러한 불의한 전쟁에 참가하는 것을 양심상 받아들일 수 없었고 따라서 가능하다면 해외로 도피하여 고백교회의 대표로서 에큐메니칼 운동의 틀 안에서 자기가 봉사할 일을 찾고자 했던 것이다. 그는 거기에서 치스터의 벨(Bell) 주교와 미국의 니부어 등을 만나서 자기 자신의 신상문제와 평화를 위한 독일교회와 해외교회들 간의 협력을 모색하려 했었다. 물론 그들은 어떠한 방법으로든지 본회퍼의 활동을 도우려 했었다.

그해 3월 10일에 출발해서 본회퍼는 어려운 길을 통해 영국에 도착한다. 그리고 그가 생각했던 것보다 오랫동안 말하자면 5주간 이상을 그곳에 머물며 가족들과 시간을 함께함과 동시에 벨 주교와 여러차례 만나서 위기에 처한 독일과 교회의 상황에 대한 대담을 나누고 영국 교회는 물론 에큐메니칼한 차원에서 독일 교회와 협력하기로 약속했다. 그리고 그는 4월 18일 다시 베를린으로 돌아왔다.

그러고 나서 얼마 되지 않아 본회퍼는 다시 미국을 방문한다. 거기서 그는 어떤 일을 하면서 시간을 보낼까 하고 친지들과 의논했다. 그들의 첫 번째 제안은 그해 6월부터 열리는 기독학생회 여름수양회 준비와 실행에 동참하는 일이었지만 그 제안은 수포로 돌아갔다. 두 번째 제안은 유니언 신학교에서 6-8월에 있을 여름학기 강의를 맡아서하는 것이었다. 세 번째 제안은 폴 레만 교수의 것으로 본회퍼가 여러대학을 돌면서 순회강연을 하는 것이었다. 마지막 제안은 미국교회협의회의 것으로서 뉴욕에 있는 난민들에 대한 연구와 함께 여러 교파들의 협의회에 참여하는 것이었다.

이러한 제안들 가운데 본회퍼는 두 번째 제안인 유니언 신학대학에서 강의와 연구를 맡기로 했고 그것을 같이 진행했다. 그러나 본회퍼의 마음을 무겁게 누르고 있었던 것은 별로 중하지도 않은 일들을 하면서 독일의 교회가 처한 현실을 피해서 미국에 체류하고 있는 것에 대한 불만족이었다. 그는 라인홀드 니버에게 쓴 편지에서 이렇게 자기의 심정을 표출하고 있다.

내가 이 시기에 미국에 온 것은 잘못이었습니다. 나는 우리 민족사의 어려운 시기에 독일 그리스도인들과 함께해야 했습니다. 이 시기에 내가 우리 백성과 같이 시련을 같이 겪지 않는다면 전후에 독일에서 그리스도교적 삶을 재건하는데 참여할 권리를 가질 수 없습니다.[5]

본회퍼는 이때 미국의 동료들과 친구들은 그를 한사코 말렸지만 전쟁 발발 직전에 자기의 동족과 동료 그리스도인들과 함께 시련을 나누기 위해서 그해 6월 8일 뉴욕에서 고국으로 돌아오는 배를 탄다. 돌아오는 길에 약 일주일간 본회퍼는 런던에 사는 자기 누이 집에 머물면서 가족의 정을 나눈다.

8. 히틀러 암살음모와 본회퍼의 체포

전쟁이 나고 첫 겨울동안 독일에서의 히틀러 암살음모가 두개의 단계를 거쳐서 다시 진행된다. 여기에서 결정적 역할을 한 것은 한스 폰 도나니(Hans von Dohnanyi)였다. 본회퍼는 성직자로서 여기에 소극적으로 참여했다. 그는 암살음모의 준비과정에서 특정한 과업이나 일정한 부분을 맡아서 활동하지 않았다. 그러나 그는 이 일에 깊이 관여했고 또 그 일을 계획하고 실행에 옮기기 위한 여러 가지 고려할 점에 대해서 상당한 역할을 했었다.

---

4. Eberhart Bethge, *Dietrich Bonhoeffer*, S. 736

이러한 국가적 변란을 일으키는 데는 두 가지 이유가 있었다.

첫째 1939년 9월 27일 폴란드의 수도인 바르사와가 항복하던 날 히틀러는 장군들에게 명령해서 네덜란드와 벨기에로 진격할 것을 명령했다. 이때 장군들은 이러한 진격을 통해서 히틀러를 세계대전으로 나아가게 내버려 둘 것인가 아니면 히틀러에게 반대해서 세계대전을 막을 것인가 하는 양자택일의 길에 서게 된다. 여기서 제기되는 문제는 연합국들이 히틀러에 반대하는 세력들의 승인에 따라서 독일로 진격할 때 이 둘 사이를 구별할 수 있을까 하는 문제도 제기되었다. 이 모든 것은 연합국들에 대한 공격 시점에 달려 있었다. 따라서 결정적인 것은 히틀러와 그 정부의 제거가 사전에 성공을 거두는 것이었다.

둘째 폴란드에서의 히틀러 친위대들의 잔혹행위들이 점차 알려지기 시작했다. 그런데 중요한 것은 이러한 히틀러의 잔학행위가 독일의 일반 국민들에게 잘 알려져서 그들이 히틀러와 그의 정권에 등을 돌리게 하여 히틀러에 대한 반대 분위기가 확산되는 것이었다. 카나리스(Carnaris)는 폴란드에서 활동하는 군 사령관 블라스코비즈(Blaskowitz)와 회동하여 다른 장군들에게도 이러한 잔학행위들을 알리도록 했다. 블라스코비즈 장군은 유대인들과 폴란드 국민에 대한 이러한 히틀러 군대의 잔학행위는 인권과 국제법에 위반되는 것이라는 것을 장군들에게 문서를 통해서 알렸다. 분노한 히틀러는 곧 그를 지휘관 자리에서 해임한다. 따라서 1939/1940년 겨울 동안의 두 차례에 걸친 거사 일정은 연기되었다. 본회퍼는 베를린에 머물면서 이 히틀러 제거를 위한 거사의 전체 과정에 참가했다.

그 사이에 두 번에 걸친 거사가 실패로 끝나고 여기에 가담했던 인사들 특히 도나니와 카나리스 장군 등은 히틀러 친위대의 감시를 받기 시작한다. 이러한 감시는 더욱 강화되어 그들 외에도 본회퍼 등 여러 사람들을 대상으로 확대되어 나갔다. 이러한 활동을 하던 중 1943년 4월 5일 본회퍼는 독일의 비밀경찰인 게스타포에 의해서 그의 집에서 체포되어 군사형무소에서 수용된다. 그는 몇 달에 걸친 심문 이후에 기소되기 전에 테겔 형무소로 이감된다. 그의 매제였던 한스 폰 도나니 등이 주동이 되어 그동안 준비되어 왔던 히틀러 암살계획이 1944년 7월 20일에 발각되면서 본회퍼의 연루도 드러나게 되었던 것이다. 그는 테겔 형무소에서 18개월 동안 수감생활을 했다. 연합군의 진격으로 독일이 패전상태에 이르게 되자 히틀러는 포로들을 처음에는 바이에른 주의 뷔르츠부르크(Würzburg)로 이송하다가 다시 플뢰센부르크(Flössenburg)의 집단수용소로 보내게 된다. 그리고 그는 여기서 여러 나라 포로들과 함께 1945년 4월 9알 집단적으로 학살당한다.

디트리히 본회퍼의 제자며 동료였던 에버하르트 베트게는 당시 나치 정권 시절 고백교회의 그리스도인들의 저항운동을 다섯 가지 단계로 구별해서 다음과 같이 묘사하고 있다. 첫째 단계는 소극적인 저항 단계이다. 그 다음은 니묄러나 부름목사의 경우에서처럼 공적인 이념적 저항으로서 새로운 정치적 미래를 모색하는 단계이다. 세 번째 단계는 예를 들면 아스무센이나 디벨리우스 한스 릴리 주교들과 같이 공적 교회의 직무수행자들로서 히틀러 암살계획의 준비를 같이 알고 그것을 암암리에 지원하는 단계이다. 다섯 번째 단계는 본회퍼의 경우에서처럼 히틀러 전복 계획과 실행에 적극적으로 참여하는 단계이다. 이 마지막 단계는 루터교회의 전통에서는 이해하기 힘든 것으로서 교회의 지원이나 정당성을 얻기 매우 어려운 일이다.6

본회퍼가 테겔 형무소에서 수감생활을 하면서 18개월 동안 부모

---

6 Eberhardt Bethge, *Dietrich Bonhoeffer, Eine Biographie*, S. 890

와 형제 그리고 친지들에게 써 보낸 209개의 편지와, 가족과 친지들이 보낸 편지들이 전후에 그의 제자며 동료였던 베트게에 의해서 편집되어『옥중서신』이란 책으로 출간되었다. 독일 본회퍼학회는 16권으로 된 본회퍼 전집을 출간했고 그중에 8권을 골라서 한국본회퍼학회가『본회퍼 선집』을 대한기독교서회에서 출간했다.

II. 디트리히 본회퍼의 사상

지난번 글에서는 본회퍼 목사의 삶에 대해서 조명해 보았다. 이번 글에서는 그의 사상을 간략하게 살펴보고자 한다. 본회퍼 목사의 사상은 대체로 두 시기로 나누어서 살펴볼 수 있을 것 같다. 그의 사상 형성에서 첫 번째 단계에 해당되는 기간은 1927년 그가 베를린에서 당시의 위대한 교리학 교수인 라인홀드 세베르크(Reinhold Seeberg) 아래서 "성도의 교제"(Sanctorum Communio)란 주제로 박사학위 논문을 제출하고 또 1929년 "행위와 존재"(Akt und Sein)란 주제로 대학교수 자격논문을 제출한 해들을 기점에서 볼 수 있을 것 같다. 그는 이 기간 사이에 스페인의 바셀로나에서 독일인들을 위한 목사수련생 기간을 소화했었다. 당시 베를린 대학의 신학과를 지배하고 있던 Adolf von Harnack이나 Ernst Troeltsch와 같은 자유주의적 신학 이른바 독일의 개신교문화주의(der deutsche Kulturprotestantismus) 영향 아래서 공부했다고 볼 수 있다. 이 문화 개신교주의는 신학에서의 교회보다는 오히려 문화 일반 즉 정치와 사회문제들에 대해서 더 관심을 가졌었다. 그러나 당시 독일 교회의 분위기는 이러한 자유주의적 신학에 대해서 우호적이지 않았으며 오히려 칼 바르트의 신학에서 나타난 교회를 중시하는 사상에 더 관심을 가졌었다. 따라서 본회퍼는 베를린에서 사강사 시절에 그의 박사 논문인 "성도의 교제"에서도 암시된 바와 같이 신학과 윤리학의 원천으로서의 교회를 주제로 하고 자기의 연구를 진행해 나간다. 그래서 몰트만 같은 신학자는 본회퍼가 칼 바르트보다 더 바르트적이었다고 말하기도 했다. 칼 바르트는 계몽주의의 영향을 받은 자유주의적 신학에 반대하여 성서의 말씀을 신학의 원천으로 보고 교회를 그 실천의 장으로 생각했던 것이다. 그래서 그는 1931년 교회에서 목사안수를 받았는데, 본회퍼에게는 대학교수가 되는 것 이상으로 중요했기 때문이다. 본회퍼의 전기를 쓴 에버하르트 베트게(Eberhart Bethge)는 그가 안수를 받고 목회의 길에 나간 것을 가리켜 "신학자로부터 그리스도인으로의 전환"이라고 말했다. 본회퍼는 당시 교회가 그의 학문적 신학의 대상이라고 본 것이다. 그의 신학에서 교회론이 다른 어떤 분야보다 더 중요하게 생각되었다.

본회퍼의 사상 형성의 두 번째 단계는 1933년 히틀러가 권력을 장악하던 해부터 그가 처형되던 해인 1945년에 속한다. 이 시기에 본회퍼의 삶은 정치적 사건들로 점철되어 있다. 1933년 히틀러의 권력 탈취와 더불어 나치를 지지하던 '독일적 그리스도인'들에 반대하여 벌리던 고백교회의 투쟁, 나치에 의한 유대인들에 대한 박해, 전쟁 준비를 위한 독일의 무력 강화 등은 본회퍼에게서 신학적 교회적 사안들은 정치적 사안으로 바뀌게 된다. 그는 신학을 연구하는 일과 교회를 섬기는 일에서 신학을 삶으로 실천하고 교회를 위해서 투쟁하는 일로 나아가게 된다. 대학이 나치에 의해서 장악되어 더 이상 대학에서 가르칠 수 없게 됨으로써 그가 대학에서 학문적 경력을 쌓기는 더 이상 불가능하게 된다. 따라서 그는 더 이상 나치의 도전을 피해갈 수 없게 됨으로써 그의 신학은 불가피하게 교회 신학의 울타리에 머물 수 없게 되어 세상을 향한 신학, 예언자적 신학, 나아가서 정치신학의 방향으로 나아가게 된다. 그 결과는 1945년 39세의 나이로 나치의 집단수용소 플뢰센부르크(Flössenburg)에서 처형되는 운명을 맞게 된다.

이 투쟁의 기간에도 본회퍼는 몇 개의 중요한 저서들을 발표한다. 교회의 신학을 다룬 것으로서『나를 따르라』(Nachfolge)와『신도의 공동생활』(Gemeinsames Leben)이 고백교회가 세우고 신학생들을 가르치던 핑켄발데 신학교 시절에 쓰였다.『나를 따르라』는 마태복음 5-7장에 나오는 산상 설교의 해설서로서 당시의 제도화된 그리스도 교회의 삶에서 철저한 복종을 요구한 예수를 따르는 삶의 본래적 의미를 추구한 내용을 담고 있다. 그리스도의 제자직을 감당하고자 하는 신학생들을 위한 가르침의 표본을 찾고자 한 것이었다.『신도의 공동생활』은 교회적 삶에서 필요한 기도와 생활에 관한 지침서로서 기록되었다. 이것들은 철두철미 교회적 신학에 속하는 저서들이다. 그리고 그가 체포되기 전에 기획했던 것으로서 "윤리학"은 단편적인 것들로 남아 있었는데 그의 제자인 베트게가 사후에 편집해서 출간 했다. 그리고 옥중서신,『저항과 복종』(Widerstand und Ergebung)은 1943년 4월 11일부터 1945년 2월 28일까지 본회퍼가 가족들과 친구들 사이에 주고 받은 편지들과 시 등 단편적인 글들로 구성된 것으로서 이 책이 전후에 유럽과 미국은 물론 세계 여러 나라의 많은 신학자들에게 새로운 신학적 상상력들을 제공한바 있다.7

여기서는 마지막 두 책에 나타난 그의 사상을 몇 가지 주제로 나누어서 소개하고자 한다.8

---

7 본회퍼의 책들과 단편적인 글들은 최근 16권의 전집으로 Kaiser Verlag에 의해서 새롭게 출간되었다. 그 중에서 그의 저서들 9권을 골라 한국 본회퍼학회에서 새로 번역하여 '본회퍼 선집'으로서 대한기독교 서회에서 출판했다
8 여기서 선택한 신학적 주제들은 Jürgen Moltmann, Dietrich Bonhoeffer und die

1. 그리스도교 신앙의 진정한 세계성

본회퍼는 좁디좁은 감옥에 갇혀 종교 생활뿐만 아니라 일상생활의 세계, 즉 외부의 세계와 완전히 단절된 채 과거 자기의 삶과 활동 특히 교회적 신학적 활동을 재점검하기 시작했다. 예수를 따르는 삶 즉 신앙생활은 무엇인가? 그리스도를 따르는 자들의 공동체 즉 교회 생활의 본질은 무엇인가? 그리고 우리가 이 교회 생활을 통해서 궁극적으로 달성하려고 하는 목표는 무엇인가? 예수가 이 세상에서 실현하고자 했던 하나님 나라는 어떤 것이며 그것은 현존하는 교회와는 어떤 관계에 있는 것인가? 교회는 왜 하나님 나라를 이 지상에 실현하고자 하는 전위대가 되어야 하는 것인가 등등.

이러한 질문들을 통해서 본회퍼는 눈을 점차 교회에서 세상으로 돌린다. 세속적 세계의 자유와 정의, 세속적 삶의 존엄성, 지구의 아름다움, 특히 구약성서에 나타난 차안적 삶에서 얻는 기쁨 등이 그의 생각을 사로잡았다. "신앙은 뭔가 전체적인 것, 삶의 행위다. 예수는 우리를 어떤 새로운 종교로 부르지 않고 삶으로 부른다."9 그것은 "그리스도인이 된다는 것은 자신을 뭔가(죄인, 참회자 혹은 성인 등)로 만드는 어떤 방법에 근거하여 어떤 특정한 방식으로 하나의 종교인이 되는 것, 즉 인간 타입이 되는 것이 아니라, 그리스도가 우리 안에서 만드는 인간이 되는 것이다"(Christsein heißt nicht in einer bestimmten Weise religiös sein, auf Grund irgendeiner Methodik etwas aus sich zu machen (einen Sünder, Büßer oder einen Heiligen), sondern es heißt Mensch sein, nicht einen Menschen Typus, sondern den

---

Theologie, *Orientierung* 70(2006년)에 따랐다.

9 본회퍼/손규태·정지련 옮김, 『저항과 복종(옥정서한)』 본회퍼 선집8, 대한기독교서회, 685.

Menschen schafft Christus in uns)라는 명제와도 일맥상통한다.10 이것은 중세기 신학자들이 말한바 "자연스런 경건" 혹은 "무의식적 기독교인"으로 사는 것과 같은 것이 아닐까? 이것은 "주여, 주여"만 외치고 그리스도인다운 그리스도인, 성직자다운 성직자로서 세상에 봉사하는 삶으로 신앙을 실천하는 그리스도인들이 존재하지 않는 세계 교회의 상황과 한국교회의 현실을 말해주는 것은 아닐까!?

장공 김재준 목사는 '신앙생활' 대신 '생활신앙'을 강조한바 있다. 신약성서에 나오는 바리새인들처럼 남들 보는 앞에서 큰 소리로 기도하면서 자기의 신앙을 과시하려는 그런 기독교인이 아니라, 남이 보지 않는 골방에서 조용히 기도하고 밖에 나와서는 예수의 가르침을 실천하는 그리스도인, 하찮은 성금을 하면서 신문에다 이름을 대문짝만하게 드러내는 그러한 자선이 아니라, 오른손이 하는 것을 왼손이 알지 못하게 하라는 예수의 가르침을 실천하는 것이 참된 그리스도교적 삶과 실천이 아닌가?

본회퍼는 감옥에 앉아서 세상적인 것을 위해서 종교적인 것, 차안적인 것을 위해서 피안적인 것, 생명성을 위해서 영성과 대항해서 싸웠다. "그에게서 신앙이란 죽음에까지 삶을 긍정하고 사랑하는 것을 의미하며, 세상에 대한 하나님의 사랑과 이 세상에서의 하나님의 수난에 동참하는 것이다."11 그는 그리스도를 통해서 세계 현실 안에서 하나님의 현실을 인식함으로써 전통적 신학에서의 두 개의 영역 이론, 즉 하나님과 세상과의 대립을 극복한다. 그래서 그는 구약성서 아가서에 나오는 두 남녀 간의 사랑을 좋아했고 모든 인간의 열정적인 것들을 억압하고 순화시키려는 기독교적 시도를 거부했다.12

---

10 *Widerstand und Ergebung*, DBW Band 8, Seite 535, 536
11 Jürgen Moltmann, Ibid., S. 15

그래서 본회퍼는 흔히 그리스도교 전통에서 그렇듯이 신약성서로부터 구약성서를 읽으려 하지 않고 그 반대로 구약성서로부터 신약성서를 읽어야 한다고 생각했다. "나는 지난 몇 달 동안 신약성서보다는 구약성서를 더 많이 읽었다. 우리는 하나님의 이름을 말할 수 없다는 것을 알 때만 예수 그리스도의 이름을 말할 수 있고, 우리가 삶과 대지를 그렇게 사랑하여 그것과 더불어 모든 것을 잃고 끝장을 보게 되는 것 같을 때만 우리는 죽은 자들의 부활과 새로운 세계를 믿게 된다. 우리가 하나님의 율법을 제대로 지킬 때만 하나님의 은총을 말해도 좋다." 우리는 궁극적인 것 이전에 살면서 궁극적인 것을 믿고 있지만 궁극 이전의 말씀을 말하기 전에 궁극적인 말씀을 말해서는 안 된다. 본회퍼는 그리스도인들이 마치 세상적인 것을 부정하면서 혹은 세상적인 것이 존재하지 않는 것 같이 살면서 저 세상적인 것을 말해서는 안 된다는 것이다. 한마디로 광신도들처럼 이 세상과 저 세상, 차안과 피안을 구별해 놓고 저 세상만을 바라보고 살아서는 안 되고, 차안에 충실하면서 동시에 피안적인 것을 구해야 한다는 것이다.

이러한 논제로 볼 때 본회퍼는 루터신학에서 율법과 복음의 구별 도식을 철저하게 따르고 있다. 루터 당시 열광주의자들(Schwärmer)은 그리스도인으로 거듭난 자들은 더 이상 참회를 요구하는 율법은 필요 없고, 단지 복음으로 충분하다는 논리를 내세웠다. 이들을 우리는 반율법주의자들(Antinomians)라고 부른다. 여기에 대해서 루터는 그리스도인으로 거듭난 사람들도 약한 인간 존재이므로 다시 죄를 지을 수 있고 그렇기 때문에 회개를 촉구하는 율법이 꼭 필요하다고 반박했다. 따라서 율법이 인간의 죄를 고발하여 참된 회개를 할 때만 복음이

---

12 Helmut Gollwitzer, *Das Hole Lied der Liebe*, Kaiser Traktate, 1980, München, 참조.

인간에게 구원의 은총을 베푼다는 것이다. 여기에서 루터는 그리스도인들은 "죄인이면서 동시에 의인이다"라는 신학적 명제를 제시했다.

한국의 교회들 가운데도 반율법적 행태의 교회들이 존재하는데 예를 들면 순복음교회가 그렇다. 그들의 설교들을 보면 죄를 책망하고 회개를 촉구하는 율법적 요소는 거의 없고, 단지 '순복음'만을 설교함으로써 회개 없는 은총, 즉 본회퍼가 말하는 "싸구려 은총"(cheap grace)만을 신도들에게 제공하고 있다. 이런 행태가 순복음교회를 비롯하여 한국교회들의 설교에서 싸구려로 제공하는 구호 "예수의 이름으로 축복한다"라는 잘못된 가르침이다. 따라서 당나귀에게 채찍 없는 당근처럼 교회에서의 율법 없는 은혜는 싸구려 은혜가 될 뿐이다. 오늘날 한국의 청소년 교육에서 문제가 되는 것도 바로 채찍 없는 당근의 무제약적 제공, 절도와 통제가 없는 무조건적 사랑이 가져오는 폐해라고 할 수 있다. 아이들이 브레이크 없는 자동차처럼, 달릴 때와 설 때를 구별하지 못하는 무절제한 문제아들로 나아가게 된다. 오늘날 어린이들 가운데 과잉행동장애가 많이 나타나는 것도 바로 가정에서 어린이 양육 때 율법 없는 복음만으로 키우려한 데서 생긴 폐해이다.

그러나 본회퍼가 강조하는 세계성, 차안성은 "교양인이나 사업가, 게으른 자나 호색가의 천박하고 비속한 차안성이 아니라 완전히 성숙한 깊은 차안성과 죽음과 부활에 대한 인식이 항상 현존하는 차안성을 말한다."[13] 본회퍼는 1939년 잠시 미국에 체류하는 동안 프랑스에서 온 장 라셰르(Jean Lasserre)와의 대화에서, 그가 성자가 되기를 원한다고 말했을 때 본회퍼는 거부감을 느끼면서 자기는 세상에서 믿는 것을 배우고 싶다고 말한 적이 있다. 그때까지만 해도 그는 거룩한 생활, 종교 생활을 통해서 믿음을 배울 수 있다고 생각했었다. 그러나 그는

---

13 본회퍼 선집(한글판) 8. 689-690.

1935년 핑켄발데 신학교에서 교수 생활을 하며 "나를 따르라"를 집필하고 나서는 "나는 전적인 차안성 속에서야 비로소 믿는 것을 배울 수 있다는 사실을 체험하고 지금까지도 체험하고 있다"라고 그의 제자요 동료인 베트게에게 쓰고 있다. 즉 그는 겟세마네 동산에서 수난당하고 있는 하나님, 예수 그리스도와 함께 세상 한가운데서 깨어있는 것이 그리스도인이 할 일이고 그리스도인의 길이라고 생각했다. 따라서 우리 그리스도인이 하나님을 믿는 것은 이 세상에 오신 하나님의 아들 예수 그리스도의 고난에 동참하는 것, 모든 고난 받는 하나님의 자녀들의 삶에 같이 하는 것이 그리스도를 따르는 것 즉 믿는 것이다.

2. 땅에 대한 신실성

세상성, 차안성 안에서의 믿음 다음으로 본회퍼의 사상에서 주목할 수 있는 것은 땅에 대한 신실성이다. 우리는 흔히 그리스도교 신앙의 목표는 이 타락한 장망성인 세상을 떠나서 저 높은 곳에 있는 하늘나라에 올라가서 하나님과 함께 부귀와 영화를 누리는 것이 곧 그리스도인들의 삶의 궁극적 목표로 생각했다. 이때 이 세상, 땅이라고 하는 것은 버려야 할 것, 인간의 죄악으로 가득 찬 악마가 지배하는 세상이라는 도식으로 전통적 그리스도인들은 생각했다.

그런데 19세기 말에서 20세기 초에 등장한 레온하르트 라가츠 (Leonhard Ragaz) 등 종교사회주의자들은 기독교의 희망을 새로운 방향에서 생각하고 하늘나라를 향한 피안적 희망을 정의가 지배하는 도래할 하나님 나라와 새로운 세계를 향한 차안적 희망으로 삼고 신학을 전개했다. 본회퍼도 이러한 방향에서 사고하고 그의 신학을 전개했다. 그가 1932년에 쓴 "당신의 나라가 임하소서. 지상에서 하나님 나라의 실현을 위한 교회의 기도"라는 논문에서 "땅과 하나님을 하나 같이 사랑하는 자만이 하나님의 나라를 믿을 수 있다… 기독교는 피안적 인간들(Hinterweltler)의 종교가 아니다… 그리스도는 인간을 종교적 세계 도피라는 피안적 인간으로 만들지 않고, 인간에게 신실한 아들로서 세상에 왔다. 하나님을 사랑하는 자는 그를 세상의 주님으로서 사랑하고 대지를 사랑하는 자는 그것을 하나님의 대지로 사랑한다… 하나님의 나라를 사랑하는 자는 그것을 하나님의 대지로서 사랑한다. 교회가 하나님 나라를 위해서 기도하는 시간은… 교회가 땅과 그곳에서의 참상, 굶주림, 죽음에 대해 성실하겠다는 것을 맹서하는 것이다… 하나님 나라는 지상에서의 부활의 나라이다."14

몰트만에 의하면 본회퍼는 1943년 땅에 대한 신실성이라는 주제로 다시 돌아왔다는 것이다. 그는 이러한 신실성에 근거해서 지상에서 히틀러의 악행에 대한 저항과 투쟁에 나서고 그 결과로 그는 히틀러의 경찰에 의해서 강압적으로 감옥에 송치되게 되게 된 것이다. 즉 본회퍼에게는 이러한 땅에 대한 신실성이 그리스도교 신앙의 진정한 세상성이라고 하는 새로운 신학적 관점의 근거가 된 것이다. 만일 그리스교 신앙이 탈세상적이고 피안적이며 그리스도교적 구원이 단지 이 죄악의 세상을 떠나서 하늘나라만을 지향하는 것이라면 수난에 대한 순응은 있을지라도 수난에 대한 저항은 존재하지 않을 것이다. 그러나 본회퍼에 의하면 그리스도의 십자가는 이 땅 위에 서 있고 그의 부활도 이 땅에서 일어나며 따라서 이 지상에서 하나님의 정의가 실현되고 그를 따르는 자들의 승리의 장이 되어야 한다는 것이다.

우리는 본회퍼의 땅에 대한 신실성이라는 신학적 관점의 중요성을

---

14 D. Bonhoeffer, Dein Reich komme. Das Gebet der Gemeinde um Gottes Reich auf Erde, *Dietrich Bonhoeffer Werk(DBW)* 12. S. 264ff.

두 가지로 요약해서 생각해 보자.

첫째 전통적 시학에서는 그리스도교적 희망을 지상의 세계와는 무관한 천상의 세계에 두었었다. 우리는 교회에서 어린이들을 가르칠 때나 설교할 때 우리의 진정한 고향은 이 땅이 아니라 하늘나라라는 주장을 많이 들어왔다. 성직자들은 장례식장에서도 죽은 자를 애도하면서 이제는 고통과 질병과 온갖 범죄로 가득한 이 세상을 떠나서 우리의 본래의 고향으로 돌아간다며 유족들을 위로하기도 한다. 정말 이 세상은 장망성이어서 불타서 없어져야 할 죄악의 땅인가? 아니면 우리가 살아가는 동안 정의와 평화가 지배하는 하나님의 나라로 만들어야 할 땅, 땅에 대한 우리의 신실성을 보여주어야 할 곳인가?

본회퍼는 그가 테겔형무소에서 쓴 드라마와 소설에서 땅에 대한 신실성이라는 그의 신학적 주제와는 직접적으로 관계되지 않지만 우리가 서 있는 기초(Fundament)를 굉장히 강조하고 있다. 인간은 구체적으로 자기가 서 있는 기초 위에 발을 붙이고 살아가야 한다는 것을 강조하고 있다.

하인리히: 나에게 서야할 기초를 주게-나에게 아르키메데스의 점을 주게. 그러면 모든 것이 달라질 거야.

크리스토프: 서야할 기초 —나는 그것을 제대로 인식하지 못했지— 자네 말이 맞네. 알겠어. 우리가 두 발로 서야할 토대, 우리가 살고 죽을 수 있는 토대지.[15]

여기서 본회퍼는 지구, 혹은 세계라고 하는 우리가 발을 붙이고 서

---

15 D. Bonhoeffer, Fragmente aus Tegel, *DBW* 7. S. 70-71.

있는 기초가 얼마나 중요한가를 말해준다.

우리는 주기도문에서 "하늘에서와 같이 땅에서도 당신의 나라가 임하소서"라고 기도한다. 우리가 사는 이 땅, 우리가 서 있는 이 지구는 하나님이 창조한 곳이며 그가 그의 아들 예수 그리스도를 보내서 구원의 활동을 한 곳이다. 오늘날 일어나고 있는 인간들에 의한 환경파괴나 기후변화로 인한 지구적 재앙들은 모두 인간이 땅에 대한 성실성을 외면한데서 오는 것이다.

둘째 하나님께서 창조하신 이 땅과 거기서 나는 온갖 소산들은 인간들이 함께 평화롭게 살게 하기 위한 선물들이다. 오늘날 신자유주의적 자본주의 체제하에서 이 땅과 거기서 나는 소산물들은 특정집단이나 국가의 독점물로 전락하여 하나님의 사랑을 받는 다수의 사람들은 굶주림과 질병 등으로 고통에 처해 있다. 세계인구의 1%가 세계의 부의 80% 이상을 차지하고 있으며, 이러한 독점적 지위를 독차지한 소수는 더 많은 탐욕으로 사회경제적 약자들을 착취하고 있다. 이러한 탐욕이 오늘날 지구에서 경제위기를 가져오는 주요 원인이 되고 있는 것이다.

본회퍼의 땅에 대한 신실성이라는 신학적 주제는 오늘날 새로운 세계정책, 세계경제, 세계윤리를 요청하고 있다. 이 지구촌은 우리 모든 인류들이 하나님의 사랑받는 자녀들로서 함께 살고 함께 먹고 함께 행복을 누려야 할 땅이다. 이것이 본회퍼가 말하는 땅에 대한 신실성이라는 신학적 주제가 지향하는 목표이다.

3. 성숙한 세계

계몽주의 철학자 임마누엘 칸트는 1783년 『계몽주의란 무엇인가?』라는 책에서 계몽주의를 다음과 같이 정의하고 있다. "계몽이란 인간이 스스로 잘못된 미성숙성으로부터 벗어나는 것이다. 미성숙은 다른 사람의 지도 없이는 자기의 오성을 사용하지 못하는 무능력을 말한다." 디트리히 본회퍼도 그의 신학적 개념들 "성숙한 세계"와 "세계의 자율성"을 다룬 편지들에서 칸트가 말한 이 개념을 염두에 두고 사용하고 있다. 본회퍼는 1944년 7월 16일자 그의 제자며 동료였던 베트게에게 쓴 긴 신학적 편지에서 성숙한 세계, 즉 자율성을 갖게 된 세계에 대해서 말하고 이런 세계에서 그리스도교의 메시지가 어떻게 선포되고 가르쳐져야 할 것인가를 말하고자 했다. "하나님이 존재하지 않는다 해도"(etsi deus non daretur) 우리가 세상에서 살아야 한다는 것을 인식함이 없이는 우리는 성실해질 수 없다. 그리고 바로 이것을 인식하는 것은 하나님 앞에서 이다. 하나님 자신이 우리로 하여금 이러한 인식을 갖게 한다. 따라서 우리의 성인됨이 우리로 하여금 하나님 앞에서 우리의 상태를 진정으로 인식하게 만든다. 하나님은 우리가 하나님 없이도 삶을 살아갈 수 있는 그런 자로서 살아야 한다는 것을 알게 해 준다. 우리와 같이 하시는 하나님은 우리를 떠나버린 하나님이니까!(마가 15:34). 작업가설이란 우리를 세상에 살게 하시는 하나님은 우리가 항상 그 앞에 서 있는 하나님이다, 하나님 없이. 우리는 하나님 없이 하나님 앞에서 하나님과 더불어 산다.[16]

　유럽의 계몽주의 이후 사람들은 기독교적 전통에서 도덕적, 정치적, 자연과학적 "작업가설"(Arbeitshypothese)로서의 하나님을 폐기한다. 역사적으로 볼 때 계몽주의는 세계를 자율성으로 이끌어 가는데 커다란 기여를 했다. 그리고 신학에서도 영국의 헤르베르트(Herbert)나 데카르트는 이신론(理紳論)을 주창하여 전통적 인격신을 메카니즘

---

16 D. Bonhoeffer, *DBW* 8, S 534.

이라는 자연법칙으로 대치시켜서 세계는 신의 간섭 없이도 운행된다고 보았다. 도덕에서 장 보댕(Jean Bodin) 같은 사람은 계명 대신 삶의 규율을 제창한다. 이렇게 계몽주의 시대에서는 인간이 더 이상 하나님이라고 하는 인격신을 몽학선생으로 모시고 그의 지침에 따라 살지 않고 인간의 이성으로 모든 것을 해결할 수 있다는 것이다.

그러면 우리는 이 성숙한 세계에서 어떻게 그리스도를 만날 수 있는가? 본회퍼는 모든 종류의 변증론을 거부한다. 그는 자유주의 신학이 말하는 것, 즉 그리스도교 진리를 이 세상에 적용 가능한 것으로 만드는 것을 거부한다. 그는 경건주의가 말하는 것 즉 그리스도인들로 하여금 현대의 세계에 대해서 회의를 갖게 하려는 시도나 질병과 죽음과 같은 삶의 한계상황에서 믿음을 권유하는 식의 시도도 거부한다. 본회퍼는 말한다. "그리스도는 우리 삶의 한가운데서 인간을 만난다." 즉 그는 우리의 일상적 삶 가운데서 우리와 만나고 같이 살기를 원한다는 것이다. 그렇다면 우리는 오늘날 세계의 성숙성을 승인하고 현대 인간이 처한 위치에서 하나님과 대면하게 해야 한다고 본회퍼는 모고 있다.

이러한 상황에서 본회퍼는 성서적 개념들을 과거와 달리 비종교적으로 해석할 것을 주창한다. 그러나 그는 어떻게 하는 것이 곧 비종교적으로 해석하는 것인가에 대해서는 자세한 설명을 하지 않고 있다. 그러나 우리가 상상할 수 있는 것은 이러한 성숙한 세계에서는 예를 들면 과거와 달리 성서에 나타난 하나님은 전지전능한 분으로 해석될 수 없고 오직 무력하고 수난 받는 분으로 해석할 수밖에 없다. 하나님이 십자가에 달려 죽음으로써 이 세상으로부터 추방되었고 그는 세상에서 무력하고 약한 존재가 된 현실에서 우리는 더 이상 중세의 성직 자주의적 방식으로 성서를 읽고 해석할 수 없다는 것이다. 이것이 곧 성서의 "세상적 해석"이다.

몰트만에 의하면 이러한 본회퍼의 대담한 신학적 입장 즉 현대의 세계를 그리스도교적 세계로서 해석하는 것이 타당한 것인가를 묻지 않을 수 없다는 것이다.

첫째 오늘날에도 본회퍼의 생각과 달리 많은 대중들은 미성숙 상태에 있다는 것이다. 나치 시대 독일의 다수 인간들은 히틀러의 선전에 속아 넘어가서 그를 숭배하고 그가 자행한 인간 학살과 전쟁 행위에 동참했었다. 오늘날에도 미국과 같은 자본주의적 선진국가에서도 대중들은 소수만을 위한 경제정책에 반기를 들지 않고 빈곤에서 묵묵히 자기의 운명을 받아들이고 있다. 오늘날도 저개발 국가들에서는 다수의 사람들은 잘못된 세계 정치체제와 경제체제하에서 자기들에게 돌아와야 할 몫을 착취당하고 있다는 것을 제대로 파악하지 못하고 있다. 우리나라의 경우도 가난한 서민들의 다수가 부자들을 위한 경제정책을 쓰는 정당에 투표하고 있다. 우리나라의 청소년들 가운데는 연예계에서 주도하는 대중문화에서 성숙성보다는 미성숙을 어떤 미덕과 같이 여기는 젊은이들이 지배적으로 많다.

둘째 19세기 종교 비판에서 마르크스와 프로이드 그리고 그의 후예들은 당시를 비종교적 시대로 규정하고 있지만 21세기를 맞이한 오늘날 오히려 더욱더 종교적이고 종교적 구원을 갈망하고 있지 않은가? 결론적으로 우리는 기독교인 될 수 있기 전에 모두가 종교적이 되어야 한다는 것은 아니다. 오늘날에도 과거의 것인 미신적인 종교적 기독교도 존재하고 깨어 있는 비종교적 기독교도 존재한다. 본회퍼에 의하면 중요한 것은 새로운 종교가 아니라 새로운 삶이다. 그리스도가 시작한 참된 삶을 실현하기 위해서는 삶의 참된 차안성에서 그리스도를 만나고 이성의 자유로운 성숙성을 받아들이는 것이다. 본회퍼에 의하면 그리스도교 실존은 이 성숙한 세계에서 진정 인간적이고, 자율적이고 성숙하고 자유롭고 책임적인 실존이 되는 것이다. "그리스도는 우리 안에서 어떤 인간 타입을 만들기를 원치 않고 인간을 만들기를 원한다."

4. 오직 고난 받는 하나님만이 도울 수 있다

미국의 어린이 만화 가운데 마이티 마우스(Mighty Maus)라는 것이 있다. 여기에는 기독교의 전통적 하나님의 전능성이 투영되어 있다. 약한 쥐가 고양이에 의해서 위험에 처해 있을 때 마이티 마우스는 하늘에서 구름을 뚫고 하강하여 쥐를 구해낸다. 우리는 어린 시절 우리들이 세상에서 어려움에 처해 있을 때 기도하면 전지전능한 하나님이 위기에서 구해주시는 분이라고 가르침을 받았었다. 성인이 되었을 때도 우리가 어떤 한계상황에 처하면 하나님께 기도하고 그의 구원을 간청하게 된다.

그런데 본회퍼는 성숙한 세계에 대한 해석과 관련해서 "고난 받는 하나님" 개념을 제시하고 있다. 그는 "고난 받는 하나님", "무신적 세계에서 하나님의 고난", "세상적 삶 가운데서 하나님의 고난", "예수 그리스도 안에서 하나님의 메시아적 고난" 등을 언급하고 있다.

슐라이어마허로부터 바르트에 이르기까지 서구의 근대 신학자들이나 철학자들에게서는 이러한 고난 받는 하나님 개념은 등장하지 않는다. 그러면 본회퍼는 어디에서 이 개념을 도출해 내고 있는가? 몰트만에 의하면 1933-35년까지 본회퍼가 영국 런던에서 목회할 때 당시 에큐메니칼 운동의 동역자였던 성공회 대신학자 윌리엄 템플(William Temple) 같은 사람에게서 이러한 개념에 접했던 것으로 추측할 수 있다는 것이다. 영국의 신학자들 가운데 모즐리(J. K. Mozley) 같은 이는 1929년 『하나님의 무감각성. 기독교사상의 탐구』(*The Impassibility of God. A Survey of Christian Though*)라는 책을 발표했는데 본회퍼가 아마 영국체류 당시 이러한 책을 접하지 않았을까 생각된다.

본회퍼는 겟세마네 동산에서의 그리스도의 고난과 골고다에서의 고난에서 그 성서적 논거를 찾는다.[17] 이러한 하나님의 고난은 그리스도에게만 국한된 것이 아니고 오늘날의 무신적 세계 상황을 내포한다. 이러한 하나님의 고난은 무신적 세계 안에서의 고난이다. 이러한 고난은 폭력을 행사하는 자들의 무신성과 희생자들을 돌보지 않고 외면하는 데서 오는 고난이기도 하다.

제2차 세계대전이나 히로시마 나가사끼의 핵폭탄을 통한 대량학살 그리고 오늘날에도 세계 방방곡곡에서 자행되고 있는 전쟁들과 인권침해와 대량학살 등을 생각할 때 그리스도의 십자가 사건에 근거한 십자가 신학이 다시 논의되어야 할 상황에 있다. 이러한 현실에서 우리를 구원해주는 것은 어떤 힘센 자들이나 부자들, 강대국들이나 그들이 가진 핵무기들이나 거대한 부가 아니라 고난과 자기희생을 통해서 수난 받는 자들의 삶에 동참하는 자들, 즉 그리스도의 수난에 동참하는 자들이다.

본회퍼는 나치독재가 전쟁의 참화를 가져오고 무고한 자들을 학살할 때 희생자들의 고난에 동참함으로써, 자기를 희생함으로써 그리스도 안에서 고난 받는 하나님을 발견했고 그 하나님의 품에 안기게 되었다. 따라서 이 세상에서의 제반 고난들은 강한 군대, 강한 정치가들, 강한 재벌들에 의해서 해결되는 것이 아니라 그 고난을 같이 감당하고

---

17 "너희가 나와 함께 한 시간도 깨어 있을 수 없느냐?" "나의 하나님 왜 나를 버리시나이까?"

고난 받는 그리스도를 따르는 사람들의 고난에 찬 동참에 의해서만 해결될 수 있다.

디트리히 본회퍼는 누구인가?
― 본회퍼의 생애와 사상

유석성

(안양대학교 총장)

I. 본회퍼의 생애

디트리히 본회퍼(Dietrich Bonhoeffer 1906-1945)는 행동하는 신앙인으로 20세기 후반 새로운 신학 형성에 큰 영향을 준 신학자였다. 그의 신학은 신학적 체계와 내용보다는 그의 순교자적 죽음으로 인하여 그의 삶과 신학이 더 빛나게 되었다. 본회퍼는 그리스도를 증거한 그리스도의 증인으로서 자기의 신앙에 따라 그 고백한 신앙을 실천에 옮긴 신앙고백적 삶을 산 기독교인이었다. 본회퍼는 나치 하 2차 대전 중 히틀러 암살계획에 가담하였다가 발각되어 2년간의 감옥생활 후 종전되기 직전 교수형에 처형된 신학자요 목사였다. 본회퍼는 1906년 2월 4일 독일 브레슬라우(Breslau)에서 태어났다. 아버지 칼 본회퍼와 어머니 파울라 본회퍼 사이에 여덟 남매 중 여섯 번째로 태어났다. 본회퍼는 일곱 번째인 자비네(Sabine)와는 쌍둥이였다. 본회퍼가 여섯 살 되었을 때 그의 가족은 베를린으로 이사를 하였다. 당시 저명한 정신의학 및 신경의학 교수였던 아버지가 신설된 베를린대학교의 정신의학 주임교수로 취임하였기 때문이다. 본회퍼의 부계는 학자, 법률가 집안이었고, 모계는 신학자, 목사 집안이었다. 이 가정의 주요 교육 목적은 어머니의 기독교적 가치와 아버지의 휴머니즘적인 가치에 입각하여 책임적 인간으로 양육하는 것이었다. 본회퍼는 1923년 17세 때 튀빙겐(Tübingen)대학교에 입학하여 신학공부를 시작하였다. 튀빙겐대학교에서 칼 하임, 아돌프 슐라터, 그로스에게서 신학과 철학을 공부하고, 1924년 베를린대학교로 옮겨 신학을 계속하였다. 이 대학에서 그는 하르낙, 칼 홀과 라인홀트 제베르크로부터 가르침을 받았다. 본회퍼는 1927년 21세 때 제베르크 교수의 지도로 "성도의 교제"(Sanctorum Communio)라는 학위논문으로 박사학위를 받았다. 사회학적 교회론인 이 논문을 가리켜 칼 바르트는 신학적 기적이라고 극찬하였다. 본회퍼는 자유주의 신학자들인 스승들에게서 가르침을 받았지만 자유주의신학보다는 칼 바르트의 변증법적 신학, 하나님 말씀의 신학의 영향을 받았다. 1929년 "행위와 존재"(Akt und Sein)라는 제목의 교수자격 논문을 제출하고, 1930-31년 1년 동안 미국 뉴욕의 유니온신학교에서 연구하였다. 유니온에서 라인홀드 니버와 존 베일리 강의를 듣고 폴 레만 같은 친구를 사귀었다. 본회퍼는 해외 경험을 통하여 에큐메니칼운동에 대한 이해가 깊어졌고, 뉴욕의 할렘가의 흑인들을 보며 인종 문제를 깊이 생각하게 되었다. 그뿐 아니라 프랑스에서 온 평화주의자 장 라세르로부터 기독교 평화주의에 대하여 배우게 되었고, 이때부터 평화주의에 대하여 관심을 가지게 되었다. 1933년 1월 30일 히틀러는 권력을 장악하고 총리에 취임했다. 이틀 후 1933년 2월 1일 본회퍼는 "젊은 세대에 있어서 지도자 개념의 변천"이라는 제목의 라디오 방송 연설을 하였으나 이 연설은 끝나기 전에 당국에 의하여 중단 되었다. 본회퍼는 이 연설에서 "스스로 신성화하는 지도자와 직위는 신을 모독하는 것"이라고 말하고자 하였으나 방송되지 못했다. 이것은 본회퍼의 반나치 운동의 출발점이 되었으며, 이때부터 본회퍼는 나치 정권의 감시 대상자가 되었다.

본회퍼는 1931년, 25세 때부터 베를린대학교에서 강의를 하였는데, 그때 강의하였던 것이 '그리스도론', '창조와 타락', '교회의 본질' 등이었다. 1933년 4월 7일 유대인은 국가의 모든 공직에서 배제된다는 아리아인조항(Arierparagraph)이 공포되었고, 독일 교회에서도 이것을 받아들였다. 그러나 본회퍼는 이것을 비판하였다. 그는 유대인 문제에 대한 교회의 정치적 책임을 강조하여 "바퀴 아래 깔린 희생자에게 붕대를 감아주는 것뿐만 아니라 바퀴 자체를 멈추게 하는 것이다"라고 말하였다. 또 본회퍼는 교회가 박해받고 있는 유대인들에게 적극적 관심을 가져야 할 것을 촉구하면서, "유대인을 위하여 소리치는 자만이 그레고리안 찬가를 부를 수 있다"고 갈파하였다. 본회퍼는 1934년 덴마크 파뇌(Fanö)에서 개최된 에큐메니칼회의에서 8월 28일 아침예배시간에 저 유명한 "교회와 제 민족의 세계"라는 제목의 평화 설교를 하였는데, 그는 이 설교에서 세계 교회를 향하여 평화를 위한 "에큐메니칼공의회"를 개최할 것을 제창하였다. 이 제안은 56년 후 서울에서 개최된 세계교회협의회 "정의 · 평화 · 창조질서의 보전(JPIC)" 세계대회에서 결실을 맺게 되었다.

1933년 10월부터 영국의 독일인 교회에서 목회를 하였다. 본회퍼는 간디의 평화주의와 비폭력적 방법을 배우기 위하여 간디를 만나러 갈 계획을 세웠고, 간디의 초청도 받았으나, 여행을 떠나기 전 독일 고백교회에서 세운 비카(목사후보생)를 위한 신학교 책임자로 부름 받아 인도 행을 포기하였다. 이 신학교는 발틱해에 있는 칭스트에서

1935년 4월 26일 개교하였고, 곧 이어 슈테틴 부근의 핑켄발데로 이전하였다. 이 신학교에서는 철저한 이론 교육과 더불어 영적인 훈련과 그것의 실제적 적용을 하는 교육이 실시되었다. 이 신학교는 1937년 게슈타포에 의해 폐쇄되었다. 이 핑켄발데 신학교에서 강의하였던 내용이 *Nachfoge*(제자직 / 한역 『나를 따르라』)과 *Gemeinsames Leben*(『신도의 공동생활』)로 출판되었다. 히틀러 치하에서 많은 학자들이 박해를 피하여 자유를 찾아 독일을 떠나 미국 등지로 갔고, 라이홀드 니버도 본회퍼를 구하기 위하여 그를 초청하였다. 본회퍼는 1939년 6월 4일 독일을 떠나 12일 뉴욕에 도착했으나 곧 미국에 온 것이 잘못되었다고 생각했다. 그는 미국을 떠나기로 결심하고, "동포와 함께 이 시대의 시련을 나누지 않는다면 전쟁 후 독일에서 기독교인의 삶의 재건에 참여할 권리가 없을 것"이라는 내용으로 라인홀드 니버에게 편지를 쓰고 한 달도 안 된 7월 7일 미국을 떠나 7월 27일 독일로 돌아갔다. 1939년 9월 1일 히틀러는 폴란드를 침공함으로써 제2차 세계대전을 일으켰고, 이틀 후 영국은 참전을 선언하였다. 본회퍼는 이미 1936년부터 대학에서 가르치는 것과 공적으로 말하거나 출판하는 것이 금지되었다. 본회퍼는 독일에 돌아와서 군 방위부의 책임자였던 매형인 한스 폰 도나니와 함께 히틀러 제거를 위한 저항운동에 가담하게 되었다. 본회퍼는 히틀러 정권에 저항과 모반의 과정 속에서 때때로 필생의 저작으로 생각한 *Ethik*(『윤리학』)의 저술을 위한 원고를 썼는데 계획대로 다 쓰지 못한 미완성의 책이 되었다. 사후에 베트게에 의해서 책으로 출판되었다.

1943년 1월 본회퍼는 마리아 폰 베데마이어와 약혼을 하였으나 결혼식을 하지 못한 채 1943년 4월 5일 히틀러 암살계획 음모 혐의로 체포되어 수감되었다. 본회퍼는 베를린 테겔형무소에 수감되어 18개월 동안 보내면서 이 기간 동안 독서와 사색과 저술을 하고, 편지를 쓰며 지냈다. 이때 베트게에게 보낸 편지가 사후에 *Widerstand und Ergebung*(『저항과 복종』)으로 출판되었다. 본회퍼는 감옥 안에서 동료들에게 신앙과 인격의 감화를 주었다.

본회퍼에게 늘 제기되는 문제가 있다. 평화주의인 목사요, 신학자인 그가 어떻게 사람을 죽이는 히틀러 암살 계획에 가담할 수 있는가? 이같은 질문을 본회퍼와 함께 감옥에 수감되어 있던 이태리인 가에타노 라트미랄(Gaetano Latmiral)도 하였다. "본회퍼 목사님, 목사님은 기독교인이고 목사이면서 어떻게 사람을 죽이는 암살음모에 가담할 수 있습니까?" 본회퍼는 이렇게 대답하였다. "만일 어떤 미친 운전사가 사람들이 많이 다니는 인도위로 차를 몰아 질주한다면 목사인 나는 희생자들의 장례나 치러주고 가족들을 위로하는 일만 하는 것이 나의 임무라고 생각하지 않습니다. 나는 그 자동차에 올라타서 그 미친 운전사로부터 핸들을 빼앗아야 할 것입니다." 본회퍼는 그 당시 미친 운전사인 히틀러를 제거하려고 하였던 것이다.

1944년 7월 20일 히틀러 암살 계획이 실패로 끝났다. 즉시 많은 저항자들이 적발되었고, 9월에 이 모반에 방위부가 연관되어 있는 문서가 발견되자 본회퍼의 암살 계획 음모가 확실히 밝혀져 본회퍼는 10월 8일 프린츠-알브레히트 가(街)에 있는 비밀경찰 지하감옥으로, 1945년 2월 7일 부헨발트 집단수용소로, 4월에 국제적 죄수 그룹과 함께 레겐스부르크로, 그 다음 바이에른 지방에 있는 쉔베르크로 그리고 마지막으로 플로센뷔르크(Flossenbürg) 집단수용소로 이송되었다. 1945년 4월 9일 이른 아침 교수형에 처해졌다. 본회퍼는 판결문이 낭독되자 무릎을 꿇고 하나님께 진지한 자세로 기도하고 처형대로 올라갔다. 그는 다시 짧게 기도하고 용감하게 교수대를 붙잡고 얼마 후 숨을 거두었다. 본회퍼의 최후를 목격했던 수용소 의사 피셔 휠슈트룽은 "나는 약50년 동안 의사로 활동하면서 그렇게 신께 헌신적인 모습으로 죽는 사람을 보지 못하였다"고 본회퍼의 마지막 모습에 관하여 회고하기도 하였다.

3주일 후 히틀러는 자살하였고, 1945년 5월 8일 독일은 패배하였으며, 연합군은 승리하였다. 본회퍼가 처형된 같은 날 그의 매형 도나니는 작센하우젠에서, 본회퍼의 형 클라우스는 4월 23일 베를린에서 각각 처형되었다. 본회퍼는 다음과 같은 마지막 말을 남기고 교수대로 이끌리어 나갔다.

"이것이 마지막입니다. 그러나 나에게 있어서 삶의 시작입니다."

본회퍼의 삶은 이렇게 끝났지만 그러나 그의 말처럼 마지막은 끝남이 아니라 새로운 시작을 위한 출발의 신호였다. 그의 삶은 오늘도 그리스도의 제자로서 그리스도를 증언하며 신앙 양심에 따라 자유와 사랑과 평화와 정의를 위하여 사는 모든 사람들에게 새로운 시작과 격려와 교훈으로 남아 마침표 없는 현재 진행형의 삶이 되고 있다.

II. 본회퍼의 저작

본회퍼의 저서는 그의 삶의 구체적 상황과 연관되어 있다. 그의 삶을 이해하지 않고는 그의 글들을 이해하기 어렵다. 본회퍼 글들은 전 저작이 일관성 있게 체계적으로 기술되어 있지 않다. 그렇게 저술할 수 있는 상황이 못 되었기 때문이다. 그러나 그의 글들은 그리스도 중심적인 내용적 일치를 보여주고 있다. 그의 작품들은 초기의 몇몇 작품을 제하고는 히틀러의 나치 정권에 저항하면서 행한 강연, 설교, 편지, 일기, 저술을 위한 메모, 감옥에서의 옥중서간 등으로 구성되어 있다.

본회퍼의 저술은 1925년부터 1945년까지 여러 종류의 글들을 썼다. 본회퍼는 박사학위 논문인 성도의 교제를 시작으로 1945년 39세 시 처형당하기까지 그는 많은 글들을 남겼다. 6권의 책, 12편의 성서 연구, 11편의 학술지 게재 논문, 23개 강연 원고, 10개의 베를린대학과 핑켄발데신학교의 강의 원고, 벧엘 신앙고백문, 2개의 교리문답 초안, 약 100편의 설교 원고와 설교 요약문, 1편의 희곡과 소설, 10편의 시, 일기, 편지, 여행기, 옥중서신 등이다. 독일에서는 그동안 그의 주요 저작『성도의 교제』,『행위와 존재』,『창조와 타락』,『나를 따르라』,『신도의 공동생활』,『윤리』,『저항과 복종』(옥중서신) 등이 단행본으로 출간되었고, 그밖에 강연, 일기, 편지 등을 묶어 6권의 책(Gesammelte Schriften)으로 출판되었으며, 1986년 이래 본회퍼 전체 저작을 새롭게 편집하여 전집 16권(Dietrich Bonhoeffer Werke)을 완간하였다. 최근에는 그동안 미공개 되었던 본회퍼의 약혼자 마리아 폰 베데마이어와의 서신이 공개되어 출판되었다. 2000년도에 그의 저항적 일생을 주제로 한 영화〈디트리히 본회퍼〉가 제작되어 구미 여러 나라 영화관에서 상영되기도 하였다.

III. 본회퍼 신학사상의 주제들

본회퍼 신학에서 그리스도는 그의 신학의 관건이다. 기독론은 본회퍼 신학에서 기본 사상이요, 근간이며, 정선율(cantus firmus)이다.

본회퍼 신학은 처음부터 마지막까지 철저하게 그리스도 중심적이요, 그리스도 지배적이다. 본회퍼의 모든 신학적 주제들은 한결 같이 그리스도와 연관되어 있다. 본회퍼의 신학을 알려면 그리스도와 교회, 그리스도와 제자직, 그리스도와 현실, 그리스도와 세계와 같이 그리스도와 연관시켜 이해하여야 할 것이다. 본회퍼는 교회를 "세상 안에서 현재하는 그리스도의 장소"로 보았다. 본회퍼는 그리스도와 교회를 일치시켜 "공동체(교회)로서 존재하는 그리스도"(Christus als Gemeinde existierend)라고 표현하였다. 본회퍼는 그의 베를린대학의 그리스도론 강의에서 "그리스도는 누구인가"라는 질문을 한다. 여기에서 그리스도는 나를 위해 그리고 우리를 위해 현재하는 존재임을 밝히고, 그리스도는 이 역사 속에 말씀, 성례전, 공동체로서 존재한다고 하였다. 그리스도는 또한 중심과 중보자이다. 그리스도는 인간 존재와 역사의 중심이며, 하나님과 자연 사이의 중보자이다. 옥중서간인 저항과 복종에서 그리스도를 "타자를 위한 존재", "세상을 위한 예수 그리스도"의 모습으로 말하였다. 그리스도는 초기의 나와 우리를 위한 모습에서 타자를 위한 존재로 확대되어 나아간 것이다. 그리스도가 계시의 현실이며, 교회의 주가 될 뿐만 아니라 세상의 주가 된다는 것을 밝힌 것이다.

본회퍼의 공헌은 그리스도를 뒤따르는 제자들의 길인 제자직(Nachfolge/discipleship)의 고귀한 가치와 깊은 의미를 일깨워 준 것에 있다. 제자직은 질서의 윤리를 주장했던 종교개혁자들에게 잊혀진 주제였으나, 이 주제를 신학과 교회의 중심 주제로 부각시키는데 공헌한 것이 본회퍼이다. 본회퍼는 제자직을 은혜와 분리될 수 없는 것으로 파악한다. 본회퍼는 당시의 독일의 교회는 종교개혁의 표어인 믿음으로 의로워진다는 것이 잘못 인식되어 있음을 비판하였다. 본회퍼는 은혜에는 '값싼 은혜'와 '값비싼 은혜'의 두 종류가 있는데, 독일 교회는 값싼 은혜의 교회가 되어가고 있다고 한 것이다. 본회퍼는 순종 없는 신앙, 십자가 없는 은혜, 뒤따름(제자직) 없는 은혜를 값싼 은혜라고 하였다. 값비싼 은혜는 그리스도의 제자직으로 부르는 은혜이다. 제자직으로 부름은 예수 그리스도와의 인격적 결합을 뜻하며 제자들의 순종을 요구한다. 신앙이란 순종의 행위이다. 본회퍼는 강조한다. "믿는 자만이 순종하고 순종하는 자만이 믿는다." 신앙과 순종은 시간적으로 아니라 논리적으로 분리가 가능하다. 예수 그리스도를 뒤따르는 제자직은 십자가에 달린 그리스도를 뒤따름으로써 보여지며, 제자직으로 부름은 예수의 수난 선포와 밀접하게 연관되어 있고 (마가복음 8:31-38), 예수의 십자가의 종합적 표현은 수난과 버림받음을 뜻한다. 제자직은 예수 그리스도와의 인격적 결합이며, 수난을 위한 제자직의 표현은 그리스도의 십자가를 의미하고, 이 십자가는 철저하게 예수 그리스도의 고난에 동참하는 것을 뜻하며 이 고난은 그리스도 안에서 행하고 있기 때문에 진정한 기쁨이 될 수 있다.

서양의 철학적 윤리학을 최초로 체계화시킨 아리스토텔레스 이래 윤리학의 관심사는 선에 대한 문제로부터 출발하였다. 그러나 본회퍼는 철학적 윤리와 기독교윤리의 출발점에서 차이가 있다고 보았다. 일반 윤리에서는 선한 존재(내가 어떻게 선하게 되는가)와 선한 행위(내가 어떻게 선한 일을 할 수 있을까)를 문제 삼는다. 반면에 기독교윤리에서는 하나님의 뜻에 대해 묻는다. 하나님의 뜻은 예수 그리스도 안에 나타난 하나님의 계시의 현실에서 발견한다. 따라서 "기독교윤리의 문제는 그리스도 안에 나타난 하나님의 계시의 현실이 그 피조물 가운데서 실현되어 가는 것이다." 본회퍼는 성육신 사건을 세상 속에서 그리스도의 현실에 참여하는 근거로 삼고, 그 뜻의 표현을 "예수 그리스도 안에서 하나님의 현실은 이 세계의 현실 속에 들어왔다. 세계의 현실과 하나님의 현실이 동시에 대답을 얻을 수 있는 장소는 예수 그리스도라는 이름에서만 나타난다"고 말하고, 기독교윤리는 그리스도 안에서 주어진 하나님의 현실과 세계의 현실을 우리의 세계에서 실현되게 하는 것을 묻는 것이라고 하였다.

본회퍼는 기독교인의 삶의 본질, 근원, 방식을 설명하기 위하여 '궁극적인 것'과 '궁극 이전의 것'의 표현을 사용하였다. 궁극적인 것은 은총과 신앙에 의하여 그리스도 안에서 의롭다함을 얻는 것을 말한다. 즉 하나님이 그리스도 안에서 우리를 구원해 주시는 일이다. 궁극 이전의 것은 궁극적인 것의 조건이 되는 것으로서, 궁극적인 것의 전 단계인 기독교인과 세상과의 관계를 의미한다. 즉 이 세상에 속한 일이다. 본회퍼는 그리스도의 현실과 세상의 현실 관계를 그리스도 안에서 일치하는 역동적인 관계로 파악하였고, 이 이론을 통하여 이분법적으로 분리하는 모든 방식을 극복하였다. 이러한 의미에서 본회퍼는 두 영역으로 분리하는 모든 사고방식을 거부한다. 즉 신적인 것과 세상적인 것, 거룩한 것과 세속적인 것, 자연과 은총, 교회와 세계를 이원론적으로 나누는 사고방식을 거부하였다. 그리스도와 이 세상이 서로 대항하고 서로 반발하는 영역으로 간주되는 것은 자신을 기만하는 것이다. 이 세상에서는 오직 하나님의 현실과 세계의 현실이 서로 하나로 통일되는 그리스도의 현실의 영역만이 존재한다. 기독교인들은 하나님과 세계가 화해된 이 그리스도 현실 안에서 '오늘', '여기에서', '우리들 사이에서' 어떻게 참여할 것인가를 추구하는 것이 기독교윤리이다. 본회퍼는 기독교인 삶의 모습의 근거를 예수 그리스도의 모습에서 발견하고, 예수 그리스도의 모습대로 닮아가는 형성으로서의 윤리를 제시하였다. 이 윤리는 성육신하고, 십자가에 달려죽고, 부활한 예수 그리스도의 모습으로 변화되는 것이다.

본회퍼는 이 세상 속에서 신적 계명의 구체적 형태로서 위임론을 논한다. 이 위임은 그리스도 계시 안에 근거되어 있으며 신적인 위탁이다. 위임에 대한 신적계명의 관계는 내용과 형식의 관계와 같다. 본회퍼는 네 가지 위임을 제시하였다. '노동'(또는 문화), '결혼과 가정', '정부', '교회'이다. 위임은 하나님의 대리자로서 세상을 위하여 책임적 삶의 기능을 담당하는 것을 의미한다.

본회퍼는 히틀러에 대한 항거와 모반의 과정 속에서 신학적으로 처음으로 책임 윤리를 제시하였다. 그의 책임 윤리는 그리스도가 성육신한 이 세상의 현실 속에서 세상을 위하여 책임적인 삶을 사는 것을 말한다. 그것은 "이 세상은 예수 그리스도 안에서 예수 그리스도를 통하여 우리에게 주어진 구체적인 책임의 영역"이기 때문이다. 본회퍼의 책임은 철저하게 신학적이요, 그리스도론적이며, 예수 그리스도를 통하여 우리를 향하여 하시는 하나님 말씀에 응답함으로써 사는 것을 말한다. 본회퍼의 책임 윤리는 개인 윤리가 아닌 공동체의 윤리이며 사회윤리이다. 본회퍼가 히틀러의 암살음모에 가담한 행위도 그의 책임 윤리적인 관점에서 이해하여야 할 것이다.

본회퍼는 기독교 평화주의자였다. 그는 평화를 하나님의 계명과 그리스도의 현존으로 이해하였다. 평화에 대한 교회와 기독교인의 의무는 예수 그리스도가 평화의 왕으로 이 세상에 오신 그리스도의 현존에 기초하고 있다.

본회퍼는 베를린 테겔 감옥에서 "도대체 오늘 우리에게 있어서 기독교란 무엇이며, 그리스도란 누구인가"라는 질문을 하였다. 본회퍼는 변화하는 세계 속의 기독교의 모습을 관찰하여 점검, 진단, 평가하고, 교회와 신학의 새로운 방향을 모색하였다. 이 질문의 대답으로 2

차대전 후 신학의 조류와 방향을 전환, 창출시킨 "성인된 세계", 성서적 개념의 비종교적 해석, 비종교적 기독교, 타자를 위한 교회 개념들을 제시하였다.

성인된 세계는 본회퍼가 새로운 시대 속에서 당시의 기독교의 위치에 대하여 철저하게 그의 모습을 분석하고 참된 기독교의 방향을 제시하려고 한 것이다. 성인된 세계는 새로운 시대에 대한 선언이며, 당시 종교적 상황에 대한 진단이며, 새로운 종교에 대한 예시였다. 서구에서는 중세 이후 세계는 세속화의 과정을 겪게 되었고, 점차로 사람들은 자기들의 개인적 사회적 문제를 신의 도움 없이 자기의 책임 하에서 해결하려고 하는 성인된 세계가 되었다. 본회퍼에 의하면 종교의 시대는 지나갔고, 내면성과 양심의 시대인 완전히 무종교의 시대가 되었다는 것이다. 이것은 13세기부터 시작한 서구의 인간의 자율과 세계의 독자성을 추구한 운동이 현대에 와서 완성되었음을 의미한다. 계몽주의 영향 아래 추구한 이런 운동의 결과 인간은 후견인인 신 없이 살게 되었고, 신은 이제 인간의 삶의 중심에서 밀려나게 되었다. 본회퍼는 이러한 상황을 종교의 시대는 지나갔고 비종교의 시대가 되었다고 한 것이다. 성인된 세계에서 "마치 신이 없는 것처럼"(etsi deus non daretur) 살거나 신이 있다고 인정하여도 신을 다만 해결사인 "기계로부터의 신"(deus ex machina)이나 미봉책인 틈을 메꾸는 자로서만 받아들이고 있다. 즉 인간의 한계에 부딪쳤을 때 불러내는 분으로 이해하고 있다. 본회퍼는 이것은 신을 잘못 이해한 것이라고 하였다. 신은 주변으로 밀려 날 수도 나서도 안 된다. 신은 삶의 중심에 계신 분이다. 본회퍼는 신을 "우리들 한가운데 계시는 초월자"라고 말하였다. 초월자는 무한히 멀리 있는 분이 아니라 바로 가까이 있는 분이다. 본회퍼는 이것을 "하나님 앞에 하나님과 함께 하나님 없이 우리는 산다"고 표현하였다. 본회퍼는 선언하기를 하나님은 고난 받는 약한 하나님이며, 이 고난 받고 약한 하나님만이 우리를 도울 수 있다고 하였다. 이 이해하기 어려운 말은 본회퍼 신학에서 십자가 신학에 근거한 하나님 이해의 역설적인 표현이다. 십자가에 달린 예수의 고난은 신의 고난에 동참한 것이다. 기독교인은 신을 상실한 세계에서 하나님의 고난에 동참하도록 부름 받고 있다. 기독교인이 된다는 것은 세상의 삶 속에서 그리스도 안에서 신의 고난에 참여하는 것이다.

성서적 개념의 비종교적 해석은 무신성의 세계에서 어떻게 신에 관하여 세상적으로 말할 수 있을까 하는 것이다. 본회퍼가 말하는 비종교적 해석은 무신앙의 기독교를 의미하는 것이 아니라 기독교를 참된 기독교로 만들고자 하는 것이다. 본회퍼가 말하는 종교는 우리가 일반적으로 이해하는 종교 개념과 다른 의미로 사용하고 있다. 본회퍼는 종교의 개념을 "역사적으로 제약되고 지나가는 인간의 표현 형식"이라고 부정적으로 이해하였다. 종교는 형이상학적이요 개인주의적이며, 이세상성을 무시하고 피안성만 강조한다. 이것은 성서적 가르침에도 맞지 않기 때문에 이런 종교는 비종교화하여야 한다고 본회퍼는 주장한 것이다. 따라서 비종교적 해석이 말하고자 한 것은, 참된 기독교란 형이상학적이나 개인주의를 넘어서 예수 그리스도가 십자가 위에서 보여주었던 희생적 사랑을 실천하고 타자를 위한 교회가 되고, 예수의 고난에 동참하는 삶을 사는 것을 의미한다. 비종교적 해석은 사신신학이나 무신론의 원형으로 오해해서는 안 된다. 비종교적 기독교는 무신앙의 기독교를 의미하는 것이 아니다. 본회퍼는 경건과 세상을 위한 봉사를 밀접한 관계가 있는 것으로 보았다. 본회퍼는 기독교 신앙에서 경건의 의미를 강조하기 위하여 초대교회에서 사용했던 신도의 비의훈련(Arkandisziplin)의 의미를 강조하였다. 본회퍼는 주장하기를 기도 ,명상, 예배, 교회 직분은 기독교인의 삶에서 포기하거나 양도할 수 없다고 하였다. 본회퍼는 다음과 같이 천명하였다.

오늘 우리가 기독교인이라는 것은 두 가지 존재 방식에 의해서만 성립된다. 기도와 사람들 사이에 정의를 행하는 것이다.

본회퍼는 예수를 "타자(他者)를 위한 존재"(Dasein-für-andere)로 규정하였다. "타자를 위한 존재"는 기독론적 의미에서 예수 그리스도의 대리 행위를 말한다. 대리 행위는 타자를 위한 인간인 예수 그리스도가 십자가를 통하여 보여준 고난의 사랑을 의미하며, 이 타자를 위한 예수는 십자가 신학에 근거하여 있다. 십자가에 자기를 내어줌으로써 대속의 삶을 산 대리자 예수를 말한다. 예수 그리스도가 타자를 위한 존재이듯이 기독교인의 삶은 이 세상 속에서 타자를 위하여 고난받는 책임적인 삶을 말한다. 본회퍼는 예수를 타자를 위한 존재로 규정했듯이 교회 역시 "타자를 위한 교회"(Kirche für andere)이어야 한다면서 "교회는 타자를 위하여 존재할 때만 교회가 된다"고 하였다.

IV. 본회퍼의 영향과 공헌

본회퍼의 신학사상은 특히 개신교와 카톨릭교회, 에큐메니칼운동에 영향을 주었다. 2차대전이 끝난 1945년 이후의 신학은 직·간접으로 본회퍼와 연관이 되어 있다. 직접적으로는 사신신학, 세속화신학, 상황윤리, 에큐메니칼 평화신학 등이고, 간접적으로는 정치신학, 해방신학, 민중신학 등이 연관되어 있다. 본회퍼가 옥중에서 말한 성인된 세계와 성서적 개념의 비종교적 해석은 1960년대 신학적 논쟁을 불러 일으켰고, 새로운 신학을 창출하였다. 독일 신학에서는 급진적인 불트만학파의 브라운과 죌레 사이에 유신론과 무신론의 논쟁을 불러일으켰다. 알타이저, 해밀톤의 사신신학과 반 뷰렌과 하비 콕스의 세속화신학에 영향을 주었다. 사신신학은 본회퍼신학의 인본주의적인 급진적 해석이며, 이것은 유신론과 무신론의 논쟁을 극복할 수 있는 삼위일체론적 지평을 결여하고 있다. 세속화신학에서는 세속화와 세속주의를 구별하여 사용한다. 세속화(Secularization)는 그리스도에게서 부여받은 자유를 가지고 하나님 앞에서 책임 있게 세상을 맡아 다스린다는 뜻이다. 세속주의(Secularism)는 하나님과는 아무 상관없이 인간 스스로 자유하다고 자부하며 세상을 다스리는 것을 뜻한다. 본회퍼는 말년에 "아래로부터의 관점"(Blick von unten)을 이야기하였다. 이것은 '눌린자들과 함께하는 고난'을 말하는 해방신학, 민중신학, 흑인신학과의 접촉점이 되기도 한다. 몰트만(J. Moltmann)의 삼위일체론적 십자가신학, 윙엘(E. Jüngel)의 현대무신론 토론 속에서의 십자가에 달린 하나님의 개념, 한국의 민중신학, 상황윤리에 영향을 주었고, 현대에 "정의, 평화, 창조질서의 보전"의 에큐메니칼 평화운동에 선구적 역할을 하였다.

본회퍼는 기독교인뿐만 아니라 비기독교인 들에게도 그의 삶과 사상의 결합에서 관심을 끌게 하고 매력을 느끼게 하였다. 특히 기독교인들에게는 신앙과 행위가 일치된 그리스도의 증인으로서의 그의 순교자의 모습이 감명을 주었다. 그의 삶과 신학에서 신앙과 행동, 개인적 경건과 정치적 책임, 자유와 복종, 의인과 성화, 교회와 세상, 성스러움과 세속적인 것이 분리되지 않고 함께 일치되는 것이다. 본회퍼의 공헌은 요약컨대, 그리스도 중심적인 사고와 신학, 제자직의 고귀함, 기독교신앙에서 세상성의 강조를 통하여 기독교인의 책임적인 삶을 일깨워준 것에 있다. 본회퍼는 그리스도의 증인으로서 , 책임적인 기독교인의 삶의 모습과 교회의 참모습을 가르쳐 주었고, 사회참여 신학의 선구자로서 정의와 평화와 사랑을 실천하는 길을 보여주었다.

칼 바르트, 디트리히 본회퍼
그리고 민중신학

박재순
(씨알사상연구소 소장)

I. 들어가는 말

계몽주의 이래 역사와 주체의 문제는 서구 사상사와 신학사의 중요한 주제였다. 민중신학을 포함한 제3세계 해방신학은 인간을 역사변혁의 주체로서 파악한다. 인간을 사회변혁과 건설의 주체로 보았던 사회주의사회의 몰락과 개인적 주체의 자유를 사회 원리로 삼았던 자본주의사회의 공동체 파괴 현상과 해체주의적 경향은 역사와 주체 문제에 대한 진지한 신학적 성찰을 요구한다. 하나님의 구원사, 인간 역사 그리고 주체의 문제를 중심으로, 칼 바르트와 디트리히 본회퍼 그리고 민중신학을 비교 검토하려고 한다.

칼 바르트, 디트리히 본회퍼 그리고 민중신학 _ 박재순 | 159

II. 바르트의 신학: 하나님의 주권적 주체성에 대한 일방적 강조와 새로운 인간의 창조

바르트[1]가 하나님의 주권과 주체성을 강조했고 죄인인 인간에 대한 심판을 역설했지만 인간의 주체성을 부정하고 약화시키는 것이 그의 신학의 목적은 아니다. 그의 신학은 철저히 변증법적으로 이해되어야 한다. 죄인에 대한 심판은 새로운 인간의 창조를 위한 것이다. 인간에 대한 부정은 긍정과 맞물려 있다.[2] 그러나 바르트신학의 방법론적 구조와 원칙 그리고 신학사적 경향은 역사 안에서 인간의 주체적 역할을 소극적으로 보게 한다.

바르트는 평생 자유주의신학과 대결했다. 자유주의신학과의 대결이 바르트신학의 성격을 형성했다. 바르트는 자유주의신학이 인간의 이성, 의지, 감정에서, 인간의 종교적 경험과 상황에서 출발하는 것에 반대했다. 그는 그리스도 안에서 하나님의 말씀과 계시의 현실에서

---

1 바르트는 바울, 어거스틴, 루터, 칼빈을 잇는 서구의 주류신학의 계승자이다. 복음주의 신학, 말씀의 신학자이다. 하나님의 초월적 주권과 은총을 중심에 놓은 신학이다. 현대문화와 현대인에게 하나님이 주인으로서 펼쳐 가는 성서의 세계를 의미 있게 펼쳐 준 신학자이다.

2 바르트는 인간의 죄를 근본적이고 전체적인 것으로 보았다. 바르트에 따르면, 죄인으로서 인간은 하나님의 주권에 도전했고 하나님의 원수가 되었다. Karl Barth, *Kirchliche Dogmatik* IV/1. Evangelischer Verlag Ag. Zollikon-Zürich, 1953, 241.(이하 *KD*로 표기) 인간에게는 더 이상 죄를 짓지 않을 의지의 자유가 없다(*KD*. IV/2, 560-561). 그러나 하나님은 인간을 심판함으로써, 새로운 인간을 창조하고 새로운 삶으로 살려 낸다. 새 인간을 창조하는 하나님의 은혜로운 행위에 인간은 협력할 수 없다(*KD*. IV/1, 641). 선행도 인간의 의지나 능력에 맡겨 있는 게 아니라, 항상 새로이 선행할 수 있는 자유가 주어져야 한다.(*KD*. IV/2, 676) 옛 인간에서 새 인간에로의 전환은 사회정치적 관계를 포함한 전인적 전환이다.(*KD*. IV/2, 637f) 그리스도인은 하나님 나라를 위해 사는 자로서 공적 책임성을 갖게 된다.(*KD*. IV/2, 639f) 전환의 근거와 근원은 그리스도사건이다. 전환에 대해서 말한 것은 예수 그리스도에게만 직접 적용할 수 있고 간접적으로만 인간에게 적용할 수 있다.(*KD*. IV/2, 658ff)

출발했다.3 바르트는 인간과 역사에 대한 계몽주의와 자유주의신학의 낙관적 진보주의를 거부하고 인간과 역사에 대한 엄격한 비판에서 출발한다.

바르트에 따르면 인간은 죄의 노예가 되었고 인간행위의 주체는 인간이 아니라 죄다. "… 나는 (죄의) 대리인 같은 존재이며, 주체가 아니라 단지 기능할 뿐인 객체이다."4 이 죄가 전체적인 세계사와 인간 자체를 성격 짓고 있으므로 역사와 인간이 진보한다고 말할 수 없다. "인류역사는 시초부터…계약파괴의 역사… 은혜를 거역하는 허무의 역사이다."5

바르트의 신학은 부르주아 사회의 사상적 기초를 이룬 근대철학과의 대결이었다.6 데카르트는 "Cogito, ergo sum"(나는 생각한다, 그러므로 존재한다)을 말함으로써 생각하는 주체를 근대 시민사회 철학의 기초로 세웠다. 생각하는 이성적 자아와 주체는 역사의 주체이기도 하다. 바르트의 신인식론과 화해론에서 죄인으로서 인간의 주체는 철저히 비판의 대상이다. 인간의 주체는 자명하지 않고 하나님에 의

---

3 바르트의 신학은 언제나 계시 즉 예수 그리스도, 말씀에서 인간, 역사, 세상에로 온다. 하나님의 인간성을 강조하기도 하고 인간의 문화와 창조세계에 대한 강조를 했지만 그의 방법론과 신학적 원리는 바뀌지 않았다. 1928-1938년을 회고하면서 인간의 종교, 하나님과의 관계 속에서 인간의 신비가 아니라 하나님의 말씀, 인간과의 관계 안에서 하나님의 신비가 신학적 사고의 주제, 원천 그리고 표준이라는 점에서 바르트의 신학은 변하지도 않았고 앞으로도 결코 변하지 않을 것임을 단언한다. 그리고 1948-1958년을 회고하면서 불트만의 비신화화를 논하면서 슐라이어마허의 자유주의신학과 불트만의 실존론적 신학을 비판하고 40년 전에 출발한 자신의 신학적 원칙과 방법론을 재확인한다. 그는 역사비판적 해석과 역사적 예수연구에 대해 비판적이다. K. Barth, Karl Barth. How I changed my mind. The Saint Andrew Press Edinburgh, 1969. 37. 68-69.

4 *KD* IV/1 655.

5 *KD* IV/1, 71.

6 계몽주의는 인간의 이성적 자아, 주체를 자명하게 전제한다. 자본주의사회도 개인의 주체적 자아에 기초하고 있다. 개인의 자유와 성취에 기초한 사회다.

해서 심판 받고 다시 살아나야 한다.7

　　바르트의 신학원리는 데카르트 철학의 기본원리를 뒤집은 것으로 이해된다. 데카르트의 기본명제가 Cogito, ergo sum(나는 생각한다, 그러므로 존재한다)이었다면 바르트의 기본명제는 Cogitur, ergo sum (나는 〈하나님에 의해서〉 생각되어진다, 그러므로 존재한다)이다.8 나의 주체는 하나님의 주체에 의해서 심판받고 새롭게 형성된다. 신인식론에서 신인식의 일차적 주체는 하나님 자신이고 화해론과 구원론에서 화해와 구원의 주체는 철저히 하나님이다. 하나님의 주체에 근거해서만 인간의 주체는 이차적으로 형성될 수 있다.9 바르트의 신학은 죄인으로서의 인간주체, 자만에 빠진 부르주아적 인간주체에 대한 가장 예리한 공격이다. 바르트의 신학은 인간의 자아를 가장 예리하고 구체적으로 문제 삼는다.

　　그러나 그의 신학은 구원사 신학의 범주에 머물렀다.10 인간의 역사 자체에 주목하지 않고, 하나님의 구원행위에 주목한다. 구원사의 중심에 있는 예수 그리스도는 이전과 이후의 인간역사와 직접적인 연속성을 갖지 않는다.11 그의 신학은 '그리스도만으로!'의 교의에 충실

---

7 하나님에 의해 새롭게 형성되는 인간의 자아. *KD* II/1, 42-43.

8 박봉랑, 神의 世俗化. 대한기독교출판사, 1983. 650쪽 이하.

9 하나님에 의해 새롭게 형성되는 인간의 자아. *KD* II/1, 42-43. *KD* IV/1, 231ff. 679ff.

10 하나님이 구원드라마의 주체이고 인간은 구원의 대상이거나 수동적 위치에 있다. 인간이 구원사에 참여할 가능성을 열어 놓았으나 지극히 변증법적으로만 그렇다. 일차적으로 인간의 가능성, 역사와 사회의 가능성은 부정된다. 하나님의 심판에 의해서만 인간은 하나님의 동역자로서 일꾼이 될 수 있다. 인간의 역사 자체는 허무이지만 하나님에 의해서만 의미가 있다. *KD*. IV/1, 71.

11 역사와 인간에 대한 심판과 새로운 창조의 근거인 예수 그리스도에 집중함으로써 교의 중심적 신학이 되었다. 역사와 인간 주체에 대한 심판과 구원의 근거로서 유일회적인 계시의 현실인 예수 그리스도와 다른 인간적 역사의 연속성은 철저히 부정되었다. 예수 그리스도는 다른 인간의 역사와 직접 연속되지 않으나 심판과 구원의 근거로서 연결된다는 점에서 비역사적인 신화는 아니다.

했다. 바르트신학은 서구 부르주아사회의 체제와 인간에 대한 투철한 혁명적 비판이었으나 새 인간, 새 주체에 대한 신학적 선언에 머물렀다. 인간의 구체적 상황, 역사의 현실에 대한 구체적 접근이 어렵게 되었다.[12]

이처럼 바르트의 신학이 역사현실의 구체성을 잃게 된 두 가지 이유를 신학사적 측면에서 지적할 수 있다.

첫째 자유주의신학과의 대결로 인해서 바르트신학은 자유주의신학[13]의 안티테제신학이 되었고 그렇게 때문에 간접적으로 자유주의신학에 의해서 제약되었다. 이 점에서 바르트가 자유주의신학의 영향 아래 있던 1909년의 발언은 주목할 만하다. "예수는 사회정의운동이고 오늘의 사회정의운동은 오늘의 예수이다."[14] 예수와 인간 역사의

---

12 바르트가 주도해서 작성한 바르멘 선언은 그리스도이외의 가능성을 부정하는 것으로 일관했다. 바르멘선언에서 하느님의 말씀과 그리스도만을 긍정하고 다른 것, 민족, 땅, 영도자 등을 부정하고 비판하는 것으로 일관했다. 여기에는 정치사회적 지평에서 구체적인 실천과제가 언급되지 않았다. 유태인문제가 전혀 언급되지 않았다. Wolfgang Huber, *Folgen christlicher Freiheit. Ethik und Theorie der Kirche im Horizont der Barmer Theologischen Erklärung*. Neukirchener Verlag, 1983. 15ff. 71. 후에 바르트가 유태인문제를 신학적으로 다루었지만, 하나님의 선택과 심판이라는 구원사의 틀 안에서, 하나님의 은총에 대한 죄된 인류의 필연적 거부를 유태인이 상징하는 것으로 다루었다. 유태인 자신이 하나님의 은총을 거부하는 인류의 전형이다. 그리스도를 거부하는 인류의 불순종이 '그리스도의 역사를 드러내는 유태인'에 대한 거부와 증오로 나타난다. 따라서 바르트는 유태인 문제의 현실적 역사적 해결에 이르지 못하고, 역사 저편의 종말론적 지평으로 해결을 미루어 놓았다. 그리하여 바르트는 "영원한 반유태주의"를 조장했다는 비판을 받게 되었다. Robert E. Willis, "Bonhoeffer and Barth on Jewish Suffering: Reflections on the Relationship between Theology and Moral Sensibility" *Journal of Ecumenical Studies*, 24:4, Fall 1987. 608-614.

13 세상과 역사와 문화, 인간 이성을 중시하는 자유주의 신학은 부르주아 신학으로서 자본주의 체제와 유착된 신학이었다. 서구 사회와 인간의 자기비판 기능을 상실했다.

14 K. Barth, "Jesus Christ and the Movement for Social Justice", G. Hunsinger, *Karl Barth and Radical Politics*. Westminster Press, 1976, 19.

연속성을 강조하는 이 발언은 자유주의신학의 영향을 반영하고 경험과 현장에서 출발하는 제3세계 신학의 방법론과 통한다. 그러나 계시의 현실인 예수 그리스도와 인간 역사의 연속성을 철저히 부정한 로마서강해 이후에는 바르트가 이런 발언을 할 수 없었다. 자유주의신학에 대한 대결로 인해서 세상과 역사 안에서의 신학적 실천적 구체성을 잃게 되었다.

둘째 바르트가 물려받은 개혁파신학의 경향성이 세상과 역사의 현실을 구체적으로 다루는데 장애가 되었다. 유한은 무한을 포함할 수 없다(Finitum non capax infiniti)는 캘빈신학의 전통을 이어 받아 신성과 인성을 분명히 구분하는 입장을 견지했기 때문에, 세상과 하나님의 거리를 강조하게 되었다.[15] 이 때문에 바르트의 신학은 인간의 역사적 상황을 구체적으로 다루지 못했다.

세상과 인간역사 속에서의 정치적 책임적 행위를 위한 구체적 안내를 주지 못한다는 점에서 본회퍼는 바르트의 신학을 계시실증주의로 비판했다.[16]

---

15 James Burtness, "Barth, Bonhoeffer and The Finitum Capax Infifiti" (unpublished) *International Bonhoeffer Society*, English Section, 1979. 5-6.

16 D. Bonhoeffer, *Widerstand und Ergebung*. München: Chr. Kaiser Verlag, 1970. (아래에서는 WE로 표기) 312. 디트리히 본회퍼/고범서 옮김,『獄中書簡』(대한기독교서회, 1967), 203-205쪽에서는 계시실증주의(Offenbarungspositivismus)를 계시적극주의로 번역했다.

III. 본회퍼의 신학
  : 그리스도의 대리적 고난과 인간의 책임적 주체성

바르트의 변증법적 신학을 추종하면서도, 본회퍼는 세상과 역사에 대한 자유주의신학의 관심을 버리지 않았다. 그는 자유주의신학의 사변적 관념성과 체제 옹호적 입장을 통렬히 비판했으나 자유주의신학의 부분적 정당성을 복권시켰다. 본회퍼는 자유주의신학과 바르트신학을 종합했다.[17]

본회퍼는 "유한은 무한을 포용할 수 있다"(Finitum capax infiniti)라는 루터파 전통에 의지해서 하나님과 세상, 계시와 인간 역사를 긴밀히 결부시켰다. 그의 신학은 세상 안에서 인간이 된 하나님의 현실(성육신)에서 출발한다. 그리스도 안에서 하나님의 현실과 인간의 현실이 하나로 되었다. 하느님의 계시의 현실인 그리스도는 역사의 중심이다.[18] "그리스도는 역사의 본질을 자신 안에 짊어지고 성취한 분, 역사적 삶의 법칙을 자신 안에 구현한 분이다." 그러므로 예수 그리스도는 책임적이고 주체적인 행위, "현실적합한 행위의 원천"이다.[19]

본회퍼 신학의 핵심 원리는 관계유비(analogia relationis)이다.[20] 하나님은 언제나 인간과의 관계 속에서 파악된다. 그는 모든 신학적 개념을 고대 서구철학의 실체론적 사고에서 해방시켜 관계개념으로, 사회학적으로 파악했다. 그리스도의 대리적 죽음은 "타자를 위한 존

---

17 *WE*. 358-359, 411.

18 D. Bonhoeffer, *Gesammelte Schriften*(아래부터 *GS*로 표기)III. hrg. von E. Bethge. München: Chr. Kaiser Verlag. 195.198.

19 D. Bonhoeffer, *Ethik*. München: Chr. Kaiser Verlag, 1975. 243.244.

20 D. Bonhoeffer, *DBW III. Schöpfung und Fall(SF)*. München: Chr .Kaiser Verlag 1989. 60-62.

재"의 기초이며, 교회공동체의 근거이다. 타자를 위한 존재로서 그리스도는 "서로 위함과 더불어 있음"의 공동체적 현실이다.21 본회퍼는 계시의 유일회성을 말하면서도, 믿음을 하나님의 계시의 현실인 그리스도에 대한 뒤따름과 그리스도와의 직접적인 결속으로 본다.22 교회공동체를 공동체로서 존재하는 그리스도로 봄으로써, 하나님의 계시의 현실은 인간이 참여하는 현실로 되었다.

본회퍼는 인간의 주체를 관계 개념으로 본다. 주체로서의 인격은 항존적 실체가 아니라 '너'와의 관계에서 사건적으로 발생하는 존재이다. '너'를 만날 때 '나의 인격'이 발생한다. 그런데 '이웃의 너'가 '참으로 너'가 되려면 하나님이 개입해야 한다. '이웃의 너' 뒤에서 '하나님의 너'를 함께 볼 때만 '나의 인격'이 생겨난다. 본회퍼 신학에서 '이웃으로서의 너'와 하나님은 직결된다. 인격주체, 공동체, 하나님은 긴밀히 결부되어 있다.23

본회퍼가 옥중에서 제안한 비종교적 해석은 역사 안에서 인간의 주체적 책임 행위를 지향한다. 전능한 종교적 하나님은 인간의 책임적 주체를 부정하고 위축시킨다. 바르트의 종교 비판이 하나님의 전능과 주권에 대한 인간의 침해를 종교의 본질로 보고 하나님의 주권을 지키는데 초점이 있다면24, 본회퍼의 비종교화는 인간의 책임적 자아를 위축시키는 종교의 전능한 하나님을 거부하고 인간의 책임적 주체를 확립하는 데 있다.25

---

21 D. Bonhoeffer, *DBW I. Sanctorum Communio.(SC)* München: Chr. Kaiser Verlag, 1986. 91-92. 118-121.

22 D. Bonhoeffer, *DBW II. Akt und Sein(AS)*. München Chr.Kaiser Verlag, 158-59. D. Bonhoeffer, "Gibt es eine christliche Ethik?"(1932) *GS* III, 163.

23 *SC*. 19.

24 *KD*. I/2, 327; 329; 336; 338; 356.

25 *WE*. 307-308; 341-342.

본회퍼 신학의 신학사적 의의는 신학 속에 구약성서의 적나라한 인간세계를 끌어들인데 있다. 옥중서신에서 본회퍼는 하나님을 위해, 구원을 위해 거짓말하고 살인하고 도적질하고 강간을 하는 민중들의 역사적 현실을 신학의 중심으로 받아들였다.[26] 역사의 주체로서 민중의 삶 자체에 주목한 것이다. 구약성서의 세계에 대한 강조는 비종교적 해석의 핵심에 속한다. 본회퍼는 인간을 구원사의 주역으로 세운다. 하나님의 고난에 동참함으로써 메시아적 구원이 성취된다. 인간은 구원사의 주역이 된다.[27]

비종교적 해석은 단순한 이론적 해석학이 아니라 고난 받는 자를 위한 비종교적 실천을 추구한다. 세상에서 역사에서 책임적 주체적 행위가 비종교적 해석의 목적이다.[28] 본회퍼는 '그리스도안에서 인간이 되신 하나님', '타자를 위한 존재로서의 그리스도'에 대한 신학적 이해에 기초해서, 세상 안에서 고난 받는 사람들, 프롤레타리아, 흑인, 유태인을 위한 삶으로 나갔다. 후기의 본회퍼는 고난 받는 자를 위한 책임적 행위만을 강조하지 않고, '아래로부터의 시각', 억눌리고 밀려난 민중의 관점을 강조했다.[29] 역사의 밑바닥에 있는 사람들의 관점에서 신학을 전개해야 한다는 본회퍼의 통찰은 제3세계 해방신학의 방법론적 원칙이 되었다.

본회퍼는 역사의 밑바닥에 있는 민중의 입장에서 신학을 할 수 있도록 길을 열었다. 서구신학의 무거운 전통을 깨뜨리고 현대신학, 제3

---

26 *WE*. 176.

27 *WE*. 394. 아담과 그리스도의 구원사를 공동체적으로 파악했다. 공동체파괴에서 공동체를 회복건설하는 역사이다. 하나님의 구원사는 인류역사와 긴밀히 결부되어 있다. "성도의 교제"(*SC*)의 기본 줄거리를 참조하라.

28 베트게에 따르면 "비종교적 해석은 해석학적 범주라기보다는 윤리적 범주에 속한다." E. Bethge, *Dietrich Bonhoeffer*. München: Chr.Kaiser Verlag, 1967. 987.

29 *GS* II. 441.

세계신학, 해방신학, 여성신학, 민중신학으로 나갈 수 있는 길을 열었
으나 그 자신이 신학적으로 그 길을 다 가지 못했다. 옥중서신에서 신
학의 원칙과 방향을 제시했을 뿐이다.[30]

IV. 민중신학

본회퍼는 성서의 민중세계와 오늘의 민중현장에 이르는 길을 열었
다. 성서의 민중세계와 오늘의 역사 밑바닥에 묻힌 민중현실은 서로
통한다. 민중신학은 성서 민중사의 중심에서 예수를 발견한다.[31] 그
리고 그 예수를 오늘의 민중현장에서 발견한다. 십자가에서 고난 받
고 죽은 예수와 오늘 억압과 수탈과 소외 속에서 고난 받고 신음하는
민중(운동)은 역사적으로 연속선상에 있다.

민중신학은 민중구원론을 말한다는 점에서 서구전통신학에 대해
서 가장 도전적이다. 하나님과 인간을 구원의 주체와 대상으로 분리
하지 않는다. 주객도식을 버리고 하나님과 민중의 역동적 관계와 일
치를 말한다.[32] 하나님은 민중의 삶 속에 있다. 하나님은 민중과 더불

---

30 하나님의 고난, 그리스도의 대리적 고난과 하나님 고난에의 그리스도인의 참여, 타자
　를 위한 고난과 실천, 고난 받는 사람을 위한 실천에 주목했다. 그러나 민중자신에 집
　중하지 못했다. 고난 받는 민중 자체의 소리와 심정과 아픔과 투쟁과 승리에 주목하지
　않았다.
31 성서의 세계, 구약과 신약의 세계, 출애굽한 히브리인과 제국주의의 침탈로 망한 이
　스라엘백성, 식민지백성과 하나님 나라운동의 맥락을 그대로 계승한다. 예수와 민중
　의 유리를 철저히 거부한다.
32 민중을 구원의 주체로 보는 사고는 함석헌의 씨알사상에서 비롯된다. 스스로 함: 자
　연, 생명의 근본원리로 보고, 역사와 사회의 근본원리도 스스로 함이라고 보았다. 스
　스로 함은 저항의 원리이기도 하다. 이것은 하나님의 존재원리이기도 하다. 박재순,
　민중신학과 씨알사상. 천지, 1990. 268-269.

어, 민중사건 속에 그리고 민중 뒤에 임재하고 현존한다. 민중을 떠나서 오늘의 하나님을 찾을 수 없고 민중현장을 떠나서 하나님의 구원을 말할 수 없다. 하나님은 민중 속에서 민중과 함께 구원을 이루어 간다. 엘리트 지배층이 민중을 구원할 수 없다. 역사 속에서 민중은 자신의 구원을 스스로 이루어 가며, 온 인류의 구원까지도 이루어 간다. 구원사의 중심에 민중이 있다. 민중은 구원의 주역이고 주체이다. 오늘의 민중사건은 예수사건의 재현이다.[33]

민중신학의 자리는 교회가 아니라 민중현장이다. 민중신학은 민중의 역사 속으로 들어가 민중의 삶을 중심에 놓고 사고한다. 민중신학의 일차적 과제는 역사 속에서 짓밟히고 밀려난 민중, 한 맺힌 민중의 소리를 찾아 주고, 민중이 스스로 일어나게 하는 일이다. 한 맺힌 민중의 소리를 억누르고는 새 역사를 이룰 수 없고 오늘 건강하고 평화로운 삶을 살 수 없다.[34] 민중의 한 맺힌 소리를 듣고 민중의 손을 잡을 때, 그리스도의 손을 잡는 것이다. 그 때 비로소 구원을 얻게 되고 새 하늘 새 땅이 열린다. 민중신학은 민중의 소리의 매체, 민중적 한(恨)의 메아리이다.[35]

오늘 한·일 간에 정신대할머니들의 문제가 있다. 육체적으로 정신적으로 짓밟힌 정신대할머니들, 가족과 친척으로부터도 버림받고 부

---

33 『민중신학과 씨ᄋᆞᆯ사상』, 270-272; 안병무, "마가복음에서 본 역사의 주체", 『민중과 한국신학』, 177-184; 인병무, 『민중신학 이야기』, 한국신학연구소, 1987, 86 이하. 257쪽 이하; 서남동, "두 이야기의 합류", 『민중신학의 탐구』, 78-79. 역사 속에서 억압하고 수탈당하며 소외당하는 민중이 역사의 주체이다. 실제로 역사 속에서 생산과 건설의 주체였다. 엘리트가 전쟁과 파괴의 주역이었다면 민중은 물질적 생산의 주역이다. 새 시대의 담지자이다. 민중의 고난을 떠나서 하나님을 알 수 없고 역사와 사회의 구원도 없다. 민중이 역사구원의 주체일 뿐 아니라 표준이다. 사회적 건강을 재는 척도이다. 오늘의 민중운동은 예수의 구원사업을 계속한다(누가 4장).

34 계 6:9-11.

35 서남동, 『민중신학의 탐구』, 한길사, 1983. '머리말' 참조.

끄러운 과거를 숨기고 평생 비참하게 살아 온 할머니들의 소리가 최근에야 비로소 들려오기 시작한다. 이 소리를 묵살하고 무시하면 언젠가 이 할머니들은 원귀가 되어 한국 사회와 일본 사회를 괴롭힐 것이다. 이 소리를 한국인과 일본인이 함께 들을 때 참된 화해와 구원이 있다. 이 할머니들의 찢긴 상처를 싸매 줄 때, 우리는 비로소 인간이 되는 것이고 그리스도인이 되는 것이다. 이들의 깊은 고통을 끌어안을 때 우리는 비로소 그리스도의 십자가 사랑을 경험하게 될 것이다.

민중신학은 구원을 이루어 가는 민중의 삶과 고난과 투쟁을 기술하고 증언하는 것이다. 민중신학은 고난과 투쟁과 삶의 신학, 민중의 한과 신명을 담은 신학, 민중의 삶과 마음을 담은 신학이다. 민중을 중심에 놓고 사고하는 민중신학은 민중의 인식론적 특권과 종말론적 특권을 말한다. 민중의 인식론적 특권은 고통당하는 민중이 사회의 모순과 병리를 먼저 알고 새로운 사회의 도래를 먼저 안다는 것이다. 종말론적 특권은 민중이 새 시대, 새 사회를 먼저 기다리고 실제로 앞당겨 새 삶을 산다는 것이다. 민중은 구원의 주체일 뿐 아니라 역사와 사회의 주체이다. 밑바닥 민중의 일어섬을 통해서 새 하늘, 새 땅이 열리고 역사는 진전을 이룰 수 있다.

V. 비판적 반성과 생명의 소리

1970년대와 1980년대의 험악한 정치경제적 상황에서 군사독재 정권과 기업주에 의해 일방적으로 짓밟히는 민중을 두고 민중신학자들은 민중의 반성을 촉구할 수 없었다. 역사의 밑바닥에서 신음하면서도 그들의 삶을 건강하고 아름답게 꾸려가는 민중을 증언하는데 머물렀다. 따라서 민중신학의 관심도 역사적 차원에 집중되었다.

오늘날 민중신학은 두 가지 점에서 반성해야 한다. 첫째 바르트나 본회퍼와 비교할 때, 민중신학은 하나님 앞에서 민중의 반성과 참회를 말하지 않았다. 민중과 하나님을 동일시만 하고 민중과 하나님의 차이와 간격을 말하지 않았다. 하나님 앞에 선 민중의 신앙적 차원, 은총과 맡김의 차원이 강조되어야 한다. 역사주체로서의 민중의 주체도 자명하지 않다. 민중도 일그러지고 뒤틀린 모습을 지녔다. 민중신학은 민중의 주체성을 원리적으로 선언했으나 현실적으로는 민중의 주체 형성이 문제된다. 민중교회와 기독교운동권에서 그리고 기존교회에서 민중의 자기반성과 신앙고백적 신학을 요구하고 있다. 민중이 구원사의 중심과 주체임을 부정하지 않으나 민중도 하나님 앞에서 자신을 갱신하고 형성할 필요가 있다. 역사 속에서 민중이 주체로 서기 위해서, 자신의 주체를 형성하기 위해서 민중은 신앙고백적 차원을 회복해야 한다.

자본주의사회에서는 알코올 중독과 마약중독에 걸린 자기 상실의 인간, 공동체 파괴와 인륜 상실의 인간, 이기적이고 폐쇄적인 인간이 양산된다. 이런 인간이 역사의 주체로 새롭게 창조되기 위해서는 하나님의 은총과 심판을 필요로 한다. 사회주의 사회를 건설하는 인간 주체가 상실되었기 때문에 사회주의 사회는 실패했다. 중국의 문화혁명으로도, 북한의 주체사상으로도 새로운 인간을 만들어 내지 못했다. 이 점에서 바르트신학의 인간 비판과 새로운 주체형성의 강조가 새롭게 요청된다.

둘째 역사와 사회의 밑바닥에 있는 민중의 소리만이 아니라 인간의 죄된 역사로 인해서 파괴되고 신음하는 생명의 소리를 들어야 한다. 오늘 우리는 짓밟히고 파괴되는 생명의 소리를 들어야 한다.[36] 생명의 아픔과 기쁨의 소리를 들음으로써 역사의 지평을 넘어서 우주적 생명의 차원으로까지 신학적 사고의 지평이 확대되어야 한다. 새 인류, 지구촌의 비전을 가지고, 생명공동체를 창조하는 인간주체를 형성해야 한다.37 그리스도의 십자가 고난에서 새 인간을 창조하는 하나님의 구원의 소리를 듣는 그리스도인들은 고통 받는 생명의 소리에서 새 공동체를 낳기 위해 진통하는 하나님의 소리를 들어야 한다.

---

36 "모든 피조물은 하나님의 자녀가 나타나기를 간절히 기다리고 있습니다… 피조물에 게도 멸망의 사슬에서 풀려나서 하나님의 자녀들이 누리는 영광스런 자유에 참여할 날이 올 것입니다"(로마 8:19, 21).

37 생명세계를 완성하고 성취하는 인간, 다른 생명세계와의 동근원성을 인정하면서 다른 피조물을 관리하고 해방하는 인간, 성취하고 완성하는 인간이 되어야 한다.

본회퍼의 평화를 위한 저항
: 종교적 마성에 대한 저항과 하나님 말씀에 대한 순복

김재진
(케리그마신학연구원 원장)

I. 피(血)의 역사로서의 기독교의 역사

기독교의 역사는 '피(血)의 역사'라고 규정할 수 있다. 왜냐하면 기독교가 공식적인 종교로 인정받기까지 기독교인들은 기성 종교에 의해서 숫한 박해를 받아 순교(殉教)의 피를 많이 흘렸기 때문이다. 다른 한편 기독교가 기성 종교로 공인된 이후부터 기독교는 자신의 기본 교리를 반대하는 소위 이단 교리의 추종자들을 박해함으로써 수많은 피를 흘렸기 때문이다. 십자군 전쟁, 마녀사냥과 같은 것이 바로 그 한 실례라고 할 수 있다. 바로 이러한 점에서 기독교의 역사는 한 마디로 말해서, 숫한 종교분쟁을 통해 흘린 '피의 역사'라고 해도 과언이 아니다.

그러나 '피로 얼룩진 기독교의 역사'는 단지 기독교가 성장, 발전해 가는 과정 속에서 비로소 형성된 것은 아니다. 기독교의 '피의 역사'는 이미 그 태동부터 '인류를 구원하기 위한 예수 그리스도의 피 흘림'으로 시작되었다. 왜냐하면 기독교의 태동은 '예수 그리스도의 십자가의 죽음'이라는 '죄 없는 자의 피 흘림'으로부터 시작되었기 때문이다: "그들(유대인들)이 더욱 소리 질러 이르되, 십자가에 못 박혀야 하겠나이다. 하는지라, 빌라도가… 무리 앞에서 손을 씻으며 이르되 이 사람의 피에 대하여 나는 무죄하니 너희가 당하라. 백성이 다 대답하여 이르되 그 피를 우리와 우리 자손에게 돌릴지어다"(마 27:23-25).

이러한 기독교의 '피 흘림'의 역사는 '神', 곧 '여호와' 하나님의 이름을 빌려서 행하여졌다. 왜냐하면 예수를 십자가에 못 박도록 내어준 유대인들은, 예수가 '여호와' 하나님을 모독한다고 생각하였기 때문이다. 그래서 그들은 '여호와' 하나님에 대한 신앙을 지키기 위하여 예수를 십자가에 못 박아 죽이도록 로마 총독 빌라도에게 넘겨주었다. "이에 대제사장이 자기 옷을 찢으며 이르되 그(나사렛 예수)가 신성 모독하는 말을 하였으니, 어찌 더 증인을 요구하리요 보라 너희가 지금 이 신성 모독 하는 말을 들었도다"(마 26:65). 이렇듯 '신에 대한 신앙' 때문에 ─더 자세히 말하면, '여호와 하나님에 대한 신앙' 때문에─ '하나님의 아들'인 나사렛 예수를 십자가에 못 박아 죽이는 일, 이것이 바로 '종교적 마성(魔性)'이다. 한 마디로 말하면, '신에 대한 신앙' 때문에, '신의 아들'의 피를 흘리고, '신의 이름'으로, 그 신에 대한 참 신앙인을 죽이는 것이 바로 '종교적 ─때론 기독교의─ 마성'이다. 이러한 '종교적 마성'에 의해서 희생당한 신학자가 바로 '디트리히 본회퍼(Dietrich Bonhoeffer, 1906-1945)'이다.

그러므로 아래에서는 독일 제국주의의 독재자 아돌프 히틀러(Adolf Hitler, 1889-1945)에 저항한 본회퍼의 '저항 혹은 투쟁'을 '평화'를 추구해야할 기독교의 차원에서 어떻게 이해해야 할 것인가에 대하여 연구하고자 한다. 그런데 지금까지 본회퍼의 히틀러에 대한 저항은 주로 교리적 차원에서 논의되어 왔다. 예컨대 '교회와 국가'의 관계에 대한 전망에서 참된 기독교 신앙을 가진 사람이 국가에 대하여 처신해야 하는지, 기독교 윤리적으로 연구되어 왔다.[1] 그러나 본회퍼의 저항은 단지 윤리적인 차원에서 이루어진 것이 아니라, 살아계신 하나님에 대한 신앙적인 차원에서 실행되었음을 우리는 그의 '옥중서신'에서 발견할 수 있다. 왜냐하면 그는 '옥중서신'에서 자신의 투쟁을 다음과 같이 기술하고 있기 때문이다. "어쨌든 시편 58면 12절과 시편 9장 20절이 사실이라는 것이 … 분명하게 될 것이다. 그렇기 때문에 예레미야 45장 5절을 반복하지 않으면 안 될 것이다."[2] 따라서 아래의 연구에서는 주로 본회퍼의 Widerstand und Ergebung(저항과 복종)을 중심으로 그의 '평화론'의 특성을 분석하고자 한다.[3]

본회퍼의 '평화론'을 분석함에 있어서, 필자는 우선 —본회퍼가 '기독교의 비종교화'를 주장한 바와 같이— 그 당시 팽배해 있었던 '종교적 마성'이 무엇인지에 대하여 먼저 분석하고자 한다. 그리고 본회퍼가 당시에 '종교적(기독교적) 마성'에 대항하기 위하여 성경의 어떠한 증언에 발을 딛고 서 있었는지를 찾아보고자 한다. 그 다음 본회가 종교적 마성에 대항하는 가운데 결과적으로 취할 수밖에 없었던 '정치적 저항'이 어떠한 의미를 가지고 있는지 살펴보고자 한다. 이를 통하여 언제든지 새롭게 부각될 수 있는 종교적 마성에 대하여 목회자로서 혹

---

1 이점에 관하여: Jürgen Weißbach, *Christologie und Ethik bei Dietrich Bonhoeffer* (= ThExh NF 131), München, 1966; Tiemo Rainer, Peters, *Gebot und Verheißung. Die Ethik in der theologischen Entwicklung Dietrich Bonhoeffers* (Masch. Lektoratsthese), Walberberg 1969. 국내학자로서는 유석성, "본회퍼의 평화주의와 정치적 저항권",「神學思想」91(1995, 겨울), 28-47.

2 D. Bonhoeffer, *Widerstand und Ergebung*, 44년 4월 30일

3 본회퍼의 Widerstand und Ergebung은 손규태·정지련 옮김,『저항과 복종』(서울: 대한기독교서회, 2010)을 따랐고, 시 번역에 있어서는 때론 필자가 간혹 수정한 곳도 있다. (이하『저항과 복종』으로 약칭)

은 신학자로서 어떻게 대처해야 하는지를 깨닫게 될 것이다.

II. 종교 심리학적 마성

1. 정치-이념적(ideological) 마성

본회퍼의 평화를 위한 투쟁은, 한 마디로 말하면, 독일의 정치지도자, 히틀러(Adolf Hitler)를 우상화하고, '아리안' 민족의 우월성을 주장하는 인종주의를 통치철학으로 삼았던 정치-이데올로기적 마성에 대한 투쟁이라고 할 수 있다. 왜냐하면 히틀러는 1933년 1월 30일 독일 총리로 임명된 후, 독일 민족주의에 기초한 '아리안 민족'의 우월성을 내세워 '반유대주의'(Antisemitismus) 정책을 펼쳤기 때문이다. 당시 독일은 제1차세계대전 패전 후 연합군과 맺은 베르사유(Versailles) 조약으로 인하여 '전쟁 범법자'라는 심한 수치심과 경제적 부담으로 민족적 자존심이 극도로 상한 상태에 놓여 있었다. 이러한 상황 속에서 '국가사회주의'가 '아리안 족'의 우월성을 내세워 독일 민족의 해방과 민족의 희망찬 미래를 제시하였다.[4] 이러한 정치적 이데올로기 속에서 히틀러는 1933년 4월 7일 '아리안 입법(Arian Legislation)'을 선포한다. '아리안 입법'이란, '유대인의 피를 받은 사람이나, 유대인과 결혼한 사람은 일체 국가의 공직을 가질 수 없게 한 법적 조치'였다. 그러나 이러한 '아리안 입법'은 사실상 유대인을 학살하기에 앞서 유대인들에 대한 법적 권리를 박탈하기 위한 것이었다.

---

4 이하의 당대 정치적 상황에 대하여 朴鳳琅, 『基督敎의 非宗敎化』(서울: 汎文社, 1980), 44 이하 참조. (이하 『基督敎의 非宗敎化』로 약칭함)

이러한 정치적 이데올로기를, 박봉랑에 의하면, 히틀러는 자신의 『나의 투쟁』(*Mein Kampf*, Bd. 1, 1925; Bd. 2, 1927)에서 알프레드 로젠베르크(Alfred Rosenberg)는 자신의 『20세기의 신화』(*Der Mythos des 20 Jahrhundert*, 1930) 속에서 강력하게 피력하였다. 1931년에는 이미 독일 신학생들의 상당수가 히틀러의 나치스 당에 대하여 매혹되었다. 예컨대 1930년 말 발행된 잡지 「기독교 세계」(*Chrisitliche Welt*)에 의하면, "거의 모든 신학생들이 나치스이고… 프로테스탄트 신학생들의 거의 90%가 강의실에서 나치스 상징을 가지고 있었다."[5] 그래서 '기독교세계'는 '목사 후보생의 반 이상이 히틀러를 따라갔다'는 불평이 교회의 신학교로부터 있었다는 기사를 게재하였다.[6]

1934년 8월 2일 독일 대통령 힌덴부르크(Hindenburg)가 죽자, 급기야 히틀러는 '대통령제'를 폐지하고 총통으로 취임했다. 이때부터 히틀러에 대한 우상화는 본격화된다. 이러한 정치 지도자, 히틀러의 우상화를 예견한 본회퍼는, 히틀러가 집권한 지 이틀 만에 '베를린 Berlin 방송시간'이란 라디오 방송 프로그램에 출연하여 다음과 같이 말하였다.

> 지도자가 자신을 우상화하기 위해 국민을 현혹하고, 국민이 그에게서 우상을 기대하면, 그 지도자상은 조만간 **악마의 상**으로 변질되고 말 것입니다. … 자신을 우상화하는 지도자와 관청은 하나님을 조롱하기 마련입니다.[7]

---

5 Bethge, *DB*, 197(『基督教의 非宗教化』, 45에서 재인용).

6 *Christiliche Welt*, 1930, 11626(Bethge, *DB*, 157에서 재인용; 『基督教의 非宗教化』, 45에서 재인용).

7 *Gesammelte Schriften* Bd 6, München 1962, 35, 37(Eberhart Bethge, *Dietrich Bonhoeffer*/김순현 옮김, 『디트리히 본회퍼』(서울: 복 있는 사람, 2006], 103에서 재인용, 이하 『디트리히 본회퍼』로 약칭함). (고딕 강조는 저자가 표기. 이하 동일)

본회퍼의 이러한 발언이 뜻하는 바는, 정치-이데올로기에 근거하여 한 정치적 지도자를 우상화하는 것은, 기독교의 가장 기본적인 신앙인 십계명의 제1계명(출 20:3-5)을 거역하는 사탄의 역사라는 것이다. 바꾸어 말하면, 정치적 지도자를 '우상화'하고, 특정한 민족을 다른 민족보다 우월시하는 '민족우월주의'는 '종교적 마성' 이외에 다른 것이 아니다.8 왜냐하면 최초 인간, 아담(Adam)이 타락할 때도 역시, 사탄은 인간을 신격화(homo erit sicut deus)시키는 것으로 유혹하였기 때문이다: "너희가 그것을 먹는 날에는 너희 눈이 밝아져 하나님과 같이 되어 선악을 알 줄 하나님이 아심이니라"(창 3:5).

2. 나약한 심리적 마성

1933년 4월 7일 '아리안 입법'이 선포된 후 독일 복음주의 교회는 공식 입장을 일절 표명하지 않았다. 겉으로는 '독일국민과 국가를 보호하기 위한 대통령령'이었지만, 실상은 유대인 학살을 전제한 '법령'이었음에도 불구하고, 독일 복음주의교회는 은연 중 동의를 하였던 것이다. 뿐만 아니라 독일 복음교회는 1933년 2월 27일 국회의사당이 불탄 후, 그 다음날인 28일에 히틀러가 헌법에 보장된 국민의 기본권을 제한하는 긴급조치―형식적으로는 '국민과 국가의 보호를 위한 국가 원수의 포고'―를 발표하였을 때에도 침묵하였다.9 또한, 1933

---

8 이러한 점에서 '선택사상'에 근거하여 '셈족의 우월성'을 강조하는 유대주의 역시 '종교적 마성'으로 볼 수 있다.

9 이 포고령에는 다음과 같은 내용이 담겨져 있다. "그러므로 출판의 자유, 회합의 권리, 공중 집회의 권리 및 우편, 전보, 전화 등에 대한 비밀보장과 금고, 재산의 몰수를 포함한 개인의 자유, 언론의 자유는 이제 지금부터 법적 제한들을 넘어서 허락될 수 있다."(W. Höfer, Der National Sozialimus, Dokuments(1933-1945), 1957, 52(Bethge, DB, 198, 『基督教의 非宗教化』, 46에서 재인용)

년 2월 21일에 발표된 '배신법'(背信法)에 대하여도 독일 '복음주의교회(개신교)'는 저항하지 않았다.[10] 베트게에 의하면, "'반역행위 관련법'은 정부와 당에 대항하는 세력을 국가의 적과 동일시했고, '수권법'(授權法)은 의회와 헌법을 통한 견제를 무력화시켰다."[11] 그리고 이어서 베트게는, "바이마르 공화국의 종식에 흔쾌히 동의하는 목소리들이 교계에 터져 나왔다. … 교회의 총감독들과 명사들은 대외 라디오 방송연설에서 '가증스러운 거짓말'을 비껴가면서, 볼셰비즘을 억제하기 위해 혁명이 평화적 합법적으로 이루어졌다고 선전해댔다"라고 지적한다.[12]

그러나 본회퍼는 히틀러 정권의 폭정 앞에 나약해진 '독일 복음주의 교회'에 대하여, 다음과 같이 교회의 적극적인 저항을 촉구한다: "교회는 국가가 과다하게 법을 집행하는지 감시하여, 바퀴에 짓밟힌 희생자를 싸매어 줄 뿐만 아니라, 바퀴자체를 저지해야 한다."[13] 그리고 본회퍼는 이러한 독일 복음주의교회의 신앙적 나약성에 대항하여 —나중에 '바르멘(Barmen)신앙고백'(1934. 5)의 모체가 된— '베델신앙고백'을 헤르만 자쎄(Hermann Sasse)와 초안하고, 개혁교회 목사, 니묄러(Niemüller)와 '목회자 긴급동맹'을 결성하였다. 이러한 복음주의 교회 목회자들의 '시민적 용기'의 결핍을 본회퍼는 다음과 같이 기술한다. "독일인은 복종하겠다는 각오, 명령을 위해 생명을 걸겠다는 것이 악에 오용될 수도 있다는 사실을 염두에 두지 못했다. … 독일인

---

10 그 당시 교회 가운데, '독일 그리스도인 구릅'은 '기독교와 민족적 사회주의'를 융합한 게르만 민족의 그리스도인들이다. 이들은 '민족도 하나, 하나님도 하나 그리고 신앙도 하나'라는 구호아래 국수주의적 민족주의 기독교를 건설하고자 하였다.

11 『디트리히 본회퍼』, 104.

12 『디트리히 본회퍼』, 104f.

13 *Gesammelte Schriften* Bd 2, 48(『디트리히 본회퍼』, 106에서 재인용).

에게는 하나의 결정적인 기본인식이 결여되어 있다는 것을 말하지 않을 수 없다. 그것은 곧 직업과 명령에 대해서도 자유롭고 책임적인 행위가 필요하다는 인식이다."14 그리고 본회퍼는 "이러한 시민적 용기의 결여를 단순히 개인의 비겁함에 돌리는 것은 너무 단순한 심리학이다"라고 규정한다.15 다시 말하면, 이것은 바로 자신의 연약성을 핑계로 '정의'와 '공의'를 위하여 투쟁할 용기를 상실한 '심리적 마성'이다. 즉 목회자들로 하여금 자신의 '신앙'과 '하나님의 대변자'라는 '성직'을 스스로 기만하게 하는 '심리적 연약성', 이것은 '신앙의 양심'이 아니라, 오히려 불의 앞에 눈감고자 하는 '심리적 마성'이라는 것이다. 왜냐하면 본회퍼는 신앙적 '양심의 연약성'을 다음과 같이 기술하고 있기 때문이다. "악은 말할 수 없이 훌륭하고 매혹적인 모습으로 위장하며, 그에게 접근해 양심을 불안하고, 불확실하게 만들며, 그로 하여금 결국 선한 양신 대신에 구조된 양심을 갖는 것으로 만족하도록 만들고, 또한 회의에 빠지지 않도록 자기 양심을 속이도록 만든다."16 그래서 본회퍼는 역설적으로 "악한 양심이 기만당한 양심보다 더 건강하고 강하다"라고까지 말한다.17

그러나 반면에 본회퍼는 '시민적 용기'는 인간의 자유로운 책임성에 의해서만 생겨날 수 있는데, "자유로운 책임성은 - 책임적 행동의 자유로운 신앙의 모험에 요구하며, 죄인에게 사죄와 위로를 허락하시는 - 한 분 하나님에게 기초하고 있다"라고 주장한다.18 이러한 점에서 본회퍼의 히틀러 정권에 대한 투쟁은 '자유로운 신앙의 책임성'에

---

14 『저항과 복종』, 43.
15 같은 곳.
16 같은 책, 40.
17 같은 곳.
18 『저항과 복종』, 43.

서 비롯된 것이라고 할 수 있다. 즉 참 자유로운 신앙의 양심을 가진 사람은 '인간을 우상화'하는 히틀러 독재정권에 대항할 수밖에 없다는 것이다. 그래서 그는 이미 1932년 6월 19일 행한 설교에서 다음과 같이 설교하였다: "순교자의 피를 요구하는 시대가 우리의 교회에 거듭 닥친다 하더라도, 우리는 놀라서는 안 됩니다. 그러나 우리가 용기와 신의를 갖추지 않고 그러한 피를 흘린다면, 그것은 초대 교회 증인들의 피만큼 순결하게 빛나지 못할 것입니다. 우리가 그런 식으로 피 흘린다면, 우리는 무익한 종이 되고 말 것입니다."[19]

3. 합리적 이성의 마성

본회퍼는 독일 지성인들이 그 당시 히틀러의 독재정권에 대하여 처신한 것을 일종에 '합리주의적 이성적 마성'으로 특징짓고 있다. 왜냐하면 그는 1940년 발표한 "확고하게 설 자는 누구인가?"라는 글에서 다음과 같이 당대 지성인의 윤리의식을 다음과 같이 기술하고 있기 때문이다.[20]

악의 거대한 가면은 모든 윤리적 개념들을 엉망진창으로 만들어 버렸다. 악이 빛, 자선, 역사적 필연, 사회적 정의 등의 모습으로 등장했다는 사실에 우리와 같이 전통적·윤리적 개념세계 속에서 살아온 사람들은 매우 혼란스럽다. 성서에 의지하여 살고 있는 그리스도인

---

19 *Gesammelte Schriften* Bd 4, München 1962, 71(Eberhart Bethge, Dietrich Bonhoeffer, 김순현 옮김, 『디트리히 본회퍼』(서울: 복있는 사람, 2006), 95에서 재인용, 이하 『디트리히 본회퍼』로 약칭함).

20 "확고하게 설 자는 누구인가?"라는 글은 1940년 초에 등장한 Ethik의 "형성으로서의 윤리학"이란 장(*DBW* 6, 63-66)과 연관되어 있다(참조 『저항과 복종』, 39).

들에게 그것은 바로 **악의 깊은 사악성**을 입증해 주는 것이다.[21]

뿐만 아니라, 1941년 작성된 윌리엄 페이튼(William Paton)의 문서에 의하면, 본회퍼는 '정의의 모습으로 은폐된 지성의 악마성'을 다음과 같이 기술하고 있다.

> 윤리적 혼란의 가장 깊은 뿌리는 […] 나치 정권에서 자신의 모습을 드러낸 최고의 불의가 역사적·사회적 정의의 옷을 입을 수 있다는 데 있다. […] 정의의 모습으로 등장하는 악의 악마성을 꿰뚫어 보지 못하는 자는 모든 윤리적인 것을 해체시키는 독소의 근원이 여기에 놓여 있다는 사실을 간과할 수 있다.[22]

이와 같이 본회퍼는 당대 지성인, 바꾸어 말하면 **"이성적 인간들"**(Vernünftigen)들의 윤리관을 '나약한 이성'에 기초한 '합리주의의 이성적 마성(魔性)'으로 특징짓는다. 왜냐하면 '이성적 인간들'은 당대의 현실을 소박하게 오인하여, 마치 갈라진 건물의 틈바구니를 이성적으로 접합시킬 수 있다고 생각하고 있기 때문이라고 본회퍼는 지적한다.

그런데 일반적으로 '합리주의의 이성적 마성'은 '목적이 수단을 정당화 한다'(*Cum finis est licitus, etiam media sunt licita*)는 논리위에 서 있다고 본회퍼는 지적한다.[23] 왜냐하면 '목적이 수단을 정당화한다'는 논

---

21 『저항과 복종』 39.

22 *DBW* 16, 538(같은 곳에서 재인용). 본회퍼는 1932/33년 겨울 학기 '신학적 심리학' 강의에서 히틀러를 '빛의 천사로 가장한 사탄'(참조, 고후 11:14)으로 규정하고 있다.(참조, *DBW* 12, 182) 이밖에 DBW 12, 182ö *DBW* 3(『창조와 타락』, 99 그리고 DBW 14, 939을 참조).

리는 때로는 기회주의가 될 수 있기 때문이다. 본회퍼에 의하면, "성공하기 위하여 악한 수단이 사용된다면 문제가 생긴다. 그와 같이 상황에 직면해 우리가 깨닫게 되는 것은 이론적이며, 방광자적인 비판이나, 자기 정당화―즉 사실의 토대 위에 서기를 거부하는 것―, 또한 기회주의―즉 성공 앞에서 자기 포기나 굴복―가 우리가 할 일이 아니라는 사실"이라는 것이다.[24]

이상 간단히 살펴본 바와 같이, 본회퍼는 정직한 이성, 곧 하나님의 뜻에 인도함을 받는 이성이라면, 정의와 불의를 정확히 분별하여 하나님의 뜻에 합당한 판단을 내리고, 그 판단에 따라서 행동하지만, 왜곡된 이성은 오히려 정의를 왜곡하여 합리적으로 불의를 정당화하는데 사용한다는 것이다. 따라서 그러한 이성은 정상적인 인간 이성이 아니라, '거짓과 사탄의 노예가 된 이성'에 불과하다는 것이다.

4. 무지의 마성

이제 본회퍼는 인간의 어리석음이 가지고 있는 사악함에 대하여 말한다. "어리석음은 사악함보다 더 위험한 선의 적이다. 악에 대해서는 저항할 수 있고, 폭로할 수 있으며, 경우에 따라서는, 힙으로 막을 수도 있다. … 그러나 어리석음에는 대책이 없다. 그것에는 저항도, 무력사용도 통하지 않는다. 이론이나 이유들도 통하지 않는다. (그들은) 자신의 선입견과 대립되는 사실을 믿으려 들지 않고, … 피할 수 없는 사실들 단순히 무의미한 개별적 사안으로 여겨 배제한다."[25] 그

23 이점에 관하여 O. Schilling, *Lehrbuch der Moraltheologie* I, 209-211 참조.
24『저항과 복종』, 44f. 이 주제 대하여 참조: 본회퍼의 *DBW* 6(*Ethik*), 35-37; 75-78.
25『저항과 복종』, 46.

런데 이러한 인간의 '무지'는 지적 결함이 아니라, 오히려 '인간적 결함'이라고 본회퍼는 이해한다. 따라서 세상에는, 지적으로는 비범하고 재치가 있으나, 어리석은 사람이 있고, 지적으로는 매우 둔하지만 어리석지 않는 사람이 있다고 말한다.

한 걸음 더 나아가, 본회퍼는 어리석음의 사악함은 천성적이기 보다는 오히려 기회주의적 혹은 상황적이라고 본다. 더 자세히 말하면, 혹자는 실제로 폐쇄적이고 고독하게 살아왔기 때문에 대인관계의 경험이 없어서 자기 자신에 사로잡힘에서 나오는 어리석음이 있는가 하면, 다른 한편으로는 다른 사람들이 '자신을 어리석은 자로' 간주하게 함으로써, 일체의 모든 사회적 역사적 책임성에서 벗어나려고 하는 '합리화의 사악함'이 내재되어 있다는 것이다. 전자가 '천박한 무지'라면, 후자는 '기회주의적 무지', 아니면 오히려 '합리적 이성의 무지'로 특징지을 수 있다. 그래서 본회퍼는 '무지'(어리석음)를 심리학적 문제로 보지 않고, 사회적, 역사적 현상으로 본다. 그 자신의 말을 빌리면, "어리석음은 역사적 상황이 인간에게 영향을 끼치는 특수한 형식, 즉 특정한 외적 관계에 수반되는 심리학적 현상"이라고 판단한다.[26]

그런데 한 인간이 '이성적으로 어리석은 자'가 되는 과정은 "인간의 특정한… 소질이 갑자기 위축되거나 없어지는 것이 아니라, 권력신장이라는 위력적인 인상 아래서 자신의 내적 자립성을 박탈당하는 것을 의미하며 ―다소 무의적으로― 굴욕적인 상황 속에 있는 자기 자신을 애써 외면하려는 것"에 있다는 것이다.[27] 그러므로 이러한 '무지'는 악의 도구가 될 수 있다는 것이다. 본회퍼는 이점을 아주 단호하게 다음

---

26 『저항과 복종』, 47.
27 같은 곳.

과 같이 지적한다: "어리석은 사람은 의지를 상실한 도구가 됨으로써 온갖 악에 동원될 수 있고, 동시에 그것을 악으로 깨닫지도 못하게 된다. 바로 여기에 악마적으로 오용될 수 있는 위험이 놓여 있다. 그것을 통해서 인간들은 영원히 파멸의 낭떠러지로 떨어질 수도 있다."[28] 그러므로 인간이 어리석음에서 해방되는 길은, "교육의 행동이 아니라, 오직 해방의 행동만이 어리석음을 극복할 수 있다는 사실이다. 따라서 대부분의 경우 지정한 내적 해방은 외적 해방이 선행된 다음에야 가능하다는 사실을 부인할 수 없다"[29]라고 본회퍼는 강조한다.

이상 앞에서 간략히 살펴본 바와 같이, 본회퍼가 히틀러 독재정권에 저항하게 된 근본적인 동기 혹은 이유는, 단순히 사회정의를 위하여 혹은 정치적 억압으로부터 독일 교회와 민족을 해방하고자 하는 의도에 있었던 것이 아니라, 오히려 당대를 지배하고 있었던 여러 가지 정치적, 사회적, 심리적 심지어는 종교적 마성에 대한 투쟁에 있었다고 해석할 수 있다. 왜냐하면 그는 인간과 사회 혹은 국가의 정신과 신앙을 혼탁하게 하여, 백성들을 전쟁의 도가니에 빠뜨려, 고귀한 생명을 잃어버리게 하는 것은 다름 아닌, 사탄 마귀의 역사라고 생각하였기 때문이다. 그 사탄 마귀의 앞잡이가 다름 아닌 '히틀러'라고 생각하였던 것이다. 그리고 그는 독일 국민이 사탄 마귀의 괴수인 히틀러에게 노예가 되어 모두 '살인의 현장'인 전쟁터로 달려간다고 생각하였다. 이것이 바로 본회퍼가 히틀러에게 저항하게 된 근본 동기였다고 볼 수 있다. 따라서 그의 히틀러 저항 운동은 단지 정치적 행동이 아니라, 오히려 신앙적 행동이었다. 특별히 루터신학의 전통에 따른

---

28 같은 곳.
29 같은 곳.

투쟁이었다. 왜냐하면 마르틴 루터 역시 이미 악마는 하나님과 그리스도의 대적신(對敵神, Gegengott)으로서 "이 세상의 통치자"(요 12:31; 14:30)이며, "이 세상의 신"(고후 4:4)으로서 '죽음의 권세를 가지고 있는 자'(참조, 히 2:14)로 규정하고 있기 때문이다.[30] 특히 악마는 하나님 "말씀의 모든 대적자들과 성경의 그릇된 해석과 모든 그릇된 가르침과 모든 '작당들'과 '철학' 뒤에 서 있다"고 마르틴 루터는 말하였기 때문이다.[31]

III. 마성에 대한 저항으로서의 말씀에 대한 순복

본회퍼와 함께 히틀러 저항 운동에 참여하였던, 그의 매형 한스 폰 도나니(Hans von Dohnanyi)가 1943년 성 금요일에 본회퍼에게 쓴 편지에 의하면 본회퍼뿐만 아니라 그와 함께한 사람들의 '저항'이 무엇에 기초해 있었는지 단적으로 드러난다. 그는 다음과 같이 본회퍼에게 쓰고 있다. "나는 요즘 성서를 많이 읽고 있지. 나의 생각을 언제나 거듭 빗나가게 하지 않는 유일한 책이 바로 성서라네. 나는 오늘 아침 마태복음 26-28장, 누가복음 22-24장, 시편 68편과 70편을 읽었네."[32] 그런데 시편 68편에는 "갈밭의 들짐승과 수소의 무리와 만민의 송아지를 꾸짖으시고 은 조각을 발아래에 밟으소서 그가 전쟁을 즐기는 백성을 흩으셨도다"(시 68:30)라는 말씀을 비롯하여 "하나님이여 위엄을 성소에서 나타내시나이다. 이스라엘의 하나님은 그의 백성

---

30 *WA* 40 III, 68,10; 69,2; *WA* 23,70,8. P. Althaus/구영철 옮김, *Die Theologie Martin Luthers*, 『마르틴 루터의 신학』 (서울: 성광문화사, 1994), 233에서 재인용.
31 *WA* 39 I, 180, 29(P. Althaus, 『마르틴 루터의 신학』, 233에서 재인용).
32 『저항과 복종』, 71.

에게 힘과 능력을 주시나니 하나님을 찬송할지어다"(시 68:35)라는 구절들이 있다. 그리고 시편 70편에도 "하나님이여 나를 건지소서 여호와여 속히 나를 도우소서! 나의 영혼을 찾는 자들이 수치와 무안을 당하게 하시며 나의 상함을 기뻐하는 자들이 뒤로 물러가 수모를 당하게 하소서! 아하, 아하 하는 자들이 자기 수치로 말미암아 뒤로 물러가게 하소서"(시 70: 1-3)라는 구절이 있다. 이상의 시들은 전형적으로 의인이 악인들로 인하여 고난을 받고 있을 때, '악인에 대한 하나님의 심판'을 간구하는 시들이다. 여기서 우리는 본회퍼를 비롯하여 그의 저항에 동참하였던 사람들의 심경을 읽어낼 수 있다. 그것은 바로 '악인에 대한 하나님의 심판'과 동시에 '악인들에게 대한 의의 저항'이다.

본회퍼도 예수의 수난사와 대제사장 기도(요 17장)를 철저히 연구하고 있었음을 말한다.[33] 그리고 1943년 4월 5일 편지에서 그는 DAZ에 뒤러(A. Dürer)의 묵시록 복제본이 실린 것을 언급한다. 그런데 DAZ에 실린 목판화 복제본은 '시대상'이라는 제목하에 '용과 싸우는 성 미가엘'이 실려 있었다. 그리고 본회퍼의 서가에는 뒤러의 "Die offenbarung Johannes" 16개의 목판화가 있었다.[34] 그래서 본회퍼는 감옥 속에서도 '정의의 승리'를 희망하면서 다음과 같은 휴고 볼프 Hugo Wolf의 노래를 부른다:

밤 사이에, 밤 사이에,
기쁨과 슬픔이 온다네.
그대가 그것을 생각하기 전에
이 둘은 그대를 떠나

---

33 1943년 4월 25일; 1943년 5월 9일 어머니 파울라와 아버지 칼 본회퍼에게 보낸 편지
34 DAZ 197, 43년 4월 23일 베를린, 제국판(『저항과 복종』, 80 각주 4에서 재인용).

주님을 향한

그대가 그것을 어떻게 감당할지를

말해 준다네.35

    그리고 이어서 본회퍼는 "모든 것은 이 '어떻게'에 달려 있습니다. 그것은 모든 외적 사건보다 더 중요합니다. 그것은 때로는 미래에 대한 고통스런 생각을 진정시켜 줍니다"라고 덧붙인다.36 이러한 기술은 본회퍼가 그의 함께 동역했던 사람들이 '어떻게'라는 것이 무엇을 의미하는지를 간접적으로 암시해 준다. 그 '어떻게'는 '외적 저항'이다. 왜냐하면 본회퍼는 그 당시 다음과 같이 생각하고 있었기 때문이다. 여기서 '어떻게'란, 어떠한 방법으로든 '이 세상의 악마성'에 대항하여 싸워야 한다는 것을 암시하는 말이다.

    이상의 한스 폰 도나니(Hans von Dohnanyi)와 본회퍼의 편지를 통하여, 우리는 본회퍼와 그의 일가의 히틀러에 대한 저항과 투쟁이 단지 인간의 정치적 야욕이나 욕망에서 비롯된 것이 아님을 알 수 있다. 이들의 투쟁은 그리스도인으로서 시대적으로 당하는 민족의 수난 앞에서 ─예수 그리스도의 수난에 함께 동참하고자 하는─ 신앙에서 비롯된 것임을 알 수 있다. 그래서 이들은 '예수 그리스도의 수난'에서 자신들의 고난의 필연성을 읽어 내고 있다. 그렇다면 구체적으로 본회퍼는 어떠한 신앙에서 히틀러에 대한 저항과 투쟁을 행동으로 옮겼는가?

---

35 『저항과 복종』, 56. (1943년 4월 5일[본래는 5월 4일]) 이 내용을 본회퍼는 자신의 매형 한스 폰 도나니에게도 적어 보냈다.

36 『저항과 복종』, 56.

1. 유일한 구세주 그리스도에 대한 신앙

　본회퍼가 감옥에 있을 때, 써 놓았던 노트 속에는 "창세기 3장, 전도서 3장, 요한 계시록 10장, 마태복음 6장"이라는 성경구절들이 적혀 있으며, '죽음'과 '하나님 앞에서Coram Deo'가 기록되어 있다.[37] 그런데 창세기 3장은 죄악 된 인간의 '사멸성'(死滅性)에 관하여, 전도서 3장은 '모든 것은 때가 있다'는 말씀이, 계시록 10:6절에는 하나님께서 이 세상에 대한 '심판을 지체하지 아니하리라'는 말씀이 담겨 있다.[38] 이러한 단어들이 암시하는 바는, 히틀러 독재정권에 대한 하나님의 조속한 심판을 고대하면서, '그리스도의 고난'에 동참하고자 하는 데서 그들의 투쟁이 비롯되었음을 암시해 준다. 왜냐하면 ─앞에서도 언급하였지만─ 본회퍼는 '히틀러 우상화'에 대하여 항거하였기 때문이다. 더 자세히 말하면, 당시의 교회가 히틀러를 독일 국민을 해방할 수 있는 구세주로 우상화하였기 때문이다. 그래서 본회퍼는 이에 대한 항거는 오직 하나님의 말씀, 곧 '예수 그리스도만이 우리의 유일한 구세주'임을 믿는 것이라고 생각하였다.[39] 이미 본회퍼는 체포되기 이전부터 히틀러 우상화에 반대하는 'Bethel 신앙선언'을 헤르만 자세(Hermann Sasse)와 함께 초안 의원으로 활동했는데, 이 '베델신앙고백'은 칼 바르트에 의해서 작성된 바르멘(Barmen)신학선언의 모체가 되었다.[40] 그래서 '바르멘신앙선언'의 제1항도 요한복음 14장 6절과 10장 1, 9절을 인용하고 있다.[41] 이어서 '바르멘 신학선언 제 1

---

37 『저항과 복종』, 88, 89(1943년 5월의 노트들).
38 그러나 이러 받은 이야기 가운데는 검열을 고려하여 '암호'가 있었음을 암시해 주고 있기 때문이다.
39 각주 7번 참조.
40 참조. *Gesammelte Schriften* Bd. 2, 90-91

항'은 다음과 같이 설명하고 있다:

성경에서 증언된 예수 그리스도는 하나의 하나님의 말씀이다. 우리
는 이 말씀을 들어야 하며, 삶에 있어서나, 죽음에 있어서 이 말씀을
의지하고, 복종해야 한다. 교회는 이 한 하나님의 말씀 밖에 또 다른
사건들, 능력들, 형태들, 진리들을 하나님의 계시의 근원으로서 선
포할 수 있고, 또 해야 한다고 주장하는 잘못된 가르침을 거부해야
한다.42

그래서 본회퍼는 자기 매형, 슈라이어(Rüdiger Schleier) 결혼식
성경 본문으로 로마서 15장 7절을 천거하면서, 자신도 감옥에서 행한
결혼 주례에 이 성경본문을 인용한다: "그러므로 그리스도께서 우리
를 받아 하나님께 영광을 돌리심과 같이 너희도 서로 받으라"(롬
15:7). 본회퍼는 '정의'의 승리를 믿고 시편 31편 1절로 하나님께 구원
을 간구하였던 것이다: "여호와여 내가 주께 피하오니 나를 영원히 부
끄럽게 하지 마시고 주의 공의로 나를 건지소서!"(시 31:1).43

그런데 1944년 7월 20일 히틀러 암살 기도가 실패한 다음날 7월

---

41 요 14:6 "예수께서 이르시되 내가 곧 길이요 진리요 생명이니 나로 말미암지 않고는
아버지께로 올 자가 없느니라"; 요 10:1 "내가 진실로 진실로 너희에게 이르노니 문을
통하여 양의 우리에 들어가지 아니하고 다른 데로 넘어가는 자는 절도며 강도요"; 요
10:9 "내가 문이니 누구든지 나로 말미암아 들어가면 구원을 받고 또는 들어가며 나
오며 꼴을 얻으리라."

42 바르멘 신앙선언의 신학적 의미에 관하여 Joachim Beckmann, *Die Theologische
Erklärung von Barmen. Eine Auslegung für die Gemeinde*. Schriftenmissions-
Verlag Bladbeck, 1947 참조.

43 베트게가 사실은 시편 31:16절이라 수정하고 있으나, 16절 역시 구원에 대한 간구이
다. "주의 얼굴을 주의 종에게 비추시고 주의 사랑하심으로 나를 구원하소서!"(시
31:16).

21일에 쓴 편지에서 본회퍼의 '행동을 통한 저항'은 그리스도처럼 '하나님 말씀에 대한 순복', 곧 '그리스도교의 차안성'(Diesseitigkeit)에 관심을 돌린다.[44] 그는 '그리스도교의 차안성'을 다음과 같이 설명한다. "내가 말하는 차안성이란, 교양인이나, 사업가, 게으른 자나 호색가의 천박하고 비속한 차안성이 아니라, 완전히 성숙한 깊은 차안성과 죽음과 부활에 대한 인식이 현존하는 차안성을 말하지."[45] 그런데 이러한 차안성이란, 바로 그가『나를 따르라』(Nachfolge)에서 기술한 '차안성'을 뜻한다고 덧붙인다. 즉 '철저히 그리스도만 의존하는 것' 이것이 바로 그리스도교의 '차안성'이다. 왜냐하면 본회퍼는 그날(44년 7월 21일) 시 20:8; 롬 8:31; 시 23:1; 요 10:14을 묵상하는 가운데 '차안성'이란 개념을 발견하게 되었음을 증언하고 있기 때문이다. 바꾸어 말하면, 그리스도교의 '차안성'이란, 그 자신의 말을 빌리면, "우리는 자신을 전적으로 하나님의 팔에 던지고, 자기 자신의 수난이 아니라, 하나님의 세계 내 수난을 진지하게 생각하고, 또한 겟세마네의 그리스도와 함께 깨어있지. 그것이 신앙이고, $\mu\varepsilon\tau\acute{a}\nuo\iota\alpha$(회개)"하는 것이다.[46] 바로 이때에 우리는 비로소 인간이며, 그리스도인이 됨을 강조한다. 그래서 본회퍼는 렘 45장 4절 이하를 인용한다.[47] 그리고 덧붙여 말하기를, 본회퍼는 이 말씀에 따라 이미 1936년부터 걸어오고 있음을 주지시킨다.

　이상 '차안성'에 대한 본회퍼의 기술을 고려해 볼 때, 그에게 있어

---

44 본회퍼는 '그리스도교의 차안성'을 '종교적 인간'(homo religiosus)에 대립되는 개념으로 사용한다.

45『저항과 복종』, 689(1944년 7월 21일).

46『저항과 복종』, 690.

47『저항과 복종』의 편집자에 의하면, 본회퍼는 이 본문을 편지, 54, 5, 115, 18, 145, 16에서 자주 인용하고 있다.

서 '그리스도교 차안성'이란 다름 아닌, 유일하신 구세주이신 예수 그리스도의 말씀에 순종하여 그의 뒤를 따라 살아가는 '순교적 삶'이다. 따라서 그에게 있어서 '평화'란, 바로 이러한 순교적 삶을 살아가는데서 누리는 그리스도인의 영적 평화 이외에 다른 것이 아니다. 그래서 본회퍼는 이제야 비로소 자신이 '평화' 가운데 있음을 고백한다. "나는 지나간 것이나, 현재의 것에 대해 감사하고, 항상 평화 가운데 생각하지."[48]

2. 종교적 마성에 대한 저항으로서의 '그리스도교의 차안성'

본회퍼의 '그리스도교의 차안성'은 이제 '그리스도교의 종교성'에 대한 부정(否定)으로 나타난다. 그래서 그는 '무의식적 그리스도교' (das unbewußten Christentum)라는 용어를 다시 기억해 낸다.[49] 그는 1944년 7/8월 어느 날 다음과 같이 메모를 한다. "하나님을 세계로 추방한 것은 종교에 대한 불신을 의미한다./ 하나님 없이 사는 것/ 그러나 그리스도교가 아니라면, 어떻게/ 그리스도교 개념들에 대한 세상적 **비종교적 해석**/ **그리스도교는 구체적인 인간 예수와의 만남에서 시작 됨**/ 초월 경험, 지식인들? 그리스도교 윤리학의 몰락."[50] 그는 이

---

48 『저항과 복종』, 691.

49 '무의식적 그리스도교'란, 이미 *DBW* 6(『윤리학』), 162, 각주 95번; *DBW* 7(『테겔로부터의 단편』), 110f., 138 각주 134에도 나타난다(이점에 관하여: G. B. Kelly, "Unconscious Christianity"와 "Anonymous Christian"을 참조). 그리고 '무의식적 그리스도교'에 관하여는 R. Rothe, *Zur Orientierung über die gegenwärtige Aufgabe der deutsch-evangelischen Kirche*, 67 그리고 M. Rade, *Unbewußtes Christentum*, 4: "[…] 무의식적 그리스도교란, 자신이 가지고 있는 것을 알지 못하는 그리스도교다."

50 『저항과 복종』, 696.(필자가 진하게 표기함)

어서 "나는 단지 내가 보는 것만을 믿는다. 하나님 – 종교적이 아닌…"
이라고 적고 있다. 그리고 또 다른 메모에서는 "무의식적 그리스도교:
바른 손이 하는 것을 왼손이 모른다"라는 말씀, 곧 마태복음 6장 3절
을 암시하고 있다.[51]

그런데 본회퍼가 이야기하는 '무의식적 그리스도교'란, 단지 '하나
님 없이 제 멋대로 살아가는 기독교'를 의미하지 않는다. '무의식적 그
리스도교'란, 본회퍼의 말대로, '구체적인 인간 예수와의 만남에서 시
작'된다. 그래서 본회퍼는 이것을 '하나님께서 주신 축복'이라고 해석
한다. 바꾸어 말하면, 예수 그리스도를 쫓아 살아가다가 당하는 고난
은 구약의 '축복'에 상응한다는 것이다. 그는 "어쨌든 구약성서에서도
복 받은 자가 많은 고통을 당해야 했고(아브라함, 이삭, 야곱, 요셉), 구
약성서 그 어디서도 (신약에서와 같이) 행복과 수난, 축복과 십자가를
서로 배타적으로 이해한 곳은 없지"[52]라고 말한다. 그리고 이어서 "해
방은 인간이 고난 한 가운데서 자신의 문제를 자기 손에서 내려놓고,
하나님의 손에 맡길 때 주어지지. 이런 의미에서 죽음(순교)은 자유의
왕관이지. 인간의 행위가 신앙의 문제인지, 아닌지는 인간이 자신의
수난을 행위의 연속으로서, 즉 자유의 완성으로서 이해하느냐에 달려
있다"고 강조한다.[53] 그래서 본회퍼는 새로운 찬송가 370장 3, 4절로
자신의 마음을 베트게에게 전한다: "온 땅에 곧 널리 울려 퍼질 말씀을
나는 듣는다. 그리스도인들이 사는 온 땅에 평화가 퍼지네. 당신은 전

---

51 『저항과 복종』, 697.
52 『저항과 복종』, 699.(44년 7월 28일) 그런데 『저항과 복종』의 편집자에 의하면, 본
  회퍼는 *DBW* 6(『윤리학』) 118에서도 "고난의 축복"에 대하여 언급하고 있으며,
  DBW 16, 657f.에서 시편 34:20(한글성경 시편 34:19)과 전 3:9에 대하여 1944년
  6월 8일자 성서묵상집에서 묵상하고 있음을 지적하고 있다.
53 『저항과 복종』, 699f.

쟁을 그치게 하고, 무기를 내려놓게 하며, 모든 불행을 끝내십니다"(3
절); "사악한 세상이 곧 좋은 날들이 되고, 우리는 큰 고난 가운데서도
절망하지 않네. 하나님의 도움이 가까우시니. 그의 은총이 그를 경외
하는 모든 사람에게 있도다"(4절).54

　　이제 우리는 여기서 본회퍼의 저항운동이 행동을 통한 투쟁에서
'그리스도의 뒤를 따라가는 순교'로 전향되는 것을 발견한다. 왜냐하
면 그리스도교의 '차안성'은 이 세상에서 그리스도의 삶을 살아가는
것을 의미하기 때문이다. 즉 예수 그리스도가 이 땅에 오셔서, 하나님
의 나라를 선포하다가 이 세상과 대립되어 결국 '십자가의 고난'을 겪
은 것처럼, 이제 그리스도인은, 예수 그리스도처럼 저 세상으로가 아
니라, 이 세상으로, 이 세상 속에서 '하나님의 나라'를 끌어들여야 하기
때문이다.55 그런데 그것은 결코 이 세상에 '지상 왕국'을 건설하는 것
이 아니라, 오히려 이 세상으로 인하여 수난을 당함으로써 참된 영적
평화의 나라를 건설하는 것이다. 여기서 그리스도인들은 필연적으로
그리스도처럼 수난과 고난을 당할 수밖에 없다. 이것이 바로 '그리스
교의 차안성'이며 '무의식적 그리스도교'의 의미이다. 이러한 점에서
그리스도인의 순교는 '자유의 영광'이다.

3. 그리스도인의 '차안적 삶'의 결과로서의 순교

　　본회퍼는 그리스도의 고난을 다음과 같이 기술한다. "그리스도는
자유와 고독 가운데서 그리고 홀로 떨어져 수치 가운데서 그리고 신체

---

54 오늘날의 독일 찬송가 283장의 3, 4절이다.
55 이점에 관한 설교는 "당신의 나라가 임하소서!"라는 본회퍼의 설교에서 이미 명백히
　　드러난다. D. Bonhoeffer, "Thy Kingdom come"(1932), *Preface to Bonhoeffer*,
　　ed. John D. Godsey, Fortress Press: Philadelphia, 1965,

와 영혼에서 고난을 당했으며, 그 이후부터 많은 그리스도인이 그와 더불어 고난을 당했다."[56] 이러한 '고난 이해'에 상응하게 본회퍼는 히틀러 암살 시도가 실패한 이후부터는 '시'(詩)를 통하여 '그리스도의 차안성'은 '십자가의 고난'으로 끝맺음을 인식하고, 자신의 남은 삶과 죽음에 대하여 기술한다. 그것이 바로 "자유를 향한 도상의 정거장"이라는 시(詩)이다. 이 시(詩)의 주제 시어(詩語)는 '훈련', '행위', '수난' 그리고 '죽음'이다.[57] 더 자세히 말하면, '훈련'은 "자신을 던지고 순종"하는 것을 배우는 것이고, '행위'는 "불안 가운데 주저하지 말고, 사건의 폭풍우 속으로 나아가는" 훈련이고, '수난'은 자신의 삶을 "안심하고 조용히 … 정의를 강한 손(하나님)께 맡기는 것", 곧 '순교'이다. 그리고 '죽음'은 '죽어가면서 하나님의 얼굴을 보는 것', 곧 '희망'이다. 결과적으로 본회퍼가 이야기하는 그리스도교의 '차안성'은—바꾸어 말해서, 참 그리스도인의 삶은—'참된 자유를 향유하기 위하여 걸어가는 도상의 존재', 곧 '한 순간 거쳐 가는 정거장'과 같은 것이다. 그리고 그 도상의 삶의 마지막에는 결국 예수 그리스도처럼 '십자가의 죽음'이 기다리고 있다. 그러나 그 '십자가의 죽음'은 저주가 아니라, "영원한 자유를 향한 길 위에 펼쳐진 최고의 축제"이다.[58]

결국 본회퍼에게 있어서의 '그리스도교의 차안성'(Diesseitigkeit des

---

56 『저항과 복종』, 56.

57 『저항과 복종』, 725-728(NL. A 67,6) 본회퍼의 시에 대한 해석은 다음을 참조. A. Altenär, Dietrich Bonhoeffers Gedicht "Station auf dem Wege zur Freiheit" als Theologie und Zeugnis, 283-309.; Chr. Hampe, *Von guten Mächten*, 60-63; J. Henkys, *Gefängnisgedichte*, 9,31, 51.; A. Schönherr, *Dietrich Bonhoeffer*, 400-410.; H. Müller, *Stationen auf dem Wege zur Freiheit*, 145-165(『저항과 복종』726에서 재인용).

58 『저항과 복종』, 728. 이밖에 본회퍼는 편지 184(NL A 67,7)에서도 "자유를 향한 도상에서 죽음은 최고의 잔치이다"라고 기술하고 있으며, 편지 183(1944년 7월 28일)는 "이런 의미에서 죽음은 자유의 왕관이다"라고 쓰고 있다.

Christentums), 혹은 '무의식적 그리스도교'(das unbewußten Christen-tum)는 다름 아닌 타자의 죄악으로 인하여—타자의 죄 때문에— 죽을 수밖에 없는 거룩한 대속적 '십자가의 죽음'이다. 마치 예수 그리스도의 죽음이 모든 인간의 죄악 때문에 그리고 그 죄를 대속하기 위하여 '십자가 위에서 대속의 죽음'을 죽을 수밖에 없었던 것처럼, 본회퍼의 죽음은 '타자' 곧, '독재자, 히틀러'의 죄악으로 인하여—혹은 '히틀러의 죄 사함'을 위하여 대신하여— 죽을 수밖에 없는 대속적 '순교의 죽음'이다. 그리고 바로 이러한 '대속적 순교의 죽음'을 통하여 이 땅에 참 '평화'가 도래하게 하는 것. 이것이 바로 본회퍼의 '평화'를 위한 그리스도인의 죽음이다. 왜냐하면 '순교의 죽음'으로, 한편으로는 '불의'에 대한 더 이상의 '저항과 항거'가 없음으로써 '정의'에 대하여 몸부림치면서 광란적으로 대항하는 '불의'가 사라지고, 다른 한편으로는, 불의한 자가 '대속적 순교'로 용서받음으로써 이 세상에서 '악'이 제거되기 때문이다. 그러나 전자를 통해서는 불의한 자에게 '거짓 평화'가 도래하지만, 후자를 통해서는 '순교자에게 참 평화'가 도래한다고 말할 수 있다. 그래서 본회퍼는 "확실한 것은 우리의 기쁨이 수난 가운데, 우리 삶의 죽음 가운데 숨겨져 있다"고 말한다.[59]

IV. 화해와 평화를 위한 신앙의 교수

본회퍼가 자신의 투쟁의 마지막, 곧 자신의 죽음을 어떻게 생각하였는지는, 그가 1944년 7월 20일 '히틀러 암살 기도'가 실패한 이후 쓴 '시'들 속에서 드러난다. 왜냐하면 조센문서 발견(Zossener Aktenfund)

---

59 『저항과 복종』, 729f.

으로 본회퍼가 히틀러 암살 계획에 가담한 것이 드러나기 때문이다. 이때부터 본회퍼는 조만간 다가올 자신의 마지막 순간을 예견하게 되었다.[60] 이러한 예견은 특별히 테겔 형무소에서 "모세의 죽음", "요나" 그리고 "선한 힘들에 관하여"라는 시들에서 진술되었다. 왜냐하면 '모세'나 '요나' 그리고 '히틀러 암살'을 시도한 자기 자신과 동려들을 암시하는 '선한 힘들'은 하나님의 말씀에 순복하여 자신들의 뜻을 이 땅에서 이루지 못한 사람들이었기 때문이다.

1. 순교는 실패가 아니라, 하나님의 말씀에 대한 순복이다

본회퍼는 신명기 34장 1절 "주께서는 그에게 온 땅을 보여 주셨다"라는 것을 '모세의 죽음'이라는 시(詩)의 단초로 취한다.[61] 이 말씀을 본회퍼는, 모세가 이스라엘 백성을 억압과 고통의 애굽에서 해방시킨 '해방운동'이 실패한 것이 아니라고 해석한다. 오히려 이 말씀은 이미 모세에게 '약속의 땅'을 보여 주셨다는 의미로 해석한다. 이러한 해석을 통하여 본회퍼는 자신들의 '저항운동'이 실패한 것이 아니라, '정의'가 승리한 것으로 이해한다. 왜냐하면 비록 모세가 느보산 꼭대기에서 약속의 땅, 가나안을 바라보기만 하고, 실제로 들어가지는 못하였지만, 이미 그가 하나님의 약속이 성취될 것을 보았다고 한다. 따라서 모세가 약속의 땅에 들어가지 못하고 죽은 것은 하나님의 말씀에 대한 철저한 순복이었듯이, 본회퍼는 자신의 죽음을 자기의 '저항운동'이

---

60 참조. O. Dudzus, "Wer ist Jesus Christus für uns heute?", 89f.

61 이 시는 아마도 1944년 9월 20 혹은 22일에 쓰인 것 같다. 시 해석에 관하여: J. Chr Hampe, *Von guten Mächten*, 68-71; E. Schlingensiepen, *Der Tod des Lehrers*; O. Dudzus, "Wer ist Jesus Christus für uns heute?", 89-91; J. Henkys, *Gefängnisgedichts*, 42-51(『저항과 복종』, 751 각주 2에서 재인용).

그 무엇인가 잘못되어서가 아니라, 이미 '정의의 승리'를 예견한 가운데서 하나님의 뜻에 대한 순종으로 승화시킨다. 이러한 해석을 우리는 다음과 같은 그의 시구(詩句)에서 읽어낼 수 있다.

그가 죽음을 준비하자
주님은 늙은 종 곁에 나타났다.
산의 정상, 사람들이 침묵하는 곳에서
친히 약속된 미래를 보여주려 하네.
…
마지막 죽기 전에 그것을 축복하고,
평화롭게 죽음을 맞이했네.

너는 멀리서 구원을 볼 수는 있지만,
들어가지는 못한다.[62]

이 시구에서 '그'는 '모세'이면서 동시에 '본회퍼 자신'이다.[63] 즉 그는 여호와 하나님의 이스라엘(하나님의 백성: 독일, 더 자세히 말하면 독일의 참된 그리스도인) 해방 사역의 미래를 바라보면서도, 그것을 함께 누리지 못하고, 그 전에 죽어야 하는 모세와 본회퍼이다. 그러나 본회퍼는 여호와 하나님께서 ―이스라엘 백성을 약속의 땅, 가나안까

---

62 참조 민 20:12; 신 1:37, 32, 49, 52,; 34:4

63 본회퍼가 가지고 있던 루터성경에는 이 구절에 밑줄이 그어져 있었다고 한다. 민 27:12-13. "여호와께서 모세에게 이르시되 너는 이 아바림 산에 올라가서 내가 이스라엘 자손에게 준 땅을 바라보라. 본 후에는 네 형 아론이 돌아간 것 같이 너도 조상에게로 돌아가리니" 그리고 병행구인 신 32:49이하를 본회퍼는 1930년 설교에서 해석하고 있다(*DBW* 10, 584: "산으로 올라가 죽어라"(『저항과 복종』, 751, 각주 2 참조).

지 끝까지 인도해 주셨던 것처럼— 끝내는 하나님의 정의가 독일 땅에 이루어질 것을 확신하면서 기도한다.

　　모세가 기도한다.
　　주여 당신은 약속하신 것을 이루시며,
　　말씀하신 것을 결코 깨뜨리지 아니하시나이다.

　　이 시구에서 우리는 본회퍼가 철저히 하나님의 말씀을 확신함을 알 수 있다. 즉 여호와 하나님은 정의로운 분이심으로, 당신의 '공의'를 반드시 이 땅에 실현하실 것이라는 확신하고 있음을 발견한다. 그래서 본회퍼는 시의 마지막 연을 다음과 같은 것으로 끝맺는다:

　　내가 이 백성의 치욕과 짐을 걸머지고,/ 이 백성의 구원을 보았습니다. — 이것으로 족합니다./ 나를 붙잡으소서!/ 막대기가 나의 손을 떠났습니다. 귀하신 하나님, 나의 무덤을 준비해 주옵소서.

　　그렇다. 본회퍼는 자신의 죽음을 '다 이루지 못한 해방사역의 실패'로 이해하지 않고, 모세처럼 '하나님의 약속이 성취될 것'을 미리 본 자로 간주하고, 자신은 하나님의 말씀에 순복하여 '죽음'을 맞이해야 할 것으로 해석하고 있다. 이것으로 우리는 본회퍼를 억눌렀던 모든 공포와 좌절감에서 벗어난 '순교자(본회퍼)의 참 평화'를 감지할 수 있다.64

---

64 지면상 '모세의 죽음'에 대한 시 해석은 줄이고자 한다.

2. 회개로서의 순교

1944년 10월 1일 본회퍼 형, 클라우스 본회퍼(Klaus Bonhoeffer)가 그리고 10월 4일에는 본회퍼의 매형, 뤼디거 슈라이어(Rüdiger Schleier)가, 10월 5일에는 Friedrich Justus Perels가 체포되었다. 그리고 본회퍼는 1944년 10월 8일 베를린에 위치한 제국보안성 지하 감옥으로 끌려간다. '요나'라는 시는 아마도 본회퍼가 지하 감옥에서 썼을 것이라고 추측한다.[65] 이 시에서 본회퍼는 자신을 역시 '요나'에 비유한다. 그리고 본회퍼는 스스로 다음과 같이 자문한다: "그 자는 살인자인가, 맹세를 파기한 자인가, 아니면 모독하는 자인가?" 그리고 이어서 본회퍼는 "내가 바로 그다. 내가 하나님 앞에서 범죄 했다. 나의 생명이 끝났다." 이러한 표현을 통하여 본회퍼는, 히틀러로 인하여 고난 받는 '독일인과 유대인'들이 '히틀러를 죽이고 싶은 마음'을 대신하여 '히틀러에게 저항하여 그를 암살하려고 하였던 모든 죄 값'을 자신이 걸머져야함을 고백한다. 그래서 그는 "경건한 자가 죄인으로 인해 죽어서는 안 된다!"라고 토로한다. 이 말이 의미하는 바는, 한편으로는, '히틀러에 대한 살인 욕'은 가지고 있었으나, 이를 행동으로 옮기지 않은 경건한자들 대신하여, 다른 한편으로는 '그 살인 욕'을 실천에 옮긴 자기 자신의 죄 값으로 죽음을 맞이하게 됨을 본회퍼는 '하나님의 뜻'으로 순복하겠다는 것이다.

3. 영원한 임마누엘을 소망하는 순교

본회퍼는 베를린 인근 Prinz-Albrecht 가(街)의 '지하 감옥'에서

---

65 『저항과 복종』, 772, 각주 1 참조.

생애의 마지막 시를 쓴다. 그것이 바로 "선한 힘들에 관하여"이다.[66] 이 시에서 본회퍼는 선한 사람들에게 있어서 '죽음'은 영원한 이별과 하나님의 징벌이 아니라, 오히려 '하나님과 영원히 함께하기 위한 관문'임을 노래한다. 그래서 '선한 사람들'에게 '죽음'은 그들의 힘을 다시 모을 수 있는 곳으로의 옮김을 뜻한다. 이 점을 그는 이렇게 노래한다.

> 선한 힘들에… 그들과 더불어 새로운 해를 향해 나아가기를 원한다.
> …그 때에 우리의 삶은 온전히 당신의 것입니다.
> …가능하면 우리를 다시 하나로 만드소서!
> 당신의 빛이 밤에 빛을 발하는 것을 우리는 압니다.
> …하나님은 저녁과 아침 그리고 새날에도
> 분명히 우리 곁에 계신다.

그렇다, 그리스도인들의 최종적인 소망이 무엇인가? 이 땅에서 '의'(義)로 인하여 고난을 받는 사람들이 마지막 받을 상급이 무엇인가? 그것은 바로 산상수훈에 있는 것처럼, '하나님 나라'를 유업으로 받는 것이다. 왜냐하면 예수님께서 "의를 위하여 박해를 받은 자는 복이 있나니 천국이 그들의 것임이라"(마 5:10)고 선포하셨기 때문이다. 그래서 본회퍼는 이 본문을 "하나님의 의에 관해 말하는 것이 아니라, 예수의 제자들(이) 의로운 일 때문에, 그들의 의로운 판단과 행위 때문에 겪어야 할 고난에 관해 말한다"라고 해석하였다.[67] 이러한 점에서, 본회퍼는 하나님 나라에서의 영원한 임마누엘을 소망하면서 죽음

---

66 『저항과 복종』, 773ff.
67 이 점에 관하여: D. Bonhoeffer, *Nachfolge*/손규태 · 이신건 옮김, 『나를 따르라』 (서울: 대한기독교서회, 2010), 126.

에 순복하였던 것이다.

V. 나오는 말 : 평화를 위한 투쟁으로서의 저항과 순복의 양면성

본회퍼는 도스토에프스키(Fjodor Dostojewskij)의 『죽은 자들의 집에 대한 회상』(*Memorien aus einem Totenhaus*)이란 책을 읽으면서, 새로운 언어 '희망'을 발견하였다. 즉 그는 '그리스도는 우리의 희망'(딤전 1:1)이라는 것을 발견한다. 그리고 예수 그리스도에 대한 희망은 세속적 환상적 희망이 아니라, 가장 견고한 희망이라고 진술한다. 왜냐하면 본회퍼는 일찍이 "하나님을 경외하는 것이 지혜의 근원"(잠 1:7; 시 111:10)이라는 말씀에 근거하여, '하나님 면전'(coram deo)에서 책임적인 삶을 살려는 인간의 내적 해방이야말로 '어리석음의 마성'을 실질적으로 극복할 수 있는 유일한 길이라고 강조한바 있기 때문이다.[68] 따라서 본회퍼의 저항은 '하나님의 말씀', 더 구체적으로 말하면, '제1계명에 대한 거부'에 대한 저항이었다. 여기서 우리는 그의 저항이 가지고 있는 '양면성'을 발견하게 된다. 즉 겉으로 드러난 본회퍼의 저항은 '히틀러를 우상화하는 악마성'에 대한 투쟁이었으며, 그 투쟁은 인간의 '의'에서 출발한 것이 아니라, '하나님의 말씀'에 대한 '순복'으로부터 출발한 것이었다. 마치 구약의 예언자들이 하나님의 말씀에 순복하여 그 말씀을 선포하다가 순교의 고난을 받았던 것과 같다. 즉 본회퍼는 "나 이외에 다른 신을 네게 두지 말라"(출 20:3)의 말씀에 순복하기 위하여, 자신을 우상화하는 히틀러와 이에 동조하는 각종의

---

68 『저항과 복종』, 48.

'악마성'에 대항하여 투쟁한 것이다.

그러므로 본회퍼의 '평화사상'은 윤리적, 사회적 그리고 '저항권'이라는 법적 평화사상이 아니다. 철저히 기독교적 평화사상이다. 그의 말을 빌리면, '그리스도교의 차안성'을 실현하는 '평화론'이다. 따라서 그의 '평화론'에는 필연적으로 '의인의 고난과 죽음'이 뒤따른다. 왜냐하면 예수 그리스도가 이 땅에서 하나님의 사랑과 자비를 실현하기 위하여 '십자가의 고난'을 겪으셨던 것처럼, 이 땅에 평화를 실현코자 하는 사람들은 이 세상의 '악마'들에 의해서 고난을 받을 수밖에 없다. 그리고 그리스도의 '차안성'을 실현하는 사람들은 때로는 복음을 위하여 죽을 수도 있다. 왜냐하면 이 세상의 모든 권세는 이미 '사탄 마귀의 권세 아래' 있기 때문이다(참조 마 4:8-9; 엡 2:1-2).[69] 따라서 집사 스데반이 "너희 조상들이 선지자들 중의 누구를 박해하지 아니하였느냐 의인이 오시리라 예고한 자들을 그들이 죽였고 이제 너희는 그 의인을 잡아 준 자요 살인한 자"(행 7:52)라고 선포한 것처럼, 당시에 독일의 최고 권력자 히틀러에 의해서―바꾸어 말하면 사탄 마귀의 종복에 의해서― 하나님의 종, 본회퍼는 이 땅의 평화를 위하여 정치적, 사회적 그리고 종교적 '마성'에 저항한 것이다. 이러한 점에서 본회퍼의 '평화론' 속에는 '저항과 죽음'이 필연적으로 뒤따른 것이다.

---

69 마 4:8-9 "마귀가 또 그를 데리고 지극히 높은 산으로 가서 천하만국과 그 영광을 보여 이르되 만일 내게 엎드려 경배하면 이 모든 것을 네게 주리라."; 엡 2:1-2 "그는 허물과 죄로 죽었던 너희를 살리셨다. 그 때에 너희는 그 가운데서 행하여 이 세상 풍조를 따르고 공중의 권세 잡은 자를 따랐으니 곧 지금 불순종의 아들들 가운데서 역사하는 영이라."

본회퍼 신학과 한국교회의 미래
: 21세기 한국교회의 신앙과 영성을 위한 본회퍼 신학의 의미

강성영
(한신대학교 교수)

I. 여는 말

믿음은 바라는 것들의 실상이요 보지 못하는 것들의 증거니 선진들
이 이로써 증거를 얻었으니라(히 11:11-2).

디트리히 본회퍼라는 이름은 그의 서거 54주기가 되는 오늘날
(1999년 현재)에도 전 세계적 에큐메니칼 영역에서 수많은 사람들의
가슴 속에 살아 있습니다. 그의 삶과 죽음은 정의롭고 인간적인 세계
를 건설하려는 많은 그리스도인들과 비그리스도인들에게 여전히 커
다란 감명을 불러일으키고 있습니다. 그는 이미 반세기가 지난 역사
속에서 히틀러의 폭압적 정권에 저항하다가 교수대에서 폭력적 죽음
을 당하였습니다. 그가 29세가 되던 해 그리고 나치정권으로부터 해

방을 눈앞에 바라보던 때였습니다. 그렇지만 그는 그의 삶과 죽음을 통해서 세계의 그리스도인들에게 그리스도의 증인으로서 많은 것을 증언하고 있습니다. 죽음 앞에서 그가 남긴 마지막 말은 아직도 분명한 공명을 주고 있습니다. "이것이 마지막이다. 그러나 나에게는 생명의 시작이다. 나는 모든 국가적 이해를 뛰어 넘는 전 세계적 그리스도인의 형제 됨을 믿는다. 그리고 나는 승리가 우리에게 확신하다는 사실을 믿는다."[1] 저는 본회퍼를 단지 우리가 과거의 역사 속에서 기념할 만한 한 사람의 독일 신학자로 보려고 하지 않습니다. 우리가 각각의 우물에서 길어 올리는 샘물이 역사의 지층 밑바닥을 흐르는 경험의 물줄기에 닿아 있는 것과 같이 본회퍼와 우리는 고난의 경험을 통해 시공을 넘어서서 연결될 수 있다고 생각합니다. 이와 같은 생각은 비단 저의 생각만은 아닙니다. 남아프리카의 인종차별 정책에 맞서 싸우다가 희생된 민중들과 라틴아메리카의 군사독재의 희생자들 그리고 아시아에서 민권을 위한 전선에서 삶을 내던지 수많은 사람들의 가슴 속에 본회퍼는 독일인, 신학자, 고백교회의 목사이기보다 그의 핑켄발데(고백교회의 준목훈련원)의 호칭처럼 '형제'(Bruder)로서 남아 있습니다. 고난에 대한 집단적 기억은 역사를 오늘 살아 있는 생동감 넘치는 현실로 받아들이고 또 그것으로부터 움직여지도록 작용합니다(『위험한 기억』, J. B. Metz). 그러기에 저는 먼저 본회퍼의 삶과 죽음에 걸쳐 있는 우리의 집단적 기억을 다시금 일깨워 볼 수 있기 위해 우리 의식의 바닥에 가라앉아 있는 지나간 고난의 시간들에 대한

---

1 이 말은 본회퍼가 1945년 4월 9일 폴뢰센베부크 수용소에서 불법적 약식재판 후에 교수대에서 처형되기 직전에 영국 성공회주교 치체스터의 조지 벨(George Bell)에게 전하도록 그의 동료 죄수인 영국군 장교 패인 베스트(Payne Best)에게 남긴 말이다. E. Bethge, *Theologe, Christ, Zeitgenosse. Eine Bilgraphie*, München, 1980, 1037.

기억을 더듬어 보고자 합니다.

II. 본회퍼와 한국교회 — 고난의 경험에 대한 집단적 기억의
한 토막

이 시간 저에게 주어진 주제는 "본회퍼 신학과 한국교회의 미래"입니다. 제가 파악한 강연의 주제는 21세기를 맞는 한국교회에 본회퍼 신학이 어떤 방향을 제시하며, 의미를 던지는 가를 모색하는 것입니다. 그러기에 저의 과제는 본회퍼 신학을 단지 학문적으로만 해석하는 것이나 한국교회의 미래를 예단하는 것이 아닌 줄 압니다. 그보다는 본회퍼가 미래를 생각할 때 딜타이(W. Dilthey)의 역사철학적 방법으로부터 차용했던 '진단'(Diagnose)과 '예견'(Prognose)을 통해 한국교회의 과거와 현재 그리고 미래를 종합적으로 사고해야 한다고 생각합니다. 그래서 현실의 반영과 미래의 네거티브 필름과 같은 과거의 기억을 끄집어내는 것은 결코 무의미한 것이 아닙니다. 따라서 저는 본회퍼와 한국교회의 만남을 그와 민중신학자들의 집단적 경험과 그것으로부터 형성된 신학적 진술의 공통점과 차이를 비교해 봄으로써 설명하려고 합니다. 그 다음 한국교회의 신앙 양태들의 문제점을 본회퍼의 신학적 종교 비판의 관점에서 진단해 보고, 이로부터 요청되는 교회갱신의 과제를 그의 '비종교적 해석'의 빛에서 검토한 후에 한국교회의 미래의 영성의 방향을 나름대로 제시해 보려고 합니다. 먼저 본회퍼와 민중신학자들의 만남에 대한 기억을 함께 더듬어 나가십시다.

먼저 강조해야 할 것은 본회퍼와 민중신학자들의 만남의 장소, 정확히 말하면 민중신학자들이 본회퍼의 삶과 죽음 그리고 그의 신학을 만난 곳은 신학자들의 연구실이나 강의실이 아니라, 감옥이었다는 점입니다. 신학함의 장소(locus)는 그 신학의 내용을 결정합니다. 여기서 '장소'는 단순한 공간이 아니라 실존적 삶의 자리입니다. '실존적'이란 개인의 정체성과 의미성의 맥락을 아우를 뿐만 아니라 학문하는 사람의 정치적, 경제적, 사회문화적 삶과 그것으로부터 터져 나오는 의식의 지평을 포괄하는 것입니다. 그러므로 '신학 함'은 주지적 개인적 행위가 아니라, 정치·경제·문화적 맥락에서, 즉 사회적 자리에서 행해지는 실천적이고 집단적 의식의 행위에 속한다고 할 수 있습니다. 장소는 곧 '관점'을 만들어 내고 그 관점 혹은 마르크스의 의미에서 계급적 이해에 따라 신학의 내용이 결정되는 것입니다. 이렇게 형성된 신학은 단순히 세계를 관조하거나 단지 주어진 이론에 따라 해석하는 것에 그칠 수 없습니다. 그것은 곧 해방신학자들의 관점처럼 '선택'(Option)과 '편들기'(Parteinahme)를 통해 실천(Praxis)을 지향하는 것입니다. 그리고 이 실천의 경험을 숙고함으로써 다시 이론을 형성합니다. 더욱 중요한 것은 이러한 순환이 계속해서 일어난다고 하는 점입니다.[2] 본회퍼 신학과 민중신학은 바로 이러한 해석학적 고리를 통해서 연결되어 있습니다. 양자는 파쇼적 독재정치와 그로 인해 생겨난 사회적 고난의 자리를 공유하고 있습니다. 그리고 이 고난의 경험을 통해 그들은 신학을 현실과 무관한 추상적 이론체제를 만들지 않고 현실에 대한 바른 인식과 바른 행동(Orthopraxis)을 추구하였습니다. 이러한 공통점은 바로 그들의 신학함의 장소로부터 자연스럽게 이루어진 것입니다. 바꾸어 말하면 본회퍼와 민중신학자들은 약자의 '선택'과 '편들기라는 정의와 자유를 위한 투쟁 속에서 그리고 그로 인

2 J. L. Segundo, *The Liberation of Theology* (N.Y. Orbis Books, 1975, 8).

한 고난의 현장에서 그들의 신학을 전개해 나간 점에서 일치합니다. 이러한 사실에서 70년대 군사독재 시절에 본회퍼의 삶과 신학 — 특히 테겔 군사형무소에서 쓰인 옥중서신은 감옥에 있던 수많은 학생들, 노동자들과 지식인들 가운데 커다란 의미를 가지게 된 것입니다. 본회퍼와 한국교회의 만남은 바로 여기서 이루어진 것입니다. 이제 그 예를 들어 보겠습니다.

1976년 3월 1일 서울 명동에서 '민주구국선언'에 서명한 안병무, 문익환, 문동환(이상 한신대학교 교수들) 그리고 서남동(연세대학교 교수)은 긴급조치법 위반으로 체포되어 감옥에 던져졌습니다. 그들은 이미 한 해 전에 반정부활동으로 대학 강단으로부터 추방되었습니다. 안병무는 바로 이 감옥에서의 경험, 정치범들과 다른 죄수들과 고난을 함께 한 자리에서 그의 신학적 실존이 어떻게 변하였는가를 한 인터뷰에서 이렇게 말하고 있습니다. "그것은 나에게 결정적 전환점이었습니다. 나는 세계를 그들의 눈으로 보기 시작했습니다. 그리고 나는 계속해서 교회와 기독교가 어떻게 보이는 가를 그들의 관점에서 물었습니다. 지적 사색과 철학과 신학은 그들에게 아무런 의미가 없었습니다. 그들의 언어는 그들의 삶의 중심으로부터 나온 것입니다… 그리고 나는 성서를 다시 읽었습니다… 나의 시각은 완전히 달라졌습니다. 이전에는 별 의미가 없는 것으로 여겼던 것이 이제는 그 반대로 매우 의미 있는 것이 되었습니다. … 그것은 나에게 하나의 새로운 탄생이었습니다. 나는 그 때의 경험을 결코 잊지 못할 것입니다."[3] 안병무의 이러한 시각의 전환은 1942년에 씌어진 『10년 후』(*Nach zehn*

---

3 "독일신학자 Volker Küster와의 대담, 1988년 7월 20일", V. Küster, *Theologie im Kontext.-Zugleich ein Versuch über die Minjung-Theologie*, Neutal 1995, S. 254에서 재인용.

Jahre)라는 본회퍼의 짧은 에세이에 담긴 생각과 일치하고 있습니다. 본회퍼는 다음과 같이 쓰고 있습니다. "우리가 세계사의 큰 사건들을 한번 아래로부터, 밀려나고, 혐의를 받고, 부당한 대우를 받으며, 무력하며, 억눌리며, 업신여김을 당한 자들, 즉 고난 받는 자들의 관점에서 보는 것을 배운 것은 비교할 수 없이 가치 있는 경험으로 남는다."[4] 저는 이러한 관점의 전환은 앞서도 말했듯이 신학함의 자리(locus)에서부터 유래한 것이라고 봅니다. 그들은 바로 고난 받는 자들의 관점에서 역사와 교회를 새롭게 보는 것을 배우고 억눌린 민중들과 박해 받는 유대인들의 관점에서 그들의 신학을 새롭게 전개한 것입니다. 중요한 것은 여기서 그들의 새로운 신학적 인식의 장소는 바로 고난의 현장이었다는 점입니다. 이런 관점에서 저는 본회퍼와 안병무의 신학을 공히 경험의 신학, 달리 표현하면, 고난의 신학이라고 부를 수 있다고 생각합니다.

또한 그들의 고난의 경험은 기존의 신 개념과는 전혀 다른 하나님 이해를 가져왔습니다. 먼저 본회퍼는 옥중에서 하나님의 초월과 전능을 혁명적 방법으로 새롭게 해석하였습니다. 그래서 그는 하나님의 초월을 피안의 초월로 이해하지 않고 인간의 삶 한가운데 있는 초월을 말하였고 하나님의 전능을 그의 권력과 지배로 보지 않고 오히려 세상에서 배척받고 십자가에 고난당하는 무기력함과 약함 속에서 우리와 함께 하시는 사랑의 전능함으로 이해하였습니다. 바로 이러한 하나님 이해에서 본회퍼의 "하나님 앞에서 하나님과 함께 하나님 없이"라는 수수께끼를 풀 수 있었습니다.[5]

---

4 D. Bonhoeffer, *Widerstand und Ergebung*, hrsg., von E. Bethge, 3 Aufl, München, 1985, S. 27. (이하 *WEN*)

5 *WEN*, 394.

이와 유사하게 민중신학자 안병무 역시 초월적이고 전능한 하나님이 아니라 민중 한가운데 고난당하고 있는 하나님을 발견했습니다. 그 결과 고난 받는 민중 안에 있는 예수의 현존을 말하게 되고, 더 나아가 "민중 예수"를 이야기하게 된 것입니다. 안병무는 그의 민중 예수론을 통해 본회퍼를 해석하기를 본회퍼는 감옥에서 민중을 발견하고 신학자로서 그의 '민중 발견'을 신학적으로 정초했다고 합니다. 그리고 그는 본회퍼를 인용해서 '민중'을 "하나님 없이 하나님 앞에 선 존재"로 정의하였습니다.6

그러나 이와 같은 유사성에도 불구하고 양자의 신학에는 깊은 차이가 내포되어 있습니다. 본회퍼에게 민중의 고난은 하나님의 메시아적 고난과는 질적 차이를 가진 것입니다. 민중의 고난은 단지 "예수 그리스도 안에 있는 하나님의 메시아적 고난에 이끌려 들어가는 것"7으로서 **연대적 고난**을 의미하는 것이지, 그 자체로 예수의 고난과 동치될 수 없습니다. 반면에 안병무는 민중의 고난 속에서 예수의 고난을 발견하고, 그들을 동일한 것으로 파악했던 것입니다. 그래서 예수는 민중 한가운데 그리고 민중과 **함께** 곧 민중으로서 역시 교회 **밖에서** 현존하는 것으로 이해했습니다. 저는 이것을 신학적으로 평가하는 것을 유보하고 양자의 차이는 단지 강조점을 하나님의 고난에 두느냐, 아니면 민중의 고난에 두느냐 하는 데서 온 것이라고 봅니다. 그러나 결국 두 신학의 만남은 고난의 경험을 통해 사회적 현실 속에서 예수의 현존을 인지하고 이를 신학적으로 해석한 민중신학자들과 그리스도의 남은 고난을 채우려는 수많은 그리스도인들의 믿음의 결단을 통해 풍부하고 깊게 되었다고 볼 수 있습니다.

6 안병무, 『역사 앞에 민중과 더불어』 (서울: 한길사, 1987), 56.
7 *WEN*, 395.

결국 군사독재에 대한 저항 속에서 민중신학의 영향 아래 있던 한국교회의 많은 그리스도인들은 자신들의 상황을 나치정권하에 고백교회와 비교하며 본회퍼의 삶과 신학에 커다란 감화를 받았습니다. 그들은 특히 본회퍼가 감옥에서 발전시킨 신학적 단상과 그의 전기적 삶의 통일성을 주목하고 한국교회의 민주화와 통일운동에 자극제로 삼았던 것입니다. 분명한 사실은 한국교회가 본회퍼 신학을 만난 장소는 기성교회의 강단이나 상아탑의 교단이 아니라, 진리와 정의를 위한 투쟁과 고난의 현장이었다는 것입니다. 저는 이러한 집단적 경험의 기억이 "본회퍼 신학과 한국교회의 미래"라는 우리의 주제를 위해 매우 중요한 첫 걸음이라고 생각합니다. 이제 다음으로 본회퍼의 종교 비판과 비종교적 해석을 매개로 해서 한국교회의 오늘의 모습을 진단해 보고 미래 한국교회의 방향을 생각해 보도록 하겠습니다.

III. 본회퍼의 종교 비판의 관점에서 본 한국교회의 신앙 형태의 문제

본회퍼 신학을 해석하는데 있어서 진정한 과제는 그가 무엇을 말하였고 의도하였는가 하는 것뿐 아니라, 해석자의 상황에 대해 그가 무엇을 말해 줄 수 있는가를 밝히는 것입니다. 그것은 본회퍼를 오늘의 상황 속에 끌어들여 새롭게 읽자는 것을 뜻합니다. 그가 그의 정황에서 무엇을 생각하고 말하고 행동하였는가 하는 것을 파악하는 것은 본회퍼 연구의 필요조건이지 충분조건은 될 수 없습니다. 본회퍼 연구는 언제나 그에 **대해**, 그와 **더불어** 사고할 뿐 아니라, 그를 **뛰어 넘어**야 하는 과제를 가지고 있습니다. 그러므로 이제 간략하게 본회퍼의 종교 비판을 준거하여 한국교회의 신앙양태를 분석하고 비판해 보려고 합니다. 먼저 이 비판은 한국교회 다수 교인들의 부수적 신앙양태를 대상으로 하는 것임을 이해하고 들어주시기 바랍니다.

1938년 6월과 7월 두 번째 미국방문으로부터 운명적인 귀환 후에 본회퍼는 "종교개혁 없는 신교"(Protestnatismus ohne Reformation)라는 제목의 보고서에서 미국의 신학과 교회의 정신적 상황을 혹독하게 비판하였습니다. 그는 다음과 같이 쓰고 있습니다. "기독교는 미국의 신학에서 여전히 근본적으로 종교이며 윤리이다. 그런 까닭에 예수 그리스도의 인격과 사역은 신학의 뒤편으로 밀려나고 결국 이해되지 않은 채 남아 있다."[8] 본회퍼는 뉴욕 리버사이드 교회의 실용주의적 내용의 설교를 듣고 그러한 설교가 여전히 미국인의 마음에 드는 것을 보면 앵글로 색슨 민족은 독일인보다 더 종교적이고 덜 기독교적인 것 같다고 평가합니다("종교적"이라는 말은 본회퍼에게서 '형이상학적', '개인주의적'이라는 의미를 담고 있다). 그는 근본주의의 자기만족적 신앙양태와 자유의 제도화의 결과인 미국의 교파주의 그리고 초월을 상실한 수평주의적 변혁적 사회복음주의 운동, 모두가 그리스도의 인격과 복음을 현실 속에서 진지하게 대변하는 것이 아니며, 교회의 형태와 본질을 새롭게 인식하는 것과 점점 거리가 멀어지는 위험을 내포하고 있다고 보았던 것이다. 본회퍼가 오늘날 한국교회를 관찰한다면 무엇이라고 쓸는지 매우 궁금한 일이 아닐 수 없습니다.

"성장의 끝"에서 우리 교회가 새로운 자기개혁과 갱신의 도전을 시대적 요청으로 안고 있음은 너무나 자명한 사실입니다. 개신교가 한

---

8 D, Bonhoeffer, *GS* .Bd. I. 354.

국에서 짧은 역사 속에서 다른 나라에 실로 비견될 수 없는 급격한 성장과 증가를 해 왔음은 세계교회가 놀라며 인정하고 있습니다. 그런데 문제는 이러한 괄목할 만한 성장의 그늘에 많은 문제가 노출되고 있다는 사실입니다. 한국교회의 성장의 신화는 그 배후에 특정한 신앙양태를 가지고 있는 것입니다. 저는 그것들을 본회퍼의 신학적 종교 비판의 틀에서 네 가지 형태로 짚어보려고 합니다. 1) 신앙의 내면화와 피안화, 2) 형이상학적 가설적 하나님의 표상, 3) 신앙과 생활의 괴리, 4) 주관적 경건의 비역사성과 구원이기주의(Heilsegoismus).

이상의 '종교적'이라고 이름할 수 있는 개인의 내면적 신앙의 성향은 한국교회의 성장에 간과할 수 없는 요인이 되었음은 부정할 수 없는 사실입니다. 그것이 옳은지는 별개의 문제로 하고 말입니다. 왜냐하면 그것들은 직간접으로 한국의 종교적 정신적 영적 분위기를 지배해 온 샤머니즘에 뿌리를 내리고 있기 때문입니다. 샤머니즘은 한국의 민중 종교들의 저류에 흐르고 있는 영적 분위기를 가리키는데 이것은 오랜 종교들, 즉 불교, 유교, 도교와 결국 기독교의 이식기와 발전기에 커다란 영향을 받아 왔습니다. 그래서 샤머니즘을 한국종교의 '텃밭'(Ackerboden)이라고 보는 인식은 새로운 것이 아닙니다. 샤머니즘을 이해하지 않고서 한국인의 종교적 심성과 종교를 안다는 것은 감자를 흙 위에서 찾는 것과 다름이 없습니다. 저는 앞에 언급한 네 가지의 한국교회의 보수적 신앙양태가 내포한 샤머니즘적 요소를 종교 비판의 내용과 연결지어 보겠습니다.

첫째, 신앙의 내면화와 피안화(Verinnerlichung und Verjenseiti-gung des Glaubens)의 문제입니다. 본회퍼는 '종교'를 개인주의적 내면성으로 파악했습니다. 왜냐하면 종교적 인간은 오직 자신의 영혼구원에만 관심을 가지고 차안으로부터 피안으로의 도피를 신앙의 중심 내용으로 여김으로써 성서의 하나님과 무관하다는 것입니다.9 샤머니 즘도 이승과 저승을 구별하고, 저승은 사람이 죽은 후에 영혼이 가게 되는 곳으로 이승의 모든 원과 한이 풀어지고 악행이 보증되는 곳으로 파악합니다. 차안과 피안 그리고 현세와 내세, 이승과 저승의 이원론 적 세계관은 기독교의 신앙 속에서 천당(하늘에 있는 어떤 공간)에 대 한 표상과 무관하지 않습니다. 여기서 '예수 천당'이라는 신앙의 표상 이 문제가 되는 것은 아닙니다. 문제는 하늘의 피안인 내세로의 도피 가 숙명주의에 빠지고 역사의식의 결핍을 초래하는 데 있다고 봅니다. 신앙생활이 현재에 누룩처럼 확장되는 하나님 나라의 선취와 그의 의 를 거하는 것이 아니라 현실의 체념과 도피로 변질될 때에 그 신앙은 죽은 신앙입니다. 그러기에 "사람이 먼저 삶의 온전한 차안에서 신앙을 배워야한다"10라는 본회퍼의 말은 우리에게 큰 의미를 던지는 것이라고 생각합니다.

둘째, 하나님에 대한 형이상학적이고 가설적 표상입니다. 본회퍼 는 종교를 형이상학이라고 못 박고 그것에서 연역되는 종교적 하나님 을 작업가설(Arbeitshypothese)이라고 설명합니다. 왜냐하면 종교는 인간이 하나님을 삶과 인식의 한계 너머에서 찾는 것이기 때문입니다. 그래서 종교적 하나님은 인간의 삶과 아무런 직접적 확실성과 관계가 없이 하나의 가정에 불과하게 됩니다. 이것은 샤머니즘 속에서 샤만 (무당)의 기능과 관련되어 있습니다. 무당은 신들과 인간 사이의 중개 자로서 인간의 인식과 삶의 한계상황에서 주어지는 선험적인 종교적 질문에 확실한 대답을 주는 역할을 담당합니다. 문화신학자 유동식은

---

9 *WEN*, 401.
10 *WEN*, 416.

무당의 중개자 역할을 그리스도의 중재와의 유비 속에서 설명합니다. "샤먼 곧 무당이 영계와 인간계의 사이에 중보자 역할을 하는 존재였다는 점에서 이것이 중보자로서의 그리스도의 이해에 적지 않은 공헌을 하였으리라고 상상되는 것이다."11 이러한 영향은 보수적 기독교인의 기층적 잠재의식 속에 예수 그리스도의 상을 한 샤먼, 기적 행위자와 주술사로 각인되는 퇴행적이고 이기적인 그릇된 행위를 초래하게 됩니다. 따라서 종교 비판은 성서의 하나님, 예수 그리스도를 통해 세상을 구속하신 하나님의 참된 구원행위를 고백하는 성서적 신앙으로 돌아가야 할 과제를 우리에게 제시하고 있습니다.

셋째, 신앙생활의 결정적 오류는 신앙과 생활의 괴리입니다. 본회퍼에 따르면 종교의 결정적 성격은 현실을 거룩한 것과 세속적인 것, 두개의 영역으로 양극화하는 것입니다. 부분성(Partrialität)은 종교적 인간의 삶의 이해 속에 불가피한 것입니다. 본회퍼는 이것을 이미 1928년 스페인 바르셀로나에서 행한 강연에서 다음과 같이 말하고 있습니다. "종교는 19, 20세기의 정신에 대해 사람이 기꺼이 몇 시간 들어와 머물고는 다시 그의 일자리로 돌아가고자 하는 이를테면 좋은 방과 같은 역할을 한다."12 그리스도의 신앙은 한 두 시간 세속적 삶을 피하기 위해 찾는 것이 아니라 신앙과 삶의 통일성과 전체성을 추구하는 것입니다. 따라서 일요일의 신앙과 일상의 삶의 분리는 기독교 신앙을 빈곤하게 하고, 결코 삶에 어떠한 의미도 갖지 않는 것으로 변절시키는 결과를 초래합니다.

---

11 유동식, 『한국종교와 기독교』(서울: 대한기독교서회, 1983), 22. 유동식은 이것이 직접적 연관성을 나타낸다고 보는 것은 무의미하지만 샤머니즘이 한국의 대중으로 하여금 기독교의 이해를 쉽게 하는 데에 적지 않은 역할을 하였다는 사실을 인정해야 한다고 주장한다.

12 D, Bonhoeffer, *WEN*. 10 S. 302.

마지막으로 주관적 경건의 비역사성과 구원 이기주의입니다. 구원 이기주의는 한국교회의 현실에서 세 가지 형태로 나타나는데 그것은 개인주의적 기복사상과 개 교회 중심주의 그리고 소위 교파주의입니다. 이것으로부터 교회는 점점 세속화 되고 교회의 분열이 가속화 되었습니다. 그리고 개인적으로는 구원 이기주의는 그 개인주의적 차원에서 도착된 기복신앙을 초래했습니다. 그래서 '축복'은 단지 육체의 건강과 물질적 부유와 영혼의 잘됨으로 인식되고 개인은 이웃과 타자로부터 고립적 자아로 머물고 맙니다. 물론 축복은 구원과 함께 그 자체로 성서적 신앙의 양도할 수 없는 근본 요소임이 분명합니다. 이것은 클라우스 베스트만의 공헌인데[13] 축복과 구원은 어느 경우도 분리될 수 없으며, 축복을 따로 떼어서 이교적 개념으로 인식하는 오류를 피해야 한다는 것입니다. 본회퍼 역시 바로 '축복'이라는 성서적 개념의 심오한 차원을 발견하고 그의 약혼녀인 베데마이어(Maria von Wedemeyer)에게 감옥에서 이렇게 쓰고 있습니다. "축복. 이것은 볼 수 있고 느낄 수 있고 실제적이 되는 하나님의 가까움입니다. 축복은 계속 전해져야 합니다. 그것은 다른 사람들에게 전해져야 합니다… 이것을 우리는 서로를 위해 그리고 모든 사람을 위해 전하고자 합니다… 한 인간이 다른 사람에게 축복이 되는 것 보다 더 큰 것은 없습니다. 그렇지 않습니까."[14] 결국 본회퍼는 축복이란 생명과 마찬가지로 하나님의 가까움과 선물로 느끼고 서로를 위해 그리고 타자를 위해 나누어야 할 것으로 보는 것입니다. 축복과 십자가, 행복과 고난은 신약과 구약성서 모두에게 결코 분리될 수 없는 하나라는 사실입니다. 우리

---

13 C. Westermann, *Der Segen in der Bibel und im Handeln der Kirche*, 2. Aufl., München. 1992.

14 D. Bonhoeffer, *Brautbriefe*, 1944. 5. 22, S, 92, 185f.

는 한국교회의 신앙운동이 축복과 구원의 통일적 관계를 상실하고 치유와 축복이라는 일방통행 속에서 타자성의 가치와 상호성의 윤리를 상실했다는 자성을 할 수 있습니다. 이것이 오늘날 한국교회의 자성과 갱신을 요구하는 사회의 도적으로 나타나고 있지 않습니까?

IV. 본회퍼의 비종교적 해석과 한국교회의 신앙 갱신의 과제

한국교회의 신앙 양태를 본회퍼의 신학적 종교 비판의 틀에서 비판해 본 다음 우리의 질문은 "과연 이러한 종교 비판이 무엇을 지향하는 것인가"라는 점입니다. 지향성이 없는 비판이나 대안 없는 문제제기는 현실과 아무런 관련이 없는 공허한 것이 되고 말 것입니다. 저는 이러한 비판의 지향점이 될 만한 것을 본회퍼의 비종교적 해석의 내용 속에서 찾을 수 있다고 봅니다. 이제 이러한 전제에서 비종교적 해석 혹은 기독교의 비종교화의 내용과 의미가 무엇인지 생각해 보고자 합니다.

첫째, 본회퍼의 비종교적 해석은 단순한 해석학적 프로그램이 아니라는 사실이 전제되어야 할 것입니다. 본회퍼의 해석의 모든 열쇠는 바로 "성서적 개념의 비종교적 해석"이라는 이 단편적이고 낯설은 사고와 관련 속에 숨겨져 있다고 봅니다. 그럼에도 불구하고 전후의 본회퍼 연구들에서 이 테마는 지극히 제한적으로 조금 밖에 다루어지지 않았습니다. 50년간 이 분야에서는 단지 에벨링(Gehard Ebeling)의 고전적 해석[15], 즉 '기독론적 해석'으로 보는 것을 벗어나지 못했습

---

15 G. Ebeling, Die nichtreligiöse Interpretation biblischer Begriffe, in: *Die*

니다. 물론 그가 비종교적 해석의 배경을 당시의 역사적 상황과 종교에 대한 특정한 이해 그리고 복음의 본질에 대한 성찰로서 이해하고 그것을 선포의 관제와 관련하여 '기독론적 해석', '신앙적 해석'으로 본 것은 그 나름대로 의미를 가지는 것입니다. 그러나 이러한 해석의 약점은 단지 본회퍼의 비종교적 해석의 의미를 변화된 현실의 지적, 정신적 컨텍스트와 기독교 신앙의 내용을 화해시키려는 일종의 번역이나 호교론적 변증신학의 형태로 곡해하고 말 위험이 내재하고 있기 때문입니다. 이것은 그가 '비종교적 해석'을 불트만의 '비신화화 프로그램'의 아류로 보는 견해 속에 나타나는데 그럼으로써 그는 본회퍼가 이 새로운 해석을 암시하는 곳에서 불트만의 자유주의적 경향을 비판하고 있는 것을 간과하고 있습니다(WEN, 360). 명백한 사실은 본회퍼는 비종교적 해석을 말하는 곳에서 종교적 개인주의와 추상적 형이상학적 교리를 신랄하게 비판하고 있다는 점입니다(WEN, 312).

본회퍼의 관심은 단순히 현대인의 이해에 맞는 번역이나 교리의 변증적 재구성이 아니었습니다. 오히려 그의 진정한 의도는 성서가 현실 속에서 힘없는 하나님의 말씀으로 받아들여지고 그것을 들음으로써 촉발되는 변혁적 실천적 신앙의 태도였습니다. 개인주의는 부르주아적 기독교의 삶의 일반적 원리였으며, 형이상학은 그들이 발전시켜 온 신학의 원리였습니다. 이러한 체계에서 하나님은 삶의 변두리로 밀려나고 개인의 내면적인 자리, 사적 영역에 제한되어 생각되었습니다. 그래서 기독교의 문화 변혁적 역동성은 상실되고 개인적 사사화(Privatisierung)의 길을 걷게 된 것입니다. 이와 같이 더 이상 공적 생활 영역의 책임과 관심을 가지지 않는 기독교, 곧 개인의 사적 종교로 변질된 기독교는 곧 기독교의 비종교화라는 변혁의 요청을 받게 됩니

Mündige Welt, BD. II, Münschen, 1956, S. 12-73.

다. 오늘 한국교회가 세상의 빛과 소금이 되어 사회적 책임과 고난 받는 자들과의 연대를 통해 등경 위에 등불과 산 위의 마을과 같이 자신의 존재를 드러내지 못한다면 바로 본회퍼가 부르주아적 종교를 비판한 원리에서 비판의 대상이 될 수밖에 없습니다.

이러한 전제에서 본회퍼의 비종교적 해석은 곧 넓은 의미에서 정치신학자 멧츠(J.B. Metz)가 말한 '기독교적 실천의 해석학'(Praktische Hermeneutik des Christentums)으로 볼 수 있습니다.[16] 이 종교적 해석이 의도하는 바는 바로 세상 현실의 삶의 문제들을 외면하는 형이상학적 종교의 개인주의적 구원 이기주의 그리고 그것을 유지 강화하는 종교적 해석에 대한 비판이라고 할 수 있습니다. 본회퍼가 비판한 종교는 일반적 의미의 종교는 아닙니다. 그것은 역사적 시기 속에 드러난 서양의 기독교, 즉 부르주아 종교이며 이것은 곧 서양 세계의 부르주아 문화와 동일시되는 것이기 때문입니다. 그러므로 기독교를 부르주아적 종교의 포로 상태로부터 성서적 종교로 해방시키는 것이 비종교적 해석의 진정한 과제이며, 이것은 또한 우리 한국교회의 신학적 과제라고 볼 수 있습니다. 이러한 관점에서 한국교회의 신앙 갱신의 과제는 바로 신학과 신앙 모두에 있어서 하나의 전적 메타노이아와 메가 교회를 지향해 온 가치체계로부터 메타 교회의 진정한 가치로 전환하는 것입니다. 그리고 그 내용은 사회적 현실을 "아래로부터의 관점"(Blick von unten)에서 인식하고(WEN, 26), 역사를 "다가오는 세대의 관점에서 사고하고 행동하는 것"(denken und handeln im Blick auf die kommende Generation)입니다(WEN, 26). 이와 같이 실천을 지향할 뿐만 아니라 실천의 목표가 되는 '해석 공동체'(Interpreta-

---

16 J. B. Metz, *Glaube in Geschichte und Gesellschaft. Studien zu einer praktischen Fundamentaltheologie*, Mainz, 1992, S. 69.

tionsgemeinschaft)로서[17] 교회는 '타자를 위한 존재'로서 한 사회 속에서 공적 책임과 정의 진리를 위한 신학적 사회비판을 수행해야 할 책임적 존재로 거듭나야 할 것입니다.

두 번째 비기독교적 해석으로부터 제시되는 한국교회의 신앙 갱신의 과제는 '신앙과 삶의 통일'입니다. 슐라이어마허의 정의에 따르면 해석학은 "이해의 기술에 관한 이론"(Kunstlehre des Verstehns)이며, 본회퍼의 후기 신학에 결정적 영향을 끼친 삶의 철학자인 벨헬름 딜타이(Wilhem Dilthey)의 정의에 의하면 "문자적으로 표현된 삶의 진술에 대한 이해의 기술에 관한 이론"입니다.[18] 양자의 정의를 따르면 해석학은 결국 삶의 현실과 직접적 관련이 있고 그것을 이해하려는 기술이라고 볼 수 있습니다. 비종교적 해석을 이러한 관점에서 본다면 결국 그 해석의 열쇠는 삶이며, 그 대상은 삶의 현실이라고 볼 수 있습니다. '삶'은 본회퍼의 신학적 사고에서 언제나 중심에 서 있습니다. '저항과 복종'에서 삶의 중심, 전체 또는 통일이라는 개념과 연결되어 있습니다. 본회퍼에게 삶은 신학의 중심개념이며, 삶의 현실이 펼쳐지는 자리에서 인식하고 행동하는 윤리의 내용이 됩니다. 그에게 신학과 윤리적 과제는 사람들로 하여금 삶의 전체성과 통일성을 인식하고 어떠한 현실의 영역도 사고 속에서 배제하지 않도록 각성하도록 돕는데 있습니다. 이것은 '윤리학'에서 "하나님의 계명은 전체 삶을 포괄하며, 그것은 무조건적(unbedingt)일 뿐만 아니라 전적(total)인 것이다(WEN, 381)"라는 것과 옥중서신에서 "그리스도는 인간을 그의 삶의 한 가운데서 붙든다"(WEN, 369)라는 사고에 평행적으로 나타나

---

17 W. Huber, "Öffentliche Kirche in der pluralen Öffentlichkeiten", in: EvTh 54, 1994, S. 170.

18 G. Ebeling, Art. "Hermeneutik?" RGG. Bd. III 1960, S. 244.

고 있습니다. 그의 성찰에 따르면 우리가 하나님께서 허락하는 삶을 그 모든 가치를 인식하고 살아내고 사랑하는 것이 하나님을 더욱 잘 신앙하는 것입니다. 따라서 신앙과 삶은 별개의 것이 아니라 그 본질에서 하나로서 파악되는 것입니다. 바꾸어 말하면 삶의 긍정은 신앙의 전제이며 동시에 결과인 것입니다. 그래서 그는 "신앙은 단지 심오한 현세성에서만 배울 수 있다"라고 했습니다(WEN, 401). 비종교적 해석은 바로 신앙과 삶의 불일치와 배타적 관계에서 파악되거나 신앙이 삶의 현실로부터 도피하거나 그것을 왜곡하는 것을 허용하지 않습니다. 왜냐하면 비종교적 해석은 바로 기독교인의 삶의 전체성과 통일성에 대한 인식에 복무하는 것이기 때문입니다.

앞서 한국교회의 교인들의 신앙 양태를 분석해 보면서 주요한 비판적으로 '신앙의 내면화와 피안화'를 들었습니다만 이것이 곧 비종교적 해석의 빛에서 보면 신앙과 삶의 통일에 대립되는 현실도피적인 신앙의 문제점인 것입니다. 신앙과 삶, 거룩한 것과 속된 것, 차안과 피안 그리고 기도와 정의의 실천을 가르는 보수적 극단적 이원론은 한국 교인들에게서 '신앙생활'이라는 형태로서 각인되어 있습니다. 그래서 신앙생활은 곧 영혼구원에 대한 관심과 더불어 현세보다 내세를 중시하고 이웃과 사회보다 자신의 가정의 안전과 행복을 관심하는 퇴행적, 고립적 형태와 역사의식의 결여와 윤리적 가치관의 부재를 초래하게 된 것입니다. 그 결과 한국의 신자들의 신앙과 생활의 불일치와 역행은 최근까지 일어난 수많은 대형 부정, 부패사건 그리고 독직과 무책임한 직업의식에서 드러나고 있습니다. "그리스도인이 세상 사람들만 못하다. 소금이 되어야 할 교회가 사회부패의 진원지가 되고 있다"라는 비판은 새로운 사실이 아닙니다. 이것이 바로 그 이면에 종교적 형태의 세속화된 황금만능주의와 성공주의 그리고 이기주의와 교파주의의 문제들을 내포하는 '신앙생활'의 가치전도와 가치왜곡 혹은 본래적 가치의 상실과 본래적 비가치의 조장이라는 비윤리성의 결과들입니다.

이러한 문제의식에서 저는 우리 한국교회가 이제는 '신앙생활'이 아니라 '생활신앙'으로 전환하는 신앙운동을 펼쳐나가야 한다고 생각합니다. 신앙생활이 마음으로 믿어 입으로만 '주여, 주여!' 하는 형식적 신앙이라면 생활신앙은 "열매를 보아 그 나무를 안다"(막 7:16)라는 예수의 말씀대로 "의와 공평을 행하는" 선한 삶(잠 21:3)을 살아가는 것을 가리키는 것입니다. 또한 생활신앙은 개인적이고 내면적 성향이나 추상적 교리에 사로잡혀 사변적이고 관조적인 태도가 아니라 사회적이고 역사적인 인간 삶의 구체적 자리에서 하나님 앞에서 이웃을 위한 책임적 삶을 감당하는 것입니다. 그러므로 삶을 하나님께서 주신 은총의 선물로 받아들이고 그 풍성함과 아름다움을 이 땅의 삶을 통해 가꾸고 보존하며 살아가려는 노력 속에서 그것을 나만의 것으로 독점하기보다 서로를 위해 나누고 섬기는 사랑을 근본적인 가치로 알고 실천해 가는 것이 곧 생활신앙입니다. 이러한 생활신앙은 곧 우리 교회의 모든 생명문화운동과 나눔의 살림의 실천 속에 뿌리를 내려야 할 21세기의 영성의 과제라고 생각합니다.

V. 21세기를 맞는 한국교회의 새로운 영성에 대한 제언

'본회퍼의 신학과 한국교회의 미래'라는 주제를 따라 이제 한국교회의 미래에 대한 저의 바람이 담긴 짧은 제안을 해야 할 때가 되었습니다. 먼저 21세기와 새로운 밀레니엄의 시각에서 바로 몇 백일이 남지 않았다는 점을 생각하면 미래는 결코 먼 것이 아닙니다. 그것은 어쩌면 이미 금세기의 마지막 10년, 1990년대의 정치, 경제, 사회적 변동과 지축을 흔들만한 세계사적 사건들에서 시작되고 있었는지 모릅니다. 그런데 흔히 세기말은 대재앙이나 인류의 멸망과 같은 공포의 예언이 판을 치는데 비해 요즈음은 엉뚱하게 모든 컴퓨터에 2000년으로 연대를 고쳐 입력하지 않을 때 나타날 엄청난 피해에 대해 더 많이 이야기하고 있습니다. 이것을 "밀레니엄버그"라고 부르는데 전 세계 국가들의 골칫거리라고 합니다. 예수께서 이 땅에 오시고 공생애를 시작하실 때에 "회개하라. 천국이 가까웠다"라고 외치고 다니신 것은 바로 새로운 밀레니엄을 위해 너희의 마음 판을 바꾸라, '업버전'(up-version), '컨버전'(con-version)하라는 말씀으로 해석해 주었습니다. '1999'에서 '2000'으로 숫자를 바꾸는 일도 전 세계적으로 수조억 달러의 경비가 들어간다는데 수십 명의 사람의 마음 판을 바꾸는 일은 예수님의 십자가가 아니면 가능할 수 없는 일입니다. 바로 사람의 마음을 자아의 왕국으로부터 하나님의 나라로 컨-버전하고 자기중심적인 저열한 가치로부터 그 나라의 의를 구하는 것으로 업-버전하는 것을 비유적으로 영성의 관제라고 부를 수 있겠습니다.

더욱이 지금은 많은 국가들이 국제적 투기자본, 헤지 펀드의 게릴라식 금융교란으로 환란을 겪고 본질상 세계적 독점자본의 하수인인 IMF의 관리체제하에서 실업대란과 고금리로 인한 경제 침체의 국면을 벗어나지 못하고 있기에 다가오는 미래를 희망적으로 맞이하기에 너무나 어두운 현실 가운데 있습니다. 이것은 곧 우리의 현실인데 당장 눈앞의 IMF를 언제쯤이나 졸업할 수 있겠는가가 시급한 과제이지, 한 세기를 내다보고 새로운 천 년대를 맞이한다는 기분이 들지 않는다는 사실입니다. 더구나 모든 것이 경제결정론으로 귀착되는 현실에서 가치가 어떻고, 새로운 영성이 어떻고 하는 것은 정신적 낭비라고 외면할 수 있습니다. 그럼에도 불구하고 교회는 막다른 길을 향해 질주하는 문명 가운데서 거꾸로 사는 이야기를 한다고 봅니다. 이 거꾸로 사는 이야기는 바로 인간에게 풍요와 복지를 가져다주고 인간의 욕망을 무한히 만족시켜줄 수 있다고 믿었던 현대의 과학기술 문명이 낳은 진보와 발전에 대한 신앙이 결국 인류가 자연과 더불어 공멸할 수도 있다는 심각한 생태계의 위기와 더불어 사회적 소외와 공동체적 가치의 상실과 개인 및 국가 간의 무제한적 경쟁의 시대를 낳았다는 비판이 될 것입니다. 그리고 이러한 문명의 소용돌이 속에서 거꾸로 세상을 보고, 무엇이 인간에게 소중한 본래적 가치이며 무엇이 권력과 물신에 대한 우상숭배로부터 된 본래적 비 가치인가를 구별하는 것을 의미합니다. 저는 우리 모두가 겪고 있는 이 총체적 정신적 위기로부터 본래적 가치인 "생명과 인간 삶에 대한 긍정"을 상실한데에 그 원인이 있다고 봅니다. 우리 한국교회는 창조주 하나님께로부터 위탁받은 모든 자연생명의 보호와 돌봄의 책임과 사회적 존재로서 인간의 삶 속에 정의와 타인에 대한 존중을 삶 속에서 실현해야 할 책임을 회복해야 합니다. 이것을 위해 피조물과 타인에 대해 무제약적으로 생사할 수 있다고 믿었던 전능의 신화를 깨뜨리고 인간의 본질적 피조성과 공동 피조성 및 동료 인간성을 발견하는 인식을 통해 겸손과 자기제한의 에토스를 회복해야 할 것입니다. 이것이 곧 새로운 윤리의 요청일 뿐만 아니라 신앙적, 영적, 요청으로 이어지는 영성의 과제라고 봅니다.

VI. 닫는 말

지금까지 본회퍼의 신학과 삶 특히 그가 살았던 시대와 문명 속에서 신앙과 현실의 적극적 대결을 통해 남긴 신학적 편린들의 의미를 오늘 우리 한국교회의 상황에서 살펴보았습니다. 본회퍼의 경험의 특수성에서 도출된 신학은 한국교회의 역사적 경험의 물줄기에서 매우 의미 있는 것으로 반성될 수 있습니다. 특히 독재정치와 그 허위의식에 저항하는 교회의 정치적 투쟁과 신학적 반성은 본회퍼와 민중신학자 사이에 '고난의 신학'이라는 공통된 특성을 나타내고 있습니다. 두 신학은 단순히 정치신학으로서의 의미가 아니라 복음의 본질을 발견하고 약자를 편드는 하나님의 정의를 선포하고 책임 있는 삶을 추구했다는 점에서 실천적으로 커다란 동질성을 보여주고 있습니다. 더욱이 본회퍼의 종교 비판을 틀로 하여 한국교회의 신앙양태를 분석하고 비판해 본 작업은 문화 및 역사적 배경의 차이에도 불구하고 계급적 이해와 종교적 아프리오리(a priori)에 뿌리를 내린 부르주아적 신앙(서양)과 샤머니즘적 요소를 내포하는 신앙양태가 복음의 순수성을 왜곡하고 현실과 신앙의 괴리와 신앙과 삶의 분리를 초래하여 기독교를 개인적, 내면적, 사적 종교화 하고 본래의 생명력과 사치를 상실하였음을 보여주었습니다. 한국교회 보수적 신앙인들의 탈 세계적, 초현실적, 비역사적, 종교적 성향은 개인의 기복신앙과 구원 이기주의 그리고 고질적 교파주의를 초래했습니다. 그리고 이러한 물질적 부와 성공 그리고 욕망의 충족을 향한 끊임없는 추구 속에서 오늘의 한국교회의 위기가 초래되었다는 점을 지적했습니다. 그래서 기독교의 신앙과 신학의 과제로서 본회퍼의 비종교적 해석을 통해 제시된 기독교의 실천적 해석학과 참여의 해석학 그리고 타자를 위한 삶으로서의 메타노

이아(회개)가 요청된다는 점을 들었습니다. 이러한 저의 진술들 가운데 시종 강조하고 싶었던 것은 현실을 보는 관점과 신학함의 자리의 중요성입니다. '아래로부터의 관점'은 교회로 하여금 자신의 사회적 자리를 낮은 곳에 가지도록 하며, 바로 이러한 실천의 장에서 신학은 현실과 진지하게 대면할 수 있는 것입니다. 이것을 본회퍼는 삶과 실천으로 말해주고 있습니다. 신앙과 삶이 분리되지 아니하고 신앙생활의 개인적 사적 기조가 생활신앙의 공동체적이고 집단적인 영성의 회복으로 바뀔 때 이러한 전환이 가능하리라고 봅니다. 본회퍼는 그의 단편적 삶 속에서 우리에게 많은 것을 남겨주지 않았습니다. 그의 몇 권의 저서나 몇 권 분량의 글들은 그리 많은 신학적 유산은 아닙니다. 다만 그가 우리에게 말하는 것은 "기도와 사람들 사이의 정의의 실천 속에서 하나님의 시간을 기다리라(!)"(WEN, 328)는 것이며, 이것을 위해서 현실과 신앙과 삶의 통일 속에서 "눈을 뜨고 사고하고 행동하라"는 것입니다. 오랜 시간 경청해 주셔서 감사합니다.

(본회퍼 기념강연, 1998년 5월 30일, 한국교회백주년기념관에서)

본회퍼의 초기 신학에서 성령과 자기 안에 갇힌 인간 마음의 문제*

현요한

(장로회신학대학교 교수)

I. 머리말

기독교 신학에서 성령 혹은 영에 대한 이해는 종종 대단히 추상적인 말들로 묘사된다. 이를테면 삼위일체론으로 성령은 '아버지와 아들로부터 나오시는 삼위일체의 한 인격'이라고 하였다. 신 인식론의 영역에서 성령은 우리에게 하나님을 아는 지식을 가능케 하는 요인 즉 '외적 말씀에 대하여 증거하는 내적인 빛'이라고 설명되기도 한다. 때로는 성령은 신비적으로 '내적 광명'이라든지, '하나님과의 직접적 연합'이라든지 하는 말로 이해되기도 한다. 그러한 과정에서 성령에 대한 이해는 사람들에게 매우 혼돈스러운 것이었다. 성령은 때때로 어떤 특별한 주관적 경험과 동일시되었으며, 설사 객관적 근거를 가진다해도 종종 개인주의적으로 생각되어 성령과 개인의 관계가 주로 관

---

* 이 글의 영문 제목은 "The Holy Spirit and the Problem of the *Cor Curvum in se* in the Dietrich Bonhoeffer's Early Theology"이다.

심사가 되곤 했다. 그러나 이에 맞서서 신앙의 공동체성이나 사회성을 주장하는 사람들은 성령의 사역에 무관심하거나, 성령을 사회 구조를 변혁시키는 정신적 동력 정도로만 이해는 문제를 드러내기도 했다. 정통주의자들은 성경의 영감론과 함께 성경 계시의 객관성을 강조하였으나 역시 개인주의에 흘렀으며 신 인식론에 집중하였다. 한편 10세기 오순절주의자들은 성령의 비 인식론적 역사를 재발견하여 성령의 은사들을 강조하였으나 주관적 체험을 중시하여 주관주의에 빠지기 쉽고 개인적 기복주의에 흐르는 경향을 보였다. 사회 참여를 주장하는 이들은 복음의 공동체적 혹은 사회적 함축성을 발견하였지만 비 신앙적이라거나 영적이 아니라는 비판을 받는다. 우리는 이와 같이 성령에 대한 이해가 막연하고 추상적인 개념으로 흐르거나 신비주의나 주관주의 혹은 내제주의에 빠지거나, 인식론적으로 편향되거나, 개인주의적이 되는 경우들을 보아왔다. 이와 같은 형편을 종합하여 볼 때 성령의 사역을 구체적으로 이해함에 있어서 문제가 되는 중요한 점들 중에 주관주의적인 이해와 개인주의적 이해를 지적할 수 있다. 종교개혁 전통에서 성령은 말씀에 대한 영광과 그 말씀에 대한 내적 증거를 중심으로 이해되었다. 종교개혁자들은 결코 교회의 역할과 교회 안에서 선포되는 말씀과 성례전을 소홀히 하지는 않았지만, 성령이 교회에 대하여 가지는 본유적 공동체성을 충분히 강조하지는 못하였다. 본회퍼의 성령 이해는 이런 면에서 중요한 의미를 갖는다. 물론 본회퍼는 충분히 개발된 조직적 성령론을 가지고 있었거나 성령론에 관한 책을 쓰지는 않았다. 그러나 그의 초기의 작품들 속에 자주 나타나는 성령, 혹은 영(Geist)에 대한 언급들은 성령 이해의 주관주의와 개인주의를 넘어섬에 있어서 의미심장하다.

본회퍼가 세상에 알려진 것은 그의 윤리와 후기의 개념들, 즉 비종교적 기독교, 성숙한 세계들과 나치에 저항한 그의 삶을 통해서였다. 그러나 초기의 작품들이 알려지면서 초기와 말기 사이에 많은 차이점이 나타나게 되었다. 그 와중에서 많은 차이점에도 불구하고 연속성이 있다는 의견이 강력하게 대두되고 여러 면에서 그 연속성의 열쇠를 규명하려는 노력이 있었다. Bethge는 '계사의 구체성'이라는 개념에서, Godsey는 기독론에서, Ott나 Dumas는 본회퍼가 중요시한 '현실'(Wirklichkeit)의 개념 등에서 이 연속의 고리를 보려고 했었다. 이 논문은 차이점과 함께 연속성을 긍정하는 입장을 지지하지만, 연속성과 불연속성에 관한 논쟁 자체가 관심은 아니다. 이 논문은 밖으로 드러나는 어떤 해답으로서의 중심개념보다도 오히려 본회퍼가 평생 씨름하여 왔던 바 그 밑에 깔려 있는 문제에 관심한다. 그 문제는 루터신학에서 유래한 문제인데 곧 *cor curvum in se* 즉 자신 안으로 구부러져 있는 인간의 마음, 혹은 자신 안에 갇혀 있는 마음, 그래서 자신의 한계를 스스로 벗어날 수 있는 인간의 마음의 문제이다. 바로 이 문제가 개인주의와 주관주의의 문제이다. '자기 안에 갇혀 있는 인간의 마음'은 모든 것을 가지 마음 안으로 내재화하므로 거기에는 진정한 초월도 없고 진정한 타자도 없게 되는 것이다. 이 논문은 본회퍼의 초기 작품들 중 *Sancorum Communio*에 나타나는 성령의 공동체적 이해가 개인주의를 극복하는 것이요, *Akt und Sein*의 이해는 인식론적 주관주의을 극복하는 데 도움이 되는 것임을 밝히는 것이다. 즉 두 작품 모두가 *cor curvum in se*의 문제에 대한 초기 신학의 해답이었다는 것이다.

II. *Sanctorum Communio*와 *cor curvum in se*의 사회적 문제

*Sanctorum Communio*는 1927년에 본회퍼가 쓴 박사학위 논문이다. 이것은 본래 교의학적 교회론을 사회학을 도구로 사용하여 펼쳐보려는 것이다. 이것은 본래 성령론은 아니다. 그러나 그냥 훑어보기만 해도 그가 여기서 영, 정신, 마음 등으로 번역되는 영(Geist) 그리고 영적, 정신으로 번역되는 'geistig'이라는 말을 얼마나 많이 사용하는 지 알 수 있다.[1] 물론 여기서 본회퍼의 주관심사는 성령론이 아니다. 그러나 여기에 빈번히 언급되는 그의 영의 이해는 대단히 의미심장하다. 그는 여기서 삼위일체론과 같은 추상적이고 형이상학적 교리를 논하는 것은 아니다. 그는 교회론을 발전시키면서 '영'의 공동체적 혹은 사회적 차원을 강조하게에 이른다.[2] 여기서 성령은 단순히 교회 안에 있는 영이라거나 개인을 교회 안으로 인도하는 영 정도가 아니다. 여기서 성령은 근본적으로 공동체적임을 나타낸다.

그의 교회론을 전개함에 있어서 본회퍼는 공동체 형성을 위한 신자들의 의지나 하나의 기관인 교회의 전통적 주장들에서 시작하지 않는다. 그는 사회적 관계들마저도 지배하게 되는 인식론적 주객도식에서 시작하지도 않는다. 그는 '기독교적 인격' 개념과 인간존재의 기본

---

1 이러한 용어의 사용은 본회퍼 저작의 독일어 원문에서 더욱 두드러지게 나타난다. 같은 Geist라는 말을 영어 번역에서는 Spirit 혹은 mind 등을 다양하게 번역한다.

2 사실 본회퍼는 모든 기초적 기독교 신학의 개념을 사회성을 가진 것으로 이해할 것을 주장한다. GSe "Preface", 이하는 CSe는 "성도의 교제"의 영어판 *The Communion of Saints. A Dogmatic Inquiry into the Sociology of the Church*, tr, by Ronald Gregor Smith(New York: Harper & Row 1963)를 가리키고 Scgw는 신간 본회퍼 전집에 들어있는 비평적 독일어 신판, *Sanctorum Commuio. Eine dogmatische Untersuchung zur Soziologie der Kirche*, hrsg., von Joachim von Soosten (München: Chr. Kaiser, 1986)을 가리킨다.

적 사회적 관계들에 대한 철학적 논의에서 출발한다.3 본회퍼에게서 기독교적 인격을 이야기하는 것은 동시에 그 인격의 사회적 존재 구조를 이야기하는 것과 결부된다. 이것이 기독교적인 이유는 이 개념이 철저히 하나님과 혹은 성령의 역할과 연관되어 있기 때문이며, 바로 이 점이 중요하다.

본회퍼는 관념론을 극복하려고 하면서4 관념론의 주객 도식적 인식론을 비판한다. 그것은 타자를 인식의 대상인 객체로만 보고 주체로 보지 못하기 때문에 우리로 하여금 사회 안에서 책임 있게 행동할 인격체가 되게 하지 못하고 진정한 공동체 사회를 이루게 하지도 못한다는 것이다(*CSe*. 26f). 본회퍼에 따르면 관념론적 인식론에서는 "주체와 객체의 대립은 정신(Geist)의 통일성 안에서 그리고 그 지적 직관 안에서 극복되어진다"(Cse. 26). 객체는 모든 것을 포용하는 보편적 주체 안에 흡수됨으로써 개별적 객체의 생소한 타자성을 말소 당하게 되고 따라서 객체의 진정한 인격성과 타자성 그리고 고유성은 상실된다는 것이다.

> 근본적으로 이 모든 체제들을 연합하는 것은 정신의 개념 그것도 내재하는 정신의 개념이다… '나'는 이것이 정신인 이상 인격이다. 그러나 정신은 칸트가 말했듯이 가종 최고의 형상으로서 모든 질료를 포함하고 극복하는 것이며, 그리하여 정신과 보편자는 동일하게 되

---

3 본회퍼는 이 개념이 "순수하게 존재에 관한 것이며, 기독교적 관점에서 본 것"이라고 하여 일반 사회학적 개념이다, 종교적 개념과는 구별한다(*CSe*, 26).

4 본회퍼는 사실상 관념론이 아니라 모든 철학적 체계를 극복하려는 것이지만 그의 시대에 있어서는 관념론이 주요표적이다. 그는 사회적 기본관계에 관한 네 가지 철학사상을 비판한다. 즉 아리스토텔레스의 q보편 인류와 개별인간 개념, 스토아 철학의 자기 충족적 동류인간들, 에피큐리안과 계몽주의 개별인간의 쾌락과 이익추구, 독일 관념론의 주체가 지배하는 주객인식관계 등이다(*CSe*, 22-25).

고 개체는 그 가치를 상실한다(*CSe*, 27).

관념론의 체계에서 정신은 내재적이고 보편적이어서 결국 개체들 사이에 아무런 진정한 차이가 없어진다. 이것이 어찌 보면 정신이 무한히 확장되어 나가는 것 같이 보이지만 이 정신은 아무리 발버둥 쳐도 결국 가지 자신이 형성한 테두리와 세계를 벗어 낮지 못한다(후에 본회퍼는 *Akt und Sein*에서 이러한 개념을 *cor curvum in se*라고 부르게 된다). 관념론에서 객체의 타자성은 주체인 정신이 자기 자신에게로 돌아오는 인식 과정의 한 계기에 불과한 것이다. 그렇게 하면 참된 타자성을 가진 인격과 그런 인격들이 형성하는 참된 공동체는 불가능하다는 것이다. 본회퍼는 이 점에 대하여 관념론이 인식론적 범주로부터 사회적인 것을 이끌어 내는 것이라고 하여 비난한다. "순수하게 선험적인 보편 범주로부터 우리는 결코 낯선 타자인 주체의 실존에 도달할 수 없다"(*SCe* 28). 관념론적 인식론의 영역에서 낯선 타자인 객체는 주체에 의해 "오직 어떤 근본적 장벽(eine prinzipielle Schranke)이 어떤 시점에서 나의 정신(Geist)에 나타날 때 뿐"(*CSe* 29, *Cs gw*. 28)이다. 그런데 "관념론의 객체는 장벽이 아니다"(*CSe* 29, *Csgw*. 28). 본회퍼에 의하면 정신 혹은 영은 낯선 타자인 대상적 실체의 장벽을 인정해야(anerkennen) 한다는 것이다.

본회퍼는 이렇게 관념론이 인격과 영의 개념을 파악함에 있어서 부적절한 이유는 "그것이 하나님에 대한 주지주의적(主意主義的) 개념과 죄에 대한 깊은 개념을 결여하고 있기 때문이며 또한 역사 문제에 대한 그 태도 때문"이기도 하다고 한다(*CSe* 31, *Csgw*. 28). 이 문제를 해결하기 위하여 본회퍼는 기독교적 인격 개념을 이야기한다.

기독교 철학에서 인간의 인격은 오직 그것을 초월하고, 그것에 맞서고, 그것을 굴복시키는 신적 인격과의 관계 안에서만 존재하게 된다. [인간의] 영의 자기 충족성은 그 관념론적 개인주의의 의미에서 비기독교적이다. 왜냐하면 그것은 인간의 영이 오직 신적 영에만 해당하는 절대적 가치로 채워져 있다고 하기 때문이다(*CSe* 31, *Csgw*. 29).

여기서 문제되는 것은 "하나님과 인간 사이의 무한한 차이"요 '장벽의 경험'이다. 피조물인 인간은 최고의 가치나 궁극적 진리를 가지지 못한다. 오직 저 장벽을 인정함으로써만 우리는 "인격들 사이에 있는 사회적이며 윤리적-존재적인 기본관계"(die sozialen, ontisch-ethischen Grundbeziehungen der Personen)를 파악할 수 있다는 것이다(*CSe* 32, *Csgw*. 30).

여기에서 본회퍼는 그 당시 인격주의의 인격 개념(주로 Ebhard Grisebach)으로부터 도입한다. 개인이 오직 타자를 통해서만 존재한다는 말은 이제 '나'는 오직 '당신'을 통해서만 일어난다는 말이 된다. '당신'이 '나'를 하나의 인격으로서 하나의 사고하는 실제적 영으로서 만나게 될 때 그것은 또 하나의 '다른 나'로서 '나'에게 맞서 있는 것으로 이해되어야 한다는 것이다(*CSe* 32f, *Csgw*. 30f). '당신'이라는 개념은 관념론의 '객체'와는 다르다. "그것은 주체의 영 안에서 내재하여 있는 것이 아니다." "그것은 주체에서 장벽이다. 그것은 하나의 '당신'에 대한 '나'로서 타자의 의지와 맞부딪히게 되는 의지를 촉발한다." "이것은 순전히 윤리적 초월이며 오직 결단을 하는 인격에 의해서만 경험되어지는 것이고 밖에 서 있는 국외자에게는 보이지 않는 것이다(*CSe* 33, *Csgw*. 31). 이렇게 하여 본회퍼는 관념론의 주객 도식을 극복하고자 한다. 이제 주체와 객체가 아니라 '나'와 '당신'의 관계로부터 공동체를 생각하는 것이 가능하다. '나'가 인격적으로 '나'로 세워지는 것은 스스로 되지 않고 하나의 객체가 아니라 또 하나의 주체인 타자로서의 "당신"의 대립을 통해서이다. 이러한 나와 너의 관계를 통해서 공동체가 가능하다는 것이다.

이와 같이 본회퍼는 철학적 인격주의를 사용하여 관념론의 '영' 혹은 '정신' 개념을 극복하려고 하였으나 이제는 인격주의마저도 기독교적 하나님 개념으로 넘어서고자 한다. 인격주의에서는 인격적 주체인 나의 형성에 있어서 결국 타자인 '당신'이 절대시된다는 문제가 있다. 그런데 하나님 외에 도대체 그 무엇이 절대시될 수 있는가? 기독교적 인격 개념이 철학적 인격주의와 다른 점은 나와 너의 관계에서 '당신'을 절대시하지 않으면서 타자인 '당신'을 세우는 점이라는 것이다.

나는 오직 '당신'과 함께만 일어난다. 책임은 상대방의 주장에 따라오는 것이다. '당신'은 그 자신의 존재에 대하여 아무것도 말해주지 않는다. 다만 그의 요구에 대해서만 말할 뿐이다. 이 요구는 절대적이다…. 그러나 이것은 사람을 자타의 도덕적 인격의 창조자로 만드는 것 같이 보이는데 그런 생각은 받아들일 수 없는 것이다. 그런 것을 피할 수는 없는가? '당신'의 인격형성 행위는 그 자신의 인격적 존재로부터 독립되어 있다.
그것은 또한 인간인 '당신'의 의지로부터도 독립되어 있다. 하나님, 혹은 성령이 구체적인 '당신'에게 와서 그의 행위로서 저 타자로 하여금 나를 위한 '당신'이 되게 하고 나의 나는 그로부터 일어나는 것이다(*CSe* 36, *Csgw.* 32).

'당신'의 인격 형성 행위는 '당신' 자신의 존재나 의지나 능력으로부터 오는 것이 아니다. 왜냐하면 '당신'은 나의 도덕적 인격의 전능한 창조자는 아니기 때문이다. 그렇다고 이것이 자연적 사물의 성격도 아니다. 본회퍼에 의하면 오직 하나님 혹은 성령만이 타자의 인격의 원천이다. 말하자면 성령은 하나님의 인간 인격 형성의 행위자인 셈이다. 인격의 근본 원천을 하나님께 돌림으로써 본회퍼는 인격주의를 이용하는 동시에 넘어서고 있다. 이것이 그가 그의 인격 개념을 기독교적 개념이라고 주장하는 이유들 중 하나이다. 이 개념에서 어떤 '당신'의 성격은 사실상 신적인 것이 경험되는 형태이다. 어떤 의미에서 "모든 인간적 '당신'은 그 성격을 하나님의 '당신'으로부터 받는다." 어떤 의미에서 "모든 인간적 '당신'은 신적 '당신'의 형상이다… 그가 타자에게 미치는 효과로 인하여"(*CSe* 36, *Csgw.* 33). 타자는 하나님이 그를 '당신'으로 만드시는 한에서 '당신'이다.

여기서 성령론적으로 의미심장한 점은 본회퍼가 성령을 윤리적 영역에서 인격 형성의 신적 행위자라고 본다는 것이다. 성령은 단순히 기록된 말씀의 인식론적 조명자일 뿐만 아니라 사회적 관계형성에 친히 관여하시는 하나님이다. 이렇게 하여 본회퍼는 관념론의 영 개념, 즉 실제의 타자성을 인정하지 못하고 인격들 사이의 윤리적 장벽을 알지 못하며 하나님의 영과 인간의 영의 절대적 차이를 알지 못하는 개념을 극복하려고 한다. 결국 이러한 인격 개념과 영 개념은 *cor curvum in se*를 극복하는 것과 관련된다.[5] 여기서 성령의 역할은 바로 나에게 와서 나로 하여금 당신을 하나의 초월적 타자로, 인격적 당신으로 나의 지배 대상이 아니라 존중하고 사랑해야 할 사람으로 깨닫게 하는

---

5 *Sanctorum Communio*에서 *cor curvum in se*라는 말이 문자적으로는 잘 쓰지 않으나 그 생각은 중요한 주제로 취급된다.

것이다. 그럼으로써 상대방인 당신의 개인적 독특성이 최대한 존중됨으로써 오히려 참된 공동체가 가능해진다는 것이다. 이리하여 영 개념의 전체주의와 개인주의는 극복된다.

> [상대방]의 그 인격은 비인격적 정신(apersonalen Geist)에 의해서 혹은 다수의 인격들을 말소하는 어떤 통일성(Einheit)에 의해 초극될 수 없다(CSe 37, Csgw. 33).

이런 의미에서 본회퍼가 말하는 성령은 '장벽의 원리'라고 불릴 수도 있다.6

여기서 우리는 본회퍼 신학의 틀을 볼 수 있다. 한편으로 그는 하나님의 초월성을 주장하면서 다른 한편으로 우리의 사회관계 속에 있는 구체적 하나님의 임재를 강조한다. 하나님은 초월적이서 우리는 하나님 자신의 계시가 아니면 하나님을 볼 수 없다. 그러나 또한 본회퍼는 심지어 타자의 당신은 하나님 자신의 당신이라고까지 말한다. "그리하여 인간 타자를 향한 깊은 신적인 당신을 향한 길이기도 하며 그것은 인정하든가(Aerkennung) 아니면 거부하든가(Ablehnung) 하는 길이다"(CSe 37, Csgw. 34). 내가 타자와 가지는 진정한 관계는 곧 하나님과 가지는 관계로 방향지어진다. 이것은 본회퍼가 인간의 사회관계 한 복판에 있는 초월적 하나님에 대하여 말하는 전형적 방법이다.7

---

6 인격적 장벽, 개인의 인격적 독특성 그리고 그로 인한 대립과 갈등 자체는 본회퍼에 의하면 인간의 타락의 결과가 아니다. 그것은 각자가 그 고유한 방법으로 하나님과 공동체를 섬기고 사랑하는 길들일 뿐이다. 타락이 가져온 결과는 그것이 타자를 섬기는 사랑에서 떠나 참된 공동체를 분리시키고 자기를 추구하는 사랑이 되었다는 점이다(CSe 41; Csgw. 223-224).
7 여기서 벌써 그가 나중에 말하게 되는 타자를 위한 존재 혹은 대리(Stellvertung)와 같은 구조가 등장한다.

성령의 인격형성 행위의 결과로 타자는 우리에게 하'나'님이 우리에게 계시하는 바와 같은 인식의 문제를 제기한다. 즉 우리가 계시를 통해 하'나'님의 '나'를 알듯이 우리는 타자를 그의 계시를 통해서 안다(*CSe* 37, *Csgw.* 34). 그리고 그 '당신'을 인정하는 것은 오직 성령의 사역을 통해서이다. 본회퍼는 이러한 성령의 사역에 대하여 기독교적 인격은 하'나'님이 인간에게 '당신'으로서 맞섬으로써가 아니라 '나'로서 "그 안으로 들어감으로써" 이루어진다고 한다(*CSe* 37, *Csgw.* 34). 이것은 어떤 의미에서 전통적으로 신 인식론의 문제인 성령의 내적 증거의 교리를 윤리학과 사회관계의 영역으로 확장한 것이라고 할 수 있다. 일반적으로 성령은 객관적 하'나'님의 말씀을 주관화하는 것으로 생각되어 왔다. 본회퍼는 놀랍게도 성령이 주체인 '나' 안으로 들어와서 '당신'의 객체적 장벽을 허물고 주관화하는 것이 아니라 오히려 이것은 객관적 실체의 장벽, 즉 '당신'을 형성하고 보존하는 것의 문제이다. 그러'나' 이러한 본회퍼의 이론과 전통적으로 영감 된 말씀에 대한 성령의 내적 증거 교리 사이에는 어떤 유사점이 있다. 객관적 측면에서 보자면, 성령은 구체적인 '당신'에게 와서 그가 바로 '나'를 위한 '당신'이 되게 한다. 이것은 전통적 신학에서 말해온 바 객관적으로 영감 된 말씀에 비교된다. 주관적 측면에서 보자면 성령은 주체인 '나' 안에 들어와서 그와 같은 일을 한다는 것이다. 이것은 말씀을 읽는 신자 안에서 말씀에 대해 증거하는 성령의 사역과 비교된다.

이것은 대단히 특이한 생각이다. 아우구스티누스 이래 아니 그 이전에 사도 바울 이래로 성령은 '연합의 원리'로 여겨져 온 것이 사실이다. 그런데 본회퍼는 성령이 연합의 원리가 아니라 일종의 '장벽의 원리' 혹은 인격적 '대립의 원리'로 말하고 있다. 그러나 본회퍼가 성령을 하나님과 인간 그리고 인간과 인간 사이에서 연합을 이루는 요인으로 보지 않았다는 것은 아니다(*CSe* 119). 본회퍼에게는 성령은 말하자면 동시에 '장벽의 원리'요 또한 연합의 원리라고 보는 것이다. 이것은 본회퍼의 신학에서 하나의 모순인가? 그렇지 않다. 당신은 나에 대하여 단지 장벽일 뿐만 아니라 나의 책임을 요구하는 도덕적 주장이기도 하다. 그러므로 공동체는 오직 참다운 인격의 개인적 특성이 존재하는 곳에만 이루어질 수 있다는 것이다. 여기서 사회적 기초관계는 '나-당신'의 관계이다. 만약 모든 내가 동일한 성령 안에서 당신의 장벽을 인정하고 그 책임을 다한다면 공동체와 그 참된 통일성이 이루어진다. 그렇게 할 때 성령은 '통일의 원리'이기도 하다. 본회퍼에게서 개별적 인격을 바르게 강조함은 동시에 공동체를 바르게 강조함과 같다.

이것은 전통적으로 성령의 내적 증거의 교리가 하나님 인식론에만 관련되어 있던 것을 본회퍼가 윤리적, 혹은 공동체적 영역으로 확장하여 적용한 것이라고 볼 수 있다. 본회퍼의 이러한 생각은 개인주의적이고 주관주의적이며 인식론적으로 축소된 성령론을 보완, 극복하는데서 도움이 된다. 클리포드 그린(Clifford Green)은 본회퍼의 신학에서 기독교적 개념들의 근본적인 사회성(혹은 공동체성)을 그의 박사학위 논문인 "The Sociality of Christ and Humanity: Dietrich Bonhoeffer' Early Theology, 1927-1933"(Th.D. Dissertation at Union Theological Seminary, New York, 1972)에서 잘 밝혀주었다. 필자의 논문은 성령론에서 글리포드 그린의 주장이 옳음을 입증하는 동시에 그러한 성령의 개념이 가지는 함축적 의미들을 들추어내는 것이라고 할 수 있다.

"성도의 교제"에서는 본회퍼가 말하는 저 참된 공동체가 인간의 타락으로 인하여 자기를 내어주는 사랑의 공동체가 아니라 자기 자신을 추구하는 죄의 공동체가 되었다가 그리스도의 구속과 성령의 역사로 인하여 다시 참된 성도의 교제인 교회, 즉 공동체로서 존재하는 그리스도로 회복되는 각 단계들이 서술되고 있다. 이러한 각 단계들에서 본회퍼는 신학적으로, 사회철학적으로 그리고 사회학적으로 공동체를 설명한다. 또한 각 단계에서 개인의 독특성을 바탕으로 하는 사회성, 공동체성 그리고 공동체의 통일성을 서술하고 있다.[8]

III. "행위와 존재"(Akt und Sein)와 *cor curvum in se*의 인식론적 문제

"행위와 존재"는 본회퍼가 1930년에 쓴 교수 자격 취득 논문이다. 그가 "성도의 교제"에서 윤리적 초월의 문제에 집중했다면 "행위와 존재"에서는 인식론적 초월의 문제로 다시 돌아가 씨름했다고 할 수 있다. 여기서 그는 앞서 그가 윤리학적 영역에서 성취하였던 것을 인식론적 영역에서도 이루어 냈다고 할 수 있다. 즉 그는 본격적으로 루터신학에서 유래한 저 *cor curvum in se*에 대한 비판을 토대로[9] 그 당시 독일철학을 분석한다. 그는 당시의 독일철학을 초월의 철학(Transcenden-

---

8 우리는 앞에서 본회퍼가 신학적 입장에서 성령의 사역의 공동체성 혹은 사회성을 이야기 한 것을 살펴보았다. 그러나 본회퍼는 기독교 신학적 면에서 뿐만 아니라 철학적인 면에서도 영의 사회성을 이야기 한다. 이 경우 영은 하나님의 영이 아니라 인간의 영을 말한다. 본회퍼에 의하면 인간의 영은 구조적으로 개방되어 있으며 동시에 구조적으로 닫혀 있다는 것이다. 이 두 가지는 하나의 인간 영의 현실의 두 갖지 특면일 뿐이다. 그리하여 인간의 영성(Geistigkeit)은 근본적으로 사회적(Sozialität)을 지닌다는 것이다(CSe 44; Csgw. 39ff). 그러나 이러한 인간 자신의 영성에 대한 철학적 묘사는 성령 없는 인간의 영이 당신의 도덕적 장벽을 인정하고 그를 사랑하게 하지는 못한다는 의미에서 성령에 의한 인격과 공동체 형성에 대한 신학적 묘사와는 다르다(CSe 44; Csgw. 39).

9 AB. 32; M. Luther, Römer, *Kommentar*, ed by II. 137, I.

talism)과 존재의 철학(Ontology)으로 분류하여 분석하며 그들이 모두 *cor curvum in se*의 문제에 봉착해 있다고 지적한다.

행동의 철학이라 함은 칸트 이래 선험철학의 발전, 즉 헤겔에서 정점을 이루는 관념론을 가리킨다. 여기서는 인식론적 주객관계에서 주체의 행동이 관건이며 그것은 칸트가 애초에 선을 그어 놓았던 한계선 즉 물 자체의 선까지도 넘어선다. 이리하여 인간 정신은 스스로 무한다하고 여기고 행동해 나간다. 그러나 본회퍼에 의하면 인식 행위가 주체의 행동인 이상, 그 주체는 그 주체의 행동을 초월해 있는 타자를 진정으로 알지는 못한다는 것이다. 존재의 철학이란 주체의 행동 이전에 먼저 존재(주체의 존재든 객체의 존재든)를 전제하고 그 존재에 충실해 보려는 시도이다.

그러나 여기서도 하나의 조직적 존재론이라면 아무리 존재를 이야기하고 생각해도 결국 자기 자신에서 출발하여 자신에게 매어 있는 생각일 뿐이지 그 이상이 될 수 없다는 것이다. 결국 초월의 철학이든 존재의 철학이든 동일하게 *cor curvum in se*의 문제에 빠질 수밖에 없다는 것이다. 그것은 타자로서의 객체를 지향하는 직접적 행위(actus directus)가 되지 못하고 자신 안에 맴도는 반성적 행위(actus reflexus)다.

본회퍼에 의하면 이 문제를 진정으로 극복하라는 것은 오직 밖으로부터 인간의 정신세계 안으로 침투해 들어오는 초월적 하나님의 계시이다. 인간 스스로 진리에 도달할 수 없고 하나님도 자기 자신도 알 수 없다는 것이다. 오직 하나님에게 알려지고 그에 의해 전리 안에 계시 안에 들어갈 때만 하나님과 자신을 알 수 있다고 한다(*AB.* 79).[10]

---

10 *AB*는 *Act and Being*, tr. by Bernard Noble(New York, Octagon, 1983)을 가리키고 *ASw.*는 신간 본회퍼 전집에 들어 있는 *Akt und Sein*, Transzendental-philosophie und Ontologie in der systematischen Theologie, Hrsg. Hans Richard Reuter. München, Chr. Kaiser, 1988)을 가리킨다.

이러한 계시와의 만남은 인간 안에서 인간에 의해서가 아니라 인간 박으로부터 온다. 이 만남은 전체로서의 구체적 인간 실존에게 "그 경계선, 즉 더 이상 인간 안에 있거나 인간에 의해서 그려진 선이 아니라 그리스도 자신인 경계선에서" 일어난다는 것이다(AB. 80; ASw. 75ff).[11] 계시는 인간이 자신의 실존이나 세계현실에 대하여 사변적으로 숙고함으로써 나오는 개념이나 가능성이 아니라 하나님의 자유로 주어진 실체이다(AB. 80). 그러므로 기독교적 계시 이해에서 관건은 언제나 다시금 어쩔 수 없이 인간 자신이 정신에 빠져버리는 인간 행위가 아니라 하나님의 계시 행동이라고 한다. 이같이 계시 이해는 (초기) 바르트에서 볼 수 있다. 본회퍼에 의하면 바르트는 철저히 계시를 행동으로 보았다. "이 행동은 결코 개념적 형태로 파악될 수 없으며 따라서 조직적 사고로 제시될 수도 없다"(AB. 82). 인간의 조직적 사고의 제한을 넘어서려는 시도를 본회퍼는 Griesbach를 비롯한 당시 인격주의자들에게서 본다. 그러나 그는 인격주의자들이 복음을 도덕적으로 축소시키고 결국 계시를 상실하는 것을 비판한다(AB. 86-87). 그렇게 되면 역시 저 cor curvum in se의 문제를 극복할 수 없게 된다. 오직 말씀의 선포를 통해서 주어지는 계시만이 그 문제를 극복한다(AB. 89). 물론 이렇게 인간이 계시에 의해 진리 안에 놓인다고 하여도 본회퍼는 그 자신이나 하나님에 대한 인간의 사고는 역시 그 자신 안에 머물 수밖에 없음을 인정한다. 그러나 "그것은 반복적으로 계시의 현실에 의해 간섭을 받아 세속적 사고와는 다르게 된다는 것이다(AB. 89).

---

11 여기서 경계선(Grenze)의 개념은 중요하다. 이것은 성도의 교제에서 말하는 장벽(Schranke)의 개념과 상통한다. 이것은 인간의 영이 넘어갈 수 없는 한계, 즉 초월을 지시하는 개념이다. 본회퍼는 이 경계선을 인간의 존재 주변 혹은 밖에 있는 것으로 보는 데서 출발하여 그 경계선이 곧 그리스도 혹은 하나님과 일치하는 것으로 보았다가 주변이 아니라 중심으로서의 한계를 말하게 된다. 결국 후기에 가서는 그 한계가 우리의 세속 삶의 한복판에, 이웃과 더불어 있는 것으로 이해하게 된다.

그러나 이러한 초기 바르트적으로 이해되는 하나님의 계시 행동은 초월적 순간들로 분산되어 역사 안에 구체적 존재를 갖지 못하게 된다. 본회퍼는 하나님의 계시행위는 단순히 초월적이고 순간적 행동들만이 아니라 역사 안에 지속적 존재를 갖는 계시의 존재가 있어야 참으로 계시다울 수 있다고 주장한다. "하나님은 인간으로부터 자유로우신 것이 아니라 인간을 **위해** 자유로우시다"(AB. 90). 하나님의 계시는 파악할 수 없는 행위로서 만아 아니라 파악할 수 있는 형태를 가지기도 한다는 것이다. "하나님은 거기 계신다. 말하자면 영원한 비객체성으로서가 아니라 교회 안에서 그의 말씀으로 '가질 수 있고' '파악할 수 있는' 식으로 존재한다(AB. 90-91). 그런데 이렇게 말할 때 '안다', '파악한다'는 것은 인간이 다른 것을 알듯이 아는 것이 아니라, '믿는다'는 것을 뜻한다. 또 한 우리 안에서 하나님의 계시를 아는 주체는 성령이시다.

> 계시는 오직 하나님이 우리 영에 하나의 주체로서 계시는 방식으로만 이해된다. 이것은 오직 하나님이 계시를 앎의 주체이어야만 가능하다. 왜냐하면 만일 사람이 안다면 그가 아는 것은 하나님이 아닐 것이기 때문이다. 그러나 이러한 계시 지식은 '믿음'이라고 불리며 계시된 바는 그리스도라는 이름을 가진다. 앎의 주체는 성령인 하나님이다. 그리하여 계시에서 하나님은 자신을 아는 행위 안에 존재한다. 그것이 그의 진리여 이 행위에 대한 반성을 하는 나의 인식 안에서 발견되어 질 수 있다(AB. 89).

여기서 계시에 대한 신앙은 오직 *actus directus*인 행위에 있다.[12]

---

12 여기서 *actus directus*란 인간이 스스로 선험적 정신을 초월하는 낯선 외적 실체를

"신앙은 결코 자신을 향하지 않고 오직 그리스도를, 무언가 밖으로부터 오는 것(von außen Kommende)을 향한다"(*AB*. 95; *ASw*. 89). 신앙은 인간의 결단이 동시에 하나님 자신의 결단이다(*AB*. 99). 본회퍼가 보기에 바르트의 견해는 이러한 신앙으로 말미암는 새 존재는 비역사적 무시간적이요 신앙 주체의 연속성이 결여되어 있는 것으로 본다는 것이다(*AB*. 101-103). 본회퍼가 말하는 *actus directus*의 특징은 무시간성이 아니라 그리스도를 향한 그 방향성이다. 본회퍼는 계시와 그것을 받아들이는 인간의 구체적이고 지속적인 존재를 확보하고자 한다.

　여기서 본회퍼는 계시존재의 세 가지 가능성을 검토한다. 그것은 교리로서의 계시, 심리학적 경험으로서 계시, 기관(이것이 성서이든 교회이든)으로서의 계시가 그것이다. 그러나 그 셋 모두 인간의 사고나 경험이나 기관의 체제 속에 들어 앉아 있어서 외래의 초월자와 무관하게 된다는 것이다(*AB*. 108-111). 물론 하나의 기관이 외래의 타자일 수 있지만 진정한 초월적 외래성은 하나의 인격과의 만남이어야 한다고 본회퍼는 주장한다(*AB*. 111). 본회퍼에 의하면 위의 세 가지 경우들은 계시된 하나님을 인간의 행위나 인간적 차원의 어떤 존재에 의해서 넘어서거나 포용할 수 있는 하나님의 존재자(Seiende)로 만든다는 것이다. 그렇게 되면 계시는 우리에게 맞서는 생소한 낯선 대상적(gegenstädlich) 성격과 계시적 성격을 상실하게 된다. 존재자는 피조물이어서 인간 실존을 뒤흔들어 계시적 영향을 줄 수 없다고 한다(*AB*. 111-112; *ASw*. 102). 그러나 도대체 계시가 계시이려면 초월적 하나님이 피조물인 존재를 통하여 나타나야 하는 것이 아닌가? 본회퍼는 그리하여 계시에서 피조물적 존재자와 피조물적 존재자가 아닌 것

향하여 자신이 개방되어 그것을 인정하는 방향적 행위이며 *actus reflexus*란 인간이 스스로 정신세계 안에서 선험적으로 혹은 이미 주어진 자료들을 가지고 조직적으로 사고하는 반성적 행위를 가리킨다.

(Nichtseiende)의 양면성을 인정한다(*AB*. 112-113; *ASw*. 102-103).

그러면 계시를 받는 인간의 지속적 존재는 어떠한가? 본회퍼에 의하면 인간 실존은 언제나 '…안에 있는 존재'이다. 이 개념으로 연속성을 가진 존재를 확보할 수 있다는 것이다, 즉 계시 사건 안에 있는 인간 존재는 '그리스도 안에 있는 존재'요, '교회 안에 있는 존재'이다. 이 존재는 인간 실존의 개념으로 보면 주체가 존재들과 직면할 때 존재들의 세계 안에서 자기를 발견하면서 사물 인식은 지양되고 그것을 자기의 지배하에 두려고 강요하지 않는다는 것이다(*AB*. 115-116; *ASw*. 105). 이 '… 안에 있는 존재'의 개념은 하이데거의 현존재의 개념을 본회퍼가 기독교적으로 전환시킨 것이라고 할 수 있다. 하이데거의 현존재처럼 이 존재는 자신이 여러 존재들로 둘러싸여, 그것들 안에 있는 존재를 발견한다. 단 이때 주변 존재들은 하나님의 초월적 계시에 의해 붙잡힌 존재들이다. 그러나 하이데거의 현존재와는 달리 이 존재의 가능성은 그 자신 안에 있는 것이 아니라 그리스도로부터 온다는 것이다(*AB*. 118f). 이 존재는 그리스도 안에 있는 존재이다. 이 존재는 단순한 운명으로 이 실존 세계에 내던져진 것이 아니라, 하나님에 의해서 그리스도 안에, 교회 안에 놓인 것이다. 이 존재는 일반적 실존 세계에서 자신을 발견하는 것이 아니다. 그는 교회라는 사회적-신학적 세계 안에서 즉 교회로서 존재하는 그리스도 안에서 자신을 발견하는 것이다 그리스도 안에 있음으로써 그는 하나님과 자신을 안다. 그러나 그는 하나님의 존재나 자신의 존재를 마음대로 지배하고 처분할 수 없다는 것이다. 이와 같이 본회퍼는 계시 수용자의 존재의 연속성을 설명하려고 한다.

이와 같이 본회퍼는 역설적인 두 가지 측면, 즉 계시의 행위와 관련된 초월적 변혁 능력과 함께 계시의 존재와 관련한 연속성과 인식 가능성 모두를 확보하려고 한다. 그런데 이 역설적 양자는 어떻게 하나의 현실일 수 있는가? 여기서 하나님의 초월적 행동이면서도 인식 가능한 지속적 존재인 계시를 생각해야 하는데 본회퍼는 그 종합을 교회, 즉 '공동체로서 존재하는 그리스도'에게서 보았다. 즉 교회는 하나님의 계시행동과 존재의 일치라고 한다. 하나님의 계시 사건은 오직 교회 안에서 말씀의 선포를 통해 일어난다. 그리스도는 교회 안에서 일어나는 이 일의 주체다. 하나님은 교회 안에서 자신을 인격으로 계시함으로써 오직 이 사건만이 외래적이며 초월적이다. 또한 교회는 구체적이고 연속적 존재를 가진다. 그런데 그리스도는 교회 안에서 일어나는 말씀의 선포와 공동체 형성 모두의 주체라고 한다(AB. 120; ASw. 107f). 본회퍼에 의하면 "기독교 공동체는 하나님의 종국적 계시다. 즉 그것은 공동체로서 존재하는 그리스도다"(AB. 121). 이 공동체 안에서 "교회의 각 지체는 그렇게 복음 전파함으로써 다른 지체에게 '하나의 그리스도'가 될 수 있고 또 되어야 한다(AB. 122). 계시행위는 이 공동체 안에서 일어나며 위에서 말한 의미에서 계시는 이 공체이다. 계시존재는 그리스도의 인격에 의해 품어진 여러 새로운 인격들의 공동체의 존재이다(AB. 123). 여기서 일어나는 계시행위의 주체는 그리스도의 인격이므로 계시는 초월성과 인간 존재 변혁 능력을 가진다. 이 공동체는 인식 가능한 연속적 존재를 가진다. 물론 이 연속성은 오직 신앙 안에서만 있는 것이지만….

본회퍼는 교회 안에서 계시를 수용하는 사람의 새로운 존재 역시 죽은 존재자가 아니라 신앙하는 존재라는 의미에서 행동적 측면이 있다고 한다. 또한 이 새 사람은 그리스도 안에 있는 존재요, 공동체 안에 있는 존재이므로 비존재(Nichtsein)가 아니라 존재이다. 따라서 교회 안에 새 존재인 인간은 행위와 존재의 일치다(AB. 130f). 본회퍼는 신앙하는 이 새 존재의 연속성도 개인의 연속성이 아니라 공동체 안의 연속성으로 본다(AB. 132). 본회퍼는 이 공동체가 이 세상의 한 종교 적 부분이라고 하지 않고 온 인류를 포괄하는 것으로 이해했다(AB. 132).

여기서 성령이란 말은 단 몇 회만 언급된다. 그러나 성령이 위에서 서술한 맥락에서 언급된다는 것은 의미심장하다. 하나님의 계시 행위 를 논하면서 본회퍼는 하나님을 계시에서 '알려진 자'(계시된 그리스 도)요 또한 동시에 계시를 '아는 자'(성령)이라고 했다. 성령은 신자 안 에서 계시를 아는 주체이다(AB. 92ff). 성령은 우리 안에서 신앙을 일 으키고 비켜버리는 식으로가 아니라 우리 안에 남아서 스스로가 인식 주체가 된다는 것이다.13 즉 본회퍼에 의하면 성령은 계시 인식의 주 관성이 아니라 철저히 계시의 객관성 혹은 초월성을 보장하면서 계시 인식을 가능하게 하는 요소이다. 본회퍼는 성령을 단순히 객관적이고 외적 말씀을 인식 주체 안에 주관화는 요인이 아니라, 그 자신이 하나 님의 영으로서 우리 안에서 계시를 받아들이고 아는 주체라고 한다. 그러나 이 성령이 우리라는 인간 주체를 무시하거나 파괴하는 것은 아 니다. 성령은 계시의 초월성과 타자성을 보장하는 자인 동시에 우리 안에 신앙을 창조한다. 여기서 성령이 창조하는 신앙은 *actus reflexus*가 아니라 *actus direcus*인 신앙이다. 대개 종교개혁 전통에서는 성령을 신 자 안에서 외적인 말씀에 대하여 내적으로 증거하는 이로 이해하였으 나 본회퍼는 거기서 더 나아간다. 여기서 그는 성령을 하나님 자신의 계시를 인식하는 주체로 묘사한다. 문제는 본회퍼가 이런 말을 *cor cur-*

---

13 이것은 칼 바르트가 말한 하나님은 우리 안에 말씀을 들음과 믿음을 창조하시며, 또 한 하나님 자신이 우리 안에 말씀을 들으시고 믿으신다고 한 것과 유사하다. Karl Barth, *Die Christliche Dogmatik* I 357f 284ff; *Zwischen den Zeiten*, 1925, No. 3. 239ff, quoted in Bonhoeffer, *AB*. 82.

*vum in se*에 대한 철저한 비판 후에 한다는 사실이다. 즉 본회퍼의 논술의 맥락으로 볼 때 이 말은 성령 이해의 주관주의를 지지하는 말이 아니라 철저히 그 반대를 의미한다는 것이다. 여기서 성령은 인간 영의 안에 임재해 있으나 어디까지나 인간 영과 다른, 인간에 대하여 초월해 있는 것으로 생각된다. 성령은 그러므로 단순한 내재(immanence)의 원리가 아니라 초월적 하나님의 임재(presence)이다. 성령은 우리 안에 있으면서도 우리 자신의 영과 구별되는 초월적 영이다. 이로써 인식론적 의미에서 주관주의적 *actus reflexus*에 빠지는 *cor curvum in se*의 문제가 극복된다.

그러나 이렇게 성령이 우리의 신앙 행위의 주체가 된다면 인간의 주체는 어찌 되는가? 본회퍼는 우리 신앙 행위에서 성령과 성령의 창조물인 신앙을 받은 인간은 함께 주체가 된다고 할하는 듯하다(*AB*. 95). 그러나 본회퍼는 양자의 관계에 대해서는 자세히 언급하지 않는다. 아마도 본회퍼는 하나님이 다시금 우리의 지배하에 들어오는 인식 대상처럼 취급되는 것을 두려워한 것 같다. 또한 성령을 우리 안에서 자신을 인식하는 하나님으로 보는 것은 헤겔이 말한바, 절대정신이 유한 정신의 인식 안에서 자신을 안다고 하는 것과 유사하다. 그러나 본회퍼는 하나님의 성령과 인간의 영 사이에는 무한한 질적 차이도 있다고 본다. 또한 본회퍼에게는 계시에서 성령이 하나님을 아는 주체가 되는 것을 절대정신이 자기실현을 거쳐서 자신에게로 돌아가는 한 계기에 불과하다는 것이 전혀 아니다.

또 한 가지 문제는 한편으로 본회퍼가 성령을 가리켜 계시에 대한 인식주체라고 하면서 다른 한편 그리스도가 말씀을 설교하고 믿는 일에 모두 주체가 된다고 한다는 점이다(*AB*. 122). 이것은 만약 본회퍼가 성령과 그리스도의 영(Christusgeist)을 동일시하고 오늘날 성령

이 세상에서 하시는 일을 결국 그리스도가 하시는 일이라는 데 동의한
다면 별로 문제될 것이 없다. 그런데 본회퍼는 이상스럽게도 성령과
그리스도의 영을 구분한다(*SCe*, 98-99). 이것은 또 다른 면에서 문제
가 된다. *Sanctorum Communio*에서는 타자를 인격으로 세워주는 것이
성령의 일이라고 묘사하는데 *Akt und Sein*에서는 동일한 것을 그리스
도의 일로 묘사한다는 점이다(*AB*. 124).[14] 이것 역시 본회퍼가 성령과
그리스도의 영을 구분하는 이상 문제가 된다.

　　이러한 문제점에도 불구하고 본회퍼에게서 성령(성령이라 하든지
그리스도의 영이라고 하든지)은 주관주의의 영은 아닌 것이 분명하다.
반대로 성령은 우리가 계시를 인식하는 순간에도 계시의 초월성을 보
장하는 분이다. 그리스도의 영은 교회라는 신학적-사회학적 맥락에서
인격을 형성하는 행위자이다. 이 경우 초월성은 *Sanctorum Communio*에
서처럼 단지 윤리적 초월만이 아니라 인식론적 초월도 말하고 있음이
사실이다. 교회 안에서 우리는 성령에 의해 인격이 되고 나의 밖에 있
는 참된 외재성이 되는 타자의 설교에 의해서 그리스도를 믿는다.

　　물론 본회퍼에 의하면 교회 안에서 일어나는 계시에서는 이 인식
론적 초월성(不可知性, 비객체성)은 항상 어떤 알 수 있는 자료(可知性,
객체성)를 동반한다고 한다. 그리고 이 가지성 자료로 인하여 신학적
사고가 가능하게 된다고 한다. 미래로부터 오는 초월적 불가지성에
대한 *actus directus*는 과거로 흘러가면서 가지적 자료를 *actus reflexus*에
남긴다는 것이다. 그리하여 나의 과거에 있는 자료는 성령에 의해 일
깨워지는 미래(초월, 외재성, 이제 올 것)에 근거하며, 미래에 의해 결
정되어지고 방향지어진다는 것이다(*AB*. 183). 이렇게 보면 성령은 우

---

14 "다른 인격들이 사람을 위해서 인격성을 가지게 되는 것은 오직 그리스도의 인격을
　통해서이다."(AB. 124). 본회퍼는 또한 그러한 타자들과 외부세계를 '그리스도의 영
　의 매개자'(Vermittler des Christusgeistes)라고 부른다(*AB*. 130; *ASw*. 125).

리가 지배할 수 없는 초월성을 의미하는 미래를 일깨우는 자로 이해되는 것이다. 그리하여 철저히 성령은 내제의 원리가 아니라 초월적 하나님의 임재요, 우리 안에서 *cor curvum in se*인 우리 영을 초월자인 하나님과 타자를 향해 일깨우는 이로 이해된다.

그러므로 본회퍼의 신학에서 성령이 '장벽의 원리'인 동시에 '연합의 원리'라는 말은 모순이 아니다. 성령을 우리 인간의 마음 즉 *cor curvum in se*를 깨뜨리고 침투해 들어오는 이라는 이해가 바로 그 열쇠다. 본회퍼에 의하면 성령은 우리에게 와서 자신 안에 갇혀서 맴돌고 있는 우리의 영을 개방하여 우리로 하여금 전적 타자인 하나님의 계시를 받아들이게 하고 하나님을 *actus directus*의 믿음으로 믿게 한다. 그리하여 우리는 다른 사람들을 윤리적 장벽을 가진 인격적 타자요 주체로 발견하고 인정하게 된다. 또한 그로써 우리는 상호간 사랑으로 대하게 되고 공동체적 일치를 이루게 된다. 이 모든 일에서 성령은 *corcurvum in se*인 인간의 개방자요 해방자이다.

IV. 맺는 말

이상에서 분명히 드러난 것은 본회퍼의 신학에서 성령은 단순히 우리 안에 본래부터 내재하는 어떤 인간적 원리가 아니라, 초월적 하나님의 영으로서 인간의 정신세계 외부로부터 인간에게 와서 인간과 함께 임재하며 자신 안에 갇혀 있는 인간의 정신을 개방하여 하나님과 타인들의 인격적 초월성을 깨닫고 받아들이게 하는 영이라는 것이다. 본회퍼가 성령론에 집중적 관심을 갖지는 않았지만 위와 같은 초월과 임재의 역동적 관계 그리고 자기 안에 갇힌 인간의 마음의 문제는 본회퍼의 초기 사상뿐만 아니라 후기에까지 이어지는 관심사였음을 알게 된다. 물론 후기에는 그런 관심사들이 다른 맥락에서 다른 언어들로 묘사된다. 여기서 중요한 것은 사회적 관계에서 타자를 인격적으로 인정하고 참된 공동체를 이루는 성령의 윤리적-사회적 사역과 사회-신학적 존재 즉 '공동체로 존재하는 그리스도'인 교회 안에서 계시 사건을 일으키며 그 계시를 *actus directus*인 신앙으로 받아들이게 하는 성령의 인식론적 사역이다. 이러한 논의들에서 본회퍼는 전통적 성령의 내적 증거의 교리를 확장하여 공동체 안에서 역동적이며 구체적으로 이해했다고 할 수 있다. 물론 본회퍼가 말하는 성령에 대한 논의들 중에는 문제성이 있는 점들도 있다. 예를 들면 *Sanctorum Communio*에서 성령과 그리스도의 영을 구분하는 것이라든지, 종말에 가서 교회의 객관 정신이 성령과 동일하게 될 것이라고 한다든지 하는 점 등이다. 그러나 본회퍼의 성령에 관한 논의는 *cor curvum in se*인 영 개념에 매어 있는 성령이해의 개인주의와 주관주의를 극복하는데 있어서 유익한 통찰들이라 할 수 있다.

(한국본회퍼학회 연구발표회, 1998년 7월 11일, 한국기독교장로회 선교교육원)

본회퍼의 교회 개념과 교회 개혁
: 타자를 위한 교회, 세상을 위한 교회

유석성

(안양대학교 총장)

I. 시작하는 말

교회는 항상 개혁되어야 한다. "항상 개혁되어야 하는 교회"(*ecclesia semper reformanda*)라는 종교개혁적 명제는 개신교회의 실천 원리이자 오늘날도 교회를 향해 끊임없이 요청되는 존재 원리이다. 프로테스탄트교회는 잘못된 가톨릭교회에 대해서 프로테스트(protest)하는 데서 출발했던 것처럼 언제나 적그리스도의 악마적 세력이니 비성서적 제도, 질서, 구조에 대한 저항의 당위성과 교회 자체 내의 개혁의 필요성을 그 본질로 하고 있다. 디트리히 본회퍼(1906-1945)의 이름은 오늘날도 불의한 세력과 폭압적 정권에 항거하는 사람과 '교회를 교회답게' 개혁하고자 하는 교회의 귀감처럼 되어 있다. 본회퍼는 독일 교회가 나치의 히틀러 정권의 외적 도전과 교회 자체 내의 개혁하지 않으면 안 되는 모습 속에서 '교회의 교회다움'을 추구하며, 교회 개혁과 세상을 위해 책임지는 교회의 모습을 일깨운 신학자요 목사였다.

1. 교회와 그리스도

우리는 본회퍼의 신학적 발전을 3기로 구분할 수 있다.

첫째: 학문적 시기(Akademische Zeit): 1927-1931/32
둘째: 교회 투쟁의 시기(Kirchenkampf): 1931/32-1939/40
셋째: 저항과 투옥의 시기(Widerstand und Haft): 1939/40-1945

본회퍼의 신학에 있어서 중심은 그리스도다. 그리스도는 처음 학문적 시기에서는 계시의 현실(Offenbarungsrealität)로서, 둘째 교회 투쟁 시기에는 교회의 주로서 그리고 마지막으로 저항과 투옥의 시기에는 "교회의 주일뿐만 아니라 세상의 주"(Herr der Kirche/Herr der Welt)로서 이해된다.

그런데 본회퍼의 신학에 있어서 교회는 또한 그리스도와 더불어 핵심적 개념이다. 본회퍼의 박사논문이 말해주듯이 그의 신학은 교회론으로부터 출발하고 있다. 1927년 그가 21세에 베를린대학에 제출한 바 있는 박사학위 논문 "성도의 교제"(*Sanctorum Communio*)와 교수 자격 논문 "행위와 존재"(*Akt und Sein*) 그리고 베를린대학에서 강의한 "교회의 본질"(Das Wesen der Kirche), "그리스도론 강의"(Christologie-Vorlesung), 『나를 따르라』, 『윤리학』, 『옥중서신』에 이르기까지 교회 문제들이 일관되게 취급되고 있다.

본회퍼가 교회에 관심을 갖게 된 전기적 사건은 로마 방문을 통해서 생겨났다. 본회퍼는 1924년 튀빙겐대학 시절 그의 형 클라우스와 함께 로마를 여행하게 되었다. 그때 그는 교회에 대한 새로운 안목과 중요성을 발견했다. 본회퍼는 독일의 개신교회가 지역적, 민족적, 소시민적인 것을 깨닫게 되고, 가톨릭교회의 보편성과 예배의식에서 큰 감명을 받았다. 이 때 본회퍼에게서 가톨릭교회에 대한 비판적 사랑이 싹트게 된다. 이 교회에 대한 관심이 후일 그가 박사논문으로 교회론을 택하게 된 동기가 되었다.

본회퍼는 처음부터 기독론과 교회론을 밀접하게 연관시켰다. 본회퍼의 신학은 교회론으로부터 출발한다. 그는 교회를 공동체로서 존재하는 그리스도(Christus als Gemeinde existierende)로 규정한다. 그는 교회 이해를 위해서 집합인격(Kollektivperson)의 개념을 사용하여 교회의 사회학적 기본 구조를 밝힌 것이다.

본회퍼는 그의 교수 자격 논문 "행위와 존재"에서 계시 이해를 그 중심 주제로 다룬다. 그는 여기에서 계시 이해의 기독교적 성격을 탁월하게 규명하고 있다. 당시 신학에서 두개의 서로 대립되는 계시 이해가 있었다. 하나는 선험철학의 영향을 받은 신학으로서 이것은 신 중심적 입장에서 행위를 강조했고(Karl Barth), 다른 하나는 존재론적 철학의 영향을 받아 인간 중심의 입장에서 존재를 강조하는 관점에서 계시를 이해했다. 본회퍼는 계시에 있어서 행위와 존재의 대립적 관계는 교회 개념에서 극복될 수 있고, 행위-존재의 통일성(Akt-Sein-Einheit)이 가능하다고 믿었다. 본회퍼는 교회론적 관점에서 전체 신학을 본 신학자였다. "신학은 교회의 한 기능이다. 왜냐하면 설교 없는 교회는 있을 수 없고 회상 없는 설교는 있을 수 없기 때문이다. 그러나 신학은 교회의 회상이다."

그러면 교회란 무엇인가? 본회퍼에 의하면 교회는 인간과 함께 하는 하나님의 새로운 의지라고 했다. 하나님의 의지는 언제나 구체적으로 역사적인 인간들에게 명령된다. 교회는 역사 안에서 시작되며 동시에 완성된다. 그 이유는 하나님의 말씀은 언제나 행위이기 때문이다.

2. 제자직의 교회, 십자가의 교회

1933년 1월 30일 히틀러는 정권을 장악하고 수상이 된다. 이날은 인류의 비극을 잉태한 날이며, 교회를 투쟁 속으로 몰아넣고 양심적 지식인과 신앙인들의 수난을 예고한 날이다. 유태인 600만 명을 학살하고 제2차 세계대전을 배태시킨 날이기도 하였다. 1933년부터 1945년까지 제3제국 하에서 독일 교회는 교회 투쟁의 시기를 맞이하게 된다.

이 교회 투쟁의 시기에 본회퍼는 베를린대학에서 '교회의 본질', '그리스도론' 그리고 '창조와 타락'을 강의했다. 본회퍼는 1935년부터 1937년까지 고백교회에서 세운 목사후보생을 위한 핑켄발데 수련소에서 교장으로 일했다. 이 수련소는 특별한 교육과정을 실시했다. 철저한 이론적 교육과 더불어 영적 훈련 및 그것의 실제적 적용을 강조했다. 형제의 집(Bruderhaus)에서의 공동생활, 강의, 기도와 명상, 죄의 고백, 마을의 가정들을 방문하는 교과과정이 실시되었다. 이 수련소는 1937년 비밀경찰에 의해서 폐쇄 당한다. 이 수련소에서 강의한 내용이 『나를 따르라』(*Nachfolge*)라는 제목으로 출간되었고 형제의 집의 공동생활의 기록인 『신도의 공동생활』(*Gemeinsames Leben*)이 출판되었다.

"나를 따르라"에서 본회퍼는 당시의 독일교회를 비판하고 제자직을 통한 기독교 신앙의 참 모습을 밝히고자 했다. 본회퍼에 의하면 교회는 제자직의 수행의 장소다. 교회는 그리스도의 부름, 그리스도를 따름(제자직), 신앙의 복종, 그리스도의 십자가의 장소이다. 교회는 그리스도 안에서 하나님과 이웃에 대한 유일한 매개이며 그를 통해서 그를 향하여 유지되는 세계의 매개이다. 교회는 고백하고 뒤따르는 교회이다. 본회퍼의 공헌은 그리스도를 뒤따르는 제자들의 길인 제자직(Nachfolge)의 고귀한 가치와 심원한 의미를 일깨워 준 것에 있다. 제자직은 종교개혁자들에게 잊힌 주제였다. 루터교에서는 제자직의 윤리(Nachfolge Ethik)를 제세례파 교회에 넘겨주었고, 질서의 윤리(Ordnungsethik)로 제한하였다. 이 제자직의 주제를 중심 주제로 부각시키는데 공헌한 것이 본회퍼였다.

본회퍼는 제자직을 은혜와 분리될 수 없는 것으로 파악한다. 본회퍼는 당시 독일의 교회는 종교개혁의 표제어인 '믿음만으로 의로워진다'는 것을 잘못 인식하고 있다고 비판했다. 본회퍼는 복종 없는 신앙(Glaube ohne Gehorsam)을 '값싼 은혜'라고 하였다. "값싼 은혜는 싸게 파는 물건, 함부로 팔아버리는 용서와 위로와 성만찬으로서의 은혜이다. 값싼 은혜는 회개 없는 용서의 설교, 교회 교육 없이 베푸는 세례, 죄의 고백 없이 행하는 성만찬, 개인적 죄의 고백 없는 면죄의 확인이다. 값싼 은혜는 제자직 없는 은혜, 십자가 없는 은혜, 인간이 된 예수 그리스도 없는 은혜이다."

값비싼 은혜는 그리스도의 제자직으로 부른다. 제자직에로 부름은 예수 그리스도와의 인격적 결합을 뜻한다. '신앙'이란 복종의 행위이다. 본회퍼는 다음과 같은 유명한 말을 한다. "믿는 자는 복종하고 복종하는 자는 믿는다." 신앙과 복종은 시간적으로가 아니라 논리적으로 분리가 가능하다. 제자직에로 부름은 본회퍼에 의하면 제자들의 복종을 요구한다. 이 복종은 직접적 복종, 단순한 복종, 구체적 복종을 의미한다. 첫째 제자직을 위한 부름은 직접적 복종의 응답을 요구한다. 예수가 따르라는 부름에 제자들은 예수에 대한 신앙고백을 한 것이 아니라 복종의 행위를 했다. 둘째 제자직에 대한 부름은 단순한 복종을 요구한다. 왜냐하면 제자직은 자기의 의지에 따라 사는 삶의 모습의 포기이기 때문이다. 자기의 의지를 포기하는 것은 예수를 뒤따름을 위한 전제이다. 이 포기는 오직 신앙으로부터 수행되어야 한다. 신앙을 위한 구체적인 상황에 그리스도의 계명에 대한 단순한 복종이 가능하다. 셋째 예수의 부름은 구체적 부름이요 구체적 복종이다. 신앙은 오직 복종의 행위 속에서 존재한다. 예수의 부름은 인간적 모든 속박, 억압, 무거운 모든 짐, 근심과 양심의 고통 등에서 해방시킨다.

예수 그리스도를 따르는 제자직은 본회퍼에 의하면 십자가에 달린 그리스도를 따름으로써 드러난다. 본회퍼는 제자직에로의 부름(마가 8:31-38)은 예수의 수난 선포와 밀접하게 연관되어 있다고 한다. 예수의 십자가의 종합적 표현이 수난과 버림받음을 뜻한다는 것이다. 제자직은 예수 그리스도와의 인격적 결합이요, 십자가를 의미한다. 수난을 위한 제자직의 표현은 그리스도의 십자가를 의미하고 이 십자가는 철저하게 예수 그리스도의 고난에 동참하는 것을 의미하며, 이 고난은 그리스도 안에 있기 때문에 진정한 기쁨이 된다는 것이다.

3. 교회와 윤리

본회퍼에 있어서 기독교윤리와 교회 역시 불가분의 관계이다. 그에 의하면 하나님의 뜻을 묻고 그것을 실천하는 것이 윤리이며, 그 윤리의 형성이 이루어지는 장소와 역할이 교회이다. 본회퍼는 그리스도인의 삶의 모습의 근거를 예수 그리스도의 모습에서 발견했다. 그에 의하면 윤리는 예수 그리스도의 모습(Gestalt)대로 닮아 가는 '형성으로서 윤리'(Ethik als Gestaltung)이다.

예수의 모습은 어떤가? 성육신하고 십자가에 죽고 부활한 것이 그리스도의 모습이다. 이 그리스도의 모습으로 변화되는 것이 성서가 말하는 형성의 의미이다. 형성이란 그리스도와의 관계에서 성립된다. 형성이란 그리스도의 모습과 관계없이 독자적인 과정이나 상태가 아니라 예수 그리스도의 모습으로부터 그리고 그 모습을 향한 형성을 말한다. "기독교 윤리의 출발점은 그리스도의 몸인 교회의 형태 속에 있는 그리스도의 모습이며 그리스도의 모습을 따른 교회의 형태이다." 성육신은 실제로 인간이 되었다는 것을 말하며 인간은 우상화의 대상도 경멸의 대상도 아니라 하나님의 사랑의 대상이라는 것이다. 십자가에 달렸다는 것은 하나님에 의해서 심판 받는 인간이 되는 것이다. 이 인간은 하나님의 심판을 지고 죄 때문에 하나님 앞에서 매일매일 죽어야 하는 인간, 세상 속에서 그리스도를 위해 그리스도의 고난에 동참하여 하나님 앞에서 새로운 인간이 되는 것이다. 부활은 하나님 앞에서 새로운 인간이 되는 것이다. 중요한 것은 본회퍼가 말하는 형성의 의미는 인간 스스로 이루는 것이 아니라 예수 그리스도가 작용하여 형성이 이루어진다고 하는 것이다(갈 4:19). 형성의 필수불가결한 장소와 역할을 하는 것이 교회이다. '형성으로서의 윤리'는 추상적, 결의론적, 사변적이 아니라 이 세상 속에서 예수 그리스도의 모습대로 형성되도록 구체적 판단과 결단을 내리는데서 그리스도를 따르는 복종의 윤리이다.

4. 세상을 위한 교회

테겔 감옥에서 본회퍼는 중요한 질문을 던진다. 도대체 기독교란 오늘날 우리에게 무엇이며 그리스도란 누구인가?[1] 이러한 그리스도가 누구냐 하는 물음에 대한 대답을 "어느 저서를 위한 초안"에서 발견할 수 있다. 즉 예수 그리스도는 타자를 위한 존재다.

본회퍼는 타자를 위한 예수(Für-andere-Dasein Jesu)와 연관시켜 우리는 '타자를 위한 예수'를 생각해야 한다. 본회퍼는 "교회를 타자를 위한 존재일 때만 교회다"라고 말한다. 여기서 두 가지 질문을 한다. 참된 교회는 어디에 있으며, '타자'란 누구인가? 참된 교회는 두 가지 조건하에서 성립된다. 그것은 곧 그리스도와 십자가이다. 예수 그리스도는 교회의 근거며, 교회는 그로 말미암아 세워졌다.

참된 교회는 십자가 아래 있는 교회다. 십자가 아래 있는 교회란 십자가 공동체며, 고난의 공동체다. 본회퍼는 타자를 위한 교회의 과제를 1) 곤궁한 자들에게 소유를 나누어주는 일, 2) 인간 공동체적 삶과 세상적 과제에 도움을 주고 봉사하는 것에서 찾는다. 오늘의 타자를 구체화하면 마태복음 25장에서 찾을 수 있다. 지극히 적은 자들과 보잘 것 없는 자들, 굶주리고, 목마르고 나그네 되고 헐벗고, 병들과 옥에 갇힌 자들이다. 타자를 더 구조적으로 말하자면 정치적으로 억압받고, 경제적으로 착취당하고 사회 문화적으로 소외당한 자들이다.

타자를 위한 존재에서 다음 몇 가지들이 보완되어야 할 것이다.

첫째, 타자를 위한 교회는 타자와 함께 하는 교회(Kirche mit andere)로 보충되어야 한다. 타자를 위한 교회에서는 타자를 주체(Subjekt)로 보지 못하고, 객체(Objekt)로 보기 때문이다.

둘째, 나아가서 타자를 위한 교회는 민중을 위한 교회, 주체로서의 민중을 나타내는 민중의 교회가 되어야 할 것이다.

셋째, 타자를 위한 교회는 가난한 자들을 위한 교회가 되어야 한다. 공관복음서 기자들은 예수를 다음과 같이 선포했다. 1) 복음은 가난한 자들에게 선포되어야 한다. 2) 하나님의 나라는 가난한 자들에게 속한다. 3) 하나님은 가난한 자들 편이며 하나님의 미래는 그들에게 속한다. 4) 하나님의 나라는 가난한 자, 병든 자, 어린이, 노예들 가운데 이미 임재했다(눅 4:18; 마 11:5; 막 10:14; 마 19:14, 막 5:3). 가난은 집합 개념이며 상대적 개념이다. 가난한 자들의 우선적 선택과 가난한 자들을 위한 당파성을 고려하는 교회가 되어야 할 것이다.

본회퍼는 예수 그리스도는 교회의 주일뿐만 아니라 세상의 주가 된다고 했다. 그는 성육신과 십자가를 통해서 현실성과 세상성을 발견한다. 본회퍼에 있어서 그리스도와 세계가 분리되지 않고 서로 결합된다. 그리스도의 현실은 세상의 현실 속에 있는 하나님의 현실이다. 그리스도 안에서는 하나님과 세계가 같은 시점으로 주시하는 것이 가능하다. 그리스도 안에서 하나님과 세계가 화해되고 하나님의 현실과 세계의 현실이 만난다. 기독교적 삶은 세상적 삶이요, 하나님 없는 세상에 하나님은 고난을 함께 당하는 것이다. "신앙은 세상적 삶 속에서 하나님의 고난에 참여하는 것이다."

(본회퍼학회 연구발표, 1991년 5월 24일, 서울 양재동 새겨레교회)

본회퍼의 평화 윤리

유석성

(안양대학교 총장)

I. 서론

본회퍼는 평화주의자였으며, 현대 에큐메니칼 평화운동의 선구자였다. 본회퍼는 1934년 8월에 이미 평화를 위한 에큐메니칼 회의를 개최할 것을 제창한 바 있다. 본회퍼의 평화회의 구상은 그 당시에는 이루어지지 않았지만 50년이 지나서 실현되었다. 1990년 3월 5-11일 서울에서 "정의, 평화, 창조질서의 보전"(Justics, Peace and Integrity of Creation)을 주제로 평화에 관한 세계대회가 개최되었다. 이 대회는 1983년 캐나다 뱅쿠버에서 개최된 세계교회협의회(WCC) 총회에서 독일 대표에 의하여 제안되었고, 그후 몇 차례의 협의 과정을 거쳐 1988년 8월 10-20일 독일 하노버에서 열린 실행위원회에서 서울에서 개최하기로 최종 결정되어 열리게 되었던 것이다.[1]

---

1 한국기독교사회문제연구원 편, 『정의·평화·창조질서의 보전 세계대회자료집』, 31. Vgl.: Martin Bogdahn, (Hrsg.) *konzil des Friedens Aufruf und Echo*, München, 1986. Frieden in Gerechtigkeit, Die offiziellen Dokumente der Europäischen Ökumenischen Versammlung, 1989 in Basel, Basel/Zürich, 1989.

본회퍼의 평화에 대한 구상과 사상은 1945년 2차대전 후 핵시대를 맞아 평화의 문제를 생각하는데 있어 그 출발점이 되었다. 2차대전 중 '아우슈비츠'의 대학살(Holocaust)과 히로시마-나가사끼 원자폭탄 투하에 따른 인류의 참사에서 그 필요성을 절감하게 되었다. 오늘의 역사 속에서 그 어느 시대보다도 평화에 대한 학문적 연구와 관심이 높은 것은 인류의 생존을 위협하는 핵무기의 개발과 자연환경 오염에 따른 생태학적 위기에서 비롯된 것이다.[2] 본회퍼의 평화사상은 시대의 변화를 넘어서 오늘의 평화 문제를 생각하는데 큰 의미를 지닌다.

본회퍼와 평화를 논의할 때 문제는 다음과 같다.

본회퍼는 과연 평화주의자였는가. 본회퍼가 평화주의자였다면 어떻게 평화주의자인 목사요, 신학자가 사람을 죽이는 히틀러 암살 음모에 가담할 수 있었겠는가 하는 문제이다. 이러한 문제점을 가지고 본회퍼의 평화사상과 그의 정치적 저항의 문제와 평화의 오늘의 의미를 다루고자 한다.

II. 평화 강연과 평화 설교

본회퍼는 1930년대에 두 차례에 걸쳐 평화에 관한 그의 견해를 발표하였다. 첫 번째는 1932년 7월 체코슬로바키아 체르노호르스케 쿠펠레(Cernohorske Kupele)에서 개최된 청년평화회의에서 "세계연맹 사업의 신학적 근거"라는 제목으로 행한 강연이다.[3] 두 번째는

---

2 유석성, 『현대사회의 사회윤리』 (서울신학대학교 출판부, 1997), 9.

3 Dietrich Bonhoeffer, *Gesammelte Schriften* I, München, 1978, 3 Auflage.

1934년 8월 덴마크 파뇌(Fanö)에서 에큐메니칼협의회 때 행한 강연과 평화에 과한 설교가 남아 있다.[4]

1. 체르노호르스케 쿠펠레 강연

본회퍼는 1932년 7월 26일 체코슬로바키아 체르노호르스케 쿠펠레(Cernohorske Kupele)에서 개최된 청년평화회의에서 "세계연맹 사업의 신학적 근거를 위하여"라는 제목으로 강연을 하였다.[5] 이 강연을 할 당시는 독일은 바이마르공화국이 붕괴되기 직전으로 세계적 경제공황의 시기에 경제적 위기와 좌·우익 극단주의자들이 정치적으로 대결하는 혼란기였다. 본회퍼는 이러한 내적인 정치적 위기를 국제적인 제도와 밀접히 연관되어 작용된다고 보았다. 본회퍼 교회의 평화에 대한 관심과 그 운동의 전개도 개교회적인 것보다 전 세계적인 접근방법을 시도하였다.

이 강연은 세 가지 측면에서 그 내용의 주안점을 파악할 수 있다.

첫째, 본회퍼는 이 강연에서 평화운동의 신학적 근거는 교회론적·기독론적이어야 한다고 강조하였다. 본회퍼는 "에큐메니칼 운동에 신학이 없다"고 말하고, 에큐메니칼 운동에서 교회의 자기 이해의 새로운 모습을 위하여 새로운 신학이 필요하다고 강조하였다.[6] 본회퍼는 에큐메니칼 운동을 신학적으로 이해할 때 이 운동을 이끌어가는 지도자들이 에큐메니칼 기구를 목적 조직(Zweckorganisation)으로 만들어 정치적 경기 변동에 종속시키게 되었다고 비판하였다. 예를 들면

141-161. (이하 GS I)

4 GS I, 212-219.

5 GS I, 140, 158; 테제, 159-161.

6 GS I, 140.

독일에서 젊은이들에게 압도적으로 흥미를 끌며 정치적 물결을 일으키고 있는 민족주의 때문에 에큐메니칼 운동이 무기력하고 무의미하게 되었다는 것이다.7 에큐메니칼 운동을 교회의 새로운 모습으로 이해한 본회퍼는 세계연맹 사업의 영역을 '전 세계'라고 주장한다. 그 이유는 전 세계가 그리스도에게 속하였기에 장소적 제약을 받지 않기 때문이다. 세계의 주가 되는 예수 그리스도의 공동체로서 교회는 전 세계에 그리스도의 말씀을 말하여야 하는 위탁을 받았다. 교회는 그리스도 현존이다. 따라서 오직 전권을 가지고 복음과 계명을 선포한다. 계명은 구체성을 띤다. 하나님은 우리에게 '언제나' 바로 '오늘'의 하나님이기 때문이다. 여기에서 그리고 지금(hier und jetzt) 하나님의 계명의 인식은 하나님의 계시의 행위이다. 이것은 다음의 내용을 의미한다. 산상 설교 역시 성서적 법이 아니고 우리의 행위를 위한 절대적인 규범도 아니다. 우리는 산상 설교를 단순하게 받아들이고 현실화시켜야 한다. 이것이 신적인 계명에 대한 순종이다. 산상 설교는 바로 오늘 우리를 위한 하나님의 계명일 수 있는 그의 계명들 안에서 예증(Voranschaulichung)이다.8

둘째, 본회퍼는 질서를 이해할 때 창조질서(Schöpfungsordnung)를 거부하고 보존질서(Erhaltungsordnung)라는 표현을 사용한다. 모든 주어진 질서는 단지 타락한 세계의 부분이기 때문에 창조질서가 아니다. 타락한 세계의 질서들은 그리스도를 향하여, 새로운 창조를 향하여, 미래로부터 이해되지 않으면 안 된다.9 "우리는 전 세계를 타락한 세계로서 그리스도로부터 이해하지 않으면 안 된다."10 본회퍼가

---

7 *GS* II, 141.

8 *GS* I, 148.

9 *GS* I, 149ff.

10 *GS* I, 160.

1932년 사용한 이 보존(Erhalten)이라는 표현은 하나님이 새로운 가능성을 보증한다는 것을 뜻한다.

보존은 타락한 세계와 더불어 하시는 하나님의 행위를 의미한다.[11] 그리스도 안에서 계시를 위하여 개방되지 않는 것은 파괴되어야 한다.[12] 본회퍼는 1932년경 몇 년 동안 보존질서라는 말을 사용하였으나 그후 신루터교의 오용 때문에 이 표현을 사용하지 않았다. 본회퍼는 이 질서로부터 세계연맹의 평화에 대한 인식을 새롭게 한다. "국제적 평화의 질서는 오늘 우리를 위한 하나님의 계명이다."[13]

셋째, 평화를 어떻게 이해할 것인가? 본회퍼는 잘못된 평화주의 이해를 비판하고 있다. 본회퍼는 세계연맹 안의 앵글로색슨계의 신학적 사고의 압도적인 영향력으로 복음의 현실로서 평화를 "지상에 건설된 하나님 나라의 일부"로 이해하였다. 여기서부터 '평화의 이상'은 절대화되었다. 그것은 국제적 평화를 보존질서로 이해하는 것이 아니라, 그 자체가 완성된 가치질서 속에 궁극적인 것으로서, 타락된 세계 속으로 피안의 질서가 침투하는 것으로서 오해되었다. 이러한 평화에 대한 이해는 평화주의적 인도주의인 것으로서 광신적이며, 따라서 비복음적이기 때문에 거부될 수밖에 없다.[14] 본회퍼는 평화주의(Pazifismus)라는 말을 두려워하여서는 안 된다고 말한다. 궁극적인 평화를 만드는 것은 하나님의 재량에 맡기고 우리는 '전쟁의 극복'을 위한 평화를 실천해야 한다.[15] 본회퍼는 보존질서로서의 국제 평화는 진리와 정의가 확립되는 곳에 건설된다고 하였다. 진리와 정의가 유린되는 곳에

---

11 GS I, 151.
12 GS I, 131.
13 GS I, 152.
14 GS I, 152f.
15 GS I, 155f.

평화는 성립될 수 없다.[16]

2. 파뇌(Fanö) 강연과 평화 설교

1) 파뇌 강연

본회퍼의 파뇌(Fanö)의 강연 "교회와 민족들의 세계"는 강연의 원고가 남아 있지 않고, 7개 항의 테제(These)만 남아있다.[17] 이 강연에서 본회퍼는 세계연맹(Weltbund)의 신학적, 교회론적 의미와 평화를 위한 세계연맹 사업의 방향(테제 1, 2), 전쟁의 특성(테제 3), 전쟁의 정당성(테제 4), 세속적 평화주의와 전쟁의 거부(테제 5), 전쟁과 평화의 세계관적 평가에 대한 기독론적 비판(테제 6), 기독교 교회적 대답(테제 7)에 관하여 논하였다.

본회퍼는 세계연맹의 성격에 대하여 교회론적으로 분명하게 밝힌다. 세계연맹은 자기스스로를 교회로서 이해하는가 아니면 목적단체(Zweckverband)로서 이해하는가에 세계연맹의 운명이 결정된다. 세계연맹은 자신을 목적단체가 아니라 교회로서 이해하여야 하고, 순종 가운데 함께 하나님의 말씀을 듣고 선포하는데 그의 근거를 가진다. 세계연맹은 교회로서 이해할 때만 교회와 민족들에게 전권을 가지고 그리스도의 말씀을 말할 수 있기 때문이다. 세계연맹 사업이라는 것은 민족들 가운데서 평화를 위한 교회의 일을 뜻하며 전쟁의 극복과 종식을 위하여 진력하는 것이다. 본회퍼는 평화사업의 적(敵)은 전쟁이라고 전제하고, 전쟁의 수단을 가지고 인류의 평화적 복지를 가져

---

16 *GS* I, 160.
17 *GS* I, 212-215.

올 수 없다고 말한다.[18]

본회퍼는 세속적 평화주의(der säkulare Pazifismus)와 기독교의 평화를 구별한다. 세속적 평화주의에서는 인간 행위의 척도는 인류의 복지이지만, 교회는 하나님의 계명에 대한 순종이다. 평화를 위한 기독교 교회의 계명은 "살인하지 말라"는 산상 설교의 예수의 말씀이다. 본회퍼는 전쟁을 통한 국가안보, 평화 창출 등을 거부한다. 전쟁은 평화를 창조하는 것이 아니라 인류 멸절을 가져온다. 평화를 위한 세계연맹의 에큐메니칼 운동은 조직을 통하여 평화를 실현하겠다는 환상을 버려야 한다. 악마의 세력들은 조직을 통하여 파멸시키는 것이 아니라 기도와 금식을 통하여 파괴시킬 수 있다(막 9:29). 지옥의 악령들은 오직 그리스도 자신을 통하여 몰아낼 수 있다. 따라서 숙명론이나 조직이 아니라 기도가 중요하다. 기도는 조직보다도 더 강하다고 하였다.[19]

본회퍼는 이렇게 1934년의 긴급하고 위협적인 상황 속에서 정열적으로 산상 설교의 정신에 따라 예수그리스도에게 단순한 순종을 하는 행위로서 평화를 주장하였다.

2) 평화 설교

1934년 8월 유틀란드 서해안에 위치한 덴마크의 작은 섬 파뇌(Fanö)에서 에큐메니칼협의회가 개최되었다. 청년협의회가 1934년 8월 22- 23일, 본회의는 8월 24-29일까지 열렸다.

본회퍼는 1933년 10월 17일 이후 영국 런던에서 목회를 하고 있었

---

18 *GS* I, 212.
19 *GS* I, 214.

다. 8월 28일 아침 예배 시간에 본회퍼는 "교회와 민중들의 세계"라는 제목으로 평화에 관하여 설교하였다. 이 설교는 평화 설교(Frieden-spredigt)라고 일컬어진다. 이 설교는 청중들에게 깊은 감명과 공명을 일으켰다고 한다.[20] 28세의 본회퍼가 행한 이 설교는 그 후 평화를 위한 세계교회협의회(Ökumeuische Konzil)의 출발점이 되었다. 이 설교는 앞의 강연과 함께 민중들을 위한 그리스도의 평화의 계명을 연관시켜 선포한 것이다. 평화의 설교는 시편 85:8의 말씀이었다. "내가 하나님 여호와의 하실 말씀을 들으리니 대저 그 백성, 그 성도에게 화평을 말씀하실 것이라." 평화 설교에 나타난 본회퍼의 평화사상은 다음과 같다.

첫째, 하나님의 계명(Gebot Gottes)으로서 평화를 이해한다. 본회퍼는 평화 문제를 신학적으로 접근하고 있다. 평화는 민족주의나 국제주의에서 말하는 정치적 필요성과 가능성에서 말하는 평화가 아니라 하나님의 계명으로서의 평화이다.[21] 평화를 향한 하나님의 부름은 토론이 아니라 엄격한 계명을 뜻하며, 이 계명은 그리스도 자신이 나타나신 것을 의미한다. 이것은 평화를 향한 그리스도의 부름을 가리키며 하나님의 평화의 계명에 순종하도록 부르심을 말한다. 계명은 고려함 없이 세상의 한가운데로 부른다.[22] 따라서 평화를 건설하는 것이 기독교인과 교회의 의무이자 신학의 과제이다. 본회퍼에게 있어서 하나님의 계명은 본질적으로 신앙과 순종 안에서 성립된다.[23]

---

20 청중의 그날 기록에 의하면 다음과 같이 기록하고 있다. "morning, striking speech by Bonhoeffer," E. Bethge, DB, 449.

21 *GS* I, 216.

22 *GS* I, 216

23 Yu, Suk-Sung, *Christologische Grundentscheidungen*, Tübingen, 1990. Diss., 183

둘째, 평화는 이 세상 속에 그리스도의 현존 때문에 가능하다. 평화에 대한 교회와 기독교인의 의무는 이 그리스도의 현존(Präsenz Christi)에 근거하고 있다. 왜냐하면 지상의 평화는 예수 그리스도가 스스로 나타남으로써 주어진 계명이기 때문이다. 본회퍼는 여기에서도 또 한 번 평화에 대한 기독론적 교회론적 근거를 말한다. 평화는 이상주의나 휴머니즘에 의해 기초되어 있는 것이 아니라, 그리스도론적 교회론에 기초되어 있다. 평화는 세상 안에서 그리스도와 오직 전 세계를 생존하게 하는 그리스도의 교회가 있기 때문에 존재할 수 있다. 이 그리스도교회는 민족적, 정치적, 사회적, 인종적 방식의 한계를 넘어서 존재하고 있다.[24] 이 세계 안에서 거룩하고 신성한 영역만이 그리스도에게 속한 것이 아니라 이 세계 전체가 그리스도의 영역이다.

셋째, 평화는 어떻게 이룰 것인가? 본회퍼는 사회복음적 전통에서 하나님 나라가 차안의 세계에서 현실화할 수 있다는 세속적 평화주의를 거부한다. 본회퍼는 정치적 계약이나 제도 같은 정치적 방법, 국제 자본의 투자 등의 경제적 수단, 군비 확장 같은 군사적인 방법을 통하여 진정한 평화가 실현될 수 없다는 것이다. 왜냐하면 이런 것들은 평화(Friede)와 안전(보장)(Sicherheit)을 혼동하기 때문이다. 안전 보장의 길에는 평화에로의 길이 존재하지 않는다. 평화는 안보와 반대이다. 안보는 불신이라는 것을 요구하며, 이런 불신은 전쟁을 초래한다. 안보는 자기를 지키려는 것을 뜻하며, 평화는 신앙과 순종 안에서 모든 것을 하나님의 계명에 맡기는 것을 의미한다.[25] 이것은 1933년 10월에 히틀러 나치 정권은 국제연맹을 탈퇴하였고, 재군비에 착수하였다. 본회퍼는 여기에서 간접적으로 히틀러의 재군비 착수를 비판하

---

24 *GS* I, 217.
25 *GS* I, 218.

고 있는 것이다. 본회퍼는 평화는 민족중심주의적인 정치·경제적 이데올로기의 방법이 아니라, 신학적·신앙적 방법으로 이룰 것을 촉구한 것이다. 본회퍼는 여기에서 평화는 하나의 위대한 모험(großes Wagnis)이기 때문에 과감하게 행하지 않으면 안 된다고 강조한다.[26] 본회퍼는 여기에서 무기와 군비 확장, 안전 보장의 방법을 통해서가 아니라 기도와 비폭력적 방법을 통하여 평화를 추구할 것을 호소하고 있다. 전쟁은 파멸을 가져오기 때문에 교회에 의해서 거부되어야 한다. 평화를 위한 싸움은 무기를 가지고 이기는 것이 아니라 하나님과 함께 함으로 이기는 것이다. 평화를 위한 싸움은 십자가의 길로 인도하는 곳에서 승리하게 된다.[27]

본회퍼는 평화를 위하여 성스러운 그리스도 교회의 거대한 세계교회회의(großes Ökumenisches Konzil)를 개최할 것을 촉구하였다. 개개 그리스도교 신자도 아니고 개개의 교회도 아니고 다만 세계 모든 곳으로부터 모인 세계교회 회의가 필요하다는 것이다. 본회퍼는 소리 높여 비명을 지르듯이 갈파하였다. "시간이 급박하다(Die Stunde eilt). 세계는 무기를 가지고 노려보고 있으며 모든 사람들이 무섭게 불신의 눈초리로 바라보고 있다. 내일 아침 전쟁의 나팔소리가 들릴 수 있다."[28] 본회퍼의 촉구하는 말은 그 당시 개신교, 가톨릭교회에서 실현되지 않았다. 본회퍼의 예언은 그대로 적중하였다. 7개월 후 히틀러는 독일에서 국민개병 의무를 선포하였다. 물론 독일이 재무장을 위한 정당성을 줄 수 있도록 소련의 군사적 위협도 없었고, 교회의 저항도 없었다.[29] 그로부터 5년 후 1939년 9월 1일 독일의 폴란드 침공으로 시작

---

26 *GS* I, 218.

27 *GS* I, 218.

28 *GS* I, 219.

29 H.E. Tödt, "Dietrich Bonhoeffers ökumenische Friedensethik," in:

된 제2차 세계대전(1939-1945)이 일어나 수천만 명의 사망자를 내고 인간의 불행과 고통, 정치적 혼란, 경제 질서의 붕괴, 재산의 손실을 가져온 전쟁을 겪게 되었다.

넷째, 본회퍼는 간디의 비폭력 저항의 방법에 감명을 받아 이를 실천에 옮기고자 하였다. 본회퍼는 평화 설교에서 "우리는 동쪽에 있는 이교도로부터 수치를 당하지 않으면 안 되는가"라고 질문을 한다.[30] 이것은 간디를 두고 한 것으로 짐작된다. 본회퍼는 1933년 10월 이후 영국 런던에서 목회를 하는 동안에 인도에 가서 간디의 평화주의에서 비폭력적 방법을 배우기 위하여 간디를 만나러 갈 계획을 세웠다. 간디에게 편지를 보내 한번 만나고 싶다는 뜻을 전달하였고, 1934년 11월 1일자 간디로부터 환영의 답신을 받았다. 그러나 독일 고백교회에서 세운 목사연수소인 핑켄발데 신학교 책임자로 부름을 받아 인도 행을 포기하였다.[31]

III. 신앙의 결단과 정치적 행위로서 평화의 실천(『나를 따르라』, 『윤리학』, 『옥중서신』의 평화신학)

지금까지 본회퍼가 체르노호르스케 쿠펠레에서 행한 강연과 파뇌에서 행한 강연과 설교를 통하여 1930년대 본회퍼의 평화사상을 고찰하였다. 본회퍼는 세속적 평화주의를 거부하고 평화를 하나님의 계명과 그리스도의 현존으로 파악하고 평화의 문제가 그리스도에 대한

Frieden-das unumgängliche Wagnis, München, 1982, 106.

30 *GS* I, 219.

31 본회퍼와 간디의 평화주의 비교에 관하여: W.Huber/H.R. Reuter, *Friedensethik*, Stuttgart, 123ff.

신앙의 순종 문제라는 것을 명확하게 밝혔다. 여기서 본회퍼의 1930
년대 후반부터 1945년 4월 처형당하기까지 쓴 그의 저서『나를 따르라』
(*Nachfolge*),『윤리학』(*Ethik*),『저항과 복종』(*Widerstand und Ergebung*)을 중
심으로 본회퍼의 평화사상을 밝혀 보자.

　　본회퍼는 파뇌 강연 이후 1935년 독일로 돌아와 고백교회에서 세
운 목사 후보생을 위한 신학교의 책임을 맡게 된다. 이때 본회퍼는 신
학생들에게 강의한 내용이『나를 따르라』(*Nachfolge*)라는 책으로 발간
되었다. 본회퍼는 이 책에서 평화사상을 비폭력과 원수 사랑의 문제
를 중심으로 다루었다.

　　또한 본회퍼는『나를 따르라』에서 평화를 제자직(Nachfolge/dis-
cipleship)과 연관시켜 다루고 있다. 본회퍼는 예수의 부름에 순종하
는 신앙, 자기 십자가를 지고 그리스도의 고난에 참여하여 평화를 건
설하여가는 모습에서 평화의 문제를 논하고 있다.『나를 따르라』에
나타난 본회퍼의 평화사상은 두 가지로 요약될 수 있다.

　　첫째, 십자가 신학(theologia crucis)에 근거한 제자직의 평화론이
다. 본회퍼는 산상 설교 가운데 "화평하게 하는 자는 복이 있나니 그들
이 하나님의 아들이라 일컬음을 받을 것임이요"(마 5:9)라는 말씀을
다음과 같이 해설하고 있다. "예수를 따르는 자들은 평화를 위하여 부
름 받았다. 예수가 그들을 불렀을 때 그들의 평화를 발견하였다. 예수
가 그들의 평화이기 때문이다. 그런데 이제 그들은 평화를 소유할 뿐
아니라 평화를 만들어야 한다. 그리스도의 나라는 평화의 나라이다.
그리스도의 공동체에서는 서로 평화의 인사를 나눈다. 예수의 제자들
은 다른 사람에게 해를 끼치기보다 스스로 고난을 당함으로써 평화를
지킨다. 예수의 제자들은 다른 사람들이 파괴하는 곳에서 그들의 사
귐을 유지하며, 자기주장을 포기하고, 증오와 불의에 대하여 참는다.

이렇게 그들은 선으로 악을 극복한다. 이리하여 증오와 전쟁의 세상 한가운데서 신적 평화의 창설자가 된다. 평화 수립자들은 그들의 주님과 함께 십자가를 진다. 십자가에서 평화가 이루어지기 때문이다. 그들이 이렇게 그리스도 평화작업에 참여하게 되기 때문에 하나님 아들로서 부름을 받고 하나님의 아들들로 일컬어진다."32

본회퍼는 제자직의 주제를 중심 주제로 부각시키는데 공헌하였다. 예수 그리스도를 뒤따르는 제자직은 십자가에 달린 그리스도를 추종함으로써 성립한다. 본회퍼는 제자직에로 부름은 예수의 수난 선포와 밀접하게 연관되어 있다고 하였다.33 예수의 십자가의 종합적 표현은 수난과 버림받음을 뜻한다. 제자직은 예수 그리스도와의 인격적 결합이요, 십자가를 의미한다. 수난을 위한 제자직의 표현은 그리스도의 십자가를 의미하고, 이 십자가는 철저하게 예수 그리스도의 고난에 동참하는 것을 의미한다.34 본회퍼는 예수 그리스도를 뒤따르는 제자직에서 평화의 원천을 발견하고, 십자가에서 평화가 이루어진다고 본 것이다.

둘째로, 절대적 비폭력을 통한 비폭력 저항의 평화주의다. 본회퍼는 평화를 만들어 가는데 "폭력이나 폭동을 포기"할 것을 강조하며 폭력이나 반란의 방법으로 그리스도의 일을 결코 도울 수 없다고 하였다.35 그러나 그는 "예수도 악인을 악한 사람이라고 말했다"36라고 하면서 무저항이 세상적 삶의 원리가 된다면 하나님이 은혜로 보존하는

---

32 *Nachfolge*, 88.

33 *Nachfolge*, 61.

34 Yu, Suk-Sung, *Christologische Grundentscheidungen bei Dietrich Bonhoeffer*, 174.

35 *Nachfolge*, 87f.

36 *Nachfolge*, 117.

세상질서를 파괴하는 결과를 가져 올 것이라고 하였다. 따라서『나를 따르라』에서 본회퍼의 평화주의는 비폭력 무저항이 아니라 비폭력 저항이다. 그러나 그것은 수동적 저항이다.

그후『윤리학』(Ethik),『저항과 복종』(Widerstand und Ergebung) 등에서 그의 사상적인 발전을 찾아 볼 수 있다. 하나님의 계명과 그리스도의 현존으로 파악된 평화는『윤리학』(Ethik)에서는 계명의 구체성과 상황성, 현실, 책임의 개념과 연관되어 파악될 수 있다. 1938년 이후 독일에서는 모든 독일인의 이름으로 자행된 살인적인 유대인 배척주의, 군국주의, 민족주의를 내세우는 정치적 상황이 전개되었다. 본회퍼는 더 이상 원칙적 평화주의를 고수할 수 없었고, 상황에 의존하는 상황적 평화주의를 택할 수밖에 없었다. 여기에서 평화주의적 준칙 (pazifistische Maxime)은 더 이상 비폭력이나 무저항일 수 없었다.[37] 하나님의 계명인 평화는 구체적으로 현실에 적합하게 정치적·책임적 모습으로 실현된다. 평화는 "오늘", "여기에서", "우리들 사이에서", "예수 그리스도 안에서 하나님의 현실이 이 세계의 현실로 들어온"[38] 그 그리스도의 현실에 참여함으로써 이루어진다. "그리스도의 현실은 그 자신 안에 세계의 현실을 포함한다."[39]

본회퍼의 "직접적·정치적 행동"은 히틀러 암살음모에까지 나아갔다. 이 저항은 기독교인의 신앙의 결단에서 오는 정치적 책임의 행위였다. 구체적 상황에서 내린 그의 결단은 평화의 실천을 위한 이웃과 오고 있는 다음 세대를 위한 책임적 행위였다.[40]

37 E. Bethge, "Dietrich Bonhoeffers Weg von 'Pazifismus' zur Verschwörung," in: Hans Pfeifer(Hg.), Frieden-das unumgängliche Wagnis, München 1982, 126.
38 Ethik, 207.
39 Ethik, 210.
40 Vgl.: Widerstand und Ergebung, Neuausgabe, 16. 25.

IV. 본회퍼 평화주의 발전과 그 문제점

여기서 문제가 제기된다. 본회퍼의 신학사상은 어떻게 발전했으며, 근본적 변화는 없었는가? 다시 말하면 그의 신학에서 단절인가, 연속성인가? 즉, 1930년대 평화를 통한 기독교인과 교회의 정치적, 사회적 책임을 강조하며 비폭력적 방법으로 평화를 실현하여야 한다고 강조한 평화주의자이가 어떻게 히틀러 암살음모에 가담할 수 있었는가 하는 점이다. 본회퍼는 평화주의를 포기하였는가? 본회퍼의 평화주의에 사상적 변화가 온 것일까? 본회퍼의 신학적 사고와 정치적 행동 사이의 차이가 있는 것인가?

본회퍼는 신학에서 행위로, 교회에서 세상으로, 성찰에서 행위의 길로 나가지 않았다. 오히려 본회퍼에게는 신앙과 행위, 성찰과 행동이 일치를 이룬다. 히틀러 암살 음모에 참여하면서 같은 시기에 그의 필생의 저작이었을 『윤리학』을 쓴 것은 가장 인상 깊은 증명이 된다. 본회퍼는 정치적 현실에 관계하면 할수록 더욱더 신학적 사색이 깊어졌다. 그는 그가 참여하였던 정치적 행위의 모험이 커지면 커질수록 그의 윤리적 성찰을 철저하게 하였다.[41]

본회퍼가 1930년대 초에 평화주의를 주장하거나 1940년대 초에 히틀러 암살단에 가담한 것은 평화주의를 포기한 것이 아니라 구체적인 신의 계명에 순종한 것을 의미한다. 본회퍼는 일찍이 말하였다. "계명은 구체적이어야 한다. 그렇지 않으면 계명이 아니다. 하나님의 계명은 지금 우리로부터 아주 특별한 어떤 행동을 요구한다. 그리고 교회는 이것을 회중에게 전파하여야 한다."[42]

---

41 W. Huber, *Protestantismus und Protest*, Hamburg, 1987. 40.
42 *GS* I, 149.

본회퍼는 "히틀러는 전쟁을 의미한다"[43]라고 말한 바 있다. 평화를 위한 기독교 교회의 일이 전쟁의 종식과 극복을 뜻한다면, 본회퍼의 결단의 행위는 구체적이고 신적인 계명에 순종하는 행위로 이해할 수 있을 것이다. 본회퍼 신학과 평화사상은 그의 삶속에서 전기와 후기의 단절이 아니라 "일치속의 다양한 모습의 결단"이었다.

V. 본회퍼 평화사상에서 저항권과 책임윤리의 문제

평화주의자인 본회퍼가 히틀러 암살모의에 가담한 행위를 어떻게 볼 것인가? 이 문제는 두 가지 관점에서 이해하여야 한다.

첫째, 폭력과 비폭력의 시각에서가 아니라 저항권의 관점에서 이해하여야 한다. 평화 연구에서 또 평화 실현 과정에서 직면하게 되는 문제가 폭력의 문제이다. 폭력의 문제를 이야기할 때 두 가지 핵심적 문제가 제기된다. 첫째, 폭력적 방법인가 아니면 원칙적 비폭력인가, 둘째, 폭력과 저항권의 문제이다.[44] 이 문제를 논의할 때 원칙적인 폭력의 포기인가, 아니면 폭력 사용이 최후의 비상수단(ultima ratio)으로 허용되는 문제인가 하는 것이 논의되어 왔다.

평화는 궁극적으로 폭력, 구조적 폭력의 제거에 있다. 평화는 폭력으로부터의 해방, 즉 폭력으로부터 자유한 곳에 있다. 이 폭력으로부터 자유는 탈정치화(Entpolitisierung)나 권력에 대한 포기를 의미하는 것이 아니다. 언어상으로 폭력(violence, Gewalt)과 권력(power, Macht)은 아주 분명하게 구별되기 때문이다. 권력은 힘의 정당한 사

---

43 E. Bethge, *DB*, 446.

44 Yu, Suk-Sung, *Christologishe Grundertscheidungen bei Dietrich Bonhoeffer*, 88.

용을 의미하고, 폭력은 힘의 정당하지 못한 사용을 의미한다.[45] 폭력의 문제는 폭력인가 또는 비폭력인가의 양자택일의 문제가 아니라 정당한 권력의 사용인가 아니면 정당치 못한 권력의 사용인가에 따른 판단의 표준의 문제이다.[46] 폭력의 대립(Gegensatz)은 비폭력에서가 아니라 정의(Gerechtigkeit)에서 성립된다. 폭력의 척도(Maßstab)는 정의에 있다.

폭력을 어떻게 극복할 것인가? 이 문제를 놓고 서구의 신학자들은 예수의 산상수훈(마 5:38-48)의 말씀에서 그 해결 방법을 찾는 논의를 하여 왔다. 예수의 산상 설교의 중심은 비폭력을 통한 폭력의 극복, 폭력으로부터의 해방과 자유이다. 원수 사랑을 통한 적대감의 극복이다. 평화를 창조함으로써 적대관계의 극복을 말한다. 보복하지 말라(마 5:38-42)는 예수의 말씀은 그동안 폭력의 포기(Gewaltverzicht)로 간주되어 왔으나 이것은 폭력의 포기가 아니라 폭력으로부터 자유스러운 것(Gewaltfreiheit)을 의미한다.[47] 따라서 평화의 실현은 비폭력적 방법에 있으나, 이 비폭력의 방법은 비폭력 무저항을 의미하는 것이 아니다.

히틀러 암살단에 가담한 본회퍼의 결단과 행위도 저항권의 관점에서 보아야 한다.[48]

저항권(Widerstandsrecht/right of resistance)이란 무엇인가? 일반적으로 저항권은 "민주적 법치국가적 기본질서 또는 기본권 보장

---

45 J. Moltmann, *Der Weg Jesu Christi, Christologie in messianischen Dimensionen*, München, 1989, 150.

46 J. Moltmann, *Das Experiment Hoffnung*, München,1974. 153.

47 Ibid.

48 Vgl., Yu, Suk-Sung, *Christologische Grundeutscheidungen bei Dietrich Bonhoeffer*. 88ff.

체계를 위협하거나 침해하는 공권력에 대하여 더 이상의 합법적인 대응 수단이 없는 경우에 주권자로서의 국민이 민주적 법치국가적 기본질서를 유지 회복하고 기본권을 수호하기 위하여 공권력에 저항할 수 있는 최후에 비상수단적 권리를 말한다."[49] 중세의 교회에서는 기독교의 자연법에 근거하여 저항권을 받아들였다. 토마스 아퀴나스는 한계상황에서 폭군 살해를 허락하였다. 루터도 극단적인 경우 저항할 것을 언급하고 저항을 위한 신적 계명을 말하였다.[50] 1560년 작성된 스코틀랜드 신앙고백 14조에도 "무죄한 자의 생명을 보호하고 폭정에 저항하며 억압을 받는 자를 돕는다"[51]라고 말하고 있듯이 무죄한 자의 피를 흘리게 하는 폭군이나 폭정, 불의에 대해서는 항거할 의무가 있다. 칼 바르트도 이 14조 "폭정에 저항하는 것"(tyrannidem opprimere)의 해설에서 무죄한 자의 피흘림을 허용하지 않는 것이 "살인하지 말라"는 계명을 성취하는 것에 속한다고 하였다.[52] 사랑 안에서 수행하는 예수 그리스도에 대한 신앙은 우리의 적극적(정치적) 저항을 불가피한 필연적인 것으로 만든다.[53] 정치적 권력의 오용에 저항하기 위하여 필요한 경우에는 폭력 사용은 이웃과 국가를 위한 책임의 틀 속에서 계명이 된다.[54] 명백한 폭정과 폭군에 대하여 기독교 전통에 따라 세

---

49 C.Creigelds, *Rechtswörterbuch*, 3.Aufl., München, 1973. 1315. 참조. 권영성, 『헌법학원론』(법문사, 1995), 76. 저항권에 관하여: E.Wolf. Wirderstandsrecht, RGG. Bd.6. 3. Aufl. s.168ff. E.Wolf, *Sozialethik. Theologische Girundfrangen*, Göttingen 2. Aufl. 982. C. Creigelds, *Rechtswörterbuch*, 3. Aufl., München, 1973. 1315.

50 Jürgen Moltmann, *Das Experiment Hoffnung*, 154f.

51 K. Barth, *Gotteserkenntnis und Gottesdienst nach reformatorischer Lehre*, Zürich, 1938, 21.

52 Ibid., 213.

53 Ibid., 214.

54 J. Moltmann, *Das Experiment Hoffnung*, 156.

운 신학적 근거에서 저항에 대한 의무와 권리가 정당화된다.

본회퍼의 저항과 폭력사용은 처음부터 정상적인 상황에서 행하여진 것이 아니라 마지막으로 비상시에 행하여진 것이다.[55] 처음의 수단(prima ratio)으로 한 것이 아니라 최후의 수단(ultima ratio)으로 한 것이다.

둘째, 본회퍼의 히틀러 암살음모에 가담한 행위를 책임윤리적 시각에서 이해하여야 한다. 책임의 개념은 본회퍼가 히틀러를 제거하기 위해 참여한 모반행위를 이해하는데 열쇠가 되는 개념이다.[56]

본회퍼는 신학계에서는 처음으로 책임윤리의 문제를 제기하였다. 1941년 여름부터 1942년 초 사이에 쓴 윤리 가운데 "책임적 삶의 구조"에서 책임윤리 문제를 다루었다.[57] 본회퍼는 이때 히틀러 암살 음모 계획 과정에 있었으며, 모반의 행위의 정점에 있을 때 책임과 책임윤리 문제를 썼다.[58] 본회퍼는 그의 책임윤리를 신학적이며 그리스도론적으로 해명하는데, 여기에 중심 개념은 대리사상(Stellvertretung), 현실적합성(Wirklicheitsgemäßheit), 죄책을 받아들임(Schuldübernahme), 자유(Freiheit)이다.[59]

본회퍼는 추상적 법칙윤리, 결의론, 의무론적 윤리를 거부하고 책임윤리를 주장하였다. 그의 책임윤리는 그리스도가 성육신한 이 세상의 현실에서 세상을 위한 책임적인 삶을 말한다. "이 세상은 예수 그리

---

55 W.Maechler, "VonPazifistenzum Widerstandskämpfer. Bonhoeffer Kampf für die Entrechteten," in: *Die Mündige Welt* I, 92.

56 W. Huber, *Protestantismus und Protest*, 40.

57 본회퍼의 책임윤리에 관하여 다음을 참조할 것. Yu, Suk-Sung. a.a.O. 131-136.

58 Vgl., E. Bethge, "Bonhoeffers Weg von 'Pazifismus' zur erschwöroung," in: H. Pfeifer (Hg.), *Friede-das unumgängliche Wagnis, Die Aktualität der Friedensethik Dietrich Bonhoeffers*, München, 1982, 119ff.

59 Dietrich Bonhoeffer, *Ethik*, 238-278.

스도 안에서 예수 그리스도를 통하여 우리에게 주어진 구체적인 책임의 영역"이기 때문이다.[60] 본회퍼의 책임은 철저하게 신학적이요, 그리스도론적이며, 예수 그리스도를 통하여 우리를 향하여 하시는 하나님 말씀에 응답함으로써 사는 응답 구조이다.

본회퍼에 의하면 책임적 삶의 구조는 인간과 하나님에게 속박(Bindung)되어 있다는 것과 자기의 삶이 자유(Freiheit)하다는 것의 이중적으로 규정된다.[61] 본회퍼는 책임이란 속박과 자유가 밀접하게 결합되어 있을 때 존재하게 된다고 하였다.[62] 속박은 대리행위와 현실 적합성의 형태를 취하며, 자유는 삶과 행위의 자기검증과 구체적인 결단의 모험에서 증명된다. 책임은 대리 행위에 근거하고 있다. "대리적 삶과 행위로서 책임은 본질적으로 인간과 인간에 대한 관계이다. 그리스도는 인간이 되었고 따라서 인간을 위한 대리적 책임을 지셨다."[63] 예수 그리스도의 삶은 책임적 삶으로 대리 행위의 근원과 본질과 목적이다. 책임은 타자를 위한 삶과 행위이다. 한걸음 더 나아가서 책임은 죄책을 받아들이는 것이다. 죄 없는 예수 그리스도가 그의 형제의 죄를 대신 짊어지신 것은 타인에 대한 관심과 형제에 대한 사심 없는 사랑이며 책임적 행위이다. 이 책임적 행위는 본회퍼에 의하면 현실에 적합한 행동이다. 이것은 주어진 구체적 책임의 영역에서 예수 그리스도 안에, 예수 그리스도를 통하여 역사적으로 현실적 상황에 적합한 행위여야 한다. 본회퍼의 책임윤리는 개인 윤리가 아닌 공동체의 윤리이며, 사회윤리이다. 본회퍼는 교회의 정치적 책임의 모습을 다음과 같이 말에 극명하게 잘 표현되었다. "바퀴 아래 깔린 희생

---

60 *Ethik*, 247.
61 Yu, Suk-Sung, a.a.O., 127-136.
62 *Ethik*, 238.
63 *Ethik*, 240.

자에게 붕대를 감아주는 것뿐 아니라 바퀴 자체를 멈추게 하는 것이다."[64] 따라서 본회퍼가 히틀러의 암살음모에 가담한 행위는 저항권과 그의 책임윤리적인 관점에서 이해하여야 한다.[65]

VI. 결론 : 하나님의 계명과 그리스도 현존으로서의 평화

지금까지 본회퍼의 평화사상의 전개 과정을 고찰하였다. 본회퍼의 평화사상과 윤리를 해석학적 의미를 찾아보면 한편으로 그리스도론적이며 교회론적으로 이해할 수 있고, 다른 한편으로 세상에 대한 책임과 그리스도를 뒤따르는 순종과 십자가적 제자직으로 파악할 수 있다.

본회퍼는 평화를 하나님의 계명과 그리스도의 현존으로 이해하였다. 하나님의 계명으로서 평화는 구체성을 띠고 있으며, 신앙의 결단의 문제로서 책임적 · 정치적 행위였다. 본회퍼는 평화주의자였고 동시에 저항의 투사였다. 그는 저항의 투사로서 평화주의자였으며, 평화주의자로서 저항의 투사였다. 본회퍼가 기독교인과 교회에 남긴 오늘의 과제는 평화를 위한 의무와 책임을 인식하고 평화를 증언하고 평화를 만들어 가는 것이다. 평화는 주어진 상태가 아닌 실현되어 가는 과정이다. 본회퍼가 평화를 위대한 모험(großes Wagnis)이라고 말하였듯이 오늘 평화를 위하여 기독교인과 교회는 과감히 행하여야 할 것이다. 무엇보다도 한국의 기독교인과 교회는 불평화의 구조적 원천인 분단을 극복하고 민족의 비원인 평화통일을 이루도록 헌신하여야 한

---

64 *Gesammelte Schriften* II, 48.
65 Yu, Suk-Sung, a.a.O., 185.

다. 그뿐 아니라 정의로운 평화가 실현되도록 하여야 할 것이다.

본회퍼가 참된 교회의 모습을 타자를 위한 교회(Kriche für andere)에서 찾았듯이 오늘 교회는 평화를 위하여 평화를 건설하는 교회가 되어야 한다. 본회퍼는 나치 하에서 박해받고 있는 유대인들에게 교회가 침묵하거나 그들에 대하여 무관심하고 있을 때 유대인을 위하여 소리치는 자만이 그레고리안 찬가를 부를 수 있다"라고 갈파하였다.

본회퍼는 책임적인 기독교인의 삶의 모습과 교회의 참모습을 가르쳐 주었다. 오늘의 교회는 "가난한 자들에 대한 우선적 선택"과 "가난한 자들을 위한 당파성"을 고려하는 교회의 모습에서 그의 역할을 찾아야 한다. 오늘의 세계는 인구 폭발, 자원 고갈, 환경 파괴 속에서 폭력 제거를 위한 제도 확립, 경제적 남북 문제 해결, 지구 환경보전의 과제를 안고 있다. 이 모든 문제는 평화의 문제와 직결되어 있다. 오늘날처럼 핵무기의 위협, 생태적 위기, 제1세계 국가들에 의한 제3세계 국민들의 착취, 세계 도처에서 자행되는 인권 침해, 경제적 불평등, 성적 차별, 종교 간의 갈등의 상황에서 평화만이 인간다운 삶을 가능하게 한다. 본회퍼는 기독교인과 교회에게 평화의 책임과 의무를 일깨워 주었다. 오늘 본회퍼가 남겨준 과제는 그리스도를 뒤따르는 제자로서 그리스도에 순종하는 행위로 평화 창조를 통하여 제자직을 수행하는 것이다. 그 제자직은 정의로운 평화를 이루어가기 위한 평화의 사명과 책임 속에서 자기의 십자가를 짊어지는 가운데 이루어질 것이다.

오늘, 탈냉전 시대를 맞아 신 국제질서로 개편되는 대변혁의 역사적 전환점에 서 있다. 신 국제질서는 제2차 대전이 끝난 후 이데올로기 대결의 냉전 체제를 청산하고, 화해와 협력의 시대로 나아가는 탈냉전, 탈이념의 시대를 의미한다. 오늘날 한반도에 살아가는 우리는 지구상 마지막 분단국가로 남아 탈냉전 시대에 냉전 지역으로 남게 되었다. 이러한 때 평화는 세계와 한민족과 교회와 이 시대에 부여된 절대적 명령인 정언명법(kategorischer Imperativ)이다.[66] 또 새로운 세기를 맞아 종교에 의한 "문명충돌"[67]로 인해 세계평화를 위협하게 될지도 모르는 21세기에 "평화의 문화"(Culture of Peace)를 만들어 가야 할 것이다.[68]

66Yu, Suk-Sung. a.a.o. 185.

67Samule P.Huntington, *The Clash of Civilization and The Remaking of World Order*, 1996, 이희재 옮김 『문명충돌』, 1997. 참조.

68UNESCO and a Culture of Peace, Promoting a Global Movement(Paris: UNESCO Publishing, 1995): From a Culture of Violence to a Culture of Peace(Paris: 1996) 참조.

본회퍼 평화사상과 동아시아의 평화

유석성

(안양대 총장, 한국본회퍼학회 회장)

I. 시작하는 말

지금 한반도는 탈냉전 시대에 냉전 지대로서 지구상에 남은 마지막 분단국가이다. 더구나 미국이 "악의 축"(axis of evil)의 하나로 지목한 북한이 핵 문제를 가지고 동아시아뿐 아니라 세계 평화를 위협하고 있다. 한반도의 남북분단은 평화를 위협하는 근원이며, 분단이 되어 있는 한 한반도의 진정한 평화는 있을 수 없고, 한반도의 평화가 없는 한 동아시아의 평화는 있을 수 없다.

디트리히 본회퍼는 기독교 평화운동의 선구자이다. 본회퍼는 예수 그리스도의 가르침인 평화를 이 사회 속에 실천하고자 투쟁하다가 순교하였다. 미국의 라인홀드 니버는 본회퍼의 처형 2개월 후에 본회퍼를 순교자라 칭하고, "그의 삶은 현대 사도행전에 속한다"고 말한 바 있다.[1] 본회퍼가 남긴 공언 중 가장 위대한 것은 정의와 평화를 위한

---

[1] Reinhold Niebuhr, "The Death of a Martyr," *Christianity and Crisisis*, 25 (June 1945), 6.

기독교인의 의무와 책임을 강조한 것에 있다.

한국에서는 일본을 가리켜 "가깝고도 먼 나라"라고 한다. 지리적으로 가까운 이웃나라지만 그동안 역사 속에서 선린의 관계보다 증오와 원한의 관계로 지낸 일이 많았기 때문이다. 한국을 둘러싸고 있는 동북아에 평화를 위협하는 것은 중국의 신중화주의 및 팽창주의, 일본의 신군국주의, 북한의 핵 문제이다.

기독교는 정의와 평화를 위한 사회적 책무는 소홀히 하고, 오직 기복주의 경향으로 나가고 있다. 이러한 상황에서 "본회퍼는 오늘 여기에서 우리들에게 구체적으로 정의와 평화를 위한 기독교의 과제를 위해 무엇을 말하고 있으며, 무슨 의미가 있는가?"를 찾아보는 일은 의미가 깊다. 이러한 때 이 강연을 통하여 본회퍼의 평화사상에 비추어 한국과 일본의 교회와 그리스도인들이 동아시아의 평화를 위해 무엇을 어떻게 할 것인가를 찾아보는 기회를 삼고자 한다.

II. 본회퍼의 평화사상

본회퍼는 신앙과 행동, 개인적 경건과 정치적 책임이 일치된 삶을 살았다. 본회퍼는 기독교 평화운동의 선구자였다. 그는 평화를 실천하는 길이 히틀러를 제거하는 것이라고 믿고 나치정권에 항거하다가 처형된 순교자이다.[2] 1990년 3월 서울에서 개최되었던 "정의 평화 창조 질서의 보전"(JPIC)의 대회는 본회퍼가 1934년 8월 28일 덴마크 파뇌(Fanö)에서 제안한 "평화를 위한 에큐메니칼 회의"가 실현된

---

2 유석성, "디트리히 본회퍼", 『현대신학을 이해하기 위해 꼭 알아야 할 신학자 28인』 (대한기독교서회, 2001), 200(Suk Sung Yu, "Dietrich Bonhoeffer," *28 Theologians for Understanding Modern Theology*, Christian Literature Crusade, 2001, 200).

것이다.3

본회퍼는 예수의 산상설교에 나타난 비폭력의 가르침 속에서 평화
의 의미를 발견하였다. 4 보복하지 말고 원수를 사랑하고, 박해하는
사람을 위하여 기도하라는 말씀(마 5:38-48)에서 기독교의 복음의 핵
심과 평화의 계명을 발견하였다. 당시에 독일 루터교에서는 평화주의
에는 관심이 없었고 오히려 평화란 조국을 위해 군사적 행동이 요구될
때 적극적으로 참여하는 것이 자연스럽다고 하였다. 그러나 본회퍼는
이러한 교회의 태도에 문제가 있다고 생각하였다.

본회퍼는 그리스도를 뒤따르는 십자가적 제자직(弟子職Nachfolge)
과 세상에 대한 책임 속에서 평화를 파악하였다. 여기에서 예수 명령
의 구체성과 값비싼 타자를 위한 삶, 개인적 훈련과 신앙의 공동체에
서 평화를 발견하였다. 그에게 있어서 평화는 신앙의 결단과 정치적
책임적 행위였다.

본회퍼는 평화를 하나님의 계명과 그리스도의 현존이라고 갈파하
였다.5 평화 실천은 하나님의 계명에 순종하는 일이며, 평화의 왕으로
이세상에 성육신한 그리스도의 뒤를 따르는 값비싼 제자직을 이행하
는 일로 본 것이다.

평화를 건설하는 것이 기독교인과 교회의 의무와 책임이자 신학의
과제이다.

---

3 Dietrich Bonhoeffer, *Gesammelte Schriften*. Band 1, München, 1978, 219.(이하
   GS) 한국 기독교 사회문제연구원 편,「정의·평화·창조질서의 보존 세계대회자료
   집」(한국기독교사회문제연구원, 1988), 22.

4 Dietrich Bonhoeffer, *Nachfolge* (DBW4), München, 1989, 134ff.

5 *GS I*, 216.

III. 본회퍼의 평화사상과 한·중·일 3국

1989년 11월 9일 베를린 장벽의 붕괴로부터 시작된 동구사회주의권의 몰락, 독일의 통일, 소련의 붕괴는 세계를 탈냉전, 탈이념, 신국제질서로 변화시켰다.

미국과 소련의 두 축으로 지배하던 국제질서는 소련의 해체로 미국이 세계 유일 초강대국이 되어 세계 패권국가가 되었다. 9·11 사태 이후 세계는 테러와 침략과 전쟁 속에 있다.

미국이 아프가니스탄을 침공한 이래 세계의 비난에도 불구하고 미국은 찾아내지도 못하는 대량살상무기(WMD)를 이유로 이라크를 침략하였다. 테러를 없앤다고 하면서 더 큰 국가적 테러를 자행한 것이다.

지금 북한 핵 문제는 세계 평화문제의 초점이 되고 있다. 북한은 계속하여 핵무기를 개발하고 있다. 6자회담도 중단된 상태이다. 동시에 세계평화와 동북아시아의 평화문제는 동아시아인의 생존의 문제인 직결된 일이기도 하다. 한·중·일에서는 북한의 핵 문제, 한·일 간의 독도 문제, 일본의 역사교과서 왜곡 문제, 일본의 고이즈미 총리의 야스쿠니 신사 참배로 나타난 신군국주의 기도(企圖), 중국의 고구려사를 중국 역사로 편입시키고자 하는 동북공정(東北工程) 등이 한·중·일 삼국 간에 현안 문제로 제기되고 있다. 동아시아가 함께 공존하려고 하면 동북아의 역사문제를 바로 잡고 비핵, 평화를 실현해야 한다. 동아시아 한·중·일 3국은 지리적으로 이웃하고 있어서 때로는 선린관계를 때로는 전쟁과 침략과 약탈의 관계로 지내왔다. 지난 20세기에도 전반기는 제국주의 침략과 전쟁의 시기였으며, 후반기에는 동서 이데올로기 대립에 의한 냉전체제 속에서 대결과 비극적 분단의 역사였다.

한반도는 일본의 식민통치로부터 해방됨과 동시에 남북으로 분단되었다. 해방의 역사는 곧 분단의 역사가 되었다. 한국이 분단된 것은 무엇보다도 일본의 36년의 식민통치가 없었더라면 분단되지 않았을 것이다. 물론 분단의 원인은 미국과 소련 등의 강대국의 이해관계와 통일국가를 세울만한 역량을 갖추지 못한 것도 있지만 원천적으로 일본의 식민통치가 없었더라면 분단되지 않았을 것이다.[6] 한반도 분단은 불합리한 분단이었다. 독일이 2차대전을 일으킨 전범의 나라로서 그 죄가로 분단된 것이라면, 그렇다면 한반도가 분단될 것이 아니라 일본이 분단되었어야 마땅한 일이다. 한반도는 일본 대신에 분단된 것이라 말할 수 있으며 한반도 분단은 불합리하고 억울한 분단이라고 말할 수 있다. 더구나 일본은 한반도의 6·25 한국전쟁과 다른 분단국인 베트남 전쟁 때문에 경제적 기반을 다지고 경제대국으로 갈 수 있었다.

　　이런 일을 보면서 하나님의 의(義)가 어디에 있는가 묻지 않을 수 없다. 일본은 한국과 중국 등에 침략과 전쟁, 학살과 약탈을 자행하였다. 일본은 한국에서 1592년 '임진왜란'을 비롯하여 일제식민지 통치시대(1910-1945)를 통하여 학살과 약탈과 만행을 저질렀다. 이러한 사실은 경기도 화성의 제암리교회(提巖里教會) 학살사건(1919)에서도 이러한 사실은 잘 증명된다.

　　중국에서도 난징(南京) 대학살사건(1937. 12-1938. 1)때 일본군은 중국인 30만 명을 학살하였다. 동아시아 3국은 평화(平和)와 공존(共存)을 위해 본회퍼로부터 무엇을 배울 수 있으며 어떤 교훈을 얻을

---

6 분단의 원인에 대하여: 강만길, 『고쳐 쓴 한국현대사』(창작과 비평사, 1994), 201; 강정구, "미국의 한반도 전략과 조선의 분단", 제주4·3연구소 엮음, 「동아시아의 평화와 인권. 제주4·3 제 50주년기념 제2회 동아시아 평화와 인권 국제학술대회 보고서」(역사비평사: 1999), 79-117.

수 있겠는가?

첫째, 역사적 잘못을 바르게 인식하고 참회하여야 한다. 본회퍼가 죄의 인식(Schulderkenntnis)과 죄의 고백(Schudbekenntnis)을 강조하였듯이 과거의 역사적 과오를 바르게 인식하고 철저하게 반성하고 참회하여야 한다.7 잘못을 참회하려면 먼저 잘못을 바르게 인식하고 깨달아야 반성과 참회를 바로 할 수 있다. 지나간 역사에 대한 정리가 되어야 평화공존이 가능하다. 지나간 역사에 대한 반성과 사죄가 동아시아의 선린과 평화공존을 위한 선결 사항이다. 일본인들은 그들이 행한 침략과 학살에 대하여 반성과 사죄와 참회를 하기는커녕, 오히려 자기들이 행한 잘못을 은폐·왜곡·미화시키고 있다.8 그들은 역사적 과오에 대하여 형식적인 사과의 말 몇 마디만 하고, 잊을만하면 또다시 신 군국주의와 패권주의를 꾀하는 망언을 하고, 한국 영토인 독도를 일본 영토라고 주장하고, 후손을 교육시키는 역사 교과서마저 왜곡시키는 일을 하고 있다.9

1982년 역사교과서 왜곡 문제는 한국 국민을 격분케 하여 독립기념관을 건립하는 계기가 되기도 하였다. 이 왜곡된 역사교과서는 1905년 을사조약과 1910년 일제의 한국 병탄(倂吞)을 "동아시아의 안정에 필요한 정책 이었다"고 정당화하였고,10 태평양 전쟁을 침략 전쟁이 아니라 서구 열강의 지배 아래 있는 아시아를 잘 살게 하기 위한 해방전쟁인 '대동아 전쟁'이라고 규정하였다. 정신대 종군위안부 사건도 자발적 매춘이라 하여 삭제시켰다고 한다. 이런 왜곡 날조된

---

7 Dietrich Bonhoeffer, *Ethik(DBW6)*, München, 1992, 127.

8 다카하시 데츠야/이규수 옮김, 『일본의 전후 책임을 묻는다』 (역사비평사, 1999).

9 코모리 요우이치·다카하시 테츠야 엮음/이규수 옮김, 『내셔널 히스토리를 넘어서』 (삼인, 2000).

10 이태진 편저, 『한국병합 성립하지 않았다』, pp30ff. 참조.

역사교과서는 일본의 침략 행위를 정당화하며 역사적 사실을 은폐시키고 잘못을 미화시킨 것이다. 이 일은 일본인에 의해서도 비판을 받은 바 있다. 소설가 시바 료타로(司馬遼太郎)는 이렇게 말하였다. "교과서에 거짓말을 쓰는 나라, 특히 이웃국가에 대해 거짓말을 쓰는 나라는 망한다."

그러나 이와 달리 600만의 유태인을 학살한 독일은 어떠한가? 독일정부는 나치 하에서 범한 잘못을 진심으로 사죄하고 보상하였다. 한 장의 사진이 우리를 숙연하게 할 뿐 아니라 감동을 준다. 그것은 1970년 독일의 빌리 브란트 수상이 바르샤바 유대인 게토 기념비 앞에서 무릎을 꿇고 두 손을 모아 사죄하고 있는 모습의 사진이다.[11] 일본의 왕이나 수상에게 가능하기나 한 모습인가? 독일은 과거 극복 방법으로 전쟁범죄를 단죄하였고 유대인 수용소를 과거를 기억하려는 기념관으로 잘 보존하게 하여 일반인에게 역사 교훈의 장소로 공개하고 있다. 물론 독일 교회, 일본 교회, 한국 교회는 죄책 고백을 한 일이 있다. 그러나 한국이나 중국에서는 아직도 일본정부가 진심으로 사과하거나 과거의 잘못을 반성하고 있다고 인정하지 않고 있다.

둘째, 전쟁을 반대하고 비폭력적 방법으로 평화를 실현하는 것이다. 본회퍼는 무기와 군비확장을 의미하는 안보(Sicherheit)로는 평화를 이루어 낼 수 없다고 하였다.[12] 안보는 불신을 요구하며 불신은 전쟁을 가져오기 때문이다. 본회퍼는 전쟁을 반대하였다. 본회퍼는 히틀러는 전쟁을 의미한다고 말하기도 하였다.[13] 그래서 본회퍼는 히

---

11 서울대학교 독일학연구소, 「시인과 사상가의 나라 독일 이야기 I. 독일어권 유럽의 역사와 문화, 여름, 2000. 277.

12 GS I, 218.

13 Eberhard Bethge, Dietrich Bonhoeffer. Eine Biographie, Chr. Kaiser. München, 1992, 5. Aufl. 446.

틀러를 제거하려고 하였던 것이다.

　미국의 이라크 침략전쟁에 일본 자위대의 파병, 한국의 추가파병 문제는 본회퍼의 입장에서 보면 어떻게 하여야 하겠는가? 파병반대는 자명한 일이다. 오늘 세계는 보복전쟁 속에 있다. 테러와 폭력의 근절은 보복전쟁을 통해서 해결 될 수 없다. 폭력과 전쟁은 또 다른 폭력을 가져오기 때문이다. 폭력은 폭력을 낳고, 보복은 보복의 악순환을 가져오고 피는 피를 부른다. 평화에 이르는 길은 무력이나 보복으로 이루어질 수 없고, 정의로운 전쟁이란 있을 수 없다. 평화의 길은 비폭력(非暴力)의 길이다. 비폭력의 길은 고통과 희생과 십자가의 길이다. 비폭력방법은 위대하지만 그 길을 사는 사람은 죽음의 길을 가는 것을 각오해야 한다. 예수, 간디, 마르틴 루터 킹과 같이 비폭력을 주장한 분들은 한결같이 폭력적인 방법에 의하여 죽임을 당했다. 예수님은 폭압적 정권에 의하여 처형되었고 마하트마 간디와 마르틴 루터 킹은 암살당했다.

　그러나 비폭력을 통한 평화 실현의 가르침은 세계를 지배하고 인류의 빛이 되었다. 비폭력적 방법은 약한 것 같으나 강한 방법이며 지는 것 같으나 이기는 길이다. 폭력적 방법은 일시적으로는 이기는 것 같으나 결국에는 지는 방법이다. 폭력은 어두움의 세력들이 사용하는 방법이요, 비폭력은 빛의 자녀들이 사용하는 방법이다. 폭력은 생존자에게는 비참함을, 파괴자에는 야수성을 남겨주고 마침내 그 자체를 파괴한다. 미국 대통령이었던 케네디는 이렇게 말한 바 있다. "인류는 전쟁을 종식 시켜야 합니다. 그렇지 않으면 전쟁이 인류를 종식시킬 것입니다." 테러의 극복 방법은 테러로서는 해결할 수 없고 평화는 폭력적 방법으로 해결할 수 없다. 평화 학자 요한 갈퉁은 "평화적 수단에 의한 평화"를 주장한바 있다.[14] 본회퍼가 평화는 위대한 모험이라고 하였듯이[15] 평화의 길은 험한 길이다.

셋째, 본회퍼가 평화는 정의와 진리가 확립되는 곳에 건설된다고 하였듯이 정의를 실현하는 것이 평화를 실현하는 길이다. 평화는 정의의 실현을 통하여 구체화된다. 사회정의를 실현하는 것이 평화를 실현하는 것이다. 오늘 세계가 당면한 테러와 전쟁의 극복문제는 빈곤의 문제와 사회정의문제를 해결하지 않고는 안 된다. 코피 아난 유엔사무총장이 노벨평화상 수상연설에서 한 말은 이 시대 평화의 과제를 위해 깊이 새겨 볼 말이다. "인류평화는 빈곤퇴치, 분쟁예방, 민주주의 발전 없이는 이룰 수가 없습니다." 평화 실현의 첫걸음은 가진 자와 못 가진 자의 문제를 구조적으로 해결하고, 미국을 위시한 가진 자가 나눔을 실천하여 빈부의 격차를 줄여야 한다. 오늘의 테러의 문제는 빈곤의 문제를 해결하여야 극복될 수 있다. 북한에서는 지난 10년간 식량난으로 250만 명이상이 굶어 죽었다고 한다. 인도적 견지에서라도 북한을 도와야 한다.

넷째, 본회퍼는 평화를 실현하기 위해 기독교인의 책임적인 행위와 공동체성의 실현을 통하여 가능하다고 하였다.

이것으로부터 평화를 위한 책임과 이웃과의 연대를 말하는 것이다. 본회퍼는 평화를 실천하기 위하여 책임적인 기독교인의 신앙적 결단과 행위가 필요함을 보여주었다.

본회퍼는 개인의 관심이나 이해관계, 국가가 침략하는 행위에서는 폭력을 거부 하였지만 그러나 수많은 사람의 학살이 계속되는 상황에서 죄악의 공범이 되지 않기 위해 비폭력의 순결함을 지킬 수 없었고 히틀러 제거 계획을 세웠던 것이다. 본회퍼의 저항과 폭력사용은 처

---

14 요한 갈퉁/강종일 외 옮김, 『평화적 수단에 의한 평화』(들녘, 2000).

15 *GS* I. 218.

음부터 정상적인 상황에서 행한 것이 아니라 마지막 비상시에 행한 것이다. 처음의 수단(prima ratio)으로 행한 것이 아니라 최후의 수단(ultima ratio)으로 한 것이다.[16] 평화주의자인 본회퍼가 사람을 죽이는 암살계획에 가담한 행위는 책임윤리와 저항권의 입장에서 이해하여야 한다.[17]

본회퍼는 평화를 실현하기 위해서 공동체성을 강조하였다. 그는 그리스도를 "공동체(교회)로서 존재하는 그리스도"라고 하였다.[18] 이러한 공동체성은 국가주의나 인종주의를 넘어설 수 있는 개념이다. 동아시아 삼국은 평화를 위해 본회퍼의 공동체성을 깊이 생각하고 재일교포 도쿄대(東京大) 강상중(姜尙中) 교수나 일본인 와다 하루키(和田春樹) 교수가 이야기 한 대로 "동북아시아 공동의 집"을 건설하는 일이 필요할 것이다.[19]

동아시아의 평화는 미국의 태도에 달려 있다. 미국은 북핵문제 때문에 북한을 공격의 표적 삼아 한반도 평화공존과 긴장완화를 저해하지지 않도록 하여야 할 것이다.

그동안 미국은 패권주의와 국익을 위한 정책을 펴 왔다.

부시 대통령은 취임한 후 미사일 방어체제(MD) 강행, 일방적인 친이스라엘 외교정책, 교토 기후협약 탈퇴, 유엔 인종차별 철폐회의에서의 퇴장 등 국익 위주의 정책을 펼쳐왔다. 그러나 미국은 초강대국으로서 세계평화를 위한 도덕적 책무가 있다. 미국은 이라크문제 북핵문제를 빨리 해결하고 테러의 근본적인 원인을 제거하고, 나아가서

---

16 W.Maechler, "VonPazifistenzum Widerstandskämpfer. Bonhoeffer Kampf für die Entrechteten," in *Die Mündige Welt* I, 95.

17 유석성, "본회퍼의 평화주의와 정치적 저항권", 신학사상 91집, 1995 겨울. 42ff.

18 Dietrich Bonhoeffer, *Sanctorum Communio* (DBW1), München, 1986, 126.

19 강상중/이경덕 옮김, 『동북아시아 공동의집을 향하여』 (뿌리와 이파리, 2001).

인류가 함께 공존하며 상생(相生)할 수 있고 평화롭게 살 수 있는 국제질서를 만들어야 한다.

다섯째, 동아시아에있는 평화의 전통을 존중하여 평화실현에 원용(援用)하는 것이다.

한·중·일 3국은 유가(儒家), 불교(佛敎), 도가(道家) 및 묵가(墨家), 법가(法家) 등의 영향 속에서 살았고 그들에게는 각각의 평화사상이 있다. 유가는 예치(禮治), 덕치(德治)에서 찾았고, 도가는 무위자연(無爲自然), 소국과민(小國寡民), 비전론(非戰論)에서, 묵가는 상현(尙賢), 상동(尙同), 반전론(反戰論)에서, 법가는 강제규범(强制規範)과 법치(法治)에서 ,병가(兵家)는 강력한 군사력에 기반을 둔 힘의 통치에서 평화를 추구하였다.[20] 공자는 덕치주의(德治主義)의 관점에서 인(仁)과 예(禮)를 중시하였고, 균형과 조화를 뜻하는 화(和)를 중시하며, 정명사상(正名思想)을 말하였다.[21] 인정(仁政)이나 왕도정치(王道政治), 폭군방벌론(暴君放伐論)을 중시한 맹자의 사상은 본회퍼와 일맥상통(一脈相通)하는 점이 있다. 본회퍼가 히틀러를 제거하려고 하는 것은 맹자가 폭군은 죽여도 좋다고 한 것과 유사한 것이다.[22]

한국에는 신라의 원효(元曉)의 화쟁(和諍)사상이 있다.[23]

화쟁이란 부처의 근본 가르침에 근거하여 온갖 주장(이쟁異諍)을 화회(和會)시키고 회통(會通)시키는 것을 의미한다. 다시 말하여 "화쟁이란 불교 신앙 안에서 다양한 경향의 경전이나 여러 종파의 상호

---

20 정인재 , "중국의 평화사상", 서강대학교 철학연구소 편,『평화의 철학』(철학과 현실사), 241-272 참조.

21『論語』,「顔淵」,君君 臣臣 父父 子子.

22『孟子』,「梁惠王章句下」, 臣弒其君 可乎, 曰 賊仁者 謂之賊 賊義者 謂之殘 殘賊之人 謂之一夫 聞誅一夫紂矣 未聞弒君也.

23 元曉撰, "十門和諍論",『한국불교전서』1, 1979; 최유진,『원효 사상 연구 - 화쟁을 중심으로』(경남대학교출판부, 1998).

대립하는 가르침들 사이의 다툼과 갈등을 화해 · 융합시키는 원효 특유의 해석학적 방법을 말한다."[24] 오늘 종파 안에서 그리고 종교 간에 평화를 위하는 일에 원효의 사상은 시사하는 바가 크다.

1909년 10월 26일 하얼빈 역에서 이토 히로부미(伊藤博文)를 죽인 안중근(安重根, 1879-1910)은 여순감옥에서 동양평화론(東洋平和論)을 썼다 안중근은 동양 평화를 위해 안중근을 죽었다고 하였다.[25] 안중근이 이토를 죽인 이론적 근거가 동양평화론에 있다. 안중근이 이토 히로부미를 죽인 것은 동양평화를 위한 전쟁 중에 의군 참모 중장으로서 행한 일이기에 "기독교인은 살인하지 말라"는 계명과 다른 것이라 생각하였다. 안중근 의사는 법정에서 검사가 "그대가 믿는 천주교에도 사람을 죽이는 것은 죄악이 아닌가?"라는 질문에 안중근은 대답하기를 "성서에도 사람은 죽임은 죄악이라고 있다. 그러나 남의 나라를 탈취하고 사람의 생명을 빼앗고자 하는 자가 있는데도 수수방관한다는 것은 죄악이므로 나는 그 죄악을 제거한 것뿐이다"라고 대답했다.[26] 이 문제는 전쟁 중 수행한 일과 정당방위와 저항권의 입장에서 이해하여야 한다. 안중근의 이토 히로부미를 처단한 일을 당시 가톨릭 조선교구의 뮈텔 주교는 살인행위로 간주하였다. 1993년 8월 21일 김수환 추기경은 안중근 의사의 단죄에 대해서 사과했다. 김수환 추기경은 미사에서 "안 의사는 신앙인으로서 믿음과 사랑으로 따랐고 민족의 자존을 위해 의거를 이룩했다"고 말하고, "일제 시대 제도

---

24 신옥희,『일심과 실존. 원효와 야스퍼스의 철학적 대화』(이화여자대학교 출판부, 2000), 240.

25 신용하 엮음,『안중근유고집』(역민사, 1995), 169-180; 제1회 공판기록에 대하여: 『안중근유고집』, 222-226; 윤병석,『안중근 문집』(독립기념관한국독립운동사 연구소, 2011). 안중근의사 기념사업회 편,『안중근과 동양평화』(채륜 : 2010).

26 국사편찬위원회 편,『한국독립운동사』자료 6 (정음문화사: 1968), 284f.

교회가 의거를 평가하지 못함으로써 그분의 의거와 정당방위에 대해 그릇된 판단의 과오를 범했습니다… 이에 대해 나를 포함한 모든 사람들이 연대 책임을 져야합니다"고 말했다. 2010년 3월 26일 정진석 추기경은 안중근을 신자로 복권시켰다. 본회퍼가 히틀러 암살 계획을 세운 것과 안중근이 이토를 포살한것과 그 동기에 있어 유사한 점이 있다.

오늘 한·중·일 동양 3국은 본회퍼에게서 책임(Verantwortung)과 연대(Solidarität)의 정신을 배우는 길이 평화를 실천하는 길이 될 것이다. 동아시아의 평화를 위해서는 한반도의 평화가 중요하다. 더 이상 한반도에서 전쟁을 하지 않고 평화적으로 평화통일하여야 한다. 한반도의 통일의 문제는 민족적인 문제인 동시에 국제적인 문제이다. 강대국의 이해관계가 맞물려 있는 일이다. 한반도의 평화와 동아시아의 평화를 위해서는 한국과 일본의 기독교인과 교회가 연대(連帶)하고 평화를 위한 책임(責任)을 다 하여야 하겠다. 이것이 오늘 본회퍼 평화사상에 비추어 평화 문제를 생각하는 우리가 평화를 만들어 가야 하는 " 시간이 긴급한"(Die Stunde eilt)[27] 과제라고 생각한다.

IV. 맺는말

동아시아의 평화를 위협하는 것은 자국 중심적 국수주의적 민족주의이다. 그것은 일본의 우경화된 자국 중심적 국가주의(nationalism)와 군국주의적 경향, 중국의 팽창주의, 북한의 핵 문제이다. 일본은 교과서의 역사 왜곡, 한국 영토인 독도의 영유권 주장, 총리의 야스쿠니

---

27 *GS* I, 219.

신사 참배, 평화헌법 개정 추진, 장관과 도쿄 지사의 계속적인 망언을 통해 역사를 왜곡하고 극우화된 국수적인 침략적 군국주의적 경향으로 나아가고 있다. 일본은 한국과 중국을 위시한 동아시아에게 식민 지배와 침략 전쟁을 통해 큰 고통과 상처를 주었다. 일본은 과거를 반성하고 사죄하여야한다. 독일의 바이체커 대통령은 1985년 5월 8일 종전 40주년을 맞아 기념식에서 행한 연설에서 다음과 같이 말했다. "과거 앞에 눈을 감는 사람은 현재에 대해서도 눈이 어둡게 된다." 일본은 과거에 대하여 눈을 감을 뿐 아니라 과거의 역사를 왜곡하고 있다. 이것은 일본을 위해서도 동아시아의 평화를 위해서도 시정되어야 한다. 왜곡된 교과서로 교육을 받는 일본의 국민들에게 인류의 평화에 공헌할 미래는 없다.

중국 역시 바른 역사 인식이 필요하다. 고구려사를 중국 역사에 포함시키려는 것은 중국의 팽창주의 결과이다. 한국과 중국과 일본은 평화적인 아시아를 위해서 바른 역사 인식을 하여야하고 보편적 가치인 평화와 인권과 자유와 평등과 정의 그리고 민주주의를 추구하여야 할 것이다. 이것은 침략과 전쟁의 과거의 역사를 극복하고 더불어 사는 상생과 평화공존의 길로 나아가야 한다. 평화를 추구했던 본회퍼에게 동아시아의 평화를 위해 한·중·일 3국은 본회퍼의 평화사상에서 큰 교훈을 받을 수 있을 것이다.

본회퍼는 기독교인 뿐 만아니라 비기독교인 들에게도 그의 삶과 사상의 결합에서 관심을 끌게 하고 매력을 느끼게 하였다. 특히 기독교인들에게는 신앙과 행위가 일치된 그리스도의 증인으로서의 그의 순교자의 모습이 감명을 주었다. 그의 삶과 신학에서 신앙과 행동, 개인적 경건과 정치적 책임, 자유와 복종, 의인과 성화, 교회와 세상, 성스러움과 세속적인 것이 분리되지 않고 함께 일치되는 것이다. 본회

퍼의 공헌은 요약컨대, 그리스도 중심적인 사고와 신학, 제자직의 고
귀함, 기독교신앙에서 세상성의 강조를 통하여 기독교인의 책임적인
삶을 일깨워준 것에 있다. 28 본회퍼는 그리스도의 증인으로서, 책임
적인 기독교인의 삶의 모습과 교회의 참모습을 가르쳐 주었고, 사회
참여 신학의 선구자로서 정의와 평화와 사랑을 실천하는 길을 보여주
었다.

동아시아 본회퍼학회 발표, 일본 東京 루터대학(2013. 10. 11-15)

일본 同志社大 신학 강연(2012. 11.)

독일 예나대학 강연(2015. 2.)

---

28 John D. Godsey, "The Legacy of Dietrich Bonhoeffer," A. J. Klassen (ed.),
A Bonhoeffer Legacy, Essays in Understanding. Wm. B. Eerdmans Publishing
Co., 1981. 161-169.

본회퍼의 종교 비판
: 성서 개념에 대한 비종교적 해석의 의미

정지련

(인천성서신학원 교수)

본회퍼는 바르트나 불트만처럼 획기적이거나 체계적인 저서를 남기지 못했다. 그럼에도 불구하고 본회퍼의 저서들은 바르트나 불트만의 저서보다 여러 계층의 독자들에게 더 강한 호소력을 갖고 있다. 전통적인 가톨릭과 개신교 신학에서부터 해방신학에 이르기까지 그의 영향을 받지 않은 현대 신학은 거의 없는 것처럼 보인다. 이러한 현상의 원인은 아마도 그의 삶과 신학에서 나타나는 '인식과 실천의 통일'에 있을 것이다. 사실 그는 항상 성서적 사고를 삶 속에서 실현하려는 모험을 감행했으며, 이러한 모험을 통해 항상 다시금 새로운 신학적 인식을 획득하였다. 그는 또한 이러한 과정을 통해 얻은 인식과 진리에 기꺼이 자신의 생명을 바칠 수 있었다.

따라서 그의 말과 글은 삶과 유리된 공허한 이론과는 달리 삶에 대한 경험으로부터 나와 다시금 삶을 조명해 준다. 그래서 많은 사람들이 그의 신학 내용보다는 그의 삶 속에 나타나는 '인식과 실천의 통일' 그리고 이러한 통일 속에 주어진 진실성과 설득력을 더 높게 평가하기도 한다. 그러나 그의 신학을 단지 본회퍼라는 한 인간의 삶에 대한 체험으로 축소시켜서는 안 된다. 오히려 그의 신학은 논리적인 체계나 정교함을 갖추고 있지는 못하지만 성서와 삶을 연결시켜 주고 통합시켜 주는 깊은 통찰력들을 내포하고 있다. 이러한 통찰력이 가장 선명하게 나타난 글 가운데 하나가 사후에 그의 친구 베트게에 의해 『저항과 복종』(*Widerstand und Ergebung*)이란 제목으로 출간된 옥중서신이다.

본 소고는 이러한 옥중서신에 나타나는 그의 종교 비판과 비종교적 해석을 조명해 봄으로써 그의 물음과 통찰력이 갖는 신학적 의미를 살펴보고자 한다.

I.

본회퍼의 후기 사상에서는 종교의 시대가 지나갔다는 인식이 거듭 나타난다. 이러한 인식은 44년 4월 30일의 편지에서부터 본격적으로 등장하기 시작한다.

> 신학적인 말이건 신앙적인 말이건 말에 의해 말할 수 있는 시대는 지나갔다. 마찬가지로 내면성과 양심의 시대 즉 일반으로 종교의 시대는 지나갔다. 우리는 완전히 무종교의 시대를 맞이하고 있다. 있는 그대로의 인간은 이미 단순히 종교적으로는 될 수 없다. 분명히 '종교적'으로 보이는 사람들도 결코 그것을 실제의 행위로는 나타내지 않는다.

> 종교의 시대는 지나갔다. 오늘날의 인간들은 더 이상 종교에 의존

하지 않는다. 그들은 하나님을 우리의 세계와 삶에서 추방시켰다. 인간들은 지금 모든 중요한 문제를 하나님이란 작업가설 없이 해결하는 법을 배웠다. 인간은 오늘날 무신적인 성숙한 인간이 되었다. 본회퍼는 세계의 이러한 무신성을 성숙한 인간 뿐 아니라 '종교적' 인간에게서도 발견한다. 본회퍼는 물론 종교적으로 처신하는 사람이 있음을 인정한다. 그러나 본회퍼에 의하면 그들 또한 실제로는 그들의 삶을 종교적으로 살지 않는다고 한다. 본회퍼는 이러한 통찰력을 동료 죄수들을 관찰하는 가운데 획득했다. "나 자신의 경우도 그리고 다른 사람의 경우도 언제나 불가해한 것은 폭격 받은 밤의 인상이 곧 망각되고 만다는 것이다. 공습 몇 분 후에는 벌써 그때까지 생각하고 있던 것이 거의 모두 아주 사라져 버리는 것 같다. 루터에게 있어서는 하나의 섬광이 몇 해에 걸쳐 그의 전 생애에 전환을 가져오기에 충분한 것이었다. 오늘 이러한 '기억'은 어디에 있는 것일까?" 본회퍼는 동료 죄수들이 극한 상황에서 종교적으로, 심지어는 미신적으로 행동하는 것을 보았다. 그러나 그는 동시에 그들이 곧 그들이 했던 행동을 잊어버리는 것을 보았다. 이러한 사실을 통해 본회퍼는 종교가 종교적 인간의 기억마저도 더 이상 사로잡지 못하고 있음을 확신하게 되었다. 본회퍼는 이와 같이 동시대인의 의식 속에서 총체적인 종교적 의식의 붕괴를 감지했다. 본회퍼는 또한 딜타이 등을 연구하면서 이러한 총체적인 비종교성이 오늘 갑자기 나타난 것이 아니라 근대 이후 지속적으로 발전되어 온 것이라는 사실을 깨닫고 이러한 현대의 자율성과 비종교성 이전으로 돌아가려는 시도를 불가능하고 무의미한 일로 간주했다.

이러한 상황 인식과 더불어 그의 종교적 기독교에 대한 비판이 시작된다. 즉 그리스도를 종교적으로 해석해 온 기독교는 세계의 비종교성을 인정하지 않고, 오히려 형이상학적 세계나 인간의 내면성을 내세워 이러한 현대의 비종교성을 은폐시키려 한다는 것이다. 본회퍼에 의하면, 이러한 종교적 기독교는 현대의 성숙한 인간들에게 아무런 호소력도 가지 못하며 단지 비성숙한 인간들이나 어려운 상황에 처한 사람들에게 종교적인 폭력을 가할 뿐이고 궁극적으로는 성인이 된 세계에서 추방될 것이라고 한다. 본회퍼는 이와 같이 종교적 기독교를 비판하면서 세계의 자율성과 비종교성을 있는 그대로 인정할 것을 요구한다. "내가 뜻하고 있는 것은 무언가 가장 깊은 곳에 있는 내밀한 장소에 있어서 신과 암거래를 하는 것이 아니라 세계와 인간의 성인성을 단순히 인정하는 일이요, 인간을 그의 세속성으로 인해 '욕설을 퍼붓는' 것이 아니라 그의 가장 강한 장소 속에서 신의 개척자를 보지 않는 일이다." 그는 이러한 인식 속에서 성서 개념에 대한 비종교적 해석의 가능성과 필연성을 시사한다. "종교가 기독교의 한 의복에 지나지 않는다고 하면 —의복은 여러 시대에 있어서 매우 다양한 외관을 보이고 있지만— 무종교적 기독교란 어떤 것일까? … 우리는 종교 없이 다시 말하면 형이상학이나 내면성 등의 시간적으로 제약된 전제 없이 어떻게 신에 대해서 말할 것인가?"

이러한 종교 비판 및 비종교적 해석은 본회퍼라는 이름을 세상에 알리는 계기가 되었으며 1950년대와 1960년대에는 열띤 논쟁을 불러 일으켰다. 1970년대 이후에는 많은 해석자들이 비종교적 해석이라는 다소 혁신적인 것처럼 보이는 사상에 직면해 본회퍼 신학의 통일성을 해명하려고 노력했으며, 오늘날에도 비종교적 해석의 신학적 귀결에 관한 논의가 계속되고 있다. 이러한 비종교적 해석은 한 때 동독의 신학자 뮐러(H. Müller)와 영·미의 신 죽음의 신학자들에 의해 본회퍼 후기 사상의 "질적 도약"으로 해석된 적도 있다. 즉 후기와 전기의 본회퍼 사이에 불연속성이 존재하며, 후기의 본회퍼는 전통적 기독교를 질적으로 뛰어넘어 전적으로 새로운 현재의 기독교를 제시하려 했다는 것이다. 이러한 것은 이미 당시 주로 베트게 등에 의해서 생애 마지막 순간까지 성서 신앙과 하나님의 현존에 의해 각인된 본회퍼의 전체성을 간과한 해석이라는 비판을 받았지만 후에 본회퍼 해석에 활기를 불어넣는 계기가 되었으며, 본회퍼의 후기 사상을 깊이 있기 이해하기 위해서는 반드시 거쳐야 할 과정이 되었다. 따라서 간략하게나마 이러한 본회퍼 해석의 문제를 먼저 밝히는 것이 본회퍼의 비종교적 해석을 해명하는 데 도움이 될 것이다.

본회퍼가 성숙한 세계에 종교적인 방법으로 기독교 신앙을 변증하려는 시도를 거부하고 인간과 세계의 자율성과 책임성을 받아들인 것은 틀림없는 사실이다. "'만일 신이 존재하지 않는다고 해도' 우리는 이 세상 속에서 살지 않으면 안 된다는 것을 인식하지 않고는 우리는 성실할 수 없다." 그는 곧 다음과 같이 말한다. "그러나 우리가 이것을 인식하는 것은 바로 신 앞에서 인 것이다. 신 자신이 우리를 강요하여 이러한 인식을 하게 한다… 신은 자기를 이 세상에서부터 십자가로 추방한다. 신은 이 세계에 있어서는 무력하고 약하다. 그리고 신은 바로 이렇게 해서 이렇게 함으로써만 우리들과 함께 있고 우리를 도와준다. 그리스도가 그의 전능에 의해서가 아니라 그의 약함과 고난에 의해서 우리를 도와주신다는 것은 마태복음 8장 17절에 아주 분명하다." 다른 표현을 빌자면 본회퍼가 성숙한 세계를 받아들인 것은 하나님의 부재를 인정해서가 아니라, 오히려 "세계의 성인성에의 발전이 그릇된 신 관념을 일소하고, … 성서의 신을 볼 수 있게 그 눈을 해방시켜 주기 때문이고," 종교적 해석을 거부한 것은 이러한 해석이 "성서적인 사신에도 오늘의 인간에도 맞지 않았기" 때문이었다고 말할 수 있다. 그리고 이러한 진술을 통해 본회퍼가 성서의 사신을 현대의 무신성과 일치시켰다고 말하는 것 또한 본회퍼의 의도와는 완전히 모순된다. 그는 오히려 현대의 무신성과 은밀히 타협하려 했던 종교적 시도를 거세게 비판했고 "세계와 인간의 성인성을… 그의 가장 강한 장소에 있어서 신과 대결"시키려 했으며 세계를 그가 자신을 이해하는 것 보다 더 잘 이해하려 했다.

간략하게 말하자면 본회퍼는 현대의 무신성의 빛에서 기독교 신앙을 무신론적으로 해석한 것이 아니라, 성서의 빛에서 성인이 된 세계를 받아들이고 종교적 기독교를 비판했다고 말할 수 있다. 사실 본회퍼의 종교 비판 및 비종교적 해석은 후기 사상에서 비로소 나타난 것이 아니라, 박사학위 논문에서부터 준비되고 발전되어 온 것이다.[1] 그러나 본회퍼의 종교 비판 및 비종교적 해석이 구체적으로 무엇을 의미하는지가 명확하게 해명되지 않는다면 후기의 본회퍼 사상이 무신론적 전환이 아니라는 주장은 설득력을 상실하게 되고 비종교적 해석 속에 내포된 그의 신학적 통찰력 또한 베일 속에 가리게 될 것이다. 여기서 80년대 이후 본회퍼 해석을 주도하고 있는 파일 (Ernst Feil)의 본회퍼의 종교개념 분석은 실마리를 제공해 준다.

II.

화일(Feil)은 본회퍼의 종교 이해를 다음과 같이 설명한다. "본회퍼는 '종교'로 불리는 체험 세계를 근대의 특성, 즉 지금은 지나가 버린 역사적 시대의 현상으로 파악했다."[2] 즉 본회퍼가 말하는 종교 또는

---

1. 참조. *Sanctorum Communios*. 257. "일반적인 종교 개념에는 사회성이 결여되어 있다." 또한 1935년 그의 형 칼 프리드리히에게 보낸 편지를 참조하시오. "기존의 형태와 해석으로는 기독교가 곧 종말을 맞이하게 될 것이다"(*GS* II 158).

종교적 해석이란 기독교 신앙을 형이상학적으로 또는 개인주의적으로 해석했던 근대 기독교 내의 역사적 한 형태(자유주의 신학 또는 경건주의)라는 것이다. 그는 이러한 논제를 뒷받침하기 위해 종교 개념의 유래와 역사적인 발전과정을 제시한다. "종교란 말은 원래 라틴어권 세계에서만 사용되었던 말이다. 이 말은 라틴어권에서는 결코 낯선 말이 아니었다… 종교란 말은 그들에게는 '하나님 경외'를 의미했다. 종교는… 하나님에 대한 덕인 동시에 인간에 대한 동정심을 의미했다… 그러나 이 말은 근대에 우리(게르만 민족)에게 전해지면서 의미의 변화를 맞이했다…. 즉 근대 게르만어권에서는 인간학적인 근본 소여성, 즉 인간의 종교적 선험성 및 신에 대한 상이한 확신들을 표현하기 위해 이 말을 사용했다."3 화일은 이러한 분석을 통해서 본회퍼가 비판하려했던 것이 기독교 신앙 그 자체가 아니라 신을 인간의 형이상학적 선험성 및 내면의 종교적 체험 속에서 찾으려 했던 근대의 특정한 기독교 해석이라고 주장한다.

화일은 이와 같이 본회퍼에게서는 종교 개념이 기독교 신앙과 동일시되는 것이 아니라 기독교 신앙에 대한 한 해석 범주라는 사실을 밝혀냈다. 따라서 본회퍼의 종교 비판이 하나님에 대한 경외 그 자체를 부정하는 것이 아니라, 성서의 신을 특정한 사고 범주 속에서 해석해 온 시도라는 사실이 밝혀졌다. 그러나 종교를 근대의 특정한 기독교 해석 범주로 본 화일(Feil)의 분석은 본회퍼의 진술에 부분적으로 상응하는 점이 없지는 않지만 전체적으로는 일치하지 않는 것처럼 보

2. E. Feil, "Ende oder Widerkehr der Religion? Zu Bonhoeffers umstrittener Prognose eines 'religionslosen Christentums'" in: *IBF* 7 s. 40
3. Feil, Ibid., s. 41.

인다. 왜냐하면 본회퍼는 종교적 기독교를 특정한 시대에 한정시키는 것이 아니라 기독교의 전 역사를 신앙을 종교적으로 해석해 온 역사로 보기 때문이다. "우리들의 1900년에 걸친 기독교의 선교와 신학은 인간의 종교적 선험성 위에 세워져 있다. 기독교는 항상 '종교'의 하나의 형식이었다." 그는 또한 경건주의를 "기독교를 종교로서 보존하려는" ―최초의 시도가 아니라― "최후의 시도"로 보았다. 이러한 본회퍼의 진술은 신학자들의 진술 속에 흔히 볼 수 있듯이 자신의 신학적 논제를 부각시키기 위한 별 의미 없는 과장에 불과한 것일까? 그렇지 않다면 그가 말하는 종교적 해석이란 구체적으로 무엇을 의미하는 것인가? 바르트를 종교 비판을 시작한 최초의 신학자로 높이 평가하면서도 그가 종교를 교회로 대치시켰다는 비판은 구체적으로 무엇을 의미하는 것인가? 그러나 본회퍼가 종교적 해석을 비판하고 성서 개념에 대한 비종교적 해석을 제시한 편지들을 유심히 살펴보면 거기에는 거의 어김없이 구약성서 인용과 사상이 등장하고 있음이 밝혀진다. 이러한 사실이 우리의 문제에 밝은 빛을 던져준다.

그는 항상 구약성서에 근거해 종교적 기독교를 비판했다. "도대체 구약성서에 영혼의 구원이라는 것이 문제가 된 곳이 있을까? 일체의 중심점이 이 세상에 있어서의 신의 의와 신의 나라에 있는 것이 아닐까?" 그는 또한 자신이 제시한 비종교적 해석의 구절들을 구약성서적이라고 부른다. "나는 한계에 처해서가 아니라 중심에 있어서… 신에 대해 말하고 싶다… 신은 우리들의 생활의 한 가운데서 피안적이다. 교회는 인간의 능력이 미치지 않는 곳, 한계에서가 아니라 마을의 한 가운데서 피안적이다. 이것이 구약성서적이라는 것이고 이런 의미에서 우리는 아직 신약성서를 구약성서적으로 읽는 일이 너무나 적다."

그는 사실상 자신의 사상을 구약성서적이라고 생각했다. "나는 언제나 구약성서적으로 생각하고 느끼고 있는 것 같이 생각된다… 하나님의 이름을 불러서는 안 된다는 것을 알 때라야 비로소 예수 그리스도의 이름을 부르는 것이 허락되는 것이다. 인생과 이 세상이 상실되면 모든 것이 상실되고 종언을 고한다고 생각될 정도로 인생과 이 세상을 사랑할 때라야 비로소 죽은 자의 부활과 새로운 세계를 믿는 것이 허락된다… 너무나 조급하게 그리고 너무나 직접적으로 신약성서적으로 존재하고 느끼려고 하는 것은 내 생각으로는 결코 기독교적이 아니다." 이러한 사상은 1944년 6월 27일자 편지에서 보다 구체화된다. "구약성서에 관한 우리들의 생각에 관해 좀 더 쓰기로 하겠다. 다른 동방 종교와는 달리 구약성서의 신앙은 결코 구제 종교가 아니다. 그러나 그럼에도 불구하고 언제나 기독교는 구제 종교라고 말해진다. 여기에 그리스도를 구약성서에서부터 분리하여 구제 신화에서부터 해석한다는 근본적 잘못이 있는 것이 아닐까?"

그는 이와 같이 신을 인간의 중심이 아니라 한계에서 찾는 신앙을 이 세계에서의 신의 무력과 고난에 참여하는 것이 아니라 단지 개인의 구원의 문제로만 이해했던 종교적 기독교의 오류를 그리스도와 신약성서를 구약성서의 빛에서 읽지 않는데서 찾았다. 여기서 그가 말하는 종교적 해석의 윤곽이 분명하게 밝혀진다. 즉 본회퍼에게 있어서 종교적 해석이란 화일이 주장하듯이 근대 이후의 특정한 기독교 형태에 한정되는 것이 아니라, 신약성서를 구약으로부터 분리해 개인의 ―비역사적인― 구원의 관점에서 해석해 온 기독교의 전 역사에 해당되는 것임을 알 수 있다. 정의적으로 말하자면 본회퍼에게서 종교란 화일이 밝혀 놓았듯이 기독교 신앙을 이해하는 해석학적 범주이지만 근대에 비로소 나타난 것이 아니라 신약을 구약의 빛에서 이해하지 않는 기독교 내의 보편적 해석 경향이라 할 수 있다. 그는 또한 구약을 단순히 신약의 전 단계로 이해하는 것을 거부했다. 그는 오히려 구약성서를 신약성서의 의미를 밝혀주는 유일한 해석학적 지평으로 이해했다. 따라서 그가 비종교적 해석을 통해 호소하려 했던 것, 즉 곤궁에 빠졌을 때 신의 전능에 호소하는 것이 아니라 이 세계 한 가운데서 하나님의 무력과 고난에 참여하는 것이 참된 기독교 신앙이라는 주장은 단순한 시대 상황적인 해석이 아니다. 그리스도를 구약성서의 빛에서 해석하는 과정에서 나온 성서적이며 신학적인 사상임을 알 수 있다. 사실상 하나님은 한계가 아니라 중심에서 인간을 만나신다는 옥중서신의 주요 사상은 구약 사상에 대한 이해 없이는 해명되기 어렵고 또한 쉽게 오해될 수 있는 사상이다. 따라서 그가 말하는 하나님의 고난은 세계의 고난을 말하기 위한 단순한 암호가 아니라 실제적인 신앙의 인식으로 보아야 하며, 하나님의 무력과 고난에의 동참 또한 신앙의 윤리화가 아니라 세계의 고난에 참여하는 행위 속에서 실제로 하나님의 현존을 경험하는 성례전적 행위로 이해해야 한다.

규정적으로 말하자면 본회퍼의 비종교적 해석은 무신론적 해석이나 특정한 기독교적 해석을 비판하는 것이 아니라, 신약성서와 그리스도를 구약성서의 빛에서 해석하자는 호소라 할 수 있다. 사실 율법과 복음, 세계에 대한 책임과 신앙의 상호적 관계를 밝힌 "윤리학"과 더 나아가서는 은혜와 행위, 인식과 실천의 역동적 통일성을 피력했던 "나를 따르라" 또한 명시적이진 않지만 신약성서의 신앙을 —역사와 세계를 하나님이 인간을 만나는 장소로 간주하며 하나님과 인간의 관계를 일방적인 관계가 아니라 인격적이며 대화적인 관계로 생각했던(Martin Buber, *Ich und Du*)— 구약 사상의 빛에서 해석한 귀결이라 할 수 있다. 이러한 의미에서 본회퍼의 비종교적 해석은 어느 날 갑자기 나타난 것이 아니라 초기 사상에서부터 이미 준비되고 점차적으로 심화되어 온 사상이며 따라서 본회퍼의 전체 신학을 조망할 수 있는 해석학적 열쇠가 된다고 할 수 있다. 그리고 신앙과 종교를 분리시켜 종교를 비판했던 바르트를 본회퍼가 높이 평가하면서도 종교를 교회로 대치시켰다고 비판한 것 또한 인간이 신에게 나아가는 것이 아니라, 신이 인간에게 오는 것을 아가페로 규정하고 인간의 본래적 실존을 이러한 신의 행위에 참여하는 것으로 이해한(Nygren, *Eros und Agape*) 구약 사상의 빛에서 비로소 올바르게 이해될 수 있다.

III.

물론 구약을 기독교 경전에서 제거하려 했던 마르키온이 고대 교회에서 정죄되었다는 교회사적 사실을 본회퍼가 몰랐을 리 없다. 그러나 기독교가 고대 교회 이래로 구약성서를 경전으로 인정하면서도 이른바 약속과 성취의 도식 하에 실질적으로는 기독교 신앙에 대한 구약성서의 의미를 약화시킨 성은 부인할 수 없는 사실이다. 사실 기독교는 정치적, 선교적 그리고 근대에는 성서비평학적 관심 등에 의해서 신약성서의 해석 범주를 구약보다는 주변의 철학에서 찾아 온 역사를 갖고 있다. 심지어 하르낙 같은 교회사가는 "2세기에 구약을 경전에서 제외시키려는 시도를 교회가 거부했던 것은 교회의 실수"라고까지 말하고 있다. 그 결과 토라는 복음과 분리되거나 복음에 의해 왜곡되었고(토라-노모스-율법으로 이어지는 토라 개념의 해석사), 묵시문학적 우주적-역사적 구원 대신에 존재론과 영혼의 구원이 대두되었으며(오리게네스), 역사와 이 세계 보다 피안의 세계와 영적 세계가 신의 장소로 이해되었고, 근대에는 신앙을 신조에 대한 지적 동의(정통주의)나 특정한 세계관 또는 개인의 도덕성에 환원시켜 온 것이 아니는가? 그리고 구약성서를 신약의 전 단계가 아니라, 신앙 해석의 사상적 지평으로 이해하고 구약과 신약의 관계를 일방통행적 관계가 아니라, 상호 관계적으로 규정하려고 노력한 것은 비로소 최근의 일이 아니는가?

이러한 교회사적 사실들은 1900년에 걸친 기독교의 전체 역사를 종교적 기독교로 비판한 본회퍼의 비종교적 해석이 갖는 신학적 의미와 통찰력이 어떠한 것인지를 명백하게 밝혀준다. 구약성서적 신약 해석 또는 구약성서적 기독론에 근거해 그리스도를 새롭게 이해하려 했던 그의 비종교적 해석은 시대를 앞선 그의 통찰력을 조명해 주며, 급변하는 시대 속에서 방향을 상실했던 신학에 새로운 장을 열어 놓은 참신함 그 자체라 할 수 있다. 미완성에 그친 그의 비종교적 해석은 동시에 현대의 기독교인들에게 신약을 구약의 빛에서 읽는 것이 신학적으로 정당한지의 여부와 그리스도를 히브리 사상의 빛에서 해석하는 것이 구체적으로 어떻게 나타나는지를 탐구하라는 요청으로 이해되어야 할 것이다. 그렇게 될 때 비로소 "진정한 기독교인은 십자가에 달린 자 밖에 없었다"고 선언한 니체를 극복할 수 있으며, 하나님의 나라가 도래했다는 예수의 선포와 십자가에서의 하나님의 고난의 의미가 보다 깊이 있게 밝혀질 것이다.

칭의론에 대한 새로운 시각
: 본회퍼의 『나를 따르라』

정지련

(인천성서신학원 교수)

I. 서언

본회퍼는 바르트나 불트만과는 달리 획기적이거나 체계적인 저서를 남기지 못했다. 오히려 그의 저서들, 특히 사후에 그의 친구 베트게(E. Bethge)에 의해 출간된 후기 저서들 『윤리학』과 『옥중서신』은 단편적인 성격을 띠고 있다. 그럼에도 불구하고 본회퍼의 저서들은 바르트나 불트만의 저서보다 여러 계층과 분야의 독자들에게 더 강한 호소력을 갖고 있다.

오늘날 경건주의자로부터 남미의 해방신학에 이르기까지 그의 영향을 받지 않았다고 말할 수 있는 신학자는 거의 없다. 이러한 현상의 원인은 아마도 그의 삶과 신학에서 나타나는 '인식과 실천의 통일'에서 찾아볼 수 있을 것이다. 그는 항상 성서적 사고를 자신의 삶 속에서 실현시키려는 모험을 감행했으며, 이러한 삶의 모험 속에서 새로운

| 제2부_ 한국 신학자들과 본회퍼 신학의 대화

신학적 인식을 획득했다. 그는 또한 이러한 과정을 통해 얻은 인식과 진리를 위해 기꺼이 자신의 삶을 바칠 수 있었다. 그의 말과 글은 삶과 유리된 공허한 이론과는 달리 삶에 대한 경험으로부터 나와 다시금 이러한 삶을 조명해 주기 때문에 독자들의 보다 진지한 참여를 요구한다.

따라서 수많은 사람들이 본회퍼의 신학 내용보다는 그의 삶 속에 나타나는 '인식과 실천의 통일' 그리고 이러한 통일 속에 주어진 진실성과 설득력을 더 높게 평가하기도 했다. 그러나 그의 신학을 단지 본회퍼라는 한 인간의 삶에 대한 체험으로 축소 시켜서는 안 된다. 오히려 그의 신학은 비록 논리적인 체계나 정교함을 지니고 있진 못하지만, 성서와 삶을 연결시켜 주고 통합시켜 주는 깊은 통찰력들을 내포하고 있다. 이러한 통찰력이 가장 선명하게 나타난 책 가운데 하나가 바로 1937년에 출판된 『나를 따르라』(Nachfolge)다.

본회퍼는 1906년 2월 4일 독일의 브레슬라우에서 한 유명한 의과대학 교수의 아들로 태어났다. 이미 어린 시절에 신학자가 되기로 결심했던 본회퍼는 21살 때 박사학위 논문, "성자의 공동체"(Sanctorum Communio)를 제출했다. 교회론을 다룬 이 논문은 함께 나누고 서로 사랑하는 삶의 공동체를 교회의 척도로 제시함으로써, 한편으로는 신앙의 공동체적 성격(신앙은 공동체를 통해서만, 또는 사회적 관계를 통해서만 실현된다)을 강조하고, 다른 한편으로는 자신의 루터교회 전통내에 내재되어 있는 극단적인 말씀의 신학—신앙의 개인주의적 이해 및 신앙의 지성화—을 비판하고 있다. 이 논문은 오늘날까지도 그 가치를 인정받고 있다. 본회퍼는 바르셀로나에서 전도사(또는 부목) 생활을 마친 후 교수 자격 취득 논문(Habilitation)—『행위와 존재』(Akt und Sein)—를 제출함으로써, 베를린대학에서 강사가 될 수 있었다

(1930).

1년간 미국의 신학계를 둘러 본 본회퍼는 1933년까지 베를린대학에서 강의했다. 그러나 그는 1933년 교회가 히틀러를 지지하는 독일 교회와 국가 사회주의 이데올로기를 비판하는 고백교회로 분리되는 진통을 겪는 와중에 런던으로 가 그곳의 독일인 교회에서 목회를 시작했다. 그는 1935년 독일로 돌아와, 핑켄발트에 있는 고백 교회의 한 신학교를 섬기게 되었다. 이곳에서 그는 영국에서 배웠던 수도원적—공동체적 삶을 실현시키고 신앙의 체험을 주입시키려고 노력했으며, 또한 기도와 성서 해석에 관해서 가르쳤다.

그는 이곳에서의 생활과 강의에 기초해 『나를 따르라』, 『신자의 공동생활』, 『성서의 기도서 시편 해석』을 저술했다. 본회퍼는 이 신학교가 나치 정권에 의해 폐쇄된 후 히틀러에 대한 저항운동에 가담했다. 나치 정권은 1936년 그의 교수직을 박탈한 이후 계속해서 그에게 저술 및 강의 금지령을 내렸고, 드디어는 1943년 4월 5일 체포되었다. 저항운동 중에 쓴 논문들과 옥중에서 쓴 편지들은 그의 친구 베트게에 의해 출간되어 신학계에 커다란 반향을 불러일으켰다. 그는 1945년 4월 9일 플로쎈뷔르크 형무소에서 처형되었다.

그의 전기가 이미 어느 정도 암시해 주었듯이, 그는 한 편으로는 삶의 내적인 면에 초점을 맞추면서 그리스도의 현존에 대한 확실성을 추구해 나갔으며, 다른 한편으로는 기독교인(또는 교회)과 세계와의 관계(기독교인의 사회 윤리적 행위)에 관해 반성하였다. 그러나 본회퍼는 전자를 신앙과 일치시키고, 후자를 사회적 책임과 일치시켜 양자를 분리시켜 왔던 루터교 전통을 못마땅하게 생각했다. 그는 오히려 전 우주를 지배하시는 그리스도에 대한 신앙 속에서 양자의 통일을 보존하고 해명하는 것이야말로 진정한 신앙인의 자세라고 생각했다. 이러한 '신앙'과 '책임'의 통일은 그이 모든 저서를 관통하는 해석학적 열쇠로서, 오늘날에도 많은 신학자들을 매료시키고 있다.

II. 산상 설교 해석사

우리나라에서 "나를 따르라"로 번역된 'Nachfolge'란 개념은 이러한 직접적인 번역에 의해서는 자신이 갖고 있는 의미를 모두 다 전달할 수 없는 복합적이고 함축적인 개념이다. 따라서 이 개념에 보다 가까이 접근하기 위해선, 이 개념의 역사를 간략하게나마 조망해 보아야 할 것이다.

이 개념은 무엇보다도 산상수훈 및 수도원 운동과 밀접한 관계를 맺고 있다. '그리스도를 따르는 삶'이란 신학적으로는 산상수훈에 복종하며 살아있는 신앙을 실현하려는 삶을 가리킨다. 이러한 삶은 철저한 자기 부정의 삶, 즉 자신의 세속적인 부와 지위를 포기하고 이웃과 하나님만을 추구하는 삶으로서, 초대 교회 때부터 교회의 세속화에 강력하게 항의해왔던 수도원 운동을 통해 실현되어 왔다.

산상수훈에 근거한 이러한 수도원적 삶의 형태는 중세에는 보나벤투라 등에 의해 발전되어 '예수 그리스도의 가난'— 모든 부와 소유에 대한 포기와 겸손—을 따르는 삶으로 해석되기도 했지만, 이러한 삶의 엄청난 요구 때문에 단지 수도사들에게만 적용될 수 있었다(평신도들은 자연법을 따르기만 하면 됐다). 중세 후기에는 아 켐피스가 산상수훈의 결실을 외적인 공적과 일치시키는 것에 반대하면서, 그리스도를 따르는 것은 자신의 내면이 그리스도를 닮아가는 과정이라는 논지를 펼치기도 했다. 아 켐피스의 저서 『그리스도를 닮아 가는 삶』(*Imitatio*

Christ)은 당시에는 교회의 세속화를 비판하는 책으로도 인정을 받았지만, 점차 이러한 비판적인 요소는 퇴색해 갔고 단지 개인적인 경건의 길을 제시해 주는 책으로만 이해되어졌다.

루터는 산상수훈을 모든 기독교인에게 적용되는 예수 그리스도의 설교로 간주하면서도, 산상 설교를 하나의 윤리적 율법 체계로 해석하는 것을 맹렬하게 비판했다. 루터에 의하면, 산상 설교는 하나의 윤리적 요청에 불과한 것이 아니라, 복음(또는 하나님의 은혜)이 실현되는 행위라고 한다. 즉 모든 기독교인들은 산상 설교에 복종하는 가운데 그리스도의 은혜를 인식해야 한다는 것이다. 그러나 루터 이후의 정통주의 신학은 신앙 의인(오직 은혜와 신앙에 의해서만 구원 받는다)을 전면에 대두시킴으로써, 산상 설교의 의미를 약화시켰다. 심지어 정통주의 시대의 루터교에서는 산상 설교를 자기 의인(자신의 행위를 통해 구원에 도달하려는 시도)의 길로 규정하기도 했다. 19세기의 자유주의자들은 산상수훈의 의미를 높게 평가하긴 했지만, 산상수훈을 행위의 문제보다는 양심의 문제에 한정시켜 버렸다. 그 이후에는 톨스토이나 19세기의 종교 사회주의자들이 산상 설교를 사회 이론(평등한 사회 건설과 가난하고 착취당하는 자들을 구제하려는 이론)으로 발전시킨 적도 있긴 하지만, 대부분의 개신교에서는 산상 설교를 진지하게 반성하지 않았다.

우리는 간략하게나마 '그리스도를 따르는 삶'이란 개념의 역사적 발전 과정을 살펴보았다. 이러한 과정을 통해 우리는, 이 개념이 산상 설교의 실천과 교회의 세속화 및 세계의 불의에 항의한 수도원 정신을 내포하고 있음을 발견했다. 사실상 이 개념이 내포하고 있는 두 가지 요소, 즉 산상 설교의 실천을 통해 하나님의 은혜를 한 걸음 한 걸음 인식하는 성화(聖化)의 길과 기성 교회 및 세계의 불의 구조에 대한 비판 정신은 시대적 변천에도 불구하고 그리스도를 따르는 제자들의 삶 속에서 보존되어 왔다 — 우리는 또한 종교개혁 이후의 개신교에서 산상 설교를 로마서의 '은혜론'과 대립시키려는 경향이 존재해 왔음을 인지하게 되었다.

본회퍼가 『나를 따르라』를 출간했을 때, 많은 사람들은 본회퍼가 고백교회의 과제(국가 사회주의 이데올로기를 지지하거나 방관했던 독일 교회와의 투쟁)를 망각하고 세계로부터 도피해 폐쇄적이고 은둔적인 수도원적 공동체에 안주하는 것이 아니냐고 우려했다. 그러나 이러한 우려는 '그리스도를 따르는 삶'에 대한 충분치 못한 이해에 기인한 것이었다. 본회퍼는 오히려 산상 설교의 실천을 통한 실제적인 하나님 인식이야말로 교회 및 세계의 타락에 저항할 힘을 부여해 주는 원동력이라고 생각했다. 바로 이러한 이유 때문에 그는 모든 오해와 비난을 무릅쓰고 '그리스도를 따르는 삶'을 전면에 대두시켰다.

그러나 본회퍼가 산상 설교를 전면에 대두시킨 것을 '칭의론'(오직 은혜와 은혜를 받아들이는 신앙에 의해서만 의롭게 된다는 교리)을 강조하는 자신의 루터교 전통과의 결별로 이해해서는 안 된다. 그는 오히려 산상 설교를 통해 '칭의론'을 모든 왜곡과 편견으로부터 보호하려 했다. 그는 은혜에 대한 인식은 오직 산상 설교의 실천을 통해서만 주어진다는 사실을 강조하려 했다. 사실상 은혜와 행위, 로마서와 산상 설교 그리고 인식과 실천의 상호적 관계성 또는 통일은 본회퍼 사상의 본질적 요소라 할 수 있다.

따라서 본회퍼의 『나를 따르라』는 한편으로는 산상 설교 실천의 필연성을 강조하고, 다른 한편으로는 신앙과 행위, 로마서와 산상 설교를 분리시켰던 루터의 후예들을 루터의 빛에서 비판하기 위해 루터의 종교 개혁적 동기와 행동을 조명하면서 자신의 사상을 전개해 나간다. 본회퍼에 의하면, 루터가 발견한 은혜는 '그리스도를 따르는 삶'을 무가치하게 만드는 것이 아니라, 오히려 이러한 삶으로 부르는 은혜라고 한다. 즉 루터에게는 '은혜'가 '그리스도를 따르는 삶' 속에서 인식되고 인간을 다시 이러한 삶으로 부르는 은혜를 값비싼 은혜, 즉 진정한 은혜로 부른다. 그는 또한 산상 설교의 실천과 유리된 은혜를 값싼 은혜, 즉 하나의 이론에 불과한 은혜로 부르기도 한다. 사실상 본회퍼의 이러한 루터 해석은 복음과 율법의 변증법적 관계—복음은 또 다른 하나의 율법이 아니라. 율법의 실천 속에서 인식되는 은혜에 대한 자각이다—를 제시하려 했던 루터 신학의 근본적인 의도와 일치한다.

III. 본회퍼의 『나를 따르라』의 사상

이 책에서 본회퍼는 —서로 대립되는 것으로 간주되곤 했던— 예수의 산상 설교와 바울의 칭의 및 성화 사상이 사실은 '나를 따르라는 예수의 부름'에서 일치한다고 주장한다. 그러나 본회퍼에게 예수의 부름은 은유적인 표현이 아니다. 그리스도는 오늘도 우리를 실제로 당신의 몸으로 부르신다는 것이다. 그러나 이러한 부름은 현존하지만 자신을 숨기시는 그리스도의 부르심이다. 따라서 누구나 이러한 부름을 감지하는 것은 아니다. 이러한 부름을 감지하고 분별하기 위해선 계시에 대한 바른 이해와 더불어 이른바 영성 훈련이 필요하다. 이러한 영성 훈련의 현장에서 탄생한 책이 바로 『나를 따르라』와 『신자의 공동생활』이다.

본회퍼에 의하면, 이러한 부르심을 듣고 따르는 자는 그리스도의 형상을 바라보게 된다. 그러나 이 책의 주요 주제들인 부르심과 들음,

따름과 바라봄 등의 개념은 다분히 수도원적 영성을 연상시킨다. 본회퍼 신학의 주요 해석자 가운데 한 사람인 파일(E. Feil)뿐 아니라 바르트(K. Barth)가 이 책에서 —수행을 통해 자신을 정화시키며 궁극적으로는 하나님을 바라보려는— 수도원적 영성을 감지한 것은 결코 우연이 아니다. 본회퍼를 당시 고백교회 투쟁에 선봉에 섰던 사람으로 알고 있었던 사람들도 이 책을 읽고선 본회퍼가 이제 새로운 영성의 세계로 방향을 전환한 것이 아니냐는 의문을 갖기도 했다.

그러나 그 어떤 해석자도 본회퍼가 루터의 충실한 제자였음을 간과하지는 않는다. 사실 본회퍼의 모든 저서에는 루터의 그림자가 따라 다닌다. 이 책도 예외는 아니다. 본회퍼의 모든 개념들은 사실 루터에게서 비롯된 것들이다.

그러나 루터가 수도사였으며 환속 후에도 교회의 세속화에 맞서 살아계신 그리스도의 음성을 들으려는 수도원적 영성을 결코 저버린 적이 없다는 사실은 이 책에 대한 이러한 두 가지 주요 해석 틀이 서로 모순적이 아님을 시사해준다. 사실 본회퍼는 이 책에서 루터를 참된 수도사로 보고 있다.

본회퍼는 후에 『나를 따르라』를 회상하면서 다음과 같이 말한다. "우리는 궁극 이전에 살고 있으면서 궁극적인 것을 믿고 있지 않습니까?…『나를 따르라』에서 나는 이런 생각을 (첫 장에서) 단지 암시했지만, 그 후에는 이런 생각을 제대로 관철하지 못했습니다"(1943. 12. 5). 그는 1944년 7월 21일 다시 한 번 자신의 책을 평가한다. "나는 거룩한 삶을 살려고 스스로 노력함으로써 신앙하는 법을 배울 수도 있겠다고 생각했습니다. 이런 노력의 마지막 결실로서 나는 『나를 따르라』를 썼습니다. … 물론 나는 지금도 이 책의 입장을 따르고 있습니다. 그러나 지금 나는 이 책의 위험을 직시하고 있습니다. … 우리가 스스로 뭔가를 이룩하려는 것을 완전히 포기할 때… 우리는 겟세마네의 그리스도와 함께 깨어 있게 됩니다. 나는 이것이 믿음이고, 이것이 회개라고 생각합니다. 이렇게 할 때 우리는 하나의 사람, 하나의 그리스도인이 된다고 생각합니다"(렘45장).

산상 설교를 주석한 첫 장에서는 궁극 이전의 것과 궁극적인 것을 어느 정도 구분했지만, 바울 주석에서는 이러한 구분을 관철시키지 못했다는 것이다. 이러한 구분은 미리 말하자면 '율법과 복음의 구분'을 뜻한다. 복음은 율법 없이는 실현되지 않지만 율법과는 구분되어야 한다는 것이다.

다음에서는 이러한 전(前) 이해에 기초해 『나를 따르라』를 복음, 부르심, 따름, 자유의 소주제로 세분화시켜 해명해보겠다.

1. 복음

본회퍼의 출발점은 예수 그리스도 안에 나타난 계시다. 즉 하나님의 아들이 예수 그리스도 안에서 인간의 본성을 받아들이고 죽임을 당하며 다시 사셨다는 성서의 선포다. 그러나 그는 복음에 대한 바른 이해를 촉구하며 다음과 같이 말한다. "하나님은 병들고 범죄한 인간의 모든 본성을 취하셨다. … 그렇지만 하나님이 인간 예수를 취하신 것은 아니다. 구원의 모든 소식에 관한 올바른 이해는 이처럼 분명한 구분에 달려 있다"(270). 달리 말하자면, 예수 안에서 일어난 구원사건은 모든 인간을 위해 모든 인간 안에서 일어난 실제적 사건이라는 것이다.

그러나 구원이 나의 공로나 믿음과 상관없이 오직 하나님의 은혜로 이미 이루어졌다는 복음 이해는 본회퍼의 독창적인 사상이 아니라

고대 교회 교부들의 사상이며, 루터와 칼뱅 그리고 바르트에게도 나타난다. 여기서 물음이 제기된다. 어떻게 2000년 전 유대 땅에 사셨던 예수 안에서 이루어진 구원 사건이 나의 존재를 규정할 수 있는가?

이러한 물음에 긍정적으로 대답하기 위해선 예수의 역사적 삶 안에 종말론적 사건이 나타났다고 밖에 말할 수 없다. 종말론적 사건이란 하나님이 모든 것 안에서 모든 것이 되시는 사건이요, 따라서 시공간의 제약을 넘어서는 하나님의 영원 속에서 이루어지는 사건이기 때문이다. 달리 말하자면, 종말론적 사건은 흘러가 버리는 시간 속에서 일어난 사건이 아니라 모든 시간에 동시적인 사건이며, 따라서 오늘의 나의 존재를 규정하는 사건이 될 수 있기 때문이다.

그러나 복음에 대한 이해가 여기서 멈춘다면, 믿음은 단지 예수 안에 나타난 하나님의 구원에 대한 지적인 승인에 불과하게 된다. 본회퍼는 이러한 것을 값싼 은혜로 부른다. "값싼 은혜란 교리, 원리, 체계로 이해되는 은혜요, 보편적인 진리로 이해되는 사죄요, 그리스도교적인 하나님의 이념으로 이해되는 하나님의 사랑이다. 이를 인정하는 자는 자신의 죄가 이미 용서되었다는 것이다"(33).

본회퍼는 이러한 값싼 은혜에 맞서 예수 그리스도의 인격적 현존을 복음에 포함시킨다. "십자가에서 죽고 부활하신 그리스도는 성령을 통해 교회로서, 새로운 인간으로서 존재하신다"(277). 예수는 오늘도 몸으로 현존하시며 우리를 당신의 몸으로 부르신다는 것이다. 그리고 그는 우리를 당신의 몸으로 부르시는 그리스도의 부르심을 따라 그리스도의 형상을 바라보게 될 때 비로소 예수 안에서 나타났던 구원사건이 우리에게 실현된다고 말한다. "제자들은 늘 예수 그리스도의 형상을 바라보며, 다른 모든 형상은 그들의 눈앞에서 사라지고 만다. 예수 그리스도의 형상은 그들 안으로 침투하고, 그들을 가득 채

우며, 그들의 모습을 바꾸어 놓는다. … 예수 그리스도에게 완전히 순종하는 자는 반드시 그분의 형상을 지니게 될 것이다"(351-352). 따라서 본회퍼에게 구원을 가져오는 믿음이란 하나님의 자비로운 판결을 지적으로 받아들이는데 그치는 것이 아니라, 그리스도의 부르심에서 생겨나 그리스도의 형상을 바라보도록 만드는 하나님의 선물로 이해된다. 이 점에서 본회퍼는 『로마서 주석 서문』에 나타난 루터의 믿음 이해를 따른다고 말할 수 있다. "믿음은 하나님이 우리 속에서 일으키는 그 무엇이다. 그것은 우리를 변화시키며, 우리는 하나님으로부터 다시 태어난다."[1]

사실 고대 교회도 이와 같은 구원의 두 가지 차원을 설명하기 위해 인간을 본성과 인격으로 구분했다. 즉 성육신 사건에 의해 인간의 본성은 이미 새롭게 변했지만 이러한 새로운 본성은 —성령에 의해— 인격이 변화될 때 비로소 우리의 것이 된다는 것이다. 바르트도 고대 교회의 구속론에 근거해 모든 사람을 위해 일어난 "법정적인"(de jure) 화해와 믿음을 통해 개인에게 일어나는 "실제적인"(de facto) 화해를 구분한다.

2. 부르심

본회퍼에게 부르심은 성도의 교제로 현존하시는 그리스도의 부르심이며, 따라서 예배에서 정점을 이루는 성도의 교제가 그리스도의 부르심을 들을 수 있는 장소다. 그러나 본회퍼에게 현존하시는 분은 동시에 자신을 숨기시는 분이시다. 따라서 본회퍼는 그분의 소리 없는 부르심을 듣기 위해선 '예전의 생활로부터의 단절'(59) 또는 '순종

---

1 존 딜렌버거/이형기 옮김, 『루터저작선』 (서울: 크리스챤 다이제스트, 1996), 62.

의 첫걸음을 떼는 것'(62), '자신을 옭아매는 사슬에서 벗어나는 것'(70)이 선행되어야 한다고 주장한다. 이러한 맥락에서 그는 종교개혁 전통을 뛰어넘는 발언도 서슴지 않는다. "신인협동설의 오해가 완전히 제거되었다면, 믿음을 위해 요구되는 이러한 첫 외형적 행위를 위한 여지는 남겨놓을 수 있고, 또 남겨 놓아야 한다는 것이다"(63). 이러한 첫걸음이 부르심을 듣기 위한 전제나 공로로 이해돼서는 안 되지만 그럼에도 불구하고 이 첫걸음을 떼지 않고는 부르심을 들을 수 없다는 것이다.

이러한 진술들은 수행을 통해 자신을 정화시키면서 하나님의 음성 듣기를 기다리는 수도원의 영성 전통을 연상시킨다. 사실 본회퍼는 —부르심을 듣기 위한— 영성 훈련의 필연성을 수도원 생활에서 배웠으며, 핑켄발데에서 이러한 수도원적 영성을 실천에 옮겼다.

그렇다면 이로써 본회퍼는 수도원 생활을 청산했던 루터와의 결별을 통보하는 것인가? 본회퍼는 아니라고 말한다. 루터가 수도원을 떠난 것은 수도원적 영성을 저버린 것이 아니라 오히려 수도원적 영성이 모든 그리스도인이 걸어야 할 신앙의 길임을 깨달았기 때문이라는 것이다.[2] 수도자들의 수행이 수도자들 자신이 고안해낸 비성서적 방법이 아니라 예수의 광야 수행과 하나님의 계명을 따르려는 것이었음을 감안한다면, 본회퍼가 수도원적 영성을 받아들인 것도 하나님의 계명에 순종하려는 행위였음이 밝혀진다.[3]

물론 본회퍼는 루터가 세상에 선포한 것이 '오직 은혜'임을 인정한다. 그러나 그는 이 명제를 다음과 같이 해석한다. "오직 자신이 가진

---

[2] 『나를 따르라』, 39-46, 311.
[3] 루터도 십계명의 1-4 계명을 말씀을 듣기 위한 영성훈련의 맥락에서 해석한다. 참조. 마르틴 루터, 『대교리문답』 (서울: 도서출판 복있는 사람, 2017), 52-98.

모든 것을 포기하고 예수를 뒤따르는 자만이 오직 은혜로만 의롭게 되었다는 사실을 말할 수 있다. … 루터의 명제를 은혜의 신학의 전제로 삼는다면, 이를 통해 값싼 은혜를 불러들인 셈이 된다. 하지만 루터의 명제를… 최후의 말로 이해한다면 그 명제는 올바로 이해될 수 있다"(45-46).

포괄적으로 말하자면, 계명에 대한 순종 그 자체가 구원을 불러오는 것은 아니지만, 이러한 순종 없이는 결코 은혜를 체험할 수 없다는 것이다. 후에 본회퍼는 계명에 대한 순종을 '말씀을 위한 길 예비'로 표현하면서 다음과 같이 말한다. "우리는… 장애물의 제거 자체가 은혜를 강요할 수는 없다는 사실도 잘 알고 있다. … 결국에는 은혜가 자신의 길을 항상 그렇게 만들 것이고, 그 길을 평탄하게 할 것이다. … 하지만 이 모든 것이 은혜의 도래를 위해 길을 예비해야 할 그리고 이를 방해하고 어렵게 하는 것을 제거해야 할 우리의 책임을 면제해주지는 않는다"(『윤리학』, 185).

그렇다면 말씀을 위한 길 예비의 기능은 무엇인가? 본회퍼는 다음과 같이 말한다. "그리스도를 위한 모든 길 예비의 마지막은 바로 우리 자신이 결코 길을 예비할 수 없다는 인식일 수밖에 없다. 따라서 길 예비를 위한 요구는 모든 점에서 우리를 회개로 인도한다"(191). 부연설명 하자면, 계명에 대한 순종은 결국 우리가 우리의 본성에 사로잡혀 있음을 깨닫게 해주지만, 동시에 이러한 자각이 우리를 우리의 이기적 본성으로부터 해방시키려는 은총의 여명에 의한 것임을 인식하고 참회 속에서 주의 이름을 부르게 된다는 것이다. 이로써 본회퍼가 율법과 복음을 구분하는 루터의 신실한 제자였음이 밝혀진다.

3. 따름

예수를 따른다는 것은 구체적으로 무엇인가? 예수의 계명, 즉 예수가 해석하고 성취한 율법에 순종하는 것인가? 아니면 살아계신 그리스도와 교제하는 것인가? 본회퍼는 부자 청년과 선한 사마리아 사람의 비유를 주석하면서 양자를 조심스럽게 구분한다. "부자 청년은 예수로부터 나를 따르라는 부름의 은혜를 입었지만, 예수를 떠보려던 율법학자는 계명을 행하라는 도전을 받았다"(80).

이로써 본회퍼는 율법과 복음의 문제를 전면에 대두시키며 다음과 같이 말한다. "예수는 율법을 하나님의 율법으로 새롭게 주장한다. 하나님은 율법의 수여자와 율법의 주인이시다. 오직 하나님과 인격적으로 사귐을 나누는 가운데서만 율법은 성취된다. 하나님과의 사귐 없이는 율법이 성취되지 않으며, 율법의 성취가 없이는 하나님과 사귐을 나눌 수도 없다. 전자가 유대인의 위험한 오해라면, 후자는 (루터의) 제자들의 위험한 오해다"(138-139).

본회퍼는 율법주의자뿐 아니라 율법폐지론자도 거부한다. 그리고 루터교회의 전통을 따라 율법의 신학적 용법을 인정한다. 즉 계명에 순종하는 인간에게 자신이 죄로 인해 왜곡되어 버린 본성에 매여 있다는 비통한 자기 인식을 가져다주는 것을 율법의 중요한 기능으로 이해한다. 그러나 본회퍼는 이러한 자기 인식이 이미 은총에 의한 것임을 강조하며 이러한 은총이 인간을 다시 율법으로 부른다고 주장한다. "율법은 오직 율법의 성취가 불가능하다는 사실을 깨닫게 해주기 위해 존재한다고 생각함으로써 율법을 행할 필요가 없다고 오해할 수도 있다. 우리는 이런 이론이 예수에게 근거해 있다고 말할 수 없다. 예수는 친히 율법을 성취하였듯이, 율법은 성취되어야 한다"(140).

그러나 본회퍼는 율법의 성취를 십자가로 보며 다음과 같이 말한다. "제자직(따름)은 예수 그리스도의 인격과의 결속으로서 그를 따르는 자를 그리스도의 율법 아래, 곧 십자가 아래 세운다. … 십자가는 … 오직 예수 그리스도와의 결속 때문에 생기는 고난이다"(93-94).

물로 본회퍼가 『나를 따르라』에서 말하는 십자가는 —아직 세상의 고난이 아니라— 형제의 고난과 죄를 대신 짊어지는 삶을 뜻한다. "형제를 위한 봉사, 곧 형제에게 친절을 베풀고 그에게 권리와 생명을 허락하는 봉사는 자기 부정의 길이요, 십자가의 길이다"(148). 본회퍼는 이러한 맥락에서 십자가의 길 가운데 하나를 고해(告解)에서 찾으며, 루터와 마찬가지로 고해를 성례전에 포함시킬 것을 주장하기도 한다.

그렇다면 예수를 따르는 행위는 율법의 성취로 끝나는가? 물론 시간적 전후 관계로 설명할 수는 없지만, 율법의 성취는 동시에 그리스도의 형상을 바라보게 만든다. "중요한 것은 부름을 받은 자가 그리스도의 몸의 사귐(성도의 교제) 안으로 들어간다는 사실이다"(299).

이로써 본회퍼는 십자가의 길이 아니라 성도의 교제로 현존하시는 그리스도의 신비에 참여하는 것이 궁극적인 것임을 시사한다.

4. 자유

본회퍼는 십자가의 길, 즉 은총에 의한 율법의 성취를 그리스도인의 비범성으로 말하면서도 이러한 행위를 자신도 모르게 해야 한다는 사실을 또한 거듭 강조한다. "마태복음 5장과 6장은 심각하게 충돌한다. 보이는 것은 동시에 은밀해야 한다. 보이는 것은 동시에 보이지 않아야 한다. … 그것이 다른 사람들에게 숨겨져서는 안 된다. … 그러나 보이는 일을 하는 사람에게 그것은 숨겨져야 한다. 제자는 예수를 항상 따라야 하며, 자신을 인도하는 분을 바라보아야 한다. 그러나 제자는 자기 자신을 그리고 자신이 행한 것을 바라보아서는 안 된다"(180).[4] 본회퍼는 바울을 해석하면서 보다 구체적으로 말한다. "이제 나는 내 자신의 삶을, 내가 지닌 새로운 형상을 바라보지 않는다. 이것을 바라보려고 애쓰는 바로 그 순간에 나는 이것을 잃어버리고 말 것이다. 내가 변함없이 바라보는 것은 참으로 예수 그리스도의 형상을 반사하는 거울일 따름이다. 그리스도를 따르는 자는 오직 자신이 따르는 자만을 바라본다"(369).

그러나 어떻게 "오른 손의 하는 것을 왼 손이 모르게"(마 6:3) 할 수 있을까? 이를 위해선 오직 자신이 자신의 이기적 본성으로부터 해방되는 길밖에 없다. 그리스도인이 율법을 성취하는 십자가의 길은 동시에 은총이 나를 자신으로부터 해방시켜주는 길이기도 하다. 하나님의 은혜가 우리를 우리의 이기적 본성으로부터 해방시켜 줄 때에만 우리도 —외적인 속박뿐 아니라 자신의 본성으로부터도 자유로우신 — 하나님처럼 온전하게 타자만을 바라볼 수 있기 때문이다. 이러한 사상은 『행위와 존재』의 핵심 사상인 "Gott ist frei für uns"와 『저항과 복종』의 주요 사상 가운데 하나인 "타자를 위한 존재는 초월 경험"에서도 나타나는 본회퍼의 중심 사상이다. 이러한 사상은 본회퍼가 『그

---

4 참조. 182: "예수를 따르는 자도 자신을 부인해야 한다. … 자기 부인은 이제 자기 자신을 아는 거이 아니라 오직 그리스도만을 아는 것이다. … 만약 우리가 자신을 실제로 완전히 잊어버렸다면, 자신을 더는 알지 못한다. 오직 그럴 때에만 우리는 예수를 위해 십자가 지기를 각오할 수 있다. 만약 우리가 오직 예수만을 안다면, 우리의 십자가의 아픔도 더는 알지 못한다. 오직 그럴 때에만 우리는 실제로 오직 예수만을 바라볼 수 있다"(94). 원수에 대한 비범한 사랑도 예수를 따르는 자에게는 숨겨져 있다. 만약 그가 원수를 사랑한다면, 이제는 원수를 원수로 생각하지 않는다"; 218: "제자는 비범한 일을 하도록, 곧 좁은 길을 가도록 부름을 받았다. 그렇지만 그는 자신이 이 길을 간다는 사실을 보지 못하며, 알지도 못한다. 이것이 곧 좁은 길이다."

리스도인의 자유』를 말하는 루터의 충실한 제자임을 입증해준다.

율법을 따르는 자가 자신이 자신의 이기적 본성의 노예였음을 깨달으며 주의 이름을 부르게 되고, 이러한 기도 속에서 기꺼이 십자가의 길을 걷게 되며, 십자가의 길 속에서 어느 순간 그리스도의 형상을 바라보게 되는 것이 결국은 우리를 우리의 본성으로부터 해방시키시는 그리스도의 은혜였다는 자각에서 루터와 본회퍼는 일치한다.

본회퍼는 또한 루터의 "의인이며 동시에 죄인"이라는 명제를 연상시켜주는 말을 한다. "성도는 오직 주님만을 잠잠히 바라볼 것이며, 자신의 선함은 알지 못한 채 사죄를 위해 기도할 것이다. 죄가 더는 지배하지 못한다는 사실과 신자는 더는 죄를 짓지 않는다는 사실을 깨닫게 된 그리스도인은 이렇게 고백할 것이다. "만약 우리가 죄가 없다고 말하면 거짓말하는 것이요…"(요일 1:8-2:2)(337).

그러나 본회퍼에게 "의인이며 동시에 죄인"은 한 인간의 양심 속에서 일어나는 사건이 아니라 성도의 교제 속에서, 즉 너의 죄를 너만의 죄로 여기지 않는 성도의 교제 속에서 자각되는 인식이다. 그에게는 처음부터 루터의 사상이 "공동체로 현존하시는 그리스도" 또는 "사회적 윤리적 범주" 속에서 해명되고 있다.

IV. 요약 및 전망

『나를 따르라』는 물론 시대적 상황과 무관한 책이 아니다. 그러나 본회퍼는 시대적 변화와 요청을 감지하면 할수록 신앙의 근원에 대해 반성한다. 현재의 신앙 형태를 반성하고 신앙의 근원으로 돌아가는 것만이 시대적 요청에 책임적으로 응답하는 것이라고 확신했기 때문이다. 사실 본회퍼는 시대의 곤궁에 교회가 아무런 도움을 주지 못하는 현실의 원인을 교회의 세속화에서 찾았다.

본회퍼에게 예수 안에서 일어난 구원사건은 모든 인간을 위해 모든 인간 안에서 일어난 실제적 사건이다. 그러나 이러한 사건은 오직 믿음을 통해 믿는 자에게 실현된다. 그러나 본회퍼에게 믿음은 계시에 대한 지적인 동의가 아니라, 현존하지만 자신을 숨기시는 그리스도의 부르심을 따라 그리스도를 바라보는데서 주어지는 하나님의 선물로 이해된다.

본회퍼에게 믿음은 율법과 밀접한 관계를 갖는다. 즉 율법에 대한 순종 없이는 믿음이 주어지지 않을 뿐만 아니라 믿음은 율법을 성취시킨다는 것이다. 본회퍼는 율법의 신학적 용법(usus theologicus)뿐 아니라 규범적 용법(usus tertius legis, usus normativus)도 받아들인다. 이것이 루터의 율법 이해를 넘어서는 것인지, 아니면 올바르게 이해한 것인지는 오늘날까지 해명되고 있지 않다.[5]

본회퍼는 옥중에서 자신의 저서 『나를 따르라』를 회상하면서 다음과 같이 말했다. "나는 거룩한 삶을 영위함으로써 신앙을 배울 수 있다고 생각했다. 이러한 생각이 무르익을 무렵 쓴 책이 바로 『나를 따르라』다. 물론 나는 지금도 이 책의 입장을 따르고 있다. 그러나 지금 나는 이 책의 위험을 직시하고 있다"(44년 7월 21일의 편지).

본회퍼는 옥중에서도 『나를 따르라』의 사상을 간직하고 있었다. 산상 설교는 그에게 있어서는 그리스도인의 삶을 규정하는 실재였다.

---

5 물론 본회퍼는 자신이 루터의 진술을 있는 그대로 받아들이지 않음을 인정한다. 그러나 본회퍼는 당시 루터의 상황을 감안하고 루터의 모든 다양한 진술들을 관통하는 사상에 초점을 맞추는 것이 루터에 충실한 해석이라고 주장하면서 다음과 같이 말한다. "키에르케고르는 이미 100년 전에 루터가 이 시대에 살고 있다면 당시 말했던 것과는 정반대의 것을 주장할 것이라고 말했다. 그것은 옳다고 생각합니다"(『저항과 복종』, 237).

그러나 그는 세계에 대한 경험을 통해 이 세계 내에 존재하는 상대적 질서들, 즉 이성과 자연법의 의미를 진지하게 반성해 볼 기회를 갖게 되었다. 그는 이성과 자연법 속에서 악에 저항하는 힘을 발견했으며, 그리스도인보다 이성적인 비 그리스도인이 더 적극적으로 악에 저항하고 있는 현실을 직시할 수 있었다. 그는 이러한 경험을 통해 사랑의 실천이라 할 수 있는 '그리스도를 따르는 삶'과 악에 저항하는 이성적 —또는 자연적— 행위 사이에 관계를 반성해 볼 필요를 느꼈다. 본회퍼는 악—임의적인 폭력이나 사회 구조적 악—에 대한 저항을 간과한 사랑은 단지 감상적인 행위에 불과하다는 사실을 깨닫게 되었다. '그리스도를 따르는 삶'은 악에 대한 저항 및 이러한 저항의 원동력이 되는 비판적 이성을 반드시 내포해야 된다는 것이다. 이러한 생각 속에서 본회퍼는『나를 따르라』가 이성 및 자연법을 충분히 반성하고 있지 않다는 사실을 깨달았다.

이러한 본회퍼의 자기비판은 그의 책을 읽는 독자로 하여금 이 책이 반성하지 못했던 점(이성 및 악에 대한 저항의 문제)을 염두에 두면서 이 책을 읽어 나가도록 만든다. 즉 본회퍼는『나를 따르라』를 이성 및 악에 대한 저항의 문제를 신앙의 빛에서 반성해 보았던 후기 저술과의 연관성 속에서 이해해 주기를 바라고 있다.

그러나 분명한 것은 본회퍼의『나를 따르라』가 루터의 칭의론을 새롭게 바라보는 시각을 제공해 준다는 사실만큼은 그 누구도 부인할 수 없을 것이다. 이를 통해 본회퍼는 다른 종교개혁 전통뿐 아니라 가톨릭 전통과의 대화에도 도움을 줄 수 있을 것이다.

모든 그리스도교 교파들의 공통적 유산이라 할 수 있는 고대 교회 전통의 계승자로 자처하는 동방정교회의 입장에서는 본회퍼가 그리스도 중심적 영성을 강조하는 서방 교회 신학의 충실한 대변자로 비쳐질 것이다. 따라서 정교회는 본회퍼가 한 걸음 더 나아가야 한다고 말할지도 모른다. 정교회는 성령의 사역이 신자를 그리스도와 연합시키는데 그치지 않고 그리스도와 연합한 그리스도의 지체들에게 자신의 은총을 부어줌으로써 그리스도의 지체로 하여금 그리스도가 아닌 삼위일체 하나님을 바라보게 한다고 가르친다. 이러한 맥락에서 정교회는 성화(聖化)가 아닌 신화(神化)를 삶의 목적으로 제시한다. 아마 본회퍼도 하나님이 모든 것 안에서 모든 것이 되시는 종말의 선취를 강조하는 정교회의 입장을 충분히 이해할 것이다. 그러나 소망보다는 책임을 강조하는 본회퍼는 정교회의 답변을 기다리며 다음과 같이 말할 것이다. "그리스도는 세상의 주이기도 하지만 아직 그리스도의 고난은 끝나지 않았다. 따라서 그리스도인은 그리스도의 고난에 참여함을 통해 자신의 참됨을 입증하게 된다."

본회퍼의 하나님 이해와
'없이 계신 하나님'
: '하나님 없이, 하나님과 더불어, 하나님 앞에'의
해명과 성찰

박재순

(씨알사상연구소 소장)

기독교의 모든 사유와 말과 조직은 기도와 의로운 행위를 통해 거듭나야 하며 하나님은 삶 속에서 인식되어야 한다고 본회퍼는 감옥에서 갈파했다.[1] 오늘의 삶을 위한 신학으로서 본회퍼 신학은 교회와 신학의 갱신을 위한 길을 보여 주었다.

첫째, 본회퍼 신학은 바른 이론과 바른 실천의 통합을 추구함으로써 교리와 강단 중심의 서구 전통 신학을 넘어서 정치신학과 세속화신학, 해방신학과 민중신학에 이르는 길을 열었다. 둘째, 본회퍼 신학은 기독교 신앙 내용의 비종교적 해석을 통해서 성숙하고 책임적인 삶을 추구함으로써 갈수록 자율성의 영역이 확대·심화 되는 오늘의 현실

---

1 Dietrich Bonhoeffer. *Widerstand und Ergebung(WE)*. München: Chr. Kaiser Verlag, 1970. 341-328.

의 과제들 다시 말해 지구화, 생명복제, 컴퓨터의 가상현실, 산업기술
공학, 생태학적 생존의 과제들을 감당할 수 있게 했다. 셋째, 본회퍼는
기독교 신앙을 덮고 있는 2천년 신학 전통의 무거운 짐을 벗겨내고
신앙의 핵심을 신학-실천적으로 드러냄으로써 서구 신학에서 벗어나
주체적인 한국 신학과 아시아 신학을 수립할 수 있는 길을 열었다.

그러므로 아시아와 한국에서 교회와 신학의 갱신을 추구하는 사람
들은 본회퍼 신학에서 논의를 시작할 수 있다. 본회퍼 신학의 핵심은
비종교화로 귀결되었고, 비종교화는 '하나님 없는 현실' 속에서 참된
하나님에 대한 탐구이고, 바른 믿음과 바른 실천에 대한 추구였다. 본
회퍼는 일찍부터 믿음과 행위의 일치를 신학적으로 강조했을 뿐 아니
라 믿음과 행위가 일치된 삶을 살았다. 본회퍼는 믿음만으로 구원받
는다는 의인론(義認論)의 교리를 견지하면서도 믿음과 복종의 일치를
강조했다. 그에게서 믿음은 따름이고 따름은 믿음이었다.[2] 그의 저서
『윤리학』과『옥중서신』에서도 의인론의 '믿음만으로!'와 책임적이고
성숙한 행위를 직결시킨다.[3] 그는 법과 도덕, 업적과 양심에 의한 자
기정당화를 부정하고, 오직 하나님에게서만 정당성을 기대하는 의인
론적인 믿음의 자세가 책임적이고 현실적인 행위의 바탕이 된다는 것
을 밝혔다. 본회퍼는 비종교화를 통해 '하나님 없는 것과 같은 현실'
속에서 하나님의 존재와 힘을 바른 믿음과 실천에 의해 확인하고 증거
하려고 했다.

'믿음만으로!'와 책임적인 행위에 대한 강조는 옥중서신에서 '하나

---

2 "믿는 자만이 복종하고 복종하는 자만이 믿는다." Dietrich Bonhoeffer.
  Nachfolge(N). *DBW* 4. München: Chr. Kaiser Verlag. 1989. 52.

3 Dietrich Bonhoeffer. *Ethik(E)*. München: Chr. Kaiser Verlag. 1975. p249,
  254-255. WE. 382, 403, 417, 421, 436. 박재순,『하나님 없이 하나님 앞에』(한울,
  1993), 207 이하 참조.

님 없이 하나님 앞에, 하나님과 더불어'라는 역설적 표현으로 나타난다.[4] 본회퍼의 이 문구는 현대 신학의 화두다. '하나님 없이, 하나님과 더불어, 하나님 앞에'라는 이 화두는 논리와 개념만으로는 해명될 수 없고, 믿음의 명상과 실천을 통한 체험적 깨달음을 통해서 이해될 수 있다. '하나님 없이'는 종교적인 거짓된 하나님 상을 깨뜨리는 것이다. 전능하고 전지한 종교적인 해결사 하나님 상은 이기적 자아의 투영과 확대이다. 이런 하나님의 부정은 이기적 자아의 부정과 참회, 자기비움(空)이다. '하나님 앞에서'는 자기중심적 자아에 대한 심판과 의인(義認)이며 하나님의 심판과 다스림에 맡김이며 자아의 개인적 영역에서 벗어나 이웃과 현실 앞에 책임적 존재로 서는 것(公)이다. 하나님과 더불어는 하나님의 십자가 고난에 동참하는 공동체적 삶(共)을 뜻한다. 하나님 없이(자기비움: 空)-하나님 앞에(성숙한 책임적 행위: 公)-하나님과 더불어(공동체적 삶의 창조: 共)는 서로 통한다.[5]

이 화두 속에 참회와 자기 비움에 이르는 믿음의 신비, 사회정치적인 공적 책임, 고난에 참여하는 공동체적 삶의 세 차원이 압축되어 있다. 이 세 차원은 인간의 삶의 모든 영역을 통전할 뿐 아니라 신학의 전 영역을 포괄한다. 이 화두는 정치신학적으로 접근할 수 있을 뿐 아니라 신앙의 신비한 체험을 통해서 특히 한국과 동양의 무(無)와 공(空)사상, 하나님과 하나됨의 신비체험을 통해서 다가갈 수 있으며 일상적인 삶의 체험과 이야기에서 깨달을 수 있다.

---

4 WE. 394.

5 박재순, 『하나님 없이 하나님 앞에』, 208-210 참조.

I. 본회퍼의 구도자적 탐구
: 하나님 신앙과 책임적인 정치적 행위의 일치

본회퍼가 비종교적 해석을 통해 이 화두를 제시한 것은 전통적인 하나님 신앙에서 벗어나 책임적이고 성숙한 정치 행위를 위한 새로운 신학적 근거를 마련하기 위한 것이었다. 기독교인의 하나님 신앙은 그리스도인의 정치적 행위의 동기와 근거가 되기도 하지만, 책임적이고 자유로우며 현실 적합한 행위에 장애가 될 수도 있다. 하나님의 전능과 은총에 의존하는 전통적인 신앙은 그리스도인을 정치 사회의 현실에 대해서 수동적이고 방관적인 존재, 교리와 전통의 울타리 안에 갇힌 존재로 만들 수 있다.

실제로 한국의 보수적인 기독교인들이 1970-80년대에 그랬듯이, 히틀러 치하의 많은 독일 기독교인들도 하나님의 전능과 은혜에 맡기고 히틀러의 정치적 만행을 방관하거나 외면했다. 후기 본회퍼의 신학적 관심은 기독교적 하나님 신앙과 책임적인 정치적 행위의 관계에 집중되었다. 그리스도인으로서 히틀러 치하의 무신적인 정치적 상황에서 현실에 적합하게 책임적으로 행동하기 위해서 본회퍼는 하나님 신앙에 집중하면서 기존의 하나님 신앙을 문제 삼지 않을 수 없었다.[6]

본회퍼는 히틀러 치하의 무신적 정치 상황에서 기독교 신앙의 의미를 철저히 물음으로써 기독교 신앙의 깊이와 세속적, 무신적 상황

---

6 나 자신도 1970년대와 80년대의 무신적인 정치 상황에서 신앙적으로 고민하면서 책임적으로 행동하며 살려고 노력했다. 또한 이 시기에 기독교운동권도 무신적인 상황에서 책임적으로 행동하려고 했다. 하나님 신앙을 가지고 무신적 상황에서 정치투쟁과 민중운동을 하는 과정에서 기독교 신앙의 정체성의 위기가 드러났다. 본회퍼도 비슷한 상황에서 하나님 신앙과 무신적 상황에서의 책임적 행위의 문제를 놓고 신학적으로 철저히 씨름했다. 본회퍼의 하나님 이해에 대한 나의 연구는 이런 관심과 동기에서 시작되었다.

에서 신앙의 적합성을 탐구했다. 이것은 정치적 상황윤리의 차원을 넘어서 참된 신앙적 실존과 삶의 해명과 탐구이다. 본회퍼에게서 하나님 신앙과 책임적인 삶의 문제는 무신적인 일상적 삶의 현실의 문제이다. 눈으로, 감각으로, 합리적 논리로 확증할 수 없는 하나님의 존재와 힘을 확인하는 문제는 단순히 인식론적 문제가 아니라 실존적, 체험적 신앙의 깨달음의 문제이다. 무신적 상황에서 하나님을 깨닫고 믿고 따르는 일은 신앙적 결단과 행동의 일이고 체험적 깨달음의 일이다.

본회퍼는 철저한 신학자요 책임적인 행동가였다. 그는 시대의 상황적 요청에 성실히 응답했고, 책임적으로 행동했던 신학자였다. 그는 히틀러의 광기와 폭력이 지배하는 무신적인 정치 상황에서 하나님의 존재와 현실에 대해서 진지하게 신학적으로 물었다. 참으로 하나님이 없는 것 같은 현실 속에서 하나님을 믿는다는 것의 실천적 의미를 탐구했다.

그는 자신이 탐구하고 깨달은 대로 행동했다. 그는 개인의 안일과 출세의 길을 버리고 그리스도의 십자가 길을 따라서 고난의 길을 갔다. 자기를 버리고 그리스도의 부름에 목숨 걸고 따르는 순교자의 길을 걸었다. 자기를 버리고 희생하는 고난의 길을 걸었던 본회퍼의 신학에는 그의 믿음과 삶이 담겨 있다. 그의 신학은 실천적 삶을 통한 체험적 깨달음의 신학이었다.

교회 투쟁 시기의 저서인 『나를 따르라』에서 본회퍼는 철저한 평화주의자였다. 그의 평화주의는 자기를 버리고 하나님의 은혜와 말씀에만 의지하는 믿음에 바탕을 둔 것이었다. 폭군적인 지배에 맞서 교회와 나라를 지키려는 그의 노력은 『신도의 공동생활』에서 수도원 공동체적 명상과 훈련으로 이어졌다. 자기를 버리고 죽임으로써 이웃과 더불어 사는 집단적 훈련에 집중했다. 루터가 수도원을 박차고 세상

속으로 뛰어 들어 세상 속에서 신앙적, 복음적 삶을 추구했다면 본회퍼는 '믿음만으로'의 종교개혁 신학의 원리를 지키면서 수도원적 명상과 훈련의 전통을 신학적으로 회복했다. 그에게서 수도원적 명상과 훈련의 목적은 "수도원적 은둔이 아니라 바깥에서 섬기기 위한 깊은 내면적 집중"[7]이었다. 그의 신학은 실천적이고 체험적인 신학이었다.

그는 세상 속에서 살아계시는 그리스도의 부름에 충실했다. 그는 원리나 주의를 신봉하는 사람이 아니었다. 철저히 평화주의를 내세울 때가 있었지만 평화주의에 매이지는 않았다. 시대와 상황 속에서 살아서 우리를 부르시는 그리스도의 부름만이 그의 삶을 결정했다. 유태인과 폴란드인을 학살하고 독일국민과 인류를 전쟁의 소용돌이로 몰아넣는 히틀러의 광기어린 만행 앞에서 신앙인으로서 책임적이고 성숙한 행동을 하려 했던 본회퍼는 히틀러를 제거하는 일에 가담한다.

여기서 기독교 신앙의 정체성은 위기에 빠진다. 하나님을 믿는 사람이 비록 히틀러 같은 악인이라 하더라도 사람을 죽이는 일에 가담할 수 있는가? '윤리학'과 '옥중서신'은 신앙적 정체성의 위기에 대한 신학적 논구이며, 하나님 신앙과 무신적 상황의 역설적 만남의 해명이다. 특히 옥중서신의 신학적 성찰에 따르면, 인간의 책임적인 성숙한 행위는 하나님없는 현실 속에서 모든 책임을 스스로 지면서 마치 하나님 없는 것처럼 행동할 때 이루어진다.[8] 행위의 주체적 결단과 책임을 끝까지 밀고 나간 본회퍼는 "하나님 없이 하나님 앞에 하나님과 더불어"라는 역설적 하나님 이해에 이른다. 이것은 무신적 현실의 상황성

---

7 1935년 9월 6일에 APU의 형제회에 보낸 편지에서 본회퍼는 핑켄발데 신학교에서 추구한 수도원적 명상과 훈련의 동기와 목적을 자세히 밝혔다. E. Bethge, "Dietrich Bonhoeffer. Person und Werk, *Mündige Welt*. Chr. Kaiser Verlag, München, 1959. 9-10.

8 *WE*. 357-358. 382. 394-395. 402-403.

과 나의 주체성에 대한 성실성과 기독교적 신앙 전통에 대한 성실성의 역설적 일치를 나타낸다.

본회퍼에게서 하나님을 믿는다는 것은 하나님께 모두 맡기고 뒷짐지고 기다리는 게 아니라 성공과 실패를 하나님께 맡기고 자유롭게 그리고 힘껏 행동하는 것이다. 하나님을 믿는 것은 인간의 주체적 책임적 행위의 주격을 세우는 것이다. '하나님 앞에서' 그리고 '하나님과 더불어' '내'가 '내' 행위의 온전한 자유로운 책임적인 주체가 된다. 무신적인 정치 상황에서 책임적이고 주체적인 행위를 신학적으로 추구하고 해명한 것이 이른 바 비종교화이며 비종교화의 내용과 의도는 '하나님 없이, 하나님 앞에, 하나님과 더불어'란 말에 압축되어 있다.

II. 관계유비: 관계 속에서 화육하시는 하나님

후기 본회퍼 신학의 하나님 이해를 해명하기 위해서는 본회퍼의 신학적 방법론과 원리를 드러내는 관계유비를 논구해야 한다. 그리고 본회퍼의 관계유비 신학을 논하기 위해서는 본회퍼 신학의 루터파적 경향성을 아는 게 중요하다. 본회퍼는 무한과 유한의 역설적 일치를 강조하는 루터파의 전통을 따른다. 유한이 무한을 수용할 수 있다 (finitum capax infiniti)는 철학적 신학적 원리를 강조함으로써 본회퍼는 성육신 신학과 관계유비 신학을 역동적으로 펼칠 수 있었다.9

---

9 16세기와 17세기에 루터파와 개혁파 신학자들 사이에 벌어진 고전적인 논쟁 '유한은 무한을 포함할 수 있는가/없는가?'(Finitum capax/noncapax infiniti)에서 루터파는 유한이 무한을 포함할 수 없다는 입장에 섰다. 이로써 루터파 신학은 하나님의 낮아짐을 강조하고 개혁파 신학은 하나님을 존엄을 강조하려 했다고 할 수 있다. James H. Burtness, "Barth, Bonhoeffer, And The Finitum Capax Infiniti", 1979년 11월에 뉴욕에서 열린 국제 본회퍼학회 발제 논문, 유니언 신학교도서관 소장, 1. 베트게

본회퍼에게서 하나님과 인간은 철저히 관계적 존재이다. 하나님과 인간의 관계에 비추어서 하나님과 인간은 이해된다. 하나님은 인간과 더불어 계신 하나님, 인간을 위해 계신 하나님이다. 하나님의 자유는 인간을 위한 자유다. 하나님은 인간과의 관계에서만, 다시 말해 하나님과 인간의 중보자인 그리스도 안에서만 드러난다. 하나님과 인간의 관계는 외부적 형식적 관계가 아니라 존재와 본질을 규정하는 근본적 존재론적 관계이다. 본회퍼에 따르면 하나님은 "우리 현존의 한계와 한가운데이다."[10]

하나님은 인간과의 관계를 이루기 위해 인간을 창조하고 인간의 이웃(하와) 속으로 화육하고, 말구유의 아기 예수 속으로 화육하고, 성만찬으로 화육하고, 십자가에서 몸으로 고난과 죽음을 당하고 빈 무덤을 깨뜨리고 몸으로 부활했다. 하나님은 이미 지상에서 타인을 지음으로써 '나'와 '타인'의 관계 속에 들어 왔다. 본회퍼에 따르면 하와는 "아담의 한계선이 구체화된 것"이며, 낙원의 한가운데인 "중심점이 형태를 입고 나타난 것"[11]이다. 하나님은 하나님-인간 관계, 나-타인 관계의 근거와 힘이다. 하나님은 나와 뗄 수 없이 결합되어 있을 뿐 아니라 타인과 뗄 수 없이 결합되어 있다. 본회퍼에게서 하나님은 '나'보다 '타인'과 더 긴밀히 결합되어 있다. 타인은 하나님과 결부된 존재로서 나(내 존재와 생명)의 경계와 중심이다. 하나님과 결부된 인

에 의하면 유한은 무한을 포함할 수 없다는 캘빈주의자들의 주장에 맞서 "본회퍼는 루터와 함께 일생동안 항거했다." Bethge, "Challenge", *World Come of Age*. 36-37. 제임스 윌펠은 유한이 무한을 포함할 수 있다는 루터파 신학의 명제가 본회퍼의 전체적인 신학 발전에 있어서 신학적 모토일 뿐 아니라 비종교적 해석을 포함한 본회퍼의 전체적인 신학 방법의 열쇠라고 본다. James W. Woelfel, *Bonhoeffer's Theology: Classical and Revolutionary* (Nashville: Abingdon Press, 1970), 141.

10 디이트리히 본회퍼/문희석 옮김,『創造 · 墮落 · 誘惑』(대한기독교서회, 1988), 77.
11 디이트리히 본회퍼,『創造 · 墮落 · 誘惑』, 90.

격적 타자를 만날 때 비로소 나의 인격이 생겨난다.[12]

본회퍼에게서 그리스도는 관계적 존재이다. 그리스도는 한 마디로 타자를 위한 대리적 존재, 하나님의 대리자, 인간(이웃)의 대리자다. 그리스도는 모든 인류의 죄와 죽음, 고난과 질병의 짐을 대신지고 살고 십자가에서 죽었다. 그리스도 안에서 인간은 서로 뗄 수 없이 결합되어 있다. 그리스도가 이웃의 고통을 대신 지고 이웃과 함께 고통당하고 있기 때문에, 우리는 이웃의 고통을 외면할 수 없다. 그리스도 안에서 하나님은 고통 받는 이웃과 뗄 수 없이 결합되어 있다. 그러므로 그리스도 안에서 인간의 죄로 파괴된 공동체적 관계가 회복된다. 하나님과 인간 사이, 인간과 인간 사이, 인간과 자연 사이의 파괴된 관계를 회복하는 일이 예수 그리스도의 구원 활동이다. 그리스도 안에서 우리는 하나님의 창조공동체 속으로 편입된다.[13] 그리스도의 몸인 교회는 '더불어 있음'과 '서로 위함'의 공동체적 구조를 지닌다. 본회퍼는 교회의 이러한 공동체적 구조를 루터의 만인사제설에 비추어 '서로 용서하고 사랑으로 돌보고 위해서 기도하는 것'으로 설명한다.[14]

관계유비의 신학에 의하면 하나님은 관계 속에서 알려지고 만날 수 있다. 다시 말해 하나님은 이웃과의 관계 속에서 공동체적인 삶 속에서 그리고 역사와 사회의 책임적인 행위 속에서 알려지고 만날 수 있다. 그리스도는 모든 참된 관계의 근거와 현실이다. 그리스도 안에서 하나님을 만날 뿐 아니라 이웃을 위한 존재가 되고 이웃을 위한 책임적 행위를 할 수 있다.

---

12 Dietrich Bonhoeffer. Sanctorum Communio(SC). *DBW* 1. München: Chr. Kaiser Verlag, 1986. 33.
13 이 논의는 박재순, 하나님 없이 하나님 앞에. 100 이하 참조.
14 *SC*. 117-121.

III. 비종교화

옥중에서 본회퍼는 성서와 기독교 신앙 내용의 비종교적 해석을 시도한다. 그의 비종교적 해석은 단순한 이론적 해석학이 아니라 고난 받고 죽임당하는 유태인, 멸망으로 치닫는 독일 민족 그리고 가난한 민중을 위해서 현실적 책임적인 행위를 지향하는 실천적 해석학이다.15 본회퍼는 이미 "나를 따르라"에서 단순한 복종으로서의 뒤따름과 해석학적 원리를 대립시켰다. 그에 따르면 해석학은 성서의 제자들(텍스트)과 오늘의 우리(해석자)를 구별함으로써 직접적인 단순한 뒤따름을 불가능하게 한다.16 본회퍼는 예수의 삶과 오늘 우리의 삶을 일치시키려 했다.

고난당하는 이웃을 위해 책임적으로 행동하기 위해서 본회퍼는 먼저 거짓된 신의 전능을 비판한다. 인간을 예속시키고 위축시키고 마비시키는 아편같은 종교적 하나님 상을 비판한다. 이런 종교적 신관은 비현실적이고 비역사적이다. 이런 신관은 인간의 주체적이고 성숙한 행위를 가로막는다.

본회퍼의 비종교화는 바르트의 종교 비판이나 불트만의 비신화화와 통하면서도 다르다. 바르트의 종교 비판에 따르면 신에 대한 인간의 지배와 소유욕이 종교를 낳는다. 바르트에게서 종교 비판은 일차적으로 하나님의 주권을 침해하는 인간의 종교적 오만과 탐욕을 겨냥한다. 바르트의 일차적 관심은 하나님의 주권과 자유를 지키는 데 있다. 이에 반해서 본회퍼는 인간의 자주성과 책임성과 주체성을 훼손

---

15 베트게에 따르면 "비종교적 해석은 해석학적 범주라기보다는 윤리적 범주에 속한다." E. Bethge. Dietrich Bonhoeffer-Theologe, Christ, Zeitgenosse(*DB*). München: Chr. Kaiser Verlag, 1967. 987.

16 *N.* 74-75 참조.

하는 거짓된 신의 전능을 비판한다. 본회퍼는 역사 안에서 인간의 주체성과 성숙한 책임성을 지키는데 일차적 관심을 둔다. 바르트와 본회퍼가 인간의 참된 주체와 책임에 이르려 한다는 점에서는 같다.

불트만의 비신화화에 따르면 초월적인 존재인 신을 세상적, 우주적으로 표현하는 게 신화다. 신화는 세상과 역사 안에 집착하게 한다. 오직 말씀과 믿음으로 세상과 역사의 일에 대한 집착을 끊는 자유에 이르러야 한다. 세상-역사적인 것에 대한 집착과 매임에서 벗어나 실존적인 자유에 이르러야 한다. 그러나 본회퍼에 따르면 신화(종교)는 세상과 역사를 거짓된 초월과 피안에로 해소하는 것이다. 세상과 역사의 한 복판으로 들어오는 게 비종교화다.

세상 속으로 들어 온 비종교적 하나님은 십자가에서 고난 받는 약한 하나님이다. 이 하나님은 "몸소 우리의 허약함을 맡아 주시고 우리의 병고를 짊어지시는"(마 8:17) 분이다. '하나님 없는' 세상 안에서 무력한 하나님의 고난에 참여함으로써 그리스도인은 온전한 인간의 온전한 삶에 이른다.[17]

본회퍼에 따르면 참된 초월은 인식론적 초월이 아니라 윤리적, 사회적 초월이다. 하나님의 참된 초월과 전능은 자기로부터의 자유에서 죽기까지 '남을 위해 존재하는 예수의 삶'에서 온전히 계시된다. 예수와의 만남에서 자기의 경계를 넘어서서 남을 위한 존재로 전환될 때 비로소 초월 경험이 이루어진다. 믿음은 이러한 예수의 존재에 참여함이다.[18] "초월적인 것은 도달할 수 없는 과제가 아니라 그 때 그 때 주어지는 도달할 수 있는 이웃이다."[19] 참된 초월과 거룩은 피안에 있

---

17 "그리스도인 존재는 인간존재를 의미한다." *WE*. 396. "그리스도와 함께 겟세마네에서 깨어 있다." *WE*. 402.

18 *WE*. 414.

19 앞 글.

지 않고 세상 한복판에, 이웃과의 관계 속에 있다. 자기를 버리고 종교적 욕망과 환상을 버림으로써 본회퍼는 삶의 한 가운데서 나-하나님-이웃의 만남과 일치에 이른다.

IV. 십자가: '하나님 없이, 하나님 앞에, 하나님과 더불어'

본회퍼에게서 그리스도인이 된다는 것은 그리스도와 함께 무신적 세상으로 들어가서 신의 부재(不在)를 감수하고[20] '예수 그리스도의 길에 들어서는 것'[21]이다. 무신적 세상에서 하나님의 고난에 참여하는 그리스도인의 삶을 본회퍼는 매우 역설적으로 표현한다. "작업가설로서의 하나님 없이 우리로 하여금 살도록 하는 하나님은 우리가 지속적으로 그 앞에 서야 할 하나님이다. 하나님 앞에서 하나님과 더불어 우리는 하나님 없이 살아야 한다."[22]

'하나님 없이'는 자기중심성에서의 해방을 뜻한다. 종교적인 전능한 해결사 하나님은 이기적 자아의 정당화이며 확인이다. 이런 종교적 하나님의 부정은 이기적 자아의 부정이며 공동체적 자아의 긍정이다. 그것은 하나님과 인간의 고난에 대한 적극적 참여이며, 종교의 관념적 허구에서 구체적 현실로 옮김이다. 그것은 의존적 타율성에서 주체적 능동성으로 옮김이다. 하나님 없이 사는 인간은 그리스도의 십자가 고난, 역사적 고난의 현실 속에서 책임적으로 행동하는 성숙한 인간이다.[23]

---

20 Bethge, "Dietrich Bonhoeffer: Person und Werk", *Mündige Welt*. 22
21 *WE*. 395.
22 *WE*. 394.
23 *WE*. 382, 394-95, 402, 403.

『저항과 복종』에서는 '하나님 앞에서'가 하나님의 궁극적 심판과 섭리 그리고 통치를 의미한다. 자신의 운명과 삶을 하나님께 맡기고 자신의 행위에 대한 궁극적 판결을 하나님으로부터 기대한다.[24] 하나님 앞에서는 자기중심적 자아에 대한 심판과 의인이며 하나님의 심판과 섭리에 맡김이며 자아의 개인적 영역에서 벗어나 이웃과 현실 앞에 책임적 존재로 서는 것이다.

"하나님과 더불어"에서의 하나님은 십자가에서 무력하게 고난 받는 십자가의 하나님이다.[25] '(고난 받는) 하나님과 더불어' 예수 그리스도의 길, 메시아 사건에로 함께 끌려들어 가는 것이 회개이고 신앙이다. 그리스도인이 그리스도의 길로 끌려들어 감으로써 메시아사건, 하나님의 구원사건이 성취된다. 인간이 하나님의 구원사건에 참여한다.[26]

V. 십자가의 영성

실존과 역사와 자연의 중심인 그리스도는 세상에서 밀려나고 죽임을 당하고 버림을 받았다. 그리스도는 세상에서 밀려나고 버림받은, 세상의 중심이다. 그리스도는 정죄당하고 죽임을 당한 하나님이다. 바르트의 말대로 그리스도는 심판받은 심판자이고 버림받은 구원자이다. 이것이 하나님과 세상, 구원사와 세속사의 역설적 진상이다.

십자가에서 세상의 강함과 하나님의 약함이 드러났다. 세상의 권

---

24 *WE*. 382, 403, 417, 421, 436.
25 "약하고 고난 받는 하나님만이 도울 수 있다." *WE*, 394.
26 *WE*. 394.

력자들이 하나님을 밀어내고 중심을 차지했고 이겼다. 십자가의 그리스도 안에서 하나님은 고통을 당하고 죽임을 당하고 지고 밀려나고 없어졌다. 십자가에서 하나님은 죽고 없어졌다. 옥중서신에서 본회퍼는 고난당하는 힘없는 하나님을 말한다. 그것은 패배한 하나님, 죽은 하나님, 없어진 하나님이다.

본회퍼에 따르면 무력한 하나님이 참된 사랑과 참된 초월의 하나님이며 참된 전능의 하나님이다. 고난 받는 힘없는 하나님이 참된 초월, 참된 능력의 하나님이다. 이 하나님은 고난과 죽음에 내맡기는 하나님, 고난의 종처럼 남의 짐과 아픔과 운명을 짊어지는 하나님, 우리에게 자신을 맡기는 하나님, 구원을 이루도록 우리를 부르는 하나님, 우리의 주체와 책임을 세우는 하나님, 그리하여 참으로 우리를 구원하는 하나님이다. 우리를 인간으로 부르고 우리를 자유에로 이끄는 하나님이다. 인간을 위해서 죄인을 위해서 무한히 자기를 낮추고 비우는 하나님, 고통 받는 하나님, 죄인의 자리에 서는 하나님이기에 인간의 주체와 책임이 강조된다.

십자가는 신의 주체와 인간의 주체가 역동적으로 힘 있게 서는 자리다. 십자가에서 하나님은 자기를 비우고 우리를 세운다. 손과 발을 십자가에 못 박힌 하나님은 우리의 손과 발로 일하도록 우리를 부른다. 십자가에서 하나님은 약하고 아프고 아무것도 하지 않음으로써 인간을 힘 있게 하고 낫게 하고 행동하게 한다. 십자가는 '하지 않음' (無爲)의 자리이면서 참된 구원과 능력의 자리이다. 십자가는 죽임의 세계일 뿐 아니라 없음의 세계이다. 허무와 좌절, 실패와 체념의 자리이다. 허망하고 무의미한 십자가의 자리에서 부활의 생명과 영의 바람이 불어온다. 십자가에서 우리는 돌무덤을 깨뜨리고 부활한 생명으로 일어난다. 십자가는 허무와 좌절, 죽음과 저주, 실패와 체념을 뚫고 일어서는 자리이다.

십자가의 영성은 화해와 일치의 영성이다. 모든 종교의 영성과 믿음은 나의 자아와 타자의 자아가 서로 충돌하지 않고 조화와 일치를 이루는데 있다. 나와 너와 그의 하나됨을 향한 길은 십자가에서 열린다. 십자가는 인간 자아의 경계이며 '더불어 삶'의 중심이다. 팽창주의적, 정복주의적 자아가 무너지고 '하나님'과 '이웃'과 함께 사는 자아가 살아나는 자리이다. 십자가에서 우리는 나를 나로, 너를 너로, 그를 그로 '있는 그대로', '다른 그대로' 사랑할 수 있다. 나와 하나님과 이웃의 일치는 인간의 아픔과 약함을 떠맡는 십자가의 영성에서 이루어진다. 본회퍼가 '창조와 타락'의 마지막 단락에서 말하듯이 십자가는 생명나무, "타락되었으나 보존되는 하나님 세계의 한가운데"이다.[27]

VI. 의인론(義認論)과 없이 계신 하나님

바울, 아우구스티누스, 루터, 캘빈, 바르트, 본회퍼를 잇는 개신교의 신학원리인 의인론은 자기 자랑과 자기 정당화, 자기 집착을 끊는다. 믿음은 자기와 세상에 대한 집착을 버림이고 비움이고 죽임이다. 인간의 자기 정당화와 종교적 욕망을 철저히 부정하고 깨뜨리는 바르트의 신학은 철저히 자아의 집착을 끊는 선불교의 공(空), 해탈과 통한다. 자기를 버리고 부정하고 죽이는 바르트의 종교개혁 신학 전통은 탐욕과 노여움과 어리석음의 주체인 자아를 공과 무에 이르기까지 부정하고 죽이는 선불교와 통한다. 본회퍼에게서도 믿음은 반성적 행위(*actus reflexus*)이 아니라 '그리스도와의 직접적인 행위'(*actus directus*)

---

27 디트리히 본회퍼, 『創造 · 墮落 · 誘惑』, 144.

이다. 믿음에 반성적 의식이 끼어들면 믿음뿐 아니라 그리스도 자체도 의심스럽게 된다.[28] "하나님과 인간의 관계에는 어떠한 가능성도 없으며 거기에는 오직 현실성만이 있다."[29] "가능성에서 동요되지 말고, 현실적인 것을 담대히 붙잡으라. 사고의 세계로 도피하는 것이 아니라, 오직 행위에만 자유가 존재한다."[30] 더 나아가서 그리스도인이 된다는 것은 이 세상의 삶 속에서 하나님의 고난에 참여하는 것이다.[31] 본회퍼의 이런 신학적 성찰은 선불교에서 "말과 생각을 끊고 오직 행하라"고 가르치는 것과 통한다.[32]

본회퍼에 따르면 오직 믿음만으로 답답한 세상을 열고 부활 생명의 신선한 바람을 맞을 수 있다. 십자가에서 죽고 없는 하나님은 부활의 생명바람이다. 부활의 생명 바람은 논리와 개념, 함(爲)과 있음, 경쟁과 집착의 닫힌 세계, 한 마디로 죽음(의 세력)에 의해 갇힌 세계에서는 불지 않는다. 죽는 것(Sterben)은 인간의 가능성에 속한 일이고 죽음(Tod) 자체는 인간의 가능성 밖에 있다. 예수 그리스도는 죽음 자체를 극복했다.[33] 따라서 오직 믿음으로만 죽음의 닫힌 세계를 벗어날 수 있다. 부활의 생명 바람은 모든 것을 부정하고 비우는 '오직 믿음만으로'의 믿음을 통해서만 맞을 수 있다.

나 자신을 무언가로 만들려는 종교적 노력을 단념하고 자기를 오로지 하나님의 손 안에 맡길 때 비로소 그리스도인은 세상 한복판에서

---

28 Dietrich Bonhoeffer. Akt und Sein(AS). *DBW* 2. 1986. 153.

29 디트리히 본회퍼, 『創造 · 墮落 · 誘惑』, 101.

30 본회퍼의 시 "자유의 도상에 있는 정거장"에 나온 글귀. 디이트리히 본회퍼/손규태 옮김, 『기독교윤리』(기독교서회, 1984), 3.

31 *WE*. 395.

32 하나님과의 관계 속에서 인간의 존재와 행위를 생각한다는 점에서 바르트 · 본회퍼의 신학은 선불교의 가르침과 다르다.

33 *WE*. 270.

고난 받는 하나님에게로 나갈 수 있다. 이것이 바로 믿음이고 회개이다.[34] 본회퍼의 신학 특히 '하나님 없이, 하나님 앞에, 하나님과 더불어'의 논의는 믿음의 주체인 나와 객체인 하나님을 혼합 일치시키지도 않고 분리시키지도 않는다. 하나님과 나와 이웃은 구별과 분리 속에서 역설적, 역동적인 만남과 일치 속에 있다.[35]

자기를 비움과 철저한 헌신, 구도자적 반성과 참회를 통해 예수의 삶과 십자가 안에 선 사람에게는 '남'이 없다. 예수가 남을 위한 존재였듯이 예수 안에서 우리는 남을 위한 존재가 된다. 자신에게서 자유로워질 때, 종교적 전능의 거짓된 신에게서 벗어날 때 우리는 자유롭게 남을 위해 존재할 수 있다. 본회퍼에게서 믿는다는 것은 그리스도 안에서 이웃을 위한 존재가 되는 것이다. 의인론의 오직 믿음이 인식론적 차원, 추상적 차원에 머물지 않으려면 나를 죽이고 비우고 성서의 말씀, 예수와 하나되는 훈련이 요구된다. 몸과 마음을 닦고 진리와 영을 체험하고 체득하며, 깨닫는 삶, 경건 훈련의 삶이 요구된다.[36]

더 나아가서 본회퍼는 의인론과 책임적 행위를 직결시킨다. 행위의 정당성은 신으로부터만 온다고 믿을 때 비로소 나의 행위는 나 자신의 주관적 편향에서 벗어나 올곧게 현실에 맞는 행위가 된다.[37] 책임은 내가 다 지고 성패와 정당성은 오직 하나님(미래의 역사)에게 맡겨 있다.[38] 오늘의 현실은 성공과 실패, 정당성과 부당성이 결정되지

---

34 *WE*. 402.

35 본회퍼에게서 믿음은 '남을 위한 존재'인 그리스도의 삶과 존재에 참여함이다. N, 47. *WE*, 394.

36 Dietrich Bonhoeffer, Kirchenkamp und Finkenwalde: Resolution · Aufsätze · Rundbriefe 1933 bis 1943. Gesammelte Schriften(*GS*) II, Chr. Kaiser Verlag, 1959. 448-449.

37 하나님의 인도하심에 대한 신뢰를 가질 때 과감한 행위를 할 수 있다. *WE*. 267.

38 *WE*. 214. *WE*. 249, 254-255.

않은 유동적인 가능성이다. 이런 가능성 속에서 인간은 하나님의 현실(최선, 최적합의 행동)을 붙잡아야 한다. 막연한 사변적 환상적 가능성에 머물지 말고 현실의 태풍 속으로 들어가 행동해야 한다.[39] 본회퍼는 종교적 환상이나 욕망을 버리고 있는 그대로의 사실을 긍정한다. "사실 이전에는 인간적 실패와 오산과 죄책이 많을 수 있지만 하나님은 사실들 자체 속에 있다."[40] 그러므로 하나님 안에서 현실을 보는 사람만이 자신으로부터 해방되어 현실을 있는 그대로 보고, 현실적인 악의 중심을 적중시키고 극복할 수 있다.[41]

본회퍼에 따르면 그리스도 안에서만 하나님의 현실과 세상의 현실이 온전히 드러난다. 그러므로 그리스도를 믿는 믿음으로만, 주관적 편견이나 세상적인 경향에 매이지 않고 현실을 있는 그대로 볼 수 있다.[42] 또한 믿는 사람은 방관자적인 자리에서, 이른 바 주체와 객체가 분열된 '객관적인 자리'에서 현실을 보지도 않는다. 그렇게 본 현실은 피상적이고 부분적인 현실이다. 그리스도 안에서만 '현실의 자리'에서 현실을 온전히 볼 수 있다. 현실('남')을 온전히 보려면 내가 현실 속에 들어가 현실과 하나가 되고, 현실이 내 속에 들어와 나와 하나가 되어야 한다. 믿음은 현실과 하나 되는 자리이다. 그러므로 믿음의 눈만이 "산은 산으로, 물은 물로" 볼 수 있다.

본회퍼는 개신교의 의인론 신학을 철저히 추구함으로써 비종교화의 신학과 현실적인 행동의 신학에 이르렀다. 의인론적 믿음과 비종교화의 신학과 현실적 행동의 신학은 '하나님 없이 하나님 앞에 그리고 하나님과 더불어'란 말로 압축된다.

---

39 *WE*. 15, 18, 403.
40 *WE*. 214.
41 *WE*. 71-73.
42 *WE*. 74-75.

이 문구는 그리스도인의 책임적이고 성숙한 행위로 이어진다. 본회퍼에 의하면 그리스도인은 '하나님 앞에' 설 때 '하나님 없이' 살아야 한다는 것을 알게 된다. 하나님 자신이 우리를 강요하여 작업가설로서의 하나님 없이 성숙한 인간으로 살게 한다.[43] '하나님 없이'는 인간의 자유와 주체를 허락하고 종교적 환상이나 욕망, 자기 자랑과 집착을 끊고 오직 믿음만으로 삶의 한 가운데서 '하나님 앞에, 하나님과 더불어' 사는 조건이다. 하나님 없이 살 때 비로소 하나님 앞에 하나님과 더불어 살 수 있다. 하나님 없이는 종교적 욕망과 환상 없이, 과거의 전통과 주어진 교리에 매임 없이 산다는 것을 말한다.

하나님 없음의 자유로움은 삶의 미묘한 아름다움, 다시 말해 문화와 우정의 차원을 지닌다. 본회퍼는 『윤리학』에서 노동, 가정, 정부, 교회의 네 위임(Mandat)을 말하지만 『저항과 복종』에서는 우정의 범주를 추가한다. 그는 예술, 교양, 우정, 놀이, 문화를 우정의 범주에 포함시킨다.[44] 이로써 본회퍼는 심미적 차원과 자유의 영역을 그리스도인의 삶의 특징으로 제시한다. 그는 친구라는 시에서 우정을 삶의 자유와 아름다움으로 묘사한다. "무겁고 답답한 대지에서부터가 아니라 맹세도 법도 필요 없는 정신의 자유로운 호의와 바람으로부터 친구는 친구에게 선사된다… 날마다의 빵 밭 곁에 인간은 아름다운 달구지 국화꽃도 피게 한다."[45] 이 아름다움은 지상적이면서도[46] 지상적인 것의 의무와 속박에서 자유로운 미묘한 아름다움이다.[47] 그것은 세상과

---

43 *WE*, 394.

44 *WE*, 217.

45 *WE*, 422.

46 *WE*, 269.

47 대지의 의무와 속박에서 자유로운 친구는 믿음직한 정신의 자유로부터 자라는 꽃이다. *WE*, 422.

인간의 주체를 중심에 세우면서도 세상과 자아에서 자유로운 삶, 세상에 대한 책임을 추구하면서도 세상의 의무와 속박에서 자유로운 삶이다. 본회퍼에게서 성숙한 책임의 윤리적 차원과 자유롭고 아름다운 우정의 심미적 차원이 통전된다. 이것은 윤리적 차원과 심미적 차원이 통전되는 한국-동양적 사유와 일치한다.

본회퍼에게서 '하나님 없이'는 역설적으로 하나님의 임재와 섭리에 대한 확신과 맞물려 있다. 본회퍼는 종교적 환상이나 위로를 거부했지만 누구보다도 하나님께 가까이 닦아 갔고 하나님의 임재를 확신했다. 본회퍼의 존재와 삶과 행위에서 사람들은 하나님의 존재와 힘을 느꼈다.[48] 하나님 없는 황막한 현실에서 본회퍼는 온전히 하나님의 손에 맡기고 살았다. 그는 참으로 '하나님 없이 하나님 앞에' 살았다.

하나님 없음의 상황에서 '하나님 앞에서 그리고 하나님과 더불어' 사는 일은 없음(無)과 있음(有)의 역설적 일치와 상통을 말하는, 없음에서 있음을 보는 동양적 한국적 사유와 통한다. 하나님 없이는 나의 실존, 영적 체험을 떠난 객관화된 신 존재, 교리와 제도 속에 고착된 형식적 신 존재를 거부하고 지금 여기에서 체험하는 신, 나의 삶에서 나와 하나되는 신을 말한다. 없음은 단순히 공허하고 죽은 없음이 아니라 있음을 낳는 존재론적 영성적 깊이이다. 없음은 형식논리나 감각이 닿지 않는 깨달음의 세계, 영적 체험의 세계이다. 하나님이 없음에서 세상을 지으셨다는 가르침도 없음과 있음의 세계를 아우르는 하나님의 신령한 존재를 가리킨다.

기독교 신앙과 한국적, 동양적 사상에 철저했던 한국의 독창적인 기독교사상가 유영모, 믿음과 실천을 통전시켰던 독창적인 기독교 사상가 함석헌은 '없이 계신 하나님'을 강조했다. 없이 계신 하나님은 한

---

48 박재순, 『하나님 없이 하나님 앞에』, 한울, 214 이하. 특히 주) 67 참조.

국적 동양적인 하나님이해이며 체험적인 깨달음의 하나님 이해이다. "우리가 아는 예수"라는 신앙 시에서 유영모는 "예수는 믿은 이/높낮, 잘못(선악), 살죽(생사) 가온대로/솟아오를 길 있음 믿은 이/예수는 믿은 이…/없이 계심 믿은 이"라고 말한다. "높낮, 잘못, 살죽 가온대"는 없음의 세계다. 높고 낮고 잘하고 못하고 살고 죽고는 눈으로 보고 손으로 만질 수 있고 논리적으로 검증할 수 있는 있음의 세계다. 높고 낮고 잘하고 못하고 살고 죽고의 한 가운데로 솟아남은 있음의 세계를 뚫고 없음의 미묘한 세계를 여는 것이다. 그것은 역설과 초월의 신비 세계이다. 있음의 세계를 넘어서 없음의 세계를 여는 믿음은 새로운 영적 삶의 세계, 깨달음의 세계이다. 그래서 유영모는 '예수는 없이 계심 믿은 이'라고 한다.

함석헌도 본회퍼처럼 하나님 믿음과 인간의 주체적 활동을 직결시킨다. "하나님을 믿는 것은…인간으로서 활동을 힘껏 하기 위해 생사 성패를 하나님께 맡기는 일이다."[49] 함석헌에 의하면 없음과 버림에서, 즉 모든 것에 대한 순수한 부정에서 비로소 진정한 실천적 자유에 이른다. 진정한 버림, 진정한 자유는 나 자신의 존재마저도 하나님을 위한 행동 속에 던져 버릴 때 성취된다.[50] 없음과 버림, 순수한 부정을 통한 자유의 실천은 죽음을 넘는 부활생명에 대한 확신에 근거한다. "나를 자르면 거기서 새싹이 나온다."[51]

본회퍼가 이기적 자아를 부정하고 신에 대한 종교적 욕망과 환상을 버린 것은 동양사상의 없음과 버림에 통한다. 없음(無)과 빔(空)에서 대자대비가 나오고 버림에서 참된 얻음에 이르듯이 이기적 자아를

---

49 함석헌, 『한국기독교는 무엇을 하려는가』 함석헌전집3. 한길사, 1983. 40.
50 함석헌, "열 두 바구니", 『죽을 때까지 이 걸음으로』 함석헌전집4, 한길사. 393-394.
51 함석헌, 『人間革命의 哲學』 함석헌전집2. 한길사, 1983. 299.

버리고 그리스도와 함께 '남을 위한 존재'가 될 때 새로운 공동체적 삶과 실천의 자유에 이른다.

없음과 버림과 비움에서 함석헌은 하나님을 충만한 생명과 존재로 체험한다. 함석헌이 일제 때 옥중에서 지은 시 '하나님'에서도 하나님에 대한 신비 체험은 '없이 계신 하나님'으로 나타난다. "텅 비인 빈탕에 맘대로 노니니, 거룩한 아버지와 하나 됨이었네… 나 모르는 내 얼 빠져든 계심이네." 빈탕에서 하나님과 하나 됨을 말하고 "내 얼 빠져든 계심이네"란 문구에서 나와 하나님의 신비한 혼연일체를 말한다.[52] 동양과 한국의 종교에서는 신인의 자연스런 원만한 합일과 일치, 원융합일을 말한다. 함석헌에게서는 자연스런 원융합일이 아니라 역설적 긴장 속에서의 일치로 나타난다.[53]

함석헌에게서 하나님과 자아의 일치는 명상적 신비적 일치로 끝나지 않는다. 예수의 고난과 민족의 고난과 오늘의 '나'를 일치시켰다. 함석헌에게 민족의 주체와 실체는 민중 곧 씨ᄋᆞᆯ이었으므로 '예수-씨ᄋᆞᆯ-나'가 하나로 꿰뚫렸다. '나-예수(하나님)-씨ᄋᆞᆯ(민중)'을 일치시킴으로써 오늘의 나(마음의 결단과 실천)를 강조하는 주체적 포용적

---

52 "몰랐네/뭐 모른지도 모른/내 가슴에 대드는 계심이었네
　　몰라서 겪었네/어림없이 겪어 보니/찢어지게 벅찬 힘의 누름이었네
　　벅차서 떨었네/떨다 생각하니/야릇한 지혜의 뚫음이었네
　　…
　　그득 찬 빛에 녹아버렸네/텅 비인 빈 탕에 맘대로 노니니
　　거룩한 아버지와 하나됨이었네/모르겠네 내 오히려 모를 일이네
　　벅참인지 그득 참인지 겉 빔인지 속 빔인지/나 모르는 내 얼 빠져든 계심이네."
　　_ 함석헌,『水平線 너머』함석헌전집6. 한길사, 1983. 227-228.
53 함석헌에게서 나와 하나님이 둘이면서 하나이고 하나면서 둘이다. 하나님이 내 속에 계시다고 할 때는 나와 하나님의 일치를 말하지만 나와 하나님을 이 끝과 저 끝으로 구분하고 끝없는 자기부정과 자기비판을 강조할 때는 나와 하나님의 거리를 말한다. "씨ᄋᆞᆯ의 설움",『죽을 때까지 이 걸음으로』함석헌전집4. 66. "열 두 바구니",『죽을 때까지 이 걸음으로』함석헌전집4. 389.

신앙이 형성되었다.[54]

함석헌의 이러한 통찰은 '나-예수-이웃'의 깊은 결속과 만남을 강조하고 나의 주체적 결단과 책임을 강조하는 본회퍼의 신학적 통찰과 그대로 통한다. 본회퍼와 함석헌 사이에 경향적 차이는 있다. 본회퍼는 '하나님 앞에서' 냉정한 현실인식과 책임적 행위를 추구하고, 함석헌은 '하나님과의 신비한 체험적 일치' 속에서 주체적이고 책임적인 실천에로 나아간다. 이런 경향적 차이가 있지만 본회퍼와 함석헌의 신학사상은 서로를 보완하여 풍성한 신학의 세계를 열 가능성을 안고 있다고 여겨진다. 두 사람은 모두 하나님 없음의 자리에서 주체적 책임, 나-하나님-이웃의 꿰뚫림, 삶의 미묘한 아름다움과 자유를 추구했다. 우리는 이들과 함께 '하나님 없이' 몸으로 하나님을 느끼고 체험하며, 일상적인 삶의 세계로 들어가고, 역사의 중심에 서며, 하나님의 우주적 생명의 품에 안길 수 있다.

본회퍼의 '하나님 없이'와 유영모·함석헌의 '없이 계신 하나님'은 없음의 세계를 열어 준다. 없음의 세계는 모험적 행동의 세계, 새 삶과 역사를 창조하는 공간, 나와 세상을 부정하고, 죽음을 넘어 새 생명의 세계로 뛰어드는 자리다. 참과 영원에로 뛰어드는 길이다. 없음은 죄와 죽음, 허무와 무의미의 나락에서 절대와 거룩과 진리와 신비의 세계로, 참된 있음의 영원한 생명세계로 뛰어드는 문이다. 나의 욕망과 거짓과 무지와 증오의 어둔 장막을 찢고 사랑과 정의와 진리와 평화의 새 하늘 새 땅을 여는 자리다. 없음의 세계를 통하지 않고는 새 창조,

---

54 서구 신학과 사상에서는 주체와 객체가 분리, 대립되는 경향이 있는데 동양 사상, 씨올사상에서는 주객이 혼연일체가 되고 하나로 통일된다. 믿음의 주체와 객체, 구원의 주체와 객체의 역설적 일치를 말함으로써 함석헌은 민중신학의 민중구원론을 준비했다고 볼 수 있다. 이에 대해서는 박재순, 『민중신학과 씨올사상』(천지, 1990), 266 이하 참조.

새 하늘 새 땅을 열지 못한다. 나와 네가 참된 일치에 이르는 자리, 나와 하나님이 참된 하나됨에 이르는 자리이다. 없음의 세계는 자기 집착과 자기자랑에 빠진 자아의 있음을 부정하고 우상으로 전락한 하나님의 객관화된 존재를 부정하고 하나로 녹아드는 원융 합일과 신비한 하나님체험에 이르는 자리다. 없음과 빔에서 생명 꽃이 피고, 존재의 충만이 이루어지고 자유롭고 모험적인 결단과 행동이 이루어진다.

디트리히 본회퍼의 사회윤리에 대한 소고*

고재길

(장로회신학대학교 교수)

I. 들어가면서

디트리히 본회퍼(D. Bonhoeffer)는 독일의 개신교신학자이다. 그의 신학은 신학의 전반적인 주제를 거의 다루고 있다. 교회론, 인식론, 기독론, 인간론, 기독교윤리 등등 그의 신학사상은 조직신학과 기독교윤리의 중요한 주제를 중심으로 구성되어 있다. 그러나 그의 신학은 단순히 신학적 지식의 내용만을 담고 있는 것은 아니다. 그것은 마치 드라마처럼 전개된 그의 삶을 담고 있다. 다음의 책들은 본회퍼의 실제적인 삶의 내용까지도 알 수 있는 책들이다. 그 예로서 특별히 외국어로 가장 많이 번역된 *Nachfolge*(나를 따르라)[1]와 그의 핑켄발데 (Finkenwalde) 신학교의 목회자후보생들과 공동체적인 삶을 나눈 경험에 근거하여 서술된 *Gemeinsames Leben*(신도의 공동생활)[2]을 말할

---

* 본 논문은 장신논단 37권(2010. 4), 117-152에 게재된 것임을 미리 밝힌다.

1 Dietrich Bonhoeffer, *Nachfolge*, hg. v. M. Rüter/ I. Tödt, DBW 4, (München: Chr. Kaiser Verlag, 1986)

수 있다. 그의 책, *Ehtik*(윤리학)3은 그가 나치정권에 대항하는 본격적인 정치투쟁의 시기에 나온 책이다. 그리고 옥중에서 기록한 본회퍼의 편지와 거기에서 알 수 있는 본회퍼의 새로운 신학적 사고를 담고 있는 책, *Widerstand und Ergebung*(저항과 복종)4은 본회퍼의 사후에 베트게(E. Bethge)5의 도움으로 출간되었다. 본회퍼의 신학에 대한 연구는 지금까지 매우 다양한 주제를 가지고 진행되었다. 그 중에서도 교회, 그리스도, 세상은 특별히 그의 신학을 연구하는 후학들에게 큰 관심을 받은 연구 주제였다. 최근의 연구에 따르면 교회, 그리스도, 세상은 본회퍼의 전체 신학을 구성하는 중요한 요소이며 그 세 가지 개념들은 모두 본회퍼의 윤리 사상과 밀접하게 연결되어 있다.6 본 소고는 특별히 본회퍼의 후기 신학사상에 속하는 작품인 *Ehtik*에 집중하여

---

2 Dietrich Bonhoeffer, *Gemeinsames Leben. Das Gebetbuch der Bibel,* hg. v. G. L. Müller/ A. Schönherr, DBW 5 (München: Chr. Kaiser Verlag, 1987).

3 Dietrich Bonhoeffer, Ethik, hg. v. E. Bethge/ I. Tödt/ C. Green, DBW 6, (Gütersloh: Chr. Kaiser Verlag, 1992) "윤리학"에 대한 인상적인 최근의 연구서로서는 다음을 참고하라. Reinhold Mokrosch/ Friedrich Johannsen/ Christian Gremmels, *Dietrich Bonhoeffers Ethik. Ein Arbeitsbuch für Schule, Gemeinde und Studium* (Gütersloh: Chr. Kaiser/ Gütersloher Verlghaus, 2003), Dramm Sabeine, *Dietrich Bonhoeffer, Eine Einfuehrung in sen Denken* (Gütersloh: Gütersloher Verlaghaus, 2001).

4 Dietrich Bonhoeffer, *Widerstand und Ergebung*, hg. v. C. Gremmels / E. Bethge / R. Bethge in Zusammenarbeit mit I. Toedt, DBW 8 (München: Chr. Kaiser Verlag, 1998).

5 본회퍼의 삶과 신학을 체계적으로 정리한 베트게의 본회퍼 전기는 본회퍼의 연구사에서 이미 고전이 되었다. Eberhard Bethge, *Dietrich Bonhoeffer: Theologe - Christ - Zeitgenosse* (München: Chr. Kasier Verlag, 1987)

6 개별적인 신학의 주제가 본회퍼의 삶의 특별한 상황 속에서 더 많이 강조될 수 있다. 그러나 최근의 연구에 의하면 그리스도, 교회, 세상은 본회퍼의 전체 신학—특별히 윤리—을 구성하는 핵심적인 세 가지 아치형 나선(Bogen)이다. G. M. Prüller-Jagenteufel, *Befreit zur Verantwortung. Sünde und Versöhnung in der Ethik Dietrich Bonhoeffers* (Münster: Lit Verlag, 2004), 53.

그의 사회윤리 사상을 탐구한다. 다음의 순서에 따라서 글은 전개된다: 1) 본회퍼의 사회윤리 이해, 2) 본회퍼의 사회윤리의 신학적 기초, 3) 본회퍼의 사회윤리의 중심 개념, 4) 본회퍼의 사회윤리의 주요 주제, 5) 결론.

II. 본회퍼의 사회윤리 이해

본회퍼의 *Ehtik*을 읽을 때에 우리는 당황스러움에 빠질 수 있다. 그 책에서 사회윤리의 개념을 찾고자 할 경우 그 당황스러움은 더욱 커진다. 그것은 본회퍼가 그의 책에서 사회윤리의 개념을 정확하게 규정하고 있지 않기 때문이다. 본회퍼가 생각하는 사회윤리의 개념에 이르는 직접적인 길은 없다. 우회하여 그 길에 이르는 방법이 있는데 그것은 개인과 사회 사이의 관계성에 대한 본회퍼의 입장을 검토하는 일이다. 그러면 본회퍼는 개인과 사회를 어떻게 이해하고 있는가? 본회퍼는 개인과 사회를 통합적인 관점에서 이해한다. 이러한 결론에 이르기 위해서 그는 마태복음 7장 17절 말씀에 주목한다. 그 말씀에 의하면 "선한 나무가 선한 열매를 맺는다." 본회퍼는 이 말씀을 인격 (Person)과 사역(Werk)의 관계성을 해석하는 부분에 적용한다. 그의 견해에 따르면 그 말씀은 인격이 먼저이고 그 다음에 사역이라는 뜻으로 해석되어서는 안 된다. 그 말씀은 오히려 나무와 열매 두 가지 모두가 선하든지 아니면 악한 것이라는 의미로 이해되어야 한다고 한다.[7] 나무와 열매를 분리시켜 그 둘 사이의 상관성을 이해할 수 없듯이 한 인간의 고유한 존재와 특별한 행위도 구별은 하되 통합적인 관점에서

---

7 Bonhoeffer, *Ethik*, 36.

조망할 때 바른 이해에 이를 수 있다는 것이다. 흥미롭게도 본회퍼는 이러한 해석의 관점을 개인과 사회를 이해하는 방식에도 동일하게 적용한다. 이 과정에서 본회퍼는 라인홀드 니버(R. Niebuhr)의 책『도덕적 인간과 비도덕적 사회』의 제목에 대해 필자가 생각하기에는 지나친 어조로 비판한다. 왜냐하면 니버의 책은 그 제목이 이미 암시하고 있듯이 개인과 사회를 서로 엄격하게 분리시키고 있으며 그 결과, '개인과 사회 사이의 통일성'이 잘 드러나지 않기 때문이라는 것이다.

개인과 사회를 통일성의 관점에서 이해하는 본회퍼의 통찰력은 한 단계 더 나아간다. 본회퍼는 기독교윤리의 주제인 선의 문제를 역사(Geschichte)와 연결시킨다. 더 구체적으로 말하면 본회퍼는 인간을 역사적 존재로 이해하며 윤리의 문제를 인간의 삶의 역사성(Geschichtlichkeit)과 연관하여 아래와 같이 이해한다.[8]

> "선에 대한 질문은 우리의 삶의 개별적인 특정한, … 상황 가운데서 그리고 인간, 사물, 제도, 권력과 연결된 살아있는 조건들 가운데서 선에 대한 질문은 제기되고 결정된다. 선에 대한 질문은 삶에 대한 질문, 역사에 대한 질문과 더 이상 분리될 수 없다."[9]

본회퍼의 견해에 따르면 선의 형성에 대한 질문은 한 개인의 구체적인 윤리적인 삶에 대한 질문이다. 선의 문제는 그 개인이 속해 있는 공동체의 윤리적인 삶의 문제로서 그 공동체의 역사에 대한 질문과 분리될 수 없다. 동일한 맥락에서 후버(W. Huber)는 본회퍼의 윤리를 단순히 개인적인 차원에서의 윤리적인 삶에 집중하는 윤리가 아니라

---

8 앞의 책, 같은 쪽.
9 앞의 책, 245-246.

역사적 실존의 상황 속에서 사회적 공동선의 형성에 기여하는 개인의 책임적인 삶을 강조하는 사회윤리로 이해한다.[10] 정리하면 본회퍼의 저서, *Ehtik*은 사회윤리의 개념을 정확하게 규정하지 않고 있다. 그러나 우리는 개인과 사회의 관계성을 논하는 자리에서 사회윤리의 개념을 추론할 수 있다. 본회퍼에게 인간이란 홀로 존재할 수 없는 사회적 존재이며 자기가 속해 있는 공동체와 그 공동체의 역사와 분리될 수 없는 역사적 실존으로 살아가는 존재이다. 본회퍼는 그의 *Ehtik*에서 개인윤리와 사회윤리를 통합적인 관점에서 이해한다. 즉 본회퍼의 사회윤리에서는 사회적 공동선의 실현을 위한 개인의 책임성의 문제가 중요하게 다루어진다. [11]

III. 본회퍼의 사회윤리의 신학적 기초

1. 그리스도-현실

본회퍼는 그의 윤리적 사고를 하나의 "그리스도-현실"(Christus-wirklichkeit)에 기초하여 전개한다. 그의 사회윤리는 철저하게 그리스도중심적인 현실에 대한 이해와 직접적으로 연결되어 있다. 본회퍼에 의하면 사람들은 일반적으로 윤리학을 단순히 선과 악을 구별하는 학문으로 이해한다. 이러한 의미의 윤리학은 다음과 같은 질문, "나는

---

10 Wolfgang Huber, *Konflikt und Konsens. Studien zur Ethik der Verantwortung* (Gütersloh: Gütersloher Verlaghaus, 1990), 143.

11 개인윤리와 사회윤리의 관계를 상호보충적인 관계성 속에서 파악하는 입장은 다음의 책에서 잘 알 수 있다. Martin Honecker, *Einführung in die theologische Ethik* (Berlin: Walter de Gruyter), 1990, 9.

어떻게 선한 인간이 될 수 있는가?", "나는 어떻게 선을 행할 수 있는 가?"[12]에서 벗어날 수 없다. 본회퍼는 이러한 질문이 결국 인간이 선에 대한 질문을 해결하는 중심이며 인간의 자아가 현실 세계의 중심이라고 하는 잘못된 결론으로 이끌고 있다고 비판한다. 그의 윤리적인 질문은 궁극적인 현실에 대한 질문과 하나님의 뜻에 질문으로 구성된다. 그의 사회윤리는 예수 그리스도 안에 나타난 하나님의 현실을 이 세상의 현실 가운데 구체적으로 형성시키는 방법을 모색하는 것에 분명한 목적을 둔다.

> "그리스도 안에서 하나님의 현실과 세상의 현실에 동시에 참여할 수 있는 기회가 우리에게 주어진다. 전자 없이 후자에 참여할 수 없다. 하나님의 현실은 나를 완전히 이 세상의 현실 안에 이끌어 들임으로 써만 나타난다. 그러므로 내가 이 세상의 현실과 만날 때 나는 이미 그것이 하나님의 현실에 의해 담당되고, 용납되고, 화해되어 있음을 알게 된다. 이것이 인간 예수 그리스도 안에 나타난 하나님의 현실의 신비이다. 기독교윤리는 이제 그리스도 안에서 주어진 하나님의 현실과 세상의 현실을 우리의 세상에서 실현되게 하는 것을 묻게 된다."[13]

그리스도의 현실은 그 안에서 하나님과 현실과 세상의 현실이 화해된 현실을 의미한다. 그리스도의 십자가의 사건이 나타나기 이전에는 하나님의 현실과 세상의 현실은 적대적인 대립관계 하에 존재하고 있었다. 그러나 그리스도의 대리적인 죽음을 통해 하나님과 세상은

---

12 Bonhoeffer, *Ethik*, 31.
13 앞의 책, 40.

적대적인 관계로부터 벗어나서 화해되었다. 그 결과, 기독교윤리에 대한 질문은 "그리스도-현실"을 인간의 사회적 공동체의 현실 가운데 구체화시키는 일과 연결된다. 즉 본회퍼는 "그리스도-현실"에 근거하여 "두 영역의 사고"를 극복하고 있는 것이다.

> "이 세상을 그리스도 안에서 보고 인식하지 않으면서 '기독교적'으로 되려고 하는 것은 예수 그리스도 안에 나타난 하나님의 계시를 부정하는 것이다. 따라서 두 개의 영역이 존재하는 것이 아니라, 오직 하나님의 현실과 세상의 현실이 하나로 통일되는 그리스도의 현실화의 영역이 존재할 뿐이다."[14]

본회퍼에 따르면 신(新)루터주의자들의 "두 영역의 사고"(Denken in zwei Räume)[15]는 전적으로 비성경적인 것이다. 두 영역의 사고방식은 신적인 것과 세상적인 것 사이의 적대적 대립의 관계를 주장한다. 그리고 이러한 율법주의적인 원칙은 기독교적인 것과 비기독교적인 것, 초자연적인 것과 자연적인 것, 영적인 것과 이성적인 것, 거룩한 것과 속된 것 등의 관계에서도 동일하게 나타난다. 그러므로 두 영역의 사고방식은 예수 그리스도 안에서 화해된 "전체"로서의 새로운 "현실"에 대한 인식에 결코 이르지 못한다.

2. 길-예비

그리스도-현실이 본회퍼의 사회윤리를 가능하게 하는 중요한 신

---

14 앞의 책, 43-46.
15 앞의 책, 41.

학적 기초이듯이 "길-예비"는 그의 사회윤리에서 생략할 수 없는 중요한 신학적 토대라고 할 수 있다. 본회퍼는 누가복음 3장 4절의 말씀에 근거하여 길-예비(Wegbereitung)[16]의 윤리를 언급한다. 길-예비는 궁극 이전의 영역(Vorletztes)에서 궁극적인 것(Letztes)의 도래를 미리 준비하는 그리스도인의 윤리를 의미한다. 리히(A. Rich)의 표현대로라면 길-예비의 윤리는 상대적인 영역(Relatives)에서 절대적인 것(Absolutes)의 도래를 미리 준비하는 윤리적 행위이다.[17] 랑에의 주장에 따르면 그것은 수평적인 영역(Horizontales)에서 수직적인 것(Vertikales)의 도래를 미리 준비하는 윤리적 행위를 의미한다.[18] 그러면 궁극적인 것과 궁극이전의 것이란 정확하게 무엇을 의미하는가? 본회퍼에 의하면 거룩한 것, 영적인 것, 기독교적인 것은 궁극적인 것을 의미한다. 그와는 달리 세속적인 것, 이성적인 것, 비기독교적인 것은 궁극 이전의 것을 뜻한다. 여기서 중요한 것은 궁극 이전의 것은 궁극적인 것과의 바른 관계성 속에서 자기의 가치를 경험한다는 사실이다. 궁극 이전의 것은 "궁극적인 것을 위하는"(um des Letzten willen) 경우에 한해서 자기의 고유한 의미와 가치를 가지게 된다.[19] 여기에서 궁극적인 것을 궁극 이전의 영역에서 구체적으로 형성시키는 일이 사회윤리의 중요한 과제가 된다. 궁극적인 현실로서의 예수 그리스도의 오심을 방해하는 모든 종류의 장애물을 제거하는 일은 길-예비의 윤리의 중요한 숙제가 된다. 즉 본회퍼는 궁극 이전의 영역, 즉 이 세상

---

16 앞의 책, 153

17 Arthur Rich, *Wirtschaftsethik, Bd. I, Grundlagen in Theologischer Perspektive* (Gütersloh: Gütersloher Verlagshaus, 1987), 18.

18 Dietz Lange, *Ethik in Evangelischer Perspektive Grundfragen Christlicher Lebenspraxis* (Göttingen: Vandenhoeck, 1992), 444.

19 Bonhoeffer, *Ethik*, 151.

의 현실 속에서 그리스도인들이 하나님과 이웃의 요구에 대해서 응답하는 삶으로서의 책임윤리를 길-예비의 윤리로 이해한다. 보다 구체적으로 말하면 그것은 "인간적인 것"(Menschsein)과 "선한 것"(Gutsein)을 궁극 이전의 영역에서 실현하는 일에 최선을 다함으로써 이 세상의 현실 속에서 궁극적인 것의 도래를 준비하는 윤리를 의미한다.[20] 본회퍼는 길-예비의 윤리를 다음과 같이 요약한다.

"굶주린 자는 빵을, 집 없는 자는 거처를, 권리를 빼앗긴 자는 권리를, 고독한 자는 사귐을, 규율이 없는 자에게는 질서를, 노예는 자유를 필요로 한다. 굶주린 자를 내버려 두는 것은 하나님과 이웃에 대한 모독이다. … 나의 것인 동시에 굶주린 자의 것인 그리스도의 사랑 때문에 우리는 그 사람과 빵을 나누어 먹고 거처를 같이 한다. 만일 굶주린 자가 신앙에 도달하지 못한다면, 그 죄는 그 사람에게 빵을 주는 것을 거절한 사람 위에 떨어진다. 굶주린 자에게 빵을 주는 것은 은혜의 도래를 위한 길 예비이다."[21]

이와 관련하여 우리는 오해에 빠져서는 안 된다. 그리스도의 오심의 길을 예비하는 윤리적 실천이 단순히 "사회 개혁적 프로그램"을 만들고 그 결과, 보다 나은 사회정의의 실현만을 최고의 목적으로 두는 윤리라고 생각해서는 안 된다. 왜냐하면 본회퍼는 스스로 길-예비의 윤리의 우선적인 목적이 "세상의 조건을 개혁하는 것이 아니라 그리스도의 도래"에 있다고 말하고 있기 때문이다.[22] 이러한 의미에서 해

---

20 앞의 책, 157.

21 앞의 책, 155.

22 같은 책, 156-157. 길-예비의 윤리는 그리스도인들에게 하나님 앞에서 먼저 인간이 갖추어야 하는 "겸손의 행위"와 "회개의 행위"를 요구한다. 앞의 책, 157.

방의 신학이나 민중의 신학에서 강조하는 역사 내재적 차원에서의 완성을 지향하는 사회 변혁적 운동은 본회퍼의 사회윤리와 구별된다고 볼 수 있다.

IV. 본회퍼의 사회윤리의 중심 개념

1. 인격

이미 앞에서 살펴보았듯이 본회퍼는 인간을 사회적 공동체 속에서 살아가는 역사적인 실존으로 이해한다. 홀로 존재할 수 있는 인간은 없으며 그 어떤 인간도 자기가 속해 있는 공동체와 그 공동체의 역사적 맥락과 분리되어 살 수 없다. 이처럼 사회적 관계성의 현실 속에서 역사적 존재로서 살아가는 윤리적 주체로서의 인격에 대한 본회퍼의 견해는 *Ehtik*에서 처음으로 나타난 것이 아니다. 그것은 그의 박사학위논문인 "Sanctorum Communio"(성도의 교제)[23]에서 이미 나타난 개념으로서 그의 학위논문의 주요 논지를 구성하는 핵심이다. 인격 개념은 개인과 공동체에 동시에 적용되는 개념이다. 본회퍼는 개인에게는 개별 인격의 개념을 적용하고 공동체에는 집단 인격의 개념을 적용한다. 본회퍼는 독일의 관념론적 철학을 비판함으로써 기독교의 인격 개념을 정립하고자 한다. 칸트철학의 방법론에서 중요한 것은 인식의 대상이 되는 객체(Objekt)가 아니라 인식하는 주체(Subjekt)이

---

23 Dietrich Bonhoeffer, *Sanctorum Communio. Eine dogmatische Untersuchung zur Soziologie der Kirche*, hg. v. J. v. Sossten, DBW 1 (München: Chr. Kaiser Verlag, 1986)

다.24 여기에서는 인식의 대상이 되는 객체가 "인식하는 나"(das er-kennende Ich)의 주체 안으로 흡수된다. 인격 개념의 형성은 이와 같은 주객도식(Subjekt-Objekt-Schema)의 조건 아래에서는 불가능하다. 칸트의 관념론에서는 인격의 개념을 가능하게 만드는 나와 너의 관계(Ich-Du-Relation)가 나타날 수 없다고 한다. 그러나 본회퍼에게 객체는 단순한 의미에서의 인식의 대상이 아니라 인격의 개념을 가능하게 만드는 또 하나의 주체이다. 본회퍼에게는 객체를 전제하지 않는 주체의 현실은 결코 용납되지 않는다.

> "각 개인은 타자를 통해서만 존재한다. 각 개인은 홀로 존재하는 자가 아니다. 각 개인이 존재할 수 있기 위해서는 오히려 본질적으로 타자가 존재해야 한다."25

인격은 단순한 인식의 대상으로서의 객체가 아니라 진정한 나와 너의 만남 가운데서 형성된다. 즉 나의 인격의 형성은 너의 존재를 벗어나는 영역에서는 전적으로 불가능하다. 여기에서 본회퍼는 나와 너의 관계성의 현실 속으로 들어오시는 하나님과 성령의 역할에 대해서 언급한다. 이것은 우리로 하여금 너의 존재가 나의 인격의 형성을 가능하게 만드는 일차적인 근원으로 생각하게 만드는 오류에서 빠지지 않게 한다.

> "하나님 또는 성령이 구체적인 너에게로 들어온다. 그의 사역을 통해서만 타자는 나에게 있어 너가 된다. … 모든 인간적인 너는 신적인

---

24 앞의 책, 23.
25 앞의 책, 30

너의 모상(Abbild)이다."[26]

본회퍼에 의하면 나의 너의 관계성에 기초한 만남에서 인간들은 자기들의 인격의 형성을 경험한다. 성령의 특별한 역할에 근거하여 나와의 관계성의 현실 속으로 들어오는 타자는 단순한 객체가 아니다. 그 타자에게서 나는 하나님을 대리하는 이웃을 발견한다. 타자는 나와의 구체적인 만남 속에서 발견되는 하나님의 대리자가 된다. 이러한 본회퍼의 견해는 그가 집단 인격의 개념을 설명할 때 더욱 명쾌하게 드러난다. 여기에서 본회퍼의 인격주의는 사람들 사이의 인격적 관계성만을 강조하고 있는 부버(M. Buber)의 인격주의 철학의 범주를 넘어선다.[27] 본회퍼는 한 개인에게 해당되는 개별 인격의 특성이 그 개인이 속해 있는 공동체의 특성에 동일한 방식으로 적용된다고 강조한다. 그의 확신에 따르면 공동체는 각 개별 인격이 모여서 존재하는 집단 인격이다. 이 부분에서 본회퍼는 각 개인과 그 개인이 속해 있는 공동체 사이의 관계가 나의 너의 만남 가운데 이루어질 수 있다고 본다. 즉 각 개인의 개별 인격은 그 개인이 속해 있는 공동체의 집단 인격과 나와 너의 사회적 관계성의 현실을 경험한다. 물론 사람들 사이에서 나타나는 구체적인 만남이 개인과 공동체 사이에서도 동일하게 나타난다. 집단 인격의 개념 안에서 개인의 고유한 인격은 자기의 존재가치를 항상 유지한다. 집단 인격은 단순히 각 개인들의 개별 인격의 총합은 아니다. 오히려 그것은 각 개인이 거기에 참여하며 각 개인을 넘어서는 그렇지만 각 개인과 맺는 인격적인 상관성 없이는 이해될

---

26 앞의 책, 33.

27 C. J. Green, *The Cambridge Companion to Dietrich Bonhoeffer*, ed. by J. W. de Gruchy (Cambridge: Cambridge Universty Press, 1999), 116.

수 없는 "하나의 개별적인 집단 인격"(eine individuelle Kollektivperson)
이다.28

> "하나님은 고립 상태에 있는 개인의 역사를 원하시지 않는다. 오히려
> 하나님은 인간 공동체의 역사를 원하신다. 그러나 하나님은 개인을
> 흡수해 버리는 그와 같은 공동체를 원하지 않으시고 여러 인간의 공
> 동체를 원하신다. 공동체와 인간은 하나님의 관점에서 볼 때 동일한
> 것이며 서로 내적으로 의존하고 있다. 집단적인 통일성의 구조와 사
> 회적인 통일성의 구조는 하나님이 보시기에 동질적인 것이다."29

정리하면 본회퍼에게 인격이란 나의 너의 관계성 속에서 살아가는
인간의 존재를 의미한다. 사회적 만남과 관계성의 현실 속에서 살아
가는 인간은 타자의 구체적인 요구에 대해 구체적인 응답을 하면서 사
는 윤리적인 존재이다. 그 인격은 자기가 속해 있는 공동체의 집단 인
격과 더불어 사는 존재로서 그 공동체가 자기에게 제시하는 요구에 대
하여 구체적으로 응답하면서 살아가야 하는 윤리적인 존재이다. 그
공동체가 속해 있는 역사적 실존과 더불어 살아가는 인간의 전 존재를
가리키는 인격의 개념은 본회퍼의 사회윤리에서 매우 중요한 의미를
가진다. 인격 개념의 중요성은 본회퍼의 독특한 대리행위 사상에 연
결될 때 더 크게 나타난다.

---

28 Bonhoeffer, *Sanctorum Communio*, 48. 코달레에 따르면 본회퍼의 집단 인격의 개
념은 각 개인의 개별적 인격의 고유성을 제한하고 개인의 자유를 배제하는 집단주의
적 사고를 드러낸다. K. M. Kodalle, *Dietrich Bonhoeffer, Zur Kritik seiner
Theologie* (Gütersloh: Gütersloh Verlag, 1991), 73. 그러나 필자의 생각으로는
코달레는 개별 인격과 집단 인격 사이에 존재하는 사회성, 즉 상호적 관계성을 바르게
이해하지 못하고 있다.

29 Bonhoeffer, *Sanctorum Communio*, 50-51.

2. 대리행위

본회퍼의 견해에 의하면 교회공동체는 하나님의 특별한 계시 공동체인 동시에 사회적 공동체이다. 하나님의 계시의 담지자로서 교회공동체는 이 세상의 현실 가운데 존재하는 사회적 공동체의 특성도 가진다. 본회퍼에게 교회는 그리스도인들의 개별 인격들이 모여서 존재하는 집단 인격으로서의 교회공동체를 의미한다. 그러므로 위에서 이미 살펴보았듯이 교회공동체는 사회적 존재와 역사적 존재로서의 삶을 살아간다. 사회적 관계성의 현실 속에서 나타나는 타자의 구체적인 요구에 대해 응답하고 결단하는 윤리적 삶의 방식은 집단 인격으로 존재하는 교회공동체의 삶에도 동일한 방식으로 나타난다. 요약하면 본회퍼는 교회공동체를 나의 너의 만남 관계에서 나타나는 타자의 구체적인 요구에 대하여 응답하고 결단하는 "윤리적인 집단 인격"(ethische Kollektivperson)[30]로 이해한다.

본회퍼는 윤리적인 집단 인격의 예를 성경에서 찾는다. 아담과 예수 그리스도는 집단 인격을 설명하는 예가 된다. 하나님은 옛 사람, 아담 안에서 죄를 범하여 타락한 인류의 전체를 보신다. 아담은 타락한 인류를 대리한다. 같은 방식으로 하나님은 새 사람, 예수 그리스도 안에서 새롭게 창조된 인류의 전체를 보신다. 예수 그리스도는 새로운 인류를 대리한다. 아담 안에서 모든 인간이 죄를 범하였듯이 예수 그리스도 모든 사람은 새로운 존재로 거듭날 수 있는 가능성을 가진다. 본회퍼는 그의 "윤리적인 집단 인격"의 개념을 가지고 그의 대리행위의 사상을 보여준다. 한 사람이 다른 사람의 행위를 대리하거나 또는 한 사람이 자기가 속해 있는 공동체를 대리하는 "대리행위"의 개념

---

30 앞의 책, 74.

은 "윤리적인 집단 인격"에 대한 설명의 전제 하에서 바로 이해될 수 있다.[31] 즉 교회공동체와 그 공동체를 구성하는 개별적인 그리스도인들은 나와 너의 관계 안에서 서로를 위한 대리적인 행위를 한다. 그린 (C. J. Green)의 견해에 의하면 교회공동체는 "공동체를 대표하고 그 공동체를 위해서 책임적으로 행동하는 사람들"을 통해서 윤리적인 주체로서 행동한다. 그 사람들은 자기가 속해 있는 공동체를 인격화하고 그 공동체를 대리하여 행동하는 사람들이다.[32] 마하트마 간디(M. Gandi) 마틴 루터 킹(M. Luther King, Jr.) 목사, 넬슨 만델라(N. Mandela), 디트리히 본회퍼(D. Bonhoeffer)가 바로 그와 같은 사람들이다. 요약하면 대리행위를 실천한 사람들은 자기가 속해 있는 공동체의 사회적인 요구를 피하지 않고 받아들였던 사람들이다. 대리행위를 실천한 사람들은 자기가 속해 있는 공동체의 요구에 대하여 응답하고 결단함으로써 공동체의 윤리적 실천의 경험을 공유하게 된다.

3. 책임

책임의 개념은 본회퍼의 사회윤리에서 큰 의미를 갖는 개념이다. 그의 *Ethik*(윤리학)에서 본회퍼는 "책임적인 삶의 구조"[33]에 대해 설명한다. 여기에서 그의 책임 개념이 갖고 있는 특별함이 분명하게 드러난다. 책임의 개념은 기본적으로 신학적인 용어가 아니라 사회학과

---

31 앞의 책, 76. 이와 관련하여 본회퍼는 하나님의 부르심에 응답하는 이스라엘 민족의 윤리적 결단에 대하여 설명한다. 회개에서 중요한 것은 실제로 회개를 한 사람들의 수가 아니라 민족의 모든 구성원들이 실제로 회개를 한 것으로 여기시는 하나님의 입장이다. 적은 수의 사람들 안에서 민족의 전체를 보시는 하나님의 관점은 대리행위 개념의 핵심을 잘 반영하고 있다. 앞의 책, 75.

32 Green, *Cambridge Companion*, 118-119.

33 Bonhoeffer, *Ethik*, 256-289.

정치학에서 사용하는 용어이다. 그러나 본회퍼는 독일의 사회학자, 베버(M. Weber)의 사회학적 책임의 개념을 기독론적인 관점에서 재해석하여 그의 사회윤리의 주요 개념으로 만든다. 베버는 윤리를 심정윤리(Gesinnungsethik)와 책임윤리(Verantwortungsethik)로 구분한다.[34] 전자는 전통적인 종교의 영역에서 다루는 윤리로서 행위자의 기본적인 의도와 법을 중요하게 여긴다. 반면에 후자는 세상의 현실 속에서 다루어지는 윤리이다. 책임윤리에서 사람들은 행위의 윤리적 행위가 초래하는 결과에 더 주목한다. 책임적으로 행동하기를 원하는 사람은 자기의 행동의 결과가 가져오는 현실에 대해 숙고하고 행동한다. 이러한 책임의 개념이 현실적으로 요구되는 정치의 영역에서 책임윤리는 정치가에 필요한 덕목이 된다. 그러므로 책임윤리의 영역에서는 칸트(I. Kant)의 심정윤리나 또는 의무론적 윤리가 아닌 행위자의 필요에 근거하여 선택된 거짓말조차 허용된다.

베버의 책임의 개념을 본회퍼는 기독론적인 관점에서 받아들여서 그것의 한계를 극복한다. 앞에서도 이미 살펴보았듯이 본회퍼는 인간을 이해할 때 인간의 인격과 사역을 분리시켜서 이해하지 않는다. 그는 사람을 인격(존재)과 사역(행위)의 통일성을 갖춘 인간으로 이해한다. 이와 같은 통합적인 시각은 그의 윤리 이해에서도 동일한 방식으로 적용된다. 즉 본회퍼는 인간의 윤리적 행위에서 의도와 결과를 엄격하게 분리하는 베버의 입장에 반대한다. 왜냐하면 본회퍼에게 선으로서의 예수 그리스도의 현실은 의도와 결과를 통합적인 관점에서 이해한 전체로서의 인간에 대한 탐구에 집중하기 때문이다.[35] 이 부분

---

34 Max Weber, *Politik als Beruf, Max-Weber Gesamtausgabe I/17*, hg. v. W. J. Mommsen (Tübingen: Mohr Siebeck, 1992), 237. F. X. Kaufmann, *Der Ruf nach Verantwortung. Risiko und Ethik in einer unüberschaubaren Welt* (Freiburg: Herder Verlag GmbH, 1992), 26.

에서 본회퍼는 책임의 개념을 기독론적인 관점에 근거하여 적극적으로 전개한다. 그에게 있어서 책임은 무엇보다도 예수 그리스도의 사건과 관련된다. 책임은 타자의 질문에 대하여 응답한 삶 속에서 결정적으로 나타난다. 책임은 심지어 응답하는 행위자의 생명까지도 요구한다. 즉 "사람들 앞에서" 인간은 "생명이신 예수 그리스에게 응답하며" 그 행위와 "동시에" 인간은 예수 그리스도 앞에서 "인간들에 대하여 책임을 진다."36 본회퍼는 책임의 개념을 인간의 삶의 궁극적인 현실과 인간적 삶의 근원이 되시는 예수 그리스도의 삶에 대한 구체적인 응답으로 다음과 같이 규정한다.

"예수 그리스도의 삶에 대해 긍정과 부정으로서 응답하는 삶을 산 이러한 삶을 우리는 '책임'이라고 부른다. 이러한 책임의 개념에서 예수 그리스도 안에서 우리에게 주어지는 현실에 대한 응답의 포괄적인 전체성과 통일성이 생각될 수 있다. 그러한 책임의 개념은 유용성을 고려하거나 특정한 원칙을 언급할 때 우리가 제시할 수 있는 부분적인 응답과는 전혀 다른 것이다."37

4. 현실적합성

현실적합성의 개념에서 우리는 본회퍼의 사회윤리의 분명한 특징을 볼 수 있다. 본회퍼는 책임적으로 행동하는 사람의 행위가 "구체적인 가능성"과 "구체적인 이웃"과의 상호관계성 하에서 이루어지는 데

---

35 Bonhoeffer, *Ethik*, 37-38.
36 앞의 책, 255.
37 앞의 책, 254.

주목한다. 구체성은 현실의 상황을 규정하는 시간과 장소를 의미한다. 책임적인 행위는 이미 주어진 구체적인 상황 속에서 가장 적합한 하나님의 뜻을 찾아서 그것을 실천에 옮기는 행위를 말한다. 책임적인 인간은 "절대적인 선"의 실현이 불가능한 상황 속에서 "상대적인 악"을 선택함으로써 "상대적인 선"의 형성에 기여한다. 이와 같은 책임적인 행동을 본회퍼는 "현실에 적합한 것"으로 규정한다. 본회퍼의 책임윤리는 윤리적 주체의 행위의 상황성을 충분히 고려하는 현실적합성의 윤리이다.[38]

본회퍼는 현실적합성의 윤리를 실천한 예를 예수 그리스도의 행위에서 찾는다. 예수 그리스도는 본회퍼에게 '궁극적인 현실'이며 '현실적인 분'이다. 예수 하나님의 현실과 세상의 현실을 화해시킨 궁극적인 현실의 실체이다. 본회퍼는 예수 그리스도가 율법주의로 고착화된 안식일의 법을 회복하기 위해 기존의 안식일의 법을 위반하는 데 주목한다. 예수 그리스도가 법을 위반하는 목적은 전적으로 법의 기본정신을 회복하는데 있다. 생명력을 상실한 안식일의 법의 희생양들을 구하려고 예수 그리스도는 기존의 법체계를 위반한다. 예수 그리스도는 본회퍼에게는 윤리적 이념의 담지자나 윤리적 이상의 실천가가 아니다. 오히려 예수 그리스도는 이 세상의 현실 가운데 살아가는 '현실적인 인간들'을 사랑하신 철저히 '현실적인 분'이다.[39] 예수 그리스도는 현실적합성에 기초하여 행동하시는 분이다. 이런 의미에서 본회퍼는 "현실에 적합한 행위"를 "그리스도에게 적합한 행위"와 동일한 의미로 본다.[40] 현실적합성의 개념은 심지어 폭력의 사용을 "한계 상

---

38 앞의 책, 260.
39 앞의 책, 275, 279.
40 앞의 책, 263.

황"(Grenzenfall) 아래에서의 "마지막 수단"(ultima ratio)으로서 허용하는 본회퍼의 사회윤리를 가능하게 만든다.[41] 악의 현실이 선의 현실로 둔갑되고 불의의 현실이 정의의 현실로 뒤바뀐 구체적인 상황 속에서 본회퍼는 현실에 적합한 행동을 취한다. 나치 정권의 한계상황 속에서 본회퍼는 히틀러(A. Hitler)를 제거하는 암살음모에 가담한다. 본회퍼의 극단적인 정치적 저항의 길은 이와 같은 "한계상황"과 그리스도에게 적합한 행동으로서의 "현실 적합한 행동"이라는 사실을 깊이 고려할 때 바르게 이해될 수 있다.

V. 본회퍼의 사회윤리의 주요 주제

1. 위임론

위임의 이론을 가지고 본회퍼는 그의 사회윤리를 구체화시킨다.[42] 본회퍼는 위임의 개념을 바르게 정립하기 위해 "질서"(Ordnung)의 개념을 등장시킨다. 질서의 개념 속에서 본회퍼는 기존의 질서 그 자체를 신성한 것으로 간주하는 낭만적 보수주의의 한계를 놓치지 않는다. 또한 본회퍼는 "신분"(Stand)의 개념을 위임의 개념과 비교한다. 그에 따르면 신분은 역사적 과정에서 그 순수성을 상실한 결과, 인간적인 특권으로 변질되었다. 마지막으로 본회퍼는 "직무"(Amt)의 개념을 위임의 그것과 견주어 분석한다. 직무는 지나친 세속화의 부작용을 안고 있는 관료주의를 상징하는 불완전한 개념이 되었다고 한다.

---

41 앞의 책, 273.
42 앞의 책, 392-394.

그러면 위임의 개념을 기존의 다른 개념들과 비교하고 대조한 본회퍼의 의도는 무엇인가? 그것은 위임이 갖고 있는 위로부터의 권위를 강조하고 그 결과 하나님의 살아있는 계명으로서의 위임이 사회적 현실 안에서 구체적으로 형성시킬 수 있는 개념을 새롭게 만드는 것이다. 그 위임의 의미와 특성에 대해 본회퍼는 다음과 같이 말한다.

> "위임(Mandat)이라는 말에서 우리는 그리스도의 계시 안에 기초를 두고 성경을 통하여 증거된 구체적인 하나님의 위탁을 이해하게 된다. 그것은 일정한 하나님의 계명의 실행을 위한 자격을 부여받고 합법적으로 인정받는 것, 지상의 법정에서 하나님의 권위의 대여를 말한다."[43]

본회퍼는 위의 글에서 질서, 신분, 직무 등과 같은 개념들에서 찾아볼 수 없는 위임의 특성을 잘 드러내고 있다. 기존 질서의 그릇된 정당화, 인간적 특권의 부작용, 관료주의의 병폐를 극복하기 위한 하나님의 위임들은 이 세상의 사회적 현실 가운데서 구체적인 과제를 가진다. 본회퍼에 의하면 그 위임들은 노동(문화), 가정(결혼), 관헌(정부), 교회의 위임으로 구성된다. 그리스도인들은 각 위임의 영역에서 하나님의 권한을 부여받은 하나님의 대리자로서 행동한다. 하나님이 주신 위임의 과제에 응답함으로써 그리스도인들은 그의 사회적 책임을 수행하게 되며 그것은 동시에 그리스도들이 자기들이 속해 있는 공동체의 구성원들에 대한 책임을 수행하는 일이 된다.[44] 다시 말해서

---

43 앞의 책, 394.
44 위임에 대한 비슷한 논의들은 다음의 책에서 참고할 수 있다. Emil Brunner, *Das Gebot und die Ordnungen. Entwurf einer protestantisch-theologischen Ethik* (Zürich: Zwingli-Verlag, 1939), Ernst Wolf, *Sozialethik. Theologischen*

노동, 가정, 관헌(정부), 교회의 각 위임들은 이 세상의 구체적인 사회적 현실의 영역이며 하나님의 뜻은 그 위임을 수행하는 하나님의 대리자들에 의해 실현된다. 그리스도인들은 자기들의 노동의 행위를 통하여 예수 그리스도를 위한 노동의 창조적 사역에 동참한다. 가정의 위임은 하나님을 대신한 부모에 의해 이루어지는 교육의 과정과 출산의 책임에 관여한다. 그리스도인들은 관헌의 위임에서 비롯된 과제를 수행할 때 노동과 가정의 영역에서 이미 이루어진 선한 일들을 올바른 법의 적용에 근거하여 잘 지켜야하는 책임을 가진다. 마지막으로 교회의 위임은 예수 그리스도의 현실을 말씀의 선포, 교회의 직제, 그리스도인의 삶을 통하여 이 사회의 현실 속에서 구체화시키는 과제를 가진다.45

각 위임의 과제와 관련하여 우리는 특별히 위임들 상호 간에 이루어지는 관계성에 주목할 필요가 있다. 이 부분에서 필자는 본회퍼의 인격 개념을 상기하길 원한다. 본회퍼에 따르면 각 위임은 집단 인격으로 존재하는 사회적 공동체를 의미한다. 각 개인이 위임을 가지고 살아가지만 동시에 개인은 자기가 속해 있는 위임의 공동체 속에서 살아간다. 각 개인들이 상호적인 관계성에 기초하여 살아가듯이 집단 인격으로 존재하는 각 위임들은 모두 상호적 관계성의 현실을 벗어나서 존재할 수 없다. 상호적 관계성은 본회퍼에 따르면 공존관계, 의존관계, 견제관계로 구성된다. 필자의 생각으로는 본회퍼는 특별히 각 위임의 자기의 과제의 수행에서 결정적인 실패를 경험했을 경우에 다른 위임에 의해 제기되어야 하는 견제의 관계성을 강조하고 있다.46

Grundlagen (Göttingen: Vandenhoek, 1988)
45 Bonhoeffer, *Ethik*, 57-59.

"그러나 이 공존과 의존에서 하나는 다른 하나에 의해 제한되고 이 제한성은 상호의존의 관계에서 필연적으로 상호 견제하는 것으로 경험된다. 이러한 상호견제가 존재하지 않는 곳에서는 하나님의 위임이 존재하지 않는다."[47]

2. 저항권

저항권은 본회퍼의 사회윤리에서 중요하게 언급되는 주제이다. 본회퍼는 저항권의 개념에 대해 직접적으로 언급한 적이 없다. 그러나 본회퍼는 그의 옥중에서 쓴 글에서 "시민적 용기"에 대해 말한 바 있다. 나치 정권에 대항하는 그의 정치적 투쟁은 일반적인 저항권의 개념에서 충분히 이해할 수 있다고 본다. 그의 저항권 사상은 특별히 나치정권에 의해 전면적인 정치적, 사회적 불이익을 감당해야 했던 유대인들에 대한 보호를 촉구한 본회퍼의 글, "유대인의 문제에 직면한 교회"에서 잘 드러난다.[48] 이 글을 통해 본회퍼는 법의 영역에서 결정적인 실패에 빠진 불의한 국가에 대하여 교회공동체가 행할 수 있는 세 가지의 종류의 윤리적인 행동을 언급한다. 즉 교회는 먼저 국가의 행동이 합법적으로 정당한 특성을 가지고 있는 것인가에 대해 질문할 수 있다. 둘째, 교회는 국가의 행동에 의해 희생당한 사람들을 돌보아야 한다. 셋째, 교회는 단순히 수레바퀴에 깔린 희생자들을 돌보는 일

---

46 앞의 책, 398.

47 앞의 책, 같은 쪽.

48 Dietrich Bonhoeffer, *Berlin 1932-1933, hg. v. C. Nicolaisen/ E. A. Scharffenorth, DBW 12* (Gütersloh: Chr. Kaiser Verlag, 1997), 349-358; C. Gestrich, *Stellvertretung und Christentum. Religionsphilosophische Untersuchungen zum Heilsverständnis und zur Grundlegung der Theologie* (Tübingen: Mohr Siebeck, 2001), 152.

뿐만 아니라 수레바퀴 그 자체를 멈추게 해야 한다. 동일한 맥락 하에서 우리는 1933년 여름학기에 이루어진 본회퍼의 "기독론강의" (Christologievorlesung)[49]를 이해할 수 있다. 그 강의에서 본회퍼는 예수 그리스도를 유대인으로 분명하게 밝힌다. 본회퍼는 그 유대인 예수가 인류의 메시아라는 사실을 강조한다. 메시아, 예수 그리스도는 역사의 중심인데 특별히 그 메시아를 통해서 인류의 역사 속에 나타난 거짓 메시아들은 심판을 받는다는 사실을 부각시킨다. 여기에서 우리는 피터스(T. R. Peters)가 이미 옳게 지적하였듯이 거짓 메시아로 등장한 히틀러와 유대인에 대한 나치 정권의 핍박을 비판하는 본회퍼의 저항을 엿볼 수 있다.[50]

이와 같은 본회퍼의 저항권 사상은 정부의 위임의 영역에서 결정적인 법의 오용과 남용이 나타날 경우에 등장한다. 교회공동체는 불의한 정부의 위임의 그릇된 역할을 상호견제의 관계성에 기초하여 비판하고 교정할 중요한 과제를 가지게 된다. 윤리적인 주체로서의 교회공동체는 그와 같은 방식으로 자기의 위임의 임무를 바르게 완수하게 된다. 이러한 사회적 책임을 수행하는 과정에서 본회퍼는 위임을 수행하는 각 개인이 죄를 짓게 되는 특별한 상황에 처할 수 있다고 말하는데 이것은 본회퍼의 사회윤리의 독특한 면으로 보인다. 인간에 대한 책임적인 행동을 실천하기 위해서 스스로 죄인이 되신 예수 그리스도의 행동을 적극적으로 평가함으로써 본회퍼는 책임의 수행 과정에서 그리스도인들이 피할 수 없는 윤리적 갈등의 가능성을 제시한다.[51] 물론 이것은 철저하게 칸트류의 의무론적 윤리가 빠질 수 있는

---

49 특히 Bonhoeffer, *Berlin*, 280-348.
50 T. R. Peters, *Die Präsenz der Politischen in der Theologie Duetrich Bonhoeffers, historische Untersuchung in systematischer Absicht* (München/ Mainz: hr. Kaiser Verlag, 1976), 50-56.

형식주의와 율법주의를 반대하고, 구체적인 상황 속에서 하나님의 뜻을 실현하는 본회퍼의 독특한 윤리에서 비롯되는 것이다. 또한 우리는 여기에서 히틀러의 암살음모에 가담하는 본회퍼의 행동이 단순히 정치적 동기에서 시작된 것이 아니라는 것을 알 수 있다. 오히려 그의 정치적 저항의 행동은 앞에서 현실적합성의 논의에서 이미 살펴보았듯이 철저하게 신학적인 사고와 그리스도 중심적인 사고에 기초한 행동이라는 것을 엿볼 수 있다. 한 가지 중요한 사실은 본회퍼가 특별히 신학자와 목회자의 신분으로서 암살음모에 가담한 자기의 행동을 정당한 것으로 여기지 않는다는 점이다. 본회퍼는 자기의 정치적 저항의 행동을 "이데올로기적" 행동—자기 행동의 정당성을 자기 안에서 추구하는—과는 전적으로 다른 것으로 이해한다. *Ethik*에 따르면 그의 행동은 자기 행동의 정당함을 "하나님의 손 안"에서 찾고 하나님의 "은혜"에 맡기는 "하나님 앞에서의 책임적인 행동"이었다.[52]

3. 인권

인권의 주제는 본회퍼의 윤리에서 볼 있는 또 하나의 분명한 사회윤리적 주제이다. 사회제도적인 차원에서 인권의 침해를 막고 인권을 보호하는 일은 기독교사회윤리가 다루어야 할 중요한 주제이다. 본회퍼의 인권에 대한 논의는 그의 "형성의 윤리"[53]에서 찾아볼 수 있다. "형성의 윤리"에서 본회퍼는 그리스도를 참된 인간으로서의 인간의 원형으로 이해한다. 형성의 윤리에서 본회퍼는 예수 그리스도의 인간

---

51 Bonhoeffer, *Ethik*, 275.
52 앞의 책, 268.
53 앞의 책, 62-90.

됨이 그리스도인의 삶 안에서 형성되어야 한다고 주장한다. 그리스도가 인간이 된 사실에 근거하여 모든 그리스도인들도 실제로 인간이 될수 있을 뿐만 아니라 인간이 되어야 한다고 한다. 또한 형성의 윤리에따르면 그리스도의 십자가는 역사 안에 나타난 모든 인간적인 성공—히틀러의 세상적인 성공과 같은—에 대한 하나님의 심판이다. 그리스도인들이 십자가에서 죽으신 예수 그리스도에 따라서 산다는 것은 하나님의 심판 앞에서 날마다 죽고 다시 하나님의 능력과 은혜에 근거하여 사는 것을 의미한다. 마지막으로 부활하신 그리스도를 자신의 삶가운데 본받는 그리스도인은 나치 정권의 상황 속에서 나타난 "죽음의 우상화"를 배격하는 삶을 산다. 부활을 형성하는 삶에 주목하는 그리스도인은 생명의 가치와 새로운 삶이 성령의 능력을 통해 가능하다는 것을 믿고 하나님 앞에서 새로운 인간으로서 새로운 삶을 살아간다.[54]

요약하면 본회퍼에 따르면 인간의 기본권의 기초는 그리스도의 성육신에서 발견된다. 그리스도가 인간이 되었다는 시사실에 기초하여 인간의 기본권이 인간에 의해 공격받는 일은 정당하지 못한 것이 된다. 그리스도의 십자가는 상호 간에 인권을 존중하는 성육신적인 삶과는 전혀 무관하게 이루어진 성공에 대한 하나님의 심판이다. 그리스도의 부활은 새로운 인간성에 근거한 새로운 삶이 역사 속에서 가능함을 보증한다.

또한 본회퍼의 인권에 대한 논의는 "자연적인 삶"(das natürliche Leben)에 대한 그의 윤리적인 사고에서 잘 나타나고 있다.[55] 자연적인 삶은 단순히 "예수 그리스도와 함께 하는 삶의 전 단계"가 아니다.

---

54 앞의 책, 81-83.
55 앞의 책, 171-191.

오히려 그것은 예수 그리스도 그 자체를 통해서 먼저 자기의 존재 가치를 획득한다. 예수 그리스도가 그의 성육신됨을 통하여 인간이 되신 사건 이후로 모든 인간은 자연적인 삶을 살아야 하는 권리를 갖는다. 자연적인 삶은 본질적으로 생명에 대해 적대적인 "비자연적인 것"(das Unnatürliche)의 위험 앞에서 삶과 생명을 보전하려고 하는 삶을 의미한다. 흥미로운 것은 본회퍼가 자연적인 삶 가운데서 의무에 앞서는 권리의 중요성을 파악하고 있는 점이다. 그에 의하면 자연적인 삶에서 삶의 자기목적성은 삶에 이미 주어진 권리 안에서 나타난다. 그리고 자연적인 삶에서 목적에 대한 수단으로서의 삶은 의무를 통해서 드러난다. 본회퍼는 권리를 의무보다 더 중요한 것으로 간주한다. 본회퍼의 견해에 의하면 "하나님은 요구하기 전에 먼저 준다."56 이것은 본회퍼의 인권 이해에 중요한 기초가 된다. 의무에 대한 권리의 우선성을 강조하는 그의 사고는 나치 정권 아래에서 인간의 기본적인 권리를 박탈당하였던 사회적 약자들의 인권을 고려할 때 중요한 의미를 갖는다. 이러한 그의 입장은 인간의 "신체적인 삶"(das leibliche Leben) 대한 권리를 강조하는 데서 더욱 구체화된다. 인간의 생명과 몸은 하나님에 의해 주어진 것이라는 사실에 근거하여 본회퍼는 인간의 자의적인 죽음에 대해서 분명하게 반대한다. 그 뿐만 아니라 본회퍼는 가치가 있는 생명과 가치가 없는 생명을 구분하는 일을 통해서 인간의 생명 그 자체가 파괴된다고 확신한다. 그러므로 본회퍼가 나치 정권 하에서 이루어진 우생학적인 실험이나 인위적인 안락사 또는 강제적인 임신중절에 대해 적극적으로 반대한 것은 그리 이상한 일이 아니다.57

---

56 앞의 책, 173.
57 앞의 책, 192-217. 인권과 본회퍼의 생명의료윤리에 대한 연구에 대해서 다음을 참

VI. 결론

마지막 결론의 장에서 필자는 본회퍼의 사회윤리를 요약하여 비평하고 그것이 오늘의 현실에서 어떤 윤리적인 의미를 가지고 있는가에 대해 살펴보려고 한다.

1) 본회퍼는 먼저 인간과 사회의 관계를 통합적인 관점에서 이해한다. 한 개인은 자기가 속해 있는 공동체의 삶과 분리되어 결코 살 수 없다. 개인은 사회적 존재로서 살아가며 자기의 공동체의 역사적 실존의 상황과 더불어 사는 존재이다. 사회윤리에 대한 질문은 본회퍼에게는 곧 역사와 선의 상호적 관계성에 대한 질문과 사회적 존재와 역사적 실존의 자리에서 살아가는 인간의 사회적 책임성에 대한 질문이 된다. 제도적 차원에서 사회적 공동선의 실현을 지향하는 사회윤리와 개인의 삶의 영역 속에 선을 실현하려고 하는 개인윤리는 본회퍼의 사고에서 통합되어 있다.

2) 본회퍼의 사회윤리를 가능하게 하는 신학적 기초는 "그리스도-현실"과 "길-예비"의 사상이다. 그리스도-현실의 윤리를 가지고 본회퍼는 교회사에서 고질적인 병폐가 되었던 이원론의 부작용을 극복한다. 하나님의 현실과 세상의 현실이 그리스도의 십자가의 사역을 통해 화해됨으로써 그리스도인들에게 이 세상은 더 이상 투쟁의 대상이 아니라 하나님과 이웃 앞에서 수행해야 하는 그리스도인들의 구체적인 책임의 영역이 된다. 길-예비의 윤리는 이 세상의 한 가운데서 그리스도인의 책임을 이행하는 윤리를 의미한다. 그것은 궁극이전의 영역에서 궁극적인 것의 도래를 방해하는 장애물을 제거한다. 길-예비

고하라. Uwe Gerrens, *Medizinisches Ethos und theologische Ethik. Karl und Dietrich Bonhoeffer in der Auseinandersetzung um Zwangssterlisation und Euthansie im Nationalsozialismus* (München: Oldenbourg, 1996).

의 윤리는 이 세상의 현실을 "인간적인 것"과 "선한 것"으로 만들어야 하는 사회적 책임을 그리스도인들에게 가능하게 한다.

3) 본회퍼의 사회윤리에서 중심 개념은 인격, 대리행위, 책임, 현실적합성이다. 이 개념들은 각각의 의미를 가지고 있지만 내용적으로는 긴밀한 연관성 하에서 이해할 수 있다. 인간은 나와 너의 관계성 속에서 살아가는 인격적 존재이다. 이 만남에서 각 개인은 구체적인 요구와 응답을 통해 인격의 형성을 경험한다. 이것은 개인과 그 개인의 공동체와의 관계에서도 동일하게 적용된다. 한 개인은 자기가 속해 있는 공동체를 대리하는 개별 인격이며 그 공동체는 집단 인격으로서 각 개인에게 구체적인 요구를 한다. 본회퍼는 모든 인간을 대리하신 예수 그리스도의 삶에 대한 구체적인 응답을 기독교의 책임의 개념으로 규정한다. 심정(의도)의 윤리와 책임(결과)의 윤리를 통합적으로 이해하는 본회퍼의 사회윤리는 예수 그리스도의 현실적인 삶에 기초하여 하나님의 뜻을 구체적인 상황 속에서 실현하기 위해 상황주의적 요소를 허용한다.

4) 위임론, 저항권, 인권은 본회퍼의 사회윤리의 주요 주제이다. 노동, 가정, 정부, 교회의 각 위임은 사회적 현실 가운데 하나님의 뜻을 구체적으로 실현하기 위한 그리스도인의 사회적 책임의 구체적인 영역이다. 저항권은 본회퍼의 경우에 국가권력의 과도한 부정의의 현실 속에서 시민적 용기의 문제와 함께 다루어진다. 정치적 저항의 과정에서 교회공동체는 하나님의 위임을 수행하는 자리에서 특별히 상호견제의 역할에 집중하게 된다. 인간의 존엄성에 대한 기본권은 그리스도가 인간이 되는 성육신의 사건에 근거한다. 세속적인 성공의 경험을 부추기는 가치관과 죽음을 거룩한 것으로 만드는 거짓된 우상화의 문화는 모두 그리스도의 십자가와 부활의 역사 앞에서 고유한 가

치를 상실한다. 성육신을 통해 그리스도가 이 세상에 오심으로써 새롭게 자기의 존재가치를 회복한 자연적인 삶에 대한 강조와 특별히 신체적인 삶의 권리에 대한 본회퍼의 견해는 인간의 생명을 유용성과 경제적 가치에 따라서 차별하는 반인권적 상황과 전적으로 대조된다.

5) 마지막으로 필자는 본회퍼의 사회윤리와 오늘의 우리를 위한 건설적인 비평적 질문을 제기하려고 한다. (1) 사회윤리는 기본적으로 사회적 공동의 선의 실현을 제도적 차원에서 가능하게 하는 것에 목표를 두는 윤리이다. 이러한 관점에서 볼 때 나치정권의 강압통치에 대한 개인적인 비판에 집중하고 있는 본회퍼의 사회윤리에는 사회윤리의 여러 주제들을 제도적 차원에서 보다 엄격하고 깊이 다루는 보안의 작업이 필요한 것으로 보인다. (2) 본회퍼는 대리행위에서 한 인간이 다른 인간의 존재를 "실제로"(real) 대리할 수 있다고 주장한다.[58] 본회퍼는 그리스도인들이 이 세상의 삶 속에서 그리스도를 "실제로" 대리할 수 있고 해야 한다고 주장한다.[59] 그런데 이것은 실제로 어느 정도의 수준까지 가능한 일인가? 본회퍼는 인간의 제한적 수준의 대리행위와 그리스도의 고유한 대리행위의 사이에 존재하는 질적인 차이를 간과하고 있는 것처럼 보인다.[60] (3) 일반적으로 책임의 개념은 인간과 인간의 관계에서 사용되는 개념이다. 그러나 본회퍼는 책임의 개념을 그리스도의 삶에 근거하여 규정한다. 그리고 그리스도의 희생적인 삶과 비이기적인 대리적인 삶을 살아갈 때에 그리스도인들은 자기들의 책임적인 삶을 사는 것이라고 한다. 그렇다면 여기에서 우리는 책임의 개념과 대리행위의 개념을 어떻게 명확하게 구별할

---

58 Bonhoeffer, *Ethik*, 257

59 Bonhoeffer, *Sanctorum Communio*. 121.

60 Gestrich, *Stellvertretung*, 116.

수 있는가? (4) 현실적합성의 개념이 나치 정권 하에 있는 한계상황을 고려할 때 이해할 수 있는 개념이지만 그것은 윤리적 규범의 실행을 충분히 예상할 수 있는 일반적인 상황에서는 어떤 특별한 의미를 가질 수 있는가? 본회퍼가 일반적인 보편적 규범의 중요성과 필요성을 보다 적극적인 차원에서 인정한다면 우리는 그가 강조하는 현실적합성의 윤리의 필요성에 대해서도 더 깊이 공감할 수 있지 않을까? (5) 위임론에서 바르트(K. Barth)는 독일 동북부 지방의 독특한 권위주의적 특성이 반영되어 있다고 비판한다.[61] 그러나 더 중요한 것은 나치정권 당시의 시대적, 정치적 비판의 용어로 사용된 위임의 개념이 오늘의 자유민주주의적 상황 속에서 얼마나 그 본래의 의도를 잘 드러낼 수 있는가의 문제가 아닐까? 예를 든다면 실패한 위임의 책임자를 경고하고 본래의 책임수행을 회복하는 일을 가능하게 하는 상호견제의 속성은 오늘의 사회에서도 여전히 필요한 것이 아닐까? (6) 필자에게 특히 인상적인 부분은 자기의 정치적 저항의 행동의 정당성을 "하나님의 손 안"에서 찾으려고 하고 "하나님의 은혜"에 맡기는 본회퍼의 관점이다. 이것은 오늘의 우리 사회에서 "이데올로기적 행동"[62]을 통해서 자기 행동의 정당성을 자기 안에서 찾는 사람들에게 필요한 경고가 되지 않을까?

---

61 M. Honecker, "Christologie und Ethik. Zu Dietrich Bonhoeffers Ethik," *Altes Testament und christliche Verkündigung*. hg. v. M. Oeming / A. Grupner (Stuttgart: Kohlhammer, 1987), 158.

62 Bonhoeffer, *Ethik*, 268.

디트리히 본회퍼의 '교회론적 윤리', 현 한국교회에 무엇을 말하는가?*

김성호

(서울신학대학교)

I. 문제 제기

오늘날 한국교회는 '교회를 교회되게'1 하지 못하는 '윤리 불감증'이라는 심각한 병을 앓고 있다. 한국 개신교의 평신도들뿐만 아니라, 목회자들 역시 무엇이 윤리적이며, 비윤리적인 것인지에 대한 구분조차 제대로 못하고 있는 것 같다.2 실제로 목회 세습을 하는 것도 모자

---

* 이 글은 「신학과 선교」 43집에 실린 필자의 논문을 수정, 보완한 것임을 밝힌다. 참조: 김성호, "디트리히 본회퍼의 교회론적 윤리", 「신학과 선교」 43(2013), 331- 361.

1 유석성은 한국어판 디트리히 본회퍼 선집의 간행사에서 "이번에 새롭게 번역된 본회퍼의 저서들이 '교회를 교회되게' 하며, 그리스도인들에게 '올바른 그리스도의 제자의 길'을 수행하는 데 도움이 되기를 바란다. 본회퍼의 책을 읽는 독자들의 과제는 한국 사회에서 사랑과 정의와 평화를 실천하는 일이다"라고 말했다. 참조, Dietrich Bonhoeffer, San- torum Communio, 유석성 · 이신건 옮김, 『성도의 교제』 (서울: 대한기독교서회, 2010), "ii(간행사)".

2 임성빈은 한국 교회가 다하지 못하고 있는 사회적 책임들의 원인을 1. 세속화의 도전과 신앙의 사사화(privatization), 2. 신앙과 신학의 이원화 3. 개혁 전통의 상실에서 찾

라, 목회 세습을 하는 교회에 대해 비판하는 목사가 법적 고소를 당하는 일은, 누가 하나님의 통치 가운데 피고가 되어야 하는지를 구분 못하고 있는 한국 교회에 만연한 윤리 불감증의 현주소를 여실히 보여주는 구체적인 실례이다. 뿐만 아니라, 오늘날 한국 기독교인들의 윤리적 기준에 대한 애매모호한 설정3은, '윤리 불감증'의 증상을 더욱 심각한 상태에 빠뜨렸고, 이로 인해 '기독교 윤리'의 정체성마저 흔들리는 위기 가운데 있다고 볼 수 있다. 하나님의 뜻이 이 땅 위에 실현되는 것4과 "하나님의 뜻에 상응하는 인간의 책임성에 관해 질문하기"5가 '기독교 윤리'의 정의이고 목표라고 볼 때, 한국교회는 이 땅을 향한 하나님의 뜻을 제대로 실현시키지 못하고 있다고 비판할 수 있다. 한국 개신교회 내에서 하나님의 뜻을 알고자 하는 부단한 노력은 있었으나, 그 뜻의 온전한 실천은 부족했다. '말씀'을 통해 하나님의 뜻을 안다면 '상황'에 맞게 적용하고, 구체적으로 행해져야 하는데, 그렇지 못하는 이유는 하나님의 뜻이 타락한 아담 본성을 지닌 인간의 자유의지로 인해 여전히 은폐되거나, 축소되기 때문이라고 여겨진다.

는다. 참조: 임성빈, "한국 교회의 사회적 책임", in 세계밀알연합회,『기독교의 사회적 책임』(서울: 기독교문서선교회, 2005), 167-194; 성직자를 위한 전문적 윤리는 W. E. 위스트의 책『목회윤리』를 보라(E. A. 스미스 공저/강성두 옮김(서울: 대한기독교서회, 1997).

3 박충구는 이와같은 현상을 한국기독교의 '개념흐리기'라고 표현했다. "오늘날 한국 기독교의 개념 흐리기는 일차적으로 신학적 사유 없는 실용주의적인 성장주의를 주도하는 개교회주의적인 목회자들에 의하여 일어나고 있습니다. … 기독교 전통이 일러주는 신학적 사유를 소홀히 함으로써 교회와 성직자로서의 자기 정체성이 비기독교적인 가치로 대체되고 마침내 심각한 악이 기생하는 집단으로 전락할 수도 있는 것입니다." 박충구,『예수의 윤리 - 혼란과 갈등의 시대에 생명과 평화의 길 찾기』(서울:대한기독교서회, 2011), 87이하.

4 Dietrich Bonhoeffer/손규태 · 이신건 · 오성현 옮김, *Ethik*,『윤리학』(서울: 대한기독교서회, 2010), 37.

5 Wolfgang Lienemann, *Grundinformation Theologische Ethik* (Goettingen: Vandenhoeck & Ruprecht, 2008), 49.

본 소고는 이와 같은 한국교회의 '윤리 불감증'을 해결할 수 있는 대안으로 디트리히 본회퍼(Dietrich Bonhoeffer)의 삶과 신학 가운데에서 그의 '교회 이해'를 신학적 대안으로 다루어 보고자 한다. 본회퍼의 전체 신학을 이해하기 위해서는 그의 박사학위 논문이었던 『성도의 교제』6(1927)부터 1943년 체포 이후 죽음까지 기간에 쓴 편지와 기타 저작들을 그의 친구 베트게가 엮은 『저항과 복종』(*Widerstand und Erge- bung*)7에 이르기까지의 많은 삶의 여정과 저작들 속에 담긴 신학적 개념들을 서로 비교, 분석하면서 다루어야 한다. 그러나 본 소고에서는 본회퍼의 저작들 가운데, 『성도의 교제』, 『나를 따르라』(*Nach- folge*)8 (1937), 『윤리학』(*Ethik*), 『저항과 복종』에 담긴 그의 교회 이해의 핵심 내용들을 차례대로 다룸으로써, 그 내용들을 거울삼아 비윤리적 모습들이 만연한, 오늘날 한국교회의 현주소를 비추어 보려고 한다.

II. 본론

디트리히 본회퍼는 1차세계대전 이후의 독일 교회가 '종교공동체'로 전락했다고 진단하고 비판했다.9 이에 본회퍼는 진정한 교회의 본질을 회복하기를 기대하면서,10 박사학위논문(1927)과 교수자격논문(1930)

---

6 Dietrich Bonhoeffer/, *Santorum Communio*, 유석성 · 이신건 옮김, 『성도의 교제』 (서울: 대한기독교서회, 2010).

7 Dietrich Bonhoeffer, *Widerstand und Ergebung*, 손규태 · 정지련 옮김, 『저항과 복종』(서울: 대한기독교서회, 2010).

8 Dietrich Bonhoeffer, *Nachfolge*, 손규태 · 이신건 옮김, 『나를 따르라』 (서울: 대한기독교서회, 2010).

9 Dietrich Bonhoeffer/유석성 · 이신건 옮김, 『성도의 교제』, 115-117.

10 이에 비해 갓시는 "『성도의 교제』는 교회의 실존이 정적, 실체적 범주가 아닌 살아

을 썼고, 평화운동(1932-1934)에 참여했으며, 핑켄발데(Finkenwalde) 신학교에서 진정한 제자도를 가르쳤고(1935-1937), 기독교의 종교 화됨(1943-1945)을 비판했다. 그 이면에는 언제나 자신이 처한 상황 속에서 '무엇이 하나님의 뜻인가?'라는 진지한 질문이 숨어 있었다. 본 회퍼의 삶 가운데 하나님의 뜻을 구하는 질문들은, 신학적으로는 '오 늘 우리에게 예수 그리스도는 누구신가'[11]라는 본회퍼의 그리스도론 적 질문으로 소급되며, 이 질문은 동시에 '교회란 무엇인가?'라는 교회 론적 질문과 더불어 늘 나타난다. 즉, 본회퍼의 삶과 신학가운데 교회 에 대한 그의 이해를 주도면밀히 살펴본다면, 그것은 '오늘 우리에게 그리스도는 누구신가?'와 삶의 구체적인 정황가운데 과연 '하나님의 뜻은 무엇인가?'라는 그리스도론적, 기독교윤리적 질문들에 대한 답 변을 마련할 수 있다는 것을 의미한다. 그렇다면 과연 본회퍼의 삶과 신학가운데 '교회'란 무엇이었고 어떻게 인식되고, 이해되었는가?

1. 로마에서의 여정(1924): 교회의 보편성을 발견하다

디트리히 본회퍼는 정신의학 및 신경의학 전문의인 아버지 칼 본 회퍼(Karl Bonhoeffer)와 어머니 파울라 본회퍼(Paula Bonhoeffer) 사이에서 1906년 2월 브레슬라우에서 8남매 중 여섯째로 태어났다.

있는 사회학적 범주 안에서 해석된다는 교회의 존재론을 발전시키려는 시도였다. 그의 두 번째 저서, 『행위와 존재』에서, 그는 이 존재론이 19세기의 인식철학의 영향 아래 지금까지 인식론과 종교철학의 지배를 받아왔던 교의학의 서언으로 열매를 맺도록 시도하였다"라고 전한다. 참조: John D. Godsey, *The Theology of Dietrich Bonhoeffer*, 유석성, 김성복 옮김, 『디트리히 본회퍼의 신학』(서울: 대한기독교서회, 2006), 17.

11 참조, 존 W. 드 그루시(Ed.), *The Cambridge Companion to Dietrich Bonhoeffer*, 유 석성, 김성복 옮김, 『본회퍼 신학개론』(서울: 종문화사 2017), 256-291.

일곱째인 여동생 자비네(Sabine)와는 쌍둥이였다. 칼 본회퍼의 아버지는 고등법원 판사 출신이고, 어머니는 19세기 민주주의 운동에서 주도적인 역할을 했던 민주주의를 지향했던 슈바비안(Schubabian) 가문의 딸이었다.[12] 디트리히 본회퍼는 소위 엘리트 집안 출신이다. 그는 독일 사회 내에서 경제적인 풍족함을 누릴 수 있는 소수 그룹에 속했다. 본회퍼의 가족은 1912년에는 브레슬라우에서 베를린 브뤼켄알레로, 1916년 3월에는 브뤼켄알레에서 베를린 그루네발트(Grunewald)에 있는 집으로 이사했다. 이 집에서 매주 토요일에는 야간 음악회가 열렸고, 수많은 생일잔치와 축하 행사 등으로 인해 본회퍼가는 더 없이 행복했다.

그러나 그 행복한 시간들은 1918년 4월, 본회퍼의 둘째형 발터 (Walter)가 1차 세계대전 중에 전사했다는 소식으로 인해 본회퍼 가족들에게는 고통의 시간으로 바뀌었다. 1918년 12월, 여전히 둘째형 발터의 죽음으로 인해 어머니가 힘든 시기를 보내고 있을 무렵, 본회퍼는 이미 신학자가 되기로 결심했다. 그것은 아마도 외가 친척들의 신앙 내력이 영향을 주었을 것이고, 발터의 죽음 후에 그의 혈흔이 남은 성경책이 유품으로 본회퍼에게 어머니로부터 전달되었던 것이 그러한 결심의 원동력이 된 것 같다.[13]

본회퍼는 1923년 여름학기 튀빙엔(Tübingen) 대학에 입학하여 신학공부를 시작했다. 본회퍼는 1924년 로마에서 소위 '교회의 보편성'을 경험하게 된다. "교회의 보편성이 대단히 효과적인 방식으로 예시되고 있었다. 여러 수도회의 백인, 흑인, 황인 회원 모두가 통합된

---

12 Eric Metaxas, *Dietrich Bonhoeffer*, 김순현 옮김, 『디트리히 본회퍼』(서울: 포이에마, 2011), 27.
13 위의 책, 74.

성직 복장을 하고 교회 아래 있었다. 정말로 이상적인 것처럼 보인다."14 에릭 메탁시스는 이러한 본회퍼의 교회의 보편성으로 향하는 과정을 다음과 같이 올바르게 묘사한다:

"교회를 보편적인 것으로 생각하자 모든 것이 바뀌었고, 바로 그것이 본회퍼의 남은 인생 전체를 움직였다. 교회라는 것이 실제로 존재한다면, 그것은 독일이나 로마에만 있는 것이 아니라 그 너머에 존재할 것이기 때문이다. 교회를 독일 루터파 개신교 너머에 있는 것으로, 보편적 기독교 공동체로 어렴풋하게나마 보게 된 것을 그야말로 계시이자 더 많은 숙고를 요하는 도전이었다. 교회란 무엇인가? 이것은 디트리히 박사학위 논문『성도의 교제』와 교수 자격 취득 논문『행위와 존재』에서 씨름한 문제였다."15

2.『성도의 교제』(1927): 교회의 현실

디트리히 본회퍼의 옥중서간인『저항과 복종』에 나오는 '세상의 성숙성'과 '무종교성의 문제'에 대한 내용들은 1960년대에 세속화 신학의 흐름 가운데 한 조류로 해석되었다. 이 과정에서 본회퍼는 급진적 평화주의자로, 저항의 아이콘으로 주로 해석되었다. 그러나 이러한 해석은 그의 삶과 신학 전체를 지배하고 있는 교회론적, 그리스도론적 이해가 부족한 데에서 비롯된 것이다.16 어느 인물의 사상을 연속성(Kontinuität)과 불연속성상(Diskontinuität)에서 연구하고자 할

14 위의 책, 95.
15 위의 책, 96.
16 Dietrich Bonhoeffer/유석성 · 이신건 옮김,『성도의 교제』, 17.

때, 그 인물의 삶과 저서들에 대한 깊은 연구가 있은 후에 담론화해야 한다. 그렇지 않고, 단편저작이나 삶 가운데 일부만으로는 피상적인 담론들이 있을 수밖에 없다. 본회퍼의 삶과 신학에 대한 연구도 마찬가지이다. 본회퍼의 사상은 연속성상에서 이해되어야 한다. 필자의 연구에 의하면[17] 그 연속성은 그의 '하나님의 뜻에 관한 질문'이다. '오늘 우리에게 예수 그리스도는 누구인가?[18]'라는 질문을 통한, '여기 그리고 지금(hic et nunc)의 하나님의 뜻의 구체성'은 그의 신학함의 핵심 질문이었다.[19] 그는 이 질문을 '교회란 무엇인가'라는 질문을 통해 시작하였다. 본회퍼의 삶과 신학의 테제는 '교회'(Kirche)였다. 필자의 연구에 의하면, 그의 교회 이해는 그의 윤리를 이해하기 위한 출발점이다. 즉, 그의 기독교 윤리사상을 이해하기 위해서는 '그리스도론적 교회 이해'가 반드시 선행되어야 한다. 이는 1927년 『성도의 교제』부터 시작되는 '그리스도론적 교회이해'가 행위와 존재, 1932년 교회론강의, 나를따르라, 신도의 공동생활을 거쳐, 1939년부터 1942년까지 윤리학 원고(Ethik-Fragmente)를 쓰기까지의 과정을 전기적 상황을 통해 추적해 보더라도 교회개념의 다양한 신학적 개념들이 어떻게 윤리학 개념으로 확대, 소급되는지는 분명해 진다.

1920년대는 독일에서는 '교회'가 '종교공동체'로 인식되는 경향이 두드러지게 나타났다. 이에 본회퍼는 그의 박사학위논문인 『성도의

---

17 Kim, Sung Ho, *Frieden stiften als Aufgabe der Kirche, Dietrich Bonhoeffers Ekklesiologie und Friedensethik und ihre Wirkungsgeschichte in Sued-Korea* (Lit, 2012).

18 Dietrich Bonhoeffer/손규태 · 정지련 옮김, 『저항과 복종』, 516.

19 참조, 『저항과 복종』, 522, 각주 26번, 523; "하나님은 우리의 삶 한가운데서 피안적이지. 교회는 인간의 능력이 실패한 곳, 한계에 있지 않고, 마을 한가운데 있지."

교제』를 통해 진정한 교회의 본질을 사회성의 관점에서 다루면서, 교회의 진정한 의미를 회복하는 데에 그의 박사학위의 연구 의도를 두었다.[20] 그는 이 책에서 교회를 "인간들과 함께하는 하나님의 새로운 뜻"[21]으로 정의한다. 하나님과 인간 사이의 올바른 공동체적 관계를 이루는, 창조 안에 담긴 하나님의 본래 뜻은 아담(인간)의 타락으로 인해 그 관계가 깨졌다. 이러한 하나님과 인간의 깨어진 공동체적 관계는 그리스도 안에서, 그리스도를 통하여 설립된다. 이것을 본회퍼는 교회의 실재화(die Aktualisierung der Kirche)'[22]라고 하였고, 이 교회의 실재화가 교회의 현실을 위한 전제가 된다. 말씀과 성령의 활동을 통하여 교회는 세 가지 사회학적 기본 관계인 영의 다양성, 영의 교제, 영의 일치가 일어난다. 이러한 현상을 본회퍼는 '본질적 교회의 활성화(Die Aktualisie- rung der wesentlichen Kirch)'[23]라고 규정한다. 즉 "성령을 통해 활성화된 예수그리스도의 교회는 지금 현실적으로 존재하는 교회"[24]가 되어 '우리 가운데' 존재하는 교회가 된다. 이것이 본회퍼가 말하는 교회의 현실('Wirklichkeit der Kirche')이다. 그렇다면 이제, 본회퍼의 『성도의 교제』에 나오는 '그리스도교적 인격', '윤리적 집단 인격' 개념이 어떻게 교회 이해에 관련되고, 기독교 윤리적 지평을 마련하게 되는지 살펴보도록 하자.

---

20 Dietrich Bonhoeffer/유석성 · 이신건 옮김, 『성도의 교제』, 115-117.

21 위의 책, 125.

22 위의 책, 128-139.

23 위의 책, 139-185.

24 위의 책, 185.

1) 그리스도교적 인격(Die christliche Person): 교회 이해를 위한 출발점

'그리스도교적 인격' 개념은 우선, 하나님과 한 인간 사이의 관계 개념이고 구조적 개념이다. 본회퍼는 이 개념을 통해 '개인 윤리의 단초'를 마련하고 있다. 이것은 또한 그의 교회 이해를 마련하기 위한 근본적 개념이다. 이후에 다루게 될 것이지만 '집단 인격' 개념은 하나님과 한 공동체 사이의 관계 개념을 통해 공동체 윤리의 단초, 나아가 교회 이해에서 기독교 윤리를 담론화하기 위한 근거를 마련하고 있다.

그러나 본회퍼는 공동체 내의 많은 지체들 사이에 공동체적이고 거룩한 인격 관계가 항상 형성되지 못할 수도 있음을 배제하지 않고 있다. 이것은 하나님과 한 개인 간의 관계에 있어도 마찬가지이다. 물론 예수그리스도를 통해 하나님과 한 인간사이의 관계회복이 된 완벽한 상태가 결과로서 나타나지만, 이 관계는 언제든 깨질 수 있다. 그러나 동시에 언제나 회복될 수 있다. 한 번 회복된 관계는 다시 회복됨을 전제하기 때문에, 언제나 회복되어 있는 상태로 간주될 수 있는 것이다.[25]

본회퍼는 인격에 관하여 다음과 같이 설명한다:

"인격은 구체적인 활동성과 전체성, 독특성 안에서 하나님의 뜻에 의해 궁극적인 통일체(개체, Einheit)로 만들어졌다. 따라서 사회적 관계는 순전히 상호-인격적인 것으로서 인격의 독특성과 독자성 위에 세워진 것으로 생각되어야 한다. 인격은 비인격적인 정신을 통해

---

[25] 이런 의미에서 본회퍼는 성도의 교제 내에서 죄인들의 공동체도 다룬다. 참조: 위의 책, 185-193.

극복되지 않으며, 인격의 다양성은 '통일체'를 통해 지양되지 않는다. 사회적 기본 범주는 나와 너의 관계이다. 타자의 너는 신적인 너다. 따라서 타자에게 이르는 길도 신적인 너에게 이르는 길과 동일하다. 그것은 인정의 길이 아니면 거부의 길이다. 개인은 타자를 통해 '순간' 속에서 항상 다시금 인격이 된다. 타자는 우리에게 하나님 자신과 동일한 깨달음의 문제를 던진다. 타자에 대한 나의 실제적 관계는 하나님에 대한 나의 관계에 따라 결정된다. 그러나 내가 하나님의 사랑의 계시 안에서 비로소 하나님의 '나'를 알 수 있듯이, 타자를 아는 것도 그러하다. 여기서 교회 개념이 도입 될 수밖에 없다. 만약 그렇다면, 그리스도교적 인격이 자신의 진정한 본질을 얻게 되는 것은 하나님이 당신으로서 그와 대면할 때가 아니라 나로서 그 안으로 '들어올 때'라는 사실이 분명해진다. 따라서 비록 개인과 타자는 서로 분리되어 있더라도, 혹은 바로 그렇기 때문에 개인은 본질적으로, 절대적으로 어떤 방식으로든 타자와 결합되어 있다."26

위에서 설명하는 인격은 본회퍼의 용어로는 '그리스도교적 인격'을 의미한다. 이 '그리스도교적 인격'은 관념주의의 인격에서는 찾아볼 수 없는 "항상 거듭 시간 속에서 생겨나고 사라지는", "역동적인 특징을 지니는",27 생동하는 인격 개념이며, 본회퍼의 교회개념을 이해하는 시금석이다. 그리스도교적 인격은 본회퍼에 의하면 '공동체'와 '하나님' 개념과 불가분의 관계28에 있으며 위의 인용문에서도 볼 수 있듯이, 우선은 관계 개념이다. 그것은 그가 그의 박사학위 논문의 부

---

26 위의 책, 63-64.
27 위의 책, 58.
28 위의 책, 47.

제-'교회 사회학에 대한 교의학적 연구'-에서 유추할 수 있듯이, 교회를 사회학적으로 접근하여, 즉 교회를 사회성(Sozialitaet)이라는 지평에서 이해할 때, 우선은 하나님과 인간사이의 사회성, 바로 관계개념을 의미하는 것이다.[29] 또한, 그리스도교적 인격은 하나님과 인간 사이의 역동적인 관계 형성을 의미하는 구조적 개념이다. 이때 인간은 타락으로 인해 하나님과 인간 사이의 관계가 깨진 상태에 있는 인간이다. 그러나 '순간'[30]에 관계를 이룸, 즉 하나님과 인간 사이의 관계가 예수 그리스도를 통해 회복된 상태가 본회퍼가 그의 교회 이해를 위해 전개하는 그리스도교적 인격 개념이다. "본질적인 것을 말하자면, 순간은 구체적인 시간이다. 그리고 오직 구체적인 시간 속에서만 윤리의 진정한 요구는 실행된다. 그리고 오직 책임 가운데서만 나는 내가 시간에 매여 있다는 사실을 완전히 의식한다. … 시간 속에 있고 특수한 상황 속에 있는 구체적인 인격인 나를 이 당위성과 관련을 맺고 윤리적 책임을 짐으로써, 나는 시간의 실재 안으로 들어간다."[31] 이 인격적인 관계 형성의 주체는 '하나님' 혹은 '성령'이다. 본회퍼는 "하나님 혹은 성령은 구체적인 너에게 다가온다. 오직 그의 활동을 통해서만 타자는 내게 네가 된다. 그에게서 나의 자아가 생겨난다. 다르게 말하면, 모든 인격적인 너는 신적인 당신의 모형이다"[32]라고 말한다.

---

29 본회퍼의 사회성에 대한 연구는 다음의 책을 참조할 것: Clifford J. Green, *Freiheit zur Mitmenschlichkeit, Dietrich Bonhoeffers Theologie der Sozialitaet* (Guetersloh, 2004).

30 본회퍼는 이 '순간'을 다음과 같이 설명한다: '순간은 시간의 가장 작은 부분, 흡사 기계적으로 생각된 원자와 같은 것이 아니다. 순간은 책임의 시간, 가치와 관련된 시간이다. 우리는 이를 하나님과 관련된 시간이라고 말한다. 그리고 본질적인 것을 말하자면, 순간은 구체적인 시간이다. 그리고 오직 구체적인 시간 속에서만 윤리의 진정한 요구는 실행된다. Dietrich Bonhoeffer/유석성 · 이신건 옮김, 『성도의 교제』, 57.

31 위의 책, 57-58.

32 위의 책, 63.

이 하나님 혹은 성령의 구체적인 다가오심, 구체적인 활동성을 가지는 인격은 본회퍼에 의하면 그리스도의 성육신, 십자가에서의 죽음과 부활을 통해 이루어지며, 그것은 하나님의 부르심에 대한 응답(Antwort)이라는 의미에서, 한 개인이 '책임'(Verantwortung)이라는 형태로 '윤리적 결단'을 요청한다. 즉, 그리스도의 죽음과 부활은 아담의 죄에 의해 깨어진 하나님과 인간과의 관계를 회복한다. 이때, 이 순간에, 이 구체적인 순간에 그리스도교적 인격이 형성되고, 하나님과 인간과의 공동체가 설립된다.

2) 윤리적 집단 인격(ethische Kollektivperson): 교회 이해를 통한 기독교 윤리

위에서 살펴본 바와 같이 그리스도교적 인격은 하나님과 인간 사이의 일대일 관계의 도식을 놓고 보았을 때, 하나님과 아담, 하나님과 한 인간 사이의 깨어진 공동체적 관계가 예수 그리스도를 통해 회복된 상태이고, 이것은 하나님 혹은 성령의 다가오심과 구체적인 시간을 의미하는 순간 속에서 '책임'이라는 윤리적 결단이 일어나는 교회 이해를 위한 전제였음이 분명해졌다. 이제 아담이 전체 인류를 의미한다는 점에서는 하나님과 다수의 인간들 간의 관계는 어떻게 설명되어져야 하는지가 난제로 남아 있다. 본회퍼는 이 난제를 '윤리적 집단 인격' 이해를 통해 극복한다. "비록 '죄를 지은 인류'가 완전한 개인으로 분열되더라도, 그는 하나이다. 그는 집단 인격임에도 불구하고 자신 안에서 끝없이 자주 분리된다. 그는 아담이다. 모든 개인은 아담이다. 모든 개인은 그 자신임과 동시에 아담이기도 하다. 이와 같은 이중성이야말로 그의 본질이다. 이것은 그리스도 안에서 창조된 새로운 인류의 통일성을 통해 비로소 극복된다."[33] 본회퍼는 이와 같은 '집단 인격' 개념을 통해서, 위에서 설명한 하나님과 한 개인 사이에 형성된 그리스도교적 인격 개념이, 하나님과 공동체, 나아가 하나님과 전 인류 사이에서도 가능한 인격 개념이라는 점을 설명했다. 그리고 이제 이 다수가 모인 '집단 인격'은 그리스도교적 인격 개념에서 설명한 '한 개인'처럼 이해된다. 즉, 한 개인이 예수그리스도를 통해서 형성된 그리스도교적 인격 관계를 통한, 책임이 요구되듯이, 한 공동체, 혹은 인류마저도 한 개인처럼, 책임이 요구된다는 것이다. 이런 이해는 본회퍼가 그리스도교적 인격 이해를 출발로 하는 교회 이해를 통해, '집단 인격' 이해의 도움으로 '개인의 책임'과 '공동체의 책임'을 논할 수 있는 기독교 윤리적 틀을 마련했다는 점에서 그 의의가 있다고 할 수 있을 것이다.

3. 『나를 따르라』: 그리스도를 따르는 교회

본회퍼는 영국에서 목회생활을 하는 동안(1932-1934) 고백교회 소속의 목사로서 에큐메니컬 평화운동에 가담한다. 1935년 그는 핑켄발데(Finkenwalde)에서 신학교를 세운다. 이 중 '교회가 무엇을 설교해야하는가'에 대한 고민이 담긴 산상수훈의 내용을 주로 다룬, 설교학 수업의 내용을 책으로 엮은 것이 『나를 따르라』이고, 이곳 신학교 신학생들의 형제의 집(Bruderhaus)이라는 기숙사 생활을 다룬 책이 『신도의 공동생활』이다.

『나를 따르라』서문에서 본회퍼는 "예수는 우리에게 무엇을 말하려고 하는가? 예수는 오늘의 우리에게 무엇을 바라는가? 오늘 우리가

---

33 위의 책, 111.

진실한 그리스도인이 되는 일에 예수가 무슨 도움을 주는가? 우리에게 궁극적으로 중요한 것은 교회의 이런저런 사람들의 소원이 아니다. 우리가 알고 싶은 것은 예수의 소원이다"라고 이 책을 쓴 목적을 밝히고 있다.[34]

그는, "그리스도의 올바른 제자직"[35]을 수행하지 못하고 있는 당시 독일 교회를 비판하면서 "오늘날 그리스도인으로서 어떻게 살아갈 수 있는가"라는 실존적인 질문을 던지고 있다. 본회퍼는 당시 핑켄발데 신학교의 정체성을 "은혜에 관해 순수하게 가르치는 정통 교회의 구성원들"이라고 밝히면서도, 동시에 "제자직을 실천하지 않는 교회 구성원들"이라는 반성적인 고백도 하고 있다.[36] 즉, 이 책에서는 진정한 제자됨은 결국 예수의 가르침에 대한 교회의 실천에 있다고 말한다. 그것은 하나님 자신의 말씀으로서,[37] 제자직으로의 예수의 부름에 순종하는 것에서부터 시작된다. "오직 믿는 자만이 순종하고, 오직 순종하는 자만이 믿는다."[38] 본회퍼는 이 "순종이 무엇인지는 물음을 통해서가 아니라 오직 순종 가운데서만"[39] 배울 수 있다고 말한다. "예수가 명령한다면, 그가 결코 율법적인 순종을 요구하는 것이 아니라 오직 한 가지만을 원한다는 사실을 알아야 한다. 그것은 내가 믿는 것이다."[40] 이러한 믿음과 순종의 관계를 논하면서 제자됨의 처음 전제로서의 순종을 본회퍼는 '단순한 순종'이라고 표현한다. 이러한 '단순한 순종'으

34 Dietrich Bonhoeffer,『나를 따르라』, 손규태, 이신건 옮김, 25.
35 위의 책, 50.
36 위의 책, 50.
37 위의 책, 82.
38 위의 책, 61.
39 위의 책, 80.
40 위의 책, 82.

로부터 출발한 제자됨은 이제 '제자직과 십자가'의 관계를 다음과 같이 설명하면서 신학적인 내용을 첨가한다.

"그리스도가 오직 고난을 받고 버림을 받는 자로서만 그리스도가 될 수 있듯이, 제자들도 오직 고난을 받고 버림을 받은 자로서만, 오직 예수와 함께 십자가에 달린 자로서만 제자가 될 수 있다. 제자직 (Nachfolge)은 예수 그리스도의 인격과의 결속으로서 그를 따르는 자를 그리스도의 율법 아래, 곧 십자가 아래 세운다."[41]

본회퍼는 십자가를 "불운과 가혹한 숙명이 아니라, 오직 예수 그리스도와의 결속 때문에 생기는 고난"[42]이라고 이해한다. "십자가는 우발적인 고난이 아니라, 필연적인 고난이다. 십자가는 자연스러운 생활 때문에 겪는 고난이 아니라, 그리스도인에게 반드시 다가오는 고난이다."[43] 이와 같은 의미에서 본회퍼는 진정한 제자됨은, 즉 "그리스도를 따르는 것은 수동적 고난(passio passiva), 곧 필연적 고난(Leidenmuessen)"이라고 규정한다. 그리고 "그리스도를 따르는 것은 고난을 받으시는 그리스도와 결속되는 것"[44]이며, 그리스도인의 고난은 "오히려 순수한 은혜와 기쁨"[45]이라고 표현한다. 이러한 본회퍼의 제자됨의 인식은 그가 『성도의 교제』에서 말한 '교회의 현실'(Wirklichkeit der Kirche)의 구체적 양태이다. '그리스도와 결속'함으로서 우선 '그리스도교적 인격'(Die christliche Person)을 형성하고, 수동적이지만 필연적인 고난을, 예수의 십자가의 수난을 은혜와 기쁨으로, 이 땅위에서 대리 (Stellvertretung)[46]함으로써 하나님의 부르심에 응답하는 의미로 '책

---

41 위의 책, 93.
42 위의 책, 94.
43 위의 책.
44 위의 책, 98.
45 위의 책.

임'(Verantwortung)을 수행한다. 이와 같이『나를 따르라』에 나타나는 제자됨의 개념은『성도의 교제』에 나타나는 교회의 현실개념에 그 뿌리를 두고 있으며,『성도의 교제』안에 나타난 '그리스도교적 인격 개념', '대리'와 '책임' 개념은『나를 따르라』안에 그리스도를 따르는 것의 의미, 십자가 이해 속으로 용해되어 있다.

본회퍼는 "그리스도를 따르는 교회가 고난을 받는다"라고 말한다. "교회는 고난을 진다. 왜냐하면 그리스도가 친히 교회를 지시기 때문이다. 예수 그리스도의 교회는 십자가를 지고 그분을 따름으로써 세상을 위해 대리적으로 하나님 앞에 선다."[47] 교회의 십자가를 지는 책임적 과제는 "그리스도가 짐을 지심으로써 하나님과 계속 사귐을 나누셨듯이, 그를 따르는 자들도 짐을 짐으로써 그리스도와 사귐을 나누게 된다"라는 본회퍼의 표현에서도 볼 수 있듯이, 교회론적으로, '대리'이해가 이제 본회퍼의 신학가운데 윤리적 개념으로 전환되는 계기로도 엿볼 수 있다.[48]

---

46 '대리'(Stellvertretung) 개념은 본회퍼의 신학 안에서 매우 중요한 개념이다.『성도의 교제』에서는 그리스도인으로서의 '새로운 삶의 준칙'(neues Lebensprinzip)을 예수 그리스도를 통해 하나님과의 공동체를 이룸을 통해서 설립된다는 의미에서는 윤리적 의미는 아니었다. 이후 '대리' 사상은 본회퍼의『나를 따르라』와『윤리학』에서는 예수의 삶을 인간이 이 땅위에서 대신 실현시킨다는 의미에서 윤리적 의미가 부가되고, 인간론적인 측면에서 많이 다루어진다. 학자들마다 인간이 예수의 어떤 부분까지 대리할 수 있는지에 대해서는 의견이 분분하다.

47 Dietrich Bonhoeffer/손규태 · 이신건 옮김,『나를 따르라』, 100.

48 본회퍼에게 대리는 원래 윤리적 개념이 아니었다. 오히려 교회론적 개념이었다. "… 그러므로 대리의 원리는 그리스도 안에서, 그리고 그리스도를 통해 하나님과의 교제의 기초가 된다. 새로운 인류의 생명원리[필자의 번역: 삶의 준칙]는 그리스도와 인간 사이에서 전혀 불가능한 '연대성'이 아니라 대리다."(Dietrich Bonhoeffer/ 유석성 · 이신건 옮김,『성도의 교제』, 130)

4. 『윤리학』: '예수 그리스도의 모습이 이루어지는 장소'로서의 교회

본회퍼는 6개의 윤리학 원고들(*Ethik*-Fragmente) 가운데,[49] 1940년 여름부터 1940년 11월 13일까지 쓴 한 원고에서 그리스도교 윤리의 문제를 정리했다.[50] "그리스도교 윤리의 문제는 그리스도 안에서 일어난 하나님 계시의 현실이 피조물 가운데서 실현되는 것이다."[51]라고 규정한다. 이 원고 가운데 본회퍼의 교회 이해는 인간과 다른 피조물들 간의 관계개념으로 확장되기도 한다.[52] 하나님의 통치의 영역과 세상의 영역을 철저히 구분했던 히틀러 치하의 제국교회를 내심 비판하는 의도로 본회퍼는 하나님의 현실이 예수그리스도 안에서 이세상의 현실로 들어왔으며,[53] "예수 그리스도 안에 있는 하나님과 세상의 현실에 오늘날 참여하는 것"[54]이라고 말하면서, 하나님의 통치하심이 이 땅에서도 이루어져야 한다는 기독교윤리학적 정당성의 근거를 마련하고 있다. 이러한 정의의 이면에는 본회퍼가 이분법적으로 이해된 잘못된 '교회의 영역'을 올바르게 이해하고 하나님으로부터 주어진 '교회의 과제'[55]와 '교회의 임무와 본질'[56]을 인식시키기 위함이었다.

---

49 본회퍼의 『윤리학』(*Ethik*)은 본회퍼가 의도한 단행본이 아니었다. 총 6개의 윤리학 원고가 베트게에 의해 잘 보관되었다가 1949년 카이저 출판사(Chr. Kaiser)에서 단행본으로 처음 출판되었다. 이런 뜻에서 독일의 일부 본회퍼 전문가들은 『윤리학』을 윤리학 원고들(*Ethik*-Fragmente)라고 많이 표기한다. 이에 관한 더 상세한 내용은 『윤리학』의 편집자 서문(9-33)을 참고할 것.

50 Dietrich Bonhoeffer/손규태 · 이신건 · 오성현 옮김, 『윤리학』, 37-74.

51 위의 책, 41.

52 위의 책, 45; "인간은 인격과 행위의 개체로서만이 아니라 인간과 피조물의 공동체의 일원으로서도 나눌 수 없는 전체다."

53 위의 책, 47, 52.

54 위의 책, 48.

본회퍼는 이러한 현실을 위임(Mandat)개념을 통해서 더욱 구체적으로 설명한다. "모든 피조물처럼 세상도 그리스도를 통해 창조되었고, 그리스도를 위해 창조되었으며, 오직 그리스도 안에서 존립한다"(요 1:10, 골 1:16). 그리스도를 배제하고 세상에 관해 말하는 것은 공허한 추상이다. 세상이 알든 모르든, 세상은 그리스도와 관계를 맺고 있다. 세상이 그리스도와 맺는 이런 관계는 세상 안에 있는 분명한 하나님의 위임 속에서 구체화된다. 성서는 네 가지 위임을 말한다. 그것은 노동, 혼인, 정부, 교회다. 우리가 하나님의 질서에 관해 말하지 않고 하나님의 위임에 관해 말하는 까닭은 이로써 그 어떤 존재 규정과는 달리 하나님의 위임적 성격이 분명히 드러나기 때문이다. 하나님은 세상에서 노동, 혼인, 정부, 교회를 원하신다."[57] 본회퍼는 노동, 혼인, 정부에게 원래 주어진 하나님의 위임이 인간의 타락 이후 이 세상에서 어두운 '그림자'가 드리움으로,[58] 함께 퇴색되었다는 점을 강조하면서, 교회에 주어진 하나님의 위임이 이 나머지 세 위임들에 대한 책임적 과제임을 말한다. "교회의 위임은 선포와 교회의 질서와 그리스도인의 삶 속에서 예수 그리스도의 현실을 실현한다. 여기서 중요한 것은 온 세상의 영원한 구원이다."[59] 그러면서 본회퍼는 이 세상 가운데 하나님의 뜻의 현실에 대해, "존재하는 것에 맞서 항상 새롭게 실현되기를 원하는 현실"[60]이라고 말한다.

본회퍼는 '예수 그리스도의 현실'과 '위임' 개념을 통해, 하나님의

55 위의 책, 58-64.
56 위의 책, 63.
57 위의 책, 65 이하.
58 위의 책, 67 이하.
59 위의 책, 73.
60 위의 책.

현실과 세상의 현실로 나뉜 이분법적 현실 이해를 극복하는 근거로 이 악한 세상 가운데 하나님의 뜻을 어떻게 실현시키는지에 대한 문제를, 노동, 혼인, 정부에 원래 주어진 위임 개념을 전혀 불식시키지 않으면서도, 교회에 주어진 위임의 수행 영역을 노동, 혼인, 정부의 퇴색된 위임의 영역까지도 포함시킨다는 것을 제시한다. 이에 대한 신학적 근거는 하나님이 "그리스도 안에서 세상을 자신과 화해"[61]시킨 것이다.[62] 이제 기독교윤리학이 다루어야 할 주제는 분명해졌다. 그것은 "하나님의 성취된 뜻의 현실에 동참하는 것이다." 본회퍼는 이제 이 현실에 동참하는 구체적인 방법으로 '형성의 윤리'를 말한다. 그는 형성(Gestaltung)이란 말이 교리적 그리스도교에 반대한 실천적 그리스도교의 피상적인 구호에 소급되어왔음을 지적하면서, 성서가 말하는 진정한 형성은 '예수 그리스도의 모습'을 통해서만 가능하다고 말한다. 본회퍼는 그것은 "오직 예수 그리스도의 모습 안으로 이끌려 들어감으로써, 오직 인간이 되시고 십자가에서 달리시고 부활하신 분의 유일한 모습과 같은 모습이 됨으로써 형성은 가능"하다고 말하고, "그것은 우리가 흔히 말하듯이 '예수를 닮으려고' 노력함으로써 가능해지는 것이 아니다. 예수 그리스도의 모습이 스스로 우리에게 작용함으로써, 그것이 자신의 모습에 따라서 우리 자신의 모습을 각인함으로써(갈 4:19) 가능해진다"[63]라고 성서에 근거한 형성의 의미를 설명한다. 이어서 본회퍼는 "현실적 인간은 그리스도의 모습을 받아들인

---

61 위의 책, 73. 더 상세한 화해에 관한 의미에 관해서는 『윤리학』, 83-90을 참고할 것.
62 본회퍼는 이에 대한 말씀의 근거들도 제시한다. 『윤리학』, 73: "예수 그리스도 안에는 '하나님의 신성의 충만함이 몸을 이루어 머물러 있다'(골 2:9, 1:19), 땅에 있는 것이나 하늘에 있는 것이나 모두 예수 그리스도를 통해 화해되었다(골 1:20). 그리고 예수 그리스도의 몸, 곧 교회는 만물 안에서 만물을 충만하게 하시는 분의 충만이다(엡 1:23)."
63 위의 책, 97 이하.

다"[64]라고 말하면서, 구체적 윤리를 설명한다. 그것은 "우리가 말할 수 있고 말해야 할 것은 항상 선한 것이 무엇인지가 아니라, 그리스도가 '오늘' 그리고 '여기서' '우리 가운데서' 어떻게 형상을 취하시는지다."[65] 이러한 생각은 본회퍼 스스로 지적하고 있듯이, "개인주의로 변질될 수도 있다"[66]라는 비판을 받을 수도 있지만, "오늘 그리고 여기서, 우리 가운데서 이 모습이 취하는 형태에 관한 모든 발언은 (모든 인간을 대표하는) 예수 그리스도의 모습에 집중되어야 한다"라는 사실에서, 보편성이 확립되고, 하나님의 뜻에 동참하는 그리스도교적 윤리의 구체성이 확립된다.[67]

본회퍼는 '형성의 윤리'를 논하며, 이는 오직 교회 안에 현존하는 예수 그리스도의 모습의 토대 위에서만 가능하다고 말하면서, 교회의 과제를 제시한다. 즉 "교회는 예수 그리스도의 모습이 이루어진다는 사실을 선포하는 장소"이며 실제로 "그 모습이 이루어지는 장소"[68]로 인식되는 역할을 해야 한다는 것이다.

---

64 위의 책, 105.

65 위의 책.

66 위의 책, 107.

67 위의 책, 387: "오직 선과 악에 대한 자신의 모든 지식을 버리고, 그래서 자신의 힘으로 하나님의 뜻을 아는 것을 전적으로 포기하는 자만이 하나님의 뜻을 분별할 수 있다. 하나님의 뜻과의 일치 가운데서 살아가는 자만이 하나님의 뜻을 분별할 수 있다. 하나님의 뜻이 무엇인지를 분별하는 것은 오직 예수 그리스도 안에서 드러난 하나님의 뜻을 앎으로써만 가능하다. 오직 예수 그리스도를 통해서만, 오직 예수 그리스도에 의해 규정된 공간 안에서만, 오직 예수 '안에서만' 하나님의 뜻이 무엇인지를 분별할 수 있다."

68 위의 책, 109.

5.『저항과 복종』: "타자를 위한 교회"(Kirche für andere)

20여 년 동안 교회란 현실과 본질에 대해서, 그리스도의 진정한 제자가 되는 길에 대해서 고민했던 디트리히 본회퍼는 1939년 7월 27일, 26일간의 짧은 미국 여정을 마치고 전운이 감도는 독일로 돌아온다. 미국에서 신학을 강의하면서 안정된 삶을 살아갈 수도 있었을 것이다. 그러나 1930년에 1년여 동안 뉴욕신학교에서의 수학이후 1939년 두 번째로 미국에 도착했을 때, 그는 그를 향한 하나님의 뜻을 되묻지 않을 수 없었다. 본회퍼와 함께 저항의 길을 함께 걸어갔던 헬무트 트라우프는 독일로 돌아온 본회퍼를 이렇게 회상했다.

… 미국행은 실수였다며 자신이 왜 그랬는지 이해할지 못하겠다고 말했다. 자유로운 나라들에서 발전할 자신의 수많은 가능성을 완전히 포기하고 우울한 종살이와 암울한 미래로 돌아온 셈이었다. 하지만 자신의 현실로 돌아온 것이기도 했다. 이는 그가 우리에게 말한 모든 것을 확고하고 즐겁게 붙잡은 것이었다. 그것은 생생히 깨달은 자유에서만 생겨나는 것이었다. 그는 자신이 분명한 조치를 취했다고 확신했지만, 그의 앞에 놓인 현실은 상당히 불투명했다.[69]

그로부터 4년 후 1943년 4월5일에, 히틀러 암살에 참여하는 등, 나치 정권에 대해 저항의 삶을 살았던 디트리히 본회퍼는 베를린 자택에서 체포되어 테겔감옥에 수감된다. 이후 감옥에서 쓴 편지들과 시들을 포함한 글들을 베트게가 엮어 발간된 책이 바로『저항과 복종』이다. 본회퍼가 1945년 플뢰센베르크에서 사형을 당할 때까지 2년여,

---

69 Eric Metaxas/김순현 옮김, 『디트리히 본회퍼』, 495 이하.

네 곳의 수감생활 동안 '교회'에 대해서 무엇을 말했는가?

본회퍼는 감옥에서 당시 종교화된 독일 교회에 '성인됨'을 요구한다. 그리스도교의 본질을 잃어버린 종교화된 교회와 그리스도인은 하나님 없이도 삶을 살아 갈 수 있는 자로 살아야 한다는 것을 인식 가능하게 한다. 그것은 하나님의 부재를 의미하는 것이 아니다. 종교화된 기독교를 비판하는 의미에서 '하나님 없이'(ohne Gott)라는 표현을 쓴 것이다.

"작업가설(Arbeitshypothese)이라는 하나님 없이 우리를 세상에서 살도록 하시는 하나님은 우리가 항상 그 앞에 서 있는 하나님이지. 우리는 하나님 없이 하나님 앞에서 하나님과 더불어 산다네."[70]
본회퍼가 1944년 7월 16일 쓴 편지 가운데 이 문장은 종교화된 기독교를 비종교적 지평으로의 사유로 인도함을 나타낸다. 이런 의미에서 본회퍼는 '하나님 없이'라고 표현했고, 바로 그 상태에서 하나님 앞에서 하나님과 더불어 사는 진정한 공동체의 모습을 그려낸다. 그러면서 시대적 상황의 하나님을 기계장치로서의 신(deus ex machina)이 아니라 무력하고 수난 당하시는 하나님으로 묘사한다. "이 세상에서 그의 무력함을 통해 능력과 공간을 획득하시는"이라는 역설적인 표현은 하나님께서 인간과 함께 공동체를 이루는 구체적인 모습이 낮아지심을 통해, 고통가운데 처해있는 인간들과의 공동체를 이루는 성서 가운데 인식되는 하나님을 볼 수 있는 지평을 열게 한다. '낮아짐'과 "고난당하는 하나님이 주는 도움이란 그동안 전능의 신에 의해 가려졌던 참된 현실성에 대한 참된 인식과 실천을 가능하게 함을 의미한

---

70 Dietrich Bonhoeffer/손규태 · 정지련 옮김, 『저항과 복종』, 680 이하.

다. 곧 하나님 없이 살아야 하는 세상의 세상성에 대한 적극적이고 무
제약적인 책임성을 열어주는 것, 이것이야말로 고난당하는 하나님의
무력함 속에 놓인 힘이라고 할 수 있다."[71]

본회퍼는 1944년 8월 3일 "연구를 위한 기획"이라는 원고에서 다
음과 같이 교회에 관해 말한다:

교회는 타자를 위해서 현존할 때 교회가 된다. 그런 교회가 되기 위
해 교회는 모든 재산을 팔아 가난한 사람들에게 주어야 한다. 목사들
은 전적으로 교회의 자발적인 헌금으로 살아야 하며, 경우에 따라서
는 세속적 직업을 가져야 한다. 교회는 인간 공동체의 세상적 과제에
참여해야 하지만, 지배하면서가 아니라 돕고 봉사하는 방식으로 참
여해야 한다. 교회는 모든 직업에 종사하는 사람들에게 그리스도와
더불어 사는 삶이 어떤 것이며, 또 '타자를 위한 존재'가 무엇을 의미
하는지를 말해 주어야 한다. 특히 우리의 교회는 모든 악의 근원인
교만, 권력과 오만, 그리고 환상주의라는 악덕들과 싸워야 한다. 교
회는 절도, 순수함, 신뢰 성실, 한결같음, 인내, 훈련, 겸손, 겸양, 자
족함에 대해 말해야 한다. …"[72]

---

71 박영식, 『고난과 하나님의 전능 - 신정론의 물음과 신학적 답변』(서울: 동연, 2012),
275. 박영식은 본회퍼의 "고난당하는 하나님만이 도울 수 있다"라는 본회퍼의 말의
정당함을 말하면서 "하나님의 고난이 곧 하나님의 전적인 무능으로 이해되어서는 안
된다"고 올바르게 설명한다. "즉 하나님의 고난이 하나님은 현실 속에서 아무것도 하
지 않으며 할 수 없다는 식으로 이해되어서는 안 된다. 고통당하는 인간의 무력함에
참여하시는 하나님은 인간의 나약함을 자신 안에 수용하신다는 점에서 결코 무능하
지 않다. 아파하는 자와 함께 고통당할 수 있는 사랑의 힘이야말로 하나님의 사랑의
본성에 부합하는 힘이며, 고통을 자기 속에 포괄할 수 있는 사랑의 힘이야말로 고통의
파괴력을 극복할 수 있는 힘이기 때문이다"(같은 책, 364).
72 Dietrich Bonhoeffer/손규태 · 정지련 옮김, 『저항과 복종』, 714.

본회퍼의 기독교 윤리가 '교회'의 이해에서부터 출발하고, 집단 인격 개념과 대리사상을 거쳐 형성된다고 전제할 때, 그의 유명한 형식(Formel) '타자를 위한 교회'(Kirche für andere)는 '교회론적 윤리'(Die ekklesiologische Ethik)의 핵심이 담긴 것으로 이해될 수 있다. 그러나 이 '타자를 위한'이라는 표현에서 '다른 사람들을 위한 교회'라는 사회봉사적인 교회, 실천적 대안을 위한 교회라는 의미로서 성급하게 해석되어서는 안 된다. 본회퍼의 '그리스도교적 인격 개념'에서부터 출발해서 '윤리적 집단 인격', '공동체로 존재하는 그리스도'로 대표되는 성도의 교제에서 교회 이해가 이후 그의 삶과 신학가운데 나타나는 교회 이해의 신학적 근간을 이룬다는 전제를 배제시키지 않아야 한다. 이런 의미에서 '타자를 위한 교회'는 하나님 앞에서 진정한 교회 됨을 이루고 있는 공동체가 타자를 위해 존재할 수 있는 교회임을 늘 전제한다.

III. 결론

'윤리 불감증'이라는 심각한 병을 앓고 있는 한국교회는 우선 '하나님의 뜻을 이 땅위에 바로 실현하기'라는 처방전을 받아야 한다. 이 처방전대로 한국교회는 더 이상 이 병이 깊어지지 않도록 치료 받아야 한다. 21세기 현재, 당장 외관상으로는 드러나지 않는 윤리 불감증이라는 한국교회의 병을 그대로 방치한다면, 하나님의 뜻이 이 땅 위에 온전히 이루어지는 교회의 참 모습을 회복하기 위한 개혁의 의지는 줄어들고, 교회다운 교회로의 회복은 점점 더 힘들게 될 것이다. 본회퍼는 '윤리 불감증'이라는 중병을 앓고 있는 현 한국교회에 무엇을 말하는가?

첫째, '교회'를 말한다. 그리스도교적 인격 개념으로 출발한 본회퍼의 교회 이해는 집단 인격 개념을 토대로, '교회 이해를 통한 기독교윤리 하기'라는 신학적 지평을 마련한다. 본회퍼는 한국교회에 '공동체로 존재하는 그리스도'를 말한다. 이 개념을 통해 한국교회는 교회 내에 팽배한 개인주의와 집단주의를 동시에 극복할 수 있는 신학적 토대를 마련한다.

둘째, '그리스도인의 제자됨'을 말한다. 그가 논의한대로 많은 그리스도인들이 '예수처럼'이 아닌 '예수'가 되기를 말한다. 예수는 없고, 교인만 있는 한국교회에 진정한 그리스도인들이 있기를 바란다. 그것은 우선, 예수와 인격적으로 결속하는 것이고, 오늘, 여기에 우리 사이에 말씀하시는 예수를 통해 하나님의 말씀을 실현하는 것이다. 예수의 형상대로 대리적 삶을 사는 것이다. 그리스도를 '뒤따름'(Nachfolge)과 '위임' 개념을 통해 본회퍼의 교회 이해는 윤리적 과제를 마련한다. 그것은 '수동적 필연'이라는 개념을 통해 환희와 기쁨으로 인한 십자가의 고난을 짊어지는 것을 의미한다.

셋째, '책임'을 말한다. 이 책임(Verantwortung)은 하나님의 부르심에 대해 응답(Anwort)하라는 의미에서이다. 진정한 책임은 우선 하나님과 공동체를 이룸에서 출발한다. 그것이 화해 사건을 통한 값비싼 은혜(Donum)라는 관점에서 이해할 때, 그것은 우리에게 선물(Gabe)일 뿐만 아니라 과제(Aufgabe)를 의미하기 때문이다. 본회퍼의 집단 인격을 이해한다면, 공동체의 한 개인의 책임이 얼마나 소중한지 일깨운다. 한 사람의 회개로 한 공동체가 하나님과의 공동체적 관계를 올바르게 설립할 수 있고, 한 사람의 죄로 한 공동체가 하나님과 공동체적 관계가 깨져버릴 수 있다.[73]

마지막으로 본회퍼는 한국교회에 '타자를 위한 교회되기'를 요구한다. 본회퍼의 교회 이해에서 출발점은 하나님과 한 아담, 하나님과 한 인간 사이의 공동체를 이룸이다. 그것은 예수를 통한 하나님과 한 인간 사이의 진정한 사귐이다. 즉 개인 구원의 영역에서 본회퍼의 교회 이해는 출발된다. 본회퍼의 '타자를 위한 교회' 개념이 사회 구원을 강조해서 개인 구원의 의미가 축소되는 형태로 오해되어서는 안된다. 또한, 사회 구원의 역할을 충실히 하고 있지 못하고 있다는 점에서는 본회퍼의 교회 이해가 재해석되는 '타자를 위한 교회'가 되기를 바라는 목소리는 현대 한국교회에 요구되는 바이다.

본회퍼의 '교회의 현실'의 개념을 올바르게 이해하고, '책임', '그리스도의 제자됨', '타자를 위한 교회', 예수그리스도의 고난에 참여함으로서, 십자가의 고난을 '대리'하는 교회를 심도 있게 논의하고 적용한다면, 오늘날 한국교회의 윤리 불감증을 치유할 수 있는 신학적, 실천적 근거를 충분히 마련할 수 있을 것이다.

본회퍼는 21세기 한국교회에 '책임 있는 거룩한 공동체를 이루며, 그리스도의 제자적 교회가 되며, 이웃의 고난에 참여함으로써 타자를 위한 교회되기'라는 건강한 신학으로 '교회의 교회다움'을 세우고 한국교회의 윤리적 위기를 극복해 나가라는 과제를 말하고 있다.

---

73 고범서는 한국사회 내에서의 교회의 사회적 책임을 첫째, 분배의 정의에 대한 교회의 책임, 둘째, 도시화와 교회의 책임, 셋째, 교회의 문화적 책임으로 제안한다. 참조: 유석성 엮음,『고범서, 기독교의 사회적 책임과 역할』(부천: 서울신학대학교 출판부 2015), 191-198.

제3부

한·일 본회퍼학회
연구 및 교류 논문들

한국교회의 윤리적 판단에서 본회퍼 수용

손규태

(성공회대학교 명예교수)

I. 역사적 배경들

독일의 저명한 신학자 본회퍼의 삶과 사상은 1960년대 말 그리고 1970년대 초에 한국 교회 특히 진보적 그리스도인들 사이에 본격적으로 소개되기 시작했다.[1] 본회퍼의 한국 소개는 당시의 한국의 정치적 사회적 상황과 밀접한 연관을 가지고 있다. 이 시기는 박정희가 쿠데타로 집권한 이후 그의 권위주의적 군사독재정권이 권력을 장악하고 국민의 기본적인 권리를 박탈하고 억압적인 통치를 고정화하던 시

---

[1] 주로 정치신학적 관점에서 소개된 글들을 소개하면 다음과 같다. D. Bonhoeffer, "오늘의 그리스도", 「코이노니아」 1967; 오재식, "본회퍼의 현대적 의미", 「기독교사상」 1969년 10월; 나학진, "윤리판단에서의 상황성과 상황윤리 – Bonhoeffer의 '현실적인 것'을 중심으로", 「현존」 1969년 5월; 이종성, "본회퍼의 항거 동기", 「기독교사상」 1970년 4월; 안병무, "나치스의 독재와 바르멘 신학선언", 「기독교사상」 1971년 3월, 안병무, "현대 신론에서 본 그리스도론", 「신학연구」, 1971년; E. Bethge, "디트리히 본회퍼", 「현존」 1971년 8월; 박형규, "본회퍼와 독일 고백교회 1, 2", 「제3일」 1972년12, 1973년 1월; 손규태, "본회퍼의 국가와 교회", 「기독교사상」 1973년 1월; 이장식, "본회퍼와 주기철", 「기독교사상」 1973년 4월; 허혁, "본회퍼의 인간과 사상", 「사목」 1973년 5월.

기였다. 당시 군사정권은 그 동안의 약속했던 민정 이양을 지키지 않고 정권 연장을 위해서 두 가지 계획을 은밀히 실천하고 있었다. 하나는 1965년 일본으로부터 자본과 기술의 도입하여 근대화를 추진하자는 것이요, 다른 하나는 1969년 삼선개헌을 통한 정권 연장의 제도적 장치를 확보하는 것이었다. 전자는 1965년 굴욕적인 한일국교 정상화를 통해서 그리고 후자는 1972년도 유신헌법의 제정을 통해서 강행되었다. 말하자면 경제적 성과를 통해 굶주린 국민들을 달래는 한편 위장된 민정을 통해서 군정을 지속하려는 것이었다.

이러한 권위주의적 군사독재 정권의 시도들은 각계각층의 광범위한 국민들의 인권과 민주화라는 열망과 저항에 직면하게 되었다. 당시 한국에서의 인권운동과 민주화 운동을 주도하고 이끌러 가던 주동 세력은 적극적으로는 서구적 민주주의 교육을 받은바 있는 진보적 그리스도교인들과 더불어 소극적으로는 과거 일제에 저항했던 전통을 가진 보수적인 교계 지도자들로서 개신 교회가 그 중심을 이루고 있었다. 그러나 유감스럽게도 과거 일제의 신사참배 강요에 강력하게 저항했던 인사들과 교단들은 침묵을 지키고 있었다. 따라서 짧은 기간이긴 했지만 당시 개신교단 안에서는 진보와 보수를 가릴 것 없이 하나가 되어서 일본과의 굴욕적인 국교정상화를 추진하고 있던 군부세력에 대항해서 반대투쟁을 전개한 것이다.

특히 1965년 7월 1일 영락교회에서 기도회 형식을 빌어서 전개된 "한일굴욕외교 반대운동"은 한국교회사에서 해방 이후 교회가 신앙고백의 형식을 통해서 정치적 문제에 대해서 항거한 최초의 사건이었다고 할 수 있다.[2] 동시에 보수와 진보가 하나가 되어 일정한 정치적 사

---

2 당시 영락교회담임목사였던 한경직은 이 기도회에서 설교했으나 그 후 그는 군사독재 정권 하에서 끝내 반독재투쟁운동에 가담하지 않았다.

안에 대해서 같은 의견을 제시한 처음이고 마지막 모임으로서의 의의를 가진다. 이날 예배 후에 채택된 성명서는 다음과 같은 내용을 담고 있다.

1) 넘치는 저수지 물이 출구를 찾는 것과 같은 '일본 자본'이 한국에 범람하는 경우에 한국은 일본 자본의 '수몰지대'로 화할 우려가 크다. 그러므로 한국정부는 정상화 이전에 강한 견제력을 가진 외자도입법과 관리법을 제정해야 한다.
2) 일제 36년간의 한국 병합과 착취에 대한 사과의 보상과 금후 행동에 대한 다짐을 받고서 회담을 개시해야 한다.
3) 강력한 독립정신으로 국산장려와 국가 이익 보호의 국민운동을 전개하도록 정부가 앞장서야 한다.3

당시 한국교회는 이웃 일본과의 국교 정상화를 원칙적으로 반대하지 않지만 그 이전에 과거 식민지 지배에 대한 청산이 선행되어야 한다는 것이다. 이러한 청산은 구체적으로 일제의 36년간 식민지 지배에 대한 사과와 함께 보상이 이루어져야 한다는 것이었다. 이것과 함께 일본 자본의 침략에 대한 대책을 정부가 먼저 강구하고 회담에 임하라는 것이었다. 말하자면 앞으로 정의로운 양국 관계 형성을 위한 법적 제도적 장치를 마련하라는 것이었다. 만일 군사정부가 국민의 뜻을 반대해서 굴욕외교를 강화하고 비민주적인 통치를 계속할 때 그리스도인들이 여기에 항거하는 것은 그들의 의무라고 이해한 것이다.

한국교회협의회(KNCC)는 이미 같은 해 4월 17일자의 "한일국교 정상화에 대한 우리의 견해"라는 성명서에서 "우리 그리스도인은 온

---

3 장공 김재준, 『범용기』 2권 295면 참조.

갖 형태의 독재와 모든 불의, 부정, 부패에 항거한다. 우리는 경제, 문화, 도덕, 정치 등 온갖 부문에서 불순 저열한 외세에의 예속만은 추종을 배격한다. 그리고 성령의 인도와 기도와 봉사로 조국의 역사 건설에 봉헌하기를 기약한다"고 했다.[4]

한국의 신학 역사나 교회사적으로 볼 때 1965년은 문화신학적 차원에서 1964년부터 불붙기 시작했던 토착화와 세속화 신학의 논의가 정치신학적 차원으로 방향을 바꾸는 전환기라고 평가할 수 있다.[5] 이는 한국의 개신 교회가 한국교회협의회의 회원 교단을 중심으로 해서 본격적으로 사회 정치적 문제를 신학적 교회적 관심의 대상으로 삼고 이들의 해결을 선교적 과제로 파악하기 시작한 것이다. 그러면 이러한 한국개신교의 정치적 봉사의 신학적 근거들은 어떤 것이었을까?

우선 우리는 이러한 한국 개신교인들의 입장 천명이 세상의 정치적 권력에 대한 '파수군의 직무'를 수행해야 한다는 개혁교회의 전통에 그 기초를 둔 것으로 봐야 할 것이다. 그동안 한국 개신 교회는 이러한 개혁교회적 전통을 나치의 독재정권 하에서 신앙고백을 통해서 투쟁한바 있는 칼 바르트 등 서구의 변증법적 신학을 통해서 새롭게 이해해 왔었다. 이것은 미국의 선교사들을 통해서 들어온 보수적 정통주의 탈세상적 신학을 극복하기 위한 노력인 동시에 급변하는 한국의 현실에서 한국의 시민으로서 그리고 그리스도인으로서 자신의 역사적 책무를 다하려는 시도였다고 할 수 있다. 그러나 당시만 해도 이러한 변증법적 신학은 보수적인 교단들에서는 여전히 자유주의적 신학으로 낙인찍혔으며 따라서 이러한 신학이 교회적 변혁을 가져오는 일에는 다소 기여했다고 말할 수 있지만 한국의 역사적 현실의 변혁의

---

4 김삼웅, 『민족, 민주, 민중선언』, 일월서각 1984, 49면.
5 "1970년 민주운동 - 기독교 인권운동을 중심으로", KNCC 인권위원회, 1986년, 48면

문제에 대해서는 크게 공헌했다고 할 수 없다.

그러나 60년대 말부터 본격적으로 소개되기 시작한 본회퍼의 신학, 특히 그의 용기 있는 삶은 박정희 군사독재 치하에서 인권을 박탈 당하고 민주주의를 상실 당한 채 사회 정치적 문제들을 놓고 고심하는 젊은 그리스도인들에 깊은 감동과 함께 투쟁을 위한 영감을 제시했다고 할 수 있다. 이러한 신앙고백에 기초한 행동으로서의 본회퍼의 신학은 그 동안 정교분리라고 하는 보수 정통주의자들의 탈세상적 사고에 짓눌려 있던 젊은 청년 그리스도인들에게는 그들의 그리스도인으로서의 참여를 위한 행동에 확고한 기반을 만들어 주었다. 이러한 본회퍼의 역사참여의 행동신학은 한국기독학생연맹(KSCF) 등 젊은 기독교 운동권 학생들에게서 뿐만 아니라 참여적인 성직자들과 평신도들에게 깊은 인상을 남겼다. 나치의 독재정권하에서 투쟁했고 순교 당한 본회퍼의 삶과 사상에 영감을 받은 진보적 그리스도인들은 박정희 군사독재 정권에 대한 투쟁의 동력을 그에게서 볼 뿐만 아니라 과거 1919년의 3.1정신이라 할 것이다. 본회퍼의 참여와 행동의 신학과 결합됨으로써 한일굴욕외교 반대운동이라는 폭발력을 가지고 나타났던 것이다.[6]

이러한 본회퍼의 삶과 투쟁을 통해서 주어진 신학적 영감은 1969년 박정희의 삼선개헌 반대투쟁을 통해서 더욱 구체화되었다. 1967년 당시 교계에서 이 운동을 앞장서서 이끌어 가던 장공 김재준은 "불의에 대한 투쟁은 신앙고백이다"[7]라는 글을 발표함으로써 "불의가 있을 경우에는 어느 편, 어느 누구의 소행이든지 간에 우리는 이를 묵과하지 못한다. 그것은 이 땅에 의를 세우는 것이 우리 신앙의 본질에

---

6. 상게서 49면.
7. 사상계 1967년 7월호

속하는 일이기 때문이다"라고 했다. 이러한 정치적 억압과 경제적 착취에 대항한 교회의 투쟁, 그리스도인의 항거운동은 어떤 정치적 사안만이 아니고 기독교 신앙의 본질에 속하는 일이라는 것이다. 군사독재의 인권 압살과 반민주적 폭거에 대항한 투쟁은 곧 신앙고백상의 문제(status confessionis)라는 말이다. 이는 마치 핵무기의 제조, 배치 그리고 사용을 승인하는 것이 신앙고백의 문제와 결부된 것으로 판단하는 것과 마찬가지이다. 즉 핵을 승인하는 것이 곧 그리스도를 부정하는 것인 것처럼 독재에 순종하는 것도 그리스도를 배반하는 것이라는 말이다. 그리스도 고백이 이러한 불의에 대한 투쟁의 결과로 나타났다는 것이다.[8]

정치적 투쟁을 신앙고백에서 도출한 것은 당시의 이러한 투쟁을 정교분리의 원칙에 따라서 비신앙적인 것으로 오도하고 매도하던 정통주의적 그리스도인들의 신학적 무지와 함께 이들의 도피적 사고를 비판한 것이기도 했다. 왜냐하면 1965년 한일굴욕외교 반대운동을 기점으로 해서 한국의 개신교인들 사이에서는 정교분리론자들과 그리스도의 왕권통치론자들 사이에서 윤리적 판단의 기준이 분명하게 갈라지게 되었었기 때문이다. 이를 계기로 해서 개신교 정통주의자들은 반공 등의 이름으로 일부는 적극적으로 그리고 일부는 소극적으로 박정희 독재정권을 지원하는 세력으로 나타났다. 사실상 군부독재 30년 동안 일부 가톨릭 세력과 함께 개신교 정통주의자들은 이들의 충실한 지원자가 되었을 뿐만 아니라 투쟁하는 그리스도인들을 매도하는 일도 서슴지 않았다. 이러한 정교 분리론자들과 그리스도 왕권통치론자들 사이의 갈등은 군사독재 정권이 종식될 때까지 지속되었으며 오

---

8. 이 문제에 대해서는, *Bekenntnis zu Jesus Christuus und die Friedensverantwortung der Kirche - Eine Erklärung des Moderamens des Reformierten Bundes*, Gütersloher Verlagshaus Gerd Mohn 1982, S. 6 ff.를 참조할 것.

늘날에도 완전히 해소된 것은 아니다.

II. 윤리적 판단의 기초로서의 그리스도 고백

그러면 60년대 말부터 본격적으로 소개되기 시작한 본회퍼의 삶과 신학이 한국 신학과 교회에 어떻게 수용되었고 그리스도인들의 행동에 영향을 주었는가? 다시 말하자면 본회퍼의 삶과 신학이 한국의 참여적인 그리스도인들에게 어떤 윤리적 방향을 제시했는가? 몇몇 지도적인 신학자들의 글들을 소개하고 분석함으로써 그의 삶과 신학의 한국적 수용이 어떻게 구형되었는가를 살펴보고자 한다.

1969년 오재식은 기독교 사상 특집 '오늘의 딜레마와 복음'에서 "본회퍼의 현대적 의미"를 다루고 있다. 이 글이 본회퍼를 본격적으로 소개하기 시작한 최초의 글이 아닌가 생각된다. 그는 본회퍼의 '미친 운전사에게서 핸들을 빼앗으려고 했던 행위'는 전적으로 신앙고백에 기초하고 있었다고 한다. "히틀러와 그 일당의 전제적 지배에 대한 '노'(No)는 그의 (신앙)고백이었다. 그것은 성명서거나 메시지거나 선언문 따위의 것이 아니었다. 오히려 삶의 자세였다. 자기의 생명까지를 불사르는 자세였다. 그것은 (그리스도의) 부르심에 대한 복종이었다."9 이것은 "히틀러의 국가가 교회를 부른다"라는 제국교회의 표제어에 대한 반제어다. 이 고백은 히틀러의 제단에 충성하던 독일적 그리스도인들(Die Deutsche Christen)에 대한 고백교회(Die Bekennende Kirche)의 그리스도 고백이었다는 것이다.10

---

9 오재식, "본회퍼의 현대적 의미", 「기독교사상」, 1969년 10월, 69면.
10 상게서, 70면.

이러한 이해는 한국교회의 인권과 민주화 투쟁의 상징적 인물인 박형규 목사의 글 "본회퍼와 독일고백교회"에서도 잘 나타나 있다. 그는 이렇게 쓰고 있다. "본회퍼는 유태인에 대한 국가의 박해에서 권력의 과잉을 보았던 것이다. 이것은 '신앙고백의 사태'라고 그는 파악했다… 그리고 이 투쟁은 '복음적 교회의회'를 통해서 사건이 발생할 때마다 이에 대한 교회의 결단을 밝히는 것으로 가능할 것이라고 보았다."11 박형규 목사도 여기서 분명하게 그리스도인들의 정치적 봉사(Politische Diakonie)를 "신앙고백의 사태"(status confessionis)로 판단하고 있다. 그리스도인의 윤리적 판단은 따라서 '정치적 고백'과 '그리스도 고백' 사이에서의 신앙적 결단에서부터 출발한다는 것이다.

1970년대 어려운 투쟁을 회고하고 동시에 이 과정에서 얻은 경험을 분석해 보면 본회퍼가 비판의 대상으로 삼았던 유형의 인물들과 집단들의 행태를 정확하게 파악할 수 있을 것이다. 본회퍼가 살았던 국민교회(Volkskirche)적 전통이 없는 한국으로서는 뮐러(Hanfried Müller)에 준하는 성직자적 파쇼주의자들은 등장할 수 없었다 해도12 박정희 통치하에서 여기에 준하는 인사들이 존재했었다. 삼선개헌을 전후해서 한국교회협의회(KNCC)에 대항하여 조직한 '대한기독교협의회'와 같은 관변 어용 종교단체들과 그 주도자들이 이러한 범주에 속한다. 이들은 대체로 반공주의로 무장된 윤리적 열광주의의 길을 택하거나 기존적인 것을 우선적으로 승인함으로써 정치적 종교적 기득권에 매어 달리는 이른바 의무의 길을 선택하기 일쑤였다. 이들이 걸어간 길은 본회퍼가 말하고 있듯이 '성공의 우상화'의 길이었다. 그들은 결과적으로 "정의와 불의, 진리와 허위, 정당한 승부와 비겁한

---

11 박형규, "본회퍼와 독일고백교회(1)", 「기독교사상」, 1972년 12월, 28면.
12 Hanfried Müller, *Dietrich Bonhoeffer-Studien*, Berlin 1985, S. 40.

행위를 구별할 시력을 잃고"[13] 복음의 이름으로 대형 교회 설립에 열중했다. 이런 집단들은 일견 경건하고 융성하게 보일지 모르지만 다음과 같은 오재식의 경고에 귀를 기울여야 할 것이다. "노회나 총회가, 교단이나 연합체가 다 차례로 (정치적 권력에) 굴복할 수 있다. 그들은 실존적 자세와 고백을 기피하며 자기 기능의 사회적 기능을 축소 해석하여 도피구를 찾는 것을 목도하는 시기가 우리에게도 올 것이다."[14]

다시 말하자면 윤리적 결단에 있어서 율법주의를 택하거나 아니면 상대주의를 택할 수밖에 없었다는 것이다.[15] 이것이 1970년대 이른바 '이론적 윤리학자들'이 걸어간 실패의 원인이었다는 것이다. 한국의 대다수의 정통적인 보수교단들은 율법주의를 택했지만 결과적으로는 반공적·윤리적 열광주의에 빠지거나 아니면 "악마에 대해서도 의무수행을 할 수밖에 없는 의무의 길"을 선택했던 것이다. 아니면 상대주의의 길을 택해서 '이성적인 길'을 통해서 수많은 양자택일 가운데서 자신의 양심을 속이거나 '절대적 자유'에로 도피하여 '사적 덕행'에 치중하거나 했다. 이들은 사실상 기민하게 처세하고 책략도 사용했고, 그렇게 함으로써 종교 귀족으로서의 지위와 영예를 계속 유지할 수 있는 정치적 물적 지원을 획득했던 것이다.[16]

그러나 그들은 결코 역사와 교회의 변혁을 가져올 수는 없었다. 본회퍼는 그의 『윤리학』에서 다음과 같은 몇 가지 명제를 제시함으로써 억압적 현실에서 그리스도인들이 가야할 길을 제시하고 있다. 즉 단순하고 현명한 눈을 가진 그리스도인들이 '현실적인 것'을 제대로 파

---

13 D. Bonhoeffer, *Ethik*, s. 81.

14 오재식, 상게서, 71면.

15 나학진, "윤리적 판단에서의 상황성과 상황윤리 - 본회퍼의 '현실적인 것'을 중심으로", 「현존」, 1969년 5월 21면.

16 D. Bonhoeffer, *Ethik*, s. 69-72.

악했고 그리스도에 복종했던 것이다. "모든 개념이 혼동되고, 왜곡되고 전도된 것 가운데서 오직 하나님의 말씀만을 바라보는 자"[17]만이 역사의 변혁에 동참할 수 있었다. 개념의 왜곡과 전도는 놀라운 것이어서 지배자들은 온갖 매스컴을 다 동원해서 진보적 세력들이 사용하는 개념들을 먼저 사용하거나 오용했던 것이다. 이러한 왜곡을 피하는 길은 오직 하나님의 말씀과 계명을 순수하게 따르는 것이었다. 왜냐하면 이들은 하나님의 말씀만을 신뢰하고 그의 뜻에 한 마음으로 복종할 수 있었기 때문이다. "기민하게 처세하거나 책략을 쓰는 자가 아니라 하나님 앞에 단순하게 서는 자, 하나님의 진리를 단순하고 현명하게 응시하는 눈만이 윤리적 현실을 경험하고 인식하는 것이다."[18]

이것은 본회퍼가 지적하고 있듯이 단순함(Einfalt)과 현명함(Klugheit)을 결합하고 매개하는 것은 오직 그리스도 고백을 통해서만 가능했다. 왜냐하면 그리스도 사건을 통해서 하나님의 현실과 세계 현실이 하나가 되었기 때문이다. 그리스도의 성육신 사건을 통해서 하나님과 세계는 더 이상 두개의 각기 다른 영역으로 사고되어서는 안 된다는 것이다. 이것이 관념적인 것이 아니라 현실적인 것이 되기 위해서는 그리스도 고백의 사건을 통해서만 가능한 것이다. '고백교회'란 이런 신앙고백 위에 선 사람들을 중심으로 하고 성립된 것이다. 이것은 하나님과 세계를 갈라서 보지 않는 자세를 의미한다. 이러한 그리스도 고백에서 중요한 것은 사건이다. 하나님의 현실과 세계의 현실을 그리스도 사건을 통해서 통전적으로 관찰하는 것을 의미한다.[19]

---

17 D. Bonhoeffer, Ibid., s. 72.
18 D. Bonhoeffer, *Ethik*, s. 69.
19 안병무, 상게서 35면.

본회퍼의 사상과 행동에서 우리가 배운 것은 윤리적 행동이란 이러한 그리스도와 화해된 현실에 준하는 행동(Wirklichkheitgemäßheit)이다. 이것은 민중신학에서 말하는 '사건의 신학'을 통해서 경험적으로 파악하고 있다. 오재식은 그 점을 이렇게 설파하고 있다. "우리에게 특별히 비상시국을 위해서 마련된 행동강령이란 있을 수 없다. 그것은 다만 상황과의 함수관계에서만 가능하다. 그러나 다양한 조건상황을 꿰뚫고 고수되어야 할 것은 그의 하나님과의 관계이다."[20] 여기서 그는 현실에 준하는 행동이란 어떤 원리나 법칙이 아니라 하나님의 말씀에 순종하는 그리스도 고백이 기준이라면 기준이 될 수 있다는 것이다. 단순하게 하나님의 말씀에 복종함으로써 하나님의 현실과 세상의 현실을 화해시키려는 활동들은 예기치 않은 사건들 계시사건들을 드러냈던 것이다. 여기서 한국의 그리스도인들은 가능성 안에서 이리저리 흔들리지 않고 현실적인 것을 용감하게 움켜잡을 수가 있었다.

본회퍼는 그의 『윤리학』에서 이러한 윤리적 판단의 준거가 될 수 있는 내용을 다음과 같은 "행위"라는 시를 통해서 설파하고 있다.

순간의 쾌락에 동요되지 말고, 정의를 단호히 행하고,
가능성 가운데서 동요하지 말고, 현실적인 것을 담대히 붙잡으라.
사고의 세계로 도피하는 것이 아니라,
오직 행동에만 자유가 존재한다.
두려워 주저하지 말고 인생의 폭풍우 속으로 나아가라.
하나님의 계명과 너의 신앙이 너를 따르며,
자유는 그대의 혼을 환호하며 맞아 주리라.

---

20 오재식, 상게서 71면.

이러한 그리스도인의 삶의 자세는 인간이 되고 동시에 수난을 당하고 부활하신 그리스도의 모습을 닮아 가는 것으로 나타난다. 인간이 되고 심판을 당하고 부활하신 그리스도의 모습과 같은 모습을 취하는 것 – 이것이 그리스도인의 구체적인 윤리적 삶의 구성요소들이라는 것이다. 이러한 형성의 윤리학(Ethik der Gestaltung)은 한국의 경우는 민중목회자들의 계층자살(Klassenselbstmord)을 통해서 가장 구체적으로 나타났으며 또 일련의 성직자들과 평신도들의 인권과 민주주의 그리고 통일을 위한 정치적 봉사와 투쟁 그리고 수난과 영광을 통해서 구체화되었다.

이 점에서 하인리히 오트(Heinrich Ott)가 지적하고 있듯이 본회퍼에 있어서는 결의론적 윤리(kasuistische Ethik)도 아니고 순수한 상황윤리도 아닌 현실의 윤리가 문제가 되었다.[21] 왜냐하면 결의론적 윤리는 하나님의 명령을 고정된 일반적 법칙으로 보고 그것으로부터 신의 뜻을 연역하기 때문에 결국 자유를 상실하게 되며 상황윤리는 추상적이며 내용 없는 형식주의에 불과하기 때문이다. 그래서 본회퍼는 "구체적인 기독교 윤리는 형식주의와 결의론을 초월한다… 기독교 윤리는 하나님이고 인간인 예수 그리스도와 세계가 화해한 사건, 하나님에 의해서 현실의 인간이 받아들여지는 곳에 그 출발점을 두고 있기 때문이다."[22]

결론적으로 1960년대 말 그리고 70년대 초 본회퍼의 한국수용에 있어서 이루어진 결정적 역할은 그리스도인의 정치적 봉사와 사회적 책임성을 '신앙고백의 상황'(status confessionis)으로서 파악한 것이었다. 이러한 신앙고백은 한국에서는 보다 윤리적 책임성을 담은 언

---

21 Heinrich Ott, *Wirklichkeit und Glaube*, 1966, s. 228.
20) *Ethik*, s. 91.

어인 '선교적 과제'(Missionarische Aufgabe)로서 파악되기 시작한 것도 이때부터라고 할 수 있다. 선교적 과제로서의 정치신학적 봉사들은 1960년대와 70년대의 인권과 민주화를 거쳐서 1980년대는 '통일'로 그 역점이 이동해 오고 있는 것이다.

다음으로 이러한 그리스도 고백과 그것의 윤리적 표현으로서의 선교적 과제의 구체적인 장으로서의 '교회갱신운동'을 들 수 있을 것이다. 본회퍼는 이러한 그리스도의 모습을 취해 가는 형성으로서의 윤리의 장은 "그리스도의 말씀이 선포되고 그것을 통해서 사건이 일어나는 장으로서의 교회를"[23] 고려하고 있다. 즉 그리스도교 윤리는 이러한 교회의 선교와 사건에 봉사하는 데서 성립된다는 것이다. 따라서 본회퍼의 윤리는 일차적으로는 교회의 윤리다.

마지막으로 본회퍼의 그리스도 고백과 그리스도 형성의 윤리는 한국의 전통적 유교정통주의 가부장적 계급 윤리와 결합된 교회들의 질서 윤리의 문제점들을 밝히고 그리스도의 왕권 통치에 기초한 하나님 나라 윤리의 길을 제시했다고 할 수 있다. 하나님의 선교신학의 내용은 그리스도의 세계 형성을 지향한다고 생각된다.

(일본 본회퍼학회 강연, 1989년 8월 23-24일. 일본 YMCA 수양관)

---

23 D. Bonhoeffer, *Ethik*, s. 94.

본회퍼, 한국, 일본

모리노 젱에몬森野 善右衛門
(일본 동북학원대학교 교수)

　　한국 본회퍼 연구회의 초청을 감사드립니다. 일본 본회퍼 연구회
는 1978년부터 시작되어 해마다 여름 전국 수양회를 중심으로 연구
를 계속해 왔고, 국제 본회퍼연구회도 참가하고 독일의 베트게 부부
(1981년)와 퇴트(Tödt) 부부를 일본에 초청(1984년)하는 등 그 사귐
을 국제적으로 넓혀 왔습니다. 작년 1990년 10월에 아마기 산소에서
열린 제 13회 전국 수련회에 한국본회퍼연구회의 손규태, 김윤옥 부
부를 맞이하여 한·일 간 본회퍼 연구를 통한 교류의 길이 처음으로
열린 것은 참으로 기쁜 일이었습니다. 일본과 한국은 바다 하나를 둔
가장 가까운 이웃 나라입니다. 함께 본회퍼를 연구하는 자로서 1990
년대를 맞이한 오늘날 한·일 기독자 간에 책임 있는 협력을 어떻게
만들어 갈 것인가에 대해서 간략하게 이야기 하려고 합니다.

　　우선 일본과 한국과 본회퍼 사이에 있는 연대관계에 대해서 생각
해 봅시다. 일본과 한국·북한과의 관계를 역사적으로 보면 1910년부
터 1945년까지의 36년간 조선 반도는 강제적으로 일본에 병합되고
일제에 의한 식민지 지배를 받았습니다. 이것은 일본이 국가의 관권

을 가지고 타민족을 부당하게 지배한 것으로, 저는 일본인의 한 사람으로서 이러한 큰 과오를 엄중히 인식하며 그 죄책을 고백하고 싶습니다.

이러한 일본의 죄책에 일본 교회도 가담했다는 사실을 여기서 명백히 해둘 필요가 있습니다. 즉 1938년 당시 일본기독교회 의장이었던 도미다(富田滿)목사는 조선총독부의 요청으로 평양에 와서 조선기독교인에게 일본 신사에 참배할 것을 설득했습니다. 그 근거로서 도미다 목사는 신사는 "종교가 아니다"라는 국가의 강변을 그대로 되풀이 하며 신사참배는 일본 국민의 의례이므로 그것을 참배해도 기독교 신앙에 배치되지 않는다고 말했습니다. 그러나 거기에 대해서 주기철 목사를 비롯하여 많은 사람들이 반대하며 "신사참배는 제1계명을 범하는 죄다"라고 항의했습니다. 그것은 기독교 신앙에 근거한 용기 있는 저항이라고 생각합니다. 그러나 결과로서 그 후 평양신학교는 폐쇄되고 2,000여 명의 신도와 70여 명의 교직자가 체포·투옥되고 그 중에서 주기철 목사를 비롯하여 50여 명의 목사가 옥중에서 가혹한 고문으로 순교했던 것입니다. 이것은 일본이 범한 죄인 동시에 일본 교회와 그리스도인이 한국 그리스도인에 대해서 범한 과오인 것을 비로소 인식하며 회개와 사죄의 마음을 새롭게 하는 바입니다.

주기철 목사가 옥중에서 순교한 것은 1944년 2월 21일이었습니다. 같은 시기에 독일에서는 나치에 저항해서 체포되고 베를린 테겔(Tegel)형무소에 있던 본회퍼가 10계명의 제1계명에 대한 성서 연구를 쓰고 있습니다. 거기서 본회퍼는 독일에서 보면 멀리 있는 일본 교회의 천황 예배를 예로 들어 다음과 같이 말하고 있습니다,

일본 기독교인 대부분은 최근 국가의 황제 예배에 참가하는 것이 허

락되어 있다고 선언했다. 모든 이런 종류의 판단에 대해서는 다음과 같은 것을 생각해야 한다. 첫째, 이런 종류의 국가 행위에 참가하라는 요구가 명백히 다른 신들을 예배하는 것과 관련되어 있는가? 그런 경우에는 거절하는 것이 기독교인의 명백한 의무이다. 둘째, 만일 그것이 종교적 행위인지, 정치적 행위와 관련된 것인지 불분명하면 판단은 거기에 참가함으로써 그리스도의 공동체와 이 세상의 어떤 해가 되는 일이 일어나는가 하는 것이 판단의 기준이 된다. 그렇다면 거기에 참가하는 것을 거절해야 한다.

테겔 옥중에서의 본회퍼의 투쟁은 나치즘에 대한 저항에서 일제에 의한 신사참배 강요를 거절하며 투쟁했던 같은 질의 투쟁이었다고 말해도 좋을 것입니다. 이 하나의 사례를 우선 말하면서 한·일과 본회퍼 사이에 있는 동시대적 관계에 대해서 주목하고자 합니다.

금년 1991년은 일본 기독교단이 성립한지 50년이 됩니다. 이 교단 50년의 역사를 테마로 하는 논문집(「신교 코이노니아」11에 간행 예정)에 저도 "전진으로의 초청 – 교단 50년 사의 죄책과 진실"라는 논문을 썼습니다. 거기서 교단이 성립한 후에 범한 과오뿐만 아니라 교단 성립 그 자체가 하나님의 계명을 따르기 보다는 국가의 요청을 제일로 하며 거기에 따랐다는 점에서 신과 인간에 대한 죄책이라는 인식이 중요하지 않는가 하는 것입니다. 교단 성립은 한편으로는 신의 섭리라고 말할 수 있겠죠. 하나의 교회를 향한 걸음은 역사의 흐름을 따른 것이라고 생각하기 때문입니다. 그러나 '신의 섭리'라는 것으로 인간의 '죄책'을 지울 수는 없습니다. 섭리 신앙은 우리의 죄책의 인식과 고백을 수반하여야 비로소 의미 있는 것입니다. 죄책 고백 없는 섭리 신앙은 쉽게 자기 의인과 타자 지배의 정당화의 사상으로 변질된다는 것을 한 · 일 과거 역사의 교훈으로 삼아야 할 것입니다.

죄책 고백으로부터의 출발

본회퍼가 "윤리학"의 일부분으로서 죄책 고백을 쓴 것은 그가 교회로서의 저항의 단계를 일보 전진하여 히틀러 암살 계획을 포함하는 정치적 저항운동으로 들어가는 시기로 1940년 가을 경이라고 합니다. 그것은 새로운 일보를 내딛는 그의 결의의 표명이라고 할 수 있습니다. 거기서 본회퍼는 10계명의 하나하나를 배반하고 있는 독일 교회의 죄책을 교회를 대신하여 한 사람으로서 고백하고 있습니다. 주목할 것은 거기서 유대인 학살에 대한 죄책이 다른 어떤 것보다도 명백하게 다음과 같이 고백되고 있는 것입니다.

교회는 가장 약한 또는 가장 몸을 지킬 수 없는 예수 그리스도의 형제들(유대인들)의 생명이 말살된 것에 대해서 책임이 있다.

히틀러가 승리의 절정에 있던 전시하에서 쓰인 이러한 죄책 고백은 전후 독일에서 슈투트가르트 죄책 고백(1945년 10월)을 낳는 자극이 되었고, 전후 40년인 1985년에 행했던 봐이체크 서독 대통령의 감명 깊은 독일 죄책 연설로 연결되는 것입니다.

본회퍼 "윤리학"은 1962년에 일본어역이 본회퍼선집 전 9권의 1권으로 출판되고 그 후 여러 판이 나오고 많은 사람들에게 읽혔습니다(선집 전 9권은 1968년에 완결). 1960년대는 본회퍼를 비롯하여 몰트만, 크레머, 콕스, 호켄다이크 등 전후 세대 신학자들의 책이 연이어 일본어로 소개되어 복음의 토착화나 교회의 혁신의 문제가 열심히 토론되었습니다. 1967년 부활절에 스즈끼 마사히사(鈴木正久) 의장의 이름으로 제출되었던 "제2차 세계대전하의 일본기독교단의 책임에 대한 고백"(戰責 告白)은 전후 22년이나 지나서 비로소 처음으로 교단의 전시하의 고백이 공식적으로 고백된 것으로 일본 교회의 역사에서 획기적 사건이라고 기록될 것입니다. 그 주요 부분은 다음과 같이 말하고 있습니다.

참으로 우리의 조국이 죄를 범할 때 우리 교회도 그 죄에 빠졌습니다. 우리는 파수꾼의 사명을 다하지 않았습니다. 마음의 깊은 고통을 가지고 이 죄를 참회하며 주님의 용서를 바라면서 세계, 특히 아시아 제국의 교회와 형제자매, 또 우리나라 동포에게 마음으로부터 용서를 비는 바입니다.

이 고백은 일본 교회의 새로운 출발점이 될 것이라고 당시 지방에 있는 교회의 한 목사였던 나는 생각했습니다. 그리고 또한 사실 이 전책 고백은 아시아 제 국민과의 새로운 사귐과 화해의 길을 열기 위한 첫 걸음이 되었습니다. 그 후 교단의 걸음은 반드시 이 고백의 구체화에서 충분한 것이라고 할 수 없지만 그러나 1970년 이후 일본 교회는 전책 고백을 기반으로 하여 한국 민주화투쟁과의 연대, 오끼나와 교단과의 합동, 다양한 차별 문제, 야스구니 신사, 국가수호반대투쟁 등을 시작할 수 있었습니다. 화해로의 길은 죄책 고백에서 출발하여 비로소 열린다는 것을 우리는 본회퍼에게서 배울 수 있습니다.
1988년 2월 29일 한국기독교교회협의회가 낸 "민족의 평화와 통일에 대한 한국기독교회선언"은 해방 50년의 1995년을 희년의 해로 선언하고 그것을 선포하는 운동을 일으킨다고 말하고 있습니다. 그것의 전제로서 "한국 기독교인은 평화와 통일에 관한 선언을 선포하며 분단체제 안에서 상대방에 대하여 오랫동안 깊은 증오와 적개심을 가지고 온 것이 우리의 죄임을 하나님과 민족 앞에서 고백한다"라는 죄책 고백하는 것에 공감하며 여기에 지지와 연대를 표합니다. 화해의 길은 증오나 적개심을 높이는 것으로 열리지는 않습니다. 상대방의 아픔이나 고통을 자기 몸에 짐으로써 즉 십자가의 길이야 말로 화해에 이르는 길입니다. 거기에 그리스도인의 책임을 지는 길이 있고 남북통일의 길도 거기에서 바라볼 수 있는 것이 아니겠습니까? 여기에 대해서 한일 그리스도인들의 연대를 기대합니다.

모든 인간 신격화(우상화)의 움직임에 대항하여

메이지 헌법 하에서 천황은 일제의 통치자일뿐 아니라 동시에 "신성하여 침범할 수 없는"(제3조) 존재로서 위치지어 졌고 후에는 현인신(現人神)으로서 예배되었습니다. 옥중에서 본회퍼의 '제1계명' 성서 연구에 보면 "오직 한 하나님만을 하나님으로 하는" 투쟁은 그리스도인의 오늘날의 투쟁의 방향을 지시하는 것이며 또한 거기서 커다란 시사와 지극이 주어져 있습니다.

일본 패전에 의하여 신군천황제는 폐지되고 천황이 "인간선언"(1946년 1월 1일)을 경유하여 새로운 헌법이 제정되고 '상징 천황제'로 변화되었습니다. 교회도 신권 천황제는 문제지만 상징 천황제라면 과거와 같은 일이 없을 것이라 하여 모순이나 대립은 하지 말고 절충해서 해 나갈 수 있다고 생각하며 안심하고 이 문제를 깊이 생각하는 것을 중지하고 천황제 문제와의 대결을 방기해 왔던 점에 교단의 전후 책임이 있는 것 같습니다. 그러나 이것으로 문제가 해결된 것이 아니라 천황의 "인간선언"에도 불구하고 그의 신격성은 지금도 완전히 없어지지 않았다는 것을 1988년 이후에 쇼와 천황의 병환, 장례, 새 천황의 즉위식과 다이죠사이(大嘗祭) 등의 천황 승계의식들을 통하여 우리는 강하게 인식하게 된 것입니다.

예를 들면 나가사끼 시에 모토시마(本島等) 시장은 가톨릭 신자인데 1988년 12월에 나가사끼시 의회에서 한 의원의 질문에 답하여 "천황에게 전쟁 책임이 있다고 생각한다"라고 말한 극히 당연한 한 마디가 큰 반향을 일으켜 그 후 우익에게 총상을 입은 사건이 일어났습니다. 또한 새 천황 즉위식과 다이죠사이를 앞에 둔 1990년 4월 12일에 기독교 4개 대학장이 연명으로 다이죠사이를 반대하는 성명을 내고 "다이죠사이는 (천황을 신격화하는 의식으로서) 상징 천황제를 신권 천황제로 역행시키는 길을 열 과오를 범하는 것이라고 말하지 않을 수 없다"라고 경고했을 때도 그중 한사람, 페리스 여학원대학의 弓削達 학장의 자택에—이분은 개신교신도인데— 우익이 총을 쏜 것입니다. 즉 천황 타부, 국화(菊花) 타부가 오늘날 민주 일본에 엄연히 존재하는 것이 명백해진 것입니다. 상징 천황제 문제점은 결코 해결되어 있지 않습니다. 1988년 이후 천황의 승계에 임하여 우리 일본인 특히 일본 교회는 이 문제에 직면하여 앞으로의 천황제는 어떠해야 하는가에 대하여 깊이 생각해야 합니다.

저는 지금 센다이에 있는 동북학원대학에서 일반 교양 과정인 기독교학을 전문 과정과 합하여 담당하고 있습니다. 작년(1990) 12월 2학년 마지막 수업 시 천황의 승계에 관한 문제들에 관해서 강의하고 금년 1991년 1월 시험문제에서 앞으로 천황제는 어떠해야 하는가에 대한 학생들의 의견을 요구했습니다(해답 수 100여 명). 11월에 행했던 즉위식 다이죠사이 직후여서 학생들의 관심이 높고 솔직한 해답이 나왔으므로 그 결과를 정리하여 오늘날 일본의 젊은 세대의 천황제에 대한 문제의식과 관심을 알아보려고 합니다.

천황 존재 없이 일본인은 일본인으로서 통합되어 갈 수 있을까. 천황은 일본의 안정을 위한 신과 같은 역할을 다해야 한다고 생각한다 (남학생).

일본 전통을 중요시해야 한다고 생각한다. 외국에서도 일본 천황제를 부러워하는 나라가 많다(여학생).

천황제는 일본의 오랜 전통에 근거하고 있으므로 필요하고 앞으로도 존중되어야 한다는 의견이 3분지 1이었습니다. 그러나 절반을 넘는 응답자는 이 시기에 TV의 보도들에 통하여 우리 앞에 제시된 천황제의 존재양식에 대해 비판적이었습니다.

상징인 천황 한 사람의 병 때문에 주권자인 국민에게 이렇게 큰 영향이 미치는 것은 두려운 생각을 낳게 했다. '자숙(自肅)'이란 자기의 의지로 하는 것이지 타인에게 강제되거나 무심히 거기에 따르는 것은 타숙(他肅)이 되어버린다(여학생).

나는 비디오 빌려주는 곳에서 아르바이트 하고 있는데 즉위식 때 몹시 혼잡했던 것을 기억한다(남학생).

가이부 내각총리대신이 천황을 향하여 만세를 하고 국민의례를 함께 하고 있었다. 나는 그것을 보고 전율을 느꼈다. 마치 전시 중에 독일을 보고 있는 것 같았다. 한 개인 천황 대 국민이라는 구도가 보이는 것 같다. 이것은 일종의 파시즘이 아닌가. 일본은 다시 파시즘의 길을 걸어가는 것이 아닌가 생각했다(남학생).

천황제는 필요 없다. 폐지해야 된다는 의견이 열두 명이나 있었던 것은 주목할 만한 일입니다. "천황은 우리와 같은 보통 인간이라는 것을 확인해야 한다"(남학생)라는 대답은 새로운 일본의 걸음의 출발점을 표현하고 있습니다.

지금 천황이란 일본에서 어떠해야 하는가? 정말 필요한가를 잘 생각해야 할 시점에 와 있다고 생각한다. 또한 천황에 승계되었다 해도 과거의 전쟁의 죄를 피하지 말고 겸허히 받아들여 인식해 주면 좋겠다. 천황이 신이 되는 일은 두 번 다시 있어서는 안 된다(남학생).

이러한 의견이 전후 세대 젊은 세대에 넓게 받아들여지고 정착되어 간다면 일본도 변해 갈 것이라고 저는 희망을 가지게 됩니다.

그리스도의 현실이 이 세계 한에 현실화하는 장소와 모습을 찾아서

본회퍼는 그리스도의 현실에서 출발하여 이 세계 어디에(장소) 어떻게(모습) 되어가는 것인가를 탐색했던 신학자, 동시대인, 그리스도인이었습니다. 그것의 길을 예비하는 자로서 그리스도인은 이 세상에 살 사명이 있다고 본회퍼는 생각했습니다. 이런 본회퍼를 배우는 자로서 그리스도는 오늘날 아시아에서 어떤 모습을 취하려고 하는가에 대해 아래와 같은 세 가지 점을 생각해 보려고 합니다.

1. 그리스도의 평화의 현실화의 과제로서 힘에 의하지 않은 평화의 길을 철저하게 추구한다.

1930년대 본회퍼는 다가오는 히틀러의 전쟁을 저지하기 위해서 산상 설교의 실천으로서의 평화 메시지를 말했고 힘의 균형에 의해서 안전 보장을 찾는 길을 버리고 무력에 의하지 않는 그리스도의 길을 결단해야 하는 것을 파뇌(Fanø)에서 열린 세계교회청년협의회 아침 예배 설교에서 호소하여 큰 반향을 일으켰습니다(1934년 8월). 이러한 본회퍼의 호소는 그로부터 50년 후인 1980년대 유럽에서 세계핵전쟁을 피하기 위한 평화의 호소로서 다시금 살아났고 1990년 3월 서울에서 WCC의 평화협의회가 "정의 평화 창조의 보전"(JPIC)에 주제로 열렸던 것을 우리는 잘 알고 있습니다. 페르시아 만 전쟁 후 세계에는 다시 힘에 의한 평화의 사고방식이 대두되고 있지만 그러나 그러한 사고방식에 미래는 없습니다. 일본의 헌법 제9조(전쟁포기와 무력포기)는 본회퍼의 뜻을 살리고 평화로운 미래를 만들기 위한 현재적 의의를 갖는 것이라고 생각합니다. 일본은 두 번 다시 무력을 사용하지 않는다. 따라서 자위대를 해외에 파견하지 않는다는 것을 분명히 해야 합니다.

2. "아래로부터의 관점"에 서서 역사를 민중(작은 자, 약한 자, 소수자)의 편에서 보는 것을 배운다. 그럼으로써 "황국사관"을 참으로 극복한다.

옥중서신 안에 수록되어 있는 "십년 후"라는 에세이는 1943년 겨

울에 쓴 것인데 거기에 "아래로부터의 관점"이라는 인상 깊은 문장이
나옵니다.

우리는 세계사의 큰 사건을 한 번 아래로부터 즉 사회에서 소외된
사람들, 권력 없는 사람들, 억압되고 조소를 받는 사람들의 관점에
서, 간단히 말하면 고난 받는 사람들의 관점에서 보기를 배웠던 것이
고 이것은 비할 수 없을 정도의 가치를 가진 체험으로서 남았다.

본회퍼가 여기서 생각했던 것은 위에 있는 권력의 담지자로부터가
아니라 민중을 주체로 하는 평화이며, 민중의 역사의 창조였습니다.
여기서 우리들은 역사를 보는 관점을 배우게 됩니다. 전쟁 전과 전쟁
중의 일본인들은 천황 중심의 '황국사관'으로 교육되었습니다. 일본군
은 '황군'이며 일본의 전쟁은 '성전'(하늘을 대신하여 불의를 친다)이었
습니다. 이러한 사고방식은 역사의 진실을 은폐하고 왜곡하는 잘못된
사고방식입니다. 기미가요, 히노마루, 쇼와 등의 연호도 천왕제배의
역사의 상징이어서 그리스도인으로서는 인정할 수 없습니다. 작은 자
나 소수자 편에 선 역사의 관점을 배우고 싶습니다. 독일과 폴란드에
서는 공동으로 역사교과서를 만드는 작업이 진행 중이라고 합니다.
일본과 한국도 공통의 역사 이해를 낳기 위한 협력이 필요합니다.

3. 하나님의 백성, 그리스도의 백성임(하늘에 있는 공통의 본적지)을 지
상의 국적에 우선하여 생각하고 국경을 넘는 그리스도의 정의를 찾는다.

그리스도인은 그리스도 안에서 그리스도를 통하여 하나의 형제라
고 본회퍼는 『신도의 공동생활』에서 말하고 있습니다. 전시하에 일본

기독교단은 그리스도교의 길이 아니라 황국의 길을 따르고 황운을 받들었던 것을 '생활강령'의 첫째로 내걸어서 성립되었던 교단입니다. 그것은 황국의 이론이며 천황의 신민임을 첫째로 하고 그리스도의 백성이며 그리스도안의 형제임을 둘째 내지 셋째로 하는 것이었습니다. 여기에 전시 아래 일본 교단의 죄책이 있는 것입니다.

그러나 그리스도인의 본적은 하늘입니다(빌 3:20). 그리스도인은 지상의 국적을 넘어 하나님의 백성, 그리스도의 백성입니다. 여기에 한일 그리스도인의 연대의 기초가 있습니다. 우선 첫째로 하나님의 나라와 의를 찾아서 산다(마태 6:33)는 것을 한일 그리스도인의 공동 선언의 출발점으로서 명백히 하며 거기서 출발하면 좋겠습니다.

(김윤옥 번역)

(본회퍼학회 공개강연회, 1991년 5월 24일 서울 양재동 새겨레 교회에서)

한국의 민중신학과 본회퍼

손규태

(성공회대학교 명예교수)

I. 들어가는 말

한국의 민중신학은 1960년대 중반 그리고 1970년대 초 한국의 군사독재 치하에서 몸으로 투쟁하고 수난을 당한 일단의 신학자들의 경험과 사색을 통해서 탄생한 실천적 정치신학이다. 이 신학은 구약의 히브리인들의 출애굽 전통과 신약의 갈릴 예수의 전통을 한국의 민중사적 전통과 결합시키는, 말하자면 성서의 빛에서 한국의 민중의 현실을 조명하고 한국의 민중의 현실과 경험에서 성서를 새롭게 읽어 가는 이론적 실천적 노력이다.

한국의 교회사적으로 말하자면 민중신학은 정치신학으로서 19세기말 20세기 초의 기독교의 정치적 수용과 그 전통을 다시 한번 한국의 현실에서 계승 발전시키는 것으로 이해해야 할 것이다. 따라서 한국에서의 이러한 선교 초기의 기독교 수용 과정을 바로 이해하지 않고서는 민중신학이 갖는 한국교회사에서의 역사적 맥락을 바로 이해할 수 없다. 왜냐하면 필자는 한국의 민중신학이 해방신학이나 본회퍼

등의 사상에 의해서 자극을 받은 것을 인정하지만 이 신학은 본질적으로 한국의 초기 기독교의 정치적 수용을 계승시키고 발전시킨 것이라고 봐야 할 것이기 때문이다. 따라서 필자는 한국인의 기독교 수용에서의 정치적 동기들을 간략하게 살피고 이러한 정치신학적 동기들이 선교사와 일제에 의해서 어떻게 제거되었는가를 우선 고찰하려고 한다.

II. 조선에서의 기독교의 수용

기독교가 조선에 들어왔을 때 조선인들로 하여금 기독교를 용이하게 받아들이게 만든 적극적인 이유는 그들이 기독교가 갖는 민족 해방의 전통과 예수의 민중 해방의 전통에 매혹되었기 때문이다. 그것은 이를 수용한 계층들을 살펴보면 곧 알 수 있다. 이를 수용한 계층들은 주자학이라는 유교의 전통주의 이념과 거기에 근거한 신분 계급 사회를 유지하려는 이들을 제외하고 실학파의 지식인들과 동학운동에 실패한 경험을 가진 이들 가운데 일부 그리고 낮은 신분에 속한 사람들이었다.[1] 여기에서 기독교는 이미 정치적으로 특정한 계층에 의해서 수용되기 시작했다. 실학파의 지식인들은 이념적으로 개화와 민족의

---

[1] Sohn Kyoo Tae, "Kirche und Nationalismus: Eine Studie über die Rolle des Nationalismus in der koreanischen Kirchengeschichte unter der japanischen Kolonialzeit", *Dissertationsarbeit* in Heidelberg 1986, s. 60-70. 우리는 여기서 다음과 같은 네 집단들의 서구(서학)에 대한 태도를 다음과 같이 도식화해 볼 수 있을 것이다:

	정통 유교	개혁 유교	동학농민운동	일반 대중들
서양 종교	불가	가/불가	불가	가/불가
서양 기술	불가	가/불가	불가	가
서양 정치	불가	가	불가	가
서양 제국주의	불가	불가	불가	불가

자주독립의 수단으로서 서양 문물을 수용하였고 동학운동에 참가한 이들과 천민들은 민족의 자주화는 물론 성리학에 바탕을 둔 신분 계급 사회를 극복하자는 데서 기독교에로 개종한 것을 볼 수 있다. 이러한 기독교의 초기 수용은 선교사와 일본 제국이라는 두 개의 각기 다르나 협력하지 않을 수 없는 세력들의 연합전선에 의해서 비정치화 내지는 탈 정치화된다.[2] 선교사에 의한 기독교 수용의 탈정치화는 1905년 을사보호조약과 1910년 한일합방 사이 조선인과 기독교인들의 정치적 정서가 최고조에 달했을 때인 1907년, 선교사들에 의해서 조직적으로 준비되고 추진된 이른바 '대부흥운동'이라는 것을 통해서 이루어졌다. 이 해는 구식 군대가 해산되고 일본에 의한 신식 군대가 강제로 조직되었고, 여기에 반발한 구식 군인들이 주동이 되어 유생들을 중심으로 한 의병운동이 전개되던 해이다. 이 해는 고종이 일본의 부당한 간섭에 항의하여 이준을 헤이그평화회의에 보내서 일본의 식민지적 야욕을 규탄하려한 것이 발각이 되어 폐위되는 비운을 겪은 해이기도 하다. 또한 이때는 기독교인들뿐만 아니라 전 국민의 일본에 대한 분노가 극에 달하고 애국적인 집회들이 연일 교회에서 열리던 해이다.

이러한 교회의 정치화는 소시민적이고 중산층 출신의 선교사들 그리고 타계적인 개인적 신앙을 가진 선교사들의 눈에는 교회가 복음으로부터 탈선한 것이며 일탈이었다. 한 선교사는 당시의 상황을 이렇게 묘사하고 있다.

기독교인들에 관한 한 이 시기(1890-1905)의 문제들 가운데 하나는 정치적 사건들에 의해서 야기되었다. 애국심이 기독교인들로 하여금 그들의 민족적 존엄성에 대한 일본인의 침해에 대항해서 들고

---

2 민경배, 『한국 민족교회 형성사론』, 연세대학교.

일어날 것을 요구하는 것 같이 보였다. 다른 조직들이 전무한 상태에서 왜 교회들이 이러한 저항의 중심이 되지 않았겠는가? 교회들은 집회 장소가 될 수 있었고 사람들의 집단들은 한데 묶는 구실을 했다. 독립은 위기에 처했었고 조국을 위해서 모든 사람들이 희생해야 했다. 이것이 몇몇 사람들이 이유로 드는 것들이었다. 그러나 선교사들과 기독교인 지도자들은 정치적 분규들의 위험들을 곧 인식할 수 있었고 따라서 이러한 위험으로부터 교회를 지키는 일에 모든 노력을 다했다. 교회 지도자들은 기독교인들이 불법적인 행동에 가담하지 말 것을 강조했다. 대부분의 기독교인들은 그들의 지도자들의 지시를 따라주었다는 것을 보여주는 많은 증거들이 있다.[3]

선교사들은 기독교의 이러한 정치적 수용에 당황하고 교회를 이러한 민족운동의 장으로부터 해방시키기로 결심했다. 이러하여 교회를 정치적 오염으로부터 정화시켜서 순수한 복음만을 즉 비정치화된 타계적이고 내면적 신앙의 장으로 만들자는 것이다.[4] 정치의 장으로 변

---

3. Allen D. Clark, *A History of the Church in Korea*, 1971, 155ff: "One of the Problems of this period(1890-1905), as far as the Christians are concerned, was created by the political events. Patriotism seemed to demand that the Christians should rise in opposition against the Japanese encroachment upon their national sovereignty. In the absence of other organization, why should not the churches be made centers of resistance? They could provide meeting places and unified groups of people. Independence was at stake and all must be sacrificed for the mother country. This was the manner in which some reasoned. But the missionaries and Christian leaders were quick to realize the perils of political entanglements and exerted every effort to keep the church free from them. The church leaders urged that Christians to engage in no lawless activities. There is abundant evidence to show that the great majority of Christians followed these instructions of their leaders.": *Lak Geon George Paik, The History of Protestant Mission in Korea, 1822-1910*, 252

해버린 교회를 깨끗이 하고 "하나님의 성령으로 부어주는 것이 절대로 필요하다고 보았다."5 이러한 생각은 당시 부흥회를 주도적으로 끌어갔던 선교사 블레어(Blair)의 다음과 같은 글에서 찾아볼 수 있다.

우리 선교사들은 한국교회가 일본인을 미워한 것을 회개할 뿐만 아니라 하나님에 대한 모든 죄에 대한 커다란 두려움 없이 하나님의 뜻을 행하도록 해야 한다고 생각했다.6

선교사들은 민족의 자주와 독립을 열망하는 조선인들에 대해 동정심을 가지고 있었지만 당시의 극동의 상황으로 봐서 조선이 독립을 유지할 수 없다고 판단하고는 소련에 편입되는 것보다는 일본에 의해서 식민지가 되는 것이 더 좋다고 생각했다.7 이것은 미국 정부의 대외정책을 반영하는 것이기도 하고 선교사들은 이러한 정책에 충실했다는 증거가 되기도 한다. 요약하자면 한국교회의 비정치화는 선교사들에 의해서 조직적으로 감행되었다.

교회의 비정치화는 선교사들에 의해서만 이루어진 것이 아니라 일본제국주의자들에 의해서도 감행되었다. 1907년 선교사들과 그 추종세력들에 의해서 교회에서 추방된 민족주의적이고 애국적인 기독교

---

4 Allen D. Clark, Ibid., 100.

5 Ibid., 100; A special cleansing and empowering by the Spirit of God was vitally necessary.

6 William H. Blair, *The Korean Pentecost*, New York, 112. "The missionaries felt that the Korean Church needed not only to repent of hating the Japanese, but a clear vision of all sin against God, that many had to come into the church sincerely believing in Jesus as their Savior and anxious to do God's will without great sorrow for sin because of its familiarity."

7 Arthur J. Brown, *The Mastery of the Far East*, 372ff.

인들은 신민회(New People's Association)와 '해서교육총회'를 중심으로 해서 조국의 독립을 쟁취하려는 운동을 전개해 나갔다.[8] 신민회는 비밀독립단체로서 활동하던 중 1911년 일제는 이른바 데라우찌 총독 암살 음모 사건이라는 것을 조작하여 5백여 명을 체포하여 그중 105명을 실형에 처했다. 그들은 사건을 날조하기 위하여 끔찍한 고문을 자행했다. 다른 한편 교육 입국을 목표로 활동하던 비교적 온건한 해서 교육총회와 이들에 의하여 운영되던 사립학교들은 1911, 1915년 등 두 차례에 걸친 교육령과 교육법을 통해서 해체시키고 말았다.

이러한 두 개의 비교적 온건한 독립운동단체들이 와해됨으로써 기독교인들에 의해서 진행되던 민족운동은 완전히 자취를 감추게 된다. 선교사들과 일본인들의 전술적 동맹은 교회를 사적이고 타계적인 신앙의 집단으로 만드는 데 성공했다. 선교사들이 말하듯이 교회는 이제 완전히 청소가 된 것이다. 이때부터 한국교회의 교권은 선교사들과 한국의 보수적인 신앙을 가진 이들에게 독점되기 시작했다. 유럽 신학의 소개나 성서비판학의 강의는 해방이 되고 조선신학교가 탄생할 때까지 기다려야 했다.

III. 본회퍼의 한국 수용과 민중신학의 탄생

한국에서의 정치신학으로서 민중신학의 태동은 1960년대의 일련의 정치적 사회적 사건들과 연관되어 있다. 1960년 군사 구테타에 의해서 집권한 박정희 정권의 실체가 1965년을 기점으로 하여 드러나

---

8 손인수,『한국근대교육 하, 1885-1945』, 73ff.

기 시작했다. 신학계와 교회는 이때까지만 해도 군사정권에 대하여 관망하는 태도를 취했으며 당시의 세계적 추세였던 신학의 상황화 (Contextualization)와 관련해서 토착화 논쟁에 휘말려 있었다. 이때에 토착화 논쟁에는 약 20여 명 정동의 지도적인 신학자들의 참여했으며, 문화신학적 논거 아래서 토착화를 적극적으로 들고 나온 감리교계의 신학자들과 문화 변혁적 논거에 따라서 토착화를 소극적으로 받아들이던 장로교계의 신학자들 사이에 논쟁으로 발전되었다. 이 논쟁은 대체로 당시 한국의 신학적 입장들을 정리하는 데 기여했으며, 동시에 서구 신학의 복사나 전수를 통해서는 우리의 교회적 신학적 문제를 풀어갈 수 없다는 데 의견의 일치를 보았다고 할 수 있다.

이러한 와중에서 일련의 신학자들은 세속화 문제를 둘러싼 토론에 참가하게 되는데 이기에서부터 본회퍼의 한국 소개가 본격적으로 시작된다. 그런데 여기서 매우 특이한 것은 한국에서의 세속화 토론은 단지 미국에서의 본회퍼 수용을 그대로 소개하는 것이어서 실제로는 이렇다 할 교회적 반응을 얻지 못했다. 그 이유는 한국은 당시로서는 미국이나 유럽이 경험하던 세속화를 실감할 수 있는 사회적 여건을 가지고 있지 않았기 때문이다.9 여기서는 이른바 성인 된 세계에서의 기독교 복음의 새로운 해석과 그 전달이 문제가 되고 있다.

본회퍼의 한국 수용에서 또 하나 주목할 것은 김의환 교수와 이장식 교수에 의해서 제기된 이른바 '순교자 논쟁'이라 할 것이다. 이것은 세속화 논쟁보다는 훨씬 더 정치신학적 내용을 담고 있다고 볼 수 있다. 정통보수주의 진영의 신학 교수였던 김의환은 "세속화는 기독교를 교회에서 세상으로 옮기는 것인가?"라는 제목의 글에서 "교회에서

---

9. 서남동, "복음전달과 그 세속적 해석", 「기독교사상」 1965년 2월; 유동식, "한국교회가 지닌 비종교화의 과제", 「기독교사상」, 동상; 강문규, "세속주의와 세속화", 동상; 허혁, "복음화냐 세속화냐?" 「기독교사상」, 1965년 12월 등 참조.

세상으로"(Von der Kirche zur Welt)라는 한프리드 뮐러의 논제를 비판하면서 1930년대 신사참배를 반대하다가 순교한 주기철 목사를 히틀러 암살단에 가담했다가 처형당한 본회퍼와 같은 반열에 두는 것을 강력히 반대하고 있다. 그뿐 아니라 세속화 신학은 성과 속의 영역의 구별을 없앰으로써 결국 복음을 사회운동으로 환원시킬 위험을 가지고 있다고 지적한다.[10]

한국신학대학의 이장식 교수는 "본회퍼와 주기철"이란 제목의 글에서 신사참배를 거부하다가 죽임을 당한 주기철 목사는 명백히 순교자라고 할 수 있다고 보았다. 그 이유는 주기철 목사는 "당시의 민족운동자들을 면박하는 설교를 했고, 이들이 민족운동, 정치운동을 하기 위하여 교회에 들어와서 예수를 믿는 사람과 인격을 높이며 도덕생활을 하기 위하여 예수를 믿는 사람이 있을 것인데 이런 사람은 그리스도와 아무 상관이 없으니 이제라도 교회를 떠나라고 했다는 것이다."[11] 주기철은 민족적 동일성보다는 기독교인으로서의 동일성에 더 강조점을 두었다고 볼 수 있다.

여기에 반해서 본회퍼는 독일 교회에서 "정치적 순교로 인정하여 순수한 종교적 순교자들과 조심스럽게 구별한다"라고 본 이장식 교수는 "본회퍼가 생각한 크리스천의 자기 동일성과 정치적 투쟁을 하던 자기 형제들과의 자기 동일성 사이의 변증법적 관계가 성립된다"라고 보고 있다. 이웃의 아픔에 동참하기 위하여 그리고 앞에서 구체적으로 죽어 가는 민족들과 동료들을 위하여 독재자를 제거하려고 한 애국적 행위는 단순한 정치적 결단으로만 볼 수 없으며, 따라서 신앙적 결단과 정치적 결단 사이를 선명하게 구별하기 힘든 한계상황에서는 기

---

10 「기독교사상」, 1967년 12월 50-54.
11 「기독교사상」, 1972년 4월, 41

독교인은 시민으로서 그리고 시민으로 그리스도인으로서 행동할 수밖에 없다는 것이다. 이장식 교수의 글은 기독교인의 실존과 한 시민으로서의 실존 사이를 이분법적으로 구별하려는 시도나 현대에서의 순교자의 고전적 이해를 접하는 것은 불가능하다는 것을 지적한 데 공로가 있다고 하겠다.

본회퍼가 한국에서 가장 본격적으로 소개된 것은 세속화 토론이나 순교자 논쟁보다는 그의 정치적 투쟁과 관련되어서 이다. 이것은 진보적 기독교인들이 박정희 군사 독재정권하에서 본회퍼의 삶과 사상을 통해서 정치투쟁을 위한 영감과 힘을 얻자는 데서 출발하고 있다. 한국의 정치신학 형성에 크게 기여한 것들로 본회퍼의 신학 말고도 1960년대 세계교회협의회를 중심으로 다루어진 책임사회론(Responsible Society)과 남미의 해방신학을 들 수 있으나, 필자가 보기에는 본회퍼의 역할을 능가하지 못하고 있다. 말하자면 1960년대 중반 이후 본회퍼가 한국에서의 교회의 정치 투쟁에 가장 강력한 영감과 추동력을 제공했다는 것이다. 아직도 신학계에서는 토착화의 논쟁이 한참 진행되고 있을 때 사회윤리학을 전공하고 미국에서 돌아온 고범서는 「사상계」라는 잡지에다 "독재에 항거한 신학자"라는 글을 통해서 본회퍼를 정치 신학적으로 소개했다[12]

이들의 본회퍼 소개가 목표로 하고 있는 것은 당시 독일의 상황을 소개함으로써 우리가 처한 현실을 해명하자는 것이다. 당시 한국의 군사독재를 직접 대고 비판하는 일이 금지되어 있는 상황에서 독일의

---

12. 그밖에도 오재식, "본회퍼의 현대적 의의", 「기독교사상」 1969년 10월; 나학진, "윤리판단에서의 상황성과 상황윤리 – 본회퍼의 현실적인 것을 중심으로", 「현존」 1969년 제5권; 이종성, "본회퍼의 항거운동", 상, 1970년 4월; 안병무, "자유를 추구하는 교회: 나치스의 독재와 바르멘 선언", 「기독교사상」 1971년 3월; 박형규, "본회퍼의 독일고백교회", 1972년 12월과 73년 1월등 참조.

상황을 소개함으로써 독자들로 하여금 우리의 상황을 바로 해석하게 하자는 것이었다. 그 뿐만 아니라 이들 필자들은 본회퍼의 소개를 통해서 용감하게 투쟁하다가 형장의 이슬로 사라진 본회퍼의 삶의 통해서 독재체제 하에서 기독교인들이 걸어가야 할 길을 보여주려고 했다. 오재식은 그의 글에서 교회의 목사가 히틀러 암살계획에 가담한 것이 옳으냐, 그르냐 하는 논쟁은 "한가한 사람들의 말거리요, 행동을 해야 하는 사람들의 관심거리가 아니다"라고 단언하면서 순교자 논쟁을 비판하고 나선다. 우리도 실제로는 '미친 운전사'에게서 핸들을 빼앗아야 할 처지에 있음을 그는 강력하게 암시하고 있다. 이때에 서구 신학자들에 의해서 쓰인 본회퍼에 관한 글들도 소개된다.[13]

그러나 본회퍼의 한국 소개에 있어서 결정적 역할을 한 박봉랑은 1975년 본회퍼 서거 30주년을 기념강연회에서 "기독교인의 비족교화 – 본회퍼의 신학"이란 제목으로 1960년대 이후의 기독교의 사상적 기후를 다음 다섯 가지 항목으로 정리하고 있다.

첫째 신학에서의 '이 세상성'에 대한 관심의 증가와 둘째, 신앙항목의 바른 진술보다는 행동의 성격과 방향의 강조, 셋째 신학적 사고가 변혁 지향적이다. 넷째 개체에 대한 관심으로부터 타자를 위한 삶과 연대성의 강조 그리고 마지막으로 말씀의 선포에서 삶의 전 영역의 인간화가 그것이다.[14] 이러한 내용들이 그에 따르면 세속화 신학, 신의 죽음의 신학, 희망의 신학, 정치신학, 해방의 신학, 혁명의 신학 등을 통해서 표현되었는데 "이와 같은 20세기 후반의 신학의 변화에 대해서 결정적인 쐐기의 역할을 한 사람으로서 우리는 20세기의 기독교

---

13 Gehard Ebeling, *Dietrich Bonhoeffer*, 「기독교사상」, 1971년 9월; Eberhard Bethge, *D. Bonhoeffer*, 「현존」, 1972년 8월호 등 참조.

14 박봉랑, "기독교의 비종교화-본회퍼의 신학", 「신학사상」, 1976년 봄, 146ff.

세계에 수수께끼와 같이 된 본회퍼의 존재를 손꼽지 않을 수 없다"고 했다.15

박봉랑은 그의 논문의 결론에서 "케리그마와 신앙의 '비종교적' 이해는 개인주의적, 경건주의적, 실존주의적 신학으로부터 정치신학의 풍토를 만드는 '누룩'이 되었다… 오늘의 교회의 사마리아 사람의 역할은 단순히 영적, 정신적 자비에서만이 아니라, 책임성, 연대책임에서 이해하여 기독교가 오늘의 프롤레타리아의 인간 소외와 고난이 있는 그 곳에 동참함으로써 사랑은 구체적인 행동과 책임성에서 대답될 수 있게 되었다. 본회퍼의 윤리학의 '이 사람을 보라'는 이 대답의 종합이다."16

IV. 민중신학에서 본 본회퍼의 신학

1870년대 말 그리고 1980년대에 들어오면서 한국에서의 인권운동과 민주화운동은 그 이념성에 있어서 질적 도약을 했다. 1960년대 말의 인권운동과 1970년대의 민주화운동은 주로 교회를 중심으로 해서 감당되어 갔으며, 이들 운동에서는 군사 독재정권의 인권 침해를 고발하고 이 정권에 의해서 수난을 당하는 이들을 여러 측면에서 도와주는 일로 만족했다. 이러한 단순한 인권 보호 차원에서의 운동은 독재정권을 제거하고 새로운 민주주의적 정권을 수립하려는 정치 투쟁으로 전화된 것이 1970년대 중반 이후의 운동 방향이었다. 이러한 운동의 집결된 힘으로 1979년 박정희 정권을 붕괴시키는 데까지 이른

15 상게서 참조.
16 상게서 162-166.

것이다. 그러나 박정희 정권의 붕괴 이후에 광주학살과 더불어 이를 이어서 등장한 군사정권의 출현은 이제까지의 순박한 민주화운동 즉 자유민주주의 회복으로는 문제의 근본적인 해결을 달성할 수 없다는 인식에 도달하였다.

미군의 지원을 받는 군사독재 정부와 이들과 결탁된 독점매판 재벌들의 문제를 해결하지 않고는 인권 보장도 민주주의도 이를 수 없다고 인식한 진보적 지식인들과 학생들, 운동의 영감과 추동력을 사회과학적 연구 결과에서 찾기 시작했고 운동의 방향을 통일 운동으로 전화시켰다. 외세에 의한 분단이 한국 사회의 제반 모순 가운데 기본적인 모순이라는 인식을 갖게 된 것이다. 분단 상황에서는 국가안보 이데올로기가 사회를 지배하고 이것을 위해서는 군의 역할이 강조되고 이는 필연적으로 군사 독재의 악순환을 가져온다는 것이다. 이와 때를 같이 하여 지식인들과 학생들에 의해서 이끌려가던 운동세력에 노동자들이 가담함으로써 운동은 양적으로나 질적으로 크게 성장한다. 이러한 변혁운동의 양적, 질적 성장은 교회와 신학이 지금까지 차지해온 입지를 더욱 축소시켰다. 1970년대에 민중신학이 차지했던 위치가 축소되면서 민중신학은 이제까지의 연구 방향을 바꾸어서 사회과학의 연구 결과들과 마르크시즘의 연구에 몰두하게 되는데 이러한 일들은 주로 사회과학적 지식을 가지고 있는 소장학자들에 의해서 이루어지고 있다. 마르크스와 사회과학의 인식 수준이 앞으로는 민중신학의 발전의 템포를 결정해 주리라고는 전망이 나오고 있다.

다른 한편 80년대에 들어와서 민중신학적 이론을 실천의 장으로 매개하려는 운동으로서 민중교회운동이 여러 교파의 젊은 목회자들에 의해서 전개되고 있다. 현재 이러한 민중교회들이 전국적으로 100여 개가 세워져서 활동하고 있다. 그러나 이들의 노력은 기대했던 것만큼의 성과를 올리지 못하고 있다. 대체로 그 이유는 이 운동이 엘리트적 운동이어서 대중성 확보에 실패했다는 지적과 함께 이 운동이 교회로서 가져야 할 종교성을 너무 무시하고 있고 단지 사회변혁 운동에만 주력하는 데서 문제가 있다는 지적이다.[17]

1980년대에 들어와서 이러한 변혁운동의 양적, 질적 성장과 함께 민중신학의 연구가 새로운 사회과학적 연구 결과들을 신학에 매개하기 시작하면서부터 본회퍼의 신학의 영향력은 저하되었다. 이러한 영향력 저하는 대학 강단에서의 본회퍼 연구의 후퇴에서도 그리고 기독교 잡지들에서 본회퍼에 관한 연구 논문가 발표가 줄어드는 데서도 볼 수 있다. 이러한 본회퍼 신학의 퇴조현상을 우리는 무엇으로 설명해야 좋을까?

필자가 보기에는 무엇보다도 본회퍼의 신학이 가지고 있는 이념적 한계성이라고 보인다. 1960, 70년대에 본회퍼의 삶과 신학은 당시의 사회적 인식 수준에서는 박정희 군사독재에 대한 용기 있는 투쟁이라는 측면에서 한국교회뿐만 아니라 세계에도 큰 자극을 주었다. 그러나 80년대에 들어와서 변혁운동의 정향이 인권 신장이나 자유민주주의의 회복이라고 하는 차원을 넘어서서 새로운 사회질서 즉 정의로운 사회의 모델의 창출을 목표로 하고 나서는 본회퍼에서 얻을 수 있는 영감이 극히 축소되게 된 것이다. 안병무나 서남동 같은 이들이 본회퍼의 행적에서 예를 들면 바셀로나에서의 목회나 베를린에서의 목회 그리고 감옥에서의 생활 가운데서 가진 평범하고 일반적인 사람들과의 만남의 경험을 민중신학이나 사건의 신학과 결합시키려는 시도가 있었지만 필자가 보기에는 본회퍼의 신학은 한국과 같은 제3세계의 현실이 갈망하고 있는 이념적 계층적 물음에 대해서 답하기는 힘들다

---

17 유동식, "한국종교와 신학적 과제", 「신앙과 신학」 제7집. 1990년 21면.

고 보인다. 그는 분명히 "교회는 처음부터 작고 보잘 것 없는 사람들의 것이었다"(Die Kirche ist seit Anfangen eine Sache kleiner, un-angesehener Leute gewesen)라고 말하고 있지만 그는 동시에 교회는 단지 주변실존자들(Randexistenzen)에 대해서만 관심을 가져야 하는가를 묻고 있다.[18] 부르주아적인 것의 이상화의 자리에 반 부르주아적인 것, 질서 파괴적인 것, 혼돈적인 것, 무정부적인 것 등의 이상화에 대한 견해에서 본회퍼는 분명하게 자신의 신분적 한계를 드러내고 있지 않은가? 본회퍼가 말하는 기독교인의 "타자를 위한 존재"나 "타자를 위한 교회"의 개념들은 오늘의 한국적 현실에서 보면 매우 추상적으로 보인다. 물론 민중신학 자체가 민중에 대한 개념 정의에서 프롤레타리아 개념을 배제함으로써 민중을 추상화했다는 비판이 있기도 하지만 본회퍼의 '타자' 개념은 한국의 변혁운동이 추구하고 있는 민중의 실체를 담아내기에는 부족하다는 것이다. 한국의 변혁운동이 부르주아적 사회의 청산을 그 목표로 하고 있고 또 민중신학이나 민중교회 운동이 한국과 같은 예속적인 악성 자본주의에서부터의 민중의 해방을 그 이념적 목표로 하고 있다고 볼 때 본회퍼의 신학은 더 이상 민중신학의 주목거리가 되지 못한다고 보인다.

그 다음으로 한국의 변혁운동과 맥을 같이하고 있는 민중신학의 중심적 축이 1980년대에 들어와서 인권이나 사회정의 등으로부터 보다 '조국의 통일'이라는 방향으로 이동한 것과 관련해서 본회퍼 연구의 후퇴를 설명할 수 있을 것이다. 남한 사회의 주요 모순이 민족의 분단에 기인한다는 인식은 1980년대 한국의 변혁운동을 뒷받침하는 사회 구성체 논쟁을 통해서 어느 정도 합의점에 이르고 있다. 따라서 1980년대의 변혁운동의 방향도 역시 일차적으로 통일운동을 지향하

---

18 *Gesammelte Schriften* III, s.40; *Ethik* S. 67.

게 되었다. 이 통일운동에서 기독교인들이 직면하는 문제는 반공 이 데올로기의 청산과 함께 남북의 화해의 길을 모색하는 것이 무엇보다도 시급한 과제였다. 이 문제와 관련해서는 무엇보다도 이제까지 한국의 변혁운동에서 거의 역할을 하지 못했던 바르트의 동서 관계에 대한 태도나 그가 관련했던 종교사회주의에서 오히려 더 큰 영감을 얻게 되었다고 볼 수 있다. 반공주의를 공산주의 그 자체보다 더 경계한 바르트의 입장이나, 동서의 대결을 단지 악마적인 정권들의 단순한 권력투쟁으로 본 그의 자세가 젊은 신학자들에게서 매우 긍정적으로 받아들여지고 있는 실정이다. 사회주의 운동에 대한 본회퍼의 거리를 둔 시각이나 또 그 문제에 대한 연구의 결여가 통일운동에서 아무런 신학적 지원도 할 수 없었다고 볼 수 있다.

본회퍼가 다시 한국에서의 변혁운동의 틀에 등장하게 된 것은 1989년 본회퍼학회의 창립과 함께 유럽의 평화운동의 영향을 받은 신학자들에 의한 평화신학의 정립 노력과 때를 같이 하고 있다. 본회퍼학회는 침체된 본회퍼 연구의 활성화와 함께 그의 선집의 출판 그리고 본회퍼 신학의 대중화를 그 목표로 설립되었다. 물론 국제적 교류를 통해서 본회퍼 연구의 동향을 국내에 소개하는 것도 그 과제로 하고 있다. 그러나 본회퍼가 다시 한국 신학계에서 주목을 끌고 있는 것은 무엇보다도 한국의 통일운동이 궁극적으로 목표로 하고 있는 것은 무엇보다도 동북아시아의 평화에 있다는 인식하에 평화운동으로 전화되어야 한다는 당위성에 있다. 필자는 1989년 4월 9일본 본회퍼학회 창립을 기념하여 "본회퍼 — 에큐메니칼 운동과 평화운동"이라는 제목의 강연에서 본회퍼가 에큐메니칼 운동의 영역에서 전개하려고 한 평화운동의 꿈을 소개한바 있다.[19] 이 강연은 당시 세계 교회협의

---

19 「기독교사상」, 1989년 5월호, 117-127면 참조.

회가 정의, 평화, 창조질서의 보전 서울대회를 준비하고 있던 것과 맥을 같이 하여 준비했었다. 잘 알려진 대로 이 공의회는 실상 본회퍼의 생각에서 영감을 얻은 서독의 물리학자인 바이체크가 주도적으로 이끌어왔다.

V. 나오는 말

본회퍼 신학의 한국 수용에서 그것이 가졌던 영향력과 한계들을 간단히 요약했지만 앞으로 본회퍼 신학의 한국적 전재는 역시 통일운동과 그것을 넘어서서 아시아의 평화운동을 전망하면서 이룩될 수 있다고 보인다. 동시에 그의 "타자를 위한 존재"나 "타자를 위한 교회"의 개념들은 그의 "나를 따르나"와 매개될 때 한국교회의 갱신과 함께 새로 일어나고 있는 민중교회 운동에서 기독교인들의 참여의 모델로 기여하리라고 전망된다. "신도의 공동생활" 훈련과 제자직 훈련이 궁극적으로 목표로 하는 것이 타자를 위한 공동체, 타자를 위한 존재로 되는 형성의 윤리를 창출해 낼 수 있기 때문이다.

(일본 본회퍼학회 세미나 강연, 1990년 10월 22-23일, 일본 千城山莊)

본회퍼 신학과 민중신학의 고난 이해

박재순

(씨알사상연구소 소장)

I. 들어가는 말

한프리트 뮐러는 본회퍼 해석이 본회퍼에 대한 형식적 모방이나 사변적 탐구로 그쳐서는 안 되고 "그가 고난 받고 투쟁하고 희망했던 자리에서 계속 고난 받고 투쟁하고 희망할 때에만"[1] 가능하다는 것을 역설한다. 이것은 본회퍼가 그 시대의 고난에 충실하게 고난 받는 자로서 살았기 때문에 그의 삶과 신학을 그 시대의 고난, 그 자신의 고난과 죽음으로부터 분리해서 논할 수 없음을 말해 준다. 더 나아가서 본회퍼 신학은 그의 시대, 그의 고난에서만 해석될 수 없고 해석자가 처한 상황의 고난과 실천으로부터 바르게 해석되고 조명될 수 있다는 것이다. 이 점에서 한국의 본회퍼 해석자들은 매우 유리한 지위에 있다. 한국 근세사가 그렇지만 특히 지난 20여 년 동안 한국 민족은 투쟁 속에서 고난과 시련을 이기고 새 역사를 이루어 왔다. 한국의 민주화

---

1 Hanfrid Müller, "Zur Problematik der Rezeption und Interpretation Dietrich Bonhöffer in: *MW*. IV. 52.

운동에 헌신한 민중신학과 기독교는 본회퍼를 해석할 수 있는 적절한 자리에 있다.

본회퍼 신학에서 고난의 문제를 다루는 것은 오늘의 상황에서 특별한 의미를 지닌다. 현대 문명의 위기는 고통에 대한 감수성의 상실에서 왔다. 현대 기술문명은 쾌락과 편리를 추구함으로써 현대인은 타인의 고통에 무감각하게 할 뿐 아니라 고통을 견딜 수 있는 능력을 상실하게 되었다. 고통에 대한 감수성은 공동체적 연대와 관심의 기초를 이루기 때문에 고통에 대한 감수성의 상실은 공동체의 근원적 토대의 상실을 의미한다. 자본과 이윤 추구를 지향하는 자본주의 사회 체제는 고난을 외면하고 기피하는 이기적이고 쾌락주의적 삶을 강요했다. 자본주의 선진국인 미국의 인구는 세계 인구의 5%밖에 안 되면서 두통약과 진통제 같은 약물들의 세계 생산량의 80%를 소비한다고 한다. 물질적 세계관에 기초하여 물질적 생산력의 향상과 계급투쟁을 추구한 사회주의 사회도 타인의 고난에 대한 무감각과 무관심을 초래했다. 사회주의 사회의 인권 유린과 생태계 파괴는 고통에 대한 감수성의 상실에서 초래된 것이다.

오늘의 심각한 생태계 파괴와 오염, 공동체 파괴와 반인륜적 흉악한 범죄는 고통에 대한 감수성의 상실에서 왔다. 고통에 대한 감수성은 생명의 건강을 재는 척도다. 문둥병 환자는 고통을 느낄 수 없고 신경이 마비되거나 손상된 사람은 고통에 대해 무감각하다. 또한 고통에 대한 감수성은 문명과 사회의 건강을 재는 척도이다. 고통에 대한 감수성을 잃은 사회와 문명은 죽어가는, 이미 죽은 사회와 문명이다. 고통에 대한 감수성을 상실한 오늘의 세상에서 고통에 대한 감수성을 회복함으로써 상실된 인간성과 파괴된 자연생태계, 무너져 내리는 공동체적 토대를 회복할 수 있다. 오늘 신학은 자연생태계의 아픔,

소외된 인간의 실존적 고뇌와 신음, 제3세계 민중의 비명소리를 들어야 한다.

본회퍼의 신학은 철저히 고난의 신학이었고 이웃의 고난에 예민하게 반응한 신학이었다. "고난 받는 자들을 위해 외치지 않는 자는 그레고리안 찬가를 부를 수 없다"라는 그의 주장은 그의 신학과 삶이 이웃의 고난에 대한 예민한 반응과 참여로 이루어진 것을 알 수 있다. 그의 신학은 고난에 대한 예민한 감수성을 보여 줄 뿐 아니라 고난에 대한 감수성을 일깨워 준다. 참된 종교는 고난에 대한 감수성을 일깨움으로써 인류의 공동체적 기초를 다져 주는 역할을 한다. 불교는 고난의 현실에 대한 인식에서 출발하여 대자대비(大慈大悲)와 동체대비(同體大悲)를 주장했다. 대자대비는 "큰 사랑과 큰 아픔은 하나"임을 말하고, 동체대비는 "큰 아픔에서 서로 하나임"을 말한다. 불교는 고난에 대한 깊고 예민한 감수성을 일깨워준다. 기독교는 말 할 것도 없이 고난의 종교이다. 십자가와 함께 고난은 신학의 항구적 자리다. 그리스도의 십자가 고난에서 하나님의 사랑을 체험하고 그 고난과 사랑을 통해 구원받는다는 것이 기독교 신앙의 핵심이다.

본회퍼 신학과 민중신학은 주어진 상황에서 민중의 고난에 가장 예민하게 반응하고 그 고난에 참여한 신학이다. 고난에 대한 신학적 감수성과 영성을 회복함으로써 오늘의 신학은 인간성회복과 공동체성 회복에 기여할 수 있다.

II. 고난에 대한 본회퍼의 신학적 이해

본회퍼 신학의 고난에 대한 깊은 감수성은 본회퍼 신학의 기본 토대에서 비롯된다. 그의 신학은 세 가지 특징을 지닌다. 첫째 본회퍼 신학의 방법론적 특징은 가톨릭의 존재유비를 거부하고 바르트가 강조한 신앙유비를 넘어 서서 관계유비를 말하는데 있다. 하나님은 철저히 인간을 위한 존재이다. 성육신한 하나님으로서 그리스도는 인간을 위한 존재, 인간과 더불어 있는 존재로 나타난다. 인간의 죄를 대신 지고 대신 고난 받고 대신 죽은 그리스도, 한 마디로 대리자 그리스도가 본회퍼 신학의 중심 주제이다. 그리스도 안에서 인간을 위해 인간과 더불어 있는 하나님은 인간의 죄의 현실 때문에 인간을 위해 죄짐을 지는 분으로서 인간을 위해 그리고 인간과 함께 고난당하는 하나님이다.

둘째 "유한은 무한을 받아들일 수 없다"는 개혁파적 입장을 따르지 않고 "유한은 무한을 받아들일 수 있다"는 루터파적 입장을 취함으로써 하나님과 인간의 상황이 긴밀하게 결합된다. 그의 신학은 성육신론에 집중한다. 하나님은 인간을 위해 성육신한 그리스도 안에서만 인식되고 만날 수 있다. 따라서 그리스도를 떠난 하나님 인식과 논의는 사변적이고 공허한 것이다. 인간을 위해 인간이 된 하나님은 인간의 역사적 사회적 상황 속에 있는 하나님이다. 본회퍼에게서 '타자를 위한 존재로서의 그리스도', 즉 대리자 그리스도는 고난 받는 이웃과 직결된다. 하나님이 철저히 타락한 인간을 위한 존재이므로 그리스도인은 그리스도의 타자를 위한 존재에 참여함으로써 고난 받는 이웃의 삶에 참여한다.

셋째 '나-너 관계'를 사회적 기본 범주로 보고 인간의 인격을 불변하는 실체가 아니라 '너와의 인격적 만남'에서 비로소 생겨나는 것으로 본다. "성도의 교제"에 따르면 인간적인 너를 하나님과 동일시하고 이 '인간적인 너'가 자아의 인격을 생겨나게 한다.[2] 기본적으로 사회적인 인격관계에서 하나님이 인간적인 너와 동일시되기 때문에 본회퍼 신학에서 고난 받는 이웃을 피할 가능성은 신학적으로 차단된다.

타자를 위한 대리적 존재인 그리스도의 고난과 죽음은 죄로 인해 파괴된 공동체를 회복하기 위한 것이다. 본회퍼에 따르면 하나님의 창조 목적은 공동체에 있었다. 그리스도의 대리적 고난과 죽음은 죄로 인해 파괴된 공동체를 회복하기 위한 것이다. 인류가 죄 즉 이기적 자기중심성으로 인해 하나님과 인간의 공동체, 인간과 인간의 공동체를 파괴했다면 그리스도는 '철저히 타자를 위한 존재, 타자와 더불어 있는 존재'가 됨으로써 대리적 고난과 죽음을 통해 공동체를 회복하고 창조한다. 타자를 위한 그리스도의 고난과 죽음이 공동체(교회)의 기초이다(SC. 142; 91-92).

관계유비와 성육신 그리고 나-너 관계의 신학은 그리스도-그리스도인-고난 받는 이웃의 일치와 통전에 이른다. 그리스도인의 삶은 '타자를 위한' 그리스도의 고난과 유리될 수 없다. 아니 '타자를 위한 존재'인 그리스도를 따르고 그의 고난에 참여하는 것이 그리스도교적 실존의 일차적 표지이다. 그리스도와의 하나됨, 그리스도를 따름 다시 말해 그리스도인 됨은 고난에서 확증된다.[3] 그리스도인은 그리스도와 마찬가지로 "수난의 모든 가치와 명예까지도 박탈당하는" 버림받은 수난을 당할 태세가 되어 있어야 한다고 말한다.[4] 본회퍼는 스스

---

2 본회퍼는 인식론적 초월 대신에 사회적 초월을 말한다. 관념론에서는 자아는 세계의 중심이며 하나님과 동일시된다. *GS* III, 119-20. AS, 47. *SC.* 218.28. 33.

3 그리스도를 따름은 세상과의 대결 속에 있다. 그리스도인이 세상에 대한 이기적 자아의 집착을 끊음으로써 세상 권력의 지배권 안에 속하기를 거부할 뿐 아니라 세상의 심판과 파멸을 선언하고 세상 권력의 토대를 허물기 때문에 세상에 대한 결정적 공격이 된다. 세상과의 싸움에서 그리스도인은 필연적으로 고난을 당하게 된다. 왜냐하면 세상은 자기주장과 이념을 내세우지만 그리스도인은 자기주장을 포기하고 하나님의 사랑과 말씀에 의지하기 때문이다. *N.* 302.

4 *Nachfolge*. 207. 77-78.

로 수난의 명예와 가치도 누리지 못하고 반역자의 불명예와 치욕 속에 죽음으로써 자신의 말을 실행했다. 그리스도를 뒤따름에서 당하는 고난은 그리스도의 십자가 고난에 대한 참여이다. 그리스도와 마찬가지로 그리스도인은 세상에서 당하는 고난을 철저히 감당함으로써 고난을 극복할 뿐 아니라 세상 자체를 극복한다. 그리스도인의 고난은 세상의 구원과 보존을 위한 싸움이다.[5]

그러면 그리스도인의 고난은 그리스도의 고난과 어떤 관계에 있는가? 본회퍼는 양자의 관계를 매우 역동적으로 이해한다. "그리스도 자신의 고난만이 속죄의 고난이다."[6] 그러나 그리스도를 따르기 때문에 그리스도인도 세상을 위한 속죄의 짐을 진다. 그리스도를 따르기 때문에 그리스도인은 다른 사람들 대신에 죄와 허물을 지고 간다.[7] 그리스도인은 그리스도의 능력에 힘입어 속죄의 짐을 진다. 그리스도를 따르기 때문에 "제자들 자신에게도 유혹과 죄가 떨어지고 세상은 그들을 수치로 덮고 죄를 지고 가는 어린양처럼 성문 밖으로 내쫓는다."[8] 그러나 그리스도인의 고난은 능동적 자발적 고난이 아니라 그리스도를 따름으로써 주어지는 수동적 필연적 고난이다. 그러나 이 고난의 삶은 "불행과 절망이 아니고 영혼을 싱싱하게 하는 안식이요 기쁨이다."[9]

본회퍼에 따르면 그리스도의 부활과 승천 후에 세상의 구원과 보존을 위해 계속 세상의 고난을 짊어질 교회가 필요하다. 그리스도의 교회는 십자가를 지고 세상을 대신하여 하나님 앞에서야 한다. 교회

---

5 *N.* 81-84.

6 *N.* 81.

7 *N.* 81.

8 *N.* 81.

9 *N.* 84. 82.

는 세상의 구원과 다스림을 위한 그리스도의 거점이다.[10] 그리스도인은 고난과 약함 속에서 세상을 이길 뿐 아니라 세상을 구원한다.[11]

본회퍼에 따르면 그리스도의 십자가 죽음에서 세상에 대한 하나님의 혁명이 일어났다. 이기적 자기중심성인 죄가 낡은 세상 질서의 토대이다. 그리스도가 세상의 죄를 자신의 몸에 지고 죽음으로써 죄를 정복하고 세상질서의 토대를 무너뜨렸다. 이로써 세상의 모든 신분적 차별과 대립이 철폐되었다.[12] 그리스도와 그리스도인의 고난을 통해 그리스도의 통치가 실현된다.[13]

세상에서 그리스도인의 고난은 소극적이고 수동적인 것이 아니다. "윤리학"에서 그리스도는 하나님의 현실과 세상의 현실이 화해되고 일치되는 유일한 자리이다. 그리스도인은 그리스도 안에서 하나님의 현실과 세상의 현실에 함께 참여한다. 글렌퇴(Jørgen Glenthøj)에 따르면 "윤리학" 전체가 정치 투쟁에로 나가는 결단을 위한 암호이다.[14] 본회퍼는 "윤리학"에서 절대적 윤리를 거부하고 상황 속에서 현실 적합성을 지닌 책임적인 행동 윤리를 역설한다.[15] 그는 "윤리학"에

---

10 *N.* 221.

11 말씀의 힘은 약함 속에 숨겨 있다. 이념은 강하기 때문에 원수와의 참된 평화에 이르지 못하지만 말씀은 약하기 때문에 원수와의 참된 평화에 이른다. 이념적인 접근에 의해서는 원수의 참된 회개가 이루어지지 않고 나도 나의 생각과 주장을 넘어 서지 못하기 때문에 원수와의 일치와 만남을 기대할 수 없다. 그러나 말씀은 원수를 하나님의 사랑에 맡기기 때문에 원수의 자발적 회개가 이루어질 수 있고 나도 스스로 변하고 열릴 수 있다. 따라서 말씀에 의지할 때만 참된 만남과 일치의 공동체에 이를 수 있다. *N.* 181. 135-138.

12 *N.* 254.

13 *N.* 221.

14 Jørgen Glenthøj, "Dietrich Bonhoeffers Weg vom Pazifismus zum politischen Widerstand" in: *Dietrich Bonhoeffer heute*, ed. by Rainer Mayer und Peter Zimmerling(Basel, Brunnen Verlag, 1992), 55.

15 *E.* 241 이하.

서 책임적 행위를 죄책을 짊어지는 것으로 파악한다. "죄책을 짊어질 용의와 자유가 책임적 행위의 구조"[16]에 속한다. 그는 히틀러의 제거를 책임적 행위와 속죄의 행위로 이해했다. 그가 히틀러를 제거하는 일에 가담한 것은 영웅적 해방 행위가 아니라 그리스도를 따라 죄책을 짊어지는 행위였다.[17]

본회퍼는 1942년 말경에 다시 말해 교도소에 갇히기 전에 이미 세상적 현실을 역사의 밑바닥에 있는 자의 관점에서 보는 신학적 전망을 제시한다. "아래로부터, 다시 말해 쓸모없는 자, 의심받는 자, 학대받는 자, 힘없는 자, 억눌린 자, 멸시 당하는 자들의 관점에서, 한 마디로 고난 받는 자의 관점에서 세계 역사의 위대한 사건들을 보는 법을 배웠다."[18] 마르크스에 의해 사회과학적으로 확립된, 프롤레타리아를 위한 인식론적 실천적 당파성을 신학적으로 확인하고 신학적으로 논구한 것은 본회퍼의 신학적 업적이다. 이것은 성서의 민중적 당파성을 확인하고 회복한 것이다.

본회퍼가 말년에 옥중에서 제시한 새로운 신학, 즉 비종교적 해석의 핵심은 "하나님의 메시아적 고난에의 참여"와 "타자를 위한 삶"에 있다.[19] 여기서 타자는 고난 받는 자, 또는 부르주아 이후 시대에 속한 곤궁한 자들로 이해된다. 옥중서신에서 제시한 비종교적 해석의 핵심은 기존의 그리스도로 하여금 부르주아적 관행에서 벗어나 곤궁한 자들을 위한 모험적 실천에로 나갈 것을 촉구하는데 있다. 비종교적 해석의 초안에서 본회퍼는 부르주아적인 기존교회의 무력함을 지적하고 '타자를 위한 교회'로서 새롭게 출발하기 위해서 "교회는 모든 소유

---

16 *E.* 255-256.

17 Bethge, "Dietrich Bonhoeffer, Person und Werk" *MW* I. 11.

18 *GS* II. 441.

19 *WE*, 395. 414-416.

를 곤궁한 자들에게 주어야 한다"(WE 415-416). 유아세례를 받은 베트게의 어린 아들에게 보낸 글에서 본회퍼는 부르주아적 특권을 버리고 역사적 정의에 순응하여 곤궁한 자들과 더불어 살 것을 거듭 촉구한다(WE 327). 베트게에 따르면 본회퍼의 종교 이해에서 가장 두드러진 종교의 특징은 특권적 성격이다(DB 983. WE 327). 특권적 존재로서 그리스도교는 "그리스도인이 비그리스도인에게… 백인이 유색인들에게 저질렀던 온갖 폭행을 방조했다"(DB. 984). 옥중서신에서 본회퍼는 종교개념의 일차적 특징을 탈세상성과 내면적 개인주의로 규정한다. 이것은 부르주아적 그리스도교다(DB 979-980). 비종교적 해석은 "아래로부터의 관점 즉 고난 받는 자의 관점과 긴밀히 결부되어 있음을 알 수 있다.

본회퍼에게서 종교는 자신의 고난으로부터의 도피이다. '그리스도인들과 이방인들'이라는 시에서 본회퍼는 종교적 하나님과 비종교적 하나님을 대비시킨다. 그 시의 첫째 연에서는 기복적이고 종교적 하나님 신앙이 제시된다. "사람들은 그들이 곤궁할 때에 하나님께로 가서, 도움을 간청하고 행복과 빵을, 질병과 죄책과 죽음으로부터의 구원을 간구한다." 그러나 둘째 연에서는 그리스도 안에서 고난 받는 하나님이 발견되고 그 하나님과 더불어 있는 그리스도인의 비종교적 실존이 드러난다. "사람들은 곤궁 속에 있는 하나님께로 가서, 하나님이 가난하고 모욕당하고 집도 없고 빵도 없는 것을 발견하고, 하나님이 죄와 약함과 죽음에 의해 삼켜진 것을 본다. 그리스도인들은 하나님의 고난 속에서 하나님과 더불어 있다"(WE. 382). 본회퍼에게서 그리스도인이 된다는 것은 이 세상의 삶 속에서 하나님의 메시아적 고난에 참여하는 것이다. 그것은 예수 그리스도의 길에, 메시아 사건에 참여함으로써 구원의 사건을 성취하는 것이다.[20] 이로써 비종교적 해석은 내용적 핵심과 실천적 결론에 이른다.

본회퍼에 따르면 인간의 종교성은 곤경에 처한 인간으로 하여금 세상에서 하나님의 능력에 의지하게 한다. 그러나 성서는 인간에게 그리스도의 하나님 즉 하나님의 무력과 고난을 가리킨다. 고난 받는 하나님만이 성숙한 세상의 고난 받는 인간을 도울 수 있다.[21] 합리적 법칙과 계산에 따라 그리고 조직 사회의 질서와 규율에 따라 움직이는 성숙한 세상의 냉엄한 현실에서 고난 받는 사람에게 전지전능한 종교적 하나님은 거짓된 관념에 지나지 않는다(224). 함께 낮아져서 고난 받으며 절규하고 몸부림치는 하나님만이 고난 받는 사람에게 위로와 힘이 된다. 종교적 하나님신앙이 강화될수록 세상에서 인간의 약함과 무능에 대한 의식도 강화된다.

하나님이 주신 삶을 충실히 산다는 것은 그리스도와 마찬가지로 세상의 고난을 남김없이 겪어내는 것이고 고난의 냉엄한 현실 속에서 하나님의 섭리와 다스림을 발견하는 것이다. 본회퍼는 고난을 당당히 견디어내는 일과 하나님의 다스림을 같이 말한다(WE. p369, 417).

고난은 종교적 환상을 버리고 삶과 세상의 중심에서 하나님을 만나게 한다. 축복(구약)과 십자가(신약)의 조화. 양자를 대립시킬 경우 십자가는 고난의 원리로 되고 십자가의 고난은 신적 섭리의 우연성을 잃고 불건전한 방법주의로 전락하게 된다(407).

본회퍼는 비종교적 해석을 본격적으로 시작했던 1944. 4. 30의 편지 말미에서 잠언 24장 11-12절을 읽으라고 권하면서 이 구절 속에 경건으로 위장된 모든 도피를 가로막는 빗장이 있다고 말한다. 이 구절은 비종교적 해석의 실천적 의도와 목표를 시사한다(308). "죽을 자

---

20 *WE*. 395.
21 *WE*. 394.

리로 끌려가는 사람을 건져 내고, 죽음에 말려드는 사람을 구하여라. 그런 사람을 모른다고 하지 말아라. 사람의 마음을 헤아리시는 이가 어찌 모르시랴? 네 목숨을 지켜보시는 이가 모르시랴? 그는 행실대로 갚으신다." 이 성서 구절에 본회퍼의 실천과 비종교적 해석의 의도가 담겨 있다.

비종교적 해석에는 본회퍼 자신의 삶과 실천이 투입되어 있다. 그는 누구보다도 박해받는 유태인 문제에 관심을 기울였고 그들을 위해 히틀러를 제거하는 정치 투쟁에 투신함으로써 그들의 고난에 참여했다. "미친 운전사가 인도로 차를 몰 때 목사로서 죽은 자들을 장사 지내 주고 가족들을 위로하는 것으로 만족할 수 없다. 내가 그 자리에 있다면 뛰어 들어서 운전사를 끌어내야 한다."22

무신적 세상에서 하나님의 고난에 참여하는 그리스도인의 삶은 역설적이다. "작업가설로서의 하나님 없이 우리로 하여금 살도록 하는 하나님은 우리가 지속적으로 그 앞에 서야 할 하나님이다. 하나님 앞에서 하나님과 더불어 우리는 하나님 없이 살아야 한다"(394). 고난과 시련을 통해 하나님께 더 가까이 간다. 예수 그리스도 안에서 하나님이 낮고 천한 말구유에서 태어나고 낮고 천한 십자가에서 죽었다는 사실과 관련해서 본회퍼는 "갇힌 자가 이것을 더 잘 이해한다. 그것은 그에게 참 기쁜 소식이다"(186). 그리스도가 그의 전능에 힘입어서가 아니라 그의 약함과 고난의 능력에 의해 우리를 돕는다는 주장은 고난의 종과 관련된다. 마태 8:17, 이사 53:5 "그가 상처를 받음으로 우리가 낫게 되었다." 그는 고난의 종과 요한 1장 29절 "세상 죄를 지고 가는 하나님의 어린 양을 일치시킨다. 이로써 인류의 구원을 위한 하나님의 고난과 고난 받는 메시아상이 확립된다(395). 인간들이 하나

---

22 Bethge, "Dietrich Bonhoeffer. Person und Werk" *MW* I. 14.

님의 고난에 동참함으로써 하나님의 구원사건이 성취된다. 고난에의 참여는 구원사건에의 참여이다(394).

본회퍼가 고난 받는 그리스도에 집중하고 그리스도 안에 계시된 하나님을 고난 받는 존재로 파악하고 그리스도인을 그리스도 안에서 하나님의 고난에 참여하는 존재로 봄으로써 옥중서신의 신학은 철저히 고난의 신학으로 나타난다. 그러나 그의 신학은 수동적 소극적이지 않다. 고난에 대한 신학적 강조는 적극적인 정치투쟁, 책임적 행위와 관련된다. 고난은 수동적 체념적 고난이 아니라 적극적 참여와 행동으로서의 고난, 하나님의 메시아적 사건을 이루는 고난이다. "행동뿐 아니라 고난도 자유에 이르는 길이다. 자신의 일을 온전히 자신의 속으로부터 하나님의 손에로 옮겨 놓을 수 있다는 점에서 고난 속에 해방이 있다. 이런 의미에서 죽음은 인간적 자유의 절정이다. 인간적 행위가 신앙의 일인가 아닌가는 인간이 자신의 고난을 그의 행위의 연장으로, 자유의 완성으로 이해하는가에 달려 있다"(407). 그는 죽음을 "자유를 향한 길에서 최고의 축제"(408)라고 부른다.

세상의 무신성을 종교적으로 은폐하지 않고 무력한 하나님의 고난에 동참함으로써 그리스도인은 거짓된 종교적 속박과 장애로부터 해방된다. 종교적 행위는 항상 부분적이지만 하나님의 고난에 참여하는 신앙적 행위는 삶의 전체적 행위이다. 하나님의 세상적 고난에 참여하는 "그리스도인 존재는 인간 존재를 의미한다"(396). 자신을 무언가로 만들려는 종교적 노력을 포기하고 세상 안에 있는 하나님의 고난을 진지하게 받아들이고 그리스도와 함께 겟세마네에서 깨어 있다(402).

하나님의 전능에 대한 신앙은 이기적인 종교적 자아의 연장과 투사이다. 히틀러 치하의 고난 속에서 본회퍼는 하나님의 섭리와 다스림을 말한다. "다른 시대보다도 더 분명하게 우리는 세상이 하나님의 분노하고 은혜로운 손 안에 있음을 인식한다"(325). 하나님의 임재와 도우심에 대한 확신은 죽음을 넘어선다. "자유여…죽어가면서 우리는 지금 하나님의 얼굴 안에서 너 자신을 본다"(403).

하나님의 위로와 돌보심의 근거는 그리스도 안에 있다. "고난 속에 우리의 기쁨이, 죽음 속에 우리의 삶이 숨겨 있다. 우리는 이 모든 일에서 우리를 지탱하는 사귐 속에 있다. 하나님은 예수 안에서 예와 아멘을 말했다"(426). 하나님의 위로는 허무와 무의미를 근복하고 세상 안에서 세상을 넘어 서는 삶을 살게 한다(GS IV 588-589).

무력한 하나님이 우리를 구원할 수 있는 하나님이다. 무력 속에서 능력을 나타내는 하나님은 환상적인 종교적 의존에서 벗어나 고난의 현실 속에서 인간의 자발적 헌신성, 주체성을 고취한다. 인간이 적극적으로 그리스도의 십자가 고난에서 하나님의 고난에 참여함으로써 메시아적 사건을 성취한다.

III. 민중신학의 고난 이해

민중신학은 민중의 고난 받는 상황에서 출발한다. 1970년대 한국의 군사정권이 외국의 자본과 기술과 자원에 의존해서 노동자의 노동력을 착취함으로써 경제개발 정책을 폭력적으로 추진했다. 그때 생존권을 박탈당한 민중의 고통과 절규에 예민하게 반응하여 민중신학이 태동되었다. 생존권과 인간다운 삶을 요구하며 죽어간 민중의 고통에 동참하는 신학으로서 민중신학이 나타났다. 그래서 서남동은 민중신학을 '민중적 한(恨)의 메아리, 고난 받는 민중의 소리를 메아리쳐주는 것'으로 보았고 안 병무는 민중신학을 '민중의 고난 속에 현존하는 그리스도를 증언하는 신학'으로 규정했다. 지난 20여 년 동안 한국 사회는 민중의 고통과 죽음으로 가득 차 있었다. 1970년 젊은 그리스도인 노동자 전태일이 노동자의 인간다운 삶을 절규하며 몸을 불사른 이후, 광주민중항쟁에서 계엄군에 의해 사살된 수백 명을 제외하고도 그렇다. 민주화와 민족통일을 위해 스스로 목숨을 던지거나 공권력에 의해 타살된 사람들은 120여 명에 이른다.[23] 민중신학이 민중 고난의 현실에 임재하는 그리스도를 증언하고, 민중과 그리스도를 동일시한 것은 단순한 신학적 이론이나 주장이 아니라 민중 현장에서 민중의 고통을 함께 느끼고 민중의 몸부림에 동참하고 그들과 함께 싸우는 과정에서 하나님의 사랑과 능력을 경험한 데서, 민중 사건에서 그리스도 사건을 경험한 데서 나온 신앙고백적 진술이다. 민주화 투쟁의 현장에서 민중들과 연대하는 투쟁과 삶의 현장에서 성령의 역사, 하나님의 역사를 경험했다. 한의 속량적 성격, 민중의 고난을 외면하면 사람이 못 되는 것이고, 그 고난을 보고 참여하면 사람이 되고, 구원받는다. 민중의 고난을 통해 오시는 메시아를 영접해야 구원 받는다. 본회퍼 신학의 민중신학적 해석이다. 고난에서 하나님을 발견하고 이웃과 연대하는 공동체신학이다.

민중의 고난을 미화하는 것은 아니다. 고난 자체가 위대한 것은 아니다. 민중의 고난을 보고 거기 동참하여 하나 되는 삶이 중요하고, 고난의 상황에서 성령의 역사를 체험하는 게 중요하다. 고난이 좌절과 체념으로 빠지는 것은 결코 구원이 될 수 없다. 개인적 고난에 머물면 좌절과 체념에 빠진다. 나의 고난이 우리의 고난으로 될 때 메시아

---

23 민족민주열사 희생자 합동추모제준비위원회 편, 민족민주열사자료모음 "살아서 만나리라", 3.

적 고난이 된다. 개인적 고난에 머물지 않고 공동체적 고난이 될 때 우리 모두를 구원하는 공동체적 활력이 된다.

한(恨)은 한국 민족의 공통적 정서이다. 한은 오랜 고난의 경험이 쌓인 마음의 응어리이다. 민족사 속에서 축적된 한의 정서는 고난에 대한 예민한 감수성을 지닌다. 한국인은 아픔에서 쉽게 하나가 된다. 에밀레종 이야기, 심청전이 한국인의 마음에 오래 울린다. 고난과 한이 응어리진 죽음은 한국인에게 말할 수 없이 큰 감동과 힘을 준다. 고난과 죽음은 한국인에게 낯선 게 아니라 삶의 일부로서 매우 친숙하다. 산 자보다 죽은 자가 더 큰 영향을 미친다. 어린 학생 김주열의 처참한 죽음이 4.19 혁명의 도화선이 되었고, 1970년에 분신한 전태일은 지난 20여 년 동안 민중운동의 동력이 되었고, 광주민중항쟁에서 목숨을 잃은 수백 명의 혼령들은 지난 10여 년 동안 민주화와 통일운동의 힘의 원천이 되었다. 이 땅에서 피 흘리고 죽어간 한 맺힌 영혼들, 갑오농민전쟁, 3.1운동, 4.19 혁명에서 죽어간 한 맺힌 수많은 영혼들은 한국 민족의 정신을 형성하고 민족사의 맥을 이어 준다.

고난과 죽음을 딛고 살아 온 한국인은 고난과 죽음의 한을 창조적인 활력으로 승화하는 능력을 지니고 있다. 이름 없는 아픔에서 신명이 나온다. 아리랑은 함께 눈물 흘리며 부를 수 있는 노래이지만 가락을 바꾸면 신명나게 춤추며 부를 수 있는 노래이다. 아리랑은 한과 신명의 민족적 활력을 나타낸다. 한과 고난을 삶의 활력으로 승화시키는 능력이 한국 민족에게 있다. 한국사는 단적으로 고난의 역사다. 고난의 역사적 경험이 오래 축적되어 한국 민족의 가슴에 한으로 남아 있다. 한국 민족은 고난과 한의 역사를 뚫고 새 역사를 이루어 왔다. 수많은 민주열사들의 고난과 죽음을 딛고 일제 식민통치와 군사독재와 분단의 사슬을 뚫어 왔다. 한국 근세사의 어둠과 시련을 이기고 민중해방을 실현하기 위해 한국 민중은 고난과 시련을 해방의 동력으로 승화하여 줄기차게 싸워 왔다. 지난 20 여 년 동안 민주화운동 과정에서 수천 명의 젊은이들이 교도소에 갇혔다. 거의 대부분의 청년들이 더욱 강해져서 나왔고 이들이 민주투사로 민주화를 앞당기는데 결정적 기여를 했다. 수많은 열사들의 죽음을 계기로 압제를 뚫고 새 시대를 연 것은 고통에 대한 한국 민족의 예민한 집단적 감수성에 힘입은 것이다.

그러나 민중 상황에 집중한 민중신학에는 자기 비움과 고백, 회개의 차원, 민중 자체도 상대화하는 겸허한 고백적 차원이 결여되어 있다. 성령론적 해석과 증언의 신학이 유지되기 위해서는 민중과 연대하는 하나 되는 상황적 경험과 함께 민중, 민중신학자, 비민중의 끊임없는 회개와 자기 비움이 요청된다. 민중신학은 이 점을 해명하지 않고 전제로 남겨 놓았다. 본회퍼가 말하는 복음, 말씀, 부활의 자유로운 바람, 하나님에 대한 강한 신앙고백적 차원, 그리스도를 따르는 삶. 자기해방과 순복. 삶을 제물로 바친 본회퍼의 신앙고백적 차원이 결여 되어 있다.

본회퍼는 하나님을 그리스도의 십자가에서 이해함으로써 하나님의 고난을 말했고 고난의 현실에 몸 바침으로써 죽음을 당했다. 민중신학자들도 그리스도를 고난의 종에 비추어 이해하고 민중의 고난에서 하나님과 그리스도를 보았으며 민중의 고난에 동참함으로써 고난의 신학을 폈다. 그리스도이해를 제2이사야가 말하는 고난의 종으로 이해함에서 양자는 일치한다. 그리스도가 고난을 당함으로 다른 사람들이 치유되고 구원을 받는다는 그리스도론적 이해를 중심으로 본회퍼 신학과 민중신학은 고난의 신학이었다.

그러나 하나님의 고난에 관한 본회퍼의 논의는 단편적 단상에 머물렀다. 민중 자체의 고난에 초점을 두기보다 그리스도의 고난, 하나님의 고난에 집중한다. 물론 하나님의 고난과 민중의 고난은 겹쳐 있다. 민중 고난의 상황과 하나님의 고난의 역동적 상관성에 대한 논의 없다. 본회퍼는 성육신론적 계시 이해, 신학에서 출발함으로써 신앙고백적이고 복종적 행위를 강조하나, 민중신학은 민중 상황에서 출발함으로써 민중과 그리스도의 동일시를 강조하나 하나님에 대한 신앙적 순복의 차원이 약하다.

IV. 결론: 세계 인류 공동체의 고난, 타자의 아픔에 참여하는 삶

공동체붕괴의 현실 앞에서. 생태계파괴의 현실에서 자연생명의 아픔을 공감하자. 물질주의와 이기주의로 인해 남의 고통에 무감각해진 현대인.

본회퍼의 신학과 삶은 유리되지 않았다. 이것이 본회퍼 신학의 강점이고 특징이다. 인간을 위해 인간의 상황 속에 있는 하나님 이해로부터 본회퍼의 고난 받는 이웃에 대한 실천적 관심이 나온다. 그의 박사학위 논문 "성도의 교제"는 프롤레타리아의 삶에 관심을 기울이고 독일 부르주아 교회가 고난 받는 프롤레타리아를 포용하지 못하면 미래가 없다고 말한다. 그는 미국에서 공부할 때도 흑인 교회에 출석하며 흑인들의 삶에 관심을 기울였고, 독일로 돌아와 베를린대학 사강사로서 공업고등학교 교목으로 봉사하면서 빈민가의 아이들을 위한 교리 교육에 힘썼다. 그 후 히틀러가 집권하고 유태인이 박해를 받게 되자 그들을 위해 헌신한다. 학자로서 귀족적인 특권층으로서 누릴 수 있는 안락한 삶을 버리고 히틀러에 저항했고, 그 결과로 히틀러 정권에 의해 옥고를 치르고 처형당했다. 본회퍼는 상황으로부터 그리고 그의 신학적 원리로부터 이웃의 고난에 동참하게 되었다.

본회퍼는 "성도의 교제"에서 이미 "미래의 교회는 부르주아적 교회가 아닐 것이다"라고 선언했다(292). 1936년에 스웨덴 신학교를 방문했을 때 본회퍼는 "우리는 더 이상 예전처럼 부르주아적 실존 속에서 그리스도교적 실존을 살아 갈 수 없다"(*DB*. 578)라고 주장했다. 그는 그의 신학적 실존에 충실하기 위해 그의 사회적 신분과 계급을 비판할 뿐 아니라 이탈한다. 그의 귀족적인 집안, 학자로서의 보장된 삶, 부르주아 계급의 이기적인 안락한 삶, 고백교회를 포함한 독일 교회의 소시민적 경향에서 곤궁과 소외로 고통 받는 프롤레타리아를 향한 줄기찬 움직임이 있다.

(한일 본회퍼학회 공개강연회, 1993년 5월 25일,

한국교회100주년기념관)

본회퍼에 있어서 하나님의 고난과 해방신학

무라까미 노보루村上 伸

(일본 동경여자대학교 교수)

한국과 일본의 본회퍼 연구회의 상호 교류는 3년 전부터 시작되어 한국학회에 일본 측에서도 참석하게 되어 마음깊이 감사하고 있다. 금년의 주제는 "하나님의 고난과 해방신학"이다. '하나님의 고난'은 본회퍼 신학의 핵심이며 더욱이 이것은 '유대 민족의 고난'과 상관관계에서 깊어진 사상이다. 유대 민족은 하나님에게 선택된 백성인데도 되풀이해서 고난을 받아야 했다. 이것은 필연적으로 신의론(神義論)의 문제를 제기하지 않을 수 없다. 그 속에서 예를 들면 이사야 53장의 '주의 종'의 사상이 생겼으며 본회퍼는 이것을 정면에서 취급하여 '하나님의 고난'의 사상을 발전시킨 것이다(WEN, s. 395).

그러므로 '하나님의 고난'은 직접적으로 '인간 일반의 고난'과의 상관관계에서 생긴 사상이 아니다. 그러나 유대 민족의 고난을 매개할 때 인간 일반의 고난도 또한 하나님의 고난에 의해서 빛을 받는다. 그런 의미에서 '해방신학'이 취급되는 것은 당연한 일이다.

옛날부터 한국 민족은 '고난의 민족'이었다. 여기에 대해서는 일본이 큰 책임이 있으며 지금도 '종군위안부' 등의 문제가 논해지는 가운데 이 강단에 서 있는 것은 가슴이 아프나 또 '한민족의 고난'을 염두에 두면서 '해방신학의 주체인 사람들의 고난'을 생각하고 그것을 나아가서 '유대 민족의 고난'과 관련지어 '하나님의 고난'에 도달하고 싶다.

　　1. 작년 8월에 뉴욕에서 제6회 국제 본회퍼학회가 열리고 나도 거기에 참가했다. 16개국에서 약 170명의 참가자가 있었으며 내가 지금까지 참가했던 학회 중에서 가장 내용이 풍부한 학회 중의 하나였다. 미국을 중심으로 한 영어권에서의 본회퍼에 대한 관심이 얼마나 강하고 깊은 가를 여실히 나타내는 것이었다.

　　첫날 주제는 "본회퍼와 해방신학"으로서 강연은 페루의 해방신학자로서 유명한 구스타프 구띠에레즈(Gustav Gutierez)와 '여성신학'의 조안 치티스터(Joan Chittister)가 초청되었는데, 구띠에레즈는 페루의 정치적 정세의 악화로, 치티스터는 병으로 각각 참가를 취소했던 것은 유감이었다. 그 대신 오토 마두로(Otto Maduro, Venezuela)가 "본회퍼, 근대 그리고 해방신학"(Bonhoeffer, Modernity and Liberation Theology)이라는 제목으로 강연을 통해 강렬한 근대 비판, 서양 비판을 전개했다. 그는 그 가운데 본회퍼의 신학이 자기에게 가장 가까이 느껴졌다고 하며 특히 "아래로부터의 시각"(Blick von unten)과 "타자를 위한 교회"(Kirche für andere)의 두 가지를 열거했던 것은 인상적이었다.

　　이어서 그린(Clifford Green, Hartford)이 구띠에레즈의 사상을 소개했다. 그린에 의하면 구띠에레즈의 신학의 출발점은 리마의 슬럼에서의 체험이었다고 한다. 그는 거기서 "인간은 인간이 아니게 되어 있다"라는 사실에 충격을 받았다고 한다. 이 사실에 직면했을 때 비기독교인(Nonchristian)에게 선교한다는 것은 구띠에레즈에게서는 더 이상 문제가 되지 않았다. 우선 비인간(nonperson)을 회복하는 것이 그에게는 급선무였다. 바로 그때 구띠에레즈는 본회퍼의 사상에 접근했다고 한다. 본회퍼가 그를 촉발했던 것은 첫째로 '종교 비판', 둘째로 '하나님의 무력과 고난'의 사상 그리고 셋째로 '기독론'이었다는 지적이 중요하다.

여기에서 둘째의 '하나님의 고난'의 사상은 본회퍼 사상의 핵심이며 인간의 고난의 문제와 관련된다. 그런 점에서 구띠에레즈는 본회퍼에 깊이 공감했으리라. 본회퍼가 1930년부터 31년에 걸쳐서 미국에 유학하던 중 거의 매 일요일 할렘의 흑인 교회(이번의 학회는 이 교회에서 주일 예배에 같이 참가하는 것으로 시작되었다)에 다녔고, 거기서 주일학교 교사도 했다는 사실, 나치가 정권을 탈취한 이후는 유대인의 운명에 민감하게 반응하고 양심적인 발언을 계속했다는 사실은 구띠에레즈의 슬럼 체험과 동질의 것이라고 말할 수 있다. 그러므로 본회퍼 신학의 가장 중요한 특징을 이 해방신학자가 파악했던 것은 결코 우연이 아닐 것이다.

2. '하나님의 고난'과 '인간의 고난'의 이러한 관계에 관하여 나는 최근 몇몇 흥미로운 경험을 했다. 하나는 야나기자와 게이꼬(柳宅桂子)라는 일본의 유전학자의 『인정받지 못하는 병 ― 현대 치료에 대한 근원적인 물음』(1992년)을 읽은 적이 있다. 이 저자는 유전학 분야의 우수한 연구자인데 20년 전에 갑자기 원인 불명의 병에 걸린다. 의사도 잘 모르는 어려운 병이다. 여기저기 병원을 전전하고 수술을 받아도 약의 부작용으로 고생도 해도 신경성이라고 단정하여 의사가 상대도 하지 않았는데, 그래도 치료도 되지 않아 15년이란 오랜 세월을 말로 다 할 수 없는 고통을 당해야 했다.

그 가운데 의지가 되었던 말이 있다. 그것은 본회퍼의 "하나님 앞에서 하나님과 함께 하나님 없이 산다"라는 말이었다고 저자는 쓰고 있다. 이 책을 읽어 보니 저자는 기독교인은 아닌 것 같다. 그러나 본회퍼의 말은 고통의 밑바닥을 경험한 이 사람의 마음에 정확히 닿은 것이다. 이것은 우리에게 아주 중요한 일이다.

"하나님은 자신을 십자가에로 내준다. 하나님은 이 세상에서는 무력하고 약하다. 그리고 바로 그렇게 해서, 오직 그렇게 해서만 그는 우리와 함께 있고 우리를 돕는 것이다. 그리스도의 도움은 하나님의 전지전능에 의해서가 아니라 그의 약함과 고난에 의한다"(*WEN* s. 394)라는 본회퍼의 말은 얼마나 진실한가?

그 후에 나는 미지의 여성으로부터 편지를 받은 적이 있다. 읽고 보니 그 사람은 다기자와(龍澤克己) 씨의 딸이며 가정주부로서 자폐증의 아이들과 함께 살기 위한 그룹을 만들어서 좋은 일을 하고 있다는 것을 알게 되었다. 그녀는 어떤 계기로『옥중서신』을 읽은 것 같다. 그리고 정신없이 본회퍼를 계속 읽게 되었다. 그녀는 이렇게 쓰고 있다. "절망적인 옥중에서 본회퍼가 어떻게 살아왔는지. 그의 가족들이 어떻게 그를 지지하고 자기들의 삶을 살아나갔는지를 알았을 때 나는 그 고통으로부터 무언의 격려와 빛을 발견했다… 사람과 사람의 관계, 서로 이해하는 것은 시간이나 장소를 초월하여 가능하다… 이번에도 정말 그렇게 생각했습니다." 여기에도 본회퍼의 사상이 진실인 것의 증거가 있다.

3. "하나님의 고난과 인간의 고난"에 대하여 마지막으로 한마디 더 하고 싶다. 금년 가을에 일본 바르트학회와 일본 본회퍼 연구회의 공동 초청으로 클라퍼트(Bertold Klappert, Wuppertal) 교수가 일본에

오게 된다. 바르트와 본회퍼 쌍방의 연구자들에 의해서 초청되는 것에서도 알 수 있듯이(그리고 일본에서는 이 두개 연구회의 회원은 거의 중첩되어 있다) 클라퍼트는 바르트도 본회퍼도 통달한 조직신학자인 동시에 아이히홀즈(Georg Eichholz)의 제자로서 신약신학에도 조예가 깊다. 융엘이나 몰트만의 다음 세대를 대표하는 걸출한 신학자라고 할 수 있다. 그러나 그는 단순한 서재의 학자가 아니다. 그는 몇몇 실천적 행동으로 잘 알려져 있다. 그는 "유대인과 그리스도인과의 관계의 갱신"을 목표로 한 독일의 라인란드주 교회의 총회 결의(1981년도)를 실현하기 위해서 베트게를 후원하고 힘을 다했던 것은 잘 알려진 사실이며, 그밖에도 남아프리카의 반인종차별주의 운동에 연대하고 체포된 적도 있는 행동적 신학자이다. 물론 한국의 민주화운동이나 민중신학에도 그는 깊은 공감을 가지고 있다.

이 클라퍼트의 일본 방문에 맞추어서 논문집 변역이 계획되었고 여름에 출판되는데 그 안에는 '유대인 문제'를 취급한 것이 몇 개 있다. 나는 그 중 두 개를 맡았는데 하나는 "아우슈비츠 이후의 기독교 신학에 있어서의 유대인"이라는 제목의 논문이다.

이 논문에서 그가 의도했던 것은 교회 안에도 뿌리 깊이 존재하는 "반유대주의"와 싸우는 것이었다. 이런 점에서 그는 본회퍼-베트게의 선을 충실히 승계하고 그것을 신학적으로 심층화했다고 말할 수 있다.

클라퍼트는 본회퍼가 1940년 가을에 "윤리학"에서 기록했던 유명한 주제 즉 "유대인은 그리스도의 문제를 미해결대로 남긴다…"라는 말을 인용하여 이것은 아우슈비츠 이후의 기독교 신학의 결정적으로 중요한 것이라고 말하고 있다. 그 이유는 "교회와 신학은 너무나 오랫동안 불모지인 그리스도중심주의 혹은 그리스도일원주의에 의하여 이스라엘 민족의 하나님 나라 대망에서부터, 혹은 해방이라는 메시아적 전망에서부터, 또한 올바른 전 세계적 사귐이라는 전망에서부터 스스로를 단절해 왔다. 이러한 고립으로부터 교회는 자신을 해방하지 않으면 안 된다. 예수의 선교는… 히브리어 성서(구약)의 희망의 전망이라는 문맥에서 그것을 선취하고 있는데 이 성격을 교회는 잘못 본 것이다. 이것이 유대교 회당과의 대화능력의 결여를 가져왔다."

이어서 클라퍼트는 1943년 본회퍼가 옥중에서 썼던 다음과 같은 경고는 아직도 유효하다고 말한다. 즉 "'구약성서를, 따라서 유대교를 뛰어 넘어서' 너무도 급속하게 너무도 직접적으로 신약성서적이 되려고 하고 그렇게 느끼려고 하는 자는 내 생각에는 그리스도인이 아니다"(*WEN* 176).

이러한 클라퍼트의 견해의 뿌리에는 명백하게 아우슈비츠의 유대 민족의 고난에 있다. 물론 거기에 대해서는 특히 독일 그리스도인에게 책임이 있다고 하는 살을 베는 것과 같은 자각이 동반된다.

그가 이 논문에서 몇 번이나 비젤(Elie Wiesel)을 인용하는 것은 그것 때문이다. 자기의 아우슈비츠 체험에 근거한 비젤의 예리하고도 무거운 물음 "세계가 이렇게도 사악한데 왜 메시야는 오지 않는가?… 6백만 명이 넘는 유대인이 희생이 되어도 아직 부족하다는 것인가?" 이러한 물음을 뛰어넘고… "메시야는 이미 왔다…"라고 쉽게 말할 수는 없다고 클라퍼트는 생각하는 것이다.

또한 친위대원이 거기에 모여 있던 수용자들이 보는 앞에서 두 명의 유대인 남자와 한 명의 소년을 교수형에 처했을 때 비젤의 마음… 남자들은 빨리 죽었으나 소년의 죽음의 고통은 30분이나 계속되었다. … "하나님은 어디에 계시는가?"라고 비젤의 뒤에 서 있던 사람이 물었다. 오랜 시간이 지나도 그 소년은 아직 목이 매어진 채 고통을 계속하고 있었는데 뒤에 선 사람이 다시금 "하나님은 지금 어디 계신가?"

라고 중얼거리는 것을 비젤은 들었다. 그때 비젤은 자기 안에서 하나의 목소리가 대답하는 것을 들었다. "하나님이 어디에 계시냐고? 저기에 있지. 저 교수대에 매달려 있지 않아!"

이러한 비젤의 절망적 물음에 귀를 기울이면서 클라퍼트는 본회퍼의 말을 상기하지 않을 수 없었다. 아우슈비츠에서 고난 받는 '유대민족의 고난'과 중첩되어 '하나님의 고난'이 그에게는 보이는 것이다. 그리고 "오직 십자가에 달린 하나님, 아우슈비츠에서 함께 고통 받고 죽임 당한 하나님만이 도울 수 있다"라고 말한다.

여기의 클라퍼트의 아우슈비츠 이후의 신학자로서의 입장이 있다. 이것이 우리들의 입장이 되어야 하지 않겠는가!

(서초구 양재동 새겨레교회, 1993년 5월 25일)

아시아에서 본회퍼 신학의 미래
― 일본 교회의 관점에서

아메미야 에이이찌雨宮榮一

(동경 東驪形교회 목사)

"변화하는 아시아에서 본회퍼 신학의 미래"라는 주제의 이 협의회에 일본에서 초청을 받아서 감사의 뜻을 전합니다. 거기서 저도 이 주제에 따라 "일본 교회에 대한 본회퍼 신학의 과거, 현재, 미래"에 대해서 말씀드리려고 합니다. 즉 본회퍼 신학의 일본에서의 수용 문제라고 해도 되겠지요. 그러나 우선 본회퍼 신학이라는 이름으로 어떠한 신학을 생각할 수 있는가에 대해서 말씀드려야겠습니다.

여러분도 아시다시피 본회퍼는 서재나 연구실에 들어박혀서 신학 연구를 했던 신학자가 아닙니다. 그는 1936년 베를린대학 강사직을 정부에 의해서 박탈당하였습니다. 그의 신학적 활동은 젊은 시절은 제외하고는 항상 나치 정부에 대항하는 고백교회의 투쟁과 정치적 저항 운동의 한가운데서 행해졌습니다. 그가 최후에 체포당한 베를린 마리엔부르크 거리에 있는 그의 서재도 오늘날 방문해 보면 사람들은 놀랍니다. 그것은 3층 지붕 밑의 작은 방이기 때문입니다.

그러므로 그는 거의 자기 자신의 신학을 통일적으로 또한 체계적으로 쓸 수는 없었을 것입니다. 아시다시피 옥중서신에서 초안을 명백히 하고 예고했던 자기의 미래의 책도 결국 쓰지 못하고 말았습니다. 따라서 본회퍼 신학의 이름 아래 무엇을 생각할 것인가가 문제입니다.

다만 말할 수 있는 것은 39세로 끝났던 그의 생애의 흐름 가운데서 신학사상의 전개와 발전은 있었습니다. 그 전개를 각각의 시대에 따라서 그의 주제어에 의거하면 다음과 같이 말할 수 있을 것입니다.

우선, 젊은 시절 박사 논문과 교수자격 논문에서 볼 수 있는 "교회의 사귐으로서 존재하는 예수 그리스도"라는 사상. 나아가서는 목사 연수원의 책임을 졌을 때 "값싼 은혜와 비싼 은혜"라는 사상. 나아가서 그의 저서『복종』에서 볼 수 있는 "믿는 자만이 복종하고 복종하는 자만이 믿는다"라는 사상. 나아가서『윤리학』에서 볼 수 있는 "궁극적인 것과 궁극 이전의 것"이라는 사상. 그리고 옥중서신에서 예고되었던 "성인이 된 세계"와 "비종교적 해석"이라는 사상처럼 그의 신학사상은 그의 시대에 대응한 전개가 있었습니다. 또한 다양성이 있습니다. 그러므로 "본회퍼 신학과 아시아", "본회퍼 신학과 일본"이라는 경우, 본회퍼 신학의 이름으로 어떠한 사상을 생각하고 있는지가 명백해져야 합니다.

패전 이후 일본 교회와 신학에 깊은 영향을 주었던 본회퍼는 그의 신학사상 보다도 먼저 그의 사상과 깊이 연결된 그의 삶의 방식, 그의 실존 그 자체였습니다. 여기에 대해서 아래의 세 가지 항목으로 말씀드리겠습니다.

첫째로 본회퍼의 나치정부에 대한 저항의 자세입니다. 이것은 일본 교회의 과거에 대한 문제입니다.

왜냐하면 제2차 세계대전 중 독일과 일본은 공통의 과오를 범했습니다. 그것은 두 나라가 함께 군사적 독재국가가 되어 타국에 침략전쟁을 행한 사실입니다. 이러한 공통적인 운명과 과오 중에서 각기 국가의 교회는 전혀 다른 자세를 취했습니다. 독일 교회는 전부는 아니었으나, 고백교회를 만들고 어느 정도 나치 정부에 저항하는 자세를 취했습니다. 그러나 일본 교회는 정부에 대해 저항의 목소리를 내지 않았습니다. 오히려 전쟁을 긍정하고 결과적으로 천황제(天皇制)에 굴복하는 교회가 되었습니다. 그뿐 아니라 한국교회에 대한 신사참배의 강제에 대해서도 반대하지 않았던 일은 아시는 대로입니다.

그런데 전쟁이 끝나서 차츰 명백해진 것은 공통의 운명과 공통의 과오를 범했던 독일과 일본의 국가의 걸음 속에서 교회는 전혀 다른 걸음을 걸어왔다는 것이었습니다. 독일의 고백교회의 존재는 곧 일본 교회를 향한 문제제기가 되었습니다. 그것은 왜 일본 교회 내에 저항하는 공동체가 생기지 않았는가 하는 것이었습니다. 그리고 또한 독일 고백교회에서 자기의 생명과 죽음을 걸고 나치정부에 저항했던 본회퍼의 존재 그 자체가 일본 교회와 그리스도인을 향한 문제제기가 되었습니다. 그것은 왜 독일교회는 본회퍼를 낳았는데 일본 교회는 낳지 못했는가 하는 것이었습니다.

물론 독일 교회와 일본 교회 사이에는 역사적 차이가 있으며 제도적으로도 독일 교회는 연방 교회라는 국가 교회임에 비해 일본 교회는 자유 교회입니다. 그러나 그러한 역사와 제도의 차이를 넘어서 모두 예수 그리스도의 교회입니다. 본회퍼와 같은 저항이 왜 탄생하지 않았는가 하는 것이 우리들에게 큰 문제로 떠올랐습니다.

더욱이 나아가서 더 분명해진 것은 본회퍼 자신이 당시의 일본 교회에 대한 비판을 하고 있었다는 사실입니다. 그는 "십계명의 첫째 판(板)"이라는 성서 연구에서 전쟁 중의 일본 교회에 대해 다음과 같이 말하고 있습니다.

일본의 그리스도인 대부분은 최근 국가의 황제숭배에 참가하는 것이 허락되어 있다고 선언했다. 이러한 판단에서는 다음과 같은 점이 고려되어야 한다. 첫째로, 이러한 국가의 행위에 대한 참가 요구가 명백히 다른 신들에 대한 예배와 관련된다면 이런 경우, 거절하는 것이 그리스도인의 명백한 의무이다.

일본 그리스도인은 본회퍼가 당연히 그리스도인의 의무로 알았던 일을 행하지 않았던 것입니다. 이러한 일본 교회에 대한 비판을 가진 본회퍼의 존재는 전후 일본 교회와 그리스도인에게 하나의 무거운 문제 제기가 되었습니다. 그리고 필연적으로 일본 교회는 패전까지의 자기들의 역사를 비판적으로 보게 되었습니다.

둘째는 현재의 문제입니다. 그리고 그것은 본회퍼가 말하는 "교회의 죄책"의 문제입니다. 여러분도 아시다시피 그는 전쟁 중 독일교회의 죄책을 『윤리학』에서 예리하게 지적했습니다. 그는 시종일관 독일 고백교회의 담지자였습니다만 전쟁 개시와 함께 차츰 고백교회 그 자체에 비판적이 되지 않을 수 없었습니다. 거기에는 몇 가지 이유가 있었습니다만 그중에서 최대의 것은 나치 정부에 의한 유대인 학살에 대해 독일 교회가 비판하지 못했다는 점이었습니다. 그는 『윤리학』에서 다음과 같이 말하고 있습니다.

교회는 죄 없는 이들의 피가 울부짖는 것을 보고 외쳐야 했을 때, 침묵하고 있었다. 교회는 그리스도라는 이름의 가면 아래서 폭력적 행위와 부정이 행해지는 것을 방관했다.

교회는 고백한다. 교회는 잔혹한 폭력의 안하무인의 행사, 무수한 죄 없는 자들의 육체적 정신적 고통, 억압, 증오, 살인을 보면서 그들을 구해내기 위해서 달려갈 길을 찾으려고도 하지 않았다는 것을. 또한 교회는 가장 약한 자인 예수 그리스도의 형제 자매들의 생명이 잃어 버려진 일에 대해 죄책을 져야하게 되었음을….

여기서 말하는 "죄 없는 자"나 "예수 그리스도의 형제 자매"는 말할 것 없이 유대인을 말합니다. 그의 교회의 죄책 고백은 전후 개신 교회의 재출발에서 슈투트가르트 죄책 선언, 나아가서 다름슈타트 선언에로 계승되었고 전후 독일 교회의 재출발이 되었습니다. 그런 의미에서 본회퍼의『윤리학』의 죄책 고백은 독일 교회의 죄책 고백의 기초가 되었고, 또한 선구적인 역할을 다한 것입니다. 이러한 점도 전후 일본 교회와 그리스도인에게는 중요한 문제 제기가 되었습니다.

왜냐하면 패전 후 일본 교회는 그 죄책을 곧 명백히 할 수 없었기 때문입니다. 예를 들면 1945년 패전 직후 일본 정부는 "일억 총 참회 운동"을 일으켰습니다. 그리고 정부의 고문이었던 가가와 도요히꼬(賀川豊彦)의 운동으로 일본 교회는 여기에 찬성의 뜻을 표하고, 참가했습니다. 그리고 이 전쟁은 일본인 전체가 나빴기 때문에 일본인 전부가 참회하자는 것이었습니다.

그런데 여기에 하나의 함정이 있었던 것입니다. 모두가 나빴기 때문에 모두가 참회하자는 것은 진짜 책임은 누구에게 있었는지, 이 전쟁은 누가 어떻게 지도했고, 거기에서의 죄책은 무엇이었는지 그리고 특히 누구에 대해서 어느 민족에 대해서 죄책이 있었는지를 애매하게 만들어버렸습니다. 국민 모두가 나빴던 것은 사실이지만 교회에는 죄책이 없었는지, 하는 문제를 애매하게 만들어버린 것입니다.

본회퍼는 첫째로 "교회의 죄책"을 명백히 했습니다. 여기서 일본 교회도 자기들의 교회의 전쟁 책임을 명백히 해야 하지 않는가, 이렇게 된 것입니다.

제가 속하고 있는 일본 그리스도 교단은 그것을 위해 토론했습니다. 때로는 심각한 대립도 생겼습니다. 그 결과, 1967년에 "일본 교단의 전쟁 책임에 대한 고백"을 발표하고 아시아의 국민들과 교회에 대한 죄를 분명히 하고 용서를 빌었습니다.

물론 그 선언은 충분한 것이었다고 생각하지 않습니다. 오늘날 생각해 보아도 몇 가지 문제점이 남아있는 것이 사실입니다. 우리는 1967년의 "전쟁 책임에 대한 고백"을 어떻게 더 심화시킬 것인가에 대해서 최근 유지(有志)의 선언을 명백히 했습니다.

그러나 하여간 일본그리스도교단이 불충분하면서도 그 "전쟁 책임에 대한 고백"을 명백히 할 수 있었던 것은 본회퍼의 "죄책 고백"이 주었던 영향이었습니다.

셋째, 일본 교회와 그리스도인의 미래에 대한 본회퍼 신학이 가지는 의미입니다. 저는 여기에 본회퍼의 "평화주의"를 들고 싶습니다.

아시다시피 본회퍼의 생애에 있어서 1930-31년은 큰 전환기였습니다. 그는 여기서 크게 변했습니다. 에버하르트 베트게는 이 변화를 "신학자로부터 그리스도인에로"라고 정의를 내렸던 것으로 유명합니다. 이 변화는 그때까지의 본회퍼가 가지고 있던 전쟁과 평화에 대한 생각을 바꾸었습니다. 1928-29년, 스페인 바르셀로나 시절에 그는 "그리스도교 윤리의 근본문제"라는 강연을 했는데 여기서는 산상수훈에 대한 이해에서도 전통적인 루터파적 이해에 머물고 있고 또한 "전쟁"에 대해서도 경우에 따라서는 있을 수 있다고 긍정하고 있습니다.

그러나 1930년 미국 유니온신학교에 유학시절에 지금까지의 평화에 대한 사고방식에 큰 변화가 일어납니다. 그 변화의 원인으로는 '평화주의자'였던 불란서 개혁파 교회 목사 쟝 라세르와의 만남이 있었고 또한 당시 미국 사회에 있었던 노동 운동, 반전 평화 운동과의 만남도 있었고, 세계 교회 운동에의 참가도 큰 변화의 요인이 되었습니다.

그리고 본회퍼는 귀국 후, 평화주의자가 되어서 병역 거부를 생각하게 되었습니다. 그리고 이러한 병역 거부는 평생 변하지 않았습니다. 그래서 병역 의무를 앞에 두고 1939년 미국 망명을 시도했던 일은 아시는 대로입니다.

결국 미국 망명은 단념하고 독일에 귀국하고 그는 병역 거부를 어떻게 실행하는가에 대해 고민합니다. 종군 목사를 지원하기도 하고 병원 목사를 지원하기도 하지만 그것은 불가능했습니다. 그래서 그는 처형인 한스 폰 도나니(H. von Dohnaneyi)에 의하여 국방군 정보부에 들어가고 그것으로 병역 의무에서 해방됩니다. 그러나 동시에 정보부를 중심으로 한 저항운동에 깊이 관계를 가지게 되었습니다. 그리고 결과적으로 그러한 죽음을 맞이하게 되었습니다.

히틀러 암살 계획에의 참가는 그의 평화주의와 모순되지 않았을까요. 그에게 있어서는 모순되지 않았을 거라고 저는 생각합니다. 그 이유는 본회퍼는 결코 절대 평화주의자는 아니었습니다. 그런 점에서는 거의 같은 시대에 절대 평화주의자로 병역을 거부하여 사형을 당했던 그리스도인 헤르만 슈테르와 달랐습니다. 본회퍼에게 있어서 평화주의란 "궁극 이전"의 것이었습니다. 상대화되어 있었습니다. 그리고 그가 생각했던 것은 그 전쟁을 일으키고 다른 나라를 침략하고 유대인을 학살하는 히틀러를 배제하는 일이야말로 평화에로의 길이었습니다.

오늘날 일본 교회와 그리스도인은 이러한 본회퍼의 평화주의에 대해 끊임없이 주목하고 있습니다. 신학적으로 평화주의를 절대화하는 것은 문제가 있다 하더라도 끊임없이 절대 평화주의에 가까운 평화주의에 서고 싶습니다. 우리들 일본 그리스도인들은 일본이 다시금 군사 대국이 되지 않기를 바라고 있으며 그것을 위해 노력하고 있습니다. 그리고 비전 평화(非戰平和), 반전 평화의 길을 어떻게든 관철해 나가려고 합니다.

이런 점에서 본회퍼의 평화주의를 지금부터 깊이 배우고 싶고, 거기에 일본 교회의 미래에 대한 본회퍼 신학의 의미가 있는 것이 아닐까 생각하고 있습니다.

(한일 본회퍼학회 공동강연회, 1995년 5월 25일, 한국교회100주년기념관)

아시아에서 본회퍼 신학의 미래
― 한국교회의 관점에서

손규태

(성공회대학교 명예교수)

I. 들어가는 말

아시아는 문화와 종교 그리고 인구에 있어서나 21세기 세계사의
형성에 있어서 엄청난 잠재력을 가지고 있다. 아시아 국가들은 다음
몇 가지 점에서 공통점들을 가지고 있다고 보인다. 이들 국가들은 독
립된 민족국가를 형성하고 있다. 그러나 그들은 19세기의 서구 식민
지적 잔재들을 완전히 청산하지 못한 채 다수의 나라들은 정치적으로
나 경제적으로나 서구 의존적 상태에 있다. 이들 나라들은 그동안 우
여곡절을 겪었지만 나름대로의 민주주의적 경험도 축적했으나 동시
에 이들 나라들에서 기본 민주주의는 완전히 뿌리를 내리지 못하고 있
다. 아시아 국가들은 경제적 발전의 기초가 되는 산업화에 길로 들어
섰지만 몇몇 성공한 나라들을 제외하고는 아직도 많은 문제점을 안고
있다.

이러한 공통점을 가지고 있는 아시아의 나라들 사이에서 나타나는

문제들을 우리는 다음과 같이 간단히 정리해 볼 수 있을 것이다.

첫째, 정치 체제에 있어서 이들 나라들이 채택하고 있는 자유민주주의 체제가 제대로 기능하는 나라들은 한 두 나라를 제외하고는 거의 없다는 것이다. 대부분의 나라들이 권위주의적 내지는 신권위주의적 통치 형태를 가지고 있다. 따라서 아시아 국가들에게 요구되는 것은 기본 민주주의와 거기에 기초한 법치국가의 실현이라고 생각된다.

둘째, 경제적 차원에서 이들 대부분의 나라들은 근대화 혹은 산업화의 길에 들어섰지만 몇몇 나라들은 아직도 이것을 위한 기초를 만들지 못하고 있다. 산업화의 기초를 만들어 가고 있는 몇몇 나라들도 일본과 같은 선진 공업국에 자본에 있어서나 기술에 있어서나 매우 의존적이다. 이런 현상은 시간이 갈수록 더욱 심화되는 것으로 나타난다.

셋째, 이제까지의 아시아 민중의 삶은 저개발하에서 가난하고 서구 종속적이었지만 이제는 이러한 관계가 아시아 국가들 안에서 일어나고 있다. 새로 등장하는 국제 질서에서는 자본주의에 기초한 무한 경쟁의 원리가 관철됨으로써 아시아 국가들 안에서의 빈익빈, 부익부 현상이 가속화되고 있다. 이러한 현상은 저개발 국가들로부터 보다 개발된 아시아 국가들에로의 노동력의 이동을 통해서도 잘 나타나고 있다. 이러한 이주하는 약자들의 인권 문제가 새로운 이슈로 등장하고 있다. 따라서 아시아 국가들 사이에서 그리고 개개 국가 내에서 사회 평화가 위협을 당하고 있다.

마지막으로 서구 중심의 동서 냉전체제가 붕괴되고 새로운 세계질서가 재편 과정에 들어갔지만 아시아에서는 여전히 사회주의적 정치 이념을 고수하고 있는 나라들이 존재한다. 특별히 냉전체제의 산물인 남북한의 분단 현실은 지속적이고 잠재적으로 동아시아의 평화를 위협하는 요인으로 남아있다. 그리고 냉전체제의 붕괴에도 불구하고 아시아 나라들의 군사화는 꾸준히 계속되고 있으며, 그중에서도 일본의 군사 대국화는 주변 국가들을 불안하게 하고 있다. 한국과 대만 그리고 중국 등 여러 나라들이 신무기 수입에 열을 올리고 있다. 아프리카에서와 같은 빈곤의 문제나 혹은 과거 동구권 국가들 사이에서 일어나고 있는 민족 분쟁의 요인은 적지만, 아시아 특히 남·북한의 군사적 대결은 아시아의 정치적 평화에 커다란 위협이 되고 있다.

이렇게 새롭게 변화되어 가는 아시아의 상황에서 교회는 어떤 과제들을 가지고 있는가? 아시아의 변화된 상황에서 신학의 주요 쟁점들은 어떤 것일까? 오늘날 아시아 교회의 과제 수행을 위해서 본회퍼 신학은 과연 어떤 역할을 할 수 있을까?

필자는 우선 본회퍼의 삶과 사상의 중심적 내용을 스케치함으로써 그의 신학이 아시아 특히 한국과 일본 그리스도 교회에 기여할 영역을 찾아보고자 한다. 특히 그의 삶과 사상을 통해서 서구 신학의 전환점을 가져왔던 부분에 주목하고자 한다. 왜냐하면 본회퍼는 그의 사상 못지않게 극적인 삶을 살아갔던 신학자였기 때문이다. 그의 삶에 대한 이해 없이는 그의 사상을 이해할 수 없고 그 반대도 마찬가지이다. 특히 나치 하에서의 그의 삶과 죽음이 수많은 수난 당하고 죽어간 사람들에게 깊은 위로와 영감을 주었기 때문이다.

II. 본회퍼 신학의 중심 주제들

1. 첫째 본회퍼의 삶과 사상의 발전과정을 우리는 베트게의 도식에 따라서 "신학자며 그리스도인이고 시대인"으로 규정해 볼 수 있다.[1] 본회퍼가 신학자며 그리스도인이며 시대인이었다고 정의하는 것

은 한마디로 그가 형이상학적 신학 전통의 틀에서 진행되던 서구 신학을 해방시켜서 역사의 현장 한가운데로 이끌어 들였다는 것을 의미한다. 본회퍼 연구가인 박재순은 그의 학위논문 "하나님 없이 하나님 앞에"서 그 점을 이렇게 적절하게 지적하고 있다. "또한 그(본회퍼)는 존재의 비유를 거부하고 관계의 비유(analogia relationis)를 말하면서 하나님의 존재 자체가 아니라 그리스도 안에 나타난 하나님 즉 인간을 위한 하나님에 주목한다."[2]

서구 신학 특히 초대교회와 중세 신학의 무거운 짐은 그리스의 형이상학을 도입하여 방법론적 무기로 사용하면서 시작되었다고 해도 과언이 아니다. 종교개혁자 루터를 비롯해서 수많은 신학자들이 신학을 형이상학의 영역으로부터 역사의 영역으로 되돌리려고 했다. 이와 관련해서 우리는 1517년 일련의 논제들을 통해서 아리스토텔레스의 철학을 비판했던 다음과 같은 루터의 입장에 귀를 기울일 필요가 있다. "아리스토텔레스 없이 우리는 신학자가 될 수 없다고 말하는 것은 오류다. 그 반대다. 우리는 아리스토텔레스 없이만 신학자가 될 수 있다."[3] 이러한 신학의 형이상학화는 사실상 신교 정통주의에서도 그리고 역사에 차안의 세계에 관심을 기울였던 자유주의 신학에서도 중지되지 않았다. 이러한 형이상학적 연구 방법은 본회퍼의 매우 난삽한 연구 논문인 "행위와 존재"에서도 엿보인다. 그러나 그는 실상 거기에서 서구 철학의 형이상학적적 논거를 문제 삼으면서 형이상학의 숨겨

---

1 1. Eberhart Bethge, *Dietrich Bonhoeffer: Theologe-Christ-Zeitgenosse*, München, Christian Kaiser Verlag, 1967, s. 267ff.

2 박재순,『하나님 없이 하나님 앞에 - 디트리히 본회퍼의 그리스도론적 하나님 이해』 (한울, 1993), 11 참조.

3 Bernd Moeller, Geschichte des Christentums in Grundzügen, *UTB* Vandenhoeck, 1983 s. 229.

진 전제들로부터 신학을 해방하는 사고 형식을 찾으려고 했었다.[4]

이러한 형이상학적 신학에서의 역사에로의 전환을 본회퍼 연구가인 베트게는 본회퍼의 전기에서 "신학자로부터 그리스도인으로의 전환"(Die Wendung des Theologen zum Christen)이라고 했다.[5] 본회퍼에게 있어서 이러한 전환은 서구에서의 형이상학에 근거했던 기독교 신학은 현재까지의 모습과 해석에서는 끝장난 것을 실감했기 때문이다. 또 인간의 자의식이라고 하는 종교적 아프리오리에서 역사적이고 경험적인 기독교의 논거를 찾으려고 했던 자유주의 신학도 역사에로의 지향점을 가지긴 했지만 결국은 형이상학, 개인주의, 내면성(Metaphysik, Individualismus, Innerlichkeit)을 통해서 정신의 영역으로 도피하고 말았다는 것이다.

이러한 신학의 탈형이상학화는 그가 말년에 경험했던 기독교의 깊은 차안성의 경험과 연결된다고 보인다. 이러한 차안성에로의 전환의 상황과 시점을 말하기는 힘들지만 그의 "윤리학"을 고려해 볼 때 그가 정치적 군사적 저항운동을 펼치고 있던 사람들과의 만남이 그로 하여금 법률, 경제, 과학, 윤리학, 정치 등과 관련된 문제들로 관심을 돌리게 했다고 볼 수 있다.[6] 여기에서 본회퍼는 신학자에서 그리스도인으로 그리고 한 걸음 더 나아가서 '동시대인'으로 전환하게 된다.

그러면 신학에서의 형이상학적 사고가 어떤 문제를 제기하고 있는가를 십자가 해석을 예로 들어서 살펴보자. 민중신학자 서남동은 "한국교회의 십자가 해석"이란 글에서 이 문제를 다루고 있다.[7] 그에 의

---

4 Hans-Richard Reuter, Nachwort des Herausgebers. in: D. Bonhoeffer, *Akt und Sein*, 1988, s. 165. 173.

5 Eberhard Bethge, *Dietrich Bonhoeffer, Theolog - Christ - Zeitgenosse. Eine Biographie*, München 1968.s. 246-250.

6 Dietrich Bonhoeffer, *Ethik*, s. 200-226.

하면 한국교회는 두 가지 형태의 십자가 해석이 있다는 것이다. 첫째는 객관설 즉 전통적인 대속설의 입장에서 십자가를 해석하는 것이고 둘째는 주관설의 입장에서 십자가를 해석하는 것이다.

객관설을 대변하는 이는 박형룡 박사로서 미국의 근본주의 신학에 입각해서 십자가를 속죄론을 통해서 대속적으로 해석한다. 이 객관설에 의하면 십자가 사건은 예수에게서 일어난 객관적 사건이며 '믿음'을 통해서 그것을 받아들이는 데서만 그것은 우리에게 구원사건으로 의미를 갖는다. 객관적 사건이기 때문에 우리가 그 십자가를 질 필요는 없다. 믿음으로 그 사건을 승인하면 그것은 구원의 효력을 발생하는 것이다. 다시 말하면 십자가 사건은 과거의 객관적 사건이고, 그것의 현재화는 개개인이 신앙을 통한 승인으로서 가능하다는 것이다. 그것은 역사적 사건으로서 현재화되는 것은 아니다.

그리고 서남동에 의하면 주관설에는 두 가지 방향들이 존재한다. 하나는 이용도의 방향이고, 다른 하나는 김재준의 방향이다. 이용도에 의하면 십자가에 달려 당하는 그리스도의 고통에 동참하는 길은 우리가 삶에서 고행을 함으로써 몸으로 그 고통을 체현하는 것이다. 이러한 고통을 통해서 신자는 고난 받는 그리스도와 신비적 일치에 도달하게 된다. 여기에는 체험적 신비주의 사상이 나타나 있다. 객관설에서 말하는 것과 같이 심리적으로만 동의해서는 안 되고, 몸으로 친히 고통을 걸머져야 한다는 것이다. 여기서는 몸의 고통을 통해서 수난 받는 그리스도와의 일치가 궁극적 목표다. 그래서 그는 추운 밤길에 누워 자면서 그리스도의 고통을 친히 체험하려고 했었다.

그러나 주관설의 입장에 서지만 장공 김재준은 다른 입장을 취하고 있다. 김재준에 의하면 십자가 사건은 역사적 정치적 사건으로 규

---

7 서남동, 전환시대의 신학, 신학연구소 참조

정된다. 따라서 그것이 우리에게 의미와 구원을 가져다주는 것은 마음으로 믿고 승인하는 것이나 그의 고통을 주관적으로 체험하는 것에서가 아니다. 그에 의하면 그리스도인은 역사의 현장 한가운데서 십자가를 걸머지고 그리스도를 따르는 것이다.

우리는 여기서 중세의 스콜라주의와 자유주의 신학뿐만 아니라 근본주의 신학마저도 형이상학적 틀 안에서 사고하고 있다는 것을 발견하게 된다. 대부분의 교회들이 몰역사와 탈역사에 떨어지는 것은 이러한 형이상학적 사고의 틀에서 교리 항목들을 해석하고 있기 때문이다. 우리가 본회퍼 신학에서 계속 배우고 주목해야 할 것은 그가 신학의 출발점을 탈형이상학에서 찾았고, 역사적으로 사고함으로써 실천적 역동성을 가졌다는 것이다.

2. 그 다음으로 본회퍼의 삶에서 주목해야할 점이 있다. 그것은 부르주아적 삶으로부터 타자를 위한 삶에로의 전환이다. 이러한 전환은 그의 삶과 사상 체계를 일관되게 관통하고 있다. 이러한 전환은 본회퍼로 하여금 끊임없이 제기하게 만들었던 "오늘 우리에게 그리스도는 누구인가?"라는 기독론적 물음과 밀접하게 연관되어 있다.[8] 이 물음은 그리스도의 공동체로서 교회는 무엇이어야 하는가, 하는 교회론적 물음으로 연결된다. 이 물음은 필연적으로 "오늘날 그리스도인은 누구인가?"라는 윤리적 물음으로도 확대된다.

본회퍼는 그의 그리스도론에서 중요한 출발점 전환을 시도한다. 즉 그는 그리스도론에서 방법적 물음(Wie-Frage)과 내용적 물음(Was- Frage)으로부터 출발하지 않고 그리스도가 누구인가(Wer-Frage)로부터 출발하는 것이다.

---

8 D. Bonhoeffer, *Widerstand und Ergebung*, s. 305.

방법적 물음은 그리스도가 어떻게 하나님이면서 동시에 인간일 수 있는가를 묻는 초대 교회의 기독론에 거점을 두고 있다. 이 물음에 대답은 필연적으로 아리스토텔레스의 형이상학적 도식을 통해서 해결될 수밖에 없었다.9 카파도기아의 세 신학자들이 결론에 도달했던 이른바 본질(ousia)에서는 하나지만 실체(hypostasis)에서는 셋이라는 도식이 바로 아리스토텔레스의 형이상학에 기초한 것이 아닌가!

그리고 그리스도론에서 내용적 물음은 하나님-인간 그리스도의 사실적 내용이 무엇인가를 규명하려고 한다. "이 물음은 '하나님의 로고스라는 그리스도의 자기주장' 배후로 들어가서 그 주장을 입증할 증거를 찾는다… 그러나 하나님의 로고스가 이념이 아니라 인격적 타자로서 인간 로고스의 초월과 마침, 인간 실존의 참된 한계와 초월을 의미하기 때문에 인간 로고스의 사고 세계 속에 편입될 수 없고, 인간 로고스에 의해 지배될 수 없다."10

따라서 전통적 기독론에서 제기된 위의 두 가지 물음들은 잘못 제기된 물음이고 결국 대답도 잘못될 수밖에 없다. 본회퍼에 의하면 그리스도에 대해서는 오직 그가 오늘날 우리에게 누구인가 하는 물음이 가능할 뿐이다. 이 물음은 이미 예수 자신이 그의 제자들을 향해서 물은 질문 즉 "너희는 나를 누구라고 하느냐"와 연관된다. 예수는 다른 사람들의 대답이 아니라 제자들 자신의 대답을 요구했었다. "주는 그리스도시요 살아 계신 하나님의 아들이다"라고 대답했다.

그리스도가 누구냐를 묻는 질문은 필연적으로 질문자와 질문을 받는 자 사이의 관계를 사변적으로 규정하지 않고 실존적으로 그리고 신앙적으로 규정한다. "그리스도에 대한 접근은 신앙에서만 허용된다.

9 여기에 대해서는 초대교회의 기독론 논쟁을 참조하라.
10 박재순 상게서, 139면; D. Bonhoeffer, *Gesammelten Schriften*, III. s. 172.

모든 사고형식들은 깨어진다."[11]

그러면 이 그리스도는 누구인가? 본회퍼는 그의 그리스도론에서 '현재적 그리스도'를 십자가에 달려죽고 부활하신 분으로 규정한다. 그리고 이 그리스도는 인격으로서 교회 안에 현재한다. 그리스도의 현재성을 그에게서 출발한 역사적 역동성으로 오해해서 인과(因果)의 범주에서 파악해서는 안 되고 또 역사를 초월해 있는 그리스도의 상으로 파악해서도 안 된다는 것이다.[12] 이러한 현재적 그리스도는 따라서 성육신하고 수난을 당하고 십자가에 죽은 그리스도이다. 이 역사적 그리스도는 이 신-인간(神-人間)의 인격적 구조인 '나를 위한 존재'로서 파악된다. "그리스도는 자신을 위한 그리스도로서 그리스도가 아니라 나와의 관계에서 그리스도이다."[13] 즉 하나님과 그리스도는 나를 위한(pro me)의 관계에서만 존재한다는 것이다. 이러한 pro me 구조는 첫째로 예수의 역사성과 연관되며, 둘째는 대리 행위에서 나와 연관되고, 셋째는 새로운 인간으로서 하나님의 은총으로 새로운 인류를 매개한다.[14]

이러한 기독론적 전제는 그의 신학의 윤리적 결단에도 그대로 적용된다. 즉 그리스도는 누구인가 라는 물음이 단지 학문적 물음으로 머물지 않고 그리스도를 따르는 자들의 실천적 물음으로 이어진다. "이 물음이 그를 그리스도에 대한 충실한 뒤따름에로, 교회 투쟁과 정치 투쟁에로 그리고 고난과 죽음에로 이끌었다."[15] 다시 말하자면 이러한 그리스도는 누구인가에 근거해서 그는 또한 누구를 위해서 성육

---

11 *GS*. III. s. 218(박재순, 141에서 재인용).
12 *GS*. III. 179ff.
13 *GS*. III. s. 182.
14 상게서 183면.
15 박재순, 상게서 142면.

신하고 수난을 당하고 죽었는가를 묻게 된다. 이러한 물음은 본회퍼의 삶과 일의 과정에서도 전기적으로 등장하고 있다고 보인다.

그는 무엇보다도 수난 당하는 사람들 가운데서 이 그리스도의 현재를 발견하고 있다. 그는 1933년에 쓴 "유대인 앞에선 교회"라는 글에서 교회는 "국가 행위에서 희생된 자들을 봉사해야 할 의무"가 있음을 분명히 하고 있다.16 히틀러 치하에서 가장 수난 당했던 자들은 유대인들이었고 그들의 수난에서 그리스도의 수난을 발견한 것이다. 그리고 그는 1942년경 씌어진 것으로 보이는 짧은 글 "아래로부터의 시각"(Blick von unten)에서 이렇게 쓰고 있다.17 "우리가 세계사의 대사건들을 한번 아래로부터, 즉 실패한 사람들, 혐의를 뒤집어 쓴 사람들, 마구 처벌당한 사람들, 힘없는 사람들, 억압받은 사람들, 모욕을 당한 사람들, 간단히 말해서 수난 당하는 사람들의 관점에서 보는 것을 배우게 되면 비교할 수 없는 가치를 가진 경험을 하게 된다."

본회퍼는 미국 체류 시에 할렘에서 사회적 빈곤을 체험했고, 또 베를린의 알렉산더플라즈 근처에서 준목 생활을 하면서 스스로 가난한 생활을 선택했었다.18 그는 이미 바셀로나에서의 준목 생활을 하면서 끔찍한 빈곤과 실업자들의 생활을 목격했다. 그리고 부유한 계층과 가난한 계층 사이의 끔찍한 격차를 목격했다. 이것이 그로 하여금 가난한 자들과 약한 자들 그리고 수난 당하는 자들에 관심하게 한 것이다. 거기에서 그는 현재적 그리스도를 발견한다. 그는 또한 베를린의 테겔 감옥에 갇혀 있을 때 동료 죄수들 가운데서 그리고 그들을 감시하고 있는 사람들 가운데서 민중적 상황에 있는 사람들과 접한다.19

16 *GS*. II, s. 44.
17 *GS*. II. s. 441.
18 Bethge, *Bonhoeffer*, s. 273.
19 Bethge, *Bonhoeffer*, s. 943ff.

이러한 경험들이 그로 하여금 그리스도 이해에 있어서 추상성을 벗어나게 했고, 아래로부터의 시각을 가지고 역사의 현실을 보게 되었다. 그의 기독론적 결론은 우리가 잘 알고 있는 "대리자"라는 이론으로 나타났고 그의 교회론은 "타자를 위한 교회"로 윤리학에서는 이 성육신하고 수난 당하고 십자가에 죽은 자 그리스도를 따르는 윤리 즉 "형성(形成)의 윤리"에 도달하게 된다. 독일의 부르주아적 가정에서 태어나서 학자로서 성공할 수 있는 모든 조건들을 다 가지고 있었지만 나치의 와중에서 그는 수난 당하는 유대인들, 가난한 민중들 가운데서 현재하는 그리스도를 발견하고 그들의 수난에 동참함으로써 그리스도의 충실한 제자로서 죽었던 것이다.

III. 결론

그러면 오늘날 변화되어 가는 아시아의 상황 아니 한국과 일본의 상황에서 본회퍼의 신학은 우리에게 무엇을 말해주고 있는가? 특히 오늘날의 한국의 교회에 대해서 무엇을 말하고 있는가?

한국교회는 그동안 수난 받는 교회로서 그리고 성장하는 교회로서 알려져 왔다. 수난과 성장은 서로 모순되는 내용이었지만 그동안의 군사정권 하에서 수난이 성장의 모순들을 덮어왔다. 그리고 일본을 비롯해서 세계의 그리스도의 형제들은 수난 당하는 한국교회의 그리스도인들을 지원했다. 지금 수난의 시간이 지나간 오늘날 한국의 교회는 심각한 위기에 직면했다.

그 위기의 진정한 근원은 신학이 역사라는 현장을 버리고, 형이상학적 명상의 세계로 도피하는 데 있다고 필자는 생각한다. 이미 한국교회의 십자가 이해에서 객관설 즉 대속설이 가지고 있는 추상성에 대해서 언급한바 있지만 여타의 죄론, 구속론 등이 모두 형이상학적 관념론에 근거해서 해석되고 있다.

이러한 형이상학적 관념론의 신학에 기초한 한국교회가 직면하고 있는 또 하나의 위기는 부르주아화이다. 이러한 부르주아화가 자본주의적 원리에 기초한 교회 성장 이데올로기와 결합되어 있다. 이들에게서는 십자가 사건은 추상화되고, 죄는 형이상학화 된다. 십자가도, 죄도 역사적 지평에서 이해되지 않는다. 부르주아 교회에서도 십자가와 죄를 말하지만 그들은 역사적으로가 아니라 관념적으로 그리고 추상적으로만 말할 뿐이다.

아시아에서 본회퍼 신학의 미래는 어디에 있는가? 우리는 관념적 기독교에서 탈형이상학화와 함께 시민적 기독교를 민중적 기독교로 전환시키는 과제를 본회퍼의 신학에서 발견할 수 있지 않을까!

(한일 본회퍼학회 공동강연회, 1995년 5월 25일, 한국교회100주년기념관)

본회퍼 신학이 제시하는 오늘날의 교회의 길

다케다 다케히사武田武久
(일본 본회퍼학회 회장)

이번 한국 본회퍼학회에 초청 받아서 깊이 감사드린다. 한국의 본회퍼학회와 일본 본회퍼학회 사이에 이러한 주안의 형제 자매적인 관계가 주어져 있는 것은 결코 자명한 것이 아니라 한국 그리스도인들의 주안에서의 용서와 아세아의 에큐메니칼 교제 안에 일본 그리스도인들을 받아들여 주시는 징조여서 깊은 감사와 기쁨을 느낀다. 지금까지 일본에서 개최되었던 본회퍼학회에는 손규태 회장, 유석성 교수, 박재순 교수께서 참가하여 주셨고, 우리 일본의 그리스도인들은 그 강연에서 귀중한 배움을 얻었다. 이번에 저는 일본 본회퍼학회 대표로서 왔지만 일본 본회퍼학회 회원들의 진심으로 우러나는 인사를 여기에 전하는 바이다.

그런데 손규태 회장님의 편지에 의하면 한국 본회퍼학회는 지금 '본회퍼가 전후에 걸으려고 했던 곳에 새로운 길을 발견하려고 하고 있다'는 것이었다. 그것이 이번의 한국 본회퍼학회의 과제라는 것인데, 일본 그리스도인으로서도 한국 그리스도인의 그 새로운 길의 탐구에 대하여 함께 심층적으로 배우고 싶다. 동시에 이 과제는 또한 다른 관점에서 바로 전후 53년을 거친 지금도 일본 그리스도인과 교회에게 심각하게 문제되고 있는 사안이어서 통절한 느낌으로 여기에 서 있다.

나는 "본회퍼가 찾았던 전후 독일 교회가 가야할 길"에서 우리 오늘날의 그리스도인과 교회에 공통의 과제로서 제1장에서 "기도하는 것과 사람 사이에서 정의를 행하는 것"을 다루고, 제2장에서는 "본회퍼가 요청했던 전후 독일 교회가 나아갈 길"에서 오늘날의 일본 그리스도인과 교회가 요청받고 있는 '교회의 죄책 고백'과 '역사적 정치적 형태로서의 국가 혹은 민족의 죄책의 치유'의 문제를 다루고 싶다.

I. 기도하는 것과 사람 사이에서 정의를 행하는 것

"기도하는 것과 사람 사이에서 정의를 행하는 것"이라는 본회퍼의 말은 1944년 5월 옥중에 있었던 본회퍼가 친구 베트게 부부에게 주어진 아들의 유아세례의 날을 기하여 써 보냈던 편지 중의 한 구절이다. 그것은 본회퍼가 스스로도 그 일원이었던 고백교회의 근본 문제를 '우리 자신의 죄책'으로서 고백하고 있는 문맥에서 나온다.

"지금까지의 세월 중, 마치 그것이 자기 목적인 것처럼 오직 자기 보존을 위해서만 싸워왔던 우리들의 교회는 모든 사람과 세계를 위한 화해와 구원의 말씀의 담지자로서의 힘을 상실했다… 우리가 그리스도인이라는 것은 오늘날 오직 두 가지에서만 성립될 것이다. 즉 기도하는 것, 사람 사이에서 정의를 행하는 것이다. 기독교의 상황에서의 사고, 언사, 조직은 모두 이러한 기도하는 것, 정의를 행하는 것에서 새롭게 생겨나야 한다"(WEN S, 328). 이제 이런 경우 본회퍼가 한편에서는 '종교적으로' 영혼의 구원의 문제를 중요시하고 다른 편에서는 '이 세상적으로' 정의를 위한 행위문제도 중요시하고 있는 것일까?

여기서 '기도하는 것. 정의를 행하는 것'이라는 명제는 그 수주 전에 기록되었던 1944년 4월 30일의 중요한 편지의 내용에서 이해되어야 할 것이다. 당시 본회퍼를 '끊임없이 움직이고' 있던 문제는 '오늘날의 우리에게 있어서 그리스도는 누구인가'라는 물음이었다.

> 자기 자신을 종교적으로 특권을 가진 자로서 이해함이 없이, 오히려 전적으로 이 세상에 속하고 있는 자로서 어떻게 우리는 교회, 즉 소명 받은 자일 수 있는가?(306).

본회퍼가 '종교적'이라는 말로 표현하려는 것은 '한편에서는 형이상학적으로, 다른 편에서는 개인주의적으로 말한다는 것'인 것이다. 그것을 그는 비성서적인 것으로서 부인하며 말한다(312).

> 원래 구약성서에는 영혼의 구원에 대한 물음이 있었을까? 지상에서의 하나님의 의와 하나님 나라야말로 모든 것의 중심점이 아닐까. 또한 로마서 3장 24절 이하도 개인주의적인 구원의 교설이 아니라 하나님만이 의롭다는 사상의 지향하는 바가 아닐까. 문제는 피안에서가 아니라 창조되고 보존되고 율법에서 나타나고 화해되고 새롭게 되는 이 세상인 것이다(312).

이러한 일련의 편지의 내용에서 본회퍼가 베트게에게 "잠언 24:11-12을 읽어보시오. 거기에는 경건으로 위장한 도피에 대한 브레이크가 있소"라고 쓴 것에 주의해야 한다. 옥중에서의 편지이기 때문에 직접적으로는 지시할 수 없는 것에 대한 암시가 여기에 있는 것이다. 잠언 24:11-12에는 이렇게 기록되어 있다.

> 너는 죽을 자리로 끌려가는 사람을 건져주고, 살해될 사람을 돕는데 인색하지 말아라. 너는 그것이 내가 알바가 아니라고 생각하며 살겠 지만, 마음을 헤아리시는 주께서 어찌 너의 마음을 모르시겠느냐? 너의 목숨을 지키시는 주께서 다 알고 계시지 않겠느냐? 그분은 각 사람의 행실대로 갚으실 것이다.

본회퍼는 이 말씀으로 폴란드 등 동구라파의 강제수용소로의 유대 인 강제 이송을 암시하고 있었던 것은 명백하다.

기도한다는 것은 본회퍼에게 있어서 경건한 도피가 되는 형이상학 적 개인주의적 종교 행위가 아니라, 무엇보다도 먼저 지상에서의 하 나님의 의와 하나님 나라를 찾는 것이었다. 기도하는 것은 그러므로 이 세상에서의 하나님의 의와 하나님 나라를 찾는 일에 대응하여 '사 람 사이에서 정의를 행하는 것'과 불가분리의 것인 것이다.

"종교적 행위가 아니라, 이 세상의 생활 속에서 하나님의 고통에 참여하는 것이 그리스도인을 만든다. 이것이 회개(메타노이아)이다. 그것은 자기 자신의 궁핍이나 문제, 죄나 불안을 우선적으로 생각하 는 것이 아니라, 예수 그리스도의 길에, 이사야서 53장이 지금 성취된 다고 하는 메시아 사건에, 자기가 휘말리는 것을 말한다!"(395). 그런 데 본회퍼의 "하나님나라가 임하소서"라는 1932년의 강연에서는 이 미 다음과 같은 말이 있다.

하나님 나라를 요청하는 기도는 불안한 영혼이 스스로의 복을 구하

는 것이 아니다… 그것은 고난을 지고 투쟁하는 이 세상 안의 교회
의 기도이다… 하나님이 내 영혼 안에 들어오는 것이 아니라 하나님
이 우리 사이에서(지상에서) 자신의 왕국을 세워주시는 것, 이것이
오늘날의 우리들의 기도이다.

그리고 "기도하는 것과 사람 사이에서 정의를 행하는 것"의 컨텍스
트로서 밀접한 관련을 가진다고 생각해야 할, 1944년 6월에 옥중에서
기록하고(약혼자 마리아의 손에 비밀리에 전해진) "십계명의 첫째 판"
의 끝이 "당신의 나라가 임하소서"로 마감하고 있는 것은 우연이 아니
다. 그 초고는 미완으로 끝났으나 십계명의 하나하나의 계명에 '주의
기도'의 하나하나의 기도가 대응하는 구상 아래 쓰고 있다.

이러한 관련에서 "기도하는 것과 사람 사이에서 정의를 행하는 것"
이라는 명제를 놓는다면 주의 기도를 기도하는 교회는 사람 사이에서
정의를 행하는 교회라고 할 수 있을 것이다.

같은 문제가 본회퍼가 쓴 "어느 책의 초안"에서도 나타나 있고, 그
제2장에서 전개될 테마는 오늘날 우리에게 있어서 예수 그리스도란
"타자를 위한 존재"라는 것이고, 그 제3장에서 전개될 테마는 "교회는
타자를 위해서 존재할 때만이 교회이다"라는 명제가 제시되어 있다.

II. '본회퍼가 찾았던 전후 독일 교회의 나아갈 길'에서 오늘날의 일본 교회가 문제 제기 받고 있는 것

'본회퍼가 전후 걸어가려던 곳'이란 무엇보다도 먼저 나치 제3제국
붕괴 후 독일 교회가 서야할 곳, 독일 교회가 거기부터가 아니면 재출

발할 수 없는 곳이라고 말해도 될 것이다.

1. '교회의 죄책 고백'

1941년에 본회퍼는 "윤리학"에서 하나의 장(章)으로서 '죄책·의인
· 갱신'을 썼는데, 그 전반부에서 이미 '교회의 죄책 고백'을 쓰고 있다
(DBW 6, 125-133). 이것은 전후 독일 교회가 먼저 첫째로 해야 할 일
로서 죄책 고백이 십계명의 하나하나의 계명에 따라 철저하게 구체적
으로 행해진 것이다. 그것은 또한 사실, 전후 독일 교회가 명백히 했던
'슈투트가르트 죄책 고백'(1945년)이나 '다름슈타트 선언'(Darmstater
Erklärung, 1980년)의 원점이 되었다고 말할 수 있을 것이다.
본회퍼의 죄책 고백의 신학은 교회야말로 죄책 고백의 책임 주체
임을 명백히 하고 있다.

이 죄책의 인식이 현실이 되는 곳이 교회이다.

이 죄책 고백으로 이 세상의 죄책 전체가, 교회 위에, 그리스도인 위
에 떨어진다. 그리고 그 죄책이 여기서 부인되지 않고 고백됨으로서
죄의 용서의 가능성이 열린다.
그 죄책을 고백함으로서 교회는 사람들이 각기 자기의 죄책을 고백
하는 것을 모면하게 하는 것이 아니라 사람들을 죄책 고백의 사귐
안으로 초청하는 것이다.

돌이켜 보면 일본 교회는, 특히 전시하에 프로테스탄트의 34개 교
파가 '종교단체법' 아래서 합동한 일본 기독교단은, 천황제 파시즘 국

가의 붕괴 후, 그 최초의 공식 성명(〈영달14호〉, 1945)이 천황제 옹호와 교단 옹호였다. 미국의 단독 점령하, 냉전의 격변하에서 최대의 전쟁 범죄자였던 소화 천황의 전쟁 책임이 면책되었던 것은 주지의 사실이다. 사실은 그것과 나란히 미국 단독 점령하의 종교 정책으로 전쟁 책임의 공적 추구가 면제되었던 것은 일본 교회의 최대 조직이었던 '교단'이었던 것이다. 거기서 생겨났던 것은 정치적, 군사적 일·미 양국 간 관계에 대응하는 종교적 일·미 양국 간 관계였다. '교단'은 아시아에서의 에큐메니칼 교회의 사귐에서 참된 파트너가 될 결정적 전제 조건을 결락시키고 있었던 것이다.

'교단'이 "제2차 대전 아래서의 일본 기독교단의 책임에 대한 고백"을 공표했던 것은 전후 22년이 지난 1967년이다. '교단'은 전쟁 협력의 죄를 고백하고, 또한 아시아의 여러 나라, 거기에 있는 교회와 형제자매…에게 마음으로부터의 용서를 바랐다. 여기서 겨우 일본 교회의 전후가 시작되었다는 의미로 이 '교단'의 '전쟁 책임 고백'은 역사적 필연성을 가지고 있다. 그 역사적 의미를 진지하게 받아들이면서 그러나 그것을 더욱 심화하고 전진시키기 위해서 1967년 '교단 전쟁 책임 고백'의 내용적 비판은 불가피하며 불가결이다.

우리는 새삼, 전시하에서의 '교회 합동 선언'(1940년)과 그것에 기초한 '교단' 성립(1941년), 그 전쟁 협력 그리고 패전 시의 성명(〈영달14호〉)을 진지하게 되돌아 볼 때, '교단'이 교회에 위탁받은 직무를 불순종 때문에 게을리 했던 본래적 죄책의 인식과 고백으로 이끌려진다. 원래 그 교회 합동 선언에 기초한 교단의 성립은 예수 그리스도의 복음과 나란히 천황제 국가와 그 이데올로기가 교회의 메시지와 형태에 대하여 결정하는 권한이 있음을 사실상 승인했음을 의미했다. '교단'의 전쟁 협력의 죄는 그 필연적인 귀결이었던 것이다.

교단은 종교단체법을 용인하고 그 성립시의 〈교단 규칙〉에서 제5조(교의의 대요)와 제7조(황국의 길의 실천)를 병렬함으로서 스스로 천황제 국가의 한 기관이 되었다. 교단은 그것으로서 주 예수 그리스도의 몸인 교회의 동일성을 부인하는 죄를 범했다.

교단은 '황국', '황운'과 나란히 하나님의 이름을 말함으로서 하나님의 거룩한 이름을 더럽히고 공허하게 만들었다. 교단은 그것으로 주 예수 그리스도의 몸인 교회의 거룩함을 부인하는 죄를 범했다.

교단은 스스로 천황교(天皇教) 의례인 '국민의례'를 행하고 국가 신도의 지배하에 강요된 '신사참배'를 받아들였을 뿐만 아니라 식민지 하의 아시아의 교회들에게도 그것을 강요함으로서 천황제 국가의 권력 지배에 가담하고 신사참배를 거부하여 순교한 조선의 그리스도인들을 버렸다. 교단은 그것으로 주 예수 그리스도의 몸인 교회의 공통성을 부인하는 죄를 범했다.

교단은 실은 '황국'과 '황운'을 하나님의 자리에 둠으로서 하나님의 계명이며, 예수 그리스도의 계명인 '제1계명'에 복종하지 않고, '예수는 주시다'라는 신앙을 말과 행위로서 증거하지 않았고, 구약과 신약 성서에서 말하는 하나님의 말씀으로만 사는 의무를 방기했다. 교단은 그것으로 주 예수 그리스도의 몸인 교회의 사도성을 부인하는 죄를 범했다.

우리는 교단의 재출발은, 아니 일본 기독교계의 재출발은, 이러한 과거의 청산을 빼고는 있을 수 없다고 믿는다.

일본 교회는 스스로 '제1계명'을 범했고 '국체=황국사상'이라는 민족 율법을 받아들임으로서 천황제 파쇼 국가에 의한 '제1계명의 원리적 조직적 침략'을 투시할 수 없었다. 일본 교회는 천황제 파쇼 국가의 수용, 그래서 또한 필연적인 '10계명의 둘째 서판의 침범'을 간과했고,

국가의 부정에 가담해 버렸다. 그러므로 일본 교회의 죄책 고백은 지명관 씨가 지적하는 "일본 교회, 자신의 자기반성을 위한"이라는 '자국주의'에 빠지는 것이 허락되지 않는다.

2. '역사적 정치적 형태로서의 국가 혹은 민족의 죄책의 치유'

1941년에 본회퍼가 쓴 '죄책·의인·갱신'의 후반부에는 개인의 죄책, 의인, 갱신이란 다른 의미로 역사적 정치적 형태로서의 국가 혹은 민족의 죄책에 대하여 '죄책의 치유'(Vernarben)라는 개념이 사용되어 있으며, 다음과 같이 기록되어 있다. "민족들에게는 질서, 정의, 평화에로의 되돌아감에 있어서… 오직 죄책의 치유가 존재할 뿐이다." 국가나 민족의 역사적 정치적 질서, 정의, 평화의 회복은 그 과거의 죄책의 치유를 의미하는 것이지 결코 "죄책은 의로 되든지 취소되든지 용서되는 것이 아니며, 그 죄책은 죄책으로 지속적으로 존재한다"라는 것이다. "그러나 그 죄책이 찢은 상처는 치유된다… 민족들의 역사적 삶에서는 항상 오직 점진적인 치유의 과정이 문제가 될 수 있을 뿐이다"(*DBW* 6, 134-135).

본회퍼는 국가나 민족의 '죄책과의 연속성'이 그 역사적 삶에서 존속하기 때문에 과거의 죄책의 '점진적인 치유의 과정'을 진지하게 문제로 했던 것이다. 물론 1941년 당시의 본회퍼는 이 죄책의 치유에서 결정적인 것으로서 그 자신이 참여했던 반 나치 저항운동(나치 정권의 전복과 신 정부의 수립)을 우선 첫째로 생각하고 있었지만, 패전 후의 독일에서는 이 민족의 과거의 죄책의 치유 문제는 문자 그대로 나치 시대 전체의 '과거의 청산의 문제'가 되었던 것이다.

본회퍼가 전후 독일 교회가 나아갈 길을 여기에서 찾았던 것은 정당한 국가 질서, 정의, 평화의 회복을 통하여 과거의 죄책의 점진적인 치유의 프로세스에 참여하는 일이었다.

죄책 고백을 하는 일본 교회도 역사적 정치적 형태로서의 국가 민족의 과거 죄책의 치유 프로세스에 참여해야 할 책임이 있다. 그것은 올바른 국가 질서의 회복을 위한 투쟁을 통하여 행해져야 한다. 그것은 아시아에서의 일본의 과거의 식민지 정책의 불법성과 부당성을 인정하지 않는 국가, 아시아에 대한 일본의 침략전쟁이라는 역사적 사실을 인정하지 않으려는 국가에서 나타나는 일본의 정치적 반동에 대한 투쟁이며, 특히 천황제를 정점으로 하는 일본의 정치 사회의 무책임 체제와의 투쟁이어야 한다.

죄책 고백을 하는 일본 교회가 참여할 국가의 과거 죄책의 치유의 프로세스는 '정의=법의 회복'을 위한 투쟁을 통하여 행해져야 한다. 아시아에서 일본이 범했던 부정에 대한 국가의 법적 책임의 수행을 요구하는 투쟁을 교회는 해야 한다.

죄책 고백을 하는 일본 교회는 평화의 회복을 위한 투쟁을 빼고 죄책의 치유의 프로세스에 참여할 수 없다. 평화의 회복을 위한 투쟁은 정치적 우상인 일·미 양국 간 군사동맹(일미 안보조약)으로부터의 해방을 요구하는 투쟁이며 아시아의 집단 안전 보장(아시아 공통의 집, 일본이 아시아의 참된 파트너가 되는 길)을 지향하는 것임을 화해의 복음을 위탁받은 교회는 제시할 책임이 있다.

(김윤옥 번역)

(한일 본회퍼학회 공동발표회, 1998년 4월 9일 한국교회100주년기념관)

본회퍼의 "죄책 고백"에 대한 메모

사또시로左藤司郎

주지하다시피 본회퍼는 1940년 가을에 쓴 "죄책 고백" 안에 "교회는 고백한다…"로 시작되는 10개 항의 교회의 죄책 고백을 쓰고 있다. 물론 "죄책을 분명히 하고 그것을 고백한다는 것은 어느 시대나 같은 형식을 취할 수는 없다"(베트게).[1] 그러나 우리의 시대에서 우리가 어떻게 죄책의 고백을 할지 거기에 대한 안내서로서 이들 고백문을 받아들이는 것은 허락될 것이다. 아래에 이것을 위한 메모로서 몇 가지를 쓰고자 한다.

본회퍼의 이 논문의 기초에는 "교회란 무엇인가?"라는 문제 제기가 있다. 본회퍼에 의하면 "교회란 오늘날 그리스도의 은혜의 힘에 붙잡혀서 자기 자신의 개인적 죄와 서구 세계의 예수 그리스도로부터의 배반을 똑같이 예수 그리스도에 대한 죄책으로서 인식하고 고백하고 그것을 자기가 책임을 지는 사람들의 공동체이다."[2]

---

1 Bethge, 『본회퍼의 세계』, 247.
2 본회퍼, 『윤리학』, 68.

1) 죄책을 우리들은 어떻게 인식할까? 말할 것도 없이 본회퍼는 여기서 십계명을 안내서로 하고 있다. 이 죄책 고백에서는 아홉 번째 고백이 9계명과 10계명에 해당하며, 열 번째는 전체를 총괄하고 있어서 열 개의 고백이 그대로 십계명에 대응하고 있지 않지만, 어쨌든 십계명이 죄책의 인식의 뿌리에 있었다. 이미 『신도의 공동생활』(1939)에서 "십계명 전체의 의한 음미는 죄의 고백의 좋은 준비가 될 것이다"[3]라고 그는 쓰고 있다.

그렇다면 십계명이란 무엇인가? "십계명이란 하나님에 의해서 계시된 그리스도의 주권 하에서는 모든 삶의 율법이다."[4] 십계명은 그리스도와의 관계에서 위치 지워 진다. 십계명을 깨는 것은 그리스도를 배반하는 것이다. 따라서 본회퍼의 죄책 고백에서 십계명에 비추어 그곳에 근거하면서 항상 그리스도와의 관계에서 죄의 고백이 행해지고 있는 것에 주의해야 한다. 예를 들면 제1고백에서는 제1계명과 관련해서 "예수 그리스도 안에서 모든 시대에 계시되고 그와 병행하여 어떠한 다른 하나님도 용납하지 않는 유일하신 하나님"의 메시지에 진실한 선교가 제기되고 있고 두 번째 고백에서는 제2계명과 관련해서 "예수 그리스도의 이름을 이 세상 사람들 앞에서 부끄러워 한 것"을 회개하는 것이 기록되어 있다.

2) 베트게에 의하면 "참으로 죄책 고백의 진실함과 진리성은 항상 새롭게 솔직하게 구체적인 죄책을 열거하는 것과 관련된다."[5] 사실 본회퍼 자신의 예리한 지적에 의하면 우리들은 "일반적인 죄의 고백으

---

3 본회퍼, 『신도의 공동생활』, 118.
4 본회퍼, 『윤리학』, 375.
5 베트게, 앞의 책, 247.

로 끝냄으로써 자신을 의롭다하는 것이 통례이다."

본회퍼의 죄책 고백은 지극히 구체적이다. 주지하다시피 예를 들면 제5의 고백(살인하지 말라)에 나오는 "가장 약하고 또한 가장 자기를 지킬 수 없는 예수 그리스도의 형제들"이란 구체적으로 유대인을 가리키고 있었다.

그밖에도 『윤리학』 개정판에 부가된 주에 의하여 우리는 언어의 역사적 배경과 그 구체성을 더 잘 알게 되었다. 예를 들면 제7번째(도적질하지 말라)의 "강한 자가 부하고"라는 것은 일반적인 것이 아니라 괴링과 스트라이혀 등 나치 지도자들이 유대인의 재산을 탈취하여 자기 배를 채우고 있었음을 암시했다는 것이다.[6]

3) 지금 구체성에 대해서 말했으나 그뿐 아니라 이 죄책 고백이 가진 넓이를 지적해 두고 싶다. "고백에 의하여 이 세계 전체의 고백이 교회 위에 또 그리스도인들 위에 덮어씌워진다." 이 광범위함은 십계명을 기초로 하고 있는 것의 자연적 귀결이며, 하나의 큰 이점일 것이다. 제1계명과 관련하여 그것은 "대중이 하나님을 잃어버리는 사태를 일으킨 것"을 고백하고 안식일과 관련하여 '시간에 쫓기는' 현대 인간의 역사적 숙명에 이르기까지 교회의 책임을 묻고 있는 것이다. 특히 마지막 열 번째 죄책 고백에서는 학문, 법, 경제, 정치 등이 하나님의 진리와 관계없이 나아가고 있는 것에 대한 교회의 죄책까지도 고백하고 있다. 분명히 우리의 고백도 그리스도의 주권의 넓이에 상응하는 넓이를 요청받고 있는 것이 아닐까?

4) "교회란… 예수 그리스도에 대한 죄책을 인식하고, 고백하고,

---

6 본회퍼, 『윤리학』, 132.

자기가 책임지는 사람들의 공동체다. 그렇다면 고백의 언어는 어떤 것일까? 교회의 죄책을 그것은 어떻게 표현하고 있는가? 말할 수 있는 것은 여기서 언어와 행위를 나눌 수 없다는 것이다. "죄책 고백"은 말하기를 교회는 "외쳐야 할 곳에서 침묵했다… 적절한 언어를 적절한 방법으로 적절한 때에 발견하지 않았다." 뿐만 아니라 "피를 흘릴 때까지 저항"도 하지 않았다(제1 계명). 교회는 "앞길을 제시하고 돕고 격려하는 말을 알지 못했다" 뿐만 아니라 "어떠한 유효한 강력한 것을 대치할 줄도 몰랐다"(간음하지 말라).

여기서 "그것을 자기가 책임지는 교회"는 인식한 죄책을 그 용서를 믿기 때문에 고백하고 무엇보다도 말하는 언어에서 또한 경우에 따라서는 다른 선택을 대치함으로써(제6의 고백) 그리고 우리가 행하는 행위에 있어서 그것을 책임지고 오늘날 우리의 교회와 세계의 현재에 유용한 방법으로 그것들에게 책임적으로 관여하는 것이다.

어떻게 고백되어야 하는가? 본회퍼의 죄책 고백은 여전히 우리들에게 가르치는 바가 적지 않다.

(한·일 본회퍼학회 공동발표회, 1988년 4월 9일, 한국교회100주년기념관)

본회퍼에 있어서 영성의 문제

손규태

(성공회대학교 명예교수)

I. 서론적 고찰

개신교에서 영성이 주제가 된 것은 종교개혁 당시의 루터와 대결했던 열광주의자들(Schwämer, Schwarmgeister)과 불링거(Bullinger)가 언급한 성령주의자들(Spirituöser)에게서 그 기원을 볼 수 있다. 이들은 성직자 중심의 제도적 교회와 화석화된 교리 중심의 신학에 대해서 반감을 갖고 보다 자유롭게 그리스도의 가르침을 실천하는 생활 신앙을 추구했다. 루터 당시 이른바 반율법주의자들로 알려진 열광주의자들은 율법의 규제보다는 복음의 자유를 주창했고, 가톨릭의 공로 사상에서 벗어난 종교개혁 운동마저도 다시 율법주의의 종교가 되어가는 것을 비판했었다.

종교개혁 이후 17, 18세기 개신교 정통주의, 경건주의 시절에는 영성문제는 특히 정통주의의 교리적 고착화에 반대하는 개인적 신비주의자들, 종교적 주관주의자들 그리고 하나님의 내적 말씀을 추구하는 사람들에게 의해서 추구되었다. 이로 인해서 종교개혁의 주류와 비주류로 알려진 종교개혁의 좌파들 사이에는 끊임없는 논쟁이 계속된다. 19세기 중엽에 들어와서 영성의 문제는 영국에서는 퀘이커운동 등에서 등장하는데 대체로 교회의 제도적 교리적 체제에 반대하는 신비주의적 운동과 맥을 같이 한다. 대륙에서 영성의 문제는 "평화교회"로 알려진 종교개혁 좌파들, 모라비안, 메노나이트, 휴그노파, 왈도파 등에 의해서 그들의 사회개혁 운동과 평화 운동을 통해서 그 활력을 얻었다.

요약하면 영성 혹은 영성 운동은 주로 말씀과 성례전으로 구원을 매개하고 성서를 그리스도인의 믿음과 삶의 유일한 원천과 규범으로 보는 종교개혁 전통의 제도화된 교회에 대항하여 영을 내적 빛과 말씀으로서 신비적으로 파악하고 그것을 종교적 삶과 사상, 공동체의 일차적 구성요소로 보는데서 시작된다. 여기서는 하나님과의 직접적 사귐을 중시하고, 그리스도를 종교적 윤리적 모범으로 보며, 성서를 유형론적이고 상징적으로 해석하며, 중생을 종교적 삶의 중심으로 삼는다. 이런 운동들은 주로 중세기의 독일적 신비주의, 신플라톤주의 종교사상, 인문주의, 어거스틴의 사상, 르네상스의 자연철학 등에 영향을 받아서 발전되었다. 이런 의미에서 영성 혹은 영성 운동은 기독교 운동이 교리 체제나 교회 제도 안에 화석화되고 고착화되는 것에 대한 반대 운동으로서 그리스도의 진리를 삶으로 실천하려는 운동으로 이해된다.

그러나 이 영성 운동은 여러 사상의 흐름들의 영향을 받아서 매우 다양한 방향으로 전개되었기 때문에 어떤 단일한 운동이라고 규정하기는 곤란하다. 중세 가톨릭교회처럼 교황을 중심으로 하는 위계적 제도 교회에 대항하는 영성 운동으로서는 수도원 공동체 운동을 들 수 있고, 개신교 정통주의처럼 교리 체제를 중심으로 하는 교회 중심주의 체제에 반대하는 신비주의적 경건주의의 영성 운동 등이 등장한다. 이러한 영성 운동도 크게는 두 가지 방향으로 전개되었다고 볼 수 있다. 첫째는 그리스 사상 특히 신플라톤의 신비종교 사상의 영향을 받은 동방교회식의 명상에 집중하므로 신과의 일치를 추구하는 피안적 초월적 방향이 존재한다. 둘째 영성 운동의 강조점을 순명과 기도와 노동에 두는 서방 교회적 영성 운동으로서 세상을 긍정하고 거기서 하나님 나라를 건설하려는 차안적 내재적 방향이 존재한다. 후자는 구약의 사사들이나 예언자들이 하나님의 영을 받아 세상의 악과 투쟁하는 데서 보듯이 영성 운동은 곧 세계 개벽이나 사회 혁명 내지는 변혁 운동과 결합된다. 따라서 영성 운동의 초월성이 전자에서는 공간적으로 후자에서는 시간적으로 이해되는데 전자는 피안으로의 도피에서 후자는 차안에서의 혁명으로 나타난다.

II. 본회퍼 영성 이해의 출발점

우선 본회퍼에게서 영성 문제의 출발점은 제도적이고 교리적 교회가 영성의 문제를 배척해야 하느냐 아니면 이러한 영성 운동이 제도권 교회나 교리 체제를 적대적으로 대해야 하는가 하는 문제이다. 왜냐하면 역사적 교회는 제반 제도와 교리 체제들이 필요했으며 동시에 그리스도교적 삶의 역동성을 위해서는 영성 문제와 영성 운동을 무조건 배제할 수만은 없기 때문이다.

본회퍼 당시 독일 교회나 신학의 상황은 다음 몇 가지로 정리해 볼 수 있을 것 같다.

첫째, 교회는 관료화된 성직자 중심의 제도적 중산층 교회로서 자기 보존과 자기 유지에 만족하고 있었다. 당시 발전해 가는 자본주의의 제반 모순들 가운데서 노동운동과 사회주의 운동에 자극을 받은 독일 남부와 스위스 등지에서 등장하고 있던 종교사회주의 운동에 대해서 대부분의 교회들은 무관심하거나 적대적이었다. 둘째, 대학들의 신학에서는 대체로 자유주의 신학이 주류를 이루고 있었고, 여기에 반대하는 신앙 고백적 신학도 과거의 전통적 교리 항목을 유지하고 해석하는 정도로서 화석화된 중산층 교회를 지원하는 일에 충실하고 있었다. 셋째, 1933년 히틀러의 집권으로 신앙고백적 교회의 신학자들은 창조 신학과 질서 신학을 내세워 히틀러를 메시아로 받아들이고, 교회는 "독일적 그리스도인들"이 장악함으로써 성서적 전통에서 이탈하고 말았다. 따라서 이러한 신학적, 교회적 상황에서 본회퍼가 직면한 교회 갱신의 목표는 자유주의 신학, 화석화된 중산층 교회의 극복과 함께 성서적 진리에서 이탈하여 독재정권의 이데올로기에 굴복한 교회의 해방이었다. 당시의 제도적 교회를 갱신하는 것이 불가능한 상황에서 본회퍼는 새로운 교회 즉 '고백교회'를 통해서 이 일이 가능하다고 보았으며 이 고백교회의 형성과 함께 새로운 기독교상을 구상하게 된다. 여기에서 영성과 영성의 문제가 전면에 등장한다.

이러한 상황에서 1933-35년 본회퍼는 런던에서 목회하면서 나치하에 장악된 독일의 해방과 함께 자유주의적이고 부르주아적 신학과 황폐화된 교회를 재건하는 구상에 들어간다. 특히 그는 그리스도교의 핵심 문제들, 산상 설교에 나타난 복음의 내용과 함께 그 복음의 전달자로서 제자들의 직무, 특히 제자직에 대해서 깊은 관심을 갖기 시작했다. 그는 스위스 친구인 슈쯔(Erwin Schutz)에게 다음과 같이 쓰고 있다. "나는 전력을 다해서 교회의 저항운동에 동참했다. 그러나 나에게 분명해진 것은 이 저항운동이 하나의 전혀 다른 저항운동으로 가는 잠정적 과정이라는 것이며… 아마도 후에 시작 될 본격적 싸움은 하나의 신앙을 건 수난의 투쟁이 될 것입니다…. 당신은 놀랄지 몰라도 나는 산상 설교가 이 모든 문제를 결판내는 관건이 되리라고 믿고 있습니다."[1] 다시 말하면 그리스도를 따르는 길 즉 그의 제자직의 바른 이해와 실천을 통해서만 당시의 신학적 교회적 오류를 극복할 수 있다고 본회퍼는 확신한다.

그는 1935년 독일의 고백교회가 시작하는 목사 수련소 소장으로 부임하기 전 런던에서 영국 교회의 제자직을 위한 목회자의 교육 훈련과 신도들의 교회 생활에 관한 것을 상세하게 파악하고자 했다. 여기서 본회퍼가 특히 관심한 것은 목회자들의 영성 훈련과 함께 뭔가 생동적 교회 생활을 경험하고 싶었다. 그래서 그는 에큐메니칼 운동을 통해서 알게 된 영국 성공회 Bell 주교의 안내로 여러 수도원들과 교회들을 방문했다.[2] 여기서 얻은 경험 가운데 본회퍼에게 가장 인상적인 것은 수도원 생활에서 추구하는 영성 훈련 즉 오늘날 그리스도를 따르는 길에 관한 것이었다.

당시 독일의 제도적 부르주아적 교회에서 일하려는 신학생들은 대체로 모든 면에서 안정된 교회 정부의 일원으로서 개 교회를 맡아 관리하는 관료적 사고방식으로 신학의 길에 들어선다. 말하자면 그리스도의 제자로서 목회자라기보다는 제도화된 교회의 관료로서 직무를 수행한다고 하는 것이었다. 이것은 요즘 자본주의화 된 교회에서 목회가 일종의 '경영'이 되고 목회자가 경영자(CEO)처럼 행동하는 것과

---

1 *Dietrich Bonhoeffer Werke(DBW)*. 4; *Nachfolge*(그리스도의 제자직), S. 11.

2 Ebehard Bethge, *Dietrich Bonhoeffer - Eine Biographie*, Chr. Kaiser, S. 474; 본회퍼는 Mirfield에 있는 Community of Resurrection, Kelham에 있는 Society of Sacred Mission, Cowley에 있는 Society of John's the Evangelist 등 수도원과 캔터베리에 있는 성 어거스틴 칼리지와 옥스퍼드의 위클리프 홀 등 영국 교회의 중심지들을 방문해서 신학교육과 공동체 생활에 관한 것을 알아보았다.

유사한 상황이었다. 특권화된 제도 교회가 아니라 고난 받던 고백교회가 운영하는 핑겐발데신학교에 들어 온 신학생들도 "완전히 공허하고 탈진된 상태"라는 것을 발견한 그는 그들에게 그리스도의 제자로서 강력한 영적 무장을 시키지 않고는 어려운 시대에 성직자에게 주어진 임무를 다 감당할 수 없다고 생각했다.[3]

본회퍼는 핑켄발데(Finkenwalde)에 있는 신학교에 딸린 '형제의집'이라는 기숙사에서 학생들과 공동생활을 통해서 그들에게 영성 훈련을 시키려고 했다. 그러나 그 집에서 "목표하는 것은 수도원적 은둔처가 아니고 밖을 향한 봉사를 위한 가장 내면적 집중"에 있다고 생각했다.[4] 여기서 본회퍼는 중세적 수도원이나 영국에서 본 성공회 수도원들의 대부분은 세상과는 단절된 은둔처가 되고 있고, 또 그들의 영성 훈련의 목표가 "내면적 집중"에 두고 있는 것의 잘못된 길을 따르지 않기로 했다. 그래서 영성 훈련의 목표를 "밖을 향한 봉사를 위한 내면적 집중"으로 잡고 있다. 이는 당시 교회 투쟁에서 하나님의 말씀을 단호히 선포하고 순간순간 다가오는 어려운 상황에서 언제나 용기 있는 선포의 직무에 대비하기 위한 것이다. 이 집에서 목사 훈련을 받는 사람들은 무엇보다도 그동안 제도권 교회에서 목사 신분으로서 누릴 수 있는 경제적 특권들과 사회적 특권들을 포기하고 힘든 상황에서 교회에 봉사할 각오를 해야 한다는 것이었다.

여기서 본회퍼가 고백교회의 목사 훈련소를 통해서 실시하려던 영성 훈련의 중심 내용들을 두 가지 측면에서 고찰해 보자.

---

3 *Dietrich Bonhoeffer Werke*(앞으로는 *DBW*로 표시함), 13 London. S. 11; 그는 이러한 사정을 바르트에게 편지로 알리고 그의 조언을 구한다.
4 *DBW* 14. Illegale Theologenausbildung Finkenwalde 1935-1837. S. 76-77.

1. 본회퍼가 이 영성훈련에서 일차적으로 역점을 둔 것은 무엇보다도 **그리스도교 공동체 생활**의 문제였다. 1935년 구푸러시아 연합교회의 상임위원에 보낸 서한에서 핑켄발데 목사 수련소의 근본 취지가 잘 나타나 있는데, 거기에 보면 "개신교 형제단을 구성하여 우리는 몇 년 동안 목사들로서 기독교적 공동생활을 영위하려고 한다"라고 쓰고 있다.5 이 공동체는 신학 공부를 같이 하고 가끔 예배를 보는 신학생들의 사귐이 아니라 확고하게 질서 잡힌 규정에 따른 삶의 공동체를 말한다. 이것은 어떤 종파적 사고를 가진 열광주의자들의 집단이 아니고 하나님의 계명을 향해 구체적으로 같이 살고 행동하는 집단으로 성장해 나가는 것을 목표로 한다. 따라서 공동생활의 구체적 프로그램으로서 기도와 명상, 성서 연구와 형제적 사귐을 통해서 엄격하게 그리스도교적 공동체 생활을 해 나가는 점에서 수도원적 성격을 띤다.6

본회퍼는 공동생활의 구체적 프로그램인 기도와 명상을 통해서 모든 세상의 물질적 유혹과 제반 정치적 이념적 이데올로기 앞에서 굴하지 않고 그리스도를 향해서 결단하는 영적 훈련을 시킨다. 여기서는 당시 성직자가 되는 것에서 누리던 제반 경제적 사회적 특권의 포기가 중요했다. 그런 점에서 그는 이러한 형식을 중세적 수도원보다는 초대교회의 비밀집회(disciplina arcani)의 모델에서 찾는다.7

본회퍼 당시 고백교회가 세운 핑켄발데의 신학교와 '형제의 집'은 국가로부터 승인을 받지 않은 것이어서 어떤 면에서는 불법적 교육기

---

5 상게서 참조.

6 여기에 대해서는 *DBW* 5 Gemeinsames Leben(신도의 공동생활)을 참조할 것.

7 비밀집회 혹은 비밀 훈련은 초대교회의 오리겐 이후에 생긴 교회 관습으로서 일반 예배들은 이방인들에게도 공개되어 그들도 참여할 수 있었으나 성례전 특히 주기도문, 신앙고백, 성례전 등은 비밀리에 거행했다. 왜냐하면 국가의 박해와 이방인들의 조롱을 피하기 위해서 그렇게 했다. *DBW* 14, S. 549-551.

관이었다. 따라서 중세기의 수도원처럼 공적으로 승인된 단체가 아니라 초대교회 당시 박해받던 상황에서 교회가 수행하던 비밀집회 혹은 비밀훈련이 더 적합하다고 보았던 것 같다. 이러한 모델의 영적 훈련을 통해서만 히틀러의 정치적 억압과 히틀러 편에 서있는 다수의 기득권을 가진 '독일적 기독교인들'의 반교회적 행태에 저항할 수 있는 용기를 가진 목사후보생들을 길러낼 수 있었다. 그리고 무엇보다도 공동체 생활을 통한 형제적 사귐은 비밀결사체와 같은 결속력을 통해서만 이루어질 수 있었다.

2. 그 다음으로 영성훈련에서 역점을 둔 것은 그리스도의 제자직(Nachfolge)의 문제였다. 그는 핑켄발데의 목사 훈련소의 소장으로 있으면서 후보생들에게 교회사나 조직신학 성서신학 등 흔히 제도적 교회의 신학교에서 가르치는 학문적 신학에 역점을 두기보다는 그리스도를 따르는 길 즉 그의 제자가 되는 것이 어떤 의미를 갖는가 하는 것을 중점적으로 가르친다. 그는 성서 연구 특히 공관복음서 주석에서 "그리스도의 제자직"(Nachfolge)이라는 주제로 강의를 하는 것도 그와 같은 목표에 부응하기 위해서다. 성서에 나타난 이 제자직, 그리스도를 따르는 길은 일차적으로는 개인적 차원에서의 제자직 즉 그리스도의 부름에 개인들이 조건 없이 응하는 것을 말한다. 그리고 이 제자직은 "온전한 복종"을 요구한다. 말하자면 이 온전한 복종은 우리로 하여금 모든 유혹과 속박들로부터 벗어나서 온전히 그리스도의 말씀에 복종하는 삶을 살아가는 것을 말한다. 오늘날 세계의 지배적 사상들과 이데올로기들 제반 정치적 경제적 체제들로부터 자유로울 때 우리는 그리스도에게 온전한 복종을 할 수 있다.

본회퍼에 의하면 개인들이 이러한 제자직으로 부름 받지만 이런 개인들은 그리스도의 몸인 교회의 공동체를 통해서 수행되어야 한다. 이 점에서 제자공동체는 중세의 수도원적 공동체 형성이 아니라 현존하는 교회의 갱신을 목표로 한다. 여기서 주목하게 되는 것은 제자직의 수행은 교회 공동체와 연결되어 그 안에서만 가능하다는 것이다. 본회퍼는 이렇게 말한다. "은혜로운 부름 덕택에 제자라는 복종의 길에 들어선 베드로는 고백하는 베드로였다. 고백교회는 제자직의 교회가 되어야 한다."[8] 베드로의 소명 즉 교회의 소명은 이 경우 목사후보생 수련소에서의 본회퍼의 신약성서 강해의 출발점이 된다.

『그리스도의 제자직』(*Nachfolge*)이라는 책은 바르멘 신학선언의 제3논제 특히 그 마지막 부분을 발전시켜서 그 진리가 간과되지 않게 했다. 거기에 보면 이렇게 기록되어 있다. "우리는 교회가 자기의 메시지와 질서의 모습을 그때그때의 자의적이며 변화무쌍한 세계관적이고 정치적 신념에 내어맡겨도 된다는 왜곡된 가르침을 배격한다." 본회퍼에 의하면 이러한 그리스도의 몸인 교회공동체에서 제자직으로 부름 받은 자들은 자기 추구와 자기주장 특히 "특권의 포기"는 말할 것도 없,고 정치적 불의에 대항해서 "의로운 것의 실천" 그리고 고난 받고 억눌리는 자를 위한 "타자를 위한 공동체"가 되어야 했다.[9] 이것이 바로 제자의 길이고 나아가서 교회공동체의 길이라는 것이다.

---

8 아마도 베를린의 Gehard Jocobi를 둘러싼 집단을 겨냥한 이 편지에 보면(1934년 4월 NL A 41, 10) "고백하는 베드로는 따르는 베드로였으며 동시에 수난을 받도록 부름 받은 베드로다." 예레미야 20장 7절에 관한 설교(1934년 구전집 V. 505-509) 참조.

9 이러한 표제어들과 개념들은 1944년 4월 30일자 그의 글들에서 나타나고 있다. D. Bonhoeffer, *Widerstand und Ergebung* 1951, s. 176. 한국어 번역으로는 고범서에 의해서 "옥중서신"이란 제목으로 출간되었지만 독일어판의 직역인 "저항과 복종"이란 제목이 그 내용을 더 적절하게 나타내 주고 있다.

III. 본회퍼의 영성 훈련의 목표들

본회퍼가 1935년부터 핑켄발데신학교에서 가르치면서 저술한 책들『신도의 공동생활』과 『그리스도의 제자직』(나를 따르라)에 나타난 영성의 내용과 영성 훈련에 관한 것을 앞서 "본회퍼의 영성 이해의 출발점"에서 간략하게 살펴보았다. 이제는 본회퍼의 영성과 영성 훈련의 목표에 관해서 그 후에 출간된 책들『윤리학』과 특히『저항과 복종』(옥중서신)에 나타난 신학적 발전을 통해서 간략하게 살펴보자.

앞에서 살펴 본대로 본회퍼는 영성훈련의 "목표는 수도원적 은둔처를 마련하는 것이 아니고 밖을 향한 봉사를 위한 가장 내면적 집중"에 있음을 분명히 했다. 그러면 그가 말하는 "밖을 향한 봉사"는 무엇을 말하는가? 그가 말하는 밖(외부)이란 세상이며 "하나님이 사랑하셔서 그의 아들을 보낸 세계"(요한 3:16) 말하자면 그리스도라는 현실 혹은 사건을 통해서 하나님의 현실과 세계의 현실이 하나가 된 세계를 말한다. 세계의 현실은 예수 그리스도 안에서 계시된 하나님의 현실과 화해한 현실이다. 따라서 세계는 하나님의 세계로부터 이탈된 멸망당할 세계가 아니라 그의 구원의 대상이 된 세계이다.[10]

그런데 본회퍼가 말하는 이 세계는 그의 표현대로 하면 "성숙한 세계"(die mündige Welt)를 말한다. 성숙한 세계에서 사람들은 하나님이라는 "작업가설"의 도움 없이도 스스로 모든 중요한 문제들을 해결하는 것을 배웠고, 모든 것은 하나님 없이도 잘 되어가고 있다고 생각한다. 성숙한 인간들은 더 이상 하나님이라는 '후견인' 없이도 잘 살아가고 있으며 따라서 그들은 점차 하나님을 멀리함으로써 반기독교적

---

10 *DBW*, 6. *Ethik*, S. 43-45, 39-41. 그는 이러한 관점에서 "땅에 대한 성실성"을 말한다.

으로 되어간다.[11] 이렇게 성숙한 세계에서 본회퍼가 관심한 것은 '성숙성', '차안성', '무종교성' 등의 개념이기도 하지만 그가 가장 진지하게 관심한 것은 그리스도교는 무엇이고, 예수는 누구인가 하는 것이었다. 즉 "하나님 없이 하나님 앞에서 하나님과 더불어 사는 것"이 그의 주요 관심사였다. 그는 이렇게 묻고 있다. "나를 끊임없이 움직이는 물음은 그리스도교는 무엇이며 그리스도는 오늘날 우리에게 진정 누구인가?"[12] 즉 그리스도는 어떻게 무종교적 인간들에게도 주님이 될 수 있는가 하는 것이다.

여기서 우리는 성숙한 세계에서 그리스도인으로 사는 일 즉 그리스도의 제자직을 수행하는데 필요한 영성 즉 영적 능력을 몇 가지로 생각해 보고자 한다.

1. **타자를 위한 존재로 사는 것**: 본회퍼는 그리스도를 타자를 위한 존재로 정의한다. 그는 초대교회가 그리스도를 형이상학적으로 정의한 것 즉 그는 신이시며 동시에 인간이라는 정의를 부정하고, 타자를 위해 산 분으로 이해한다. 본회퍼는 하나님과 그리스도를 일차적으로 타자를 위한 존재로 규정한다. 예수를 '타자를 위한 존재'로 파악하는 것은 초월적 경험 즉 영적 경험이며, 이 경험에서만 인간 존재의 전환이 가능하다.[13] 말하자면 예수를 하나님이며 인간이라고 형이상학적으로 이해하는 것은 일종의 사고의 유희는 될 수 있으나 그분이 타자를 위한 존재라고 이해하는 것은 행동적 차원을 내포한다. 본회퍼에 의하면 그리스도는 타자를 위한 존재며, 그를 따르는 그리스도인들도

---

11 *DBW* 8. Widerstand und Ergebung, S, 476-478.
12 상게서 652면 이하 참조.
13 상게서 558면 참조.

타자를 위한 존재며, 이 그리스도인들이 모인 공동체인 교회도 타자를 위한 교회가 되어야 한다는 것이다.

따라서 본회퍼에 의하면 오늘날 성숙한 세계에서 그리스도는 타자를 위한 존재며, 그리스도인으로 사는 것도 타자를 위한 삶에서 또 그리스도의 교회도 타자를 위해서 존재로 이해하는 것이 곧 새로운 영성의 능력을 가능하게 한다는 것이다. 그리스도인들과 교회는 과거에 가졌던 일체의 특권들을 포기하고 섬기는 자가 되는 것은 영적 사건이며 영적 훈련을 통해서만 가능하다. 그래서 본회퍼는 예수를 따름에 있어서 약하고 가난하고 보잘 것 없는 적은 고백교회를 위해서 제도화되고 특권을 누리는 독일적 교회에 대항해서 투쟁하고, 거기에서 수난을 당했다. 그는 교회의 위탁을 자기 자신을 위해서가 아니라 타자를 위해서 존재하는 것으로서 이해했다.

2. 기도하며 정의로운 일을 실천하는 것: 그 다음으로 성숙한 세상에서 영성적 삶의 목표는 세상에서 정의를 실천하는 것이다. 본회퍼는 감옥에 있는 동안 독일 교회의 현실을 고찰하면서 이 교회가 해야할 과제를 다음과 같이 간략하게 정리한다. "우리의 교회는 지난 몇년 동안 단지 자기보존을 위해서 투쟁해 왔는데 그것은 일종의 자기목적적인 것이며 인간과 세계를 위한 구원의 말씀의 담당자가 되는데 실패했다. 우리가 이제까지 전한 말씀들은 능력을 상실했고 사람들이 귀를 기울이지 않게 되었다. 오늘날 우리 그리스도인들이 할 일은 기도하며 세상에서 정의를 실천하는 것이다. 교회 안에서 모든 사상, 말, 조직들은 이러한 기도와 행동에서 다시 태어나야 한다."[14] 여기서 본회퍼는 이제까지의 교회가 **자기 보존하는 일** 즉 자기 목적인 일만 해

---

14 *DBW* 8, S. 435.

왔기 때문에 선포의 말씀들이 능력을 상실하고 세상에서 외면당했음을 반성한다. 이러한 교회가 다시 제 구실을 하기 위해서는 기도하는 것(영성생활)과 함께 세상에서 정의를 실천하는 것이 중요하다는 것을 역설한다. 그는 중세 수도원의 "기도와 노동"의 도식을 "기도와 정의실천"이라는 새로운 도식으로 대치시킨다.

IV. 결론

이제까지 본회퍼에게서 영성 문제의 출발점과 내용들 그리고 목표들을 간략하게 정리해봤다. 급격한 사회변동 가운데서 등장하는 노동문제와 사회주의 문제 등 가난하고 억눌린 사람들의 고통에 귀를 막고 안일한 자기 유지에 몰두하던 부르주아적 중산층 교회의 개혁을 꿈꾸던 본회퍼, 히틀러의 폭력 정치에 굴복해서 모든 정치적 경제적 특권을 누리던 제도권의 '독일적 기독교'에 대항해서 소수의 '고백교회'를 통해서 교회의 갱신을 위해서 투쟁하던 본회퍼, 그는 세상을 사랑하여 인간이 되고 고통을 당하고 부활한 "타자를 위한 그리스도"에 대한 "온전한 복종", 충성스런 제자직을 통하여 우리에게 새로운 그리스도인상과 교회상을 제시한다. 오늘날과 같이 성숙한 세계, 세속화된 세계에서 그리스도인이 되는 영적 능력, 영성은 뭔가 하늘에서 초월적인 것을 구하는 피안적 믿음에서가 아니라 땅에 대한 성실성을 통해서 타자를 위한 그리스도인이 되고 그리스도교회가 되는 일이다. 이것은 이 땅에서 기도하고 정의를 실천하는 일이기도 하다.

(일본 본회퍼학회 강연, 1995년 8월)

오늘의 세계 경제와 뒤따름의 윤리*

강성영

(한신대학교 교수)

I. 시작하며

일본 본회퍼학회의 초청에 감사드리며 생명의 주이신 예수 그리스
도 안에서 귀한 사귐의 자리에 참여하게 됨을 기쁘게 생각합니다. 먼
저 귀 학회의 회장이신 다케다 다키히사(武田武長) 교수께서 지난 늦
은 봄, 서울에서 가진 한국 본회퍼학회의 세미나에 참석하여 좋은 강
연을 해 주신 것에 대해 한국 본회퍼학회 회장인 손규태 교수와 회원
들의 감사의 인사를 전해 드립니다. 그리고 이 시간 여러분에게 형제
애와 굳은 연대의 인사를 전하게 됨을 기쁨으로 생각합니다. 아시아
의 어려운 경제 상황으로 인해 혼돈과 무(無)의 어두운 시대를 살아가
는 우리 모두가 민족의 벽과 구경을 뛰어넘어 생명의 주이신 그리스도
안에서 생명의 사귐을 더욱 돈독히 하게 되기를 희망합니다.

이번 모임의 큰 주제가 '뒤따름의 윤리'(Ethik der Nachfolge)인 것

---

* 독일어 제목: *Weltwirtschaft heute und die Ethik der Nachfolge.*

으로 알고 있습니다. 이 주제의 의도는 본회퍼의 1937년 첫 출간된 『나를 따르라』(*Nachfolge*)가 쓰인 시대적 상황을 인식하고 나치에 저항했던 교회의 투쟁을 토론할 뿐만 아니라, 성서 특히 산상수훈의 말씀을 오늘의 상황 속에서 읽어보는 것이라고 생각합니다. '신앙고백의 상황'(status confessionis) 속에서 성서읽기는 현실에 대한 분석과 바른 인식을 통해 진리와 정의를 위한 실천을 지향하는 것입니다. 본회퍼는 그의 단편적 신학적 저술과 생애를 통해 삶의 현실 속에서 신앙을 고백하는 것에 집중하였습니다. 이것이 또한 그의 신학적 전기(傳記)의 통일성을 구성합니다. 그에게 성서 특히 산상수훈은 1932년의 '회심과 해방'의 경험을 통해 사변적이고 추상적인 것이 아니라 구체적인 현실 속에서 생동감 넘치는 신앙의 길로 인도하는 길잡이가 되었습니다. 그러므로 우리가 '*Nachfolge*'를 읽을 때는 바로 '현실'을 언제나 중심에 놓고 사고해야 하리라고 봅니다. 왜냐하면 본회퍼 연구의 과제는 언제나 **그에 대해, 그와 더불어** 사고할 뿐만 아니라 **그를 넘어서** 우리의 현실을 사고해야 하기 때문입니다. 그러므로 저는 이 발제를 통해서 오늘의 세계 경제 현실의 배후에 있는 신자유주의적 자본주의의 지배에 대항하는 '뒤따름'의 의미를 논하고자 합니다.

II. 시장경제의 우상과 생명의 하나님

1960년대와 70년대 "발전의 신화"의 허구적 낙관주의를 폭로했던 종속이론과의 대화를 통해 라틴아메리카의 해방신학자들이 '해방과 구원'의 개념을 생산해 냈다면 1980년대의 외채 위기 속에서 해방신학의 2세대라고 칭할 수 있는 소위 '경제 신학'의 주도자들——후고 아스만, 프란츠 힌켈라므르트 그리고 홀리오 산타아나 등―은 자본주의 시장경제의 주술적, 종교적 신비화의 가면을 벗겨내기 위해 시장경제의 우상 숭배적 성격을 주목하기 시작했다. 그들은 오늘날 시장경제의 지배 체제 속에서 신학의 과제는 무신론이 아니라 우상숭배를 비판하고 대결하는 것으로 본다. '숨은 신' 혹은 '내재적 신학'(후고 아스만/ 프란츠 힌켈아마르트)이라고 일컬어지는 시장경제의 우상과 종교에 대항하여 예수 그리스도의 하나님을 드러내는 것이 곧 신학의 우선적 과제이다. 현대 세계 자본의 시장경제 체제에서 우상은 곧 자본과 상품의 초인격적 물신(mammon)을 가리킨다. 이 우상은 시장경제의 신화에 감싸여 신자유주의 이념의 전도사들―마이클 노박, 프리드리히 A. 폰 하이에크, 밀턴 프리드만, 사무엘슨 등 신자유주의(신고전파) 경제학자들―과 시장경제의 숭배자들―다국적 기업가, 국제적 헤지 펀드 사업가, 국제통화기금과 세계은행 등 국제금융기관들―에 의해서 메시아적 희망을 퍼뜨리며 스스로를 신성화하여 가난한 자들에게서 억압적 체제를 극복할 수 있는 희망을 빼앗아 버린다. 이러한 종교적 상징 조작과 거짓 교설("시장은 모든 것을 줄 수 있다")로 꾸며진 우상숭배에 맞서 싸워 하나님의 현존과 초월을 드러내는 것이 신학의 과제이다. 그래서 코스타리카의 파블로 리챠드(Pablo Richard)는 "신학도 또 하나의 투쟁 공간이 되었다"라고 선언하였다. 그렇다. 신학은 어느 시대든지 하나의 투쟁의 수단이며 공간이었다. 본회퍼는 이미 1940년 국가사회주의의 정치적 메시아주의에 대한 교회의 투쟁을 통해서 이 점을 간파했다고 볼 수 있다. "신학은 도움의 수단, 하나의 투쟁의 수단이지 그 자체의 목적을 가진 것은 아니다".[1] 오늘날 물신과

---

1 Theologie ist ein Hilfsmittel, ein Kampfsmittel, nicht Selbstzweck (*GS* III. 423).

하나님을 구별해 내는 것은 곧 가난한 자들의 관점에서 보면 죽임의 신을 배격하게 하는 도움의 수단이며, 물신숭배(Fetschismus)에 맞서는 투쟁의 수단이다. 이제 다음 장에서 이러한 신학의 내용이 무엇인지 살펴보도록 하지.

III. 자본주의의 형이상학에 대항하는 경제 신학

세계개혁교회연맹(WARC)은 제22차 서울 총회(1989) 이후 세계 경제가 야기하는 부정의 문제를 신앙의 문제로 다루기 시작했다. 그리하여 1992년 제네바에서 오늘의 세계경제 문제를 다룬 한 협의회를 개최한 이후 1995년 3월에 마닐라에서 아시아 경제상황에 대한 연구협의회, 그해 10월 잠비아에서 아프리카 경제상황에 대한 협의회 그리고 지난해 8월 헝가리 데브레첸에서 열린 23차 총회에 이르기까지의 토론을 통해서 독일 교회의 히틀러 독재에 대한 저항이나 1982년 오타와에서 열렸던 남아프리카의 인종차별 정책을 죄와 이단으로 규정하고 이에 대한 투쟁을 신앙고백의 문제로 선언했듯이 경제 문제를 신앙고백의 상황(status confessionis)으로 보아야 한다는 인식에 도달했다.[2] 그 결과 데브레첸 총회에서 "경제 불의와 생태계 파괴에 직면하여 신앙을 고백하는 과정"(processus confessionis)을 선언했다. 이것은 세계 교회가 경제 문제를 신학 외적인 윤리적 주제로 국한하지 않고, 신앙적이고 신학적인 차원에서 대응하기로 했음을 뜻한다. 이것은 앞서 소개한 라틴아메리카 해방신학자들의 경제 신학 형성의 노력들이 지역적 차원에 국한되지 않고, 오늘 우리 시대의 신학의 중

---

2 WARC 총무 밀란 오프첸스키와의 대담, 1998, 5.20 서울.

요한 과제 가운데 하아가 되고 있음을 의미한다. '경제 신학'은 경제 윤리에 대한 활발한 연구들 통해 세계교회협의회(WCC)와 독일 등 구미에서 진행되는 '경제 윤리 신학'이나 특정 경제 체제를 옹호하려는 '경제의 신학'과 달리 경제 문제를 신학 내적인 주제로 수용하는 것이다. 경제 신학은 경제 지표를 중심으로 한 경제 분석과 이론을 다루는 것이 아니라, 세계를 무차별적이고 비정한 경제의 장으로 몰아가는 경제 세계화가 초래한 환경, 인권, 복지, 민주주의 및 국가 주권을 심각한 정도로 파괴하는 것을 탈규제적인 시장의 무한한 자유를 통한 경제의 비효율성이라는 명목으로 정당화하는 신자유주의(Neo-Liberalism)의 논리에 대한 비판과 대안을 제시하는 것이다. 그러면 자유시장경제의 옹호자들이 신봉하는 시장주의의 논리 속에 숨어있는 자본주의의 형이상학이란 무엇인가?

시장경제의 옹호자인 사무엘손이나 프리드만에 따르면 시장경제는 계획, 의도된 것이 아니라 마치 생명체처럼 단순히 진화했고, 성장하고, 변화를 겪는 것이다. 이와 같이 시장은 "오직 전적으로 자기 이해만 염려하는 수많은 사람들의 행위의 비의도적 결과"이고 경제 성장을 통해 경제적 정치적 자유라는 기적을 낳으며 "번영과 자유의 필요조건"을 이룬다(밀턴 프리드만). 신자유주의의 주창자인 하이에크는 이와 같이 스스로 생성, 변호, 발전해 온 시장경제(자본주의)를 보다 나은 체제 건설이라는 이름으로 극복하려는 시도는 시장경제의 신비를 받아들이지 않는 '치명적 자만'(the Fatal Conceit)이라고 단정한다. 결국 이들의 믿음에 따르면 우리는 이 시장경제 앞에 겸손하게 헌신하는 길만이 있다. 왜 그런가? 자유시장경제의 신화에 따르면 시장이란 무엇이 수요되고, 무엇이 공급 가능한가에 대한 가장 좋은 조합을 유발하는 고도의 정보처리 메커니즘으로 이해된다. 또한 시장을 통해 가치가 가격으로 정확하게 환산됨으로써 생산성과 효용이 동시에 극대화 되도록 지원과 인간의 노력이 배분된다. 이 극대화를 가리켜 시장의 효율성이라고 부르는데 이것은 매매 쌍방이 자유로이 선택한 어떠한 거래도 허용함으로써 가능한 것이다. 그래서 시장은 사회 구성원 각자에게 이익을 자유롭게 추구할 수 있도록 내버려 두면서도 전체 사회는 생산과 소비에서 극대 효율을 누릴 수 있다. 자유경쟁을 바탕으로 한 조화와 효율성의 극대화라는 자유시장경제의 이러한 신화는 '시장의 선'을 강변한다. "시장경제 밖에 구원은 없다! 인간의 사회적 역사적 관계의 산물인 시장경제는 이미 초인간적 성격을 지닌 초월화-신성화를 가지게 된다(시내산 아래의 금송아지 제사). 이 조작된 재물의 신은 인정이나 동정심이 없이 자신의 존재 방식을 따라 가난한 자들, 기회와 힘을 상실한 자들을 희생을 가혹하게 요구하는 무자비한 신이다. 따라서 모든 사람에게 정치 경제적 자유의 확대를 보장해 주는 유일한 길이라는 자유시장경제는 오늘날 "20대 80의 사회"[3] 즉 경제 세계화의 결과로 나타난 소수의 부와 행복과 다수의 가난과 불행이라는 부정의 한 사회적 현실에서 더 이상 '숨은 신'으로 가면 속에 숨을 수 없다. 이제 가난한 사람들의 죽음과 시장체제에 속한 자들의 풍요와 복지는 더 이상 자연적 조화로 받아들일 수 없으며, 우리에게 주어진 선택은 자본주의의 '숨은 신'이냐 '생명의 하나님'이냐 하는 것이다(마태오 6:24).

이러한 전제에서 경제 신학의 과제는 첫째 자본주의 경제학에 내재한 형이상학적 신학적 '숨은 신'의 우상성을 폭로하고, 수많은 이름 없는 가난한 자들의 희생을 요구하는 피에 굶주린 몰록(Moloch)의 얼

---

3   Harald   Schuman,   Hans   Peter   Martin,   『세계화의   덫』 (Globalisierungsfälle).

굴을 드러내는 것과 둘째, 물신에 대한 숭배를 통해(출애굽기 32장 '금송아지') 인간의 산물(産物)을 신성화하여 모든 인간적 불가능성을 초월하는 야훼 하나님을 거슬려 억압적인 체제 안에 안주하도록 하는 이데올로기적 상징, 제의의 토대를 깨뜨리고 하나님에 대한 희망을 되찾게 하는 것 그리고 셋째, 억압적 죽음의 권력에 대항하여 보다 인간적 사회를 건설할 수 있는 대안적 체제를 지향하도록 하는 것이다.4

IV. 시장 인간의 도덕과 뒤따름의 윤리

우리는 이 장에서 앞서 이야기한 자본주의의 형이상학과 시장경제의 숨은 신에 관련하여 '시장'의 두 가지 필요 불가결한 요소들, 즉 돈 혹은 자본과 상품에 내재된 도덕적 가치와 그 가치를 위한 화폐 증식(이윤 추구)과 상품 소비의 주체로서 시장 인간의 도덕을 비판했다. 이것을 바탕으로 오늘의 시장경제의 세계 체제에서 예수 그리스도를 뒤따르는 것(Nachfolge Jesu)의 윤리적 의미에 대해 생각해 보자.

1. 돈 / 자본

돈에 대한 개념을 최초로 정의한 사람은 아리스토텔레스이다. 그는 돈의 두 가지 기능을 ① 교환 혹은 순환의 기능으로서 돈, ② 이윤을 목표로 한 증식 수단으로서의 돈으로 분류했다. 아리스토텔레스 이후 종교개혁 시대까지는 돈을 화폐 증식의 수단으로 삼는 고리대금, 투기, 독점매매와 시세 조작과 같은 경제 행위는 인간의 탐욕에 기초한

---

4 예: "자본주의로부터 사회생태적 경제 민주주의로", W. Keller.

것으로 비난 받았고, 국가가 마땅히 이러한 것을 법적 수단에 의해 제재해야 한다고 보았다. 캘빈은 이러한 행위들을 경제 질서를 교란하는 것일 뿐만 아니라 가난한 자들의 목을 죄는 살인행위라고까지 비판했다. 아리스토텔레스 이후에 돈에 대한 이러한 생각을 정 반대로 뒤집어엎은 전환은 17세기의 중상주의와 더불어 시작되었다. 부르주아 사상가 존 록크(John Lock)는 자본 축적을 목적으로 한 개인의 사적 재산권의 사용을 정당한 것으로 옹호했다. 정부에 대한 그의 두 번째 논문(1690)에서 로크는 창세기 1:26-28을 근거로 토지의 사적 소유가 돈을 매개로 이루어지는 것을 옹호했을 뿐만 아니라 심지어 이윤은 소작농에 토지를 임대하는 것이나 무역상에게 돈을 융자해 주고 얻는 것이라든지, 모두 '피'와 같이 경제를 활성화하기 위한 필연적 매개로 보았다. 여기서 토지 소유, 즉 공간의 독점으로서 얻는 재산의 증식 수단과 하나님의 것인 시간을 담보로 얻는 화폐 증식에 대한 로크의 신학적, 철학적 합리화는 산업화의 태동과 함께 자본주의적 시장경제의 이론적 토대가 된다. 이제는 돈과 토지뿐만 아니라 노동력도 자유 시장에서 완전한 상품으로 전락했다(U. Duchrow). 이와 같이 하나님에게 속한 공간(토지)과 시간(이자)은 화폐 증식 경제에서 노동까지 포함하는 상품이 되고 자본(더 나아가 성의 상품화/자본화)이 된 것이다. 그 결과 인간에게 주어진 것(객체)이 오히려 주체를 굴복시키고 이용하고 착취하는 물신이 된 것이다. 돈의 가치는 이와 같이 생필품의 교화 수단을 넘어서 이윤을 목표로 한 무제약적 증식의 수단으로 바뀌고 무절제한 탐욕의 수단일 뿐만 아니라 그 자체가 우상이 된 것이다(자크 엘룰). 시장 인간의 도덕에서 돈의 가치는 모든 최초, 최후적인 행동의 도덕적 기초가 된다. 그것은 본래적인 교환적 가치를 넘어서 착취와 지배의 수단을 정당화는 목적 자체가 된다. 그리고 세계

경제에서 자본의 우상은 외채로 인간 경제적 피폐화로 인해 매일 같이 죽어가는 제3세계의 수백만 명의 가난한 자들의 신음과 절규를 보고 들을 수 있는 눈과 귀가 없는 얼굴 없는 인이다.

2. 상품/ 소비사회

마르크스가 이미 생산 수단을 가지지 못한 노동자의 생산물로부터의 소외를 말했지만 더 나아가 인간이 생산한 상품이 생산자 자신보다 중요한 것으로 여겨지는 사회가 오늘의 소비사회이다. 상품을 가질 수 없고 소비로부터 밀려난 사람들은 '잡것'이지 사람이 아니다. 사람과 잡것의 구별은 그가 얼마나 많은 상품을 소유하고 또 소유할 능력이 있느냐에 따른 것이지 그의 인간성이나 인간적 가치에 의한 것이 아니다. 소비 자체가 가치가 되었고 신화가 되었다.

상품의 물신화로 인해서 어떻게 인간의 소중한 것이 빼앗기고 인간이 스스로 소외(타자화) 되는 가를 극명하게 풍자한 〈프라하의 학생〉이라는 1930년대의 독일의 무성영화가 있다.

이 영화에 가난하지만 멋진 미래를 꿈꾸는 한 학생이 동료들과 프라하의 외진 선술집에서 한 잔하고 있을 때 부근의 술집에서는 상류계급의 사람들이 수렵을 즐기고 있었다. 그 장면에 나오는 산양(山羊) 수염을 기르고, 배가 조금 나온 중년배의 한 남자가 곧 악마이다. 이 악마는 사냥에 나온 상류계급의 한 여인을 길을 잃게 하고 학생과 만나게 한다. 학생은 금세 그 여인에게 사랑에 빠졌지만 그녀를 손에 넣을 수 없었다. 왜냐하면 그녀는 부자이기 때문이다. 하숙방으로 돌아온 학생은 이 일을 몹시 괴로워했다. 그 때 갑자기 악마가 나타났다. 그리고 악마는 학생에게 산더미만큼 많은 돈을 네게 줄 테니 거울 속의 네 모습을 나에게 넘기지 않겠느냐고 제안을 해왔다. 운명적인 거래가 성립되고 악마는 거울에 비친 학생의 모습을 판화나 카본지처럼 벗겨내어 돌돌 말아 주머니에 넣고 웃음을 남기고 방을 나갔다. 영화의 비극은 이때부터 시작된다. 학생은 악마가 준 돈 덕분에 사교계든 어디서나 욕망을 채울 수 있었다. 단지 거울 앞을 지나는 것을 고양이처럼 피하면 된다. 거울 속에서 자신의 모습을 볼 수 없는 것도 그에게 찾아온 물질적 만족감에 비하면 큰 문제가 아니었다. 그런데 어느 날 자신의 분신(악마에게 넘겨버린 자신의 모습)을 만나게 된다. 악마가 생명을 불어 넣어 그 학생을 졸졸 따라다니도록 거리에 풀어놓은 것이었다. 자신과 똑같이 생긴 분신이 그를 따라 다니는 것은 참으로 견디기 힘든 일이었다. 더욱이 이 분신은 난폭해서 무슨 일을 저지를지 모른다. 그러다가 어느 날 학생은 결투 신청을 받게 되는데 화해할 생각으로 다음 날 그 장소를 찾았을 때는 쫓기는 꼴이 되었다. 학생은 절망한다. 자기가 악마에게 팔아버린 자신의 분신의 복수라고 생각하며 괴로워한다. 그러다 학생은 분신을 죽일 계획을 세운다. 자신의 방에까지 따라들어 온 분신이 거울 앞을 지날 때 학생은 처음 악마와의 만남을 생각하며 증오에 못 이겨 분신을 향해 총을 쏜다. 거울은 산산조각이 나고 분신은 환영이 되어 사라진다. 그러나 분신이 사라지는 것과 동시에 학생이 방바닥에 쓰러진다. 죽은 것은 그 자신이다. 단말마의 고통 속에 학생은 마루에 흩어진 거울 조각 하나를 집어 든다. 그리고 자신의 모습이 이전처럼 그 거울 속에 비춘다는 것을 알았다. 그는 죽기 직전에 잃었던 자신의 모습을 다시 발견한 것이다.

거울 속의 학생의 상은 악마에게 팔리기 이전의 본래적이고 주체적인 자신의 상이다. 이 상을 잃어버리면 어떤 자기인식도 불가능하고 나는 나 자신에게 있어서 하나의 타자가 된다. 그런데 그것은 학생의 운명이 잃어버린 것이나 파괴된 것이 아니다. 팔린 것이다. 하나의 상품이 된 것이고 악마는 그것을 사서 주머니에 넣는다. 상품이 물신화되는 과정의 환상적인 묘사다. 인간의 생산과 매매의 모든 활동이 물신에 의해 악마와의 계약이 되어버렸다. 이것이 소비사회적 모습이다. 악마와 계약을 맺는 순간 나는 본래의 나로부터 소외된다. 나는 나에게 분신처럼 타자화되고 소외됐다. 거리의 쇼윈도우 거울에 나는 비쳐지지 않는다. 수많은 고급 상품으로 가득한 백화점의 거울에 비쳐지는 것은 내가 아니라 조작된 나이다. 나는 단지 거울 속의 나를 흉내 내며 살 뿐 나의 진정한 선택은 주어지지 않는다.[5]

이 영화가 환상적 방법으로 묘사한 것이 바로 시장 인간의 왜곡된 초상이다. 자발적 거래에 의해 모든 것이 가능하다는 시장의 유혹은 결국 소중한 인간적 가치를 앗아가 버린다. 남은 것은 무제약적 탐욕을 충족시키기 위해 더 많은 상품과 돈을 향한 죽음에서 허둥대는 것이다. 그리고 이 시장 인간은 이기적 탐욕의 포로이기에 타인과 자연에게서 지칠 줄 모르게 희생을 강요한다. 자유주의 부르주아 경제 이론의 '보이지 않는 손'의 손가락 사이로 인간다움을 위한 소중한 가치들이 새어나간다. 세계는 잡것과 사람의 세상으로 갈라지고, 사람으로 살기 위한 상품은 성체(聖體)와 같다. 가난한 소녀에게 나이키(nike) 운동화는 단순한 상품이 아니다. 그것은 곧 삶의 의미다. 그래서 사람들은 삶의 의미를 발견하고 얻기 위해 쇼핑센터나 사설 클럽들 같은 새로운 신전(神殿)으로 간다. 자신이 덜 사람답다고 느낄 때 '인간성과

---

5 이것은 시장경제의 민주주의 신화에서도 마찬가지이다. 만인이 각기 한 표를 갖는 것이 아니라 1달러 당 한 표가 주어진다. 아담 스미스의 '합리적 구매자'나 토머스 제퍼슨의 '계몽된 유권자' 현대 소비사회의 광고와 선전에 의해 마음대로 조작된다.

정화의 세례'를 주는 신성(神性)과의 접촉을 위해 일상의 무의미성과 단절된 성소(聖所)를 찾는다. 최고급 상품에 대한 경건한 마음과 신기한 것에 대한 황홀한 기대 속에서 소비사회는 계속 신비를 만들어내고 신성을 생산해 내어 시장 인간들을 자신의 맹신자로 만든다.

3. 뒤따름의 윤리(Ethik der Nachfloge)

이제 조금이라도 본회퍼의 이야기를 해야겠다. 현대의 휘황찬란한 신정에서 성체를 받고 신성을 접척하기 위해 호기심과 기대에 가득 차 매일 같이 성소를 찾는 소비사회의 시장 인간들에게 복음은 곧 메스미디어에서 매분 쏟아내는 15초짜리 공고 속에 담겨져 있다. 심지어 기독교인도 20분의 설교보다는 이 15초의 광고에 더욱 강한 믿음을 갖고 삶의 기쁨을 느낀다. 소비 인간에게 감흥을 주고 삶에 자극과 영향을 끼치는 것은 하나님의 계명(Gebot)이 아니라 시장이 내놓는 상품(Angebot)이다. 더욱이 인터넷 쇼핑, 다국적 물류 유통기업, 전자금융거래들을 수단으로 시장 종교는 전 세계를 하나의 교구(敎區)로 만들었다. 이제 고층 빌딩 위의 광고 TV타워와 매일 신문에 끼어 배달되는 광고지들, 거리의 간판들 사이에 분주하게 지나는 목표정한 사람들 위에 1930년대 독일의 도시와 사람들을 오버랩(overlap) 시켜보자. 국가사회주의를 추종하는 군중들의 어깨와 가슴 그리고 그들의 손에 든 깃발에 나치의 꺽쇠 십자가가 붙어 있다. 전신주에 매달린 확성기는 끊임없이 나치의 선전가를 토해내고, 사람들은 신념에 찬 눈빛과 걸음으로 거침없이 순교의 행진을 한다. 본회퍼의 "나를 따르라"는 바로 이러한 삶의 자리에서 쓰이고 말해진 것이다. 맘몬과 정치적 메시아는 우리와 본회퍼 시대에 공통된 적그리스도의 정체이다. 시장경제의 우상과 적그리스도가 지배하는 세상에서 그리스도교 공동체와 그리스도인들은 어떠한 삶을 살아야 하는가? 이것이 "나를 따르라"의 물음이다.

먼저 주목할 것은 1933년 1월 히틀러의 집권, 즉 적그리스도의 등장 이전과 이후의 본회퍼의 물음은 차이를 드러낸다는 점이다. 1932년의 "교회가 어떻게 세상의 전 영역에서 그리스도의 주권을 선포할 수 있는가?"[6]에 비해서 1933년 히틀러 집권 이후에는 "세상의 어떤 장소가 아직도 교회에 주어져 있는가?"[7]가 본회퍼의 물음이다. 따라서 '세상으로부터의 철저한 결별'[8]이 우선적 과제이다. 교회는 마치 "낯선 땅을 달리는 봉인된 영차"와 "안팎으로 역청을 바른 노아의 방주처럼"[9] 교회와 세상의 철저한 분리를 통해 거룩함을 보존해야 했다.[10] 이와 같이 본회퍼의 세상에 대한 철저한 긍정적 관점이 1933년 이후 180도로 전환된 것을 설명할 수 있는 것은 바로 본회퍼가 본 세상의 현실에 대한 새로운 인식이다. 본회퍼는 히틀러에게서 "악이 빛, 선행, 진실, 갱신의 모습으로 나타나고 역사적 필연성이나 사회적 형태로 나타나는 것"[11]과 "빛의 천사의 형태에 숨어 있는 사탄"[12]을 보았다. 그리고 이러한 적그리스도의 세계에 동화되어가는 교회를 보았다. 만일 본회퍼의 눈으로 오늘의 현실을 본다면 시장경제의 세계 체제 속에서 만연된 물신숭배의 풍조일 것이다. "세상이 그리스도교화 되었

---

6 *GS*. I, 144f 1932.

7 *N*. 108.

8 große Scheidung von der Welt: *N*. 185

9 *N*. 276.

10 *N*. 277f.

11 *DBW*, 6; *Ethik*, 63.

12 *GS* I. 358.

고 은총은 그리스도교 세계의 공동선이 되었다. 그것은 값싸게 얻을 수 있는 값싼 은총이다."13 부와 복지, 풍요로움과 쾌락이 없이 얻을 수 있는 값싼 은총이다(시장 종교의 은총). 본회퍼는 "나를 따르라"를 통해서 바로 값싼 은총으로 변질되어버린 그리스도교 신앙의 위기 속에서 "신앙을 그 온전함으로 회복"14하고 우상의 시대를 사는 그리스도인의 삶을 "보존하고 힘을 주고 치료하고자 했다."15

다음으로 "나를 따르라"의 의도는 그리스도인과 공동체를 정치, 경제의 '숨은 신'으로부터 결별하고, 생명의 주 예수 그리스도에게 복종(Gehorsam)하며 그와 결합(Bindung)하게 하는 것이다. 본회퍼는 이렇게 말한다. "살아계신 그리스도가 없는 그리스도교는 필연적으로 뒤따름이 없는 그리스도교이고, 뒤따름이 없는 그리스도교는 언제나 예수 그리스도 없는 것이다. 이것은 이념이고 신화다…. 뒤따름의 부름은 오직 예수 그리스도의 인격과의 결합이며, 부르시는 자의 은총을 통한 모든 율법적인 것의 파기이다…. 그리스도는 부르시고 제자는 따른다.16 그리스도는 그의 부름을 통해 우상 아래 신음하는 인간들에게 '실존의 새로운 창조'17를 약속한다. 새롭게 변화된 자는 더 이상 이기심과 탐욕의 노예가 아니라 믿음 안에서 예수 그리스도와의 사귐 가운데 있는 해방된 인간이다.18

뒤따름의 부름은 제자들에게 새로운 현실을 창조하는데 그것은 고난당하는 형제와의 연대(죄의 짊어짐)를 통해 '십자가의 공동체'(die

---

13 N. 32.
14 E. Bethge, DB, 519.
15 N. 23.
16 N. 47.
17 N. 50.
18 N. 72.

Kreuzesgemeinschaft)이다.[19] 이 '고난의 필연'[20]이 '뒤따르는 자'의 신앙의 현실이다. 본회퍼는 나치에 의해 멸시받고, 죽임을 당하는 유대인들을 위한 형제애의 실천 속에서 예수 그리스도의 대리적 고난의 새로운 차원을 발견했다.[21] 그리스도교 공동체는 바로 예수 그리스도의 부름을 듣고 불의한 세계 속에서 고난당하는 형제자매들을 위한 대리적 고난을 감당함으로써 '뒤따름의 공동체'(Nachfolgegemeinschaft)가 된다. 그리고 이 공동체는 "단지 예배나 회중적 질서를 통해서 뿐만 아니라 형제적 삶의 사귐을 통해" 드러나는 것이다.[22] 중요한 것은 명백히 이 말 속에 참된 '교회의 표지'(notae ecclesia)로서 '타자를 위한 교회'(Kirche für die andere)가 암시되어 있다는 것이다.

매시간 굶주림으로 인해 수천 명의 아기들이 죽어가고 빵 한 조각을 위해 몸을 팔아야 하는 여인이 존재하는 한 교회는 뒤따름의 공동체로서 헐벗고, 굶주리고, 병들고, 매 맞고, 추방당하고, 죽어가는 예수 그리스도를 찾아나서야 한다. 세계 자본주의의 지배, 죽임의 시대 속에 신음하는 가난한 민중들과 연대하는 교회, 광속으로 이동하며 가난한 나라의 피를 빨아들이는 레비아단(Leviathan)의 정체를 폭로하고 맞서 싸우는 교회가 오늘의 시장경제에서 '뒤따름의 공동체'이다. 뒤따름의 윤리는 바로 시장 인간의 도덕(돈과 상품의 가치)에 맞서서 형제애와 가난한 자들과의 연대를 통해 건설되는 '정의로운 인간 공동체의 윤리'이다. 또한 소비사회의 마이다스(Midas)의 비극을 막기 위해 물질적 풍요 보다 더욱 소중한 창조 세계의 가치를 찾아내고, 자연과 더불어 사는 '상생의 윤리'이다.

---

19 *N*. 78f.
20 passio passiva. *N*. 82.
21 *N*. 82.
22 *N*. 241.

V. 결론

오늘의 세계 경제는 신자유주의의 교조적 신봉자들에 의해 주창되는 '시장경제의 자유화', '국가의 규제 철폐를 통한 자유무역의 보장', '자본이동을 위한 국경 철폐'를 통해서 '노동과 약소 자본에 대한 대자본 또는 초국적 자본의 우위'를 보장하는 시장자본주의로 요약할 수 있다. 이것은 곧 노동시장의 유연화를 통한 노동자들의 생존권 박탈과 민족 국가 경제의 파탄 그리고 세계적 수준에서 소수의 부와 다수의 빈곤이라는 양극화를 초래하고 있다 이것이 곧 중남미에 이어 최근 아시아 경제의 파국을 불러일으키고 있다. 나는 이러한 신자유주의의 금융자본주의 속에 감추어진 내재적 신학과 도덕을 비판하는 것이 오늘날 신학의 중요한 과제 가운데 하나라고 생각한다. 우리는 '복종과 저항'의 갈림길에 서 있다. 약자의 희생을 강요하고 가난한 자들을 억압하는 체제에 대해 교회는 어떻게 행동해야 할 것인가? 물신 숭배의 문명에 대해 교회는 어떻게 복음을 선포할 것인가? 억압과 죽음의 시장경제 속에서 예수를 뒤따름은 무엇인가? 지금까지 더듬거린 나의 모든 말은 함께 풀어나가야 할 생각과 실천을 위해서 단지 하나의 화두일 뿐이다. 우리를 뒤따름의 길로 부르시는 주의 은총을 구한다.

(일본 본회퍼학회 강연 원고, 1998년 8월 24일)

부록

한국본회퍼학회 약사

Dietrich Bonhoeffer

한국본회퍼학회 약사(일지)

손규태

(한국본회퍼학회 초대 회장)

◎ 한국본회퍼학회 설립 배경

1930년대 독일의 히틀러 치하에서 순교한 저명한 신학자 디트리히 본회퍼(Dietrich Bonhoeffer)의 삶과 사상은 1960-70년대 한국에서 박정희의 유신독재체제하에서 민주화와 인권을 위한 투쟁의 현장에서 많은 신학자들뿐만 아니라 일반인들에게도 깊은 영감과 자극을 주었다. 이미 본회퍼의 삶과 사상은 1960년대 초부터 한국에 소개되기 시작했으며, 박정희의 유신 통치가 본격화되던 60년대 중반부터 본격적으로 연구되어 여러 잡지들에 소개되기 시작했다.[1] 그리고 이

---

1. 장성환, "디트리히 본회퍼의 모습", 「기독교사상」 60/11. 77-80; 허혁, "복음화냐 세속화냐?", 「기독교사상」 65/12. 34-45. 본회퍼/이양구 옮김, "오늘의 그리스도", 「코이노니아」 13호 1967, 54-57; 김승준, "본회퍼의 委任統治概念", 「기독교사상」 67/3. 8-25; 박봉랑, "現代技術 文明과 神理解 - 바르트와 본회퍼를 중심으로", 「기독교사상」 67/10. 68-99;나학진, "倫理的 判斷에서의 狀況性과 狀況倫理 - 본회퍼의 '現實的인 것'을 중심으로", 「현존」 69/5. 21-29; 오재식, "본회퍼의 現代的 意味", 「기독교사상」 69/10. 65-72; 이종성, "본회퍼의 抗拒運動", 「기독교사상」 70/4. 38-47; 헨리 모뜌, "인간학으로서의 신학의 전망 - 포이에르바허와 본회퍼의 宗敎批判을 중심으로", 「기독교사상」 70/10. 92-98; 헨리 모뜌, "인간학으로서의 신학의 전망 - 포이에르바허와 본회퍼의 종교 비판을 중심으로", 「기독교사상」 70/11. 110-117; 안병무, "自由를 추구한 敎會들: 나치스의 獨裁와 바르멘선언", 「기독교사상」 71/3. 66-69; 에벨링, "디트리히 본회퍼", 「기독교사상」 71/9. 87-91; 베트게,

시기에 본회퍼의 주요 저서들은 한국어로 번역되어 많은 독자들, 신학생들뿐만 아니라 민주화와 사회개혁을 갈망하던 많은 젊은 기독교인들에게 읽히고 있었다. 1970년대 중반에 나온 박봉랑 박사의 본회퍼 연구『基督敎의 非宗敎化』는 그 분량에 있어서나 질적 수준에 있어서 한국에서 본회퍼 연구의 일획을 긋는 것으로서 매우 중요한 노작이라고 평가할 수 있을 것이다. 필자도 1973년에 본회퍼의『基督敎倫理學』을 번역하여 대한기독교서회에서 출간했었다.

독재자 박정희가 사망하고 1980년대 중반 이후에 한국의 민주화가 시작될 때까지 본회퍼의 책들은 계속 많은 독자층을 확보하고 있었고, 그에 대한 연구도 꾸준히 계속되었다. 1980년대 말부터 한국의 민주화 과정이 본격적으로 시작되면서 과거와 같은 투쟁의 열정이 점차 수그러들어 본회퍼 읽기와 연구도 점차 차분하게 진행되면서 그의 삶과 사상을 보다 심도 있고 체계적으로 연구하고 소개하는 것이 필요한 처지에 있었다.

이러한 상황에서 독일에서 돌아온 필자는 몇몇 신학적 동지들과 함께 본회퍼학회를 설립하기로 결심했다. 필자에게 이러한 자극을 준 것은 무엇보다도 독일의 본회퍼학회와의 인연에서 비롯된다. 독일에 유학차 1975년 11월에 Heidelberg대학에 도착한 필자는 지도교수인 Hans Eduard Tödt 교수와 함께 그 다음해 1월 제네바에서 처음

"디트리히 본회퍼",「현존」72/8. 10-15; 박형규, "본회퍼와 獨逸告白敎會(1)",「제3일」72/12. 25-28; 박형규, "본회퍼와 獨逸告白敎會(2)",「제3일」73/1. 23-30; 손규태, "본회퍼의 國家와 敎會",「기독교사상」73/1. 100-105; 서재일, "본회퍼의 委任思想", 한신대학교 대학원 1973; 이장식, "본회퍼와 주기철",「기독교사상」73/4. 37-45; 허혁, "본회퍼, 人間과 思想",「司牧」27호. 73/5. 44-52; 박봉랑, "基督敎의 非宗敎化 - 본회퍼의 신학",「신학사상」146-163 ; 고범서, "본회퍼 윤리의 狀況的 要素",「신학사상」, 165-174; "좌담: 본회퍼와 韓國 基督敎",「신학사상」, 175-191; 본회퍼/김경재 옮김, "당신의 나라가 임하옵소서",「신학사상」, 193-210.

으로 개최한바 있는 국제 본회퍼학회(Internationales Bonhoeffer Kongress)에 참석했다. 당시 이 대회에서는 독일의 저명한 핵물리학자며 철학자인 바이츠제커(Carl Friedrich von Weiszäcker)가 주제강연을 했고 남미의 해방신학자 Gutierrez, 프랑스의 Dumas, 미국의 Godsey, Green 등 전 세계의 저명한 본회퍼 연구자들이 연구논문들을 발표했다. 거기에서 필자도 전체 모임에서 30여 분 동안 한국에서의 본회퍼 소개와 연구에 관해서 보고를 했다. 이 일이 있은 후 지도교수인 Tödt는 한국의 본회퍼 소개와 연구를 박사학위 논문 주제로 정할 것을 권유하기도 했다. 당시 일본 목사 스즈끼 쇼조(鈴木正三)는 필자보다 1년 정도 일찍 독일에 와서 Tödt 교수 밑에서 일본의 본회퍼 연구를 주제로 논문을 쓰고 있다. 지도교수인 Tödt는 아시아에서 본회퍼 신학의 연구에 깊은 관심을 가지고 있었다. 필자는 이러한 인연으로 그 후에도 계속되는 본회퍼학회에 참석하게 되었고, 본회퍼 연구가들의 업적들과 접하게 되었다.

이러한 국제 본회퍼학회와의 인연과 함께 일본의 스즈끼 쇼죠 박사로부터 일본에서는 이미 몇 년 전부터 "일본 본회퍼 연구회"가 창립되어 활발히 활동하고 있으며 독일과의 교류뿐만 아니라 국제학회에서도 크게 기여하고 있음을 알게 되었다. 동시에 1989년 일본에서는 "본회퍼와 일본"이라는 그 동안의 연구 성과를 출판하여 그 해 8월에 일본 YMCA에서 연찬회를 갖는다는 소식과 함께 초청장을 보내왔고, 한국의 본회퍼 연구자들과의 교류도 바라고 있다고 전해왔다.

이러한 상황에서 필자는 한국에서 본회퍼 연구를 하는 학자들과 함께 그의 사상을 좀 더 체계적으로 공부하고 나아가서 그의 사상을 한국 교회에 확산시킬 것을 결심하고 몇몇 동지들과 함께 본회퍼학회를 창립할 준비를 하게 된다.

◎ 한국본회퍼학회 창립총회 및 강연회 (1989년 3월 20일)

본회퍼학회 발기위원회 초청장

한국본회퍼학회 講演會

한국교회는 선교 2세기를 맞이했으며 민족 교회로 틀 잡아 가고 있고 이 교회의 골격을 형성해온 신학운동도 이제는 성년의 단계에 올라섰습니다. 토착화 신학에 이어서 발전해온 민중신학은 신학운동의 성숙을 말해주는 가장 대표적 현상이라 하겠습니다. 이러한 신학운동들은 우리의 역사 현실을 배경으로 하고 있지만 동시에 서구 및 제3세계의 신학운동들과 맥을 같이 하고 전개되어 온 것도 부인할 수 없습니다. 따라서 한국 신학 운동들은 틀에서 발전되고 연구되어야 할 것입니다.

이선 시각에서 60년대 이래 우리의 고난에 찬 역사의 현실과 관련하여 우리의 신학연구에 많은 자극과 영감을 주었던 본회퍼 신학을 좀 더 포괄적이고 깊이 있게 연구해 보자는 이들 몇이 모여 본회퍼학회를 구성하는데 의견을 모았습니다. 우리는 대학에서의 연구와 기타 활동에서 본회퍼의 사상과 접하고 영향을 받았던 사람들입니다. 다음과 같이 본회퍼학회를 창립하고자 하오니 뜻있는 분들의 동참으로 바랍니다.

발기인: 손규태 임태수 진연섭 남정우 서재일 유석성 김영일
　　　　김균진 박재순
장소: 서울 양재동 1363-4 새겨레교회
날짜: 1989년 3월 3일

본회퍼학회 회칙

제12(명칭). 본회는 한국본회퍼학회라 한다.

제2조(위치) 본회는 서울 서초구 양재동 새겨레 교회에 둔다.

제3조(목적) 본회는 본회퍼의 사상을 연구하고 발전시켜 그것을 통해서 한국교회의 갱신에 이바지하는데 목적을 둔다.

제4조(회원) 본회의 회원은 2인 이상의 추천으로 총회에서 승인을 받아 가입한다. 회원은 선거권, 피선거권을 가지며 회비를 납부해야 한다.

제5조(조직) 본회는 회장, 총무, 회계, 연구부장으로 구성되는 임원회를 둔다.

제6조(임기) 임원의 임기는 2년으로 한다.

제7조(회의) 총회는 매년 4월에 가지면 임시총회를 열 수 있다.

제8조(사업) 본회는 연구논문 발표, 강연회 등 본회퍼의 사상을 발전시키는 사업을 한다.

제9조(재정) 본회의 재정은 회비와 후원금으로 충당한다.

제10조 본 회칙에서 규정되지 않은 사항은 통상관례에 따른다.

제11조 본 회칙은 통과 즉시 발효한다.

◎ 본회퍼학회 창립 공개강연회

주제: 본회퍼의 평화사상(손규태)
　　　본회퍼에 있어서 믿음의 길(김균진)
일시: 1989년 4월 9일 오후 3시
장소: 서초구 양재동 새겨레교회

창립총회에서 선출된 임원은 다음과 같다.

회장: 손규태, 총무: 김영일, 회계: 임태수, 연구부장: 김균진

• 본회퍼학회 임원회

일시: 1989년 4월 30일

장소: 새겨레교회

참석자: 손규태, 김영일, 임태수

결의사항: 매월 넷째 주일 오후 3시에 새겨레교회에서 발표회

날짜	발표자	주제
5월 6일	김균진	교회공동체의 문제(*GS* II. s. 217-241)
6월 25일	김균진	성서의 증언에의 길(*GS* II.s. 320-344)
7월 8일	손규태	고백교회와 에큐메니칼 운동(I. 240-261)
8월 27일	손규태	종교개혁 없는 개신교(I. s 323-354)
	서동은	(종교개혁 없는 기독교 발표)
9월 24일	남정우	기독교윤리의 기본문제(V. s. 156-180)
		감신대학원생 서형석이 같이 발표
10월 22일	남정우	기독교 윤리가 존재하는가(V. s. 275-299)
10월 26일	박재순	교회란 무엇인가(III. s.186-191)
12월 17일	박재순	교회의 본질(V. 227-274)

• 일본의 본회퍼학회장 스즈끼 목사의 연구회 초청장(198
9년 7월 21일)

Sehr geehrter Herr Dr. Sohn

Entschuldigen Sie bitte, dass ich so spät zu Ihrem Brief geantwort habe. Nachdem ich nach Japan zurückgekommen war, habe ich ab und zu eine Krankenheit gehabt und musste im Krankenhaus liegen. So konnte ich rechtzeitig an Sie keinen Brief schreiben. Aber es geht mir jetzt gut.

Ich freue mich sehr, dass Sie mit anderen das Bonhoeffer-Komitte Koreas gegründet haben. Wir möchten gerne Sie oder einene Stellvertreter von diesem Komitte nach Japan bei unserem Tagung im Sommer einladen. Der Tagung findet ab 23 Augus 1989 bis 25 August im Nobeyama-YMCA Tenter, wo von Tokio etwa 2 Stunden mit Zug entfernt ist, statt. Dabei veröffentlichen wir das erste Bonhoeffer- Fochungsbuch (etwa 350 Seiten) von unserem Bonhoeffer- Komitte Japans und benutzen wir das als der Tagungstext.

Ich gehe am 8. August nach Seoul und übernachte im YMCA bit 12., um dem theologischen Tagung(10-13 August) mit dem koreanischen theologigischen Institut von Prof. Ahn teilnehmen. So koennen wir sowieso in Seoul.

Mit freundlichen Grüssen

손규태 박사님

이렇게 늦게 답장을 드려서 죄송합니다. 제가 일본으로 돌아온 후 자주 몸이 앞서 병원에 입원했습니다. 우리는 당신이나 그 쪽 대표 중 금년 여름 일본에서 열리는 본회퍼 타궁에 초청하고자 합니다. 타궁은 1989년 8월 23-25일 도쿄에서 두 간 거리에 있는 YMCA 연수원에서 열립니다. 그때 본회퍼연구지도 출간되어 연구의 텍스트로 사용하게 됩니다. 저는 8월 8일 안병무 박사가 운영하는 신학연구소 방문차 서울에 갑니다. 서울에서 뵙죠.

_ 스즈끼

• 일본 본회퍼 연구회의 여름 수양회 참석

여기에는 손규태 회장 및 김윤옥 회원이 참가하여 "한국교회의 윤리적 판단에 있어서 본회퍼의 수용 문제"라는 제목으로 강연했다. 이것이 일본 본회퍼학회와의 최초의 교류가 되었다.

◎ 한국본회퍼학회 창립과 관련한 자료들

• 1989년 11월 7일: 본회퍼학회 설립을 독일의 본회퍼학회 회장인 하이델베르크대학 퇴트 교수에게 전했고, 축하 답신이 1989년 11월 7일에 도착했다.

Lieber Herr Sohn,
Sehr herzlichen Dank für Ihren Brief vom 7. September. Leider fand ich keine Zeit, ihn rechtzeitig zu beantworten, sonst hätten wir uns vielleicht in Deutschland anlässlich Ihrer Reise nach Korea treffen können. Aber ich selbst war sehr viel auf Reisen und erst mit Beginn des Semesters Mitte Oktober bin ich fest in Heidelberg.

Es ist mir eine grosse Freude, dass Sie Bonhoeffer so geehrt und ein Bonhoeffer-komitte gegründet haben. Ueberall in der Welt beinahe gibt es Gruppen und Kirchen, die sich für Bonhoeffer interessieren und die durch ihn im Glauben und im Tun inspiriert werde. Darum haben wir auch die Nue-Edition der Schriften, Briefe, Predigten usw. von Bonhoeffer so angelegt und so kommentiert, dass man die deutschen Verhältnisse nicht gut kennen muss, um zu verstehen, was er gesagt und geschrieben hat.

Sicherlich ist das Bonhoeffer-komitte der Bundesrepublik, dessen Vertreter zur Zeit Prof. Gremmels ist, bereit, für Ihre kleine Bibliotek diese Bände zu schicken, 1992 sollen alle Bände vorliegen. Ich muss Sie aber wegen der Übersetungen darauf aufmerksam machen, dass in den früher gedruckten Texten - vor der neuen Edition - viele Fehler sind. Man hatte nicht die noetige Zeit und die richtigen Experten, um Bonhoeffers Handschrift ueberall richtig zu entziffern. Das ist z.B. bei der "Ethik" sehr wichtig. Auch wird die neue Reihenfolge der "Ethik" anders sein, naemlich in der chrinologischen Abfolge, wie Bonhoeffer die Manuskrifte geschrieben hat.

Hier in Europa, besonders im sozialisitischen Mittel- und Ostereuropa gehen aufregende Veraenderungen vor sich, neuerdings auch in der DDR: eine bisher friedliche, gewaltlose Refolution von historischen Bedeutung!

Mit herzilichem Gruss an Ihre Frau und Sie

Ihr (gez.) Heinz Eduard Toedt.

손규태 박사님

1989년 9월 7일자 편지 감사를 드립니다. 제때 답장을 드릴 시간이 없었습니다. 당신이 귀국하기 전에 만났으면 좋았을 텐데. 그러나 저는 여기저기 여행 중에 있었으며, 9월초나 10월 중순에는 하이델베르크에 있었을 것입니다. 한국에서 본회퍼가 그렇게 존경을 받고 있고 또 본회퍼학회가 창립되었다니 정말 기쁩니다. 본회퍼에 대해서 관심을 갖고 또 그를 통해서 신앙에서나 행위에서 영감을 받고 있는 많은 집단들이나 교회들이 세계 어느 곳에나 있습니다. 그래서 우리는 본회퍼의 문서들, 서신들, 설교 등을 새롭게 편집해서 출간하려고 합니다. 거기에서는 독일의 상황들과 본회퍼가 말하고 쓴 것을 보다 잘 이해하기 위한 각주 작업도 하고 있습니다.

_ 독일 본회퍼학회 회장 하인즈 에두아드 퇴트 교수 보냄

• 1990년 1월 9일 하이델베르크대학 교수 Wolfgang Huber로부터 편지로 본회퍼학회 출발을 축하받다.

Lieber Herr Sohn,

Haben Sie vielen Dank für Ihren Weinachtsgruss. Es tat mit leid zu hören, dass Sie sich mit den Veröffentlichung, die ich Ihnen auf Ihre Bitte hin übersandt habe, noch nicht im einzelnen beschäftigen konnten.

Umsonst habe ich mich gefreucht, dass nun auch in Korea

ein Bonhoeffer-komitee gegründet wurde. Wenn Sie an eine Übersetzung von Honhoeffers Schriften aur der Grundlage der kritischen Neuausgabe denken, müssen Sie sich darüber bitte mit dem Verlag in Verbindung setzen: Herrn Manfred Weber, Christian Kaiser-Verlag, Lilienstrasse 70, 8000 München 80.

Mit allen guten Wuüschen für das Neue Jahr und herzlichen Grüssen

Ihr gez. Wolfgang Huber(nach Diktat verreist)

손규태 박사님

독일연방공화국의 본회퍼학회 대표인 Gremmels 교수가 본회퍼의 새로운 전집을 보내드릴 것입니다. 그것들은 모두(16권) 1992년에 는 완간될 것입니다. 당신들이 번역 작업을 할 때 주의할 것은 이전 에 출간된 선집에는 많은 오류들이 있었다는 것입니다. 당시로서는 시간도 급했고 전문가들이 적어서 본회퍼가 손으로 쓴 글자나 문장 들을 제대로 해독해내지 못했었습니다. "윤리학"의 목차는 본회퍼의 문서들이 기록된 대로 기독론적 순창에 따랐기에 이전 것과는 달라 졌습니다. 이곳 유럽에서, 특히 중부와 동부 유럽의 상황들에서 괄목 할만한 변화들이 일어나고 있고 동독에서도 이제까지는 평화적이고 비폭력적 혁명들이 진행되고 있는데 매우 의미 있는 일입니다.

_ 하이델베르크대학 교수 Wolfgang Huber 드림

• 1990년 1월 20일: Kaiser Verlag으로부터 새로 출간된 본회퍼 전집 5권이 도착했다.

- 1990년 1월 23일: Ernst Feil로부터 한국의 본회퍼 문서들이 요청되었다.

Sehr geehrter, lieber Herr Pfarrer Sohn,

Von Herrn Tödt bekam ich Ihre Anschrift. Melden möchte ich mich, in der Hoffnung, dass Sie sich überhaupt noch an mich erinnern. Sie haben ja vor langen Jahren für uns die Liste der Sekundärliteratur zusammengestellt, die sich mit Bonhoeffer beschäftigt hat. Nach vielen Schwierigkeiten sind wir nun weit fortgeschritten mit der deutschen und anderssprachigen Bibliographien, so dass ich mich hiermit an Sie wenden wollte mit der herzlichen Bitte, ob Sie Ihre damalige Liste nun für uns vervollständigen möchten, damit wir sie in die Bibliographie aufnehmen können. Mit Herrn Toedt bin ich der Meinung, dass wir besonders an Ihrer Liste interessiert sein sollten, weil sie uns wichtige Einblicke in die koreanischen Beschäftigung Bonhoeffers im Fernen Osten vermittelt. Ausser der koreanischen wird eine gekürzte japanische Liste aufgenommen werden, die die wichtigen Beitraege enhaelt. Eine solche Kürzung ist deswegen möglich, weil eine komplette Liste in japanischer Sprache existiert.

Mit der Bitte, mich wissen zu lassen, ob und bis wann Sie meinem Ersuchen und Bitten folgen können, bin ich

mit herzlichen Gruessen

Ihr Ernst Feil

- 1990년 1월 20일: 森野 善右衛門 일본 본회퍼학회 회장으로부터 4월 9일에 한국본회퍼학회에 와서 강의하겠다는 편지를 받았다.

◎ 1990년 5월 24일 한국본회퍼학회 기념강연회

장소: 새겨레교회
기도: 강근한 박사(서울신대학장)
주제: 본회퍼 신학에서 책임의 개념(유석성)
　　　아시아에서 평화실현을 위한 한일 기독교인의 책임(森野 善右衛門)

- 1990년 10월 14일 동독개신교 연맹의 총무인 Dr. Martin Kuske가 일본 영국 미국 한국에 보낸 편지 내용은 그의 일본 여행 중에 한국에서도 강연을 할 수 있겠는가 문의

- 1990년 10월 22-24일 제 13회 일본 본회퍼 연구회 전국연수회
장소: 千城山莊
손규태, 김윤옥 참석하여 본회퍼와 민중신학이란 제목으로 강연

- 1990년 12월 24일: 무라까미 본회퍼 회장으로부터 편지

Lieber Herrn Sohn,
hoffentlich haben Sie sehr frohe Weinachten gefeiet. Wie
haben gestern den Gottesdienst zum 4. Advent-Sonntag in
unserer Geminde mit Frau Kaminski aus Ost-Berlin

mitgefeiert. Da habe ich von ihr erfahren, dass sie nichts vom Koreabesuch weiss. Ob das Gespräch mit Herrn Prof. Kato, der der Organisator ihrer Reise ist, nicht geklappt hat? Wenn dem so ist, finde ich es Schade! Sie hat uns vieles erzählt. Sehr Bewegendes! Es wäre auch Ihnen ein ganz grosser Gewinn gewesen.

Nun, zur heutigen Sache.

Herr Pfr. Dr. Martin Kuske, der Sektretär des Bonhoeffer-Komittes der ehemaligen DDR, ha mir neulich geschrieben und darum gebeten, die beiliegenden Kopien zur kore-anischen Bonhoeffer-Gesellschaft weiter zu schicken. Er hat nämlich von Herrn Prof. Dr. E. Bethge erfahren, dass sie nun gegruendet wurde. Nur die Adresse hat er nicht.

Dann, zur theologischen Erklärung.

Nach der Agami-Tagung haben wir gewissermassen ver-sucht, sie zu formulieren, aber leider das hat nicht das Zweck erreicht. Der Hauptgrund dafuer war, dass jeder von uns zwar Zeit fuer die Aktion gegen den Tennoismus aber keine fuer die Erklaerung. So ist das leider gescheitert.

Nun, unser Wunsch ist der: Gerade das wird als Thema der Studientagung von 1991 aufgenommen. Bis dahin sollte darueber in den beiden Komitteen gruendlich gearbeitet, auf der Tagung vorgetragen und zu einer gemeinsamen Erklaerung gemacht werden. Dafuer muesste natuerlich die drastische Veraenderung in den osteuropaeischen

Laendern und ihre Einfluesse in Asien sachlich ausgewertet werden. Dazu braueche man noch ein wenig Zeit. Wir wissen noch nicht, wie diese Wende weitergeht. Hinxu kommt noch die Golfkrise.

Wir sind der Meinung, dass das Problem des Tennoismus nur im obengenannten grossen Kontext richtig gesehen werden, und dass wir uns jetzt nicht so sehr beeilen sollen. Falls er angenommen wird, wollen wir dazzu vorbereiten. Es waere sehr schoen, wenn einpaar Freunde aus Korea zur naechsten Tagung mit Ihnen zusammen kommen koentten. Mit bruederlichen Gruessen, nicht zuletzt an Ihre liebe Frau

Ihr H. Murakami, Japan

● 1990년 12월 27일: 한일 본회퍼 연구회 공동선언발표:

● 1991년 1월 20일 森野, 善右衛門으로부터 편지

● 1991년 3월 9일: 森野, 善右衛門에게 편지:1991년 4월 26일 한일본 회퍼 타궁건

◎ 학술대회: 1991년 5월 24일(금요일) 17시 새겨레교회(서 초동 1363-4 양재빌딩 4층)

주제: 본회퍼 신학에서 책임개념
강사: 유석성 서울신학대학교수

주제: 아시아에서 평화실현을 위한 한일 기독교인의 책임

강사: 森野(일본 본회퍼학회 회장), 善右衛門 선생(日本 센다이(仙)대학 교수)

- 1991년 4월 3일: 森野, 善右衛門으로부터 편지

- 1991년 6월 16일: 森野, 善右衛門으로부터 편지

- 1991년 7월 11일 森野 善右衛門으로부터 편지: 8월 22-24일 본회퍼
  연수회에 참가건에 대해서 문의 이 모임에는 유석성 박사가 참가했다.

- 1991년 2월 18일 손규태가 森野 善右衛門에게 편지

◎ 1992년 4월 9일 본회퍼강좌 및 남설 정하은 박사 기념논문 시상

제1부:

    제1강좌: 본회퍼에 있어서 종교개념 이해(정지련 박사, 감신대 강사)

    제2강좌: 본회퍼에 있어서 교회 개념과 교회개혁(유석성 박사, 서울신대)

제2부: 남설 정하은 박사 기념논문 시상식

    수상자: 김상기(연세대학교연합신학대학원)

    제목: 트뢸치의 기독교 사회이론연구

    수상자: 이병일(감리교 신학대학원)

    제목: 제세례파의 윤리연구

- 1992년 9월 18일: 森野, 善右衛門으로부터 편지
- 1992년 10월 25일: 제14회 일본 본회퍼 연구회 연수회 참가건

본회퍼의 윤리와 한국교회의 고백(손규태)

● 1992년 8월 25일: 유석성 부부 일본 강연

● 1993년 1월 4일: Ernst Feil 교수에게 손규태가 편지: 한국에서 본회
  퍼 연구문헌들

◎ 한국본회퍼학회 제4회 신학강좌

날짜: 1993년 5월 25일
장소: 종로5가 100주년 기념관
주제: 본회퍼 신학에 있어서 그리스도와 고난의 문제
    ― 한국의 현실과 민중신학적 관점에서
      강사: 박재순 박사(한신대 강사)
    ― 일본의 현실과 "하나님의 고난의 신학"의 관점에서
      강사: 村上 伸 박사(일본 동경여자 대학 교수)

◎ 본회퍼학회 발표회

날짜: 1993년 10월 30일
강사: 정지련 박사
주제: Die Frage nach der Perseonlität Gottes; Zur Theologie D.
    Bonhoeffer im Dialog mit dem buddhistischen Denken Han
    Yong Un
● 1993년 1월 4일: Erst Feil로부터 한국의 본회퍼 관련문서 요청

- 1995년: 본회퍼의 종교 비판 ― 성서 개념에 대한 비종교적 해석의 의미
- 1995년 박재순 방일 강연

◎ 한일본회퍼학회 강연
   ― 본회퍼 목사 처형 50주년을 기념하여

주제: 아시아에서 본회퍼 신학의 미래
강연제목 및 강사:
   韓國의 관점에서 / 孫奎泰 敎授(聖公會大學敎 敎授)
   日本의 관점에서 / 雨宮榮一(아메미야 에이찌) 牧師(日本東駒形 敎會)
일시: 1995년 5월 25일 18:00시
장소: 한국교회 백주년 기념관(종로 5가)

- 1997년 7월 9일 무라가미 편지

- 8월 25-27까지 일본 학회의 본회퍼 타궁 초청 주제는 Bonhoeffer und Oekumene

- 1998년 5월 18일 다게다에게 편지

◎ 한국본회퍼학회 연구 모임과 총회

일시: 1998년 1월 20일 15시
장소: 기독교장로회 선교교육원(서대문)
발표자: 강성영
회장 손규태, 총무 유석성, 연구부장 박재순

◎ 본회퍼학회 한일공동발표

일시: 1998년 4월 9일

장소: 종로5가 기독교백주년기념관

주제: 본회퍼 신학과 21세기 교회의 미래

　　─ 본회퍼 신학이 제시하는 오늘날의 교회의 길

　　　일본 교회의 미래 / 다케다 다케히사(武田武長)

　　　한국교회의 미래 / 강성영(한신대 교수)

● 1998년 6월 2일. 일본 본회퍼학회 회장 다께다로부터 편지. 내용은 한 국의 초청에 감사한다는 내용임

● 1998년 6월 30일. 다케다로부터 편지

◎ 한국본회퍼학회 연구 발표회

날자: 1998년 07월 11일

장소: 기장선교교육원

강사: 현요한(장신회신학대학교 교수)

주제: 본회퍼 초기신학에 있어서 성령과 자기 안에 갇힌 인간의 마음의 문 제(The Holy Spirit and the Problem of the *Cor Curvum in Se* in Deitrich, Bonhoeffer's Early theology)

● 1998년 8월 24일. 강성영 박사가 일본 hayama에서 개최된 본회퍼학 회에서 발표하다.

주제: 오늘의 세계경제와 뒤따름의 윤리(Weltwirtschaft heute und

die Ethik der Nachfolge)

◎ 한국본회퍼학회 연구 발표회

일시: 1998년 11월 11일 17시

장소: 기장 선교교육원

발표: 강성영 박사

주제: 오늘의 세계경제와 뒤따름의 윤리

• 1999년 원단. 전 일본 본회퍼학회 회장 森野 善右衛門의 인사편지

◎ 1999년 본회퍼학회 총회

일시: 1999년 1월 9일

　　임원 선출: 회장 손규태, 총무 유석성, 연구부장 박재순

안건: 한일 본회퍼학회 세미나 건

　　강성영 박사 일본 방문 시 일본 측에서 제안한 공동세미나 건을 받

　　아들이기로 하다. 주제는 한국과 일본 교회에서 죄책 고백의 문제

　　– 본회퍼 신학의 빛에서

　　세미나 일시: 1999년 8월 16-18일

　　발표자: 한국 측에서는 손규태 회장

• 1999년 2월 24일. 일본 도미자카 센터의 스스키 박사 내한으로 한일본
회퍼 공동세미나에 대해서 논의하고 한국 측이 정한 날짜와 주제를 전하다.

◎ 한국본회퍼학회 연구 발표회

일시: 1999년 2월 12일

장소: 기장 선교교육원

발표: 유석성

주제: "본회퍼 신학의 중심과 중보자로서 그리스도"_ 1933년 그리스도론 강의를 중심으로 1999년 4월 27일 무라가미로부터 편지: 일본 본회 퍼학회가 한국에서 8월 16-18일까지 열리는 타궁에 참석하기로 결 정했음을 전달 주제는 Das Problem der Schuld - bei Bonhoeffer und bei uns selber.

● 1999년 05월 04일. 무라까미 박사의 편지 도착. 일본에서는 한국이 제안하는 내용을 받아들이기로 함(그 답장은 다음과 같다)

Tokyo, 27.April, 1999

Lieber Bruder Sohn,

entschuldigen Sie bitte, dass ich Ihnen so lange nichts geschrieben habe: Letzte woche habe ich Herrn Suzuki hier in Tokyo gesehen und erfahren, dass er neulich mit Ihnen ueber die vorgesehene, gemeinsame Bonhoeffer Tagung in Seoul gesprochen hat. Wir, die jap. Bonhoeffer-Gesellschaft, haben uns sehr darueber gefreut, dass das nun endlich verwirklicht werden kann.

Ich bin beauftragt, Ihnen mitzuteilen, dass Wir sehr gerne

daran teilnehmen wollen. Wir sind damit einverstanden, was von Ihnen vorgeschlagen ist.

Der Termin: vom 16./-18. August, 1999

Das Tagungsthema: Das Problem der Schuld - bei Bonhoeffer und bei uns selber.

Ab Mai fangen sir an, fuer die Tagung inhaltlich vorzubereiten.

Nur, einige Bitte an Sie.

1) Mit dem Thema zusammenhaengend wollen wir waehrend der Tagung unbedingt das "Unaghaengigkeit Museum" in Choan besichtigen. Koennen Sie so nett sein, das einzuplanen?

2) Ich fuerchte, dass Wir einpaar Dolmetscher brauchen. Sind Sie so nett, geeignete Person zu finden?

Ich denke in meiner Vuerbitte immer an Sie. Auch an Ihre liebe Frau, Gott befohlen!

In der grossen Vorfreude, Sie beide diesen Sommer wiedersehen zu duerfen.

Ihr Murakami.

• 1999년 5월 5일. 손규태 회장이 무라가미에게 답장을 함(그 내용은 아래와 같다)

Lieber Bruder Murakami!

Vielen Dankf? Ihren Brief vom 27. April und daf?, daß Sie mit unserem Vorschlag einverstanden sind. Wir haben Ihre

Antwort gewartet, weil wir nicht in der Lage war, eine geeignete Tagungstätte anzumelden. Wenn die japanische Teilnehmer das "Unabhängigkeit Museum" besichtigen wollen, können wir die Tagungstätte in dem Koreanischen Theologieschen Forschung-sinstitut (KTSI) in Chonan anmelden. Das muss ich Herrn Kim SungJae, der Nachfolger von Dr. Ahn, Byung Mu fragen. Im Moment wurde dort die Koreanische Diakonie Schwesterschaft ein- gezogen und werden wir von den Schwestern betreuen in der Tagung. Man weiss noch nicht, ob das Haus im Sommerzeit richtig klimatiseirt wird.

Über das Thema kann man etwas so artikulieren: Das Problem des Schulbekenntnis - bei Bonhoeffer und bei uns selber und zwischen uns. Das Thema kommt eigentlich aus meinem Kopf. Ich weiss, dass das Thema "Schuldbekenntnis" in der japanischen Kirchen nach dem zweiten Weltkrieg viel diskutiert wurde. Aber haben wir leider in Korea keine Gelegenheit darüber zudiskutieren. Das Thema "Schuld bekenntnis" wurde in den 80er Jahren nur im Rahmen der Dikskussion über das Thma "Wiedervereinigung Koreas" behandelt. Die Kirche sollte sich vor allem f? die Teilung des Landes bekennen, und gleichzeitig sollen sich die Christen das Schuldbekenntnis ablegen, daß sie sich nicht fuer die Versöhnung des Volkes und f? die Wiedervereinigung des Landes eingesetzt haben.

Ich weiss nicht, ob Sie wissen, daß die Koreanische Kirche nach der Befreiung von dem japanischen Kolonialjoch begann ihre neue Geschichte mit der Zurückkehrung zu alten konfessionellen Kirchen von den ehemals japanischen Regierung zwangsweise in die japanische Kyodan annexierte Kirche. Damals war unter den presbyterianischen Kirche erste Spaltung zwischen denjenigen, die das japanische Shinto akzeptierten und die das verweigerten und gelitten hatten. Die letzte bahauptet, die ersten sollten sich ihre Schuldbekenntinis daf? ablegen, daß sie den japanischen Kaiser als Gott verehrt haben. Die ersten haben diese Forderung verweigert mit der Behauptung, daß auch sie unter der japanischen Unterdrückung genau sowie andere gelitten haben. Damals haben die koreanischen Christen nicht ihre Schuld der anderen füreinander übernommmen, sondern auch ihre Schuld den andern übergegeben. Dadurch wurde die Tradition des Schuldbekenntnis in der koreanischen Kirche verloren gegangen.

Heute beherrschen die Korruption und die Ungerrechtigkeit in der koreanischen Gesellschaft. Obwohl die Korruption und die Ungerechtigkeit der Politiker und Unternehmer, sogar der christlichen Geistlichen bekannt werden, erkennen sie nicht ihre Schuld. Sie wollen nicht ihre Schuld auf sich uebernehemen. Im allgemein existiert nicht mehr das Schuldbewusstsein auch unter den

Christen. Das ist ein grosses Problem in unserer Gesellschaft. Deshalb wollen das Thema "Schuldbekenntnis" im Licht der Theologie Dietrich Bonhoeffers diskutieren.

Nun über die Frage der Dolmetscher: Sie suchen zwei Theologen, die die japanische gut sprechen können. Meine Frau will die Uebersetzungsarbeit übernehmen. Wir wollen fragen ob Herrn Kang, Keun Hwan, der Professor in der Seoul Theological Seminary, der in Japan studiert und in Kanada promoviert hat. Er studierte mit Dr. Morino und ein guter Freund von ihm.

Wir wollen zwei Referenten, die sich mit dem Thema be-schäftigen werden. Von der koreanischen Seiten werde ich das Referat übernehmen. Es werde dankbar, wenn der ja-panische Referent schnell wie möglioch seine Manuskript zu uns schicken kann. Wir wollen eine Brosch?e mit den Manuskriften und dem Tagungsverlauf und Teilnehmer-listen machen.

Seoul, den 05. Mai. 1999
Heute möchte hier abschliessen.
Mit freundlichen Grüssen,
Ihr

◎ 본회퍼학회 임시회의

일시: 1999년 5월 19일

장소: 기장 선교교육원 서대문

참석자: 손규태, 유석성, 강성영, 박명철

논의 내용: 한일본회퍼 세미나에 대한 구체적 협의

일시: 1999년 8월 16-18일

장소: 서울여자 대학교

참가인원: 일본 25면 한국 15-20명

강연자: 한국 측: 손규태, 일본 측?

참가비: 5-6만 원(한국인 및 일본인 참가자 동일)

　　　　회원은 10만 원 이상

　　　　관광프로그램 비용은 한국 측이 부담함

통역: 김윤옥, 강근환, 김진만 등

프로그램:

　　16일 저녁: 한일 본회퍼학회 회원들의 만남의 밤

　　17일: 오전 일본 측 발표

　　　　　오후 한국 측 발표,

　　　　　저녁에는 종합토론

　　18일: 민속촌, 독립기념관, 한국신학연구소(침식은 한신연에서)

준비상황:

　　한일관계연락: 손규태

　　프로그램 준비 및 진행: 유석성

　　만남의 밤 준비: 박명철 박사

관광 프로그램: 강성영 박사 준비

일본 측의 사정으로 한일 세미나는 무산

- 1999년 5월 22일. 서울여자대학교 윤영애 씨에게 대학 장소를 사용하 겠다는 것을 통보했다.

- 1999년 5월 23일. 일본에 있는 무라가미에게 5월 18일에 결정된 사항 들을 아래와 같은 편지로 통보했다.

Kyoo-Tae Sohn den 20. 05. 1999 Seoul Korea

Sungonhoe University

1-1 Hangdong Kuroku

Seoul Korea

Lieber Bruder Murakami!

Inzwischen ist am 18. Mai die Vorbereitungssitzung fuer die jap-koreanische Tagung stattgefunden. Dabei haben wir folgendermassen beschlossen:

1. Thema: "Das Schuldbekenntnisfrage der japanischen und koreanischen Kirchen im Licht der Theologie Dietrich Bonhoeffers" Die Frage des Schuldbekenntnis war mehr- mals von den japanischen Referenten behandelt worden. Zum Beispiel bei 武田武長, 雨宮榮一 東京 東驅形教會 牧師, 左藤司郎, die uns besucht haben. Das waere gut, wenn der ja- panische Referat einmal mit den obengenannten Leuten besprechen. Daher soll das Thema diesesmal mehr zu- kunftorientiert behandelt werden. Ich werde das Thema

mehr in die sozio-politischen Perspektiven erweitert behandeln.

2. Ort: Die Tagung findet in "Seoul Frauen Universitaet" statt, dazu die japanische Teilnehmer durch U-Bahn kommen koennen. Die liegt im oestlichen Teil von Seoul. 8 Teilnehmer wohnen in einem Apartment, das 4 Zimmer hat. D.H. 2 Personen in einem Zimmer. Sie sind alle klimatisiert.

3. Teilnehmergebuehr: 60000 Won(etwa 6000 Yen) pro Person.

4. Dar stehen 3 Personen fuer die Uebersetzung zur Verfuegung.

5. Programm: 16 August: Tagung beginnt 18:00 Uhr mit dem Abendesse
Nach dem Essen Eroeffnungsgottesdienst und Begegnungsabend zwischen jap-koreanischen Teilnehmer. Sich-Vorstellung. Film ueber 挺身隊 女性 usw: 7 August: Vormittag: Das Referat von dem japanischen Teilnehmer- Nachmittag: Das Refereat vom koreanischen Teilenehmer. Abend: Fragen und Diskussion: Jede Referat spricht etwa eine Stunde. Danach Fragestellen und Antworten.

18 August: Besichtigung des "Unabhaengigkeitmuseums" Die japanische Teilnehmer besuchen das 3 Orte: 獨立記念 舘, 民俗村, 韓國神學研究所. Sie werden vielleich in 韓國神學 研究所 uebernacht. Sie werden morgens mit dem Bus nach Chonan fahren. Es dauert etwa 2 Studen. Die Besichtigung

wird von der koreanischen Bonhoeffer-Gesellschaft über-
nehmen.

Am Anfang wollen wir unsere Tagung in 韓國神學研究所
haben. Leider hat das nicht genug Raeume fuer ueber 40
Personen. So haben wir fuer die Frauen Universitaet en-
tschieden, die sehr gemuetlich und billig ist.

Wir haben gehoert, dass etwa 20-25 Teilnehmer aus Japan
kommen. Wir wollen genau wissen, wie viele Teilnehmer
aus Japan kommen. Bitte schicken Sie uns das japanische
Referat schnell wie moeglich. Wir wollen es in Koreanische
uebersetzen und eine Broschuere machen.

Nun wuensche ich weiterhin gute Vorbereitung in Japan
und hoffe Sie wieder bald zu sehen.

Mit freundlichen Gruessen

Ihr

• 2000년 5월 25일: 독일 본회퍼학회회장인 Prof. Dr, Chr.
Gremmels의 2000년도 본회퍼 국제세미나 건에 대한 편지

Sehr geehrter und lieber Herr Sohn,

Herr Obendiek hat mir Ihre Nachricht vom 20. Mai 1999 zu-
gesandt, auf die ich umgehend reagieren will, indem ich
Ihnen in der Anlage die Anmeldeunterlagen fuer den
Berliner VIII Internationalen Bonhoeffer Kongress im
Januar 2000("Call for papers) zusammen mit einer

Verlaufsuebersicht des Kongresses schicke, Ihre Nachricht ist in so ausgezeichneten Deutsch abgefasst, dass ich mit erlaubte, Ihenen ebenfalls in dieser Sprache zu schreiben. (Sollten Sie es vorziehen, in Zukunft weitere Nachrichten in englishcer Sprache zu erhalten, so lassen Ssie mich dies bitte wissen).

Ich bedauere es sehr, dass Sie durch Ihre Krankheit ge-hindert sind, in Berlin dabeizusein. Beim ersten Interna-tionalen Bonhoeffer-Kongress in Genf, den Ssie be-suchten, war ich nicht anwesend – so sind wir uns bisher noch nicht begegnet. (Meine Fax-Nummber ist im Brief-kopf angegeben = Villaweg 16 1/2. 34359 Reinhardshagen. T 05544/ 7884 Fax 05544/645).

Sehr ueberrascht bin ich durch Ihre so erfreuliche brief-liche Mitteilung, dass Sie eine koreanische Uebersetzung der "Dietrich Bonhoeffer Werke" vorbereiten, davon war hier garnichts bekannt. Ist davon schon etwas erschienen? Das insteressiert mich sehr. Fuer heute gruesst Sie sehr herzlich.

Prof. Dr. Chr. Gremmels, Kassel

• 1999년 5월 28일. 도미자카센터의 스스끼와 전화. 본회퍼학회의 모임 일정을 전함
  디아코니아자매회와 전화, 일본 참가자들의 숙식에 대해서 상의함

• 1999년 6월 10일. 5월 25일자 국제 본회퍼학회 회장이 Gremmels 교수의 편지를 받다.

그의 주소는 Villaweg 16 1/2, 34359 Reinhardshagen, Tel 05544/7884 Fax는 05544/645이다. 그는 2000년 베를린에서 열리는 본회퍼학회의 프로그램도 보내왔다.

◎ 한국본회퍼학회 발표회

날짜: 1999년 6월 17일

장소: 기장 선교교육원

주제: 주체사상의 인간 이해

발표자: 박명철 박사(연세대학교 교목실장)

참석자: 손규태, 신홍섭, 김원배, 박정진, 박명철, 신홍섭, 유석성, 이춘선

• 1999년 6월 22일. 일본 본회퍼 연구회 회장 다케시샤 다케다 박사로부터 팩스가 들어옴.

일본 측 발제자로서는 쇼조 스즈기가 맡기로 했으며 곧 참가자 명단도 보내기로 함.

한국 방문을 위해서 한국교회의 역사 등을 공부하고 있으며 본회퍼의 윤리학 "죄책, 의인, 갱신" 부분을 매달 같이 모여서 연구하고 있다고 함.

• 1999년 6월 29일. 국제 본회퍼학회 회장인 Gremmels로부터 편지. 2000년 8월의 학회 프로그램과 숙식에 관한 내용이 담겨 있다.

• 1999년 7월 27일. 스즈끼로부터 전화가 왔는데 한일세미나를 연기할

수밖에 없다는 것이다. 이유는 통일교 행사로 인해서 일본에서 1,500명 이상이 이날 한국에 오기 때문에 비행기 좌석을 얻을 수 없다는 것이다.

- 1999년 8월 5일. 일본의 스즈끼에게서 전화. 일본 참가자 32명이 등록되었으나 비행기표를 구할 수 없어서 이번 세미나를 연기하자는 것이었다.

친애하는 본회퍼 회원 귀하

1999년 8월 16-18일 본회퍼 신학에 있어서 "죄책 고백의 문제"로 서울여자대학에서 열릴 예정이었던 한일 본회퍼 국제 세미나가 일본 측 사정으로 인해서 무기한 연기되었습니다. 일본의 세미나 연락 책임을 맡고 있던 스즈끼 쇼조 박사에 의하면 이 기간에 통일교회의 맘모스 결혼식으로 인해서 일본에서만 약 1,500명 이상이 한국으로 오게 되어 있으며 이들이 이미 1년 전에 표를 예약해 두어서 이 기간에는 비행기 좌석을 얻을 수 없다는 것입니다. 4-5명 정도가 비행기 좌석을 예약했었지만 일본 측 참가 예정자 32명을 생각하면 그 숫자를 가지고 세미나를 진행할 수 없다는 것입니다.

이 세미나는 원래 한국 측에서 20명, 일본 측에서 20명 정도가 참가하는 것으로 계획되었으나 의외로 일본 측에서 참가자가 많아서 32명까지로 제한했던 것입니다.

일본 측 운영위원들과 한국 측 운영위원들이 각각 모여서 다음 날짜를 새로 잡도록 하겠습니다. 아마도 금년 가을이나 내년 봄이 되지 않을까 생각됩니다.

차제에 하나 더 알려드리는 것은 Internationale Bonhoeffer Gesellschaft가 준비하고 있는 제8차 본회퍼 국제대회가 2000년 8월 20일부터 25일까지 "Religion und die Gestalt des Christentums im 21. Jahrhundert"란 주제로 열립니다. 네 개의 중요한 내용들을 다루는데 다음과 같습니다.

1. Religion und Moderne(2000년 8월 21일 오전)
2. Das Christentum in einer Zeit des religioesen Pluralismus (2000. 8. 22)
3. Die Gestalt des Christentums im 21. Jahrhundert und die Zukunft der Oekumene(2000년 8월 23일)
4. Die Aktualitaet christlicher Freiheit in den gesellschaftlichen Herausforderungen(2000년 8월 24일)

여기에 참가하고자 하는 분들은 1999년 10월 15일까지 Vorbereitungsausschuss des VIII Internationalen Bonhoeffer Kongress / z. Hd. Herrn Prof. Dr. Christian Gremmels / Villaweg 16 1/2 / 34359 Reinhardshagen(Fax 0561-804-3488)로 신청하시기 바랍니다.
여기에 국제 본회퍼 대회 프로그램도 동봉합니다.
숙식은 스스로 해결해야 하는데 여기에 주최 측에서 추천하고 있는 호텔들의 명단을 같이 동봉합니다. 이 호텔들로 직접 신청하시기를 바랍니다. 베를린 체류와 관련해서 도움이 필요하신 분은 저에게 연락해 주시기 바랍니다. 좀 싸게 체류할 수 있는 장소를 찾아보도록 하겠습니다.
더운 여름, 회원 여러분들의 건투를 빕니다.
1999년 8월 10일
한국본회퍼학회 회장 손규태 드림

- 1999년 08월 12일. 한국 본회퍼학회 회원들에게 세미나 연기에 대한 사유와 함께 2000년에 베를린에서 열릴 제8차 국제 본회퍼 세미나 참가 건을 담은 편지를 송달.

- 1999년 10월 16일(안병무 3주기). 스즈끼와 연기된 본회퍼 한일공동 세미나건 논의

◎ 한국본회퍼학회 총회 및 임원 개편

일시: 2000년 4월 20일
장소: 서대문 기장 선교교육원
회장: 유석성(서울신학대학)
총무: 현요한(장로회신학대학교)